JN494155

사회복지역사

History of Social Welfare

이준우 김광선 공저

신정

프롤로그

사회복지의 역사를 살펴보면 사회복지 정책과 제도 및 서비스는 언제나 사회적 변화와 함께하였다.

사회변동에 따라 이전과는 다른 문제와 욕구를 가진 개인과 집단이 나타났고, 이들의 문제를 해결하고 욕구를 충족시키기 위한 새로운 사회복지가 출현하고 유통되면서 사회복지의 역사는 개선되고 때로는 변형되거나 소멸하기도 하는 드라마틱한 모습을 보인다.

사회복지는 사회와 함께 그 사회를 지탱하는 제도로서의 기능을 아주 충실하게 수행하였다. 실제로 사회는 그것이 유지되어 나가기 위해서 몇 가지 필수적인 제도적 기능을 수행해야 한다. 일차적으로 생산, 분배, 소비를 담당하는 경제제도와 사회통제를 담당하는 정치제도, 그리고 사회화와 사회통합을 담당하는 가족 및 종교제도가 있다. 이와 함께 꼭 필요한 제도로서 상호부조를 담당하고 각각의 영역에서 제 역할을 감당하고 있는 여러 사회제도를 교차하며 통합하는 상호작용적인 사회복지제도가 존속해왔다.

이 책은 이와 같은 제도로서의 사회복지를 연대기적으로 주요 국가별로 나눠서 그 변천의 내용을 일목요연하게 기술한 결과물이다. 그러면서도 이 책을 집필한 저자들은 사회복지제도가 펼쳐지는 시기마다 내포된 정치·경제적인 의도와 배경에도 주목하였다. 왜냐하면 제도로서의 사회복지는 정치·경제적 상황에 따라 변화해왔기 때문이다. 푸코에 의하면 이 세상의 구조와 질서, 권력의 형성과 발휘는 그 시대에 작용하는 시대정신, 즉 에피스테메(episteme)에 의해 결정되는 것이다. 그리고 그 시대정신은 권력의 작용에 의해 창출되고 확산할 수 있는 것이었다.

그렇다면 제도로서의 사회복지는 사회구성원들 간의 성숙한 논의와 합의로 이뤄진 사회적 체제의 긍정적인 성과라기보다는 지배 권력의 사회통제를 위한 기만적인 전략으로 볼 여지가 충분해진다. 19세기 말부터 20세기 초중반까지 각국의 사회복지는 복지의 핵심적인 대상인 가난하고 소외된 사회적 약자들을 사회복지라는 울타리 속에 몰아넣어 배제와 비인간화를 의도치 않게 자행하는 결과를 초래하기도 하였다. 동시에 정치권력의 의도에 순응하게끔 길들이는 도구로 활용되기도 하였다. 이렇게 보면 제도로서의 사회복지는 정치 · 경제적 권력으로부터 포섭과 배제의 논리를 강요받게끔 하는 기능을 수행했다고도 볼 수 있다.

시대가 변화해감에도 만성적인 고실업과 극단적인 소득 불평등은 해소될 기미가 보이지 않는다. 풍요 속의 빈곤은 더욱 심각한 사회문제로 대두된다. 공적이며 사적인 제도로서의 사회복지 체계는 근본적인 사람들의 문제들을 해결하기보다는 사회복지에 종속되게 하고 그 결과 언제나 새로운 복지제도를 양산하는 현상을 만연하게 한다. 그런 면에서 사회복지는 언제나 권력의 바깥에 있지 않았고 권력의 안에 있어 왔다. 사회복지는 사회제도라는 모습을 통해 권력의 내부에서 권력을 객관화하는 작업의 도구로서 기능해왔다.

그럼에도 사회복지제도는 인간의 생존과 만족스러운 일상생활을 지탱하는 사회적 안전망으로서의 역할을 감당해왔다. 정말 아이러니한 일이다. 소외와 배제를 초래하면서도 동시에 소외와 배제를 제어하고 해소하는 일이 사회복지제도와 그에 따른 서비스에 의해 수행되는 것이다.

그래서 사회복지의 역사를 탐구하는 작업은 흥미진진할 수밖에 없다.

이 책은 대학의 사회복지 학부 과정과 사회복지대학원 석사과정에 개설되어 있는 『사회복지역사』 교과목의 교재로 사용하기 위해 집필하였다. 그럼에도 이 책은 동시에 현장 사회복지사들과 사회복지에 관심이 있는 일반인들이 재미있게 읽고 사회복지에 대해 깊이 생각해보고 참으로 이 책이 유익하다는 느낌이 들도록 기획되고 집필되었다.

저자들의 의도가 독자들에게 잘 전달되었으면 하는 바람이 크다.

차례

chapter 07 유럽 현대사회복지 확장·발전기 309

HISTORY OF SOCIAL WELFARE

01 chapter

서론

1. 현대 사회복지의 이해
2. 역사와 세계를 보는 시각
3. 이 책의 구성

01 서론

CHAPTER

1. 현대 사회복지의 이해

현대적 의미의 복지는 결국 권리로서의 복지 개념과 통한다. 자본주의가 자리 잡아가면서 민주주의와 사회주의가 함께 튼 싹이 터 잡아가고, 그래서 투표의 가치를 통한 사람들 개개인의 가치가 비슷해지면서 복지는 '국가의 의무요, 개인의 권리'가 되어간다. 뒤에서 더 살피겠지만, 민주주의조차 통치 형식이지 주권재민의 정치제도가 아니라는 시각도 있다. 그렇다면 사회복지는 표를 얻어 통치권을 차지하려는 사람들의 전략이 된다. 그렇더라도 결국 모두가 한 표를 행사하는 정치제도 덕인 건 마찬가지다. 이 정치제도는 비슷한 맥락에서 인권, 인간 존엄성과 결부된다.

그 시작은 시민혁명으로 볼 수 있다. 소위 3대 시민혁명으로 영국의 명예혁명, 미국 독립혁명, 프랑스 대혁명을 꼽는다. 여기서 시민이란 오늘날 의미(citizen)라기보다 부르주아지(bourgeoisie, Bürger: 성에 사는 사람)에 해당한다. 상업과 공업으로 재산을 모은 계급과 그들을 위해 법, 의술, 회계 등을 담당하는 전문가와 공무원 등이 능력에 비해 권력이 지나치게 큰 왕과 귀족 등 지배계급을 상대로 생명과 자유와 재산을 지키려고 한 혁명이었다. 이 혁명을 위해서는 불평등한 사회구조 개혁과 정치적 자유의 확대가 기본이다. 명예혁명(1689년)은 국왕의 독재에 저항하여 국민의 기본권을 헌법으로 보장하며 국가권력도 헌법에 따라야 한다는 입헌주의와 의회 정치를 확립하였다. 미국 독립혁명(1775~1783; 1776년 독립선언서)에서는 식민

지배에 맞선 권리 수호 운동이자 독립전쟁으로, 천부인권과 주권재민을 선언하여 근대 민주주의 원리를 천명했다. 정부가 국민의 권리를 심각하게 침해하면 그 정부를 바꿀 수 있다는 저항권 사상도 함께 보였고, 자유주의와 민주주의에 기초한 최초 현대적 의미의 공화국(United States of America: USA)이 수립되었다. 프랑스 혁명(1789년)은 봉건 신분에 따른 불평등한 사회구조를 혁파하고 인간 천부인권에 따른 자유와 평등의 권리가 보편적 권리라고 선언하였다. 그런 이유들로 인권선언에는 시민의 권리도 명시하였다.[1)]

세 혁명 모두에서 바탕이 된 게 평등과 자유와 인권 그리고 인간 존엄성이라는 개념이다. 이제 복지란 개념이 비쳐 보일만하다. 국민을 불평등하게 다루고 자유를 억압하며 인간 존엄성과 인권을 해칠 정도의 국가라면 국민이 무너뜨려도 된다는 논리다. 아니, 무너뜨려야만 한다. 시민 대다수의 복지 상태가 영 형편이 없는데 일부만 잘 사는 사회라면 무너질 수밖에 없다. 따라서 국민 모두의 권리로서의 복지 없이 대다수 노예와 농노의 노동에 의지하던 고대사회와 중세 봉건사회가 무너진 건 당연하다.

사회복지는 국민이면 누구나 누려야 할 권리이고, 사회와 국가라면 무조건 추구하고 봐야 할 의무이다. 자유롭게 선택하고 활동할 수 없는 사람이 있는 사회라면 아직 이런 좁은, 강화된 의미의 현대 사회복지를 이야기하기 어렵다. 따라서 노예제도가 있고, 일정 나이가 지나도 참정권이 없고, 이런저런 제한을 받아야 하는 사람들이 있다면 역시 사회복지제도는 없다고 봐야 한다. 노동의 조건이 너무나 열악하여 착취라면, 역시 진정한 사회복지제도가 정착했다고 보기 힘들다. 그렇다면

---

1) 인류 전체에 그와 같은 혁혁한 공을 세운 나라들이 그런 고귀한 개념을 앞세워 놓고도 식민지와 노예제도 같은 비인간적인 정책을 강행했던 것은 또 하나의 역사적 아이러니다. 영국은 거의 세계 전역에 식민지를 두었고(해가 지지 않는 나라), 얼마나 심하게 피를 빨았던지 인도만 해도 전까지 소득의 1/30이던 세금을 영국은 1/2로 올렸을 정도다. 영국에게 밀리긴 했지만, 프랑스 또한 아프리카 여러 나라와 인도차이나, 베트남 등에 식민지를 두었다. 식민지 쟁탈전에는 비교적 뒤늦었던 미국이지만, 흑인 노예제도는 더 끈질기게 고집하였다. 이런 상황에서 사회복지를 들먹인다고 해도 그게 현대적 의미의 사회복지일 수는 없다. 미국에서는 늦도록 사회복지란 말도 아예 없었고, 그 말이 있다 하더라도 받아들일 분위기가 아니었다. 복지제도에 완벽한 사회는 없다. 아무리 복지가 좋다는 곳도 불만이 아예 없기란 어렵다. 그래도 인권, 인간존엄성 존중과 사회복지 수준은 비례한다고 할 수 있다. 인종, 외국인 차별 같은 비인간적인 처사가 존재하는 곳에서 참다운 사회복지를 찾기는 어렵다.

사회복지 역사는 이런 노동운동, 노예해방운동, 여성해방운동 등의 노정에서 보는 관점도 타당하다.

19세기까지 여성은 독립된 존재가 아니고 가정이나 남편에 딸린 존재라는 인식이 강했다. 당연히 여성은 정치적으로 투표권이 없고, 경제활동을 하기 어려우며 상속에서도 불평등하고 재산 소유도 어려웠고, 교육받을 기회가 별로 없었다.[2] 여성해방 운동의 상당수는 여성만의 운동이 아니라 노동운동과 사회주의 운동 그리고 보편적 인간해방운동과 맥을 같이하였다. 사회혁명을 추구하는 사람들이며 사회주의자들도 여성해방에 적극적이었다.[3] 미국에서 제도적인 노예해방은 1863년 1월 1일 링컨 대통령이 선언하였다. 프랑스는 인권선언을 앞세운 대혁명 이후 4년째인 1793년에 국민공회에서 전체 식민지내의 흑인 노예제 폐지를 선언하였다(안효상, 1994: 135).[4] 그런데 여성은 적어도 참정권에서나마 남성과 똑같아지는 데 백 년 이상이 더 걸린다(프랑스 노예해방 1793, 뉴질랜드 여성 참정권 보장 1893). 여성 투표권은 1893년 뉴질랜드에서 가장 먼저 보장되었다. 이어 오스트레일리아(1902년), 핀란드(1906년), 노르웨이(1913년)가 뒤따른다. 한편 여성 참정권 운동은 영국에서 가장 먼저였고 제일 격렬하였다. 미국은 비교적 온건하였지만, 영국보다 이른 1920년에 수정헌법 제19조(수잔 B. 앤서니 수정헌법) 비준으로 남녀 투표권이 똑같아졌다. 영국은 1918년에 30세 이상 여성에게만 투표권을 주다가 1928년이 되어서야 남녀 모두 21세에 투표하기 시작하였다. 1914년부터 1938년까지 28개국이 여성 참정권을

---

2) 1893년 영국 식민지였던 뉴질랜드에서 세계 최초로 여성에게 선거권을 주는 법안이 통과되었다. 1890년대 미국 와이오밍에서 여성의 선거권이 인정되었고 핀란드와 노르웨이에서는 1905년과 1913년에 도입되었다. 그러나 영국에서는 1907년에도 여성 사회정치동맹 지도자들이 여성 참정권 요구 시위에서 체포당했고 재판받았다. 영국에서 여성의 참정권은 인정된 건 1928년이다(노원신문, 2023.01.01).

3) 사회민주당원에서 여성 비율을 보면 오스트리아 1914년에 30%, 영국은 1890년대에 40%였다. 1913년 노동조합원들에서 여성 비율은 핀란드 12.3%, 스위스 11%, 영국 10.5%, 독일 9%, 스웨덴 5%였다.

4) 시작은 아이티에서였다. 프랑스 혁명의 자유, 평등, 박애를 프랑스 식민지였던 아이티에도 적용하라고 했으나, 혁명정부는 인정하지 않았다. 이에 봉기가 일어나 백인 1천 명, 흑인 1만 명이 사망한 끝에 흑인의 승리로 끝났다. 프랑스와 전쟁 중이던 영국이 개입하자, 프랑스는 뮬라토와 흑인 모두 자유인으로 똑같은 권리를 갖는다며 전쟁 참여를 독려하여 영국함대를 격퇴했다. 그 결과로 얻은 것이 바로 노예제 폐지이고 독립이다. 그런데 나폴레옹은 1801년 원정대를 파견하여 다시 식민지로 삼고 노예제를 부활시키려 했다. 그마저 몰아내고 1804년 정식 독립하며 최초의 흑인 공화국이 탄생되었는데, 북아메리카에서 두 번째 독립 국가였다(역사교육자협의회, 1994: 281).

인정했다. 혁명의 나라 프랑스는 제2차 세계대전이 끝나고서야 인정하였다(국가인권위원회, 2011년).[5] 여성이 참정권을 확보하기까지 그토록 오래 걸린 이유는 여러 가지일 테지만 가부장 전통과 경제적인 이유가 가장 컸다.[6]

1880년대부터 시작하여 1914년에 이어 1차 세계대전을 전후로 신여성이 등장하기까지 과정(역사 전체가 아니라 19세기 후반부터지만)을 설명한 홉스봄을 정리하면 대략 여덟 가지로 언급할 수 있다. 첫째, 인구학적 변화인데, 사망률과 출생률이 함께 낮아졌다. 영아사망률이 급격히 떨어진 덕이다. 여기에는 여성의 늦은 결혼 혹은 의도적 미혼과 결혼하더라도 출산 조절 등이 작용하였다. 홉스봄은 언급하지 않았지만, 여성의 노동시장 진출 영향도 있었다. 둘째, 노동하는 여성의 영역에 새로운 구조와 가치 등 기대가 작동하였다. 이제까지 얼마 되지 않았던 여성 노동자 수가 가파르게 증가하였다. 여기에도 경제적 이유가 작동한다. 여성 일자리는 대부분 낮은 임금과 연결되었기 때문이고, 가부장제도 한몫했다. 남자가 가장이요 돈을 벌어오는 주인공이니, 여성은 많이 벌지 않아도 되고, 그러니 여성 노동의 저임금은 정당하다는 논리다. 아울러 아직도 이야기되는 일과 가사의 병행 문제는 이때 훨씬 더 심각했다. 게다가 여성들에 의무교육이 점차 확장되면서 그간 경제의 커다란 부분을 차지하던 가내공업이 집에서 하는 저임금 노동 분야가 되었다. 넷째, 산업발달에 따라 시장과 함께 일자리가 다양해졌다. 가내수공업이나 식모와 같은 가정 도우미 외에도 타자수, 판매원, 사무원 같은 여성적인 직업이 특히 서비스 분야에 많이 생겼다.[7] 다섯째, 산업발전에 따른 부르주아(bourgeois)나 중산층이 늘면서 자유롭고 편하게 사는 여성들도 늘었다. 그에 따라 시장에서 장바구니의 주체인 여성의 중요성이 그만큼 커졌다. 화장품처럼 여성이 지배적인 시

5) 그 이유가 될 만한 사실을 홉스봄(제국의 시대)에서 찾아볼 수 있다. 여성이 맡아 하던 일 중에는 거기서 여성 나름의 자율과 자유를 누릴 수 있는 경우가 있다. 특히 프랑스에서는 여성에 대한 남성 지배가 절대적이 아니었고, 여성들은 점잔 떨며 수동적일 필요가 그리 크지 않았던 탓에 여성 참정권에 그리 목을 매지도 않았다.

6) 하라리(Harari, 2015): "역사 대부분에서 여성은 가족과 공동체의 재산으로 취급되었다."

7) 1882년 독일 여성 상점 보조원이 3만 2천명이었는데, 1907년엔 17만 4천명이었다. 영국 연방과 지방 정부에 고용된 여성이 1881년 7천명에서 1911년 7만 6천명이었다. 상업과 사무직에서 일하는 여성 수도 6천명에서 14만 6천명으로 늘었다(Midwinter, 1994).

장에서는 여성의 고용도 늘었다. 여섯째, 노동운동과 사회주의 운동이 등장하면서 여성의 해방 추구와도 이어졌다. 일곱째, 여성 교육의 엄청난 확대다. 1913~1914년에는 영국 국립 고등학교 재학 중인 16세 이상 학생가운데 여학생이 남학생보다 많은 정도였다. 여덟째, 스포츠가 확대되면서 여성의 스포츠 활동이 늘고, 그만큼 옷차림을 비롯한 여성의 자유가 신장하였다.[8] 그 밖에도 각 방면에서 숫자는 제한되었지만, 여성 진출이 점점 더 늘었다(홉스봄, 2006).[9]

19세기 말까지도 유럽에서 선거로 입헌 정부를 세운 나라는 소수에 불과했고, 그나마도 민족주의 독재인 파시즘으로 빠져들고 말았다.

한국에서는 이제 여성가족부가 사라지고 여성이 우위를 차지하는 분야도 있고 오히려 남성이 차별받는다. 여성도 군 복무를 해야 한다는 소리도 들리는 판이다. 그러면 여성복지 자체도 없어져야 하는가? 그건 혼자 정할 문제는 아니지만, 적어도 우리 사회가 여성의 복지를 따로 챙기지 않아도 될 정도라고는 보이지 않는다. 한 예로 제21대 국회의 여성 국회의원 비율은 19%로 세계 평균인 25.6%(2023년 기준)에 한참 미치지 못하고 국제의회연맹 기준 세계 190개국 중 121위에 불과하다.[10] 하지만 이 책자는 여성복지를 다루는 게 아니라 복지의 역사를 다룬다. 여성복지는 그중에서도 최근에 생긴 한 분야일 뿐이나, 여성복지가 생겨나기까지의 과정은 사회복지의 성립과 발전 역사 이해에 도움이 된다고 보았다.

로마니쉰(J. M. Romanyshin)도 사회복지 역사를 진화 과정으로 파악하면서, 보편적이고 적극적이며 제도적으로 변화했다고 보았다. 여기서 설명된 변화의 양상은 다음 7가지로 정리할 수 있다.

---

8) 1910년 브래지어의 등장은 코르셋을 대체할 수 있게 한 또 하나의 요인이기도 하다.

9) 하지만 여성 참정권의 법적 보장을 보장한 건 선거 투표권이었을 뿐이고, 정치 과정과 정책 결정 과정에 여성 참여는 고사하고 미치는 영향력이 서구 선진국 몇 곳 빼고는 대부분 아직도 미미하다(서경교, 2008: 97-120).

10) 한국은 국민 절반 이상(50.1%)이 여성이지만 국회는 여전히 남성의 영역이다. 정치권에서 여성들에 관습적, 문화적 차별이 계속되다보니 21대 국회의원 19%만이 여성인 비율은 OECD 평균 33.8%, 아시아 지역 평균 20.8%에도 미달되는 수치이다. 특정 직업군이나 집단에 편중되지 않고 다양한 목소리를 담아내기 위해서라도 국회에서 성별 배치는 그만큼 중요하다(www.chosun.com, 2023.10.20.).

첫째, 잔여적 사회복지에서 제도적 사회복지로
둘째, 자선에서 시민의 권리로
셋째, 선별적 서비스에서 모두에 대한 보편적 서비스로
넷째, 최저한의 급여에서 최적의 급여와 서비스로
다섯째, 개인의 치료에서 사회 개혁으로
여섯째, 민간 중심에서 정부와 공공 중심으로
일곱째, 빈민 대상 복지에서 복지사회로(이준상 외, 2021에서 재인용).

『정의란 무엇인가?』란 책이 장안의 지가를 높이던 때가 있었다. 그렇다고 그 책으로 정의가 무엇인지 결판이 나는 건 아니다. 다만 정의란 개념을 어떻게 다루어 왔고, 지금 정의는 어떻게 정의되는지를 정리하며 사람들 생각을 정의로 돌리는 데 커다란 역할을 하였다. 그러나 본 저서(著書)는 사회복지란 무엇인가까지 가지 않는다. 복지 개념을 직접 건들려 하지 않기 때문이다. 그럼에도 그 전 단계까지 간다. 복지란 것이 제도로 자리 잡혀 변화해가는 과정을 세계 차원에서 살피기 때문이다. 그러면서 자연히 사회복지의 개념과 인식 변화도 함께 드러나길 기대한다. 그런 변화 없이 제도의 변화가 일어나긴 어렵기 때문이다.

2. 역사와 세계를 보는 시각

역사와 세계를 바라보는 시각, 그중에서도 특히 '과거와 현재의 대화' 라는 E. H. 카(Edward Hallett Car, 1892~1982)[11]를 비롯한 역사가들의 역사관에 대해서는 사회복지 역사를 다룬 다른 많은 책을 참조하면 좋겠다. 여기서는 전통 역사학자와는 다른 시각에서 역사와 세계를 살핀 경우들로 제라드 다이아몬드(Jared Mason

11) 『역사란 무엇인가』(What is History) 책자는 1961년 영국 케임브리지 대학 강단에서 여섯 차례 강연한 것을 묶은 것이다. 역사에 관한 책이지만 역사적 사실을 대상으로 삼지 않았고, 다만 역사는 무엇이며, 그것을 어떻게 쓰고, 어떻게 봐야 하는지를 다루고 있는 책이다.

Diamond, 1937~)와 유발 하라리(Yuval Noah Harari, 1976~), 가리타니 고진(柄谷行人, 1941~)과 에릭 홉스봄(Eric Hobsbawm, CH, 1917~2012) 등 네 명의 최근 작품을 통해서 사회복지 역사를 이해하고자 한다.

1) 제라드 다이아몬드 – 어제의 세계와 오늘의 세계 비교

『어제까지의 세계』에서 다이아몬드는 2006년 공항 풍경 설명으로 시작하는데, 익숙한 풍경이 파푸아뉴기니 포트 모르즈비(Port Moresby) 공항이라는 사실로 옮겨가며 호기심을 자극한다(강주헌 역, 2019). 이어서 1931년 처음 그곳 사람들을 발견한 오스트레일리아인들이 찍은 사진을 보여준다. 중요 부위만 가리고 새 깃털 머리 장식을 한 사람들 모습이 70여 년 만에 어디서나 흔히 보이는 복장에 평범하기 짝이 없는 공항 풍경으로 바뀐 것이다. 사회복지가 현대적 의미에서 시작된 건 19세기 말과 20세기 초다. 그로부터 불과 120~130년 만에 당연하고도 자연스러운 제도가 되었다.

직접 언급하진 않지만, 어제에 해당하는 사회는 교환이 직접 이루어지는 무리 사회와 부족사회 그리고 재분배 경제가 시작되는 군장 사회(기원전 5,500년 이후) 정도를 가리킬 수 있다. 기원전 3,400년 이후 전문화된 관료층과 상비군 조직을 갖추고 경제가 전문화되고 도시화가 가속하는 국가 사회부터가 오늘이다. 그러나 기대수명이 현저히 늘어나 노인이 사회문제가 된 상황과 비교한 걸 보면 오늘은 20세기 후반부터 21세기 초반이 될 수도 있다.[12)]책에서는 전통 사회에서 배울 점으로 아이 양육, 노인 대우, 분쟁 해결 방식, 위험 관리, 다중언어 사용, 건강한 생활 방식 등 일곱 개로 꼽고 있다. 대체로 복지와 다 관계가 있겠지만, 여기서는 안전과 노인 처우 두 가지만 살피기로 한다.

---

12) 급격한 변화 시점을 농업혁명이 시작된 1만 1,000년 전으로 잡은 건 유발 하라리(Yuval Noah Harari, 2015)와도 통한다. 여기서 어제가 반드시 1만 년 훨씬 이전이어야 하는 건 아니다. 뉴기니에서 사람이 가장 많이 사는 지역에서도 그 변화가 시작된 건 고작 수십 년 전인 데다가 뉴기니와 아마존 유역에는 극소수지만 아직 서구 문화와 접촉하지 않은, 변화가 시작조차 되지 않은 곳이 있다고 지적하기 때문이다. 기든스에 따르면 그 수가 25만 정도로 세계 인구의 0.001%다(Giddens, Anthony, 김미숙 외 역, 2010).

어제와 오늘의 비교에서 가장 두드러진 건 안전이다. 세계대전이 두 번이나 일어났던 20세기 인류조차 전쟁으로 죽은 사람의 수는 어제의 세계와 비교하기 어려울 정도로 작다. 어제의 세계에서는 그야말로 언제 죽을지 몰랐다. 그러나 폭력을 독점한 국가가 등장하며 안전과 질서가 잡혀 전쟁은 일상이 아닌 극히 예외적인 일이 되었다.[13] 하라리(Harari)의 말대로 오늘날처럼 평화가 너무 널리 퍼진 나머지 전쟁을 상상할 수조차 수 없는 시대는 과거에 없었다. 지난 2000년 한 해에 전쟁 사망자 수는 31만 명이고 폭력 범죄 사망자 수는 52만 명, 합계 83만 명이다. 그해 사망자 총수 5,600만의 1.5% 정도이고, 자동차 사고 사망자 수는 126만 명(총수의 2.25%), 자살 사망자 수가 81만 5천 명(1.45%)이었다. 2002년 인간 폭력으로 사망한 사람은 총 74만 1천 명에 자살자는 87만 3천 명이었다. 9.11 테러 다음 해라 테러와 전쟁 이야기가 많았지만, 어느 개인을 죽인 주체는 테러리스트나 군인, 마약상이 아니라 자기 스스로인 경우가 더 많았다.

둘째, 당시 75세의 다이아몬드가 상세하게 살핀 노인 처우 혹은 노인의 신세(노인복지)다. 어제의 세계에서 노인의 처우를 극단적으로 양극화하면, 사람이 늙으면 죽임을 당하거나 도서관이자 생존의 고수로 존경받는다.[14] 죽는 데에도 본인이 알아서 죽여 달라 부탁하거나, 본인이 수락해서 남(자식, 이웃)이 죽인다. 더 극단적으로는 산 채 묻거나 때려서 죽이는 등 본인 의사와 상관없이 살해된다. 본인이 알아서 죽여달라는 건 특히 상상하기 어려운데, 『어제』에서는 망설이는 아들에게 사람들 앞에서 '에미와 나뒹굴려고 그러느냐?'는 식으로 무안을 주어 결국 죽는 장면이 나온다.[15] 존경받는 경우는 엄청난 태풍처럼 공동체 생존에 위기가 닥칠

---

13) 막스 베버의 『소명으로서의 정치』에서 나온 말인데, 출판사 폴리테이아(2011)에서 최장집 해제와 박상훈의 번역을 실었다. 베버에 따르면 시민이 주권자인 민주주의 따위는 없다는 관점이다. 민주주의는 선동 능력과 카리스마와 대의(열정)를 갖추어 선거에서 당선된 후보가 투표자 시민을 통치하는 제도다. 고개를 모로 젓게 하다가도 또 끄떡이게도 만드는 말이다. 하라리도 같은 의견으로 그의 수치를 인용하고 있다. 중세 유럽의 지방분권형 왕국에서 해마다 피살자 수가 인구 10만 명당 20~40이었지만, 오늘날 세계 평균은 아홉이고, 유럽만 보면 하나에 불과하다(막스 베버, 최장집 해제, 박상훈 역, 2021).

14) 기대수명이 한참 낮았지만, 그건 영유아 사망률 때문이지, 그때라고 고령 노인이 없던 건 아니다. 아무래도 오늘날보다야 드물지만 그래도 마을마다 노인들은 다 있었다.

15) 1984년 칸 영화제 황금종려상을 받은 일본 이마무라 쇼헤이(いまむら しょうへい, 1926~2006) 감독의 영화 "나라야마 부시코"(楢山節考, 1983. 53년도 작품의 리메이크)에도 비슷한 장면이 나온다. 일정 나이(70세)가

때 전에 겪는 경험에서 공동체를 위기에서 구할 지혜와 지식(새로운 먹을거리 구하는 방법)을 지닌 노인이 대표적인 일례이다. 이렇게 다른 이유는 환경과 생산력에서 오지만 그것 말고도 가치관에 따라서도 다시 달라진다. 그 중간이며 가장 널리 퍼진 게 손자 세대 양육과 공동체에 필요한 도구 제작 등 유용성 덕에 나름 대접받고 사는 노인들이다. 노인 존중은 인간 사회에서 대체로 일반적이고, 가부장 사회에서는 특히 더하다. 다이아몬드는 가장 강렬한 형태의 노인 존중을 효도 문화로 보았다. 오늘날 기대수명이 어제 세계보다 두 배 이상 크게 늘고(〈표 1-1〉 참조)[16] 훨씬 더 건강하며 여흥의 기회가 많다. 자식 앞세우는 애절함에 시달리는 일도 훨씬 줄었다.

▌표 1-1▐ 기대수명의 추이

국가	1950			1990			2000			2024		
	합계	남자	여자	합계	남자	여자	합계	남자	여자	합계	남자	여자
한국	21.3	16.8	33.6	71.9	67.5	76.4	76.5	72.5	80.2	84.3	81.0	87.4
일본	59.2	57.6	60.9	79.0	75.9	81.9	81.2	77.7	84.5	85.1	82.0	88.1
미국	68.1	65.4	71.0	75.4	71.9	78.8	76.8	74.1	79.4	77.9	77.4	82.4
칠레	53.2	51.8	54.7	72.6	69.3	76.0	76.9	73.7	80.0	81.4	79.1	83.6
독일	66.8	64.1	69.3	75.4	71.9	78.4	78.1	74.9	81.0	82.3	80.1	84.6
영국	68.6	66.2	70.9	75.7	72.8	78.5	77.9	75.4	80.2	82.5	80.8	84.1

출처: KOSIS(2024). 〈OECD〉-https://kosis.kr (2024.01.15. 인출)

되면 아들이 업고서 깊은 산속에 가서 버려야 하는데, 차마 그러지 못하고 차일피일 미루는 아들의 뺨을 때린다. 너무 젊게 보일까 봐 자기 치아를 스스로 돌로 쳐서 부러뜨리기도 한다. 다만, 영화에는 반대 경우도 나온다. 한사코 산에 가지 않으려 하는 노인을 억지로라도 데려다 버리려다 실랑이 끝에 계곡에 던져버린다. 앞의 일과 반대로 타인의 강제에 의한 죽음인 셈이다. 이런 잔인한 일이 계속 이어질 수 있는 건 그러지 않으면 바로 공동체 나머지 사람들에게 받을 따돌림 때문이다. 그렇게 해야만 공동체가 생존할 수 있는데, 유별을 떨어 나머지 구성원의 행동이 비난받을 일이 되도록 놓아두질 않을 터이다. 그런 소수 공동체에서 따돌림을 받는다는 건 추방당하는 것과 마찬가지 생존의 문제가 된다.

16) 한국처럼 극적인 변화 양상을 보이는 곳이 없다. 전쟁 여파가 크겠지만, 1950년 21.3세이던 기대수명이 2024년에는 84.3세다. 나머지 나라들도 완만하나마 증가하여 미국을 빼면 모두 80세가 넘었다. 미국이 빠진 건 사회보험으로서 건강보험 제도가 없다는 이유일 듯하다.

그렇다고 좋아지기만 한 건 아니다. 전체 인구에서 노인인구 비율이 대폭 상승하여 인구피라미드가 뒤집히고 말았다. 이런 상태에서 노인이 일자리를 고수하면 자식과 손자 세대를 실업 상태로 두는 결과로 이어질 수 있다. 게다가 점점 수가 주는 젊은 세대의 생산활동으로 사회보장제도를 확대는 아니더라도 이대로 유지할 경우 그 재정 부담이 과거 어느 때보다 크다. 그러니 어제의 세계에서 노인이 달든 쓰든 삼켜야 했던 세상으로 돌아가고 싶어질 지경이란다. 물론 다이아몬드 자신의 확신도 아니고 또 권장 사항도 아니지만, 입법부와 사법부에서 그런 제도를 만지작거리는 빈도가 점점 잦아진다. 안락사가 법적으로 허용되는 곳이 생기나 하면, 연명치료 거부는 점점 더 유행이다. 또 하나의 결과가 노인 가치와 지위의 하락이다. 변화가 더딘 전통 사회에서 노인은 유용한 지식의 창고요 손자 세대의 양육과 보육을 책임지며 공동체를 이끄는 역할을 하였다. 물론 노인의 수도 아주 적어서 귀했다. 그런데 이제는 그만그만한 노인의 수가 엄청나게 늘어나 개개인의 가치가 떨어졌다. 보통 교육이 보편화되고 과학의 발달로 사회 변화가 가파르다 보니 노인의 경험이며 지식이란 게 그리 대단해 보이지 않고, 오히려 새로운 문명을 따라가는 데 더디다는 핀잔만 받는다. 그런데다 오래 사귄 친구도 없다. 젊어서부터 자주 이사하고, 자식들 때문에도 옮겨야 하기 때문이다. 또 사회보험과 보장으로 노인 은퇴를 경제적으로 지원하여 은퇴가 일상화되자 평생 하던 노동과의 단절이 사회적 소외를 더욱 키운다. 1740년 오스트리아에서 마리아 테레지아(Maria Theresia) 여왕 시대 처음 등장한 노인 공공시설이 매우 다양해졌지만, 물질적 욕구만 그런대로 충족시키는 공간을 제공할 뿐이라 사회적 소외는 더 커지기만 했다. 줄이자면 인류 역사에서 노인을 부양할 여력으로 치면 역대급인데 사회적 효용성에선 거꾸로 뒤집힌다. 육체적 건강은 그 어느 때보다 좋지만 사회적 빈곤과 소외는 거꾸로 역대 최대다.

이에 대한 대안으로 다이아몬드는 세 가지를 제안한다. 하나는 조부모로서 맡았던 전통 역할, 그러니까 손자 세대 돌보기의 중요성 되살리기다. 우리 사회에서 현재도 상당수의 유치원생, 초등생이 방과 후 외조부모나 친조부모의 보살핌을 받는다. 교육 부분은 물러서더라도 보살피는 양육은 가능하다. 다만, 스스로 마다하는 노인들의 수가 증가하고 있다는 점은 부인하기 어려운 사회 변화의 현실이다. 둘은 긍정의 자세로 기술과 사회발전에 접근하기다. 기술변화가 예측된 혜택을 주긴 하지만 예기치 못한 문제도 거의 예외 없이 나타나기에 노인의 경험은 여전히 가치가 크다. 예컨대 해병대 출신 노인이 고등학생들 교훈으로 삼을 만한 실제 경험(역사 사건)을 생생하게 들려주는 일이다. 셋은 나이가 들면 인간의 강점과 약점도 변하는데, 그 변화를 건설적으로 이용하기다. 예컨대, 창의적 추론 능력은 줄어도 인간관계 이해, 타인을 순수하게 돕는 것, 복잡한 문제해결에 필요한 종합적 사고력 등의 속성은 오히려 향상한다. 그런 속성을 살려 감독, 관리, 조언, 교육, 전략 수립과 통합 관련 일을 맡기도록 한다.

현실에 비추어 소중한 제언이지만 현실성이 아주 커 보이진 않는다. 그러려면 사회가 자본주의 시장경제를 시험대에 세울 수 있어야 하거나, 작은 규모의 모델을 실험해보는 정도인데, 이 모델 실험이 성공한다 하더라도 사회 전역에서 받아들일지는 다시 미지수다. 그렇지만 다이아몬드는 노인을 위한 새로운 삶의 환경 고안이 우리 사회의 주된 과제라며 그 해결책을 찾는 일이 가능하리라고 희망을 버리지 않는다. 개인이 나서서 받아들일 것은 애써 받아들이고, 제도로 바꿔야 할 것은 제도가 바뀌도록 노력해야 한다는 말이다.

2) 유발 하라리 - 사피엔스의 변화 모습

우주 탄생(300억 년 전) 언급 없이 물리와 화학의 시작(125억 년 전)부터 잠시 비춰주고 지구가 태어나고 생명이 탄생하며 마침내 250만 년 전 호모라는 존재가, 20만 년 전에는 호모사피엔스가 나타난다. 그리고 사피엔스가 7만 년 전 아프리카를 떠나며 사피엔스의 역사가 본격 출발한다. 사피엔스가 다다른 곳의 대형동물은 거의 다 멸종된다. 그럴 힘을 준 게 인지혁명이다. 없는 걸 상상하고, 보이지 않는 걸 믿을 수 있으며 마침내 그런 걸 언어로 이야기하기 시작한다. 언어를 통한 의사소통 없이 인간이 대형동물을 사냥하기란 생각하기 어렵고, 더구나 멸종시킨다는 건 가능하지 않다. 그러다가 밀을 만나고, 밀의 길들임을 받은 인간은 모르는 사이에 농업혁명을 일으킨다. 이제 떠돌지 않고 한곳에 머무르며 밤낮으로 밀을 돌보고, 동물을 길들여 가축을 사육한다. 먹을거리가 수렵채집 때보다 늘었지만,

개개인에게 돌아가는 몫은 그렇지 않다.[17)]

그런데 농업혁명은 인간에게 덫이었고, 가축에게도 마찬가지였다. 현재 전 세계에서 도축되는 닭은 연간 약 600억 마리, 사육 중인 닭과 합하면 약 1천억 마리가 넘는다. 그런데 자연 상태에서 7~12년이 닭의 평균 수명인데, 현실에서는 생후 평균 35일 만에 도축된다. 그 이상이면 사료값이 나오지 않는다는 이유다. 평균 수명이 10~15년인 돼지는 6개월 만에 도축하고, 젖소는 아기 소를 낳자마자 아기 소는 도축하고 젖만 뽑아낸다. 젖을 많이 뽑느라고 임신시키는 것이다. 농업혁명이 낳은 또 하나의 재앙이 불평등이다. 잉여 식량이 있다는 건 일하지 않아도 되는 사람이 있다는 의미이고, 일해야 하는 자들과 일하지 않아도 되는 사람들이 구분되며 정치적 지배자가 출현한다. 이 지배자들은 지배구조의 유지를 위해 신, 귀족, 신화, 종교, 국가 같은 상상의 질서(imagined orders)를 만들어내 일하지 않고도 먹고 사는 이유를 설명한다. 국가는 더욱 커져 제국이 되고, 종교는 더욱 커져 세계 종교가 된다.

인간 역사가 갈수록 통합 쪽으로 갈 수 있는 건 처음 보는 사람들과도 큰 문제없이 대규모로 협력할 수 있기 때문이고, 그게 바로 사피엔스의 소통 능력과 상상의 질서 덕이다. 상상의 질서는 물질세계에 단단히 뿌리내려 욕망의 형태마저 결정하며 상호주관적인 덕에 사람들은 상상의 질서를 굳게 믿는다. 아니, 상상의 질서를 빠져나갈 길이 없다. 감옥 벽을 부수고 자유를 향해 달려간다고 해도 실상은 더 큰 감옥의 더 넓은 운동장을 향해 달려 나가는 것일 뿐이다. 국가와 종교가 커지는 만큼 교역이 발달하며 세상은 좁아지지만, 그래도 그 속도가 그리 빠르지 않아서 지구 차원에서 보면 견딜 만하다. 그러다가 교역이 커지면서 화폐와 어음과 주식 같은 상상에 기반한 신용경제가 들어서면서 발전 속도가 빨라지며 산업혁명으로 진입한다. 산업혁명은 인류사회에 수십 가지 격변을 불러왔다. 시간을 모르

17) 농부보다 고대 수렵채집인이 굶어 죽거나 영양실조에 걸리는 일이 드물고 키도 크고 신체도 건강했을 가능성이 크다. 전염병도 없었는데, 인류의 전염병 상당수는 가축화, 밀집화와 관련된다. 다만 기대수명이 낮았는데, 높은 어린이 사망률 탓이었다. 수렵채집 사회가 '최초의 풍요사회'라 불리기도 했지만, 그렇다고 지나치게 이상적으로 보아선 안 된다. 현대의 수렵채집인을 보더라도 무리에 부담이 된다 싶으면 버리거나 죽이기도 하였다. 노인과 장애인이 그랬고, 특히 여자와 어린이는 심심해서 죽이기도 할 정도다.

고 살다가 일률적으로 모두에게 적용되는 산업적 시간에 적응해야 하고, 도시화, 농민의 소멸, 산업 프롤레타리아의 등장, 보통 사람에게 주어진 힘, 민주화, 청년 문화, 가부장제의 해체 등이다. 하지만 아무리 격변이라 한들 이런 것들은 역사를 통틀어 인류에게 닥친 가장 중요한 사회혁명에 대면 사소하였다. 바로 가족과 지역 공동체가 붕괴하고 국가와 시장이 그 자리를 대신한 사건이다. 하라리는 구체적으로 언급하진 않지만, 그간 수만, 수천 년 동안 가족과 마을공동체에 맡겼던 복지를 비롯한 온갖 것들을 대신하여 국가와 시장이 대신 맡았다. 복지로 치자면 바로 현대적 사회복지의 시작인 셈이다.

제국주의와 자본주의가 합체하고 과학이 발달하면서 그 속도는 더욱 빨라져 불과 몇백 년 만에 온 세상에 임자 없는 땅이 없고, 대부분을 몇 개 제국이 차지했다. 그러는 사이 인지혁명으로 얻은 상상의 능력은 점점 고도화되며 마침내 인권이며 자유, 독립 국가, 민족주의, 민주주의 같은 존재들이 일상화되고, 제국주의보다 민족국가 단위에 교역과 시장이 중심 질서의 근간이 되는 시대로 들어선다. 그와 함께 세상은 마침내 기아와 전쟁의 위험에서 거의 벗어났다고 할 정도로 안전해졌다. 그러고도 과학혁명은 계속되고, 인간은 죽지 않는 신이 되려고까지 한다. 바로 트랜스휴머니즘 이야기다.

그런데 행복은? 그건 아니다. 이유는 명쾌하지 않으나 두 가지만 정리해보자. 첫째, 유전자는 도킨스의 말처럼 이기적이라서 인간이 행복하여 만족한 상태를 유지하기보다는 불만족을 느끼고 자꾸 일을 벌여 유전자를 퍼뜨리는 쪽으로 설계되었다. 그래서 아무리 큰 행운을 얻어도 그 만족감은 길지가 않다. 둘째, 2백만 년 진화 과정에서 인간이 행복을 느껴 버릇하여 몸에 새겨진 상황은 현재 상황과 딴판이다. 공동체 안에서 서로 도우며(싸우기도 하지만) 어울려 사는 게 인간 삶이었는데, 이제 공동체는 사라지고 국가라느니 시장이라느니 하는 상상의 질서가 현재를 장악한 상황에서 국가와 시장이 시키는 대로 할 수밖에 없는 인간 소외로 인해 인간이 행복을 느낄 수 없다.[18] 국가와 시장은 점점 커지는 권력을 이용해 가족과

18) 산업혁명 이전 사람들 대부분이 영위했던 일상은 핵가족, 확장된 가족, 지역의 친밀한 공동체라는 세 가지 오래된 틀에서 이루어졌다. 대부분 가족 농장이나 가족 공방 같은 가업에 종사하거나 이웃집에서 일했다. 가족의 의미는 복지 시스템, 의료 시스템, 교육 시스템, 건축 산업, 노동조합, 연금 펀드, 보험

공동체의 전통적 결속력을 흔들었다. 가족 간 피의 복수를 경찰로 막고 법원의 판결로 대체했다. 시장은 장사꾼을 보내 지역의 오랜 전통을 없애고 끊임없이 변화하는 상행위 관습으로 대체했다. 국가와 시장은 개인이 되고, 부모 허락 따위 필요없이 원하는 사람과 결혼하고 원하는 직업을 선택하고 살고 싶은 곳에서 살아도 되며, 더는 가족이며 공동체에 얽매일 필요 없다고 속삭인다. 필요하면 식량과 주거, 교육과 의료, 복지와 직업, 연금과 보험으로 우리(국가와 시장)가 돌봐준단다.

노예, 타 종족, 병자(특히 감염병)와 장애인, 어린이, 여성, 유색인종이 모두 적어도 법적으로는 똑같은 대접을 받게 되면 사회복지는 완전해지고, 그러고 나면 사회복지 자체가 더 이상 필요 없어져 사라지는 걸까? 이에 대해 하라리는 아니라고 한다. 현대 사피엔스가 거둔 전례 없는 성취는 다른 동물의 운명을 깡그리 무시해야만 가능했기 때문이다. 우리가 거둔 풍요의 많은 부분이 실험실 원숭이, 젖소, 컨베이어 벨트의 병아리 희생 덕이다. 지난 2세기에 걸쳐 동물 수백억 마리가 산업 착취체제로 희생되었고, 그 잔인성은 지구 행성의 연대기에서 전대미문이었다. 동물권 운동가들의 주장을 10분의 1만이라도 받아들이면 현대의 기업농은 역사상 가장 큰 범죄를 저지르는 중이다. 그럼 이제는 동물복지로 가야 할까? 더 나아가 생명 복지 혹은 보편 복지로 확장할 수 있을까?

3) 가리타니 고진 – 군사 주권의 증여 영구평화로

고진의 책 『세계사의 구조』가 2010년, 『사피엔스』가 2011년, 『어제까지의 세계』가 2012년에 출간되었다. 비슷한 시기인데 역사를 보는 시각은 조금씩 다르다. 『사피엔스』와 『어제』는 많이 닮았지만, 『사피엔스』에서 말한 '상상의 질서'라는 개념이 좀 색달랐다. 고진은 전부터 이어져 온 마르크스 사상을 기반으로 헤겔과

회사, 라디오, TV, 신문, 은행에다 심지어 경찰이었다. 병에 걸리면 가족이 보살폈고, 늙으면 가족이 부양하였고 아들딸들이 바로 연금이다. 죽으면 가족이 남은 고아들을 돌보았다. 오두막을 원하면 가족이 일손을 보탰고, 사업을 시작하자면 그 자금을 가족이 조달했다. 결혼하려 하면 가족이 배우자 후보를 고르거나 최소한 심사라도 했다. 이웃과 분쟁이 생겨도 가족이 끼어들었다. 하지만 너무 심한 병이라 가족이 어찌해 볼 도리가 없거나 새 사업에 필요한 투자가 너무 클 때, 그리고 이웃과의 분쟁이 폭력으로 확대되려고 하면 지역 공동체가 해결사로 나섰다.

칸트를 참조하여 세계사의 구조를 달리 서술해보려 하였다. 중심은 민족과 국가와 시장(자본주의)이다. 생산양식을 기준으로 역사를 구분한 마르크스는 민족과 국가를 주체로 설정하고 최고의 지위에 놓은 헤겔을 비판하였다. 마르크스가 보기에 국가와 민족은 생산양식(시장-자본주의)이라는 물질적 하부구조를 토대로 그 위에 세워진 상부구조로서 실체가 없다(상상의 질서). 그래서 자본주의가 무너지면 국가와 민족은 저절로 사라지고 만다. 고진이 파고든 부분이 바로 이 지점이다.

마르크스는 교환양식도 함께 언급했으나 마르크스주의에서는 간과한 채 생산양식에만 집중했는데, 고진은 이걸 뒤집어 교환양식을 기준으로 삼는다. 그러면서 민족과 국가를 하라리가 말한 상상의 질서와 연결한다. 민족과 국가와 자본주의가 모두 보로메오의 고리 혹은 매듭으로 맞물린 상태의 실체라는 것, 그래서 네이션=스테이트=자본주의라는 틀을 만들어낸다.[19] 상상의 질서가 상호주관적이고 물질적 실체에 단단히 뿌리를 내렸기에 떨쳐낼 수도, 벗어날 수도 없는 실체라는 하라리와 통하는 면이 있다. 하라리에 따르면 마르크스주의에서 말했던 상부구조(법, 예술, 국가, 종교, 민족 등)가 이제 자본주의와 같이 실체와 맞먹는 상상의 질서가 되었다. 자본 또한 주식회사며 화폐나 신용과 마찬가지로 상상의 질서이지, 실체가 있는 게 아니다. 고진에 따르면 화폐와 신용으로 만들어진 자본주의 경제 체계란 물질적 하부이기는커녕 신용 덕에 존재하는 종교 세계와 같다.

고진은 교환양식을 A부터 D까지 네 가지로 나눈다. A는 증여의 호수성, 그러니까 서로 주고받는 사회이다. 상상의 질서가 잉여 생산물과 함께 작동했기에 마르셀 모스가 말하던 수렵채집민의 밴드사회에서는 교환양식이 없었고(생산물의 축적이

19) '한민족'이란 말이 우리에게 익숙한 건 교육 때문이다. 중화민족이나 일본 민족만큼은 아니더라도 우리에게는 여진이며 거란 등 많은 이민족이 섞였다. 따라서 혈연에 의한 공동체로서의 민족은 아니다. 고진은 그래서 민족이란 말을 쓰지 않고 네이션을 썼다. 홉스봄은 1848년 혁명이 여러 민족의 자기주장이었다고 보았다. 물론 혁명은 다 실패했지만, 그 주장의 내용이 이후 국민국가의 성립과 함께 유럽 정치를 규정했다. 하지만 민족주의에 논리적 근거는 없고 다만 정치적 힘에 따른 규정이요 가공의 인공산물일 뿐이다. 예컨대 이탈리아는 1870년에 통일이 완결되지만, 이탈리아 소속 주민 모두가 스스로 이탈리아인이라고 생각한 건 아니어서 이탈리아는 그저 지리상의 표현일 뿐이었다. 그래서 이탈리아는 이탈리아인을 만들어야 했다. 그런 수단이 바로 국가의 교육과 병역 등이다. 초등교육이 네이션 형성에 필수로, 언어의 학습과 국가에 대한 충성 등이 강조되었다. 1871년 비스마르크(Bismarck)의 힘에 의한 독일 통일 때도 마찬가지였다. 그때부터 도이칠란트인이 만들어져야 했다. 그전까지는 작센인이나 바이에른인은 있어도 엄밀히 도이칠란트인은 없었다.

불가능해서), 그저 모두 함께 내놓고 함께 고루 나눴다. 공동체의 강제나 속박도 상대적으로 없었다. 교환이란 건 애초 생산물의 축적이 있고 나서 씨족과 씨족 사이에 일어나는 것이지, 자체 씨족 내에서 이루어지지 않는다. 따라서 모여 살면서 농사를 지으며 살 때 비로소 호수성의 교환양식이 생겨난다. 이제 공동체는 속박하고 강제한다. 이를테면 태어나자마자 공동체로부터 그 일원이라는 자격을 증여받는다. 이제 일원은 공동체에 그 증여의 대가를 치러야 한다. 그래서 다들 평등하지만, 자유롭지는 않다. B는 세계=제국이 되는 때 나타나며, 교환 방식은 복종과 보호다. 폭력을 통해 복종시키고, 보호의 대가로 착취한다. 다이아몬드나 하라리 역시 국가와 제국의 단계에서 질서가 잡히고 위험이 급격히 줄어든다고 보았다. 상상의 질서는 그만큼 더 커지고 더 단단해졌다. C는 자본=네이션=국가의 시대, 일명 '근대 세계 시스템'(월러스틴)이다. 하라리로 치면 신용을 통한 자본 융통과 과학의 발전으로 자본주의와 제국주의의 급속한 확장이 이루어진 때다. 현재까지 세계 질서의 주류이다. C가 가능해지려면 A와 B가 지양되어야 한다. 증여로 구속하고, 폭력으로 강탈하는 일 없이 서로 저마다 자유로운 존재로 승인해야 상품교환이 이루어지기 때문이다. 고로 국가(state, nation)와 시장이 공동체 역할을 대신한다. 물론 자유롭다고 평등한 건 아니어서, B에서 신분이 지배한다면 여기에는 계급이 지배한다. 신분과 그에 바탕을 둔 국가, 그리고 C의 계급 갈등까지 지양한 D는 A가 고차원적으로 회복되어 자유롭고 상호적인 교환양식이다. A는 다만 어제까지의 세계로 끝나는 게 아니다. 세계 종교의 초기에도 그런 공동체가 있었고, 오늘날에도 이른바 상상의 공동체(앤더슨)인 민족이 그런 공동체 노릇을 한다고들 상상한다.[20] 월드컵 축구 응원을 생각해보자. D의 세계가 오려면 국가(State)가 지양되어야 한다. 사회주의, 공산주의, 아나키즘, 평의회코뮤니즘, 어소시에이셔니즘 등 다양한 이름이 있었지만, 고진은 그냥 X라고 부른다. 고진의 표로 비교해보자. 가로축으로 보면(BC : AD) 불평등 : 평등의 관계, 세로축으로 보면(BA : CD) 구속 : 자

20) 고진은 농업 공동체가 상품경제 침투로 해체되고, 그와 대응한 종교적 공동체도 해체하지만, 바로 이 네이션의 형태로 회복한다고 보고, 이걸 서로 주고받는 호수적 관계를 기반으로 하는 '상상의 공동체'(앤더슨)라 표현한다. 그래서 현대 사회는 자본제가 초래하는 계급 대립이며 모순들을 초월한 공동성을 상상으로 이룩하여 자본=네이션=국가라는 결합체(보로메오 매듭)로 존재한다.

유의 관계로 비교된다. 그런데 이 네 가지 양식은 거의 언제나 섞여 함께 존재하지만, 그중에 두드러진 하나가 지배적인 교환양식이 된다. 이를테면 오늘날 사회는 C가 지배적인 교환양식이지만 구석구석 A와 B의 모습이 있다. 그런데 1990년대부터 복지, 의료, 대학 등 상대적으로 자본주의 체제 밖에 있던 것들도 자본주의화 하였다.

▌표 1-2▌ 교환양식과 근대의 사회구성체

〈교환양식〉		〈근대의 사회구성체〉	
B 약탈과 재분배 (지배와 보호)	A 호수 (증여와 답례)	B 국가	A 네이션
C 상품교환 (화폐와 상품)	D X	C 자본	D X

하라리(Harari, 2015년)는 마르크스가 예견한 자본주의의 몰락이 일어나지 않은 이유를 과학이며 새로운 기술로 생산성을 높인 덕이라고 설명한다. 그런데 저 과학혁명은 역사의 종말을 불러올지도 모르고 아니면 뭔가 전혀 다른 게 새로 시작하게 만들지도 모른다. 고진은 세계 시스템 안에서 교환양식 D를 기반으로 한 X가 나타나면 B, C가 초래한 계급 분열의 갈등과 불평등을 극복할 수 있다고 본다. 근대국가로서 공동체는 네이션이라서 자본=네이션=국가의 사회구성체고, 지배적인 교환양식은 C다. 국가(B)와 민족(A)은 교환양식이 다르다. 이 ABC와 거기서 파생하는 힘, 권력은 집요하여 인간이 저항하거나 벗어날 수 없다. 그래서 이걸 넘어서야 하는 D는 인간의 희망이나 자유의지에서 오는 게 아니라 오히려 그걸 다 넘어서는 지상명령으로 나타난다. 그게 바로 세계공화국이다.

헤겔이 비웃은 칸트의 영구평화론은 국제연맹과 국제연합으로 실현되었다. 영구평화는 전쟁 없는 상태가 아니라 적대감 자체가 사라진 목적의 나라다. 칸트는 국가연합, 더 나아가 세계공화국에 의해 영구평화에 도달할 수 있다고 보았다. 한 나라에서 실현하기란 다른 나라의 개입으로 불가능하기에 세계 동시 혁명으로만 세계공화국이 성립할 수 있다. 그런데 아직은 물론 무르익지 못한 상태다. 그건 C의 질서가 국가의 형태로 존재하기 때문이다. 따라서 국가가 지양되어야 하는데,

그러기 위해 거쳐야 할 단계가 자본주의의 위기다. 자본주의가 위기에 빠지는 건 영원한 자본증식이 불가능하기 때문이다. 중국과 인도의 대규모 산업이 발전하려면 자원이 동이 나고(Harari는 반대다. 새로운 에너지와 자원을 찾을 수 있다는 것) 환경이 파괴되기 쉽다. 게다가 두 나라의 산업 발전으로 농업인구 절반이 사라지면 프롤레타리아=소비자가 사라진다. 결국 글로벌한 자본의 자기 증식이 불가능해진다. 자기 증식이 안 되면 자본은 자본이기를 멈춘다. 이때 자본주의는 위기에 빠지는데, 그럴 때 일어나기 가장 쉬운 게 전쟁이다. 칸트에 따르면 인간 본성에는 반사회적 사회성이 있고, 그건 제거할 수 없고, 국가도 마찬가지다. 그래서 국가에 의한 폭력적 점유와 강탈에 기초한 세계로의 퇴행이 일어난다. 그러면 국가의 지양이 가능해진다. 예컨대 국제연맹(The League of Nations)은 제1차 세계대전, 국제연합(UN)은 제2차 세계대전이란 파국을 거쳐 생겨난 결과였다. 마르크스는 전 세계 프롤레타리아의 동시 혁명으로 자본주의 체제를 지양할 수 있다고 보았다. 홉스를 적용하면 리바이어던 같은 초강대국이 세계를 통합하면 된다. 그러나 고진에 따르면 그것 역시 교환양식 B일 뿐이기에 그게 영구평화나 세계공화국과 연결되지 못한다. 오히려 여기서 과거 부족연맹체를 떠올리고 현재 UN 시스템 가운데 국가조직이 아닌 부분을 확장하면서 둘을 조절하여 '증여'를 통해 세계시스템으로서의 세계공화국이 가능하다. 이를테면 한 나라가 자체 군사 주권을 UN에 증여한다. 그걸 다른 나라들이 본받아 참여하면 일국 혁명이 세계 전체 혁명이 된다. 그리고 증여의 힘은 군사력보다 강하기에, 아무리 강대국이라도 이 길에 어깃장을 놓을 수는 없다. 이것이 세계공화국 탄생이요, 영구평화의 정착이다.

▌표 1-3▐ 자본주의 역사의 단계

구분	1750~1810	1810~1870	1870~1930	1930~1990	1990~
세계자본주의	중상주의	자유주의	제국주의	후기자본주의	신자유주의
헤게모니국가		영국		아메리카	
경제정책	제국주의적	자유주의적	국주의적	자유주의적	제국주의적
자본	상인자본	산업자본	금융자본	국가독점자본	다국적 자본
세계적 상품	섬유산업	경공업	중공업	내구소비재	정보
국가	절대주의 왕권	국민국가	제국주의	복지국가	지역주의

4) 에릭 홉스봄, 〈혁명, 제국, 자본의 시대〉 3부작

홉스봄(E. Hobs Baem)은 프랑스 대혁명(1789)에서 시작하는데, 유럽 역사에 낯선 우리로서는 유럽이 부상하기 시작한 배경을 먼저 살펴볼 필요가 있다.[21)]

중세(11세기 이후)에 이탈리아 피렌체와 베네치아, 피사의 향신료 무역(비잔틴 제국)을 중심으로 한 지중해 무역이 유럽 경제의 혈맥이었다. 11~13세기 십자군 전쟁 이후 근세로 접근하면서 동서무역의 촉진과 전쟁물자 운송으로 지중해의 이탈리아 해양 도시들이 패권을 장악했다. 4차 십자군 전쟁 때 베네치아는 비잔티움 콘스탄티노플 점령하여 라틴제국을 세우고 제국의 3/8을 장악하여 선박 통행에 유리한 지점을 차지하기도 하였다.

이후 포르투갈이 아프리카 항로를 개척하며 대서양 시대 막을 열면서 지중해 지역이 쇠퇴한다. 지중해가 쇠퇴하기 시작한 건 오스만 제국이 동로마제국을 무너뜨리면서 아시아와의 육상 교통로가 막히면서부터였다. 그래서 대서양 해로를 찾기 시작했고, 대서양 항로가 개척되면서 지중해 시대가 저물고 오스만 제국도 함께 힘을 잃어갔다. 그렇게 애타게 바닷길을 찾고 개척한 건 후추와 육두구를 비롯한 동남아시아의 향신료 때문이다. 그 뒤 태평양 항로를 찾은 뒤로는 중국의 차와 도자기에 눈독을 들였고, 그만큼 중국으로 들어가는 은이 아까운 영국이 고안해낸 게 아편 무역으로서, 중국이 가로막자 아편전쟁으로 늙은 거인을 거꾸러트린다.

대서양 항로 개척에 맨 먼저 앞장선 게 포르투갈이다. 장자가 아닌 포르투갈 왕자 엔히크(Infante Dom Henrique de Avis, 1394~1460)는 선박 건조와 항해 연구에 힘을

21) 서기 1년 세계 총 GDP가 1041.73억불로, 인도가 337.5억불, 중국이 268.2억불인데, 서유럽을 다 합쳐도 111.15억불이었다(프랑스 23.6억불, 독일 12.2억불, 영국 3.2억불, 스페인 18.7억불 등). 그 후 서기 1,000년에도 전 세계가 1167.9억불로 1000년 동안 큰 변화가 없었다. 인도 337.5억불, 중국 265.5억불, 서유럽 101.65억불(프랑스 27.6억불, 이탈리아 22.5억불, 스페인 18억불, 독일 14.3억불, 영국 8억불). 이때 고려의 GDP가 11.48억불이었다. 1600년이 되면서 중국 960억, 인도 742억, 일본 96억, 프랑스 155억, 이탈리아 144억, 독일 126억, 스페인 79억, 포르투갈 8억으로 변화가 보였다. 특히 이때부터 서유럽도 상승세를 보이기 시작했다. 1700년 인도 907억, 중국 828억, 일본 153억, 프랑스 195억, 이탈리아 146억, 독일 136억이다. 1870년쯤에는 더 분명해지는데, 중국 1897억, 인도 1348억, 영국 1001억, 프랑스 721억, 독일 714억, 이탈리아 418억으로 나타났다. 참고로 2021년 경제 규모를 보면 미국이 20.9조 달러, 중국 14.7조, 일본 5조, 독일 3.8조, 영국 2.7조, 인도 2.7조, 프랑스 2.6조, 이탈리아 1.9조, 캐나다 1.6조에 이어 10위가 한국 1.6조 달러였다.

기울였고, 1415년 함선 238척에 병사 4만5천 규모의 원정대를 이끌고 아프리카 북부 세우타 정복에 나섰다. 레콘키스타를 우회 지원한다는 명분으로 식민지 건설과 제국주의 침략의 첫 단추였다. 지지층인 상인 계급의 지지를 강화하고 포르투갈 왕 주앙 1세의 아바스왕조 계승권에 불만 가진 계층을 함께 아울러서 왕권을 안정시킨다는 목적도 있었다. 엔히크는 정찰대 150명을 데리고 나가 병력의 90%를 잃고도 공격을 계속하여 극적인 승리를 거두었다. 소문이 퍼지자 교황도 프랑스와 백년전쟁 중인 영국도 또 레콘키스타를 위해 싸우는 카스티야도 엔히크 왕자를 보내달라고 아우성치었다. 엔히크는 결혼도 하지 않고 조선소를 확충하여 범선인 카라벨선을 건조하고, 해양 연구소를 차려 해외의 우수한 조선기사와 항해기술자, 탐험가, 지리학자, 천문학자 등을 초빙하여 항해와 공학을 연구하게 하면서 또 기행문과 지리서, 항해술 관련 서적들을 수집하였다. 이윽고 선원들을 시켜 아프리카 연안(바다 멀리 가면 절벽이라고 믿던 시절)을 따라 계속 탐험하게 하였다. 비용은 아프리카 내륙으로 가 사금을 캐거나 원주민을 잡아 노예로 팔며 벌어들였다. 노예무역은 이미 일찍부터 있었던 셈이다.[22] 나중에 16세기 초에는 40년간 금을 16톤이나 캐냈다. 엔히크는 1441년 사금 가루와 노예를 데리고 돌아왔다. 엔히크가 사망할 즈음 그가 보낸 선원들이 마침내 적도를 통과했다(1460년). 바닷물이 끓어 배와 선원을 삼켜버린다던 게 사실이 아니란 걸 알게 되었다. 게다가 포르투갈이 금과 금화 제조 시설을 강탈하여 독자적으로 금화를 제작하자 이웃인 에스파냐 등도 바다에 관심을 두면서 마침내 대항해 시대에 가까이 다가갔다.

에스파냐에서는 1469년에 카스티야의 이사벨과 아라곤의 페르난도 2세가 주변의 반대를 무릅쓰고 결혼하여 두 나라를 합쳐 공동으로 통치하였다.[23] 레콘키스타

22) 이때부터 노예무역이 시작되어 스페인, 영국, 프랑스, 네덜란드 등은 노예무역에 열을 올렸다. 거기에 독일, 스웨덴, 덴마크도 달려들었다. 16~18세기 축적된 부 중 노예무역으로 벌어들인 부분이 적지 않을 정도라고 한다. 영국은 1807년에 국회에서 노예무역을 금지했고, 1833년 들어서서 영국 식민지 전역에 노예제도를 폐지하였다. 유럽의 경우 1815년부터 노예무역의 불법화가 시작되면서 단속도 하였지만, 1880년대까지 불법은 계속되었다. 그런데 아프리카의 경우에는 1910년대까지도 계속되었다(위키피디아, 2023.01.01).

23) 둘의 사랑과 모험은 재미있는 이야깃거리다. 왕의 반대에도 불구하고 스스로 결혼 상대를 고르고, 먼저 상대에게 편지를 보낸 당찬 이사벨이 마침내 여왕 자리에 올라 결혼에 성공하고 오랜 염원인 재정복(reconquist)까지 이룩한다.

를 위한 전쟁을 벌여 1492년 1월 2일에 마지막 남은 이슬람 세력의 그라나다왕국을 함락하고 보압딜 왕의 항복을 받아낸다.[24] 711년에 이슬람의 무어인들에게 빼앗긴 땅을 781년 만에 수복하였고, 종교가 이슬람에서 가톨릭으로 바뀌었다. 그래서 교황도 이사벨과 페르난도 둘을 일러 '가톨릭의 수호자'라고 떠받들었다. 그러나 이런 기록들은 서양인의 시각이고, 이슬람 세력이 그렇게 오래 남아 유지된 이유들로 유럽보다 발달한 문명과 문화의 창구기능을 했기 때문이라는 설명이 설득력이 있다. 이슬람인들은 그리스와 인도의 문화를 유럽에 전달했고, 스페인에는 계단식 농법과 건축 기술 등을 전수했다. 지금도 곳곳에서 이슬람풍 궁전과 계단식 밭에 심긴 올리브 나무들을 볼 수 있다.

1492년 재정복에 성공하고 났을 때 포르투갈, 영국, 프랑스에서 퇴짜를 맞은 크리스토퍼 콜럼버스(Christopher Columbus, 1450~1506)가 찾아온다. 여기서도 처음에는 투자 유치에 성공하지 못했지만, 이사벨이 나서서 투자하기로 한다. 아메리카의 발견(1492.10.12.)이지만, 정작 본인은 인도로 오인한다. 그 덕에 오늘날도 카리브해에 약 1,200개 섬을 '서인도제도'라고 부른다. 동인도 회사의 명칭도 그래서 생겼다. 10월 12일(10월 둘째 월요일)을 '콜럼버스의 날'이라고 하여 축하해왔는데, 20세기 후반부터 반대로 '원주민의 날'로 부르며 기념하는 사람들도 있다. 아무튼 본격적인 태평양 대항해 시대와 삼각무역 시대의 동이 트는 순간이다.

한편 『부의 역사』(권홍우, 2008)라는 책에서는 레콘키스타와 함께 쫓겨난 유대인의 경로와 세계 부의 흐름이 같다고 보는데, 유대인과 금융을 생각해보면 일견 타당성이 있다. 로마에 정복당하고 온 세상에 흩어진 유대인, 8세기 이베리아반도를 점령한 이슬람 세력을 따라 들어온 유대인은 '지식 있는 자들'로 대접받으며 특권을 누렸다. 많은 이들이 의술이나 법 지식으로 살고 무역에 종사하는 이들도 많아 부유하게 살았다. 그러나 이슬람 세력이 밀려나면서 그런 특권도 사라지고 오히려 천대와 학대를 받는 쪽으로 뒤바뀐다. 그래서 일도 천하거나 죄스러운 것으로 여겨지던 금융, 상업, 무역 등에 종사할 수밖에 없었는데, 그게 오히려 유대인들의

24) 모로코로 떠나며 그라나다 '한탄의 언덕'에서 궁전을 바라보며 눈물을 흘리던 보압딜에게 어머니가 이렇게 꾸짖었다고 한다. "사나이가 나라를 지키지도 못하고 여자처럼 눈물을 흘립니까. 울음을 멈추세요." 젠더의 사회화가 읽힐 수 있다.

자본 축적에 밑바탕이 되기도 한다. 그런데 그라나다 함락과 함께 마침내 남은 이슬람 세력이 없자 그간 유대인을 추방하지 않겠다던 이사벨과 페르난도 2세는 알람브라 칙령을 발표하여 유대인 추방을 명령한다. "신성한 가톨릭 교리를 무너뜨리고 신앙 깊은 교도들을 무너뜨리려" 했다는 죄목이었다. 4개월 만에 떠나거나 가톨릭으로 개종해야 했다. 당시 인구 700만의 스페인에서 유대인은 수십만 명 정도였지만, 도시 인구로만 따지만 약 3분의 1이나 되었다(한국경제, 2015.03.28). 칙령에서는 재산권 보호와 동산과 부동산의 자유로운 처분 및 반출을 허용한다고 하였지만, 금과 은, 화폐를 비롯해 국가가 정하는 품목의 반출 금지가 단서 조항으로 붙었다. 처음에는 절반 이상이 포르투갈로 이주했다. 유대인의 상술과 지식을 높게 산 포르투갈 왕실에서 이주를 허용한 것이다. 그러나 역시 가톨릭 국가로 유대교 신앙을 유지할 수 없어, 거기 끝까지 남지 못하고 떠나는 이들이 많았다. 추방 결과로 스페인계 유대인은 안전한 생활을 찾아 남동부 유럽으로 이주하여 이미 존재하던 동부 유럽계 유대인 공동체에 흡수되기도 했다. 추방된 유대인 수는 학자에 따라 13만 명에서 최대 80만 명으로 추정한다.[25) 『부의 역사』대로라면 스페인에서 포르투갈로 유대인이 이전하면 부의 경로도 그래야 하지만, 이 부분은 동시에 출발 지역으로 본 셈이다. 위에서 살펴보았듯이 해양 진출로 먼저 부를 쌓은 건 포르투갈이고, 그 뒤 아메리카 발견과 정복으로 금을 쓸어오던 스페인이 뒤를 잇는다.[26) 그러나 이제부터 유대인의 경로는 개신교며 유대교까지도 허용하는 네

25) 2015년 스페인은 외국에 거주하는 세파르디 유대인에게 스페인 시민권을 부여하는 제도를 도입했다. 5백 년 만에 시민권을 다시 받을 수 있게 된 것이다. 멕시코, 베네수엘라, 콜롬비아, 아르헨티나 등 남미권에 살던 세파르디 유대인 13만 2천여 명이 신청했다. 트럼프의 히스패닉계 차별과 반이민 정서 탓에 미국에 있던 히스패닉계 유태인들이 적극적으로 시민권 신청에 나섰다(정성호, 2018). 거기에는 이스라엘 시민도 3천여 명 있었다. '역사의 잘못을 바로잡겠다'.라는 명분을 내세웠지만 부유한 유대인의 투자를 끌어들이려는 조치라는 해석도 있다. 현재 전 세계 세파르디 유대인 수는 약 350만 명 정도라고 한다.

26) 스페인이 끝내 강국으로 남지 못하고 만 데는 여러 가지 이유가 있다. 첫째, 인플레이션이다. 유대인들을 추방하며 금과 화폐 반출을 막자 이들은 부동산까지 처분하여 시중에 돈 될 만한 걸 마구잡이로 사들여 가져갔다. 이런 상황에서는 물가가 오르지 않을 도리가 없다. 거기다 아메리카 식민지에서 강탈한 금과 은이 마구 들어와 화폐 가치가 하락하며 인플레이션이 심해졌다. 둘째, 끝없는 전쟁으로 밑 빠진 독처럼 돈이 들었다. 셋째, 1506년 스페인 곡창지대 카스티야가 흉작으로 식량값이 오른 것도 인플레이션을 부채질했다. 1570년 레판토해전에서 무적함대(Armada Invencible)로 오스만군을 꺾으며 새로운 강자로 부상한 스페인이었지만, 결국 1588년에는 칼레해전에서 영국 엘리자베스 여왕 군이

덜란드로 이어졌고, 네덜란드는 새로운 금융과 주식을 통한 재원 조달 방식으로 해양 강자로 올라선다.

네덜란드(Nederland)는 바다보다 낮은 땅, '저지대'라는 뜻이다. 부르고뉴의 20%와 벨기에 일부를 포함하여 홀란트(Holland)라고도 하는데, 나무 많은 땅이란 뜻이다.[27] "신은 세상을 만들고, 네덜란드는 땅을 만들었다." 네덜란드 사람들의 개척 정신을 표현한 말이다. 바다를 메우고 풍차로 바닷물을 퍼내어 개간하고, 운하망을 뚫으며 국토를 개척했다. 그러며 나온 이탄(연료, 거름)과 개간한 땅에서 기른 곡물로 특히 스페인 대기근(1506년) 때 곡물로 부를 이루었다. 한편 일찍이 1358년에 빌렘 벤켈소라는 어부가 청어를 염장하여 통 절임으로 1년이나 보관할 수 있는 기술을 개발했는데, 이것이 이들에게 돈을 가져다주기 시작하였다.[28] 고기를 먹지 않는 금식 기간이 있던 겨울철 청어 인기는 대단했다. 거기다가 떠도는 유대인을 거의 차별하지 않고 오히려 그들의 기술과 지식을 환영하면서 당시 암스테르담을 유럽의 예루살렘이라고도 하였다. 주변 국가들이 매달리던 중상주의를 따르지 않고 금과 은의 유통을 자유화하였다. 그렇게 벌어들인 돈으로 스페인(합스부르크 왕국)과의 80년 전쟁에 자금(용병을 사서 싸우게 하고 자신들은 일에 매달렸다.)을 대는 한편, 운하 건설과 같은 기간산업을 하고 또 동인도회사 같은 기업에 융자(이자가 2~3%로 당시 유럽에서 가장 저렴)와 투자도 하였다. 아울러 선박 건조 기술(플류트 범선)을 개발하여 화물운송과 무역에 나섰다. 바다의 마부라는 소리를 들으며 세계 상선의 절반까지 차지하기도 하였다. 마침내 17세기 중반에는 아시아에서 포르투갈을 대체

보낸 해적 출신 드레이크와 네덜란드 연합군에게 패배하며 기세가 꺾였다.

27) 홀란트(Holland)는 네덜란드의 중서부 지역의 주 이름이다. 해상활동이 왕성했을 때 가장 많은 이들이 이 홀란트 출산이었고, 그래서 홀란트가 네덜란드를 대신하는 말로 쓰이기도 했다. 한자 국명인 화란(和蘭)의 유래이기도 하다. 영어에서는 네덜란드를 Dutch라고도 하지만 네덜란드에서는 그런 말을 쓰지 않는다.

28) 보통 염장이라면 소금에 절이는 것이지만, 그 당시 소금은 그야말로 금값이어서 소금에 절인다는 건 상상할 수 없었다. 벨렘은 바닷물을 끓여 농도를 높인 함수를 대신 사용하였다. 이 기술로 더 오랫동안 배를 몰며 청어를 더 잡을 수 있었다. 장기간 배를 타야 하는 대항해 시대가 열린 것도 이 기술 덕이었다는 말도 있다. 게다가 1425년에는 기후변화로 해류가 변하면서 발트해에서 잡히던 청어(이때는 한자동맹의 돈줄이었다.)가 네덜란드 앞바다 북해로 몰려들자, 너도나도 청어잡이에 나서 매년 여름 약 1만 톤의 청어가 잡혔다. 당시 네덜란드의 인구 100만 명 중 30만 명이나 청어잡이에 종사했다고 한다(http://www.healthumer.com, 2023.12.24).

하기에 이른다. 여기에 위에서 말한 유대인의 금융과 경매, 주식 등이 뒷받침하였다. 배를 만들고 무역을 하는 데는 큰돈이 들기에 세계 최초로 주식시장이 들어섰다. 해외투자에도 적극적이어서 17세기 후반에는 GDP의 두 배 가까이나 되었다. 그러나 그 부지런하던 네덜란드 사람들이 어느덧 풍요에 젖어 직접 일하기보다 금융, 투자, 투기에 치중하면서 돈이 돈을 버니 빈부격차가 커지고 일자리가 줄면서 숙련공들이 떠나기 시작했다. 제조업 공동화가 시작된 것이다. 물론 결정타는 네 차례의 영국-네덜란드 전쟁(Anglo-Dutch Wars, Engels-Nederlandse Oorlogen '영란전쟁'이라고도 함. 1652~1654, 1665~1667, 1672~1674, 1780~1784년)이었다. 이 4차례 전쟁으로 위신이 떨어진 네덜란드는 세계 강대국 지위를 상실하고 영국이 해양 강국으로 떠올랐다.

네덜란드 숙련공들은 그동안 플랑드르의 하도급이나 맡았던 맨체스터로 갔다. 이후 지식인과 금융자본가들, 유대인도 영국행에 올랐다. 오라니에(오렌지) 공 빌럼이 명예혁명(1688년)으로 영국 왕(윌리엄 3세)으로 갈 때 1만 4천 명 군사와 3만 명의 인력이 함께 이동했고, 금융 전문가들이 뒤따랐다. 네덜란드식 사고방식과 금융제도가 이식되면서 1694년 잉글랜드 은행이 설립되었다. 이후 전쟁 비용까지도 은행과 국채로 조달하면서 자금 은닉 풍조가 사라지고 자금 이동이 활발해졌다. 1697년 런던 증권 거래소가 문을 열었다. 사실 유대인은 크롬웰 때 이미 재입국(1290년 4천 명에서 1만 6천 명 추방)이 허용되었다(의회는 반대했지만, 유대인의 부와 이재 때문). 윌리엄 3세 이후부터는 종교와 정치적 자유를 보장받았다. 리카도, 개종 없이 하원의원 된 라이오넬 로스차일드, 가장 영국적인 제국주의자인 벤저민 디즈레일리 등이 유대인이다.[29] 그리고 얼마 지나지 않아 산업혁명이 시작되었는데, 이는 에릭 홉스봄의 책을 중심으로 역사의 큰 발자취를 살펴보고자 한다.[30]

---

29) 디즈레일리-Disraeli, 이 이름의 첫 자와 마지막 자를 지우고 읽어보자. 이스라엘이다. 하지만 성공회로 개종하였다.

30) 미국 유대인은 대부분 19세기 독일, 러시아, 동유럽에서 박해를 피해 이민 간 이들이다. 미국에서도 유대인은 차별 대상이었지만, 제2차 세계대전에서 나치 독일을 격파하고 승리하는 과정에서 야만스러운 나치의 홀로코스트에서 유대인을 구원한 "정의로운 강대국 미국"이라는 애국주의 사관의 보급과 함께 반유대주의는 수면 아래로 가라앉았다. 미국 인구에서 차지하는 유대인 비중에 비해 각종 요직이나 산업의 중심에서 유대인이 차지하는 비중은 매우 높은 편이다. 이들이 미국 부를 이룩한 건 아니지만, 아무튼 이들의 이주 시기와 미국의 부상은 겹친다고 보아도 좋겠다.

(1) 혁명의 시대: 1789~1848

지금 세계가 어떻게 이루어졌는지, 오늘날의 세계가 어디로 가는 중인지 탐구하는 연구이다. 먼저 시작인 혁명의 시대(프랑스 혁명과 산업혁명을 이중 혁명으로 본다.) 배경을 보면, 1780년대까지 세계 대부분은 농업이 차지하였다. 아메리카에서는 노예 노동으로 수출 지향적 농업이었고, 농노제가 이어지던 동유럽 농업도 마찬가지였다. 어느 정도 봉건제를 벗어나 지주와 소작농 규모가 커진 서유럽, 특히 영국은 자본주의식 농업이 발달하는 추세였다. 농업에서 공업화에 필요한 노동력을 공급하게 된 건 처음에는 농업의 공황 때문이었고, 그 당시는 공업도 대규모 산업이 아니라 확대된 매뉴팩처 형태로 인력 수요가 크지 않았던 상태였다. 우리로 따지면 1960년대 모습에 가깝다.

프랑스 혁명이 세계에 제공한 모델은 자유주의와 급진 민주주의였다. 나폴레옹까지 이어지는 전쟁과 함께 유럽 전역에 퍼져갔다. 이 전쟁에서 절대왕정의 비효율성이 드러나며 국가 개혁이 불가피하다는 인식이 커졌다. 아울러 다급한 재정 수요 탓에 불태환 지폐가 광범위하게 통용되고, 세금과 차관 등을 통해 정부 능력의 극대화와 함께 세계금융의 집중화와 군대 고용, 군수품 공업, 재정 융자 등 국가적 동원으로 민간 경제의 활성화가 이루어졌다. 그러나 정치 구조의 변화는 아직 보이지 않고, 여전히 절대왕정이 압도하였다. 그래도 국제관에서는 변화가 컸고 1840년대부터 자유주의적 자본주의가 대세를 이루며 지구상의 공간 분할이 강화되며 유럽 중심의 우위가 뚜렷해졌다. 아편전쟁을 거슬러 살펴보면, 당시 머지않아 한반도에도 프랑스의 강화도 습격인 병인양요(1866년)와 미국 제너럴셔먼호의 강화도와 김포 습격인 신미양요(1871년)가 닥친다. 이중 혁명 이후 유럽의 세력은 비유럽 세계를 향해 뻗어갔다.

그러나 18세기 후반 세계는 여러모로 지금보다 좁았다. 다만 교통과 통신이 지금과는 비교할 수 없이 낮은 수준이었기에 사람들 인식 속에는 지금보다 훨씬 거대하였다. 그래도 철도 혁명은 아직 없었지만, 마차와 우편 업무 등에서 제법 큰 발전을 이루어 10~12일 걸리던 런던에서 글래스고 여행이 62시간(이틀 반)으로 줄고, 우편 마차, 승합 마차 제도로 파리에서 스트라스부르까지 우편배달에 36시간밖에 걸리지 않았다. 물론 세계 인구 대다수는 아직 문맹이라서 편지는 별 소용없고, 시장에 오가는 것 말고 따로 여행하는 일은 드문 일이었다. 운송도 육상보다는 주로 수상에 의지했다. 조선시대까지 세금으로 걷던 쌀을 실어 나른 건 대부분 배였다. 가장 앞서가던 영국은 1851년 무렵 도시 인구가 지방 인구를 넘어서기 시작했다. 1789년까지만 해도 런던 인구는 1백만 명, 파리는 50만 명일 정도로 유럽에 10만 명 도시는 20여 개에 불과하였다.[31)]

세상에 알려진 세계의 면적 증가, 교통(철도, 증기선)의 고속화, 인구 증가, 확대된 도시화, 커진 생산량 등 대체로 여러모로 예전보다 풍부해진 건 사실이다. 그런데 역설적으로 빈민으로 넘쳐나는 도시와 농촌에 사는 사람들 대부분의 생활 조건은 더욱 힘들어졌다. 인구 대부분은 아직도 농민이었고, 부르주아도 늘고, 공장이 늘다 보니 노동자 수의 증가세도 가팔랐다. 이중 혁명으로 인간 의식에도 변화가 컸는데, 가장 큰 게 세속화였다. 더 이상 모든 게 종교로 설명되지 않았다. 과학의 발달과 함께 현세적, 비종교적 이데올로기가 논리적 틀을 갖추고 세계를 설명하기 시작했다. 철학 형태의 기본체계로 영국과 프랑스에 처음 나타난 고전적 부르주아 자유주의 이념에서는 이성이 곧 종교였다. 여기서 그리는 인간 세계 모습이란 소유하는 개인으로 구성된 원자화된 세계였다. 그런데 가진 것 없는 노동 빈민이 역사상 처음 대규모로 양산되었다. 이들은 아직 가진 것 많은 이들의 재산 증식 수단(값싼 노동력)이거나 기껏해야 가련한 구제 대상 혹은 사회불안의 암 덩이로 통제 대상일 뿐, 사회복지의 대상이 아니었다. 구제와 통제를 동시에 실현하는 게 빈민제도였다.[32)] 빈민제도의 기본 특징이라면 가난을 개인의 잘못이라며 죄악시하는 것이다. 1834년 영국의 「신빈민법」 역시 빈민을 위한 실업 보조금 형태였는데, 최

---

31) 1789–1848년 사이에 생겨나거나 현대적 의미를 얻은 단어들을 홉스봄이 다음과 같이 정리하였다. 산업(industry), 산업가(industrialist), 공장(factory), 중산층(middle class), 노동자계급(working class), 자본주의(capitalism), 사회주의(socialism), 철도(railway), 자유주의적(liberal), 보수적(conservative) 국적(nationality), 과학자(scientist), 기술자(engineer), 프롤레타리아 혹은 프롤레타리아트(proletariat), 경제공황(economic crisis), 귀족(aristocracy), 공리주의자(utilitarian), 통계학(statistics), 사회학(sociology), 저널리즘(journalism), 이데올로기(ideology), 파업(strike), 빈민 혹은 빈곤 상태(pauperism).

32) 처음 학계에서 널리 쓰이는 '구빈'이란 용어를 썼으나, 허구생(2007)의 주장을 받아들여 '빈민'이란 용어로 바꾸었다. 허구생에 따르면 「빈민법」은 구빈(poor relief) 관련 사항뿐만 아니라 빈민 통제와 처벌 관련 사항까지 포함하기에 구빈법으로 번역하는 게 적절하지 않다. 가난을 구제하는 제도에 가난한 자의 통제와 처벌이 포함되기 때문이다.

저임금 삭감의 계기로 삼은 고용자들 때문에 임금노동자를 더 가난하게 만들었다.

(2) 자본의 시대: 1848~1875

호황과 불황이 주기적으로 되풀이되는데, 옛날 불황이 자연재해 탓이라면, 이 시기부터는 자본의 팽창에 따른 결과로 호황과 불황이 반복되는, 역사상 최초의 자본주의 경제순환이 나타났다.[33] 그간의 혁명에 가담했던 부르주아는 이때부터 혁명에서 벗어나 기존 지배체제와 타협하면서 시대를 주름잡는 세력으로 성장하며 세계 시장을 장악하였다.[34] 물론 식민지 착취에서도 앞장섰다. 그러면서 내부에서 사회적 빈부격차가 심해졌지만,[35] 지리적으로도 식민국가와 피식민 국가 사이의 격차가 심해졌다. 그와 함께 세계는 점점 더 통합되었다. 철도가 전 세계로 뻗어가며 자본주의의 세계화와 함께 자본의 이윤율 하락을 막고, 전신은 세계를 거의 실시간으로 연결해주었다.[36]

보수세력은 혁명의 위험성을 실감하고 권력 유지를 위해 혁명에서 요구했던 것들을 수용해갔다. 마찬가지로 혁명의 위험성을 실감했지만, 혁명 없이도 자기들 계급의 요구가 실현될 수 있다는 걸 알게 된 부르주아는 더 확실하게 보수세력에 가세하였다. 그러면서 경제적으로는 자유주의가 엄청나게 확대되었지만, 정치는 보수화되는 역설이 나타났다. 정치의 보수화는 경기의 호황 덕을 크게 보았다. 자본주의의 팽창이 주기적인 불황에도 불구하고 장기적으로 호황세가 이어지면서

---

33) 1850년대 영국 면제품 수출량은 2배 증가하고, 프로이센 신설 주식회사가 급증하며, 1853년 곡물가격도 폭등했지만, 이를 상쇄할 정도로 호황기였다. 그러다 1857년 불황(뉴욕 은행 도산이 촉발), 1860년대 다시 호황, 1871~1873년 대호황, 1873년 불황, 1875 대불황이 반복되는 역사였다.

34) 그 계기가 된 게 바로 이 자본의 시대 시발점인 1848년에 전 세계에 걸쳐 일어났던 혁명(프랑스 2월 혁명에 이어 독일, 오스트리아, 헝가리 등 유럽 전역으로 확산) 때문이었다. 1848년 혁명은 인류역사상 전무후무한 동시 혁명이었다. 이 혁명이 실패하면서 자유주의자인 부르주아지는 구체제 지배계급 못지않게 노동 빈민 계급의 급진화로 사회혁명이 터질지도 모른다고 우려하여 혁명 반대자로 돌아섰다.

35) 중산계급은 노동자들이 적절히 가난한 게 마땅하다는 생각이었다.

36) 그에 비해 배는 범선이 아직도 대세였다. 증기선이 범선을 넘어선 건 1880년대였다. 반면 최초의 전기통신 수단인 전신(電信)은 그야말로 혁신이었다. 런던 경마 결과가 캘커타(현재의 콜카타)에 알려지는 데 약 5분밖에 걸리지 않았다. 철도 단거리 노선 도입은 영국 1825년, 미국 1827년, 프랑스 1828년과 1835년, 독일과 벨기에 1835년, 러시아 1837년 등 큰 차이가 나지 않았다.

보수세력에게 숨 쉴 여력을 주고, 반대로 사회주의자들이 이야기하는 혁명에는 일절 여지를 주지 않았다. 그래서 노동계급과 민주주의 운동 등 다양한 정치 세력이 등장했지만, 국내 차원의 문제로 국가의 통제권 안에 머물렀다. 아래로부터의 압박이 정치적으로 위기를 부를 정도가 아니었지만, 그 요구를 수용해가는 방식으로 대응하였다. 그 대표적인 것이 바로 선거권의 범위 확대였다. 아울러 경제의 확장도 한몫했다. 노동계급과 노동조합이 등장했지만, 경제 확장 덕에 안정적인 직업이 늘어나며 불안정 요소를 제어할 수 있었다. 이를테면 영국은 지적인 일에 종사하는 상층 노동계급과 불안정한 노동자로 나뉘었는데, 전자가 먼저 선거권을 확보하며(1832년) 노동귀족이 되어갔고, 후자는 빈민 대중으로 전락하는 추세였다.

이 시기 들어 급증한 프롤레타리아에게 정치 조직과 이론이 생겼다. 다른 노동계급 이론보다 대중노동 운동의 이론적 지침이 된 게 마르크스주의다. 1869년 설립된 독일 사회민주주의 노동자당은 1875년 라살레의 운동을 흡수하여 독일사회민주당으로 통합하였다. 이에 비스마르크(Bismarck)는 보수적 개혁으로 대응하였는데, 그게 바로 사회보험의 등장 배경이다. 다른 유럽 국가들에서도 노동조합 결성이 활발하였지만, 이때까지는 전체적인 세력이 그리 강하지 못했다.

이 시기까지 도시 인구를 넘어서던 농촌 인구였지만, 공업의 발달은 농업과도 긴밀한 관계가 있었다.[37] 첫째, 공업화와 그에 따른 도시화는 노동자와 전체 인구를 증가시키며 농산물 수요를 키웠다. 그에 따라 농업에서도 자본주의화가 이루어지며, 상당수 농촌 인구가 땅을 잃고 도시로 나가서 값싼 임금노동자가 되었다. 이런 인구 이동은 국내뿐만 아니라 국제 차원에서도 일어났다. 그래서 19세기 중반은 역사상 최대의 인구 이동이 시작되었다.[38] 한편, 1800년대 후반 세계 경제의 광범위한 확대와 철도, 선박의 수송체계 발달로 중심부와 주변부 사이의 거래가 대규모로 이루어졌다. 러시아와 미국이 주요 곡물 공급 국가로 등장하고, 또 예컨대

37) 한국은 50년대 말까지 전체 인구의 70% 이상이 농촌에 살면서, 전체 취업자의 60% 이상이 농업 부문에 취업하고, 국민총생산의 40% 이상이 농업 부문에서 생산되었다. 1960년까지도 58.3%이었지만, 1970년 44.7%로 절반 이하가 된 뒤 1980년 28.9%로 급속히 줄어들었다(한국일보, 2022.12.13.). 2019년 국토부 '도시계획현황 통계'를 살펴보면 도시 지역 인구 비율이 91.8%다(김현민, 2020).

38) 1848~1875년 사이 유럽인 900만 명 이상이 유럽을 떠나 미국, 캐나다, 오스트레일리아 등에 정착하였다. 그리고 이민자 대부분은 농촌 출신이었다.

벵골의 인디고와 황마, 콜롬비아 담배, 브라질 커피, 이집트 면화 등 특정 지역 전체가 특정 생산물을 생산하여 특정 중심부로 공급하는 일도 일어났다. 그러면서 세계 농업은 국제 시장을 노린 농업과 국지 농업으로 이원화되었다.

19세기 전반까지 대부분 한 가족의 자산에 의존하던 기업이 대부분이었는데, 철도와 야금처럼 거대 자본이 필요한 부분이 늘어나며 자본조달을 위해 주식회사와 같은 기업 형태들이 생겨났다. 영국은 산업금융회사를 매개로 융자를 만들고 증권거래소도 성황이었다. 공업화에 뒤늦은 나라일수록 대규모 자본조달에 의존했는데, 독일의 경우 은행이나 국가의 외자 유치 또는 국가의 투자를 통해 조달하였다.

(3) 제국의 시대: 1875~1914

제국의 시대 유럽은 평화가 일상이어서 전쟁다운 전쟁은 없었다. 기술 발전의 비용을 대주며 군수산업을 육성하여 군비를 확충했지만, 전면전을 원하는 정부는 없었다. 적어도 제1차 세계대전 전까지는 그랬다. 그러나 주변부는 혁명의 시대였다. 러시아와 중국, 페르시아와 터키에서 혁명이 일어났다. 1905~1906년 러시아의 미완 혁명으로도 페르시아와 터키 혁명을 예고하고 중국 혁명을 가속하는 한편, 오스트리아는 보편선거를 도입하였다. 1917년 볼셰비키 혁명은 세계로 번졌다. 프랑스 혁명이 19세기 서유럽 역사의 이정표였다면, 제1차 세계대전 이래 세계 역사는 볼셰비즘의 영향을 받았다. 그런데 혁명은 세계를 사회주의로 만든 게 아니라 오히려 세계자본주의 유지의 보루 역할을 하였다. 그러기 위해 자체 변형이 없었다면 자본주의 사회는 파시즘처럼 아예 사라지거나 스스로 숨을 죽여야 했다. 예컨대 케인즈는 전자를 선택해 자본주의 경제를 공적 · 사적 경제 혼합 방식으로 전환하여 경제의 통제와 관리 심지어는 계획까지 국가가 맡아서 자본주의 사회를 유지할 수 있다고 하였다.

19세기 말 인구밀도가 높아져 1880년대 인구는 15억 명 정도로 1780년 무렵의 두 배 정도가 되었다. 세계가 분화하면서 발전한 세계(지배, 부유)와 저발전 세계(종속, 가난) 사이의 차이가 더욱 벌어졌다. 19세기 후반 자연을 변형하는 능력과 그 바탕인 지식 측면의 변화를 진보라고 생각했다.[39] 1890년대에는 영사기, 통신장비와 라디오, 전신, 터빈과 내연기관, 전화, 축음기, 백열등, 자동차도 생산하였다. 이러한 산업 기술이 군사 기술에 반영되면서 무력을 통한 식민지 정복이 쉬워졌다. 1880~1930년 사이의 반세기는 전함 외교의 황금시대였다. 1876~1915년 사이 지구 땅의 1/4이 약 6개 국가의 식민지가 되었다. 군사 정복의 측면도 있지만, 가장 큰 원인은 경제적인 것으로 시장확보 차원이었다. 홉스봄은 피식민지도 종속성은 있지만 경제로만 본다면 제국주의로부터 상당한 이점을 누릴 수 있다고 보았다.[40] 그런데도 그렇게 많은 식민지에서 그 많은 착취를 했으면서도 유럽에서 가장 진보한 지역에서 대다수를 차지하는 가난한 이들의 최고 희망은 그저 육체를 보존하고 식구들이 한데 모여 살며 머리에 지붕이 있는 집이 있고, 입을 게 충분할 만큼 버는 것이었다. 식민지 착취에서 얻은 부가 소수의 부르주아에게 돌아갔다는 의미일 터이다.

자본의 시대가 낳은 모순의 산물이자 산업자본주의가 창조한 임금 노동계급이 대중적으로 조직화하여 자본주의를 전복하러 나섰다. 그러나 사회주의 운동은 이론상은 혁명적이지만 사람들 대부분 부르주아 민주주의의 논리적이고 필연적 산물인 선거를 통해 사회주의의 실현 가능성을 모색하였기에 혁명과는 점점 더 멀어졌다. 사회주의 정당도 대중적 기반을 획득하자 노동계급에만 신경 쓰는 게 어려워졌다. 노동계급의 우선과 대중정당의 포용성 사이에서 갈등하다가 적당한 선에서 대중화 노선을 선택했다. 노동운동도 등장하였지만, 부르주아 자유주의의 정치 · 문화 제도가 어느 정도 사회적 안정을 유지하며 노동 대중과 여성을 포함하여 더 넓은 대중으로 확대되었거나 그쪽으로 가는 민주화 추세였다.[41]

---

39) 진보의 가장 두드러진 모습은 기술, 물질적 생산, 통신 등의 성장과 증기와 철과 강철에 의한 동력, 석탄산업, 10만 개의 철도 기관차들, 더 강력한 증기선 등이다.

40) 우리 사회에도 아직 많은 식민지 근대화론자 때문에 거북할 수 있고, 또 그런 시각에서 홉스봄이 비판되기도 한다. 이 시기 공업화가 확대되며 미국과 일본이 국제관계에 등장했다. 1853년 검은 군함(黒船, 구로후네) 네 척을 끌고 온 미국 페리의 요구로 1854년 개항한 일본이 메이지 유신(1867)을 거쳐 발 빠른 개혁으로 세력을 다진 후 강화도 조약(1876)으로 조선을 강제로 개항한 뒤(이어서 미국, 영국, 독일, 러시아, 프랑스, 오스트리아-헝가리 제국 등과도 조약 맺음), 1910년에는 마침내 조선을 병합해 버려 한국을 식민지로 삼았던 아픈 기억이 있다.

41) 민주화의 2대 산물로 노동자계급 정당의 등장과 민족주의 등장을 꼽았다. 1880~1914년 시기에 민족주의의 극적 도약으로 이데올로기와 정치 내용에 네 가지 변형이 일어났다. 첫째, 이데올로기로서의 애국주의와 민족주의로 양차 세계대전 사이의 파시즘이 극단적 표출된 사례이다. 둘째, 주권국가 형성과 민족자결주의가 경제, 정치, 문화적 생존능력으로 모든 민족 집단에 해당한다. 셋째, 민족자결은 국

그런데 민주주의란 인민대중의 지배를 뜻하는데, 대체로 가난한 사람들이다. 인민대중의 정치참여는 불가피하게 지배계급의 기득권 훼손으로 이어질 수밖에 없다. 그것이 헌법과 주권을 손에 쥔 선출 의회로 상징되는 19세기 자유주의의 기본 딜레마였다. 애초 의회는 아래의 저항을 비민주적으로 다스렸다. 그런데도 1870년 이후 국가 정치의 민주화는 불가피하다는 사실이 명백해졌기에 기껍지는 않지만, 혁명 방지의 수단이 되기도 한 민주주의가 확산하였다.[42] 그러면서 정치적 동원이 발생하고, 대중운동의 조직화, 대중정당의 조직화, 대중적 선전 및 정치와 대중매체의 발전으로 이어진다. 1900년 사회주의 대중운동에 중도적, 개혁적 진영이 출현하였다. 자유주의 진보의 산물인 선거민주주의는 정치 세력에서 부르주아 자유주의를 제거했다. 1인 1표의 선거에서 소수의 부르주아지가 프롤레타리아를 정치적으로 제압하기란 어려웠기 때문이다. 부르주아의 이미지도 이제는 승리자의 이미지에서 이자소득과 식민지 민중의 노동력 착취로 살아가는 기생계급의 이미지로 변모하였다. 대중적 선거 중심의 정치가 이 정당들을 체제 내부에 조용히 통합하였다. 아울러 사회 개혁과 복지프로그램 도입 등 다양한 방법으로 이들을 체제 안에 묶어두었다. 거기다 제국과 식민지 정복을 통한 조국의 영광과 군사적 승리감, 전통의 창조, 대중적 시장과 대중적 구경거리, 상업적 오락 발전 등으로 보완하여 정치적 안정기를 누렸다.[43]

사회 변화 측면에서 보면 20세기야말로 인류가 경험한 가장 혁명적인 세기로, 농업이 처음 부차적 산업이 되고, 전 세계의 도시화, 산업화와 함께 경제발전이 지구 차원으로 확산하였다. 전통적인 가족관계와 가정 구조를 포함한 사회구조 전반이 뒤바뀌었다. 19세기 부르주아 사회는 과거의 유물로 남았을 뿐, 현재를 결정할 만한 힘이 없어졌다. 한편 자본주의적 진보관에는 체계적 인종차별도 함께 들어

가의 완전한 독립이 아닌 한 만족할 수 없다는 가정을 강화한다. 넷째, 민족을 인종 측면과 언어 측면에서 정의하는 새 경향이다.

42) 1870년대를 거치며 정치에서 자유주의 부르주아의 지배가 무너진 이유를 홉스봄은 대공황 때문으로 보았다.

43) 심지어 사회주의자들조차 식민지 인민의 저항에 무관심하였다. 피식민지의 자치 능력 부족을 앞세운 페이비언 우파, 수정주의자 등 중간계급과 중심부 나라의 지배계급은 서로 적대하면서도 식민지 지배에는 공감하였다.

있다. 이 부분도 애국주의며 민족주의와 연결된다. 발전된 나라 안에서도 능력 있는 중간계급과 유전적으로 열등한 다수 대중을 구분하였다. 그러면서 세계의 억압을 당연하게 보는 자들과 그런 걸 부정하는 자들이 병존했다. 인종주의는 진화론과 더불어 당시 사상체계에 깊이 침투한 상태였다. 사회진화론이며 우생학, 나치의 인종주의 등을 떠올리면 분명해진다. 정도의 차이만 있을 뿐, 거의 모든 사회, 모든 사람이 비슷하게 생각하였다. 문화적 현상으로도 이어져 식민지 세계의 엘리트 눈에 서구화는 유럽인의 우월성에 대한 증거로 작용하였다.

결론적으로 제국의 시대 경제의 특징은 7가지로 정리된다. 첫째, 지리적으로 더 넓어진다. 둘째, 세계 경제의 다원주의화이다. 산업화가 최초로 이루어진 영국이지만, 유일한 산업경제 국가는 아니고 미국, 독일, 프랑스의 추격으로 국가 경쟁의 시대가 열렸다. 셋째, 이제까지 기술 개량에 의한 산업발전이었다면 이제 진정한 기술혁명의 시대가 도래했다. 진공청소기, 아스피린, 전화와 무선전신, 영화와 영상, 자동차와 비행기에 인간해방에 큰 도움이 되었다는 자전거를 예로 들 수 있다. 넷째, 자본주의 기업의 구조와 작동에서 이중적 전환 – 트러스트 형성과 과학적 경영이 최초 도입되었다. 다섯째, 소비제품 시장의 대변화 – 대량소비의 등장이다. 여섯째, 제3 부분, 공적-사적 사무실, 가게와 다른 서비스 부분 노동시장의 성장이다. 일곱째, 정치와 경제의 수렴화이다.

3. 이 책의 구성

이 책은 두 명이 합작하였다. 서론 부분은 김광선이 맡았고, 이어 이준우 교수가 미국, 일본, 한국의 사회복지를 맡았다. 과거 사회복지로 이어진 전통부터 현재까지 사회복지 역사를 개관하였다. 복지제도가 나온 배경과 원인 그리고 각 나라 정권의 복지정책과 평가까지 상세히 다루었다.

유럽의 사회복지는 김광선이 맡았다. 유럽의 나라 수가 워낙 많아 일일이 살피기 어려워서 현대 사회복지를 사회복지제도의 도입기, 제도의 확장 · 발전기, 제도의 개편기로 나누어 일단 영국, 프랑스, 독일, 스웨덴 등 4개국의 특징적인 부분들을 비교하며 살폈다. 개편기에서는 두 차례 석유 파동, 미국발 금융위기, 저출산고령화, 제4차 산업혁명의 도래 등 제2차 세계대전 이후 굵직한 세계적 위기 상황들과 네 나라의 (사회복지)정책적 대응을 살폈다. 4차 산업혁명은 기본소득과 이어진다. 산업 자동화에 따라 일자리가 워낙 많이 줄어들기 때문이다. 서비스와 복지 분야 일자리들을 최대한 늘리겠지만, 그렇다고 해결될 정도는 아니다. 그러나 기본소득에 관한 네 나라의 반응은 각각 다르다. 가장 적극적인 곳은 프랑스로 일부는 전국 차원에서 실행 중이다. 독일은 이제 150만 명의 신청인 중 122명을 고르고 대조군 1,300명과 함께 2021년부터 3년 동안 실험하는 중이다. 스웨덴의 경우 독일보다 사민당 세력이 강한 나라인데, 사민당은 노동자를 중시하기에, 기본소득보다 해고 방지, 임금 지원, 실업급여 등에 더 관심이 크다. 영국은 의회에서 코로나 19 확산으로 실업이 대량화된 사태에서 기본소득이 필요하다는 의견이 나왔다.

코로나 19와 러시아의 우크라이나 침공에 따른 에너지와 곡물 가격 상승은 다시 세계적인 위기를 불렀을 텐데 아직 제대로 정리되지 못하여 담지 못했다. 그 부분은 다음 기회에 정리하고자 한다. 사회복지 관점에서 지구온난화와 탄소 중립도 마찬가지다.

참고문헌

국가인권위원회(2011). 휴먼레터. 2011년 3월 25일 제86호.

국가인권위원회(2022). 정치영역의 성별 불균형 개선권고. 보도자료(2022.05.12.).
https://www.humanrights.go.kr/base/board/read?boardManagementNo=24&boardNo=7607953&menuLevel=3&menuNo=91. 2022.11.28.

권홍우(2008). 부의 역사: 대항해 시대에서 석유 전쟁까지. 서울: 인물과 사상사.

김근홍(2022). 노인복지와 르네상스. 서울: 신정.

김근홍 · 서화자 · 심창학 · 이만식 · 함세남 · 홍금자(2011). 사회복지 역사와 철학. 서울: 학지사.

김현민(2020). 국토부-2019년 도시계획현황 통계 조사결과 발표(2020.07.20.)
https://thekoreanews.com/detail.php?number=68840&thread=22r04r07(2023.12.15.)

막스 베버, 최장집 해제, 박상훈 역(2021). 소영으로서의 정치(Politik als Beruf). 서울: 후마니타스.

서경교(2008). "중남미 여성의 정치참여: 칠레와 아르헨티나의 비교연구", 국제지역연구 제2(3호), 97-120.

역사교육자협의회(1994). 100문 100답 세계사산책. 서울: 백산서당.

이준상 · 박애선 · 김우찬(2021). 사회복지 역사. 서울: 학지사.

에릭 홉스봄/김동택 역(2006). 제국의 시대. 파주: 한길그레이트북스(7쇄).

에릭 홉스봄/정도영 · 차명수 역(2020). 자본의 시대. 파주: 한길그레이트북스(16쇄)

정성호(2018). 스페인 시민권 신청하는 히스패닉계 미국인 증가(2018.11.26.) https://www.yna.co.kr/view/AKR20181126126100009?section=search/2022.12.05.

Day, P.(2000). A New History of Social Welfare. Allyn & Bacon.

Diamond, Jared / 강주헌 역(2019). The World Until Yesterday. 파주: 김영사(18쇄).

Giddens, Anthony / 김미숙 외 역(2010). 사회학. 서울: 을유문화사(5판 7쇄).

Harari, Yuval Noah / 조현욱 역(2015). Sapiens: A Brief History of Humankind. 사피엔스 – 유인원에서 사이보그까지. 인간 역사의 대담하고 위대한 질문. 파주: 김영사.

Johnson, N. (1987). The Welfare State in Transition. Hemel Hempstead, England Wheatsheaf.

Midwinter, E. (1994). The Development of Social Welfare in Britain. Open University Press

KOSIS (2022). 〈OECD〉–https://kosis.kr/index/index.do/ 2024.01.15

https://ko.wikipedia.org/wiki/노예_무역/ 2023.01.01.

http://nowon.newsk.com/front/news/view.do?articleId=21175/ 2023.01.01.

https://www.chosun.com/ 2023.10.20.

http://www.healthumer.com/ 2023.12.24.

HISTORY OF SOCIAL WELFARE

02 chapter

미국의 사회복지

1. 미국 사회복지의 특성
2. 미국 사회복지의 역사적 변천 과정
3. 미국 사회복지 변천의 의미

02 CHAPTER 미국의 사회복지

1. 미국 사회복지의 특성

다양한 삶의 형태가 용인되고 다름의 공존이 펼쳐지는 나라가 미국이다. 복지의 국가주의 일변도에서 벗어나 있는 미국의 사회복지는 그래서 가장 미국답다. 세계 최고의 강대국으로 군림하면서도 선진국들 가운데 유일하게 전체 국민을 대상으로 하는 공적 의료보험이 없다. 또한 국민총생산에 공공부문의 사회복지 비용으로 차지하는 비율이 선진 산업 국가들 가운데 가장 낮은 나라 중 하나이다. 아울러 사회보험의 도입도 1935년에 이르러서야 비로소 연방정부의 책임 하에 실시되었다. 빈곤층이 넘쳐나고 홈리스들을 도시 곳곳에서 마주하는데도 빈곤층 지원정책에 대해서는 미온적이다. 즉, 시민에 대한 의료보장은 취약하고 빈곤층에 대한 지원은 인색하다. 연금이나 실업급여의 수준도 기대에 미치지 못하고 아동수당이나 유급휴가 제도가 없어 가족정책도 부실하다.

그런데도 국가 주도적인 보편복지에 대한 국민적 열망은 그리 크지 않다. 미국이 사회복지 차원에서 특별해 보이는 이유가 여기에 있다. 자본 시장에서 생겨나는 경제적 격차는 정당한 보상으로 수용되고 오히려 재분배 정책에 대한 반대가 자연스럽게 표출된다. 사회보장을 비롯한 공공정책에 대한 지지도 그리 높지 않은 특이한 모습을 띤다. 사적 복지가 연금과 의료제도에 폭넓게 적용된다. 실제로 미국 의료제도가 보편주의 원칙을 견지하지 않는 것은 미국에서 사적 복지가 활성화된 결과이다. 미국의 노령연금 역시 사적 및 공적 제도의 혼합 형태를 갖고 있다.

왜 그럴까? 국가만이 아닌 가족, 공동체 및 시장이 공동으로 책임지는 복지를 지향하기 때문이다. 그렇다고 해서 미국이 복지후진국일까? 절대 그렇지 않다. 겉으로 드러나는 제도로서의 사회복지에 국한하면 왜소해 보이지만 실은 미국의 사회복지는 실용성이라는 측면에서 폄하될 수 없는 독특성이 있다. 앞서 언급한 대로 사적 복지가 확장되어 있고 유럽의 복지 선진국들과 비교할 때, 사회 지출은 낮지만 교육비 지출은 그 어떤 나라들보다도 많이 한다. 교육이 개인의 복지에 중요한 역할을 한다고 전제하는 사회적 인식이 견고하며 실제로 소득 수준이 교육에 의해 결정된다. 기술변화의 속도를 교육을 통한 숙련 노동의 확보로 따라간다(Barnett & Masse, 2000; OECD, 2007b; OECD, 2020). 교육은 미국의 사회보장과 사회부조와 더불어 미국 복지국가의 3대 근간을 형성한다(Gilens, 1999). 인적자원의 질을 결정하는 교육이 고용의 기회를 높여주게끔 사회 구조가 형성되어 있다. 미국의 공중보건과 교육 분야에 대한 지출은 상당하다.

이렇게 미국의 사회복지는 다른 나라들과는 분명히 구별되는 것이며, 이러한 차이들은 미국의 사회복지에 대한 독특한 관점으로부터 시작된다. 대표적으로 청교도의 영향은 과거부터 오늘날까지 계속해서 이어져 오는 것으로, 청교도들의 삶에서 열심히 일하는 것은 그들의 생활과 종교를 연결해주는 가치로 강하게 남아있다. 자본주의 사회인 미국에서, 빈곤의 문제는 일할 수 있는 능력 혹은 직장으로 복귀할 수 있는 능력과 강하게 연관되어 있다. 이러한 현상은 고용 가능성과 밀접한 빈곤에 대한 사회적 인식을 형성하였다.

미국은 개인의 자립 능력과 자유의 가치를 높이 평가하는 사회이다. 이와 같은 미국적 가치는 미국의 모든 시민이 바라는 것이다. 모든 사회복지제도의 근본적인 정신이나 프로그램은 그 제도가 운영되는 사회의 가치를 반영한다. 미국 사회의 개인주의적 전통이 산업화 사회의 실용적 개인주의로 변화되면서 경쟁사회에서의 개인의 내적 능력은 더욱 강조되어왔다. 그래서 자신의 환경을 통제하거나 장애라든지 정신건강 또는 개인에게 처한 심리사회적인 문제들을 극복하지 못한 책임을 개인에게 돌리는 사회적 분위기가 형성되었다.

자연히 미국은 개인주의, 다원주의, 자조정신, 지방분권, 시장경제가 발전된 국가이다. 이러한 특징은 사회복지제도가 발전하는 과정에서 복지다원주의, 협력모델, 자립과 자활, 근로를 조건으로 전제하는 복지제공(workfare), 주 정부 단위의 복지제도, 탈규제를 지향하는 정책, 민영화 등과 같은 복지 전통을 산출하였다. 그 결과 미국 특유의 사회복지제도가 형성되었다(Gilbert & Gilbert, 1989; Ziliak, 2004). 바로 개인의 자조를 강조하고 가족의 책임을 중시하며 공동체의 상호부조를 강조하는 가치관에 기초하는 사회복지이다. 이념적으로는 중앙정부의 개입을 가능한 한 제한하고, 개인, 가족, 공동체 및 지방정부가 복지사업의 중심이 된다. 분배는 필요보다 가격에 기초해야 한다는 자유시장경제 이념에 주목한다. 사회복지제도가 현실화되는 구체적인 행위로서의 사회복지실천이 작동되는 맥락 또한 시장경제로 본다.

이런 면에서 유럽의 사회복지와 비교하면 제도적이기보다는 잔여적 사회복지에 가깝다고 볼 수 있다(Esping-Andersen, 1996). 동시에 미국의 사회복지는 끊임없는 전문화 추구를 통해 전문직으로 제도화된 사회복지사에 의해 수행되는 전문적인 개입실천으로 자리매김 되었다. 결과적으로 사회복지실천의 전문화 지향은 개인치료 패러다임의 지배를 가져왔고, 자연스럽게 미국의 사회복지는 개혁옹호 내지 사회변화를 지향하기보다 '실천 기술 중심의 서비스 제공'으로 그 개념이 정착되었다.

물론 그렇다고 해서 사회복지가 결코 허술하다고 볼 수는 없다. 아무튼 미국의 사회복지는 그래서 더더욱 흥미진진하다. 본 장에서는 미국의 사회복지에 관한 정책과 프로그램을 그 당시의 시각에서 연대기적으로 고찰하고자 한다.

2. 미국 사회복지의 역사적 변천 과정

미국의 사회복지제도는 미국이라는 국가의 탄생과 그 역사를 함께 하고 있다. 초기 식민지 시대부터 미국은 각 시대마다 종류와 수준은 다르지만 사회복지제도를 다양하게 발전시켜 왔다. 식민지 시대 영국으로부터 도입된 빈민법과 청교도적인 개신교 신앙의 영향을 받았으며 대공황으로 인한 사회문제를 대처하는 과정에서 연방정부 차원의 복지제도가 발현되었다. 이렇게 미국은 유럽에 비해 짧은 역사임에도 영국으로부터 이어받은 전통과 시대적 상황에 따라 독특한 사회복지 면모를 이뤄내고 있다.

1) 식민지 시대(1647~1776)

17세기 초부터 미국이 영국으로부터 독립하기 이전까지의 시기인 식민지 시대는 영국으로부터 종교적 자유를 찾아 이주해 온 청교도들과 식민회사를 세워 경제적인 이익을 얻으려는 사람들에 의해 작동되었다. 미국으로 이주했던 이들은 「빈민법(Poor Laws)」을 포함한 영국의 사회문화적 방식과 관습을 들여왔다. 즉, 엘리자베스 빈민법을 포함한 영국의 사회복지제도를 토대로 미국의 사회복지는 시작되었다(Ellwood & David, 1988). 그 결과 미국의 사회복지는 식민지 시대의 청교도적인 윤리와 개척기의 자유주의 사상이 기본적으로 전제된다.

청교도들이 미국으로 이주하던 당시, 그들은 그들의 종교적 관례들도 함께 가지고 왔다. 특히 이들의 직업윤리에 따르면 노동은 신에 대한 봉사로서 사람은 신의 은총에 응답하기 위해 성실히 노동해야 하며 게으름과 태만은 죄악으로 정죄 되었다. 아울러 근면과 절약이 크게 강조되었다. 또한 경제적 부와 번영을 쾌락이나 자기 이익만을 위해 사용하는 것이 아니라 가난한 이웃을 위해 기꺼이 사용하는 박애주의적인 태도가 미덕으로 칭송되었다.

그런데 이와 같은 청교도적인 직업윤리는 개인과 가족의 부와 안녕을 극대화하기 위하여 공동으로 이용할 수 있는 것을 최소화하는 데 유용한 도구로 사용되었다. 즉 청교도적인 윤리는 개인주의와 개인이 자기 자신의 운명을 책임져야 한다는 관점을 강조했다. 근면과 야망을 갖는 것은 매우 가치 있는 것으로 간주되었다. 빈곤한 사람을 사회에서 가치 없는 사람으로 판단하지는 않지만, 공적부조를 필요로 한다면 이는 개인이 도덕적으로 결함이 있는 것이라고 인식하였다. 반면 부자의 자선은 신으로부터 구원받은 자로서의 고귀한 사명으로 받아들여졌다. 자선은 빈민에 대한 관심을 현실화시키는 행위가 결코 아니었다(Zastrow, 2000).

개인과 가족의 안녕을 극대화하고자 하는 미국적 가치 추구는 가족 성원으로서의 개인 혹은 한 단위로서의 가족이라는 공동체성에 초점을 두는 것이 아니었다.

예를 들어 한 가족이 곤경에 처하게 될 때, 잠재적인 생산능력이 있는 구성원만을 주목했고, 구제를 해도 어려움으로부터 벗어날 가능성이 현저히 낮거나 없을 때는 지원에서 배제해도 크게 문제 삼지 않았던 경향을 들 수 있다.

한편 빈민법의 영향으로 인해 식민지 시대 미국의 구빈사업은 빈민구제에 대해 일정부분 정부의 책임을 인정하고, 지방정부 책임 하에서 구빈사업을 수행하는 것으로 나타났다. 그러면서도 가족의 일차적 부양책임을 강조하고, 근로를 통한 자조의 원칙이 뚜렷하게 제시되었을 뿐만 아니라 일정 기간 동일지역에서의 거주를 구빈의 조건으로 하는 특징이 나타나게 되었다. 최초의 공공 구빈원은 1657년 뉴욕주에 설립되었다. 특히 교회도 목사와 집사들이 환자, 고아, 미망인 등을 방문하여 돌보는 등 자선사업을 통해 구빈활동에 참여하였는데 이때 교회의 구빈은 지역주민 전체라기보다는 교회에 출석하는 신도들에 한정하여 실시되었다. 또한 당시에는 이민자들의 출신국가별로 조직된 상호부조적인 단체들과 종교적 또는 인도주의적 동기로 조직된 자선단체들이 있었다. 후자의 예를 들면 1657년 뉴욕시의 루터구빈원, 1724년 보스톤성공회 자선협회, 1729년 뉴올리언즈 수도원의 고아원 등이 있었다(Karger, & Stoesz, 1990).

이렇게 식민지 시대 미국의 사회복지는 제도적으로는 영국 빈민법의 영향을 받았으며 사상적으로는 청교도들의 직업윤리 정신과 자유방임주의 경제관점(laissezfaire economic view)이 근본을 이루고 있음을 알 수 있다. 청교도적 직업윤리에 따른 사회복지적인 의미는 주로 '사회적 다위니즘(Social Darwinism)' 이론의 비인간적인 면을 수용한 것이다. 자연에서 가장 잘 적응하는 동물만이 살아남을 수 있다는 다윈의 진화 이론을 스펜서(H. Spencer)가 인간에게까지 연장해서 적용한 이론이 사회적 진화 이론이다. 사회적 진화 이론은 사회의 강자(예: 부유한 사람)가 우월한 존재이기 때문에 생존하는 것은 당연한 반면에 사회의 약자(예: 가난한 사람)는 없어져야 한다고 주장하고 있다. 이 이론에 의하면, 사회적 약자인 가난한 사람들이 생존할 수 있도록 정부가 돕는 것은 자연법칙에 어긋난 잘못된 행위라는 것이다(김근홍 외, 2007).

자유방임적 경제관점은 자유방임주의에 기초한다. 원래 '자유방임주의'라는 용어는 보통 "하게 내버려두다" 등의 의미로 사용되었다. 그래서 자유방임적 경제관점은 경제나 산업이 이익을 창출하기 위해서는 개인의 경제활동 자유를 최대한 보장하고 아울러 개인이 원하는 것은 무엇이든지 할 수 있도록 국가의 간섭을 가능한 한 배제해야 한다는 것으로 현실에 반영되었다. 즉, 정부의 규제는 가급적 최소화해야 한다는 것이다. 결과적으로 이러한 관점은 극단적인 경쟁, 기업의 독점화, 비참한 근무조건, 저임금과 장시간의 노동시간을 통한 노동자 착취, 아동노동 등을 정당화시켰다. 즉 개인이나 기업의 활동에 대하여 정부의 최소한의 역할을 강조했다. 이는 보수적인 사회복지 모형의 개발에 큰 영향을 미쳤으며, 복지국가의 진정한 목적을 "사회복지의 도움 없이 사람들이 잘 살 수 있도록 돕는 것"이라는 주장까지 생겨나게 하였다(Peacock, 1960; 김근홍 외, 2007 재인용).

2) 독립혁명부터 남북전쟁과 그 이후 시대(1777~1900)

(1) 독립혁명과 독립 이후의 사회적 변화

영국의 가혹한 지배와 식민지 사람들에 대한 과도한 과세 등으로 인해 촉발된 미국의 독립혁명은 1775년 페트릭 헨리(Patrick Henry)가 '자유가 아니면 죽음을 달라.'고 외치면서 절정에 이르렀다. 그리고 마침내 이듬해인 1776년에 독립을 선언하게 되었으며 1778년에는 파리조약에 의하여 독립이 승인되었다. 1781년에는 최초의 헌법으로서 연합규약이 만들어져 13개 주는 하나의 연방국가가 되었다. 국민은 식민시대 보다 자유롭고 평등한 사회에서 생활하게 되었다. 그러나 연방정부의 권한은 매우 취약했고, 이에 보다 더 강력한 연방정부를 수립해야 할 필요에 대한 공감대가 형성되었다. 1787년 필라델피아에서 헌법 회의가 개최되었고 「연방헌법」이 제정되었다. 중앙집권적인 정부의 기능은 1789년에 본격적으로 이뤄졌다.

독립 이후 미국은 커다란 사회적 변화에 직면하였다. 이러한 변화들은 급속한 인구증가, 광범위한 영토의 확장, 농업과 공장의 기계화, 정치적·이념적 갈등을 수반하였다. 동시에 인구증가나 영토의 확장, 기계화 등은 정치·경제·사회적 변화를 조장하였다. 그 결과 19세기에 접어들면서 미국은 이미 식민지적인 의존성을 극복했고 1860년에 이르러서는 세계적인 강국으로 인식되었다. 특히 남북전쟁 이전의 시기는 환희와 소요, 확장과 침체, 기회와 좌절, 열정과 불만의 시기였다고 할 수 있다. 한 마디로 개인과 가족의 복지에 필연적으로 영향을 미치는 급속한 변화의 시기였다(Karger & Stoesz, 1990).

무엇보다도 인구증가와 도시로의 인구이동이 변화의 핵심으로 두드러졌다.[1] 당시 인구집중은 자연적인 출산, 기존 거주지역의 구입, 병합과 할양(割讓)의 결과였다. 그러나 인구폭발의 가장 중요한 원인은 1830년대부터 시작된 이민의 시작이었다. 1840년대 미국의 이민은 주로 아일랜드와 독일인이었으며 이 두 나라로부터의 이민은 전체 외국 이민의 87%를 차지했다. 대다수 이민자는 미국 북부 도시에 집단으로 정착했다. 주로 소작농 출신으로 교육을 많이 받지 못한 아일랜드계 이민자들은 운하나 기찻길 건설 현장으로 갔다. 대부분이 숙달된 기능공이거나 지식인들로 정치적 망명을 한, 독일계 이민자들은 산업 및 상업지역에 투신했다. 이들 이민자들은 먼저 정착한 미국인들에게는 위협적인 존재였다. 근본적으로 청교도 국가인 미국에서 볼 때, 그들은 외국인이었으며 또 천주교 신자들이었기 때문이다. 더욱이 그들은 당시의 일반적인 임금보다 훨씬 저렴한 임금에서도 적극적으로 일하려고 했고, 그들의 급진적인 정치철학의 유입도 기존의 미국인들로부터는 견제의 대상이 될 수밖에 없었다. 나아가 이민자의 대부분은 즉각적인 고용과 긴급재정 보조를 필요로 하는 사람들이었다. 새로운 이민자들을 위한 복지비용의 증가는 이들에 대한 반발과 분노를 불러일으키기에 충분했다(김근홍 외, 2007).

그래서 이 시기 미국의 사회복지는 기본적으로 식민지 시대와 큰 변화는 없이 자조, 가족 및 민족 집단 간의 상호부조, 연방정부의 개입 제한, 지방정부의 책임이라는 기조를 유지하면서 단순한 구제나 정부의 소득보장보다는 근로를 통한 자립 자활이 강조되었다.

1) 인구증가, 인구구성의 변화, 인구이동은 남북전쟁 이전의 사회변화 양상을 잘 나타내고 있다. 인구조사가 처음으로 실시된 1790년 미국의 인구는 총 392만 9천 명이었으나 십 년 후인 1800년에는 34%가 증가한 529만 7천 명이었다. 이 가운데 약 19%인 32만 2천 명은 유색인종이었다. 아일랜드와 독일로부터 이민자가 대량으로 미국에 건너오기 직전인 1830년의 인구는 1,290만 1천 명이었다. 미국의 인구는 1800년부터 1860년까지 무려 여섯 배나 증가해서 1860년 미국의 인구는 3천만을 훨씬 상회했으며 약 20%의 인구가 도시로 몰려들었다. 유색인종 인구는 452만 1천 명으로 전체인구의 14%로 감소했으며 이중 395만 4천 명은 노예였다(김근홍 외, 2007).

한편 남부와 북부의 주 정부들이 노동력 공급 문제에 대해 서로 다른 대책을 추구하게끔 했던 경제적 현실은 필연적으로 근로자들의 사회적 안녕에도 영향을 미치게 되었다. 남부에 있어서 노동자는 곧 노예를 의미하는 것이었기 때문에 사회복지 프로그램이 조직되지 않았다. 노예들 간의 자조(self-help)는 있었지만, 노예가 소유된다는 사실은 노예를 재산으로 유지하는 책임을 부여했다고 볼 수 있다.

그런데 집단농장 이외에, 조그마한 땅을 가지고 노예 없이 농사를 지었던 사람들이 있었다. 이른바 자작농(自作農)이었다. 이들의 토지는 목화 재배에는 적합하지 않았으나 가축을 키우고 옥수수와 밀을 재배하기에는 괜찮았다. 이들은 번성했으며 사회경제적 차원에서 독립된 위치에 있었다. 그 외에 농부인 가난한 백인들도 있었다. 이들 백인은 토지를 소유하지 못하고 있거나 토지가 있다고 하더라도 대개는 쓸모가 없는 곳이었기 때문에 생계가 매우 어려웠다. 전반적으로 자급자족이 가능한 남부 지방이었지만 생활이 어려운 사람들이 있었다는 것이다. 이상에서 언급한 일부 가난한 백인들과 남부에서 마을을 건설할 때 태어난 사생아나 고아, 혼혈아를 비롯하여 주인에게 속하지 않았으나 생존하기 위해 노예 생활을 했던 사람 등이 어려운 계층이었다. 그럼에도 도움을 필요로 하는 사람들의 수는 적었다. 그래서 이들을 도와주는 것은 크게 부담이 되지 않았다. 그 뿐만 아니라 이들을 도와주는 일은 신분이 높은 계층의 도덕적 의무로 간주되어 빈곤은 사회문제로까지 드러나지는 않았다(Ginsberg, 1996).

반면 이 당시 북부 지방의 빈곤 현상은 도시화와 산업화 및 공장 제도의 발달과 밀접한 관련이 있다. 18세기 말부터 19세기 초에 걸쳐서, 미국의 로드아일랜드 주를 포함한 뉴잉글랜드 지역에는 많은 방직공장이 들어서게 되어서 미국 섬유산업의 중심지로 부상하였다. 면방직의 대량 생산체계는 무엇보다 공장건설을 필요로 했다. 그러나 이러한 공장건설에는 많은 비용이 들어가게 되었고, 공장이 가동되기 위해서는 수많은 노동자들의 공급이 절실했다. 이 필요를 엄청난 수의 이민자들이 채웠다. 그 결과 방직공장은 크게 성공했다. 이는 방직산업과 방직산업의 종업원들을 유지하는 데 필요한 다른 산업의 발달을 조장하였다. 공장 시스템이 다른 산업에도 적용되었으며, 이 시스템은 뉴잉글랜드 지역만이 아니라 미국의 중동부 지역까지 급속하게 확산되었다(Harrington, 1981).

그 결과 숙련된 노동자만이 아니라 비숙련 노동자들까지, 또 남자만이 아니라 여자 노동자들까지 고용이 될 수 있었다. 이러한 북부 뉴잉글랜드 지역, 뉴욕, 필라델피아 등 중동부 지역의 산업화와 도시화는 경제적 지원이 필요한 사람들을 양산했고, 이는 결과적으로 사회문제로 대두되었다. 특히 농업과 달리 공장에서 일하는 경우 가족 구성원이 자신의 가정 밖에서 일하는 구조와 형태를 띠게 됨으로써 가족 간의 유대는 약해지거나 깨어지기 다반사였다. 가족은 스스로 통제할 수 없는 강력한 사회환경적 힘에 더욱더 영향을 받게 되었다.

한편 도시화가 급속하게 이뤄졌던 동부에서는 효과적이고 집합적인 행동을 할 수 있는 사람들이 많았다. 당연히 이들은 투표권을 요구하게 되었다. 제일 먼저 1818년 코네티컷 주가 참정권을 부여했으며 매사추세츠 주도 곧 뒤따랐다. 뉴욕 주는 한발 더 나아가 1821년 보통 남성들에게 참정권을 부여했으며, 심지어는 재산을 가진 흑인 남성에게도 참정권을 부여하기에 이르렀다. 다른 주들도 뉴욕 주를 따랐으며 남성의 정치적 민주주의는 실현되었다. 여성들은 남성들과 동등한 법적, 정치적 평등을 획득하지 못했지만, 20여 년이 지난 후 여성들의 권리를 쟁취하기 위한 대장정이 시작되었다. 즉, 1848년 뉴욕 주 세네카라는 도시의 웨즐리 교회에서 전국여성권리대회(National Women's Rights Convention)가 열렸다. 여기에서 토마스 제퍼슨(Thomas Jefferson, 1743년~1826년)이 미국 독립선언서에서 모든 남성(men)은 평등하게 창조됐다고 쓴 표현에 대한 의문이 제기되었으며 남성뿐만 아니라 여성도 평등하게 창조됐음이 선언되었다. 여성의 종속적 상황과 법적, 사회적, 정치적 억압에 대한 공식적 항의를 제기한 것이다. 오래된 관습과 사고방식에 대한 도전이 선포되는 역사적 순간이었다. 이 대회에서 본격적으로 여성의 참정권이 요구되었으며, 그 결과 '여성 독립선언문'이 채택되었다(위키백과사전, 2023.1.5).

더욱이 노예제 폐지를 주장하는 링컨이 대통령에 당선되자, 7개 주는 아메리카 연방을 독자적으로 구성하여 남북전쟁이 일어나게 되었다. 남북전쟁 전의 남부에서는 개인주의가 매우 강력하게 만연해 있었다. 이들에게 있어서 인간의 개인주의는 어떠한 외부세력도 간섭할 수 없으며 이러한 자유로운 정신이야말로 미국 혁명의 가장 기본적인 정신이라고 생각하였다. 그 당시 남부의 정치적 영향력은 대농장을 중심으로 부를 축적한 사람들에 의해 행사되었다. 사회 저변에 형성된 여론을 이들 대지주들이 자연스럽게 주도하였다. 그러다 보니 당시의 이들 지도층이 속한 상류 사회에서는 정부나 외부의 도움 없이 그들 스스로 노력하여 부와 명예를 얻은 것으로 인식하고 있었고, 그와 같은 의식은 적어도 남부에서는 사회적으로 용인되었다. 그 사회 속에서 살아가는 대다수 소규모 자작농과 가난한 농민들도 그렇게 생각하면서 그들의 권위를 인정하였다(Axinn & Levin, 1975).

북부의 하층 계급과는 달리 남부의 가난한 농민들이 당시의 사회구조를 받아들이고 노예 제도까지도 옹호했다는 것은 지금의 시각으로 보면 아이러니한 현상이었다. 하지만 그 당시의 시대적 상황을 고려하면 이는 충분히 이해될 수 있다. 즉 아무리 가난해도 이들 백인 농민들에게는 흑인 노예들이 해방되어 그들과 똑같은 입장에서 그들과 경쟁하게 된다는 것은 상상도 할 수 없는 일이었을 것이다. 노예 해방은 그나마 백인으로서 갖고 있었던 그들의 우월함을 내려놓는 일이었고 동시에 전통적인 사회경제 체제에 대한 혁명적인 도전이 되는 것이기 때문에 생각할 수도 없는 일이었다.

그러나 북부에서는 노예제도는 죄악이며 이 죄악에 대해서는 타협의 여지가 없이 적극적으로 대처하여 이를 소멸시켜야 한다는 사상이 팽배했다. 노예 해방주의자들은 그 당시 정치인들을 감화시켜 노예 해방을 위한 강력한 법을 제정하는 데에는 실패했지만 수많은 사람들의 양심을 자극했으며 남북전쟁이 발발하는 데 커다란 영향을 미쳤다.

(2) 남북전쟁과 그 이후의 사회적 상황에 대한 정책적 접근

남북전쟁은 미국 역사상 가장 참혹한 전쟁으로 남아있다. 군인 62만 명이 죽었고, 무수한 민간인 사상자들이 생겼다. 20~45세 연령의 북부 남성 중 약 10%가, 18~40세 연령의 남부 백인 남성 중 약 30%가 사망했다(위키백과사전, 2023.1.4.).

① 사회정책적 대응

남북전쟁 기간 동안(1861~1865) 수많은 군인들이 상해를 입고 장애인이 되었는데, 북부군의 경우 3만 명이 절단 수술을 받았다. 이런 희생자들을 돌보고 그들이 의미 있고, 생산적인 삶을 살도록 돕는 것은 국가의 당연한 책무가 되었다. 하지만 감당할 수 없을 정도의 환자들로 인해 병원의 상황은 이루 말할 수 없을 정도로 열악한 지경에 이르렀다. 장애를 입은 병사 전부들이나 누군가에게 의존할 수밖에 없는 퇴역군인들을 모두 연방 병원에서 불행하게 생활하도록 하기보다는, 오히려 정부는 그들이 집으로 돌아갈 수 있도록 하는 방향으로 사회정책 계획을 수립하였다. 그 결과, 그들은 자신의 장애를 가지고도 일할 수 있는 자리에 고용되었고, 정부로부터 연금을 받게 되었다. 남북전쟁에서 퇴역한 군인의 수가 많았기 때문에, 연금은 1900년대 정부지출에서 가장 큰 비중을 차지하게 되었다. 이렇게 남북전쟁은 구제 활동을 위한 새로운 지평을 열었다. 병원이 아닌 가정과 지역사회에서 전쟁 상이군인들을 수용하는 일이 가능하다는 사실이 가시화되었고 사회적으로도 받아들여졌다(Brandes, 1976).

그런데 가장을 잃어버렸거나 가장이 장애인이 되어서 돌아온 가정은 경제적으로 매우 어려운 처지였다. 물론 그들을 비난할 수 없었다. 전쟁으로 인해 야기된 어려움에 대처하기 위하여, 각 지방정부는 그들을 돕기 위한 기금을 모을 수 있도록 하는 법을 통과시켰다. 장애인 퇴역군인을 위한 시설을 설립하기 위한 기금모집에 관한 법률도 통과시켰다.

한편 전쟁이 진행되는 동안 크게 대두된 중요한 사회복지 이슈는 훈련된 의료인이 절대적으로 부족하다는 것과 군대 숙소 및 병원에 만연한 질병과 불결에 관한 사항들이었다. 이러한 상황을 해결하기 위하여, 주로 여성으로 구성된 일단의 시민들이 1861년 미국 위생위원회(The U. S. Sanitary Commission)를 조직하였다. 이 조직은 미국 최초의 국가적인 공공 건강집단이라고 할 수 있다(Karger & Stoesz, 1990). 준 국가기구로서 활동했던 이 기관은 민간 자원봉사 영역으로부터 재정적인 지원과 관리 감독을 받았다.

남북전쟁으로 인한 또 하나의 의미 있는 사실은 '해방노예국(the Freedmen's Bureau)'의 설립이었다. 이 기관은 1865년에서 1872년 사이에 전쟁 이전의 흑인 노예들을 경제적으로 돕기 위해 국가에 의해서 설립되었다(Ginsberg, 1996). 전쟁이 종료됐을 때 정치 지도자들은 수백만의 해방된 노예들이 심각한 사회문제를 야기할 수 있다는 것을 인식하였다. 직업훈련도 되어 있지 않고, 농사지을 땅도 없고, 직업도 없는 이전의 노예들은 도움이 절실히 필요했다. 그리하여 국회가 설립한 것이 해방노예국 이었다. 이 기관은 전쟁이 진행되는 동안과 전쟁 이후 1년간 임시 구호를 위한 프로그램을 관리하도록 되어 있었다. 전쟁 후의 참상으로 인하여, 국회는 동 기관의 활동을 6년간 더 연장했다.

이 기관은 흑인들이 노예 상태에서 자유민으로 전환하도록 돕기 위해 고안된 다양한 프로그램들을 실시하였다. 특히 이 기관은 흑인들의 취업을 지원하기 위해 애썼고, 정착기관으로도 그 역할과 기능을 충실히 수행하였다. 그러나 해방노예국은 다양한 사회복지 활동에 있어서 연방정부의 개입을 정당화한 중요한 선례를 남겼으나 국회에 의해서 1872년 해체되었다(Karger & Stoesz, 1990).

② 사회경제적 상황

남북전쟁은 인류 역사상 본격적인 산업 전쟁 중 하나라고 할 수 있다. 철도, 증기선, 대량 생산된 무기를 비롯한 다양한 군사 장비들이 광범위하게 사용되었다. 조지아 주에서는 셔먼 장군이 총력전을 벌였으며, 피츠버그 주변에서 일어난 참호전은 제1차 세계대전의 전조가 되었다. 전쟁 자체와 전쟁으로 인하여 촉발된 산업발달은 경제적 부를 달성하기 위한 기초를 닦아놓았다. 실제로 북부에 있어서 전쟁은 번영을 의미했다. 전쟁물자의 증산과 식료품 및 의류 등의 가격 인상은 산업화 과정을 가속화시켰다. 노동력 수요는 급증하였다. 새로 창출된 직업과 전쟁터로 나간 사람들로 인하여 공백이 생긴 직업에 필요한 노동자를 충당하기 위하여 외국으로부터의 이민과 농촌으로부터 도시로의 유입이 계속 권장되었다(Ginsberg, 1996).

남북전쟁 종료와 민간인 생산으로의 복귀는 산업화와 경제성장을 더욱 촉진시켰다. 반면 남부에 있어서 전쟁은 토지, 자산, 운송시설 및 신용기관의 황폐화를 의미했다. 북동부와 중서부에서는 자산과 부가 계속 집중되었으나 오히려 서부는 대농장이 파괴되고 토지 소유가 분산되었다. 북부에서는 일자리가 풍부했지만 남부는 백인과 흑인 모두 일자리 찾기가 어려웠으며 그에 따라 생계 수단을 구하기가 힘들었다. 북부와 중서부에 비해 남부는 상당 기간 경제적 어려움에 직면할 수밖에 없었다.

어쨌든 전후의 철도건설 붐은 개인들이 부를 축적하는 것을 촉진하였다. 철도는 이후 미국의 국내 산업화와 물류 및 사람들의 이동을 크게 확산시키는 데에 큰 역할을 하여, 자본주의의 발달에 근간이 되었다. 또한 주식회사와 신용회사의 설립, 증권시장의 확대 등은 기술을 개발하거나 발명하는 작업에 자본을 투자하게 했고 그 결과 신기술이 산업에 적용되는 선순환 효과를 가져왔다. 그뿐만 아니라 석유, 철강, 알루미늄 산업의 발달로 인하여 백만장자들이 나타나게 되었다.

하지만 이들이 과도하게 누리는 풍요로움과 탐욕스러운 경영 활동으로 나타난 원칙 없는 투기와 오로지 자신들의 이익만을 추구하는 무자비함, 그리고 만연한 정치인들의 오만에 근거한 정치적 행위들이 과시되었다. 그 결과 공장 노동자나 소작농의 삶은 취약해졌고 소수 상류계층과의 양극화는 극심해졌고, 결과적으로 가난한 사람들의 삶은 더욱 비참해졌다. 더욱이 주기적인 경기변동은 1873~1878년, 1893~1898년 사이에 경제적 공황과 불경기, 심각한 실업을 동반하였다. 동시에 급격한 인구증가와 점점 늘어나는 작업장에서의 재해 또는 안전사고, 나아가 도시 생활에서의 위험, 반복되는 경제적 불경기 등으로 인해 사회적으로 치러야 할 구제비용이 증가하게 되었다.

한편 남북전쟁(1861~1865)이 북부의 승리로 끝난 후 남부 연맹과 노예제는 종말을 고했다. 아울러 미국 연방정부의 역할은 더욱 강력해졌다. 1877년까지 이어진 재건 시대 동안 미국 사회는 전쟁에서 생긴 사회, 정치, 경제, 인종과 관련된 여러 문제들을 처리하는 데에 집중하였다. 특히 이 시기 미국에서는 민주주의와 자본주의가 본격적으로 발전하였다. 자연스럽게 빈곤이란 개인적 실패와 도전에 대한 무력감의 결과이므로 빈민을 원조하기보다는 완전한 자유방임이야말로 인간의 성숙과 사회의 성장에 큰 도움이 된다는 인식이 확대되었다.

그런 가운데서 북동부에 위치한 주들에서 행해졌던 산업화와 도시화에 대한 불만과 저항 등이 분출되면서 사회에 적응하지 못하는 사람들과 남부에 위치한 여러 주의 소작농업 구조와 과중한 노동력에 의존하는 근로 환경 등에 만족하지 못한 군중들이 대거 서부로 이주하였다. 자연스럽게 서부의 경작지는 점점 확대되었다. 사실 서부로의 대이동은 일시적으로 경기가 후퇴할 시기나 노동시장이 불안할 때, 외국으로부터의 이민자가 팽창할 때 이미 활성화되었다. 남북전쟁 이후에는 더욱 그 이동이 확대되었다는 것이다. 이렇게 남북전쟁 이후 서부의 발달과 관련하여 전제되어야 할 중요한 사실은 남북전쟁 이전인 1830년에 이미 루이지애나 주를 구입했고, 1848년 멕시코와의 전쟁을 통해 획득한 광활한 토지들이 준비되어 있었다는 것이다(Bartlett, 1970). 즉, 드넓은 땅이 있었기 때문에 이주해 들어오는 수많은 사람들을 받아들일 수 있었던 것이다.

③ 사회적 의미

남북전쟁은 여느 전쟁과 마찬가지로 파괴적인 역할을 했으나 동시에 건설과 발전의 계기를 제공하였다. 특히 남북전쟁은 미국의 정치적 통일과 헌정 질서를 새로 정립하는 계기가 되었다. 남부 주들이 연방으로부터 탈퇴함으로써 연방의 본질과 개념에 대한 헌법상의 원리를 다시 확립하는 시기가 도래하였다. 중앙정부는 국가의 책임자이며 대표자로서 모든 주에 우선하여 국가적 문제를 다스려야 했다. 반면 미국의 연방이 각 주의 연합에 의하여 이루어진 것이기 때문에 헌법에 명시되지 않은 점에 대하여는 각 주의 권리를 최대한 옹호해야 한다는 개념이 나타났다. 따라서 남북전쟁으로 말미암아 연방정부와 행정부의 역할이 주 정부보다 더욱 강력해져야 하는 것으로 정착되었다. 연방의 정치체제는 강력한 조정과 통합 및 집권 능력을 발휘하는 효율적인 제도로 발전해갈 수 있었다.

남북전쟁 이후 미국의 산업은 급속하게 성장해 나갔다. 북부지역에는 매년 100만 명이 넘는 이민자들이 유입되었다. 1869년 대륙횡단철도가 개통되면서 공업 또한 크게 발전하였다. 기업가들은 이익을 위해서는 수단과 방법을 가리지 않았고 끊임없이 이어지는 이민자들로 공업 생산력은 최고 수준에 달하며 산업자본은 제어하기 어려울 정도로 확장되었다. 하지만 국가 성장에 따른 부와 자산의 팽창은 노동자들에게 돌아가지 않았다. 임금은 턱없이 낮았고 작업 시간은 길었으며 근로조건은 열악하기 짝이 없었다. 해방 노예들에 대한 지원 법안은 시간이 지나며 폐지되었고 폭력을 동반한 흑인들에 대한 차별은 계속되었다. 1873년에 시작된 경제적 장기공황으로 임금은 더욱 낮아지고 불완전한 고용과 실업으로 노동자의 생활여건은 갈수록 나빠졌다. 이렇게 19세기 말 빈곤한 사람들과 관련된 미국의 사회복지는 급속한 사회경제적 변화에 대응할 만큼 준비되지 못했다.

3) 자선조직협회와 인보관 운동 시대(19세기 말~20세기 초)

19세기의 급격한 사회변화를 겪으면서 나타난 사회문제는 식민지 시대와 남북전쟁을 겪으면서 기존의 구제 활동에 뚜렷한 한계를 내포하였다. 사회적 필요성에 의해 시작된 두 흐름의 사회운동이 미국 사회에 나타났다.

그 하나인 자선조직협회(Charity Organization Society)는 빈곤과 개인적 결함의 원인을 찾아 원조를 제공함으로써 지역사회의 안정을 도모하고 구빈원의 문제를 개선하려는 목적을 갖고 만들어졌다. 영국의 영향을 받아 남북전쟁 이전부터 활동하던 자선단체들(Society for the Prevention of Pauperism, Association for Improving the Condition of the Poor 등)과 유사한 형태를 띠고 있었으나, 자선조직협회는 사회 진화론을 적용하여 "과학적 자선(scientific charity)"이라고 하는 독특한 이론적 토대에 따라 개인의 특성과 수혜 조건에 대한 철저한 조사와 기록을 통해 체계적이며 효율적인 서비스를 제공하고자 하였다(Leiby, 1978).

또 다른 흐름은 사회적 정의를 지향했던 인보관 운동이었다. 인보관 운동은 사회구조적인 결함의 문제에 초점을 두고 사회적 약자의 문제를 사회적으로 변화할 수 있는 것으로 보는 관점에 기초하였다. 19세기 후반에 사회적 · 종교적 동기를 가지고 시작된 인보관 운동은 계층 간의 상호협력적 관계를 강조하면서 지역사회의 욕구에 기반을 두고 다양한 교육 및 자조 집단 형태의 프로그램을 실시하였다(Dubois & Miley, 1996). 특히 인보관 운동은 가난한 사람들의 자기 주체성을 이끌어 내어 결국은 사회적 주도력을 키우는 개입 방향과 지역사회의 환경적 여건에 깊은 관심을 가졌다. 인보관 운동이 환경적 여건과 개인의 기회를 확대하기 위해 이웃들과의 협력적 관계 속에서 옹호 및 사회행동 전략을 사용한 것은 이후 미국 사회복지실천 현장에서 나타난 급진주의나 반배제적 실천의 방향과 연결된다(Simon, 1994). 또한 사회참여적인 성향의 사회학자들이 시카고 지역의 인보관을 중심으로 연구활동에 참여함으로써 인보관 실천가들의 사회과학적인 기반을 확대하고, 빈곤 해소 관련 프로그램에 대한 정부의 개입과 제도적 변화의 필요성을 도출하는 데 기여하였다.

(1) 자선조직협회

수십만 명의 이민자가 미국으로 왔고 일터를 찾아 도시에 집중되었다. 또한 급격한 산업화는 많은 농촌인구를 도시로 이주하게 했다. 도시로 집중된 노동자들 사이에 사회적 · 종교적으로 여러 가지 문제가 발생했으며 빈민가가 형성되었다. 철도나 공사장 등의 일자리 주변으로 노동자들이 정착하면서 각지에 공업도시가 발달하게 되었으나 위생이나 주거환경이 열악하고 불결했으며 교육과 문화적인 생활은 기대할 수 없었다.

빈민가에 자리했던 많은 가정들이 깨어지고 자녀들은 무기력 속에서 미래를 향한 소망을 잃어버린 채 방황하였다. 더욱이 노동시장에서 얻을 수 있는 소득은 일차적으로 남성들을 위한 것이었고 여성들은 이차적인 부수적 지위만 가질 수 있었다. 계층의 양극화가 심화되었다. 소수에게 집중된 부는 빈민들의 문제를 악화시켰다.

① 설립 배경

심각한 사회문제의 양상으로 나타난 이 시기 빈민들의 어려움을 해결하겠다고 많은 자선단체들이 우후죽순으로 생겨났다. 그러나 이들 민간 자선단체들의 구호는 원칙 없이 중복적 지원으로 재원이 낭비되고 빈민구제의 효율이 낮았다. 이들 간의 소통이나 협력도 거의 이뤄지지 못했다. 이와 같은 민간 자선단체들의 산발적 증식으로 인해 민간 자선사업의 개선은 매우 시급했다. 결국 자선단체 간의 경쟁과 불통, 그로 인한 혼란은 1877년 농산물 집산지인 뉴욕 주 버팔로 시에서 영국 성공회 소속인 거틴(Stephen H. Gurteen) 목사[2]에 의해 최초의 자선조직협회(Charity Organization Societies)의 결성을 가져왔다(Ziliak, 2004).

자선조직협회를 창설하고 운영했던 초기 지도자들은 가난한 사람들을 돕는 것이 도덕적인 의무라고 생각하였다. 아울러 가난한 사람들로 인해 초래되는 정치적인 불안정을 안정화하고 나아가 작업장에서 발생하는 근로자의 지나친 요구와 투

2) 원래 성공회 소속 성직자는 신부라고 명명한다. 그런데 성공회 신부는 가톨릭 사제와는 구분되기 때문에, 오히려 개신교 목회자로서 분류된다. 하여 독자의 이해를 위해 신부라는 용어 대신 목사라고 표기하는 부분도 있다.

쟁을 최소화하고자 했던 부자들이었다. 그들이 볼 때, 가난은 개인의 잘못이었으며 게으름, 음주, 도박과 죄가 원인이었다. 이들 기업 경영가, 은행가, 상인들로 구성된 협회 이사들의 정치 · 경제적인 철학은 실제로 직접 서비스를 제공하는 우애방문원들의 태도에 큰 영향을 미쳤다. 우애방문원들은 서비스대상자의 자립을 향한 따뜻한 충고와 지원들로(일례: 지원받는 사람들이 궁극적으로 취업하도록 도와주는 것, 필요에 따라 돈을 빌려주는 것 등) 가난한 사람들이 자조할 수 있는 동기 부여와 그들의 도덕적인 성향을 강화시킬 수 있다고 보았다.

이러한 인식은 협회 창설 초기에는 자선조직협회의 가치와 철학으로 자연스럽게 받아들여졌다. 그러나 시간이 지나고 점차 우애방문원들이 가난한 가정의 현실을 구체적으로 파악하면서부터는 가난을 발생시키는 여러 다른 요인들이 복합적으로 존재함을 알게 되었다. 가난은 한 개인의 도덕적 문제로 인해 생겨나는 것만이 아니라는 사실이었다. 가난한 사람들은 불안한 생활을 전전하며 다양한 비도덕적인 문제들을 일으킬 수밖에 없는 비슷한 처지의 가난한 이웃들의 영향을 절대적으로 받고 있었으며 열악한 주거와 동네 환경으로 인하여 신체적, 정신적으로 건강한 삶을 유지하기 어려웠다는 것이다.

냉혹한 빈곤 현상의 실체를 우애방문원들은 보고 서비스제공 과정에서 경험하며 확실히 깨닫게 되었다. 더욱이 낮은 임금으로 인해 아무리 절약하고 살림을 잘해도 적절한 음식과 의복을 구입할 수 없는 현실을 우애방문원들이 인식하기 시작하였다. 더욱이 경기의 불황기에는 일자리 자체가 거의 없었다. 그래서 그들이 실업자가 된 것은 결코 그들의 잘못이 아니었다는 것이다. 아프거나 일자리를 잃어버렸을 경우 하루 벌어 하루 먹고 살아야 하는 가난한 가정들은 고리대금업자의 희생자가 되었다. 고리대금업자들은 높은 이율을 부과하고 인정사정없이 돈의 회수를 요구함으로써 가난한 사람들이 빚의 노예로 전락하게 만들었다. 우애방문원들은 자신들의 일을 계속 실행하면서 가난한 사람들의 개인적인 결함만이 빈곤의 원인이 아님을 깨달았다. 그들은 빈민들의 사회적 상황들을 근본적으로 변화시킬 수 있는 방법을 찾기 시작했으며 사회개혁의 옹호자가 되었다.

자산조사를 통해 효율적인 구제를 실행하는 데에 집중했던 자선조직협회가 점차 사회구조적인 환경까지도 감안하는 거시적인 실천으로까지 서비스 개입의 지평을 확장해나갔다. 실례로 자선조직협회는 가난한 사람들의 주택과 주거 환경, 나아가 교도소를 개량하고, 빈곤 슬럼지역을 정화하는 일을 추진하였다. 또한 가난한 사람들이 거주하는 지역에 널리 퍼져 있는 결핵의 치료와 이를 예방하고자 애썼을 뿐만 아니라 주택에 관한 사회법령의 개정에도 적극적이었다. 일부 자선조직협회는 취업, 융자, 세탁소, 단기 여행자를 위한 숙박시설이나 쉼터, 법률서비스를 제공하기 위한 부서를 설립하였다. 장애가 있는 사람, 즉 시각이나 청각장애인, 지체장애인, 그리고 빈곤 여성들의 자립을 위한 직업훈련원을 설립하였다. 아울러 병원과 약국을 가난한 사람들이 이용할 수 있도록 조치를 취하였으며, 간호 방문서비스를 실시하였다. 그리고 빈곤가정의 자녀들을 대상으로 하는 레크리에이션과 여름 캠프, 아동보육 등 많은 사업들이 자선조직협회의 지원으로 진행되었다. 특히 자선조직협회는 아동노동의 조건과 환경을 개량하고, 아동의 교도소 생활 전반을 개선하며 아동과 청소년을 위한 특별 법원 조직을 지원하였다.

② 원칙

자선조직협회의 주요한 원칙은 산발적이며 분절적으로 활동하면서 지역사회에 소재한 모든 자선조직들을 그들 대표로 구성되는 위원회에 소속하게 해서 서로 협력시키며, 단일한 창구를 통한 자선 등록제를 실시하는 데에 있었다. 또한 개별 사례마다 각 개인에게 필요한 지원의 규모와 수준 및 실질적인 물량을 결정하기 위하여 우애방문원(friendly visitors)으로 하여금 모든 구제 신청자들의 상황에 기초한 사회적 조건을 심사하는 것이었다.

한편 자선조직협회는 공적인 빈민구제를 개혁하려고 시도하지는 않았다. 그들은 공적인 빈민구제를 받는 것이 가난한 사람들의 진취성과 도덕성을 약화시킨다는 찰머스(Thomas Chalmers)의 신념을 따랐다. 이는 이 당시 미국 사회 저변에 깔린 보편적인 인식이기도 했다. 자연히 자선조직협회의 활동은 사회적 운동성을 띠게 되었다. 즉, 자선조직운동(Charity Organization Movement)으로까지 사회적 인정을 획득하였고 자선조직협회는 자선 업무에 관한 리더십을 공적 빈민 지원과 관리로부터 상당 부분을 이양받을 수 있을 만큼 강력했다. 이러한 자선조직운동의 강력함은 빈곤과 구걸에 대한 '과학적 접근방법'으로부터 시작되었다.

당시 미국과 유럽의 과학자들 간의 빈번한 상호교류로 인하여 다윈의 이론과 이를 사회과학 이론에 적용한 스펜서(Herbert Spencer)의 이론이 크게 확산되었다. 허버트 스펜서(Herbert Spencer)는 1870~1890년 사이 미국에 큰 영향을 미친 영국의 철학자이자 사회진화론자였다. 그는 빈민들 스스로가 최소한의 생계를 유지하기 위한 수단만 제공해야 하는 것으로 주장하였다. 이러한 주장은 자선조직협회의 중요한 원칙이 되었고, 유전은 변화되지 않지만 도덕적 충고는 나쁜 유전의 영향을 감소시킬 수 있다는 생각으로 빈곤한 사람에 대한 구제를 실시하였다(김근홍 외, 2007). 이는 빈곤의 원인은 빈민의 도덕적 혹은 성격적 결함에 있으며 빈곤의 근절은 빈민 자신의 성격적 결함을 인정하고 교정하려고 할 때 가능하다는 이해를 형성하였다.

자선조직운동은 빈민을 돕는 이론적인 기반으로서 스펜서의 사회적 진화론[3]을 수용하였고 이를 과학적 자선(scientific charity)이라고 불렀다. 그 결과 사회복지에 대한 새로운 접근이 요구된다는 인식이 확산되었고, 이에 따라 문제의 핵심은 환경이 아니라 개인에게 있다고 오랫동안 간주해온 전달체계에 과학이라는 이름으로 그 적용을 본격화하였다. 빈곤의 사회적 원인이 확실하면 할수록 빈민에게는 낮은 도덕성과 개인적인 일탈행위가 있다는 주장을 보편적으로 하게 되었다(Ziliak, 2004). 이와 같은 과학적 자선에 대한 맹신이 일반화되면서 구호가 필요한지를 조사하는 데 있어서 과학적 방법론에 대한 기대와 우애방문의 의미와 역할이 매우 커졌다. 심지어 일부 도시에서는 구호신청에 대한 조사 책임을 자선조직협회에 위임하는 일도 생겼다. 경우에 따라서는 자선조직협회 지도자들이 공공적 구제를 보류하거나 폐지할 수도 있을 만큼 영향력이 커졌다(Patterson, 1986).

③ 목적과 주요 활동

자선조직협회의 목적은 빈민을 구제하는 자선단체들 사이의 업무 중복과 경쟁, 돈의 낭비를 지양함으로써, 빈민들을 더욱 효과적으로 돕는 데에 있었다

3) 사회진화론(社會進化論–Social Darwinism)은 생물진화론의 적자생존과 자연선택을 사회학에 적용하여 사회, 경제, 정치를 해석하는 다양한 이론과 견해를 말한다. 19세기 찰스 다윈이 발표한 생물진화론에 입각하여 허버트 스펜서가 처음 확립하였고, 그 후 19세기 말부터 유행하였다.

(Friedlander & Apte, 1980). 이를 위해 자선조직협회는 자선을 필요로 하는 사람들을 위해서 지역사회의 자선활동들을 조직하는 데에 심혈을 기울였다. 아울러 빈곤한 사람과 가정이 하나 이상의 다른 자선을 받지 못하도록 애썼다. 가난한 사람들을 구제하는 진정한 목표는 사회계층 간의 자연스러운 서열을 구축하는 것이었다.

이에 따라 자선조직협회가 수행하는 자선사업의 실제적인 추진 목표는 첫째, 빈민을 구호하기 위해 존재했던 민간 자선단체 간의 업무를 조정하는 것이었다. 둘째, 여러 민간 자원단체 간의 경쟁 방지, 셋째, 서비스 대상이 되는 개인이나 가족에게 제공하는 원조 활동을 논의하기 위한 사례회의를 조직적으로 운영하는 것, 넷째, 서비스 대상자가 이용할 수 있는 최대한의 사회자원을 확보하는 것, 다섯째, 자선의 중복을 예방하고, 여섯째, 직접적 긴급구호를 펼치는 것 등이었다.

자선조직협회의 운영방식은 사례들을 중앙에 등록하고 모든 관련 기관에 그 사례를 알리는 것이었다. 유료 직원이 자선 신청서를 검토하고 나면 자원봉사자인 우애방문원이 개별적으로 신청자들을 방문하여 어떤 개별 도움이 필요한지를 면담하도록 하였다. 면담은 대상자 본인뿐만 아니라 친척, 가까운 지인, 교회 교인, 이전 사업장의 고용주, 관련된 자선단체 관계자 등의 의견을 청취하였다.

또한 자선조직협회는 공적부조 기관들과 협조하에 공공서비스 신청자들을 조사하고 전체 공적부조 시스템을 관리하기까지 하였다. 그러다 보니 자연히 자선조직협회는 관료적인 체제로 운영되었으며 사례기록들은 빈곤, 실업, 임금, 지출, 질병, 노동조건들의 개선에 기여하는 것으로 인식되어 수집과 보관이 용이하게 이뤄졌다.

한편 또 다른 자선조직협회들 가운데서는 기존 사업의 한계를 확인하면서 사회구조적인 변화까지 도모해야 할 필요를 제기하고 그 변화를 향한 실질적인 실행을 시도하였다. 예를 들면 주택개량을 위해 의회에 압력을 가했고 지역사회의 질병 예방사업을 실시하였다. 결핵 치료센터를 세웠고 청소년 전담 법원을 설치하기도 했다. 빈민가 아동과 청소년들을 위한 캠프를 운영하였다. 아동보육 프로그램을 실시하여 아이들을 낮 시간에 돌보았다. 또한 빈곤가정의 아내이자 어머니인 여성들을 위한 직업훈련 프로그램을 운영하였고, 빈곤가정의 가장인 남성의 취업을 지원하기도 했다.

특히 자선조직협회는 부랑인들을 억제하기 위해 의회에 로비 활동을 하였다. 걸인, 부랑인, 가정 폭력을 일삼거나 가정생활에 불량한 남편을 대상으로 개입실천할 때에는 경찰에 협조를 요청했고 경찰과 함께 빈민들의 구걸 행위와 부랑인들을 단속하였다. 때로는 자선조직협회의 조언에 의해 부랑인들을 2-6개월까지 교정소로 보내기도 했다.

④ 기여와 한계

• 기여

19세기 후반부터 20세기 초반의 자선조직협회 활동은 공적보호 체계의 필요성이 사회적으로 인지되지 못하던 시기에 자발적인 민간의 역할에 의해 빈곤에 대응하고자 하는 노력이 이루어졌다는 의미가 크다. 또한 전문가의 권위보다는 긍정적 영향력을 강조하며 체계적인 서비스를 위한 실천가의 전문성을 강조한 것은 서비스 대상자 중심의 접근과 전문가주의의 기초가 되고 있다.

또한 자선조직협회는 참여 자선단체들로부터 구호를 받는 개인이나 사례의 명단을 수집하여 자료화해서 실제적으로 활용한 사회서비스 거점 센터로서의 역할을 하였다. 이와 같은 서비스 거점으로서의 역할수행은 빈곤 개인 또는 가족에 대한 정보교환, 조사연구를 위한 자료공급 등의 기능을 최적하게 발휘함으로 대상자 조사, 구제 서비스 등의 중복을 방지하여 보다 효율적으로 구호를 위한 협력과 연계를 가능하게 하였다. 실제로 자선조직협회가 축적한 인구학적이며 사회경제적 정보는 빈곤, 실업, 임금, 가정의 수입과 지출, 질병, 근로조건 등에 대한 기초자료로 활용되었다. 아울러 사회적, 경제적 문제에 관해 연구 분석을 통해 정책적 건의를 하며 다양한 사회문제의 해결 과정에도 개입함으로써 제도 개혁 등과 같은 실질적 성과를 거두며 사회변화를 이끌었다.

여기에서 자료의 수집과 분석을 위해 전문교육을 받은 직원이 필요하게 되었고 이는 사회복지실천 교육기관과 전문 사회복지실천의 발전을 가져오는 토대가 되었다. 무엇보다도 구호 신청자를 체계적으로 조사하기 위해 유급 직원을 채용하였고 전문성을 갖춘 우애방문원을 모집, 양성, 배치하는 사회복지실천 서비스전달의 모형이 구축되었다. 이들 유급 직원과 우애방문원은 최초의 사회복지사로서 볼 수 있을 것이다.

특히 자원봉사자에서 유급 직원들로 바뀐 자선조직협회의 실천가는 따뜻한 마음과 이웃에 대한 관심만으로도 가능했던 자선의 이미지를 벗어나고자 노력하였고, 자선적 서비스와의 중복을 피해 전문적인 도움을 주길 원했다. 더욱이 자선조직협회의 활동 범위가 확대되면서 우애방문원들을 비롯하여 자선조직협회의 실천가들은 빈민들의 개인적인 측면만이 아니라 사회 · 경제적 문제에 대한 깊은 이해가 필요함을 느끼게 되었다. 그래서 전문가로서의 면모를 갖추기 위한 노력의 하나로 이들은 효과적으로 가난한 사람들을 돕기 위한 훈련과 교육을 요구하였다.

그 결과 사회복지를 실행하기 위한 별도의 교육과 훈련이 이루어지기 시작하였다. 우선 이를 준비하는 실행연구가 1893년 매사추세츠 주에서 도이스(Anna Dawes)라는 여성에 의해 처음으로 시도되었다. 얼마 후 리치몬드 여사(Mary Richmond)는 1897년 자선을 위한 훈련학교 설립을 위한 계획을 수립했으며, 다음 해인 1898년 뉴욕에서 최초로 사회사업 과목을 개설하여 교육하였다. 이러한 교육과 훈련은 자선조직협회 운동이 지역사회조직사업으로 전문화될 수 있는 원동력으로 작용하였다.

- 한계

자선조직협회 실천가들은 사회적 · 정서적 기능에 영향을 미치는 물질적 · 경제적 필요성을 강조하였으나, 자선조직협회 활동을 통해 각인된 실천가의 가치와 태도는 문제의 예방을 위한 사회환경의 변화보다는 개인적 특성과 재활을 강조하는 전통을 오늘날까지 남겼다(Long & Holle, 1997).

한편 자선조직협회의 활동이 진행되면서 일부 개혁적인 지도자들에 의해 거시적인 차원에서 사회 구조와 제도를 바꾸려는 개혁적인 움직임이 있었으나 전반적인 경향으로 볼 때는 여전히 자선조직협회는 엘리트 계층에 의해 개발되고 운영되었다는 뚜렷한 한계를 나타냈다. 예를 들면, 빈민에 대한 자선조직협회 활동가들의 도덕적 우월감이 두드러졌다. 빈곤을 개인의 도덕적 결함으로 인식하는 냉소적 태도는 진정한 이타주의로 보기에 어려움이 있었다.

그러다 보니 자선 신청 대상자를 조사하는 자원봉사자들을 통해서도 이와 같은 도덕주의적인 접근이 빈번하게 진행되었다. 실제로 당시의 자원봉사자들은 그 시대 상류층으로 빈민의 어려움을 발견하기 힘들 수밖에 없다는 문제가 지속적으로 제기되었다. 이를 해결하고자 부유한 자원봉사자들 대신에 유급 직원들이 채용되었으나 서비스 대상자에 비해 턱없이 부족했던 극소수 유급 직원들이 신청 대상자를 면담하기는 현실적으로 불가능했다. 자연히 신청 대상자에 대한 면담 업무는 자원봉사자들이 진행하였고 면담 자료에 근거해서 구호 자격이 결정되었다. 결국 자원봉사자의 면담 자료가 구호 대상자를 결정하게 되었다.

(2) 인보관 운동

① 배경과 성격

19세기 말 미국의 민간 사회복지 분야에서도 영국과 같이 자선조직협회와 함께 사회복지 역사에 있어 중요한 의미를 갖는 인보관 운동이 전개되었다. 인보관은 이웃을 지킨다는 의미를 가진 인보(隣保) 사업과 빈민 구제를 주된 목적으로 세워진 단체나 기관이다. 이러한 인보관은 빈민 지역 현지에 정착(settlement)하여 함께 생활하며 지역사회 환경과 생활을 개선하는 것을 목표로 한다. 자연히 인보관은 사회개혁 운동으로서 그 역할을 하게 되었고 확산되었다. 이를 인보관 운동(Settlement house movement)이라 한다.

인보관 운동은 지식인층인 대학 교수와 대학생들이 사회적으로 고립된 도시 빈민 지역으로 이주하여 하층 노동자인 빈민들과 함께 생활하면서 그들의 생활을 개선하고 자립 능력을 향상시키기 위해 영국에서 발흥되었는데 미국의 경우도 그와 같은 인보관 운동의 취지가 고스란히 재현되었다. 그래서 지역사회의 실질적인 통합을 추구하는 동시에 지역사회의 환경을 변화시켜서 지역 상황에 맞는 사회제도들을 세워나가거나 기존의 것들을 개혁하는 등 궁극적으로 지역사회 문제 해결을 촉구하는 사회개량 운동의 한 형태로 구체화되었다.

특히 미국의 인보관은 부자, 대학생, 결혼하지 않은 여성들, 선생, 의사 그리고 변호사들에 의해 주로 이민자들의 거주지 근처에 세워졌다. 인보관 운동가들은 인보관에 있는 사람들이 스스로 자신들을 위한 조직을 만들 수 있도록 도우려고 했다. 운동가들은 가난한 이민자들과 같이 인보관에서 생활했기 때문에 인보관이 위치한 도시의 사회 · 경제적 상태에 대해서 구체적으로 알 수 있었다.

바네트(Canon Barnett) 목사에 의해 런던에 설립된 토인비 홀을 경험했던 코이트(Stanton Coit)와 뉴욕 시 선교사였던 스토버(Charles Stover)에 의해서 1887년 최초의 인보관인 뉴욕 시 근린길드(Neighborhood Guild of New York)가 결성되었다. 애담스(Jane Adams) 여사는 1989년에 유명한 헐 하우스(Hull House)를 시카고 시에 건립하였다. 이렇게 인보관들은 대개 큰 도시에 세워졌고, 자연스럽게 도시의 환경적 한계와 문제들에 주목하여 지역사회의 고질적 문제들을 해결할 수 있는 서비스들을 주민들에게 제공하려고 애썼다. 자선조직협회가 비록 빈곤에 관심을 두고 있었다고 해도 본질적으로 자선조직협회는 빈민법 전통의 맥을 이은 것인데 반해 인보관 운동은 새로운 형태의 사회개혁적 변화를 추구하였다(Smith, & Zietz, 1970).

사실 자선조직협회의 기본적인 시각은 '사회 자체는 순기능을 하고 있으나 가정은 역기능적이라는 점을 출발점'으로 본다. 하지만 인보관 운동은 가정이 적절하게 기능하고 있다는 것을 가정하고, 오히려 문제는 지역사회의 환경이나 구조적 질서에 있다고 인식하였다. 당연히 인보관 운동의 서비스 대상자들은 농촌에서 도시로 이주하여 낯선 문화로의 편입에 따른 부적응을 경험할 수밖에 없는 도시 이주민들과 이민자들이었다. 인보관 운동의 서비스 대상자들은 언어나 문화적인 문제를 갖고 있었다. 하지만 그와 같은 것들을 편견이나 선입견으로 보기 보다는 그들은 능력 있고 정상적인 근로 계층에 있는 가족으로 간주되었다. 그래서 서비스 대상자나 그 가족들이 잘 적응하지 못할 때, 인보관 운동가들은 사회 자체에 분명 문제가 있다고 가정했으며, 이런 부분들이 그들의 사회개혁을 위한 토대이자 핵심 동력이 되었다.

② 목적과 주요 활동

인보관 운동은 활동 초기부터 사업의 목적과 실천개입기술, 서비스 프로그램 등 여러 면에서 자선조직협회와는 매우 달랐다. 자선조직협회가 빈곤 예방과 빈곤 해결을 위해 자조와 성실 및 근검절약을 장려하기 위한 다양한 전략을 수립하고 개발하는 일에 몰두했다면, 인보관 운동은 처음부터 적절하게 기능하고 있는 보통의 가족을 사회화시키는 일에 관심을 두고, 바로 그 일에 온전히 집중하였다(Trattner, 1984).

이러한 인보관 운동의 목적은 크게 세 가지 접근으로 뚜렷하게 드러난다. 첫째, 여가선용과 교육 기회를 제공하는 근린 단체로서의 역할을 충실하게 수행하기, 둘째, 가족과 지역사회의 욕구에 관한 사회조사를 활발하게 수행하기, 셋째, 법률적 · 정치적 변화를 이끌기 위한 사회행동을 적극적으로 수행하기이다.

무엇보다도 인보관 운동은 도움이 필요한 가족도 정상적이라는 전제하에 시작되었으며 가족을 넘어 공동체 생활에까지 이러한 신념을 확장했다. 문제가 가정으로부터 생기면, 사회변화나 사회개혁을 통해 해결해가려고 애썼다. 그래서 도시 빈민의 생활환경이나 노동조건에 별 관심이 없었던 자선사업에 반대해서 나타난 인보관 운동가들은 자신들이 자선사업가로 불리기보다는 사회개혁가로 인식되기를 원했다(Trattner, 1984).

이들 인보관 운동가들은 빈부격차에 따른 사회적 계층과 백인과 흑인으로 양분되는 인종 간의 차이를 인정하되, 현실적으로 존재하는 사회경제적 간격을 줄여나가는 데에 주목하였다. 이를 위해 빈곤의 원인을 제거하고, 빈민 지역의 생활환경과 노동환경을 개선시키는 데에 총력을 기울였다. 자연히 사후 치료적이기보다는 사전 예방적인 접근방법이 사용되었다.

③ 자선조직협회와 차별화된 특성과 유사성

자신이 만든 헐 하우스를 중심으로 빈민 활동을 한 애덤스(J. Adams, 1860~1935)는 여성의 사회적 발전을 위한 기여를 강조하였으며, 이타주의적이며 평화주의적 성향을 가진 여성들이 사회를 변화시켜야 한다고 주장하였다. 이렇게 인보관 운동을 중심으로 사회행동가로서 활동한 애덤스는 궁극적으로는 정치적 개혁을 통한 사회변화를 주장하였다. 이와 같은 애덤스의 가치와 철학은 인보관 운동의 핵심 이념으로 자리 잡았고, 이는 실제적인 실천으로 현실 세계에 펼쳐졌다(Addams, 1897; Barker, Robert, 1995 재인용).

자연히 자선조직협회의 사업과 인보관 운동을 통해 이뤄지는 활동 간에는 미묘한 견제와 상호 비판 및 배제 등이 종종 발생하였다. 그러나 초기의 리치몬드와 인보관 운동을 이끈 애덤스와의 대립은 점차 우호적인 논쟁을 통해 협력적으로 바뀌게 되었고, 그 결과 상호 간의 활동을 존중하게 되었다(Germain & Hartman,

1980). 1년간의 자선조직협회 훈련프로그램 동안 인보관에서 최소한 3개월 머물도록 한 것은 두 집단 간의 교류를 보여주는 예로서, 자선조직협회의 직원들은 빈민 가족이 겪는 문제와 사회와의 연관성을 점차 인식하며 이들을 효과적으로 돕기 위해 사회학적 지식에도 관심을 가지게 되었다(Smith & Zietz, 1970).

한편 인보관 운동은 자선조직협회와는 분명히 차별화 되었음에도 불구하고, 자선조직 운동과 인보관 운동은 모두 다 궁극적으로 가정의 안녕에 관심을 가졌고, 결과적으로 가족복지 향상에 지대한 공헌을 했던 것으로 평가된다. 아울러 두 운동은 미국의 사회복지제도들을 입법하고 사회복지실천(사회사업) 전문직 발달과 형성에도 크게 기여하였다.

4) 진보의 시대(1900~1929)

(1) 사회경제적 상황

미국의 전통적 자본주의와 민주주의 체제가 근본적으로 중단되지 않고 지속적인 발전을 했던 이 시기는 사회구성원들을 위협하는 치명적인 혁명도 없었고 심각한 사회적 혼란과 불안을 유발하는 엄청난 사건들도 초래되지 않았다. 그러한 가운데서 미국적인 기본 가치와 체제가 전반적으로 재개념화되고 재구조화되었다(Patterson, 1986).

비록 19세기 말부터 노동자, 농민, 사회주의자, 개혁주의적 지식인들로부터 요구되었던 강력한 정부 주도적 복지국가의 모습은 이뤄지지 못했지만 오랜 기간 과도하게 사회 전반에 형성된 자유방임주의적 빈민 구제 중심의 인식에서 벗어나려는 움직임이 국가 제도의 변화를 통해 일어났다. 즉, 정부가 적극적으로 국가의 경제·사회체제에 개입하여 조정함으로 빈곤의 문제를 해결하려고 했다는 것이다. 이는 획기적인 사회복지 정책 변화의 시발점이었다.

1890년대 말에 시작된 사회복지 개혁을 향한 노력은 20세기 초 경제, 사회, 정치 등 사회의 전 영역에서 급격한 변화가 있었던 진보의 시대에 절정에 다다랐다. 이 당시 미국은 이미 지구상에서 가장 부유한 국가가 되었다. 특히 농업과 공업 생산량에서 세계 1위 국가가 되었다. 더욱이 미국 전역은 하나의 강력한 국가로 연결되고 있었다. 물, 석탄, 증기, 전기, 석유 등과 같은 자원을 사용함으로써 광활한 동부와 서부의 지리적 간격이 줄어들었다. 철도와 내륙의 수로는 급속히 발달하였다. 제1차 세계대전 이전에 자동차가 이미 일상생활의 주요한 수단이 되었으며 전쟁 후에는 고속도로 공사가 계속됨으로써 지리적으로 촘촘하게 엮인 진정한 국가로 세워져가고 있었다. 개인의 생활과 비즈니스를 원활하게 한 통신기술의 발전은 전화와 전신의 일반적인 사용으로 가시화되었다(Piven, & Cloward, 1971).

새로운 20세기의 발명품들과 혁신적인 경영 기법은 산업과 농업 분야에 큰 변혁을 가져왔다. 대부분의 생활 분야에서 삶의 수준이 급격하게 높아진 번영의 시기였다. 1899년부터 1929년까지 대략 30여 년 동안 공업 생산량은 무려 273%나 증가하였다. 특히 1914년 7월 28일부터 1918년 11월 11일까지 유럽을 중심으로 일어난 제1차 세계대전과 같은 전쟁에 의해서도 미국의 성장은 계속되었다. 전쟁 중에 그동안 독일에서 수입했던 염료, 화학, 광학 제품들을 국내 제품으로 대체할 수 있었다. 심지어 유럽의 산업들이 제1차 세계대전으로 다 파괴되었을 때, 미국은 공업제품과 농산물에 있어서 세계 제1의 수출국이 되었다(Nathan, 1986).

또한 꾸준하게 유지된 높은 취업 수준은 국민총생산을 증가시키는 원인이 되었다. 1900년의 GNP는 170억 달러였지만, 1929년의 GNP는 무려 1천 40억 달러나 되었다. 아울러 인구 증가와 인플레이션의 영향도 있었고, 물가 변동까지 고려해도, 20세기 초 불과 30년 동안에 1인당 국민소득이 무려 73%나 증가하였다는 것은 미국의 발전이 얼마나 대단했는지를 충분히 보여준다. GNP의 증가는 점점 늘어나는 도시의 노동자 인구를 지원해 주는 농촌지역이 있기에 가능하였다. 1900년과 1929년 사이에, 인구는 4천 6백 8십만에서 1억 2천 3백만 명으로 증가하였다. 같은 기간 도시에 사는 인구는 3천 8백만에서 6천 9백만 명으로 늘어났다. 1900년에는 인구의 40%가 도시에 살았는데, 1920년에는 51%, 1930년에는 56%가 도시에 거주하고 있었다. 흑인과 백인 관계없이, 당시에는 농촌에서 도시로 이주하는 일이 다반사였다. 일단 도시로 가면, 먹고 살 수 있다는 인식이 미국 사회 전역에 팽배하였다. 1920년과 1930년 사이에, 약 6백만 명이 농촌에서 도시로 이주함에 따라 유사 이래 처음 농촌인구가 1백 2십만 명 감소했다(Reid, 1995).

도시가 확장되면서 점차 도시는 상업적이고 산업적인 특징을 나타냈다. 인구 10

만 명 이상인 공업단지의 숫자가 1900년에는 38개에 지나지 않았으나 1930년에는 83개나 되었다. 예상보다 빠른 양적 규모의 확대와 전혀 계획적이지 못했던 도시의 성장은 인구과밀 현상과 심각한 위생의 문제 그리고 주거 문제를 야기하였다. 외국이나 지방으로부터 도시로 온 가족들은 도시 생활에 대해서 이주 초기에는 매우 낙관적이었다. 하지만 그들의 사회적 · 경제적으로 열악한 환경은 그들을 정치적, 사회적, 경제적으로 착취당하는 구조 내에 들어가게 만들었다. 정치권은 주택, 위생, 치안, 교통, 교육에 관한 그들의 요구에는 귀를 기울이지 않으면서, 자신들의 안위를 위해 이들을 이용하는 데에만 열중했다. 그 결과 이들의 사회적 위치와 생활환경은 열악한 모습으로 점차 고착되었다(Piven, & Cloward, 1971).

한편 이 시기에 철강, 전신, 전화 등의 부문에서 괄목할 만한 발전이 있었고, 대부분의 미국 산업은 개별적인 주인으로부터 강력한 소수의 투자자에 의해 조정되는 전문적인 경영진에 의해 관리되었다. 이렇게 회사의 권력이 소수에게 집중되는 것과 같이 부와 수입도 소수에게 집중되는 경향이 커졌다. 국가가 번창하면 할수록, 상위 집단의 성장은 중산층이나 노동자 계층의 성장 속도를 훨씬 앞지르는 현상이 나타났다. 백만장자가 많이 배출되었다. 가령 철강왕 카네기의 연 수입이 천만 불이 넘었다는 일을 들 수 있다. 이어서 예를 들면 1899년 상위 1.6%의 부자가 전체 수입의 10.8%를 차지했었는데, 1910년에는 19%로 급격히 증가했다는 것이다. 물론 임금 상승과 꾸준한 취업 덕택에 노동자 계층의 수입 또한 증가했지만, 소수의 부자들에 비하면 상대적으로 매우 느렸다. 이에 엄청난 부의 증가로 인한 성과들을 정작 노동자들은 정당하게 누리지 못하는 것에 대한 불만이 잠재된 채 쌓여가기 시작했다(Patterson, 1986).

특히 1920년대는 미국 역사상 물질 만능 풍조가 가장 팽배한 시대가 되었다. 이 시기는 정치적으로는 하딩(Warren Harding)에 이어 쿨리지(Calvin Coolidge), 그리고 후버(Herbert Hoover) 등과 같은 공화당 대통령으로 연결되는 정치적 무기력의 시대였다. 이전의 시어도어 루스벨트(Theodore Roosevelt)와 우드로 윌슨(Thomas W. Wilson)이 착수한 혁신 정책은 제1차 세계대전으로 중단되었다.

더욱이 전후에 불어닥친 '도덕, 철학, 정치의 상실'을 일상화한 현실 속에서 미국은 다시금 19세기 후반과 같은 자유방임주의적 국가 체제로 회귀하게 되었다.

정부는 또다시 대기업들과 결탁했으며 사회 하층민보다는 대기업의 이익을 대변하는 역할을 하였다. 물론 이러한 정치적 추세에 노동자들을 비롯하여 많은 진보세력들이 저항했지만 대부분의 국민들은 전후에 생겨난 경제적 풍요를 만끽하면서 정치에는 별로 관심을 드러내지 않았다. 1929년 말 금융시장의 파산으로 세계적 대공황이 오기까지 10년 동안은 남북전쟁 이후 가장 풍요로운 시대였으며 사회적으로도 비교적 안정된 시기였지만, 소수의 부자들과 정치권이 야합하여 그들의 이익 카르텔을 공고하게 형성해간 때이기도 했다. 철저한 자본 중심의 상류계층이 정착된 시기였다.

반면 임금 근로자를 중심으로 하는 노동자 계층의 생활은 기본적인 의식주 문제를 해결하기 위해 발버둥치는 현실이었다. 당시 산업관계위원회(The Commission on Industrial Relations)에서 발간한 보고서에 의하면 1890~1912년 동안 일반인들의 개인적 부는 188% 증가한 반면, 제조업, 광업, 운송업에 종사하는 임금 근로자의 소득은 단지 95%만 증가했음을 제시한다. 산업체의 순생산에서 임금 근로자의 몫은 실질적으로 감소했으며 최소한도의 인간다운 삶을 영위하기 위해서는 평균 5~6인 가족은 연 수입이 700달러는 되어야 한다고 추정했다. 당시 남자들의 79%가 일 년 수입이 700달러 이하이기 때문에 가족을 유지하기 위해서는 가족 중 다른 구성원이 노동시장에 참여해야만 했다는 것이다. 그런 이유로 10세에서 15세 사이의 아동 175만 명이 노동시장에 참여했다. 그 숫자는 다행히 계속 감소했으나 1929년에도 거의 70여 만 명의 아동이 일하고 있었다. 더욱이 근로자의 아내와 자녀들이 노동시장에 참여함에도 불구하고, 노동자 계층 가족의 50~66%는 가난하며 1/3은 매우 비참한 절대 가난의 상태에서 살고 있다는 것이다(Piven & Cloward, 1971).

특히 당시 노동자의 임금이 매우 낮은 것만이 문제가 아니라, 숙련노동자와 비숙련노동자의 급여 차이로 인한 불만족이 매우 팽배했다. 실제로 1910~1911, 1914~1915, 1920~1921년에 있었던 세 번의 불황기에는 실업률이 증가하고 임금이 감소하는 경향이 있었는데, 특히 비숙련노동자들에게 커다란 타격을 주었다. 비숙련 노동자의 대부분은 예전에는 농사를 지었던 농부와 흑인 그리고 이민자들이었다. 또한 적절한 수입은 있으나 여유롭지 못했던 중산층의 경우에도 매우 빠르게 높아지고 있는 상류층의 생활 정도를 따라갈 수 없었기 때문에 자신들의 생활에 대해 결코 만족할 수 없었다.

노동자 계층의 불안정과 중산층의 불만과 함께 농업의 위기가 초래되었다. 제1차 세계대전 이전에는 농가의 수입이 증가했었다. 서부 개척이 끝남에 따라 땅값이 상승하여 보통의 농부들이 토지를 구입하기가 점점 어려워졌다. 농장의 평균 규모가 커짐에 따라, 이미 남부 지방에 퍼져 있었던 소작농들이 중서부 지방까지 퍼져나갔다. 1900년에 전국 농지의 35%가 소작농에 의하여 경작되었는데, 1930년에는 42%로 높아졌다. 같은 해에 남부에 있는 흑인들의 79%가 소작농이었다. 제1차 세계대전 동안 농산물에 대한 요구는 농업의 과잉 확장을 야기했다. 이로 인해, 1920년에는 농업 불황이 발생했고, 이는 이후 10년간 간헐적으로 계속되었다. 농장소득은 기업의 이윤만큼 빠른 속도로 증가되지는 않았기 때문에 작은 규모로 농사를 짓는 사람들에게는 매우 어려운 시기였다. 1919~1929년 사이에 실제적으로 농업인구가 감소한 것은 당연한 사회적 현상이었다. 결국 비숙련 노동자와 소작 농부는 일반적인 미국 사회의 번영에도 불구하고 20세기 초반에 소득이 가장 낮은 계층으로 전락하였고 당연히 생활이 어려웠다. 이들 집단 중에서도 특히 흑인들은 국가의 경제적인 성장에서 철저하게 배제되는 상황에 직면하였다(Briar, 1967).

흑인들은 여전히 가난했으며 사회적인 영향력도 없었다. 노동자 계층을 보호하고 돕기 위한 사회적 법령들이 진보의 시기에 통과되었다. 그러나 일반적으로 여성과 아동의 노동, 근로자의 수당, 노동시간과 급여에 대한 제한, 산업 현장에서의 안전 문제에 관한 법령들은 흑인 숫자가 아주 적은 산업에만 적용되었다. 이런 이유로 모든 소수집단의 문제를 이민자의 문제와 동일시하는 경향이 있는 사회복지 개혁가들도 흑인의 문제를 감지하지 못했다. 주기적인 인종 소동에도 불구하고, 북부 도시에 사는 흑인들이 매우 적고 그들의 경제적, 정치적, 사회적 생활이 주류로부터 분리되었기 때문에 그들의 특수한 문제를 사회개혁가들이 인식하지 못했다(최옹 · 김봉중, 1992).

(2) 사회개혁을 향한 노력

20세기 초반 이 시기 미국의 경제적인 변화는 농업과 상업 중심의 경제로부터 도시와 산업 중심의 경제로 급격하게 전환되었다. 이와 함께 생활양식과 가치관에도 변화가 왔다. 그것은 주로 19세기의 개인주의로부터 집합적 상호의존을 인정하는 방향으로의 변화였다. 경쟁을 중시했던 소기업 시대는 개인적 성취에 의한 성공적 성과 산출이 높이 평가되었으나 독점적인 시장통제를 지향하는 대기업이나 동일 업종의 기업들이 자본적으로 결합한 독점 형태인 '트러스트(기업합동)'의 출현으로 더 이상 한 개인의 역량만으로는 결코 성공할 수 없음을 인식하였다. 시장의 질서와 사회환경적 구조, 나아가 정치적 맥락 등이 사업의 성패에 엄청난 영향을 미친다는 사실을 깨닫게 된 것이다(Austin, 1986).

19세기 말까지 존속했던 경쟁적이고 개인주의적인 성공이 가능했다고 여겼던 사회에서는 사회 이론가들도 개인적 성향의 변화에 기반을 둔 개혁을 주장했으나 20세기 초에 인지하기 시작한 집합적 성격의 사회에서는 자연히 제도의 개혁을 요구하는 움직임이 거세졌다. 더욱이 이 시기 미국의 산업은 크게 발전하였으나 막상 빈부격차는 극심해졌고, 사회적 불만 세력 또한 확대되었다.

그러한 가운데 자유방임주의는 약화 되었고 대신 진보주의 사상이 부각 되었다. 1900년에 이미 자유방임 사상은 사회를 이끌어갈 수 있는 이데올로기로는 부적절함이 나타났고 새로운 사회사상이 선포되었는데, 새로운 사회사상이란 바로 법적 규제와 법적 보호를 통한 사회정의(social justice)였다. 이와 같은 사회정의는 과학적인 사회조사를 통해 도출된 의제들을 통해 충분히 제시될 수 있는 것으로 판단하였다. 즉 사회조사는 사회적 · 정치적 문제에 관한 지식을 제공할 것이며, 정부에 의한 민주적 제도의 확장은 적절한 법령제정을 가져올 수 있을 것이라 믿었다. 여기에서 사회정의는 국가의 법령의 토대를 형성하는 이념이자 신념이라 할 수 있었다. 그러나 이런 신념은 너무 낭만적이었으며, 합리적이고 민주적인 절차에 대해 낙관적이었다(박순일 외, 1992).

당연히 현실은 냉혹할 수밖에 없었다. 법과 정책의 형성과 결정 과정에 발생하는 다양한 부조리와 불공정한 개입이 일어나게 되었고 여전히 그 속에서 정의롭지 못한 이익을 취하는 기득권이 존재하였다. 사회적 소외와 낙오, 실패 등이 개인적 능력의 문제가 아닌 사회구조적 차원에서 야기되는 현상이 나타났다.

이에 진보의 시대의 개혁운동은 사회의 낙오자에게도 기회가 있다는 것을 강조하는 모습으로 이뤄졌다. 정부 프로그램이나 서비스의 제공과 개선 그리고 규제를 통한 사회조건의 변화는 개인들이 성공적인 삶을 살아갈 수 있는 잠재력을 증진시키는 것만이 아니라 사회의 주류에 동화될 수 있는 기회를 촉진시키는 것을 의미하였다. 예를 들면, 이민자들도 사회의 주류를 형성하고 있는 앵글로색슨 인종처럼 될 수 있는 기회가 있다는 것을 의미한다. 흑인과 이민자들에게 기회란 미국적인 자조의 이미지를 통하여 자립으로 가는 과정이었다. 물론 자조의 이미지와 자립을 강조하는 것은 유럽과 같은 다른 나라들에서 제기되었던 개혁운동들과는 다소 상반되는 면이 있다. 그럼에도 미국적 상황 속에서는 충분히 이해될 수 있는 접근이었다. 워낙 미국이라는 사회가 개인적 자조와 자립을 강조하였기에 사회환경적 여건을 개혁할 때에도 개인의 자조와 자립을 가능케 하는 방향으로 갈 수밖에 없었던 것이다.

이러한 진보의 시대에 이뤄진 개혁운동의 성과는 특히 공공복지 행정에서 가시화되었다. 공공복지 행정에 있어서는, 빈민에 대한 책임이 지방정부의 감독관으로부터 지방 혹은 군 정부의 복지국으로 옮겨졌다. 미주리 주 캔자스 시는 1910년 빈민의 구제나 비행, 실직자, 다른 도움이 필요한 사람들을 돌보는 권한을 부여받은 시 복지국을 설립하였다. 이는 빈민 문제 해결을 위한 실제적인 접근이 보다 정부의 관할 하에 이뤄지게 되었음을 의미한다. 아울러 이는 결과적으로 지방정부의 업무를 지역사회에 대한 복지적인 접근을 할 수 있게끔 하는 형태로 재구조화하게 했다. 이와 같은 지방정부의 재구조화는 미국이 제1차 세계대전에 참전한 후에도 계속되었다. 1916년에는 뉴욕 주 웨체스터군에 복지부가 설립되었다. 1917년 일리노이 주에서는 모든 주 정부 기능과 활동을 아홉 개 부서로 나누는 것을 골자로 하는 「행정법」(Civil Administration Code)이 통과되었으며, 아홉 개 부서 중에서 복지부는 주 정부가 제공하는 공적부조, 서비스 및 시설 프로그램 등을 관장하게 되었다. 그 후 다른 주 정부들도 일리노이 주의 체제를 따랐으며, 이로 인해 공공행정에 있어서 새로운 시대가 도래되었다. 예를 들면, 여러 주에서 공공복지 서비스는 주 정부 복지국에서 임명된 책임자에 의해서 관장되는 시스템으로 합병되었다(Hasenfeld, 1983).

따라서 진보 시대의 여러 개혁 활동 중에서 가장 대표적인 분야가 사회복지 영역이라 할 수 있는 것이다. 정의감, 사회의식, 도덕성 및 윤리의식 등은 사회복지 분야의 개혁에서 가장 두드러졌다. 개혁운동은 새로운 사회사업(사회복지실천)의 전문성에 충실했으며, 또 전문성을 형성시키는 데 기여하였다. 사회사업(사회복지실천)은 사회변화를 원하는 사회적 추세에 부응했고, 근본적으로 상이한 활동을 하지만 때때로 연합할 수 있는 자선조직운동과 인보관 운동을 전개하였다.

예를 들면 1905년에서 제1차 세계대전이 시작됐던 1914년 사이, 즉 개혁운동이 절정에 달했던 진보 시대로 명명되는 이 시기에, 사회복지 지도자(실천가)들이 사회개혁 활동을 위한 모임을 가졌다. 이때 자선조직협회가 사회개혁에 참가하게 된 이유는 가족에 대한 관점이 변했기 때문이었다고 제시되었다. 가족이야말로 '사회질서의 단위'라고 이해된다며 개인의 도덕적인 향상을 위해서 가정과 학교에서의 협력적 접근이 중요하다는 입장이 강조되었다.

자선조직협회의 활동을 이끌면서 초기 미국 사회복지 전문직의 발전에 큰 기여를 한 것으로 알려진 리치몬드(M. Richmond, 1861~1928) 여사 역시 가정을 중요한 사회적 단위, 가장 근본적인 사회적 단위라고 언급했다. 그녀는 가정생활을 강화하기 위해서 산업체 운영에서 행정적인 변화뿐만 아니라 사회사업(사회복지실천) 기관에서의 실천, 아동 노동법 그리고 산업체 안전에 관한 규제 및 근로여성 보호에 관련된 실질적인 행동을 요구하였다. 그녀는 사람들이 살아가고 있는 환경과 사람들의 유전인자 또는 성향 간의 상호작용이 대단히 중요하다는 사실을 새롭게 인식하고 있었다. 사회복지사(실천가)들과 동조자들은 임대 및 공장건축을 규제하거나 산업재해와 직업병을 예방하고 보상하는데도 앞장섰다.[4)]

특히 리치몬드는 1917년과 1922년에 각각 발간한 저서 『사회진단(Social Diagnosis)』과 『개별사회사업은 무엇인가?(What is Social Case Work)』에서 당시의 전문화에 대한 실천가들의 욕구를 반영하려고 애썼다. 이 두 권의 책은 사회복지실천의 이론과 방법을 체계적으로 기술한 것으로 인정받는다(Johnson, 1989). 이 책들에서 리치몬드는 사회사업(사회복지실천)의 목표를 개인과 환경에 대한 헌신이라고 언급하고

---

4) 그 외에도 몇 가지 핵심적인 부분에 집중하면서 관련된 법안들을 제정하는데 적극적으로 참여하였다. 일례로서 아동노동을 방지하거나 아동 의무교육을 제공하는 영역, 위생 및 보건 여건을 개선하려는 영역, 가장의 실업 · 은퇴 · 사망에 대비한 사회보험을 제공하려는 영역, 근로자 특히 여성근로자들의 최저임금제와 적당한 근로시간을 확보 하려는 영역 등.

있다. 하지만 개별화된 욕구를 강조하면서 진단이라는 의료적 용어를 사용하는 등 사회사업(사회복지실천)의 개념을 지나치게 개인 중심의 미시적 접근으로 한정시켰다는 비판을 제기할 수 있다. 그럼에도 중요한 사실은 리치몬드가 사회개혁 운동에 적극 동참하였다는 것이다.

더욱이 자선조직협회와 인보관에서 활동했던 사회복지사(실천가)들 모두 빈민들의 삶의 터전인 직장과 주거환경의 개선에 주력했다는 것이다. 무엇보다도 주거환경의 개선은 1882년 보스턴 시의 자선협회가 빈민을 위한 주거위원회를 임명한 이후부터 사회복지사들의 관심사였다. 같은 해에 뉴욕 주에 속했던 뉴욕 시와 버팔로 시의 자선조직협회는 주의회에서 「임대주택법」을 통과시키기 위해서 연합하였다. 그 이후 10년 동안 자선조직협회는 빈민의 주거환경을 조사하고 일반에게 알리기 위하여 이주민들과 동맹을 맺었다. 그 결과, 1901년 뉴욕 시 임대주택법이 통과되었다. 어둡고 공기도 나쁜 임대주택 건설을 방지하기 위한 법안이 다른 도시에서도 계속 이어졌다. 비슷한 법안이 1902년 시카고에서 통과되었고, 1910년경에는 거의 모든 대도시에서 주택개혁이 이루어졌다(Kamerman & Kahn, 1989).

당시에는 이렇게 진보주의 경향이 사회에 만연해 있었다. 이러한 사실을 1912년에 있었던 대통령 선거를 통해서 잘 알 수 있다. 이때 출마했던 네 명의 후보들(윌슨, 태프트, 루스벨트 그리고 사회당 후보였던 유진 뎁스)이 모두 다 각자의 혁신주의 개혁안을 놓고 대결했다. 이것은 1912년에 이미 범국가적으로 진보주의가 꽃을 피우게 되었으며 어느 후보도 이러한 진보주의 강령으로 국민들의 지지를 받지 못하면 당선될 수 없었던 국내 상황을 잘 말해주고 있는 것이다(최웅 외, 1992: 233; 김근홍 외, 2007 재인용).

어쨌든 이 시기에 이르러 사회개혁적인 관점이 미국의 저변에 흐르고 있었기에 사회복지에 대한 보충적 관점의 한계가 사회적으로 받아들여졌다. 결국 정부가 빈곤문제와 사회문제에 개입하기 시작하였던 것이다. 노동자 8시간제가 도입되었고 「고용자의무법」(1908년), 「선원법」(1915년), 「농업신용법과 재해보상법」(1916년)이 제정되었다. 공공과 민간의 사회복지시설의 증가로 유급 사회복지사(실천가)도 크게 늘어났다. 박애학교가 설립되었고 사회복지사협회, 의료사회복지사협회, 정신건강사회복지사협회가 창립되었다. 앞서도 언급한 바와 같이 리치몬드 여사에 의해 전문 사회사업(사회복지실천)의 방법과 기술이 확립되었다. 1919년 뉴욕 주의 로체스터 지역에서 처음으로 지역공동 모금이라는 명칭이 사용되면서 모금 활동이 이뤄졌다. 이를 통해 모금된 재원이 실제로 지역주민들에게 환원되었다(Kamerman & Kahn, 1989).

특히 이 시기 사회복지사(실천가)들은 아동노동과 여성들의 근로시간이 주요 관심사였다. 1900년에 전체 2천 9백만 명 근로자 중에서 10~15세 사이의 아동이 약 2백만 명, 15세 이상의 여성 근로자가 거의 5백만 명일 정도였다. 그런데 이들의 근로 환경과 조건은 상당히 열악했다. 몇몇 주들은 심지어 12세 혹은 그 이하의 아동이 고용되는 것을 허용하고 있었다. 아동노동을 통제하는 최초의 공식적인 시도는 1906년에 실시됐다. 국회에서 제출된 법안은 아동을 고용하는 공장 혹은 광산에서 생산된 물품의 선적을 금지하는 것이었다. 이 법안은 통과되지 못했으나, 몇 년 후에 루스벨트 대통령은 노동부 장관에게 아동 노동의 실태를 조사하도록 지시했다. 1912년에 위험한 직업, 아동의 사고와 질병, 아동에게 영향을 미치는 고용법안 등을 보고하기 위해서 아동국(The Children's Bureau)이 신설되었다. 아동국은 노동부 장관이 아동보호의 필요성에 관한 보고를 하도록 조사를 실시했으며, 더 나아가서 아동복지에 관한 연방정부의 규제를 획득하고자 노력하였다. 그 이후 많은 노력의 결과, 1930년에 모든 주와 콜럼비아 특별구(일반적으로 Washington D.C.라고 함)는 아동의 고용과 근로조건을 보호하기 위한 법적 조치들을 취했다. 그 결과 이후 아동노동은 꾸준히 감소하는 경향을 보였다. 특히 10세에서 15세 이하 아동의 노동률이 1900년의 18%에서 1930년에는 5% 이하로 줄어들었다(Garfinkel & McLanahan, 1986).

아동 노동법을 개정하려는 노력은 전체 노동인구의 20%에 해당하는 여성 근로자의 노동시간과 근로조건을 규제하려는 노력과 병행되었다. 그 결과 마침내 1908년에 과도한 노동시간으로부터 보호하는 권한이 주 정부에게 부여되었고, 곧 모든 주 정부가 이와 같은 법을 제정했다. 1912년에는 매주 6일 하루 8시간 근무 등의 구체적인 보호를 위한 투쟁이 있었다. 남북전쟁 당시 하루 평균 11시간 근무를 한 이후, 근로조건 개선을 위한 꾸준한 투쟁 덕분에 1920년에는 노조가 설립된 산업체의 근로시간은 주당 46시간으로 줄어들었으며, 노조가 설립되지 않은 산업체는 주당 54시간 근무했다. 노조가 설립된 산업체는 하루 8시간 근무제라는 목표를 달성했고, 노조가 설립되지 않은 산업체도 근로조건에 있어서 큰 진전이 있었다. 따라서 노조가 설립된 산업체와 설립되지 않은 산업체 간의 차이가 현저하게 줄어들었다(Kamerman & Kahn, 1989).

한편 사회복지 법안은 산업사회에서 발생할 수 있는 주요한 위험들, 예를 들면, 재해 질병, 생계유지자의 사망, 노령 및 퇴직, 실업 등으로 인하여 생기는 소득 상실에 대비하기 위하여 추가적으로 고려되었다. 산업화와 도시화는 가족생활에 엄청난 변화를 요구했다. 경제적으로 안정을 갖기 위해서는 농촌으로부터 일자리가 있는 도시로 자유롭게 이주할 수 있어야 했다. 도시로 이주한 후에는 저임금과 물자 부족 그리고 산업 시대가 요구하는 기술의 부족으로 인하여 고통을 받았다. 거의 모든 가족들은 도시로 이주한 후의 생활비를 벌기 위해서 항상 일할 준비가 되어 있었다. 가족들은 점점 공장 소유주의 임금에 의존하게 되었다. 그러나 공장 소유주는 근로자의 복지에 전혀 책임감을 느끼지 않았다. 특히 여성 근로가 일반화되기 전에는 여성들에 의해서 보호되었던 근로 여성의 아이들에 관해서도 어떠한 책임감도 느끼지 않았다. 진보 시대의 가정은 사회변화의 과정에 있어서 매우 스트레스를 받았으며, 일상생활에 있어서도 사회적으로나 경제적으로 불안정한 상태에 있었으며 불확실한 미래에 관하여 매우 걱정이 많았다. 산업사회로 인한 가족의 변화는 가족 단위의 경제적인 독립성을 급속하게 감소시켰다. 따라서 경제적인 불안을 완화시켜 줄 안전장치가 필요했다(Daly & Rake, 2003).

사실 진보 시대 이전인 1870년에서 1920년에 이르는 기간에 미국은 급속한 산업화와 대규모 이민 물결을 경험하였다. 이 기간 동안에는 자선조직협회, 인보관, 교회 그리고 대도시의 정치가들과 정치 조직들이 대부분의 구호를 담당했다. 인보관은 농촌을 떠나 도시로 오는 사람들과 이민자들에게 많은 도움을 주었는데 예를 들면, 일자리를 찾아주고, 교육과 탁아 그리고 상담 등의 활동을 하였다. 이 기구들은 또 새로 유입되는 사람들을 새로운 공동체에서 시민으로서의 역할을 하도록 준비시키는 역할도 담당했고 사회개혁을 위해 적극적인 운동도 벌였다. 정치조직들은 빈민들의 표를 얻기 위해 식품, 난방 연료를 나누어 주고 청탁을 들어주었으며 이러한 복지비용을 충당하기 위해 기업체들에게 시에서 추진하는 정책사업에 참여하는 우선권을 보장하고, 기업의 민원을 해결하며 나아가 여러 편의와 특권을 제공하고 대신 헌금을 받았다. 서비스 대상자들은 결국 자신들의 투표와 연결된 도움을 받는 것이라고 생각하여 당황하거나 부끄러워하지 않고 지원을 받았다.

그런데 도시의 인구 급증, 실업, 빈곤 등 사회문제들이 증가함에 따라 지방 및 주 정부들은 사회복지 분야에서 보다 적극적인 역할을 하게 되었다. 여러 주들에서는 편모슬하의 아동들을 돕기 위해 모성원조(Mothers' aid) 혹은 「모성연금법」(Mothers' pension)이 제정 시행되었다. 또 어떤 주에서는 가난한 노인, 시각장애인과 신체장애인들을 돕기 위해서 연금 프로그램이 시작되었다. 이 시대는 진보의 시대였고 진보주의자들은 많은 사회복지 및 노동개혁을 이루어 냈다(Reid, 1995; 김근홍 외, 2007 재인용). 또한 진보주의자들은 자선보다는 사회보험(social insurance) 프로그램을 채택하도록 요구했고 오래지 않아 사회복지에 대한 대규모의 연방정부 개입이 이루어졌다.

(3) 개혁의 종결

제1차 세계대전의 종결로 인하여 진보 시대의 개혁운동도 점차 약화되었다. 전쟁의 종결로부터 1930년대의 경제공황이 일어날 때까지 경제적으로 번영을 계속한 평화의 시기였다. 이러한 번영의 결과, 일반 국민들은 사회의 발전으로 인하여 도태된 사람들의 문제에 관심을 갖지 않았고, 사회지도층 인사들의 권력남용에 관해서도 무관심했다(Daly & Rake, 2003). 1921년의 공황에도 불구하고 도시인의 생활수준은 높아만 갔다. 높은 수익률, 낮은 실업률, 상승하는 임금 등으로 미국인들은 홍수처럼 밀려오는 새로운 생산물들, 가령 자동차, 라디오, 냉장고, 실크 스타킹, 영화 등을 맘껏 살 수 있고 즐길 수 있다고 생각했다. 다시금 자유방임주의 방식의 생활양식들이 생겼으며, 기업에 유익한 것은 국가에도 유익하다는 믿음이 또다시 등장하였다. 빈곤문제의 해결도 기업을 규제하거나, 최저임금제의 도입, 사회보험 혹은 공적부조 등을 통하지 않았다. 도리어 기업을 격려하는 분위기를 조성함으로써 빈곤문제를 해결하려고 했다.

미국이야말로 어느 나라, 어느 때보다 빈곤을 거의 퇴치할 수 있는 위치에 있다고 오만에 빠졌다. 가난한 가정은 점점 사라져 가고 있다고 보았다. 비록 아직은 목표에 도달하지는 못했지만, 미국은 곧 신의 도움으로 빈곤이 사라질 날을 볼 수 있을 것이라고 생각했다. 이렇게 전쟁의 종결과 함께, 진보 시대의 개혁을 위한 노력과 그로 인한 성과들이 지속될 수 있는 동력도 사라지게 되었다.

한편 사회복지의 전문성이 강조되는 시기가 도래하였다. 이러한 변화에는 몇 가지 요소가 작용했다(김근홍 외, 2007).

첫째, 전쟁은 평화주의자라고 자임해온 사회복지사들에게 큰 타격을 주었다. 제1차 세계대전의 필연성은 생명의 존엄성을 강조하는 부류와 전쟁을 지지하며 이러한 지지가 위기에 처해 있는 국가를 위한 것이라고 생각하는 부류로 분류하게 했다. 또한 러시아 혁명이 사회복지사들의 개혁 정신을 둘로 분류하게 만들었다. 한 부류는 더욱더 혁명적인 상황으로 나가기를 원했으나, 다른 집단은 사회행동으로부터 멀어지게 되었다. 전쟁 기간과 전쟁 후에 만연했던 정부 전복에 대한 두려움은 정치적인 탄압, 진보적인 외국인의 추방, 정치적 변화의 욕구 표현에 대한 반감 등을 수반했다. 개인 인성의 개혁에 대한 강조, 즉 프로이드가 창시한 정신분석학적에 대한 강조는 사회복지사들에게 새로운 형태의 전문성을 요구했다.

둘째, 이전의 사회개혁의 추진세력은 일련의 이민자 집단들이었다. 20세기 초반의 많은 이민자들 중에는 무정부 상태와 혁명으로 인하여 노동시장이 불안했던 동유럽에서 온 사람들이 많았다. 이러한 이민자들이 미국 사회의 개혁과 사회주의 운동에 크게 기여했다. 그러나 1920년대 후반 이민에 대한 엄격한 규제로 인하여 이민자들의 숫자는 급속하게 감소하게 되었다. 이민자의 정지는 사회개혁을 위한 노력을 절대적으로 감소시켰다.

셋째, 빈곤 퇴치에 대한 희망에 수반된 경제적인 성장과 풍요로 대변되는 1920년대의 번영은 사회개혁 운동의 많은 목적들이 달성된 것으로 보이게 했으며 새로운 사회입법을 위한 압력을 감소시켰다. 실제로 기업을 규제하려는 기관들의 개혁정신은 행정적인 집행에 의하여 반전되었다. 새로운 정치지도자들은 투표개혁에 대하여 다시 원점으로 돌리기 위한 협상을 시작하였으며, 주 정부에 의해 통과된 사회입법들은 법원에 의하여 기각되었다. 도덕적 열정과 진보주의 시대에 만연했던 종교적 복음주의는 사회개혁 운동에서 금주운동으로 선회했다.

사회개혁의 중단과 함께, 도움이 필요한 사람들을 향한 오리엔테이션으로 인성개혁이 다시 되살아났다. 1925년 시행된 사회조사 후 출간된 프랭클(Emil Frankel)이 쓴 『펜실베이니아 주의 빈민구제』라는 책은 공적구제와 구제 수혜자에 대하여 부활된 의심의 눈초리를 보여줬다. 그는 공적부조가 하나의 권리로 인식되는 것을 진정시키기 위하여 전문적인 사회복지 서비스의 중요성을 인식했다(Frankel, 1925: 65-66; 김근홍 외, 2007 재인용). 또한 구제행위 특히 공적구제를 향한 공공기관이나 민간기관의 태도는 1877년 자선조직운동의 시작 이후 거의 변하지 않았다. 공무원인 프랭클의 견해는 1890년 공적부조를 오직 아사(餓死) 일보 직전인 아주 극도로 곤란할 때만 주어야 한다고 주장했던 로웰(Josephine Lowell)의 견해와 다르지 않다(1890: 82; 김근홍 외, 2007 재인용).

5) 대공황과 뉴딜의 시대(1930~1939)

1929년 10월 주식시장의 붕괴로 시작된 대공황은 미국 역사상 그 유래를 찾아보기 어려울 정도의 엄청난 충격을 가져왔다. 대공황은 미국경제 전반의 신용구조를 파괴하고, 실업을 증가시켰으며 소득을 격감시킨 불행한 사건이었으나 다른 한편에서는 미국의 사회복지제도가 제도적으로 발전하게 된 계기가 되었다. 동시에 진보의 시대 후반기에 다시금 돌출되기 시작했던 빈곤의 원인이 개인적 성격의 결함이라는 자유방임주의 사상이 퇴색된 시기이다. 즉 대공황으로 극심한 경기 침체와 실업자, 빈민이 급증했지만 빈민을 구제하기 위한 사적, 공적 기관의 기능은 미비하였다. 그 결과 대공황으로 빈곤의 원인과 책임을 개인에게 두었던 관점이 변화하게 되었으며 사회구조적 결함에 의한 빈곤 가능성을 인식하게 되면서 제도적인 사회복지제도가 나타났던 것이다. 사회보험, 공공부조, 사회복지서비스 프로그램이 제도화되었고, 서비스 제공에서 민간과 공공기관의 역할이 분리되었다.

(1) 대공황의 배경과 참상

대공황 발생 이후 1932년에 이르면 네 명 중 한 명은 직장을 잃었고 여섯 명 중 하나는 사회복지 혜택을 받고 있었다. 직장생활을 하던 사람들에게 더이상 일할 곳이 없었으며 은행이 문을 닫게 되자 그동안 모아두었던 저축을 한꺼번에 잃어버리게 되었다. 많은 사람들이 은행 융자를 갚지 못하게 되어서 자신들이 살던 집이나 농토를 포기해야만 했다. 경제적인 파국은 특히 중산층에 큰 영향을 미쳤다. 직장을 잃고 집을 포기해야 했던 그들은 갈 곳이 없었기 때문에 공원 벤치나 건물의 계단에서 잠을 자곤 했다.

1932년 11월 프랭클린 루스벨트(Franklin Delano Roosevelt)가 대통령에 당선되었을 때 이미 실업자는 1,500만명에 달하였고, 일부 주에서는 전체 인구의 40%가 구호대상자로 전락한 상황이었다. 1933년 3월 대통령에 취임한 루스벨트는 1934년 6월 의회에 보낸 사회보장에 관한 교서에서 미국 헌법이 경제적 안정에 대한 개인의 권리를 포함하고 있다고 주장하면서 가정의 보장, 생활의 보장, 사회보험의 보장이 필요함을 역설하였다. 구체적으로 실업과 노령에 관계된 프로그램이 필요하며, 그 재원은 조세보다는 갹출로 하고, 전국적으로 시행되어야 하며, 연방정부와 주정부의 긴밀한 협조에 기초해야 한다고 하였다(Reischauer, 1989). 그만큼 대공황의 현실은 비참했다.

그러나 1929년 후반에 시작된 대공황은 증권시장의 폭락으로 하루아침에 생겨난 것은 아니었다. 1929년의 대공황은 여러 가지 연쇄적인 사건들이 복합해서 생겨난 것이었다. 엄청난 대공황이 발생하게 된 원인은 크게 두 가지로 나눌 수 있다(김근홍 외, 2007).

첫째, 미국의 내적인 요인으로 농업 부문의 만성적 불황과 공업 부문의 생산과잉 그리고 금융 산업의 방만한 운영 등이 커다란 원인이었다.

미국이 자유방임주의 사상에 흠뻑 빠져서 1920년대에 누렸던 '번영의 시대'의 그늘에 가려져 있던 경제적 모순을 해결하려고 노력하지 않은 데 있었다. 정부의 계획성 없는 자유방임적 경제 정책이 엄청난 빈부의 격차를 낳았고 많은 국민들의 소득 저하는 구매력을 감소시켜 제조업의 기반을 흔들었다. 1920년대를 통하여 농촌 경제가 가장 심각한 타격을 받았다. 소작인들은 그들의 임대료를 내지 못하고 쫓겨나 로스앤젤레스, 시카고, 디트로이트 등의 대도시로 무작정 길을 떠나 고속도로를 메우고 있었다. 그들의 초과 생산과 농산물 가격 하락, 계속 증가하는 부채, 파산 등의 악순환을 미국 정부는 심각하게 생각하지 않았다. 1929년 초에 미국의 경제는 성장하지 않고 정체하고 있었으며 기업가들은 새로운 공장을 짓거나 더 많은 노동자를 고용할 수 없는 형편에 이르렀다. 팔리지 않는 상품들이 창고에 쌓여갔고, 수많은 노동자들이 해고당하여 집으로 돌아갔으며 소비자들의 수요는 갈수록 줄어만 갔다. 이러한 저소비 추세로 말미암아 공급이 수요를 능가하게 되어 서서히 불경기가 시작되었다. 이들 저소비의 가장 큰 문제는 바로 국민의 대부분을 차지하고 있는 노동자와 농민들의 실질 임금이 줄었기 때문이었다.

이렇게 1929년의 대공황은 사회 경제 구조 속에서 발견될 수가 있는데 그것은 1920년대 번영의 시기에 보이지 않게 쌓여가고 있었던 심각한 빈부의 격차였다. 대부분의 부를 소유한 상류계층은 그들의 부를 재분배하기보다는 화려한 물건이나 사치 생활, 그리고 증권 투기 같은 것에 소비함으로써 사실상 국가의 부가 재분배되지 않은 채 불균형을 심화시키고 있었다.

또한 정부의 자유방임주의 정책에 의하여 소수 독점 기업들이 미국 기업 이익의 절반 이상을 차지했다. 특히 지주회사를 중심으로 한 독점과 합병의 횡포는 갈수록 그 세력이 커졌으며 많은 기업체들은 여러 측면에서 대기업의 수중에 장악되었다. 이러한 상황에서 지주회사가 무너지면 그 여파로 수많은 기업들이 문을 닫게 되었고 그에 따라 많은 노동자들이 실직의 운명에 놓이게 되었다. 실직으로 인하여 수입이 줄거나 없어짐에 따라 수요가 줄어드는 현상으로 이어졌다. 이에 따라 경제가 침체하자 많은 기업들이 생산보다는 증권시장에 투자했고 1929년 10월에 증권이 폭락하자 수많은 기업체들이 파산하기 시작했다. 그러자 그들 회사와 관련이 있던 중소 기업체들이 연쇄적으로 문을 닫게 되었다.

둘째, 국제적인 문제로서 제1차 세계대전 이후 전쟁 빚을 진 패전국들의 구매력 격감과 승전국의 높은 관세장벽으로 국제무역 질서가 파괴되고 이것이 미국의 주식시장이 붕괴된 요인이었다.

미국은 제1차 세계대전 이후로 세계 경제에 깊이 관여하고 있었다. 세계 제1의 채권 국가였으며 교역 국가로서 미국은 수십억 달러를 유럽에 집중적으로 투자했는데, 1929년 말에는 미국의 국내 증권시장이 성황을 이루자 미국 투자가들은 유럽보다는 국내 증권에 투자하기 시작했다. 미국의 투자가 줄어들자 유럽 경제는 흔들리게 되었고 또한 미국의 높은 관세로 인하여 그들의 상품을 미국에 팔 수 없게 되자, 유럽 제국은 보복의 일환으로 그들의 관세를 올리게 되었고 국제무역은 정체되기 시작했다. 유럽 제국은 미국으로부터 그들의 투자를 서서히 회수하기 시작하고 있었는데 1929년 증권이 몰락하자 미국 내에 있던 그들의 자산을 전격적으로 회수했다(최웅 · 김봉중, 1992; 김근홍 외, 2007 재인용).

대공황 시절 일어난 이와 같은 일련의 일들로 인해 사회복지에 대한 미국 사회 저변의 인식이 근본적으로 변화되었다. 연방정부는 이때부터 새로운 방법으로 국민의 복지 문제에 개입하기 시작했다. 즉 국민의 사회생활에 대한 정부의 역할, 정치적인 이익에 대한 재조사, 정치적 · 경제적 이론에 대한 시각 등에 관한 새로운 사상이 생겨나기 시작했다. 프랭클린 루스벨트 대통령은 뉴딜의 철학을 발전시켜 연방정부로 하여금 공공복지에 보다 많이 관여하도록 하였으며 이는 금세기 초에 팽배했던 철저한 개인주의 철학을 대체하게 되었다.

(2) 루스벨트 대통령과 뉴딜 정책

루스벨트(Franklin Roosevelt) 대통령은 구제(Relief), 부흥(Recovery) 및 개혁(Reform)을 골자로 하는 뉴딜(New Deal) 정책(일명 3R 정책)을 신속하고도 과감하게 선포했다. 뉴딜 정책은 경제부흥을 강조했으며, 주요한 프로그램들은 미국 경제의 회복, 주식과 채권 매매의 조절, 미래의 공황을 예방하는 것 그리고 대공황과 같은 경제적 위기에 잘 대응하기 위해서 미국 정부의 권위를 높이는 것이 목적이었다.

특히 부흥 정책은 은행, 산업, 농업의 부흥을 위한 일련의 정책으로, 1933년 6월에는 금본위제를 폐기하고 민간은행의 통화발행권을 용인하지만 통화관리제를 도입하여 통화면에 있어서 정부의 통제를 강화하는 것이 주된 정책내용이었다. 구제정책에서 가장 긴박한 것은 그 당시에 가장 비참한 피해자인 실업자들을 구제하기 위한 것이었으며 후에 사회보장법의 성립에 가장 큰 영향을 미쳤다. 개혁 정책은 실업과 빈곤의 책임이 개인에게 있는 것이 아니라는 것을 명시하고 자유방임사상의 개혁과 통제경제, 사회보장, 노동문제 개혁 등에 관한 정책이다(Ginsberg, 1996: 25).

① 제1차 뉴딜 정책

루스벨트가 착수했던 1933~1934년까지의 소위 제1차 뉴딜 정책은 주로 경기 회복에 주안점을 두었다. 이러한 제1차 뉴딜의 가장 대표적인 것 중의 하나가 1933년 5월에 제정된 「농업 조정법」(Agricultural Adjustment Act: AAA)이었다. 이 AAA는 제1차 뉴딜 정책의 본질을 가장 잘 나타내 주고 있다. 이 법의 핵심은 농부들로 하여금 그들의 생산을 자발적으로 줄이면서 농산물 가격을 복구시키는 것이었다. 이것은 바로 농민의 구매력을 증진시키고 그로 인하여 도시에서 생산된 공산품에 대한 수요를 증대시킬 것을 목적으로 제정했다. 또한 이 법은 "평형 가격"을 설정하여 농민의 수입 증대를 보장했다. 이 가격을 유지하기 위하여 정부는 농민에게 목화, 밀, 돼지, 기타 산물의 생산을 제한시켰는데, 생산이 제한된 산물에 대하여는 특별 보상금을 받도록 했다. 아울러 AAA와 함께 제1차 뉴딜 정책의 쌍벽을 이루고 있는 것이 「전국 산업 부흥법」(National Industrial Recovery Act: NIRA)이었다. 이 법은 기업의 각 분야에서 공정경쟁 규약을 자발적으로 작성하게 하여 경제 부흥을 도모하는 동시에 이 규약에는 최저 가격, 생산 제한, 최저 노동시간 등을 규정하도록 했다. 한편 실업자의 구제를 위해서 정부가 적극 개입했다는 측면에서 이 법은 큰 의의가 있다. 이 법은 1933년 6월에 국회의 인준을 받아 공공 사업청(Public Work Administration)과 국가 부흥청(National Recovery Administration)을 설치했다.

이렇게 제1차 뉴딜 정책의 전략은 어느 정도의 정부 보조를 받는 것이었다. 농부들은 AAA를 통해 정부 보조를 받아 부흥의 기반을 마련하도록 했으며 기업체는 국가 부흥청 체제로 이득을 얻었다. 노동자들은 국가 부흥청에서 임금과 노동시간에 대한 집단적 교섭 활동을 할 수 있게 되었다. 실업자들은 공공 사업청 등을 통하여 많은 일거리를 얻게 되었다.

② 제2차 뉴딜 정책

1934년부터 대통령 선거가 있었던 1936년 8월 말까지 루스벨트가 새로 시작한 정책을 제2차 뉴딜이라고 한다. 이것은 뉴딜 정책 중에서 그리고 미국 역사상으로도 가장 혁신적인 개혁이었다(박순일 외, 1992).

첫째로 「와그너법」(Wagner Act)이라고 알려진 1934년 6월의 「전국 노동관계법」

(National Labor Relation Act)은 노동자들이 그들 자신이 선택한 노동조합을 통하여 고용주와 교섭할 권리를 보장했으며 고용주는 노동조합 활동에 간섭하지 못하도록 규정했다. 그리고 다섯 명으로 구성된 이사회를 조직하여 노동자들의 교섭을 후원하고 고용주들이 불법적인 해고 등 노동자들을 부당하게 처우했을 경우 이것을 조사하도록 했다.

둘째로 뉴딜 정책 중에서 가장 중요한 1935년 8월에 제정된 「사회보장법」(Social Security Act)으로서 오늘날의 사회복지법의 주춧돌이 되었다. 사회보장법은 가장 근본적인 사회서비스 정책을 수립한 것이며 미국 국민들에게 제공되는 대부분의 휴먼서비스(human services)에 지금도 영향을 주고 있다.[5] 이 법은 기존의 미국의 자유주의 내지 개인주의에 근거하여 국민생활에 직접적으로 개입을 반대하였던 정부의 정책 노선이 국민생활에 대한 직접적인 정부의 개입을 적극적으로 뒷받침하는 계기가 되었다.

이 법의 구체적인 내용을 살펴보면, 첫째, 노령자에 대한 소득보장의 일환으로 연방정부가 관리하는 강제노령연금, 연방정부의 임의 노령연금, 자산조사를 바탕으로 노령부조를 실시하는 각 주에 대한 연방정부의 국고보조금제도, 둘째, 주정부가 관장하고 연방정부가 재정을 보조하는 실업보험, 셋째, 각 주에서 운영하는 미망인 및 아동에 대한 사회구제와 아동복지사업에 대한 국고보조금 제도, 넷째, 공중위생사업의 확장으로 구성되어 있다.

이 법은 사회복지정책뿐만 아니라 민간부문의 사회복지 활동까지 포함하는 사회보장 개념을 사용하였다. 정부가 관장하고 연방정부가 재정을 보조하며 직접 사회보험과 공적부조를 운영하였다. 공공보건 및 사회복지 프로그램이 확대되었고 각종 서비스가 제공되었다. 제도적으로 사회복지 정책과 공적 사회복지 체계가 강화되었다.

사회보장법이 제정되기 전까지는 개인주의가 미국 사회에 만연해 있었다. 즉 대다수 미국인들은 개인의 운명은 개인이 결정한다고 믿고 있었다. 대공황이 이런

5) 실제로 뉴딜 정책 가운데 연방정부 주도의 경제보장제도와 사회보험 및 공공부조 정책의 핵심이 된 것은 1935년에 제정된 「사회보장법」(Social Security Act)이다.

믿음을 여지없이 무너뜨렸다. 대공황은 개인이 통제할 수 없는 상황이나 사건으로 인하여 가난해지고 불행에 빠질 수 있다는 것을 국민에게 깨닫게 해준 커다란 사건이었다. 그래서 연방정부가 경제적인 원조나 사회복지서비스를 제공하는 데 중요한 역할을 해야 한다는 명분이 확실해졌던 것이다. 대공황 기간 동안에 실행된 긴급구호나 취업 프로그램은 실업자나 노인, 장애인 그리고 요보호아동의 심각한 문제를 취급하는 데 있어서 더욱더 꾸준한 연방정부의 노력이 필요하다는 것을 보여준 것이었다.

이러한 맥락에서 사회보장법이 제정된 것이었다. 이 법은 연방정부가 운영하는 퇴직 근로자에 대한 사회보장과 어린이와 노인, 시각장애인들에 대한 공적 보조금 지급을 위해 연방정부가 주 정부에 원조를 주는 프로그램을 포함하고 있다. 또 직업 프로그램이 확대되었고 그 외 실직 보상, 고용 알선, 아동복지, 공공주택, 직업교육과 재활 등의 프로그램이 시행되었다. 급여의 운영에 있어서 주의 역할을 강조했지만, 연방정부가 국민에게 직접적으로 급여를 제공할 수 있는 관계를 형성했다는 점에서 의의가 있다. 개인의 가난이나 장애 등에 대하여 국가가 적극적으로 개입할 수 있는 계기를 만들었다. 그 이유는 사회보장법은 미국 국민의 삶에 영향을 미쳤고 앞으로도 삶에 영향을 미칠 잠재성을 가지고 있었기 때문이다. 이로써 미국은 항구적인 공적부조 제도와 사회보험 제도의 기틀을 마련하게 되었다.

그럼에도 사회보장법은 여러 분야에서 상당한 논쟁을 초래했다. 진보적인 인사들에게 있어서 사회보장법은 너무 보수적이며 미온적인 것으로 평가되었기에 적극적인 지지를 하기 어려웠다. 또한 보수적인 상공회의소와 전국기업인 연합회 등은 사회보장법이 매우 급진적인 정책으로 전통적인 미국의 자조 및 개인적 책임정신에 위배된다고 해서 반대를 제기했다. 그런데 사회보장법의 가장 큰 결점은 의료보험을 포함하지 않고 있다는 것이었다. 의료보험을 통한 의료보장은 사회보장 영역 중에서 가장 중요한 욕구임에도 불구하고 의료계의 반대에 직면하여 단순히 정치적인 이유로 인해서 제외한 것은 대단히 아쉬운 지점이라 할 수 있다.

6) 사회보장 확대와 빈곤과의 전쟁의 시기(1940~1969)

빈곤은 개인의 책임이 아니고 사회체제의 문제라는 인식하에 연방정부에 의해서 수많은 정책을 취했던 뉴딜 시대도 제2차 세계대전에 의해서 완전하게 종식되고 말았다. 1945년 대전은 끝나고 1950년대의 평온하고 비교적 안정된 평화의 시기를 맞이했다. 사회복지 정책적인 면에서 볼 때, 1930년대의 사회보장법이 제정된 이래 1950년대까지 괄목할 만한 변화는 거의 없었다.

하지만 1960년대에 들어서면서 시민권 보장에 대한 사회적 논의가 활발해지면서 인권적 차원에서 사회보장 제도의 내실화와 확대가 일어났다. 케네디(John Fitzgerald ("Jack") Kennedy) 대통령은 실업문제, 흑인 인권운동에 개혁 정책을 추구하였다. 케네디 대통령의 암살 후 존슨(Lyndon Baines Johnson) 대통령은 차별폐지, 빈곤추방, 경제번영을 위해 고령자와 저소득층을 위한 의료개혁을 추진하고 흑백차별을 금지한 「민권법」(1964년)과 흑인들의 투표권을 보장하는 「투표법」(1965년)을 제정하였다.

이 시기에 '빈곤과의 전쟁'이 선언되었고 경제활동기회촉진법이 수립되었다. 경제개발법이 제정(1965년)되었고 지역의 실업문제 해결을 위한 사회적 노력들이 초중등교육법, 고등교육법, 연방직업재활법 등에 포함되었다. 사회보장법에 노인복지법, 노인의료보험제도와 의료보호제도가 신설되었다. 미국의 빈곤대책 역사에서 가장 많은 빈곤 프로그램이 등장한 시기이며 기존 프로그램들은 크게 확대되었다. 1966년 마약남용자 재활법 제정과 모범도시 및 대도시 개발법이 제정되었다. 1967년 영아치료, 가족계획, 치과치료의 아동건강법이 추가로 제정되었다(DiNitto, 2000).

연방정부는 미국인의 20%가 빈곤하고 흑인의 50%가 가난하다고 인식하고 사회복지 프로그램을 위한 자금을 증가하고 새로운 프로그램을 만들어 서비스를 확대했다. 복지수혜자의 폭발적 증가와 노인들을 위한 급여가 확대되었으나 부의 소득세 제도와 의료보험제도의 도입은 시도하였으나 실패하였다(Dear, 1995).

(1) 빈곤의 재발견과 시민권운동

트루먼(Harry S. Truman) 대통령은 페어 딜(Fair Deal, 1948) 정책으로 노동자의 권리 보장, 최저임금의 인상, 사회보장의 확충, 주택건설 등 사회보장정책을 확대하였다. 사회보장법을 개정(1950년)하여 공적부조사업에 중증장애인 부조제도를 신설하고, 노령부조, 시각장애인부조, 아동부조, 중증장애인부조를 받고 있는 피보호자에 대한 의료비의 일부를 연방이 감당하도록 하였다(DiNitto, 2000).

그러나 18세부터 21세까지의 학비 보조를 18세까지로 낮추는 법의 시행으로 대도시에서의 퇴학률이 쇄도하는 원인을 제공하기도 했다. 군인과 재향군인에 대한 복지제도의 발달과 사회복지실천 기술과 분야별 전문단체들이 발전하였고, 사회복지실천 교육이 체계적으로 전문화되었다. 사회복지(사회사업)교육위원회가 설립(1952년)되었고 미국 사회복지사협회가 전국적인 조직으로 결성(1955년)되었으며 흑인 인권운동이 시작되었다. 또한 은퇴한 노동자의 가족이나 사망한 노동자의 유가족에게 사회보험이 가능하게 되었으며 몇몇 프로그램의 급여조건이 완화되었고 급여액도 증가되었다. 하지만 1950년에는 기존 제도상의 실질적인 구조적인 변화는 거의 없었다고 볼 수 있다.

그러나 1960년대에 접어들면서 빈곤 문제가 미국에 뿌리 깊게 남아 있던 인종 문제 및 도시화 문제와 맞물려 커다란 사회적 쟁점으로 떠올랐다. 이 시기가 비록 전반적으로는 번영의 시대였지만, 가진 자와 못 가진 자 사이의 위화감은 더욱 커졌다. 1960년 뉴프런티어를 외치면서 대통령에 당선된 케네디는 취임 연설에서 자조를 전제로 하면서도 가난한 사람들에 대한 원조는 사회정의임을 간절하게 호소하였다. 또한 빈곤을 퇴치할 수 있는 힘이 미국에 있음을 강조하였다(미국사 연구회, 1992). 국민은 케네디 대통령의 당선을 진보주의의 시대가 도래한 신호로 받아들였다. 그는 시험적으로 식품구입권(food stamp) 프로그램을 실시하였으며 서부 버지니아 주(West Virginia State) 지역을 포함한 매우 빈곤한 지역에 주목하며 이들 지역을 적극적으로 지원하였다(Harrington, 1981).

특히 이 당시 흑인들의 사회적 지위는 여전히 형편없었고, 국민으로서의 평등한 권리를 가지고 있지 못했다. 시민권운동은 미국인의 생활 속에서 아주 중요한 요소로 지속되어 왔지만 흑인에게 있어서만큼은 미진한 부분이 컸다. 그러던 가운데 주목할 만한 사건은 1954년에 있었던 브라운 대 토페카 교육위원회(Brown vs board of Education of Topeka)에 관한 대법원의 판결이었다. 이는 오랫동안 유지되어 왔던 흑인과 백인 간의 분리 정책에 종지부를 찍었다. 사실 이 판결이 있을 때까지 많은 주들은 학교시설을 "분리하되 평등하게(separate but equal)" 이용하는 것으로 흑인들의 학교교육을 허용했다. 이러한 판결의 영향은 분리하는 학교는 본질적으로 불평등한 학교라는 것을 국민에게 인식시켰다. 이 판결은 또한 아프리카계 미국인(흑인)들이 전에는 백인들만이 다닐 수 있던 대학에 들어갈 수 있도록 요구하는 계기가 되었다. 나아가 고용에 있어서도 동등한 기회를 보장하며, 공공장소에서의 차별을 종결시키는 결과를 가져왔다(Mullally, 1993).

1960년대의 시민권운동의 기폭제가 된 가장 역사적인 사건은 1955년에 앨라배마 주의 수도인 몽고메리(Montgomery) 시에서 발생했던 버스 승차 거부 사건이었다. 이 사건은 하루 일과로 지친 한 흑인 여성이 백인 남성에게 자리를 양보하지 않았다는 이유로 감옥에 가게 된 것이 발단이 되었다. 이 일로 인하여 이후 약 10년 동안 시위와 항의가 잇달았으며 버스의 탑승을 거부했다. 이 사건을 이끈 인물이 유명한 마틴 루터 킹 목사(Rev. Martin Luther King Jr.)였으며 그가 주장하는 비폭력주의로 인하여 시민권운동이 전 미국으로 확대되었다. 그와 동료들은 끊임없이 협박, 폭력과 구금 등으로 고난을 받았으나 굽히지 않았다. 그 결과 버스에서의 흑백 차별이 사라지게 되었다. 그는 또한 시민권운동의 중요한 획을 긋는 사건을 주도했다. 1963년 백인 6만 명을 포함한 25만 명을 이끌고 워싱턴으로 행진을 했으며, 링컨 기념관 앞에서 평화와 시민권에 대한 희망을 역설했다. 그는 1968년 암살되었으나 그의 생일날은 지금도 국가 기념일로 지정되어 그의 정신을 기리고 있다(Day, 1997).

(2) 케네디 행정부의 사회복지 정책

대통령 초기에 케네디는 농산물 가격을 유지시키기 위해 잉여농산물을 연방정부가 사들여서 가난한 사람들에게 제공했다. 그의 재임 기간에 사회복지사들의 오랜 숙원이었던 몇 가지 사회 정책들이 입안되었다. 예를 들면, 각 주들은 빈곤한 사람들에게 단순하게 도움을 주기보다는 빈곤의 기본적인 원인을 제거할 수 있도록 전문적으로 교육받은 사회복지사들을 고용할 것을 권고했다. '요보호아동을 가진 가정에 대한 부조(Aid to Families with Dependent Children: AFDC)' 수급자에게 적용되었던 제한적인 법도 많이 완화되어서 수급 가정은 일해서 번 돈의 많은 부분을 가질 수 있었다. 즉 AFDC는 근로를 조건으로 공적부조를 제공하는 새로운 개념의 복지 제도를 시도하는 계기가 되었다. 케네디 대통령은 연방정부가 추진하는 복지 프로그램의 목적은 빈곤을 완화시키는 데에 머무는 것이 아니라 궁극적으로는 빈곤을 종식시키는 것으로 보았다(박순일 외, 1992).

빈곤가정에 대한 초기 대책 중에서 중요한 것 중의 하나는 1961년 '요보호아동을 가진 가정에 대한 부조(AFDC)'를 확대시켜서 아버지가 실업 상태에 있는 가정도 포함시켰다는 것이다. 이 법의 개정은 곤경에 처해 있는 가정에게 도움이 될 뿐만 아니라 실업 중인 아버지가 배우자와 자녀들을 유기하지 않고 그들과 함께 가정에 머물 수 있도록 함으로써 가족해체를 방지하는 데 큰 효과가 있었다. 이 법이 개정되기 전에는 AFDC를 수급하는 가정에 남성이 있으면 수혜자격을 박탈했거나 급여액이 줄어들기 때문에 남성들은 가족을 떠나야만 했다. 당시 공무원들이 야간에 급습을 감행해서 남성이 있는지를 검사하는 일이 자주 있었음이 이를 반증한다.

케네디 행정부는 또한 청소년 비행과 정신건강 분야에도 많은 발전을 가져왔다. 취임 직후인 1961년 그는 청소년 비행과 소년범죄를 위한 위원회(President's Committee on Juvenile Delinquency and Youth Crime)를 소집했고, 이 위원회는 「청소년 비행과 소년범죄 통제법」(The Juvenile Delinquency and Youth Offenses Control Act)을 통과시키게 되었다. 이 대책은 도시 지역의 비행 예방과 치료를 위한 프로젝트의 기금모집과 운영에 많은 도움을 제공하였다(박순일 외, 1992).

케네디 행정부에 의해서 향후 10년 동안의 사회복지에 변화를 초래한 결정적인 것은 1962년 「사회보장법」(The Social Security Amendments of 1962) 개정이었다(Sosin, 1986). 동 법에서 중요한 사항은 주 정부가 행하는 사회복지서비스를 위해서 75%를 보조하고 주 정부가 자유롭게 계약을 할 수 있도록 허용했다. 사회복지서비스의 향상은 상담의 질을 향상시켰으며, 이는 빈곤한 사람들에게 직무 역할에 적응하는 방법과 전반적인 사회생활 방법을 알려주어서 결과적으로 빈곤의 감소를 동반했다(Murray, 1984).

(3) 존슨 행정부의 사회복지 정책

케네디의 뒤를 이은 존슨은 "빈곤과의 전쟁"을 선포했다. 이것에 기초하여 1964년 "위대한 사회를 향해 가야 한다."라고 호소했다. 존슨 대통령 행정부 때 '빈곤과의 전쟁'에 의해서 제정된 사회복지의 목표와 프로그램들 가운데 몇 가지 대표적인 것으로는 시범도시 프로그램(Model City Program), 조기교육 프로그램(Head Start), 의료보호(Medicaid) 등이 있다(Barnett & Hustedt, 2005).

이렇게 존슨 행정부 시기에 사회복지 정책에 큰 변화가 있었다. 무엇보다도 사회보장법은 노인들을 위한 메디케어(Medicare)와 가난한 가정이나 사람들을 위한 메디케이드(Medicaid)를 추가하기 위하여 1965년에 개정되었다. 메디케어(Medicare)는 65세 이상의 노인이나 장애가 있는 사람들에게 건강보호를 제공하기 위해서 연방정부가 관장하는 보험형식의 사회보장 프로그램이다. 메디케이드(Medicaid)는 병원비나 의료서비스를 지불할 수 없는 사람들에게 자산조사(means-test)를 통하여 그 비용을 지급하는 1965년에 제정된 공적부조(public assistance) 프로그램이다. 재정은 연방정부와 주 정부로부터 충당되었다(Murray, 1984).

이러한 사회복지 정책의 발전이나 빈곤층에 대한 구제가 적극적으로 이뤄진 것은 대다수 흑인 빈곤층의 정치적인 폭동을 사전에 완화시키기 위해서 제공된 것이었다. 그래서 이 시기 사회복지가 빈곤 자체를 해결하는 데에는 여력이 없었고 오히려 사회적인 불안정을 해결하기 위한 정치적 차원의 미봉책이기도 했다(Esping-Andersen, 1990). 대량 실업이 발생하고 사회적으로 불안정한 시기였기에 구제를 확대해서 정치적인 안정을 기하였던 것이다. 경제가 안정된 후에는 다시 매우 엄격한 구제 정책의 실시로 회귀함으로 가난한 사람들이 다시 낮은 임금을 감수하면서 직업을 갖도록 강요하는 데 사용되었다. 더욱이 실제로 어수룩해서 강하게 저항하지 않는 빈곤층에게는 정부가 별로 제공하는 것이 없는 반면, 자신들의 권리를 집요하게 주장하는 빈곤층에게는 불만을 잠재우기 위한 혜택을 제공하였던 것이다(Piven & Cloward, 1971).

(4) 복지권 운동

1960년대에 흑인을 비롯한 미국의 빈곤계층은 복지권 운동을 통하여 당시의 사회복지제도에 불만을 표출했다. 이 운동은 민권운동의 와중에서 일어났는데 당시의 빈곤층이 다른 많은 국민이 누리는 생활수준을 누릴 수 없었던 데 대한 불만과 복지행정에 대한 불만이 터져 나온 것이었다. 즉 1960년대 전반은 빈곤과의 전쟁 등을 통해서 사회보장을 확대 개편함과 동시에 공적부조 수급자를 억제하는 정책을 동시에 진행하였다. 따라서 집요한 동거자 확인, 부정 복지수급자 방지를 구실로 하는 인권침해가 예사로 자행되었다. 이로 인하여 미국 내 많은 주요 도시들에서 연쇄적으로 폭동이 일어났다(Bell, 2007: 28-29).

이러한 소요가 계속되면서 공적부조 수혜자를 중심으로 권리 운동이 급격하게 대두되었다. 공적구제를 신청하는 사람들의 수도 증가하였는데, 이들 중 많은 사람들이 당시 이러한 인권침해 상황 속에서 결성된 '전국 복지권 조직(The National Welfare Right Organization: NWRO)' 회원들의 도움을 통해서 복지수혜를 신청하였고 이전보다 높은 비율의 복지수혜 혜택을 받을 수 있었다(Fook, 1993).

복지권 운동은 복지 수혜자들의 행태와 자세를 바꾸는 계기가 되었다. 그들은 이전처럼 비굴하고 자괴감 속에서 사회복지서비스를 애걸하는 사람들이 아니었다. 보다 자긍심 있고, 보다 당당하게 서비스를 요구하는 사람들로 변화되어 갔다. 그럼에도 1960년 민권운동 시기에 미국의 사회복지사들은 사회행동가로서의 역할과 전통적인 임상사회복지실천가의 역할 사이에서 통합적이면서 사회개혁적인 모습을 보여주지 못했다(McAdam & Scott, 2005).

(5) 1967년의 복지개혁

1960년대 사회복지서비스의 비용은 이전보다 두 배 이상 그리고 공공부조 수혜자는 약 1백만 가량 증가했다. 이 중에서도 '요보호아동을 가진 가정에 대한 부조(AFDC)' 수혜자의 증가가 가장 급격하게 늘어났다. 이로 인하여 빈곤 문제는 사회의 가장 골치 아픈 현안이 되었다. 국가가 제공하는 복지의 수준과 범위는 분명 확대되었음에도 여전히 빈곤은 해결되지 못했다. 이런 상황 속에서 급격히 늘어나는 AFDC 수혜자를 줄이기 위하여 1967년 사회보장 개정법을 통과시켰다. 아울러 근로유인 프로그램(Work Incentive Program: WIP)을 수립하였다. 이 프로그램의 근본 취지는 AFDC를 제공받고 있는 수혜자(주로 남편이 없는 홀로된 엄마)들에게 일할 것을 요구하는 것이다. 즉 수혜자들이 정당한 사유 없이 고용을 수락하지 않거나 훈련 프로그램에 참여하지 않으면 AFDC 수혜자격을 박탈하겠다는 것이다(Axinn & Levin, 1975). WIP 이전에는 AFDC 수혜자가 노동을 해서 수입이 생기면 AFDC 급여액이 일정 부분 감소되곤 했으나, WIP는 급여액의 감소 없이 노동으로 생긴 수입을 유지할 수 있도록 함으로써 근로를 유인했다고 볼 수 있다. 이 법안은 또한 여성 수혜자가 자유롭게 노동시장에 참여할 수 있도록 아동보호 센터(day care centers) 시설과 직업훈련 프로그램(job training programs)의 확충을 권장했다(구인회 외, 2018).

1967년 처벌적인 사회보장 개정법은 국민을 당황시켰고 점차 분노로 들끓게 했다. 특히 복지동결은 이러한 동결을 자조 능력이 없는 아동들에 대한 처벌로 인식하는 서비스 대상자들과 주 정부의 부담을 감당할 수 없을 만큼 계속 증가시키는 것으로 생각하는 주 관료들, 주 정부가 이에 관한 예산을 줄일 것으로 예견하는 사회복지 전문가들을 깜짝 놀라게 했다. 다행히 존슨 대통령과 후임 닉슨 대통령은 복지동결을 집행하지 않고 유예시켰으며 1969년 의회가 폐기했다(Axinn & Levin, 1975).

한편 이 시기에 또 하나의 주목할 만한 사건이 일어난다. 흑인 사회복지사들이 주축이 되어 1967년에 미국 흑인사회사업가협회(NABSW: The National Association of Black Social Workers)를 설립하였다는 것이다. 이는 1955년에 설립된 미국사회사업가협회(NASW: The National Association of Social Workers)의 흑인 버전과 같다고 할 수 있다. 흑인 사회사업가(사회복지사)의 지위변화를 도모하고, 사회사업(사회복지실천) 전문직의 교육과 훈련 등에서 고착화된 인종 차별적인 요소를 철폐하는 데 총력을 기울였다(Bell, 2007: 28-29). 이렇게 민권운동이 활발하게 진행되었던 1960년대 후반은 미국의 사회복지실천 전문직의 역사에서 흑인의 권리를 쟁취하려는 가시적인 모습들이 절정에 다다랐다고 할 수 있다.

7) 회귀와 퇴보의 시기(닉슨에서 카터, 레이건과 부시 행정부 시대까지: 1970~1989)

(1) 닉슨과 카터 시대

베트남 전쟁과 두 차례의 석유 파동으로 미국 경제의 침체기가 시작되었다. 실업과 빈곤 대책을 강구하기 위한 정책에 주력하였다. 하지만 1960년대보다 어려웠던 당시의 경제적인 상태로 인하여 사회복지 프로그램은 축소될 수밖에 없었다. 이는 장기간 계속되며 끊임없이 돈이 들어갔던 베트남 전쟁이 한 원인이었다고 볼 수 있다. 결국 1900년대 초반의 자유주의적 이념과 같은 기조인 신보수주의가 지배적인 이데올로기로 재등장하였다.

지미 카터(James Earl Carter, Jr., 애칭: Jimmy Carter) 대통령은 연방정부가 지원을 해도 사회적 병폐를 막을 수 없다는 인식을 갖고 사회복지 프로그램을 축소하였다. 사회보장법을 개정(1974년)하여 보완적 소득보장제도 기관인 SSI를 신설하여 연방정부가 시각장애인, 노인 및 장애인의 부조에 관한 재정을 관리했다. 물론 카터 이전의 제럴드 포드(Gerald Rudolph Ford Jr.) 대통령의 보건교육복지부 예산삭감 정책을 필두로 미국의 사회복지는 이미 퇴보가 시작되었다.

전반적으로 볼 때, 1970년대와 1980년대는 보수적인 경향이 농후한 시기라고 볼 수 있다. 정부 주도의 프로그램을 통해서 사회적 병리를 치유할 수 있다고 믿었던 1960년의 희망은 더 이상 효력을 발휘하지 못했다. 수많은 사회문제는 정부의 영역 밖이라는 철학이 다시금 세상을 지배하였다. 따라서 새로운 사회복지 프로그램을 계속해서 개발했던 1960년대의 진보주의적 경향은 1970년대와 1980년대에는 사회문제에 대하여 보수적인 접근으로 대체되었다. 실제적으로도 1970년대와 1980년대 그리고 1990년대 초기까지도 새로운 대규모의 사회복지 프로그램이 형성되지 않았다. 불행하게도 베트남 전쟁, 워터게이트 사건, 인플레이션, 경기 후퇴, 이스라엘과 아랍과의 갈등, 에너지 위기, 이란의 정치적 혼돈, 연방정부 예산의 적자 등과 같은 국가적 위기로 인하여 국내에 산재한 사회문제 해결에 집중할 수가 없었다(Sosin, 1986).

그러나 이러한 사회적인 분위기와 닉슨 행정부의 보수적인 경향에도 불구하고 사회복지 분야에서 몇 가지 진전이 있었다. 닉슨 대통령은 1970년 「직업안전 및 보건법」(The Occupational Safety and Health Act: OSHA)에 서명을 했으며, 1972년에는 「지방재정부조법」(The Local Fiscal Assistance Act)에 서명했다. 같은 해에 닉슨 대통령은 사회보장 급여를 20% 인상했다. 또한 그의 재임 중 가장 중요한 사회복지 정책은 1972년에 노령부조(Old Age Assistance: OAA), 시각장애인부조(Aid to the Blind: AB) 그리고 만성장애인부조(Aid to the Permanently and Totally Disabled: APTD)를 통합시켜서 보충적 소득보장 프로그램(Supplementary Security Income Program: SSI)을 조성했다는 것이다. SSI는 연방정부 관할 프로그램으로서 고용이 불가능한 성인 빈민을 위한 것이다. 이 프로그램의 서비스 대상자가 되기 위해서는 자산조사(means test)를 받아야 했지만 과거의 노동 경력은 관계가 없었다(박순일 외, 1992).

(2) 신보수주의의 대두

로널드 레이건(Ronald Wilson Reagan) 대통령은 연방정부가 시민들에게 직접적으로 서비스를 제공하는 것에 반대하는 입장이었다. 레이건 행정부 기간인 1981년에서 1988년까지 그리고 그의 부통령이었다가 대통령에 당선된 조지 부시(George Bush) 정권에서도 사회복지 프로그램을 연방정부가 관장하는 것을 부적절한 것으로 여겼다. 실제로 조지 부시 대통령은 레이건 정부를 그대로 이어받았다. 그들은 연방정부의 예산으로 실시되는 사회복지 프로그램은 서비스 대상자들을 근면하거나 생산적으로 만들기보다는 정부에 의존하게 만든다고 생각했다(Zastrow, 2000).

그들은 인간 문제의 해결에 있어서 가장 좋은 해결책은 강력한 경제라고 보았다. 레이건 대통령은 큰 정부를 반대했으며, 자유로운 기업활동과 이를 위한 감세 정책을 지지했다. 실제로 레이건은 개인과 기업 모두에게 세금을 감면시켜 주었다. 그는 이러한 감세 정책이 기업이나 소비자 모두에게 소비할 돈에 있어서 여유롭게 할 것이며, 이는 다시 경제를 활성화시켜서 궁극적으로는 실업률을 감소시킬 것이라고 생각했다. 이러한 정책을 공급자 중심의 경제(supply-side economics) 또는 레이거노믹스(Reaganomics)라고 부른다.

그 결과 사회복지 프로그램은 빈곤을 감소시키는 것이 아니라 도리어 빈곤의 원인이며, 또한 실업, 범죄, 미혼모, 여성이 가장인 가족, 복지에 대한 의존성 등의 원인이 되고 있다며 복지 프로그램의 폐지가 강력하게 주창되었다. 이런 철학을 바탕으로 레이건 행정부는 1988년에 「가족지원법」(Family Support Act)을 통과시켰다. 이 법은 연방정부 프로그램으로서 AFDC 수요자를 줄이고 직업훈련을 강화시키려는 의도로 제정된 법이다(Burtless, 1998).

이와 동시에 시행된 직업훈련 프로그램은 AFDC 수혜자들에게 일을 하거나 학교에 가거나 직업훈련에 참여할 것을 요구하고 있다. 만약 이것을 거절하면, 급여를 줄이거나 혜택에서 제외될 수 있다. 그럼에도 이 법은 아동탁아(child care) 서비스와 건강보험(health insurance), 교육과 훈련 서비스를 확대 제공하지만, 이러한 서비스의 수혜자격(eligibility)은 더욱 엄격해졌다(Reischauer, 1989).

레이거노믹스의 근본 철학은 과거에 인플레이션을 진정시키고 실업을 줄이기 위해 채택된 케인스 경제학의 정책들이 더 이상 맞지 않는다는 것이다. 케인스의 이론은 정부가 경제의 수요자 측면을 조작함으로써 고용을 늘리고 인플레이션을 줄일 수 있다는 것이다. 레이건이 대통령이 되었을 때 그가 가장 주목했던 것은 정부 자신이 국가 경제의 문제가 되고 있었다는 것이다. 실업을 줄이려다 보니 인플레이션을 유발하고 인플레이션을 잡으려다 보니 실업이 늘어나는 악순환의 연속이라는 것이다. 레이건은 이 문제를 공급자 쪽에서 접근하여 해결하고자 했다. 그는 첫째, 국가 예산의 개혁을 통해 연방정부의 지출을 줄이고 둘째, 개인 소득과 기업투자에 대한 세금을 감면하며 셋째, 기업들이 활성화되고, 투자를 늘리도록 연방정부의 규제를 완화하고 넷째, 통화 공급의 증가를 둔화시킨다는 것이었다.

또한 레이건 대통령은 과감한 연방 세금의 감면을 추진했다(Nathan, 1986). 국내소비의 절약을 위해서 대부분의 공적부조 프로그램의 수혜 자격을 매우 엄격하게 했다. 그 결과 공적부조 예산을 감소시켰으며, 많은 사회복지 프로그램을 구조 조정했다. 구체적으로 57개의 개별적 프로그램을 종합적 부조로 묶어 연방정부의 사회복지비용 지출을 실제로 줄였다. 나아가 레이건은 공적부조나 사회복지서비스를 위한 예산집행 결정권을 주 정부로 이양하는 것이었다. 즉 주 정부가 요보호아동을 가진 가족부조(AFDC)와 식품배급권 프로그램(Food Stamps Program)의 비용을 전담하고 연방정부는 메디케이드(Medicaid)의 재정만을 담당하도록 했다.

사실 레이건 행정부는 주로 수혜 권리에 의거한 프로그램보다는 자산조사에 의

거한 프로그램에서 예산을 줄이는 데 관심을 두었다. 그래서 레이건은 SSI나 노령연금의 장애급여에서도 삭감을 시도했다. 하지만 정치가들을 포함한 많은 이해집단의 반발로 포기해야만 했다.

한편 레이건과 부시 행정부의 특성은 사회복지서비스 분야의 민영화였다. 민영화란 연방정부, 주정부, 지방정부가 사회복지서비스 전달에 있어서 민간조직에 더 많은 책임을 부여하는 것을 말한다. 일반적으로 민영화란 정부가 제공하는 서비스나 사업을 민간부분이 더 효율적으로 전달할 능력이 있을 때 민간부분으로 전환시키는 것을 말한다. 민영화는 독과점 상태를 경쟁상태로 바꾸기 때문에 서비스의 상품이나 전달에 있어서 효율적이며 질적인 면을 강조한다.

물론 민영화가 이러한 서비스에 있어서 정부의 책임성을 폐기하는 것은 아니다. 도리어 서비스 전달의 주체가 중요한 것이 아니라 누가 서비스를 가장 잘 전달하느냐를 강조할 뿐이다. 그러나 실제에 있어서 민영화는 사회복지서비스에 대한 정부의 책임을 회피하는 결과를 가져왔다. 때때로 이는 규제를 완화하는 것을 통하여 발생했다. 예를 들면, 아동보호서비스에 대한 영향이나 노인들을 위한 서비스를 평가하는 것이 점점 어려워졌다. 그 이유는 정부가 자료를 수집하고 이러한 프로그램들을 모니터링하는 노력을 계속 줄여왔기 때문이다. 즉 민영화는 정부의 사회복지에 대한 지출을 줄이고 그에 따라 서비스를 줄이는 결과를 가져왔다.

(3) 신보수주의 접근의 결과

레이건과 부시 행정부는 세금과 정부지출을 감소하는 경제 정책을 지지했으며 기업의 발전을 저해하는 연방규제 제도를 제거하였다. 대신 고용을 창출하는 기업에게 인센티브를 대폭 부여했다. 그 결과 빈민자들이 부자로부터 재정적인 도움을 받지 못하는, 즉 자본의 재분배가 원활하게 달성되지 못했기 때문에 빈부의 격차는 더욱 벌어졌다. 연방정부가 사회복지예산을 감축함에 따라, 가장 큰 타격을 입은 계층은 현재와 미래의 사회복지서비스 대상자들이었다. 공화당 정권의 세금감면 정책은 그들에게 거의 도움이 되지 않았으며, 공적부조나 사회복지서비스의 감축은 도리어 가난한 사람들에게 가장 큰 타격을 주었다.

바야흐로 미국 사회는 1935년 시대로 급격히 회귀하여 퇴보의 모습을 띠게 되었다. 1970년대 중반까지 감소 경향을 보이던 빈곤율도 다시 높아졌다. 사회복지 비용 지출의 억제 및 복지제도의 근본적 원리를 훼손함으로 연방보조금의 삭감과 폐쇄적인 보조 고착화 현상이 나타났다. 이는 빈민에게는 극단적인 선별주의로 다가가고, 부자에게는 관대한 보편주의의 적용으로 이해되는 사회복지 정책이 되었다.

그 결과 중간 계층이 줄고 저소득 계층이 크게 증가하였다. 실제로 1988년 하위 10%에 속하는 사람들의 1년 연평균 소득이 3,504달러인데 반하여, 상위 1%에 속하는 사람들의 연평균은 404,566달러로서 10년 사이에 소득이 거의 50%나 증가했다(Hartman, 1992).

더 많은 자본이 부유층에 투자될 수 있다면, 기업에의 투자가 조장될 것이며, 이는 다시 경제를 활성화시킨다는 레이건 행정부의 인식은 경제발전의 혜택이 궁극적으로는 노동자나 가난한 사람들에게 전이된다는 것이었다. 그러나 레이건의 낙관적인 예상은 철저하게 빗나가고 말았다. 부자들은 더 부자가 되었으나 경제는 예상대로 발전하지 못했기 때문에 가난한 사람들은 더 가난해졌다. 1984년 말까지 레이건 행정부의 예산 적자는 이전 대통령 모두의 적자를 초과하였다(Masse & Barnett, 2002).

또한 미국 사회 내에 기회의 불평등이 오히려 더 심화되었다. 1960년대의 개혁적인 사회복지정책이나 빈곤 해결을 향한 위대한 사회적 프로그램들은 광범위한 시민참여, 훈련과 교육, 법률서비스 등을 통하여 사회구조를 변화시키고 어려운 사람들에게 기회를 확대시키려고 했다. 이러한 일들이 1980년대에는 이루어지지 않았는데, 그 원인은 어려운 사람들에게 더 이상의 지원이 없어졌으며, 이들을 도울 자원이나 관심도 고갈되었기 때문이다(Miley, Melia & DuBois, 2001).

8) 복지개혁 시도의 시대(클린턴 행정부: 1990년대)

빌 클린턴(William Jefferson Clinton, 애칭: Bill Clinton) 대통령은 기존 사회복지 체제를 종식하겠노라고 공약했다. 그 결과 의료보험 개혁안을 주장하고 공공부조 등 다양한 면에서 개혁을 시도하였다. 그러나 보수주의자들의 반대로 인해 상당 부분

원래의 계획보다는 약화된 내용에 머물렀다. 「근로연계복지법」(PRWORA)이 제정되고 공공부조 정책에 변화가 나타났다. 기존 공공부조 프로그램이 빈곤가정 임시부조(Temporary Assistance for Needy Families: TANF)로 대체되면서 수급권에 근거해 제공되던 공공부조 급여가 근로를 조건으로 하는 한시적 급여로 변화되었다. TANF 프로그램 하에서 공공부조 수급자들은 2년 내에는 반드시 취업을 해야 하며 빈곤계층의 급여 수급이 평생 5년으로 제한되었다.

(1) 경제 · 사회적 상황

12년간의 공화당 정권이 끝나고 난 뒤 클린턴은 재정적자를 감소시키고, 건강보호 개혁과 복지개혁을 달성하고, 범죄를 단속하려는 원대한 비전을 갖고 대통령직을 수행했다. 하지만 기대보다 큰 성과를 산출하지 못했다. 그 이유는 1994년 중간선거에서 공화당은 40년 만에 클린턴 행정부의 민주당을 누르고 주지사뿐만 아니라 국회의 상하원 양쪽의 선거에서 승리를 거두었기 때문이다. 공적부조 서비스를 실행하기 위한 분위기는 다시 위축되었다. 다른 많은 대통령들과 마찬가지로, 클린턴도 사회복지 관련 의제를 현실화시키는 데 있어서 성공과 실패를 동시에 맛보았다. 경제개혁 이외에 그는 세 가지 중요한 내부적인 국가정책 주제에 중점을 두었는데, 첫째, 범죄단속, 둘째, 건강보호 개혁, 셋째, 사회복지 개혁이었다. 그는 경제를 다시 활성화시킬 것을 공약으로 내세웠으며 오랫동안 방치했던 사회적 문제 해결에 관심을 기울일 것을 약속했다.

그의 첫 번째 임기 동안에 클린턴 행정부는 교통 및 건설에서부터 첨단기술 및 사회복지까지의 다양한 영역에서 수많은 고용을 창출하기 위하여 제안한 경제 활성화 법안을 통과시키지 못했다. 대신 클린턴 대통령은 경제적으로 낙후된 지역에 기업과 지역사회 경제를 활성화시키기 위한 다양한 사회적 프로그램을 개발했다. 또한 빈곤계층의 성인들이 첨단기술 분야에서 경력을 쌓도록 준비시키며 그로 인해 궁극적으로는 공적부조를 받지 않고 직업을 가질 수 있도록 도와주는 프로그램을 개발했다. 당시 경제가 호경기였기 때문에 그는 많은 직업을 창출할 수 있었다. 그리고 클린턴의 임기 초기에 범죄를 퇴치하기 위해 노력하는 지방정부에 의해서 사용되는 연방보조금을 늘려서 제공했다. 아울러 총기류의 판매에 대해 더욱 엄격한 제한을 두는 법들이 통과되었다.

그런데 클린턴의 건강보호 개혁(health care reform)에 대한 입법은 국회를 통과하지 못했다. 왜냐하면 의료보험 회사와 의료 제공자(의사들)들을 포함하는 의료산업과 관련된 전문가 이익집단에 의한 반대 때문이었다. 시민들 또한 그들이 현재 만족하고 있는 제도가 전혀 만족할 것 같지 않은 새로운 제도로 대치되는 것을 달갑게 여기지 않았기 때문이다. 설사 새로운 제도가 바람직하다고 해도 미국 사회의 전통적인 개인주의와 새로운 제도에 필연적으로 따르는 세금의 증가가 부담으로 작용할 수밖에 없었다.

(2) 복지개혁

클린턴 대통령은 1996년 8월 공적부조 개혁법안에 서명했다. 상하 양원의 인준을 거쳐 대통령이 서명한 동법(PL 104-193)의 본래 법안명은 「1996 개인의 책임, 근로 기회 및 의료보호 재구성에 관한 법」(Personal Responsibility, Work Opportunity and Medicaid Restructuring Act of 1996)'이다. 이 법안은 이름을 줄여 「1996 개인의 책임과 근로 기회 조정에 관한 법」(Personal Responsibility and Work Opportunity Reconciliation Act of 1996: PRWORA)이라고 주로 불리고 있으며 우리말로 의역해 보면 「근로연계복지법」(PRWORA)이라 할 수 있다.

「근로연계복지법」(PRWORA)의 목적은 '일정 기간 동안만 한정해서 원조를 제공하는 대신에 수혜자에게 반드시 근로할 것을 요구하는 복지 제도'로 기존의 공적부조 제도를 극적으로 변화시키려는 내용을 담고 있다. 근로연계복지법(PRWORA)이 보수적 복지개혁이라는 특징들 가운데 가장 핵심적인 것은 복지개혁을 노동시장을 통해 이룩하려 한다는 점이다.

이는 사회복지 수혜자격을 확대하고 사회복지 재정을 증액함으로써 이루어지는 개혁이 아니라, 수혜자격을 제한하고 근로를 통해 자립과 자활을 이룩함으로써 복지로부터 벗어나도록 유도하는 복지개혁이다. 즉 사회복지 수혜자들을 노동시장에 참여케 함으로써 기존에 미국의 사회복지 수행방식을 종식시키려는 노력이었다(Day, 2000). 특히 근로연계복지법(PRWORA)이 지향하는 지점은 부양 아동이 있는 가정에는 원조를 제공하고, 근로를 통해 자립과 자활을 도모하며, 미혼 출산을 예방하고 감소시키며, 정상적인 결혼생활을 유도하는 데에 있었다.

이에 따라 근로연계복지법(PRWORA)은 몇 가지 핵심적인 내용을 포함하고 있었다(김기원, 1999). 근로연계복지법(PRWORA)은 사회복지 수혜자들에게 반드시 근로할 것을 강력하게 요구하고, 수혜자들이 직장을 구하는 데 도움을 준 주 정부에 대해서는 그 노력을 보상해 주는 인센티브를 제공하였다. 아울러 주 정부가 복지개혁을 위해 지속적인 노력을 반드시 기울여야 하며, 광범위한 부양 아동 원조를 시행하고, 탁아서비스와 의료서비스 보장을 위해 투자를 증가시키며, 복지로부터 근로로 전환한 가족에 대한 지원을 강화하는 내용을 담고 있었다.

여기에는 두 가지 심각하게 고려할 점이 있는데, 첫째는 공적부조를 받는 대신에 일을 원하는 사람들이 직업을 가질 수 있을 만큼 충분한 일이 존재하느냐는 것과 둘째, 만약에 2년의 기간이 지난 후에 직업을 구하지 못했을 경우에 어떻게 할 것이냐 하는 점이다. 이에 대한 대책으로 예상되는 것들은 이들을 민간기업에 취직시키고 취업에 대한 보조금을 지급하는 것을 첫 번째로 생각할 수 있으며, 두 번째는 1930년대 대공황 기간에 했던 것처럼 연방정부 차원에서 고용을 창출하는 것이며, 마지막으로는 지역사회 차원에서 공적인 직업을 창출하는 것이었다.

한편 클린턴 행정부는 근로연계복지법(PRWORA)을 도입하면서 1996년부터 기존의 AFDC를 개량하여 빈곤가정 임시부조(TANF) 프로그램을 도입하였다. 빈곤가정 임시부조(TANF)는 부양 아동이 있는 편부모가족에 대해 급여를 제공하는 제도로 이 제도를 시행함으로 인해 기존의 AFDC를 수급하는 부모에게 교육과 직업훈련을 제공하던 JOBS(Job Opportunities and Basic Skills Training)와 요보호 가족에 대한 EA(Emergency Assistance)가 통합운영된 것이다. TANF는 주 정부의 Maintenance-of-Efforts의 재원과 연방정부의 Block Grant 재원으로 운영되었다. AFDC 하에서는 연방정부가 각 주의 1인당 평균 소득에 따라 전체 재정의 50~80%를 차등 지원했었다. TANF가 연방정부 아동가정복지국(Administration for Children and Families: ACF) 복지예산에서 차지하는 비율은 53%였다. 그리고 기타 FC/AA 20%, 아동지원 10%, 아동보호 10% 등이다. 예산집행 주체도 바뀌었다. 기존의 AFDC의 경우에는 연방정부가 지원대상 요건을 설정하였었지만, 새로운 가족지원프로그램인 TANF는 연방정부 보건후생성 또는 보건복지부(Department of Health and Human

Service: DHHS)가 Block Grant 방식으로 주 정부에게 자금을 지원하고 주 정부는 지원받을 가난한 가족을 선발하였다. 아울러 주 정부는 수급자의 근로 의무나 수급기간 제한 등을 강화함으로써 서비스대상자들의 탈빈곤을 강화하였다(OECD, 2002). 연방정부는 2002년까지 매년 $164의 기본액(Basic-level Block Grants)을 고정적으로 지원하였다. 그리고 수급자의 증감에 대한 추가 재정 소요는 해당 주 정부가 부담하였다(OECD, 2005a).

(3) 복지개혁의 영향

104회 의회와 클린턴 대통령에 의하여 통과된 PRWORA와 복지개혁법안인 TANF로 말미암아, 사회는 더이상 가난하고, 집 없고, 배고픈 사람들을 돌볼 의무가 없어졌다. 왜냐하면 그들은 자신들의 삶에 대하여 스스로 책임을 지도록 법에 규정했기 때문이다. 104회 국회는 연방정부 차원에서 AFDC와 SSI의 일부 그리고 식품교환권(food stamp) 프로그램을 없앴고, 이 모든 것들을 공적부조 통합부조금(public assistance block grants)으로 일원화했다. TANF는 가난한 사람들에게 한시적으로 일할 것을 요구함으로써 가난한 사람들에 대한 책임을 면하게 해준 포괄적(혹은 초당적) 계획이다. TANF는 AFDC와 레이건 행정부 시절 만들어진 「가족지원법」(Family Support Act of 1988)의 JOBS를 대신하는 것으로 공적부조에 대한 수혜자들의 권리(entitlement)를 종식시킨 법이다(Day, 2000: 399).

TANF가 생긴 이래 공적부조의 사례수가 27%나 감소했다. 1998년 공적부조를 받는 미국 국민의 비율은 1969년 이래 최저로 나타났다. 1993년 1월부터 1998년 6월까지 TANF를 받는 개인들의 사례수는 무려 41%나 감소했다. 단지 공적부조를 수령하는 숫자만으로 볼 때 TANF는 성공적이라고 말할 수 있다.

그러나 그들을 기다리는 직업은 대개 단기적이고 급여도 매우 적다. 1997년 TANF를 받지 않게 된 사람들의 50~60%가 3개월 이내에 직업을 가졌지만, 그 숫자는 계속 감소했다. 예를 들면, 위스콘신 주에서는 1996년의 1사분기에 취업한 사람들 중에서 오직 60%만이 다음 분기에서도 일을 하고 있었다. 게다가 나머지 사람들의 약 25%는 매월 500달러 미만만을 벌었다고 보고하고 있다(Burtless, 1998).

근본적으로, TANF는 2년간의 현금지원의 범위 내에서, 성인 수혜자들이 직업

준비(work preparation)와 직업훈련(work training)을 받든지 아니면 교육기관에 등록해야만 한다. 성인 수혜자들이 직업을 구하든 못 구하든, TANF를 수령한 지 2년이 지나면, 그들이나 아동을 위한 공적부조는 끝난다. 일정 기간이 지나면 주 정부가 설정한 시간이 지난 후에 주 정부가 다시 그들에게 공적부조를 제공할 수 있지만, 수혜자들은 일생에 거쳐서 오직 60개월 동안만 보조금을 받을 수 있다. 게다가 주 정부는 2년이라는 한시적인 규범에 의하여 업무량의 20% 이상을 면제한 후에는, 현금이 아니거나(non-cash aid) 상품권 형태로 줄 수 있는 선택권을 갖는다(Dear, 1995).

결론적으로 TANF는 정부와 일반국민의 돈을 절약해 주고 있다. 그러나 공적부조는 연방정부 예산의 1%만을 사용하고 있음을 생각해 볼 때, 돈이 TANF를 실행하는 목적은 아닌 것 같다. 즉 이번의 복지개혁은 복지 제도상의 문제나 전달체계 등과 같은 지엽적인 개혁이 아니라 복지 정책의 방향을 새로이 정립해 보려는 근본적인 개혁이다(DiNitto, 2000). 이는 복지수급자들을 복지에서 근로로 전환시킴으로써 그들을 자립시키고 노동시장을 통해 자신의 삶을 책임지도록 하는 복지개혁적 노력인 것이다.

9) 개혁과 현상 유지 및 퇴보의 순환적 연속 시대(2000~현재까지)

(1) 아들 부시 대통령 행정부

클린턴에 이어 아버지 부시에 이어 아들인 조지 워커 부시(George Walker Bush)가 대통령이 되었다. 그는 세제 개편을 시도하였는데 이는 해외로 나간 미국의 기업들을 다시 미국으로 불러들여서 일자리를 창출하자는 것이다. 특히 개인 소득세를 낮추어서 그만큼 덜 내는 세금으로 소비를 늘려서 돈의 선순환을 만들자는 것으로 그 기원은 레이거노믹스였다. 사실 기업과 고소득층들을 위한 세금감면은 레이건 행정부 이래 공화당의 전통적인 노선인데 이는 작은 정부가 개인의 경제 활동에 대한 간섭을 하지 않는 것이 시장경제를 발전시킨다는 논리에 근거한다.

그러면서 군비는 지속적으로 늘렸다. 애초에 사회복지 지출비용을 대폭 삭감하려고 했던 계획은 민주당의 반대로 그대로 유지가 되면서 군비확장은 그대로 국가의 빚이 되었다. 특히 적절한 세금부과가 정부의 세수를 증가시킬 것이라는 공급 경제학파의 의견을 따른 레이건 행정부의 강력한 감세 정책은 심각한 재정적자를 초래했다. 이는 클린턴 행정부 때에 상당 부분 만회하였으나 결국 아들 부시에 와서 다시 적자가 눈덩이처럼 불어났다. 그러나 엄청난 재정 적자를 민간 저축만으로 충당하기 부족하여 미국 정부는 대규모의 국채를 발행할 수밖에 없었다. 결국 자금을 끌어들이기 위해 금리는 인상되었고, 국제자본이 대거 유입됨에 따라 달러화의 가치는 상승하면서 수출이 힘들어지고 결국 경상 수지 적자도 증가되었다.

클린턴은 민주당이 그토록 지키기 위해서 공화당과 싸웠던 사회복지를 축소하였고 엄청난 재정적자를 해소하고 아들 부시 대통령에게 넘겼다. 그럼에도 아들 부시 대통령은 또다시 공화당의 전통적인 경제 정책인 감세 정책을 펼쳤다. 여기에 대 테러 전쟁과 이라크 침공에 천문학적인 전쟁 비용까지 쏟아 부으면서 2007년 미국은 금융 대공황에 빠졌고 수많은 중산층들이 무너졌다. 이는 복지비용의 삭감으로 이어졌다.

(2) 오바마 대통령 행정부

버락 오바마(Barack Hussein Obama II) 대통령은 전 국민 건강보험 혜택(당선 때부터 그의 첫 임기 말까지)과 우수한 인재 확보에 필요한 대학교육 비용 절감 및 중산층과 서민을 위한 세금제도 개편 등 더욱 적극적인 사회복지정책들을 추진하였다. 특히 공화당원과 보수단체 회원, 무당파인 이들은 의료보험 개혁 반대 집회에 참가하기 위해 대규모 시위를 벌였다. 워싱턴이 격앙된 반오바마 구호에 파묻혀 있는 동안 오바마는 미네소타 주에 모인 1만 5천 명의 군중 앞에서 의료보험 개혁 관철 의지를 재확인해 박수를 받았다. 반면 시위대는 워싱턴 펜실베이니아 거리를 따라 가두 행진을 벌인 뒤 오바마가 8개월 전 취임 선서를 한 의회 의사당 주변을 둘러싼 채 의료보험 개혁 반대 구호를 외쳤다.

미국의 가장 큰 문제점 중 하나인 의료보험 및 메디케이드(Medicaid)에 관련된 개혁안이 수많은 진통 끝에 2009년 12월 24일 미국 상원에서 통과되었다. 2010년 3월 22일, 드디어 하원에서도 통과되면서 미국의 오랜 숙원인 「건강보험 개혁법」(Affordable Care Act), 일명 오바마케어(Obamacare)가 통과되었다. 하지만 본격 시행까지는 많은 난관들이 있었고 2012년 6월 28일에 오바마케어가 합헌이라는 미국 대법원의 판결이 있은 후에 비로소 2014년 1월부터 시행되었다. 정식 명칭은 「환자보호 및 부담적정보험법」(Patient Protection and Affordable Care Act: PPACA)'이다(위키백과사전, 2023.1.12.).

그 결과, 저소득층에 대한 정부 차원의 공공보험인 메디케이드가 확대되었다. 저소득층 이상의 국민들은 소득에 따라 차등적으로 보험가입자들에게 의료비 지원을 하였고, 새로 도입되는 의료보험 시장에서 경쟁하는 민영보험도 들도록 하였다. 동시에 선택적으로 보험을 들지 않는 미국인들에게는 벌금이 부과되도록 하였다. 그 밖에 의료보험 회사가 의료보험 가입자를 그 어떤 사유에서라든지 거절하거나 치유 기간 중 의료보험 서비스를 중단하는 행태를 금지시켰다. 또한 기존에 존재하던 보험의 평생 혜택, 연간 혜택 금액의 제한을 없애고 도리어 보험자의 연간 의료비 지출에 상한선을 설정하였다(구인회 외, 2018).

하지만 미국의 기형 의료 시스템상 이 의료보험법이 적용이 되어도 막대한 돈을 환자가 지불할 수밖에 없다. 의료보험이 없다면 병원에서 천문학적인 돈을 요구하고 의료보험이 있어도 병원과 의료보험 회사가 뒷거래로 삭감 금액을 결정한 뒤 환자에게 납부 요청서를 보내는 방식이라 의료보험이 적용된다고 하더라도 큰 수술의 경우에는 몇 백만 원에서 심지어 수천만, 나아가 수억 원까지 다다르는 돈이 드는 것이다. 이런 문제가 시정되려면 공공보험이 전 국민을 상대로 도입되거나 정부가 의료비용을 규제해야 한다.[6]

(3) 트럼프 대통령 행정부

트럼프(Donald John Trump) 대통령은 재정적자 축소를 위해 정부 지출을 대폭 줄이면서 특히 빈곤층 지원 예산을 대폭 삭감했다. 문제는 주요 삭감 대상이 사회복

6) 노년층과 차상위 계층에겐 정부가 기존에 제공하던 무상 의료보험 제공 대상을 확대하고, 그 이외의 국민에겐 사보험 의무 가입을 통해 전국민 의료보험을 시행하려는 제도이다. 공화당의 반대가 극심했고 민주당 지지층 내에서도 본격적인 국영보험에 반감이 존재했던 관계로, 한국을 비롯한 상당수 선진국들의 건강보험과는 달리 민간보험 의무가입 정책이 되었다. 우리로 치면 국민건강보험보단 여러 민간보험 중 하나를 의무 가입해야 하는 자동차 책임보험과 비슷한 구조의 개혁이다.

지 예산이었다는 점이다. 저소득층 의료비용 지원제도인 메디케이드, 저소득층 식비 지원제도인 푸드 스탬프, 대학생 학자금 지원, 장애인 지원 등을 크게 삭감했다. 심지어 오바마케어 폐지까지 시도하였다(위키백과사전, 2023.1.13).

또한 미국의 복지 혜택을 축내는 저소득층 이민자들을 받지 않겠다고 공언하면서 새로운 이민 규정을 만들어 시행하였다. 식료품과 의료 · 주거비 지원 등 기존 미국의 복지시스템 재정에 부담이 될 수 있는 능력 없는 이민자는 더는 안 받겠다는 의지를 적극 천명하며 실제로 행정규칙을 통해 우회적인 방식으로 실행하였다. 미국 시민의 이익을 보호하기 위해 이민자는 반드시 재정적으로 자급자족할 수 있어야 한다는 분명한 의지를 정책 실현을 통해 실천한 것이다(다음백과사전, 2023.1.13.).

(4) 바이든 대통령 행정부

바이든(Joseph Robinette Biden Jr.) 대통령은 취임하자마자 트럼프 행정부의 기조를 전면적으로 확 뜯어고친 바이든 예산안을 제시하였다. 여기에서의 핵심은 트럼프 때 크게 축소되었던 교육과 복지 관련 예산을 대폭 확대했다는 데에 있다. 구체적으로 보건 · 교육 · 환경 예산을 대폭 늘리고 국방비는 소폭 증액에 그치는 등 도널드 트럼프 시대와 확연히 다른 모습을 나타내었다.

조 바이든 미국 대통령은 자신의 역점 과제인 사회복지예산(Build Back Better: BBB) 법안을 통해 코로나19 위기 극복까지 염두에 두고 사회복지 정책을 추진하였다. 특히 어린이가 있는 미국인 수백만 가족에게 바이든 행정부가 신종 코로나바이러스 감염증(코로나19) 위기에 맞서 아동 1인당 매달 250~300달러의 수당을 지급하였다. 기존에는 연 단위 세액 공제 형태였지만 매월 직접 현금 지급 형태로 바꾸고 대상도 17세까지로 늘렸다. 그 결과 대략 380만 명의 미국 어린이가 수당 덕분에 빈곤에서 벗어났고, 아동 빈곤율도 30% 정도 감소시킨 것으로 추정되었다. 이는 무엇보다도 새로운 아동수당의 시행으로 어린 자녀를 둔 부모들이 육아 비용을 쉽게 마련해 실제로 더 많은 사람들이 일자리를 찾을 수 있게 된 것으로 분석된다(위키백과사전, 2023.1.14).

3. 미국 사회복지 변천의 의미

1) 최근 미국 사회복지

사회복지는 사회제도이다. 사회제도로서의 사회복지는 당연히 시대적 상황 속에서 기능할 뿐만 아니라 인간의 삶과 직결된 소중한 역사적 산물이다. 그러므로 사회복지에서 사회적 · 정치적 · 경제적 배경은 중요한 의미를 갖게 된다. 이는 각 사회의 시대적 특징과 이데올로기가 사회문제를 인식하고 문제의 해결 가능성을 선택하는 과정에 투영되고 동시에 반영되기 때문이다. 따라서 미국의 사회복지를 정책과 제도를 중심으로 하여 역사적 변천 과정을 살펴보기 위해서는 그 당시 사회의 역사적 상황과 시대의 주류적 가치가 어떻게 수용되면서 영향을 끼치고 있는가를 역동적으로 파악하는 것이 중요하다. 본 장에서는 바로 이 점에 집중하였고, 구체적으로 미국 사회복지의 변천 과정을 살펴보았다.

(1) 미국 사회복지 시작의 토대화 초기 사상적 경향

미국의 사회복지제도는 영국 빈민법을 근간으로 시작되었으며 이는 영국으로부터의 이민을 통해 국가 형성이 이뤄졌음을 감안할 때 자연스러운 현상이었다. 그러므로 청교도적인 윤리와 역동적인 개척을 추구하는 자유주의 사상이 미국 사회에는 기본적으로 흐른다. 개인의 자발적인 자조와 자립이 강조되고 빈곤의 일차적 책임은 게으름과 나태 등과 같은 개인의 비도덕적이며 불성실한 성향에 기인한다고 보는 정서가 강하다. 이러한 사상적 경향이 스펜서(H. Spencer)와 같은 보수적인 사회진화론자들에 의해 과학적으로 합리화됨으로써 자유경쟁과 적자생존의 원칙을 깨는 국가적 차원의 구빈사업을 반대하게끔 하였다.

(2) 개혁적 인식의 발흥

곤궁에 빠진 농민과 도시빈민의 급속한 증가는 개인의 노력으로 빈곤을 극복할 수 있다는 믿음과 미래에 대한 낙관적인 사고의 한계를 사회구성원들에게 강력하게 각인시켰다. 1890년부터 1차 세계대전 사이의 이른바 진보의 시대는 사회진화론에 기초한 자유방임적 산업 자본주의를 겪으면서 드러난 사회문제들에 대응하여 개혁운동이 일어난 시기였다. 1877년에는 남북전쟁 이전에 있던 노동조합 형태가 전국적인 조직으로 구성되면서 철도 노동자를 중심으로 최초의 전국적인 파업이 일어났다. 이는 사회적 불평등에 대한 노동계층의 의식을 높이는 계기가 되었다(Smith & Zietz, 1970). 아울러 진보적 성향의 학자들과 도시 중류층은 개인의 노력과 정부의 개입이 함께 이뤄질 때 진정한 인간 생활의 변화가 가능하다는 긍정적 사고로 개혁의 시대를 주도했다. 이러한 인식의 흐름은 개인의 결함 일변도에서부터 환경적 요인의 영향까지 고려하여 환경과 개인 모두의 변화 가능성에 관심을 갖게 하였다. 이때 가난한 사람에 대한 경험을 가진 인보관의 실천가와 우애방문원은 도시빈민에 대한 사회 중류층의 인식을 변화시키는 데 기여하면서 사회복지제도를 전문적인 실천활동으로 운영해 나갔다.

(3) 자유방임으로의 회귀와 복지권 요구

주 정부와 민간기관들 간의 협조 속에 빈민, 노동자, 이민자, 아동, 여성들을 위한 공공부조서비스와 자선적 서비스, 법률적 변화가 이루어졌던 진보의 시대는 제1차 세계대전을 겪으면서 이념적 차이와 사회경제적 우선순위라는 명분에 밀려 지속적인 발전을 이어가지 못하였다. 제1차 세계대전을 겪은 이후 미국의 사회적 분위기는 이전의 사회개혁을 향한 열망을 상실하며 경제적 이익을 우선시하는 최소한의 정부를 지지하는 자유방임으로 회귀하였다.

하지만 경제적 대공황기를 거치면서 미국 사회에 잠재되어 있었던 다양한 사회적 위험들이 표출되기 시작하였다. 실업과 빈곤이 급증하고 불평등이 심화되면서 사회적 보호에 대한 인식을 높이고 정부의 책임 있는 역할을 요구하는 목소리들이 높아졌다. 연방정부는 사회정책과 제도를 만들어나갔으나 여전히 연방정부의 실업 대책이 적극적이지 못하며 경제적인 안정에 초점을 두었다는 비판도 상당히 받았다.

제2차 세계대전 이후부터 1950년대까지는 미국의 정치적 · 경제적 힘이 커졌던 시기였다. 그러나 내부적으로는 전쟁으로 인한 후유증이 심각했고, 사회복지서비스를 필요로 하는 대상도 크게 증가하였다. 특히 1960년대의 미국은 인권운동과 흑인해방운동으로 특징지을 수 있다. 급진적인 세력의 사회개혁에 대한 강한 요구는 전국적으로 복지급여를 확대시키고 복지권에 대한 인식을 높이는 결과를 가져왔다(Trattner, 1989).

(4) 경제 우선 논리에 밀린 예산 축소 지향의 복지개혁

하지만 냉전체제와 오일쇼크 등으로 인한 사회적 불안과 경제적 위기 속에서 미국 사회는 1970년대 이후 보수적인 노선을 택하게 되며 사회복지제도에 대한 축소와 복지예산 절감을 토대로 한 복지개혁을 진행하게 되었다. 실제로 1970년대 중반 이후 미국 경제는 재정적자에 허덕이며 국가 경쟁력 하락과 경기침체를 장기간 경험하였다.

1980년대에 들어와서는 역사상 그 유래를 찾아보기 어려울 정도의 엄청난 대량 해고의 암울함을 겪게 되었다. 강도 높은 구조조정과 사회적 고통을 모든 구성원들이 감내하면서 마침내 미국 사회는 경쟁력을 배양하고 1990년대 중반 이후 다시 세계 경제의 리더로 화려하게 부활하였다. 이때 미국의 정치와 사회 각 부문에 있어 신보수주의라는 새로운 패러다임이 제시되었고 이 여파로 사회복지 분야의 변화는 매우 거셌다. 레이건 시대의 미국은 대공황 이후 뒤늦게나마 성장한 미국 복지국가의 기초를 뿌리 채 흔들며 1980년대 이후 주요 OECD 국가 중 유일하게 중앙정부의 사회복지 예산을 축소하는 데 성공한 나라가 되었다(구인회 외, 2018).

레이건 시대의 축소 지향의 사회복지 지향 기조는 민주당 정권이 들어선 1990년대에도 여전히 존속되었다. 클린턴 정부가 의욕적으로 추진한 공적의료보험제도(Health Security Plan)는 실패로 돌아가고, 공화당이 주도하여 국민의 복지수혜권리를 크게 제약하는 공적부조제도(TANF)만이 시행되었다. 여기에 미국 사회복지의 마지노선이라 할 수 있는 공적연금제도(Social Security)도 심각한 도전에 직면하였다.

미국은 여타의 서구 유럽 국가들이 거의 실시하고 있는 일반 국민을 대상으로 하는 공적 의료보험제도가 없다. 단지 노인과 빈민들을 대상으로 하는 메디케어(Medicare)와 메디케이드(Medicaid)만이 공적 프로그램으로 운영되고 있다(구인회 외,

2018). 미국의 사회보장제도에서 비교적 여타 유럽선진국 수준에 근접한 것으로 평가되는 것은 흔히 'Social Security'라고 불리는 공적연금제도(Old Age, Survivors and Disability Insurance: OASDI)로, 연방정부가 관할하는 유일한 프로그램이라고 할 수 있다. 나머지 산재보험과 실업보험은 연방정부는 보조금을 통해 개입하나, 주 정부에 의해 각기 다른 기준과 급여 수준을 가지고 실시되고 있다.

사회보험제도의 제도화 수준이 낮은 관계로, 미국의 사회복지 프로그램에서 공적부조가 차지하는 역할과 의미는 상대적으로 매우 크다. 미국의 주요 공적부조 프로그램들로는 노령부조(Old Age Assistance), 보충연금(SSI), 빈곤모자가정부조(TANF), 메디케이드(Medicaid), 식품부조(Foodstamp), 주택부조(Housing Assistance) 등이 있는데, 이 프로그램들은 빈곤층을 대상으로 엄격한 자산조사를 거쳐 실시된다. 주 정부마다 수혜자 선택기준과 급부수준이 다르나 대체로 선정기준은 엄격하고 급여수준은 낮은 편이다(구인회 외, 2018).

(5) 사회복지제도의 이중구조적 특성

미국의 사회복지 정책과 제도의 기본적 특성은 이중구조로 이뤄져 있는 사회복지 체계라 할 수 있다(양재진, 2002). 양재진(2002)에 의하면 미국의 사회복지 체제는 두 개의 층으로 확연히 분리되어 발전되어 왔다. 그 상층에는 안정된 직장을 가지고 있는 계층을 대상으로 비교적 급여수준이 관대하면서 기여금에 의해 운영되는 사회보험이 놓여 있고, 하층에는 빈곤층을 대상으로 하는 다양한 공적부조 제도들이 만들어져 있는 것이다. 상층의 사회보험은 다수의 중산층들이 주요 수혜자이기 때문에 정치적으로 상당한 정당성과 안정적인 기반을 가지고 있다. 반면에 하층의 공적부조 프로그램은 조세에 의해 재원이 조달되어 주는 자와 받는 자가 명확히 구분되고, 다수의 수혜자가 흑인 빈곤층이기에 정치적 지지기반이 취약한 특징을 가지고 있다. 이와 같은 미국 사회복지제도의 특징은 결과적으로 유럽식 복지국가와는 확연히 다른 모습을 갖게끔 하였다. 즉 보편적인 사회보장에 근거한 복지국가가 아닌 잔여적 사회복지의 성격을 내포하는 자유주의적 자조 자립 사회를 추구한다는 것이다.

(6) 국가 개입의 최소화와 시장 순응 지향

미국 사회복지제도의 독특성은 개인의 자조와 기업활동의 자유라는 원칙하에서 국가의 개입을 최대한 자제하는 시장 순응적이라는 데에 있다. 이와 같은 미국 사회복지제도 형성의 주요 원인으로 미국의 자유주의적 정치문화, 노동계급의 균열, 분권적 연방제도와 관료제의 미발달, 보수양당 구조를 들 수 있다(양재진, 2002; 구인회 외, 2018).

첫째, 미국의 자유주의적 정치문화는 유럽과 달리, 보다 개인주의적인 자유주의라고 할 수 있다. 유럽사회가 봉건주의적 경제와 신분질서 속에서 자본주의적 산업화가 시작되고 서서히 국가로부터 개인의 경제활동이 자유와 인권이 발달해 갔다면, 미국은 봉건사회를 거치지 않고 곧바로 자유와 꿈을 찾아 모여든 이민자가 세운 국가이다. 따라서 미국의 자유주의는 시장에 대한 무한한 신뢰와 정부 개입에 대한 불신이 강하고, 경제사회활동에서 개인의 자유와 자조능력을 강조하고 있다. 빈곤도 자본주의 경제의 구조적 문제가 아니라 개인의 문제로 간주하는 경향이 강하다. 이러한 극단주의적인 자유주의 사상은 대공황에 의해 크게 도전을 받고, 경제와 복지 영역에 국가의 개입을 뒤늦게나마 용인하게 되었다. 그럼에도 미국은 다른 서구유럽 국가들과는 달리 아직도 개인주의적, 시장지향적, 그리고 반국가개입주의적인 자유주의 이데올로기가 깊숙이 잠재되어 있다.

둘째, 미국의 계급갈등 구조의 독특성이다. 미국의 계급구조는 강한 자본의 헤게모니와 약한 노동계급 운동을 그 특징으로 하고 있다. 노동운동은 노동계급의 정치화를 통해, 노동계급 전체의 장기적 이익을 추구하는 정치투쟁이기보다는 개별기업 혹은 몇몇 주요 산업별 노동자들의 단기적 경제이익의 추구를 지향하는 경제투쟁 중심으로 전개되어 왔다. 여기에 흑백문제가 노동계급의 단결을 저해하는 요인으로 작용되고 있다. 이러다 보니 백인 숙련노동자와 흑인 비숙련노동자 간의 간극이 발생되어 산업노동자들이 전국적으로 단일화된 정치세력을 구축하지 못하게 된다. 따라서 미국의 사회복지제도 발전은 점진적으로 체계화되어 나타나기 보다는 분배적 모순이 누적되어 일정한 시기에 시위나 폭동 등의 형태로 나타나는 양태를 보인다. 1930년 대공황과 뉴딜, 1960년대 흑인민권운동과 빈곤과의 전쟁 등이 그 예가 된다.

셋째, 미국의 분권적 연방제와 미약한 중앙 관료제 또한 미국 사회복지체제에 영향을 미치고 있다. 미국은 국가형성의 역사적 특수성으로 인해, 연방정부가 주 정부 및 지방정부를 권위적으로 통제하기 어렵고 거의 모든 정책분야에서 주 정부와 지방정부가 정책의 내용과 운영에 관하여 많은 자율성을 가지고 있다. 일례로, 1930년대 경제 대공황과 같은 국가적 위기로 연방정부가 전국적인 수준에서 일관성 있는 사회복지 개혁을 이룰 수 있는 정치공간이 주어졌다. 그럼에도 분권화된 구조와 연방 관료제의 통제 및 관리능력 부족으로 초기 입안된 「사회보장법」(Social Security Act)의 많은 부분이 희석되거나 후퇴하여 연금을 제외하고 대부분 주 정부의 프로그램으로 남은 것을 들 수 있다.

이상과 같은 미국 사회복지제도의 역사적 변천 과정에서 도출한 의미들을 종합적으로 정리하면 결국 미국의 사회복지는 사적이며 민간 복지의 비중이 아주 높음을 알 수 있다. 이는 궁극적으로 시민의 한 구성원인 개인이 스스로 자립하고 자조할 수 있도록 국가가 뒷받침하는 것이 사회복지의 목표이자 지향점이라는 것이다.

참고문헌

구인회 · 강명세 · 김수진 · 김주환 · 김찬우 · 김태현 · 김형모 · 김환준 · 이삼식 · 전창환 · 정연택 · 정익중 · 조소영 · 조한진 · 최효진(2018). 미국의 사회보장제도, 한국보건사회연구원 · 나남출판.

김근홍 · 서화자 · 심창학 · 이만식 · 함세남 · 홍금자(2007). 사회복지 역사와 철학. 서울: 학지사.

김기원(1999). "미국 PRWORA의 복지정책적 함의", 서울장신논단, Vol.7.

박순일 · 이충섭 · 문병윤 · 엄승연 · 윤연주(1992). 사회복지체계화에 관한 연구, 보건사회연구원.

양재진(2002). 비판과 대안을 위한 사회복지학회 2002 춘계학술대회 발표논문(70-91) "세계화, 신보수주의, 그리고 미국 사회복지개혁의 정치경제", 비판과 대안을 위한 사회복지학회.

최웅 · 김봉중(1992). 미국의 역사: 그 맥락과 현대적 조명, 서울: 소나무출판사.

Addams, Jane. (1897). "Social Settlements" Proceedings, National Conference of Charities and Corrections(NCCC).

Austin, D. M. (1986). A History of Social Work Education, University of Texas.

Axinn, J., & Levin, H. (1975). Social Welfare: A History of the American Response to Need, New York: Harper & Row.

Barker, Robert. (1995). The Social Work Dictionary, Washington DC: NASW Press.

Barnett, W. S., & Hustedt, J. T. (2005). "Head Start's Lasting Benefits," Infant and Young Children, 18(1), 16-24.

Barnett, W. S., & Masse, L. N. (2000). "Funding Issues for Early care and Education in the United States," in US Department of Education (ed.), US Background Report for the OECD Thematic Review. Office of Educational Research and Improvement. Washington, DC.

Bartlett, H. (1958). "Toward clarification and improvement of social work practice". Social Work, 3(2), 3-9.

Bartlett, H. M. (1970). The Common Base of Social Work Practice, Silver Spring, MD: NASW Inc.

Bell, J. M. (2007) ."Bringing the movement home: black social workers' struggle for power in the profession, 1966-1976."Unpublished Ph.D. Dissertation. University of Minnesota.

Brandes, Stuart. (1976). American Welfare Capitalism, 1880-1940, Chicago: University of Chicago Press.

Briar, S. (1967). "The current crisis in social casework". In R. Klenk, & R. Ryan(Eds.), The Practice of Social Work, Belmont, CA: Wadsworth Publishing Company, Inc.

Burtless, Gary. (1998). "Can the Labor Market Absorb Three Million Welfare Recipients?" Focus, 19, 3.

Daly, M., & Rake, K. (2003). Gender and the Welfare State. MA: Polity.

Day, Phyllis. (2000). A New History of Social Welfare. Boston, MA: Allyn and Bacon.

Dear, Ronald. (1995). "Social Welfare Policy" in Encyclopedia of Social Work(19th ed.), Washington DC: NASW Press.

DiNitto, Diana. (2000). Social Welfare: Politics and Public Policy(4th & 5th ed.). Needham Heights, Mass: Allyn & Bacon.

Dubois, B., & Miley, K. K. (1996). Social Work: An Empowering Profession, Boston, MA: Allyn & Bacon.

Ellwood, David. (1988). Poor Support, New York: Basic Books.

Esping-Andersen, G. (1990). The Three Worlds of Welfare Capitalism. Princeton, NJ: Princeton University Press.

Sping-Andersen, G. (1996). "Welfare States Without Work: the Impasses of Labour Shedding and Familialism in Continental European Social Policy," in G. Esping-Andersen (ed.), Welfare States in Transition. London: Sage Publications. 66-87.

Fook, J. (1993). Radical Casework: A Theory of Practice, Allen and Unwin.

Friedlander, W., & Apte, R. (1980). Introduction to Social Welfare(5th ed.), Englewood Cliffs, NJ: Prentice-Hall.

Garfinkel, Irwin & McLanahan, Sara (1986). Single Mothers and Their Children, Washington DC: The Urban Institute Press.

Gilbert, N., & Specht, H. (1974). Dimensions of Social Welfare Policy, Englewood Cliffs, NJ: Prentice-Hall.

Gilbert, N., & Gilbert, B. (1989). The Enabling State: Modern Welfare Capitalism in America, Oxford University Press.

Gilens, M. (1999). Why Americans Hate Welfare. University of Chicago.

Ginsberg, Leon. (1996). Understanding Social Problems, Policies, and Programs (2nd ed.), University of South Carolina Press.

Harrington, Michael. (1981). The Other America: Poverty in the United States, New York: Penguin.

Hasenfeld, Yeheskel. (1983). Human Service Organization, Englewood Cliffs, NJ: Prentice-Hall.

Hartman, Ann. (1992). "A Message form Los Angeles". Social Work, 37, 4.

Johnson, L. C. (1989). Social Work Practice. Boston, MA: Allyn & Bacon.

Kamerman, Sheila and Kahn, Alfred. (1989). Privatization and the Welfare State(ed.), Princeton, NJ: Princeton University Press.

Karger, H., & Stoesz, D. (1990). American Social Welfare Policy. New York: Longman.

Leiby, James. (1978). A History of Social Welfare and Social Work in the United States, Columbia University Press.

Masse, L. N., & Barnett, W. S. (2002). A Benefit-Cost Analysis of the Abecedarian Early Childhood Intervention. New Brunswick NJ: National Institute for Early Education Research.

McAdam, Doug and W. Richard Scott. (2005). "Organizations and movements." 4-40 in Social movements and organization theory. edited by Gerald F. Davis, Doug McAdam, W. Richard Scott, and Mayer N. Zald. New York: Cambridge University Press.

Miley, K., Melia, M., & DuBois, B. (2001). Generalist Social Work Practice: An Empowering Approach, Needham Heights, MA: Allyn and Bacon.

Mullally, R. (1993). Structural Social Work: Ideology, Theory and Practice, Toronto: McClelland & Stewart.

Murray, Charles. (1984). Losing Ground: America Social Policy 1950-1980 New York: Basic Books.

Nathan, Richard. (1986). "Institutional Change under Reagan" in Perspectives on the Reagan Years edited by John Palmer. Washington DC: The Urban Institute Press.

OECD (2002). Babies and Bosses: Reconciling Work and Family Life: Reconciling Work and Family Life, Vol. 1, Australia, Denmark and Netherlands.

OECD (2005a). Social Expenditure Data, 1985-2003.

OECD (2005b). Country Note: Database on Social Expenditure 1980-2003.

OECD (2005c), Babies and Bosses: Reconciling Work and Family Life, Vol. 5: United States.

OECD (2007a). Social Expenditure 1980-2003: Interpretative Guide of SOCX.

OECD (2007b). Babies and Bosses: Reconciling Work and Family Life. A Synthesis of Findings for OECD Countries.

OECD (2020). Social Expenditure Database (SOCX) / OECD.org.

Patterson, James. (1986). America's Struggle Against Poverty: 1900-1985, Harvard University Press.

Peacock, A. (1960). The Welfare State, London: Liberal Publication Department.

Piven, Frances & Cloward, Richard. (1971). Regulating the Poor, New York: Random House.

Reid, Nelson. (1995). "Social welfare History" in Encyclopedia of Social Work (19th ed.), Washington DC: NASW Press.

Reischauer, Robert. (1989). "The Welfare Reform Legislation: Directions for the Future" in Welfare Policy for the 1990s edited by Cottingham and Ellwood, Harvard University Press.

Saleebey, D. (1992). The Strengths Perspective in Social Work Practice, New York: Longman.

Simon, B. (1994). The Empowerment Tradition in American Social Work, Columbia University Press.

Smith, R., & Zietz, D. (1970). American Social Welfare Institutions, New York: John Wiley & Sons, Inc.

Sosin, Michael (1986). "Legal Rights and Welfare Change: 1960-1980" in Fighting Poverty edited by Danziger S., & Weinberg, D., Harvard University Press.

Trattner, W. (1989). From Poor Law to Welfare State: A History of Social Welfare in America, New York: The Free Press.

U.S. Bureau of the Census. (1994). Statistical Abstract of the United States, Washington D.C.: U.S. Government Printing Office.

Wilson, W., & Neckerman, K. (1986). "Poverty and Family Structure: The Widening Gap between Evidence and Public Policy Issues" in Fighting Poverty edited by Danziger, S., & Weinberg, D., Harvard University Press.

Wilson, William. (1987). The Truly Disadvantaged: The Inner City, the Underclass, and Public Policy, University of Chicago Press.

Zastrow, C. (2000). Introduction to Social Work and Social Welfare(7th ed.), Pacific Grove, CA: Brooks/Cole Publishing Company.

Ziliak, Stephen (2004). Self-Reliance before the Welfare State: Evidence from the Charity Organization Movement in the United States. Journal of Economic History, 64, 2, 433-461.

웹사이트: 위키백과사전, 다음백과사전

chapter 03

일본의 사회복지

1. 일본 사회복지의 특성
2. 일본 사회복지의 역사적 변천 과정
3. 일본 사회복지 변천의 의미

03 CHAPTER 일본의 사회복지

1. 일본 사회복지의 특성

사회복지를 사회제도로 이해할 때, 사회복지는 국가라는 울타리 속에서 형성되는 정치와 경제를 기초로 한 사회적 서비스 실천 사업 내지 프로그램의 형태로 구현된다. 그리고 그와 같은 사회복지는 그 나라의 사회와 문화로부터 지대한 영향을 받는다. 일본의 사회복지 역사를 고찰하면 전쟁 준비와 수행, 패전에 따른 사회문제에 대한 정치경제적 접근으로부터 근대적 의미의 사회복지가 이뤄졌음을 보게 된다. 그런 다음 경제부흥기를 거쳐 심각한 고령화와 경제적 정체기 및 침체기를 겪어내면서 도출된 일본 특유의 복지사회를 지향하는 사회복지가 이뤄진다.

비록 일본의 사회복지가 1920년대에 이미 미국을 비롯한 서구로부터 영향을 받으면서 자국의 문화적 성향을 토대로 형성되었지만 국가적 차원의 정책목표 내지는 국가전략으로서의 복지국가는 그 어떤 요인보다도 전쟁수행과 경제부흥에 힘입은 바가 크다. 일본은 러일전쟁(1904~1905), 제1차 세계대전(1914~1918), 중일전쟁(1937~1945)을 단독으로나 여러 나라와 함께 연합하여 치렀고, 이외에도 만주사변(1931년)과 태평양전쟁(1941년)을 통해 가열시킨 제2차 세계대전의 중심이 되었다. 이처럼 전쟁을 준비하고 치르는 과정에서 사회복지사업과 후생사업에 박차를 가했고(後藤淸, 1944년), 이 과정에서 경제의 성장과 침체를 반복하였다(京都大學大學文書館, 2006).

실제로 제2차 세계대전의 패전국이었던 일본은 유럽의 선진국들이 전후복구와 복지국가 건설을 위하여 매진하고 있을 때, 극심한 가난 속에서 국가적 기아에 허덕일 수밖에 없었다. 이 당시 일본의 국가생산력은 1945년 패전 당시, 20년 전인 1920년대의 생산수준으로까지 낮아졌고, 국민생활 기반의 대부분은 파괴된 상태로 방치되고 있었다(加藤陽子, 2009). 그러나 이러한 절대 절명의 국가적 위기상황에서 한국전쟁은 일본경제의 재건을 향한 단비와 같았다. 일본 경제는 한국전쟁으로 인해 경제적 회복의 디딤돌을 확보하여 급속하게 원상회복하였으며 곧이어 전쟁 이전의 생산력을 회복하게 되었다. 나아가 1955년부터는 고도경제성장기에 돌입하게 된다. 경제성장의 출발이 다른 서구 선진국들에 비하여 늦었지만 그 성장은 급격하였다. 그러한 경제성장을 배경으로 복지국가화가 진행되었다(吉田久一, 2004).

일본의 자유민주당(이하 자민당)은 1955년 11월 15일 창당과 함께 공공복지의 규범화를 지향하면서 개인의 창의와 기업의 자유를 기저로 하는 경제의 종합계획을 수립하여 궁극적으로는 민생의 안정과 복지국가의 완성을 기하겠노라고 복지국가 건설을 국가목표로 설정하기도 했다. 그 결과 1973년을 "복지국가 원년"으로 명명하고 다른 서구 선진국들과 마찬가지로 복지국가의 건설이라는 국가목표를 달성했다고 천명하였다. 그러나 이는 복지국가의 완성으로 볼 수 없었고, 오히려 복지국가에 대한 국가적 차원의 이해를 도모하기 시작한 수준으로 봐야 할 것이다(김영필, 2006: 45-46).

이후 일본의 사회복지는 정치경제적 맥락 가운데서 사회지출의 규모나 복지 프로그램에서 선별주의적인 성격이 뚜렷해진다. 미국의 자유주의 모델에 가깝고, 사회복지제도의 영역별 분절화와 노인과 같은 특정 계층에 대한 집착, 가족에 대한 과도한 의존 등에 대해서는 상당히 보수주의적인 면모를 띤다. 그러면서도 낮은 실업률이나 자민당이라는 특정 정당의 장기집권에 따른 정치적인 안정성이라는 측면에서 사회민주주의 모델의 스웨덴과 유사해 보인다. 아울러 강력한 국가 관료제의 영향력이 일본 사회복지제도 전반에 펼쳐지는 특성이 나타난다(미야모토 타로 저, 임성근 역, 2003: 293-294).

한편 제도로서의 일본 사회복지는 1960년대 이후 1980년대까지 경제적 상황의 변화 속에서도 꾸준히 확대되었다. 경제가 호황기일 때는 재정이 뒷받침하면서 사회복지 예산을 늘렸고, 경제가 침체하면 사회복지서비스 대상자가 급증하는 데에 대응하면서 최대한 예산을 절약하는 방향에서 정치적 필요를 감안하여 사회복지의 수요와 공급을 적절하게 맞춰갔다. 2000년대에 들어서는 이전의 일본형 복지사회를 지향하는 패러다임에서 벗어나려고 애쓰면서 복지국가로서의 체제를 갖춰가려는 시도를 하였다(關西福祉大學社會福祉研究會 編, 2009).

2010년 이후에는 지역공생사회 개념이 본격화되었고, 2024년 기준 일본의 사회복지 정책 및 서비스에서 빼놓을 수 없는 키워드는 '지역공생사회의 실현'이다. 아울러 주목받는 분야는 아동가족복지 분야이고 눈에 띄는 움직임으로는 「아동기본법」의 제정과 '아동가정청의 신설'이다. 이는 2000년 초반까지 일본 사회복지 분야의 대세였던 노인개호보험과 관련한 고령자 대책 일변도에서 벗어남을 뜻한다. 더불어 아동과 가족을 아우르는 지역주민 모두가 공생하는 행복 공동체를 지향하는 사회복지로 지평이 확장되어 진행됨을 말한다. 실례로 「아동기본법」의 제정 및 아동가정청의 신설은 2022년도 일본 사회복지의 핵심 이슈였고, 아동기본법과 아동가정청 신설에 관한 법률이 2022년에 제정되어 2023년 4월부터 시행되고 있다.

2. 일본 사회복지의 역사적 변천 과정

일본의 사회복지 역사를 1920년대부터 성립되었던 사회복지의 전반적인 복지제도를 시기별 변천과정에 따라 구분하여 살펴보고, 특히 1945년 일본의 패전 이후 복지 원년으로 명명된 1973년에 이르는 시기에 주목한다. 이 시기 일본의 정치, 경제, 사회보장의 측면에서 1973년은 하나의 커다란 전환점이 된다. 그런 다음 1980년대 이후부터 2024년 현재에 이르기까지 일본 사회복지제도의 변천과정을 면밀히 살펴본다. 아울러 사회복지제도에 영향을 미쳤던 시대적 배경과 사상, 제도 구축의 암묵적 의도 등까지 고찰한다.

1) 제1차 세계대전 후 1920년대~1944년까지의 사회복지(사회사업)

(1) 아동보호 사업의 출현

1920년대 중후반부터 일본도 경제적 어려움에 직면하였다. 자본주의의 한계와 모순이 심화되면서 1920년대 중반에는 직업아동이 등장하였다. 아동에게 노동을 시켜야 할 정도의 열악한 사회경제적 상황이었던 것이다. 마침내 1929년에는 과도한 소년노동에 대한 문제제기가 사회운동으로까지 이어졌다. 그 결과 아동보호가 대단히 중요하다는 인식이 확산되었다(澁澤榮一, 1926: 4). 아동의 사회경제적인 환경에 따라 고아와 빈곤아동으로 구분되어 지원되었을 뿐만 아니라 신체적 상황에 따라 청각장애와 신체장애로, 정신적으로 지적인 능력이 저하된 아동과 지적장애 아동으로 구분되어 이들에 대한 보호와 돌봄이 이뤄졌다. 그리고 이 모든 일들은 일본 황실에 의해 촉진되었다(一木喜德郎, 1926: 2-3; 최옥채 · 黑木保博, 2011 재인용).

(2) 구호법과 방면위원제도, 인보관 사업

1929년에는 「구호법」이 제정되었다. 여기에는 「건강보험법」과 「노동자재해부조법」을 포함하여 23개 사회입법이 있었고, 내용이 제한적이었으며, 사회사업(사회복지실천)에 경험이 있는 자로 구호위원을 두었다. 방면위원제도는 1917년과 1918년에 각기 오카야마현과 오사카부에 창설되어 1929년 말에 전국의 부와 현에 설치되었다. 이 제도는 지역사회조직 사회사업(사회복지실천)과 매우 깊게 관계한다고 볼 수 있다. 실제로 일본의 방면위원제도는 서구의 자선조직협회운동과 유사하였으며 나아가 인보관을 지역사회에 설립되도록 하는 데에 밑바탕이 되었다. 나아가 방면위원에게 사회사업(사회복지실천) 훈련이 강조되었다. 그러면서도 엄밀하게 보면 방면위원제도의 필요성은 사회통제와 효과적인 빈민관리를 지향하는 데에 있었다(최옥채 · 黑木保博, 2014).

한편 인보관 사업이 지역사회를 대상으로 이뤄졌다. 지역사회의 교통, 주택, 경제상황 등을 확인하고 조사하여 개선해야 할 방안들을 모색하는 작업이 인보관을 통해 진행되었다. 일본의 인보관 사업은 영국과 미국을 비롯한 서구의 지역사회조직화 중심의 활동과는 다소 달랐다. 개인이나 한 가정을 대상으로 이루어지는 케이스워크의 방법을 통해 각각의 가정이 잘 세워지면 그 가정들이 모여서 지역사회를 형성한다는 인식에 토대를 둔 접근이었다(內片孫一, 1930: 40).

그러다보니 지역사회 주민들을 의식화하여 지역사회를 개발해가는 차원에서 이뤄지는 인보관 사업이 아니었다. 오히려 주어진 사회질서와 사회통제적인 기제에 부응하거나 적응할 수 있는 개인과 가정이 되게끔 하는 데에 초점이 모아졌다. 이 당시 일본의 인보관 사업은 공영과 민간운영으로 구분되었는데 공영 인보관의 경우에는 보다 더 정부 주도적인 사회질서 유지에 적극 보조를 맞추는 사업들이 수행되었다. 그럼에도 민간이 운영했던 인보관들은 아동보호와 감화에 중점을 둔 탁아소 운영을 비롯하여 노동자 야학교와 농민학교 운영, 주부를 대상으로 한 육아 및 요리 프로그램 등을 적극 실시하였다(최옥채 · 黑木保博, 2014).

(3) 도시 집중 현상과 피폐된 농촌에 대한 사회사업(사회복지실천)

1920년대 일본은 도시 인구의 급증으로 지역의 존폐가 염려될 정도의 농촌 공동화 현상이 나타났다(서민교 역, 2013: 90). 이런 가운데서 당시 농촌 사회사업(사회복지실천)이 구체적으로 나타났는데 대표적인 것으로 농촌의 영유아 및 아동보호사업, 주택개량과 공영 금융기관 설치, 공설 목욕탕 설치 등을 통한 경제적 보호, 농촌의 사망률을 낮추기 위한 의료보호, 대도시에서 실행되었던 방면위원제도의 농촌으로 확대 등을 들 수 있다(최옥채 · 黑木保博, 2014).

이 모든 대책의 핵심은 농민의 농촌 이탈을 막는 데에 초점을 모으고 있었다. 근대 자본주의 경제조직의 발달과 도시의 팽창으로 그 이전에 농촌이 지닌 유대감과 결속력이 약화되어 결국은 도시에서와 같은 사회사업(사회복지실천)이 필요하게 되었던 것이다. 실제로 이 당시 일본의 산업화는 서구 선진국들과 마찬가지로 다양한 사회적 문제들을 더욱 심화시켰고, 특히 농촌의 주민들이 먹고 살기 위해 도시로 대거 이주하는 현상을 가속화시켰다(이영석, 2006: 27). 이와 같은 상황에서 농촌 사회사업(사회복지실천)이 대두하였다. 한편으로 이는 전쟁을 치르는 군부가 농민 출신의 군인을 달래는 수단으로도 활용되었다. 실제로 1930년대에 들어와서 중일전쟁을 치르던 일본 군부는 총력전의 분위기를 만들기 위해 '정치적 비상사태에 처한 대책요강'을 만들어 농민구제, 비료판매의 국영화, 농산물가격 유지, 소작농 보호, 농민을 위한 저리 대부들을 발표하였다(加藤陽子, 2009: 315-317).

(4) 후생성 신설과 전시 대비

일본 정부는 전시 상황을 맞아 1938년에 후생성을 신설하여 군사원호, 후방지원 사업, 사회정책의 확충과 강화를 꾀하면서 국민적 역량을 총동원하고자 했다. 전시 상황에의 대비는 1930년대 후반부터 시작되었다. 이 당시 전시 체제나 비상시 체제에서 사회사업(사회복지실천)은 전쟁 상황을 총괄하는 집중주의와 전체주의적인 국가질서에 철저히 따르면서 이를 뒷받침하는 국민 통제의 기능을 수행해야 했다. 당연히 전쟁 시기에 사회사업(사회복지실천)은 정부와 군부에 의해 더욱 강조될 수밖에 없었다(최옥채 · 黑木保博, 2014).

특히 전쟁을 치르면서 군부는 시종 국민생활의 혁신을 강조하였다. 무엇보다도 전 국민의 총력전이 요구되는바 생산을 위해서 노동의 강도를 높이고, 소비에서는 소비규정을 철저히 따라야 함을 강조하였다. 이와 같은 운동의 밑바닥에는 전쟁이 장기화하면서 발생한 식량난이나 보건위생 및 범죄와 같은 사회문제를 해결하기 위해 후생시설을 인보조직으로 활용하려는 의도가 깔려 있음을 추측할 수 있다. 실제로 일본의 전쟁경제는 붕괴되어 1941년부터 통장제(通帳制)에 의한 쌀과 부식품을 할당 배급했고, 군대와 군수공장으로 농업인구가 유입되면서 농업생산 역시 폭락하였다(김영필, 2006).

2) 전후 1945~1959년대까지의 정부 주도의 사회복지

1945년 패전 이후 이 시기 일본은 정치적 측면에서 볼 때, 극심한 혼란을 경험했던 시기였다. 미국식 민주주의 체제를 도입했고, 혁신정당인 일본사회당의 정권참여(1947년의 총선거에서 제1당이 됨)가 있었다. 그러면서 보수정당이 분열하였다가 1955년 좌우사회당의 통일과 보수정당의 합당에 의한 2대 정당이 출범하고 여야 정당 간의 첨예한 이념 대립과 호헌 정당으로서의 일본사회당의 역할이 주목을 받게 되는 시기이기도 했다. 경제적 측면에서는 1945년의 패전 이후 약 10년간은 고도경제성장을 이룩하기 위한 숨고르기를 하는 시기였다. 패전 당시 1920년대 수준의 생산력에 불과하고 좌파 노동운동이 확산되어 혼란을 거듭하던 일본경제는 한국전쟁의 발발로 인해 경제적 성장의 발판을 마련하였다. 사회보장에 있어서는 1945년의 패전 이후 헌법 제25조[1]에서 규정하고 있는 생활보장에 대한 국가책임을 기초로 하여 흔히 복지 3법이라고 불리는 「생활보호법」(1946년, 1950년)의 제정, 「아동복지법」(1947년), 「신체장애인복지법」(1949년)'을 제정하였다. 이후 1950년대 말 고도경제성장기로 진입할 때에는 대기업 노조의 압력으로 기업복지가 확대되며, 완전고용정책의 실현과 전 국민 의료보험제도(1958년), 전국민 연금제도(1959년)가 정비되었다(김영필, 2006).

그럼에도 이 시기 사회복지의 특징은 철저하게 '선별주의'적이었다. 즉 오랜 기간 진행되었던 여러 전쟁들과 본토를 초토화한 마지막 전쟁의 패전 속에서, 대다수 국민은 거주할 집도 없었고 일할 만한 직장도 없었다. 국가 전체가 빈곤과 기아로 고통 받고 있었다. 당연히 사회복지적인 긴급 과제는 극심한 빈곤자의 보호였고, 전쟁의 상흔으로 볼 수 있는 고아와 장애인을 구제하는 일이었다. 패전에 따른 엄청난 사회적 손실과 더불어 경제의 파탄 등으로 이들을 보호하기 위한 사회적 자원과 재원은 턱없이 부족했다. 이로 인해 사회복지의 대상자를 선별하는 경우에서도 자력으로 기본적인 생활을 유지할 수 없다는 조건을 더해서, 본인 혹은 그 소속한 세대가 저소득, 빈곤 등이라는 조건을 수반하여 사회복지의 보호, 구조(救助)를 집중시키는 경향이 강하게 나타났다. 이런 의미에서 '선별주의'적 사회복지라는 것은, 경제요건을 기초로 사회복지 대상을 '선별'하고 원조를 하는 방식을 내포한다. 그리고 이 시대에서는 보호 혹은 원조 대상의 빈곤을 요건으로 혹은 공적 원조 없이는 기본적인 생활을 유지하는 것이 곤란한 개인 혹은 세대를 선별하는 것으로 했다. 아울러 이와 같은 '선별주의'적 사회복지는 사회적 조치라는 접근에 의해 국가 단위의 행정서비스로 수행하였다(김근홍 외, 2007).

앞서 언급한 대로 이 당시 빈곤한 사람들을 대상으로 하여 「생활보호법」(1946년)이 제정 시행되었고, 전쟁고아들을 포함한 아동의 보호 · 육성을 위해 「아동복지

1) 이미 일본국 헌법 제25조에 이렇게 규정되어 있다. 제1항 모든 국민은 건강하고 문화적인 최저한도의 생활을 영위할 권리를 가진다. 제2항 국가는 모든 생활면에 있어서 사회복지, 사회보장 및 공중위생의 향상과 증진에 노력해야 한다.

법」(1947년), 장애인에 대해서는 「신체장애인복지법」(1949년)이 입안되었다. 소위 복지 3법체제가 확립되었다. 이 세 가지 법률은 각각 역할과 특징을 가지고 있지만, 그 모든 것이 정부 주도 하에 실시되는 점에서 공통점이 있다. 즉 생활보호법, 아동복지법, 신체장애인복지법 등의 규정과 이를 실행에 옮기기 위한 행정운영에 관한 책무가 일반적인 의미에서 국가책임이라는 것뿐만이 아니라 복지 3법에 관여하는 행정사무 자체가 중앙정부의 관할 하에 지방공공단체가 집행하는 것으로 규정되어 있다. 그렇다 보니 지방 독자적인 사회복지라든지, 지역 특성에 맞는 사회복지 정책 등은 시도되지 못했고, 단지 최저생활 또는 기본적 생활 보장을 위주로 하는 최소한의 사회복지가 중앙정부 주도로 이뤄지게 되었다(김근홍 외, 2007).

한편 구미 선진국이 제2차 세계대전 이후 복지국가를 하나의 전략적 목표로 설정한 것은 복지국가화를 통하여 전생의 폐허를 극복하고 국민들에게 새로운 비전을 제시하고자 함이었다. 그러한 복지국가화 전략을 위해서 경제성장은 주요한 수단이 되었다. 그러나 일본에 복지국가 전략은 그 목적과 수단이 정 반대였다. 즉 경제성장을 이룩하는 것이 주목적이었으며 그러한 경제성장을 바탕으로 결과적으로 잔여적이고 선별적인 복지국가의 길을 걷게 된 것이었다(김영필, 2006).

3) 고도경제성장 시기(1960년대 전후)의 제도적 정비

(1) 고도경제성장에 따른 사회복지제도의 확충과 한계

1955년부터 시작된 고도경제성장은 1964년에서 1965년에 걸쳐 일시적인 불황을 겪기도 하였으나 1974년까지 20년간 연평균 9.2%의 실질경제성장률을 기록하였다(駒村康平, 2002). 이러한 경제성장을 배경으로 일본은 복지제도의 정비에 박차를 가했다. 당연히 이 시기는 무엇보다도 사회복지의 확대가 두드러졌다. 제도적으로는 「지적장애인복지법」(1960년), 「노인복지법」(1963년), 「모자복지법」(1964년)이 제정 시행되었던 것을 들 수 있다. 이에 따라 기존의 복지 3법 체제에서 복지 6법 체제로 사회복지제도가 확대되었다(김근홍 외, 2007).

하지만 이 시기에 사회복지제도가 확대되었다 해도 실질적으로는 고도경제성장 시기의 일본정부의 국가정책 핵심은 여전히 경제성장정책을 모든 정책의 우선순위에 두고 있었다. 미국의 세계전략 아래에서 탈 군사국가화를 이룩한 일본은 경제국가화 이외의 길은 존재할 수가 없었다. 그 결과 일본기업들은 미국 시장에 의존하는 수출주도형 산업구조를 구축하였고, 특히 국제경쟁력이 있는 산업을 집중적으로 육성하였다. 자동차, 가전, 철강, 석유화학 등이 그 대표적인 산업이다. 또한 소위 호송선단방식이라고 불리는 경쟁제한적인 행정지도를 수행하였으며, 세제에 있어서의 우대조치, 보조금제도 등을 통하여 경제성장정책의 주역인 기업들에게 유리한 환경을 조성하였다(김영필, 2006).

그리고 도로, 항만, 공항 등의 산업기반을 정비하였으며, 대형 공공사업을 추진함으로써 기업과 정부, 관료와의 유착관계를 통한 고도경제성장을 이룩하였다. 이러한 정부에 의한 기업 우대정책은 정부가 추진해야 할 복지정책을 기업이 대신하여 추진하는 결과를 초래하였다. 즉 일본은 복지국가의 길이 아니라 기업복지의 길을 걷게 되었다. 기업이 국가의 역할을 대신하여 복지영역에 투자함으로써 국가는 복지의 부담에서 자유로울 수 있었던 것이다. 이는 더욱 정 · 관 · 재의 유착관계를 심화시켜 전형적인 일본형 전후 정치경제체제를 형성할 수 있게 되었다. 기업은 연공서열에 의한 임금체계, 종신고용, 기업 내 복지 등을 통하여 노사관계를 안정적으로 만들었으며, 강력한 기업조직이 가족제도에까지 영향을 미쳐 전업주부에 의한 개호(介護)와 육아의 의존이라는 일본형 복지사회를 완성하게 된 것이다. 이렇듯 일본정부가 추진한 경제성장 정책, 산업정책은 복지정책을 주요정책으로 추진하지 않고도 그 대체효과를 얻는 데 충분하였다. 즉 산업정책을 통하여 중소기업을 보호하고, 기업의 장기고용을 장려함으로써 실업을 억제하는 효과를 얻을 수 있었던 것이다. 실업의 억제는 자연스럽게 복지비용을 저하시켰으며 이는 일본 복지국가전략의 가장 큰 특징이었다(김영필, 2006).

그 결과, 1970년대 일본의 복지국가 수준은 타 선진국에 비하여 절대적으로 낮은 수준에 머무르고 있었지만 일본 내의 상황 속에서의 수준만 본다면 상당한 정도의 평등한 분배구조를 가지고 있었던 것이다. 고도경제성장 시기에 낮은 실업률을 유지하고 기업들의 복리후생 정책을 정부 차원에서 지원함으로써 적은 비용으로 고효율의 복지국가를 완성할 수 있었다. 그러나 그렇다고 해서 일본의 복지국가정책이 제대로 진행되었다고는 보기 어렵다. 사실 이는 경제적 호황에 따른 하나의 착시 현실이었기 때문이다. 결국 이 시기 일본의 사회복지는 제도적으로 분명 확대했지만 실질적으로는 여전히 '선별주의'적인 사회복지 성격이 강하게 잔존하였고, 최소한의 공적 책임의 토대에서만 이루어지고 있었다.

(2) 노인의료비 무료화제도

일본의 복지국가 전략의 대표적인 사례로 들 수 있는 것이 바로 노인의료비 무료화제도이다. 1960년 사와우치(沢内)촌에서 시작된 노인들에 대한 의료비의 100% 급여는 이후 혁신 지자체운동과 맞물리면서 1960년대 중반 이후 일본의 혁신 지자체[2)]들의 중심정책이 되었다. 사와우치촌은 1960년 12월부터 마을의 65세 이상 연령에 달한 노인에 대하여 국보(국민건강보험)의 100% 급여를 시작하였다. 그리고 1961년 4월부터는 그 대상을 더욱 확대하여 60세 이상에 달한 사람들이 국가보조금으로 100% 급여를 받을 수 있게 하였다(及川和男, 1984: 165).

그러나 60세 이상에 대한 의료비 100% 급여가 실시됨과 동시에 급속하게 국가가 지불해야 할 예산은 늘어났다. 지금까지는 병에 걸려도 웬만하면 참고 견딜 수밖에 없었던 사람들이 의료비 100% 급여를 계기로 병원을 찾기 시작한 것이었다. 물론 사와우치촌은 철저한 예방 의료에 힘을 쏟아 1973년에 70세 이상을 대상으로 하는 노인의료비 무료화 제도가 전국적으로 실시되었을 때의 1인당 의료비를 전국적으로도 가장 낮은 수준이 되게 하였다. 하지만 사와우치촌에서 시작된 노인의료비 무료화제도가 전국 각지의 혁신 지방자치단체에 의하여 간헐적으로 도입되다가 1969년 도쿄도가 노인의료비 무료화제도를 시행하면서 마침내 전국적으로 확산(井上英夫, 2001)되었는데 그때부터는 분위기가 확 바뀌었다. 예산 낭비라는 인식이 국민적 공감대로 확산되었던 것이다. 물론 여기에는 고도의 정치공학적인 개

---

2) 1965년 도쿄(東京)도의회에서 일본사회당과 일본공산당 도의원들이 과반수를 차지하면서 확산되기 시작된 혁신 지자체운동은 1967년 도쿄도지사에 일본사회당과 일본공산당이 공동 추천한 미노베료키치(美濃部亮吉) 후보가 당선됨으로써 혁신 지자체운동의 전성기를 맞이하게 된다. 이후 요코하마(横浜), 오사카(大阪), 교토(京都), 홋카이도(北海道) 등 대도시권을 중심으로 혁신 지자체가 계속 확산되면서 정책결정의 주체로서 지자체의 역할이 크게 부각되기 시작한다(김영필, 2006).

입이 있었다.

사실 노인의료비 무료화제도는 혁신 지방자치단체가 뒷받침을 하고 당사자인 고령자 단체가 사회운동의 힘으로 자민당 정권을 움직여 자민당 정권에 의하여 도입된 제도였다. 즉, 자민당 정권이 명확한 이념과 철학에 기초하여 스스로가 도입의 필요성을 인식하여 도입한 제도가 아니라 정권 유지를 위하여 어쩔 수 없이 도입한 제도였다고 할 수 있다. 그러한 현실적인 정치적 판단에 의하여 도입된 것이 이 제도의 가장 근본적인 문제점이었다.

어쨌든 지방자치단체에 의한 노인의료비 무료화제도의 도입은 자민당 정부를 압박하였고 이에 자민당 정부는 어떤 식으로든 호응하지 않을 수 없었다. 그 결과 자민당 정부는 1973년 1월을 기해서 이 제도를 시행하게 되었다. 아울러 이 제도의 도입과 동시에 1973년을 "복지국가원년"으로 선포하고 일본이 복지국가의 일원이 되었음을 만천하에 선언하였다. 하지만 이 제도는 도입과 동시에 폐지를 위한 움직임에 직면하고 만다. 그것도 다름 아닌 이 제도를 도입한 세력들에 의하여 폐지가 가시화되었다. 그 구체적인 모습은 노인보건법의 제정으로 나타나게 된다. 노인의료비 무료화제도 도입의 근거가 된 노인복지법을 폐지하고 마치 이 제도보다 훨씬 선진적인 노인보건법을 자민당 정부에서 제정하고 노인의료비 무료화제도를 흔적도 없이 폐지시켰다(김영필, 2006).

4) 오일 쇼크 시기(1970년대)의 사회복지 수준 확대기

(1) 복지국가 형성과 위기의 동시적 진행

일본의 사회복지 수준이 확대된 시기는 오일 쇼크에 의해 경제고도성장기가 제동이 걸린 때와 맞아떨어진다. 바로 복지원년(福祉元年)이라고 불렸던 일본 사회보장의 해가 제1차 오일 쇼크가 발생했던 1973년이었다. 한국전쟁으로 톡톡히 재미를 본 일본을 비롯하여 1950년대와 1960년대의 세계경제가 번영을 구가했다고 한다면, 1973년 이후의 세계경제는 경제 정체와 물가 상승이 동시 진행하는 스태그플레이션에 직면하게 되었다. 선진국들은 공통으로 재정위기에 빠져 각국의 정책당국은 사회정책의 억제에 힘을 쏟았다. 스태그플레이션의 영향은 일본도 예외가 아니었다. 1973년 오일 쇼크에 의해 고도성장은 종언을 고했다. 1970년대 말에는 재정위기에 빠져 1980년대에까지 일본의 사회복지정책을 억제하는 경향을 지속시켰다.

이 때문에 서구국가들처럼 복지국가를 형성하여 충분히 발달한 후 위기에 빠진 것이 아니라 복지국가를 형성해가려고 하는 찰나에 위기를 동시에 경험하게 되었던 것이다. 이러한 복지국가 형성과 복지국가 위기의 동시 진행은 이 후 일본 복지정치를 특징짓고, 복지국가 역사를 조건 지었다. 한편에서 일본 복지정치는 복지국가화를 촉진시키는 강력한 움직임을 보이는데, 이는 정치적 당파를 초월한다. 그러나 다른 한편에서는 복지국가화를 일정한 범위 안에 억제하고자 하는 강력한 힘도 정치적 당파를 넘어서 작용한다. 그리고 이 둘의 힘을 양립시키기 위해 후자는 일반적으로 눈에 보이기 힘든 형태로 작용한다. 예를 들면 '복지'라고 하는 정치 심벌이 미국과는 달리 긍정적으로 받아들여진다. 그러나 다른 한편에서 사회보험료는 세금과 함께 '국민부담'이라며 부정적으로 받아들여진다. 또한 복지의 억제를 위해서 '복지'의 심벌을 구사한 정치적 수사가 사용된다. 더욱이 보편주의에 대한 지지가 뿌리 깊게 형성되어 있기 때문에 사회서비스의 비용을 억제할 때에는 서구와 같은 '표적화(targeting)'가 아니라 자기부담의 인상이 선호된다(김교성 외, 2010).

이렇게 일본은 서구 복지국가와는 다른 경로와 형태를 갖고 있었기 때문에 복지국가화의 현실이 눈에 보이지 않는 상태가 지속되었다. 실제로 1970년대 당시 많은 사람들에게 복지국가는 추구해야 할 목표였지만 동시에 복지국가라는 것은 자본주의 현실에서 노동자 계급의 눈을 막는 허위의식으로 받아들였다. 더욱이 일본은 정치와 사회정책을 통해 완전고용을 최우선시하고 있었다는 점도 사회복지제도가 전통적인 사회정책 개념이었던 노동자의 안전과 삶의 보장을 위한 규제와 급여를 안정화 시킨다는 인식을 국민적으로 갖게 하는 것을 막았다. 그뿐만 아니라 일본 자본주의가 1980년대 이후 '기업 중심의 사회' 성격을 견고히 하는 과정에서 기업에서 고용을 통한 복지실현이 사회 전체의 사회복지를 대변하는 하나의 강력한 흐름으로 자리 잡고 말았다(다케가와 쇼고 저, 김성원 역, 2004).

(2) 노인보건법의 제정

노인의료비 무료화제도는 1973년 후반의 석유 위기(오일 쇼크)를 계기로 재계를 중심으로 경제적 낭비라는 비판적 여론이 거세지면서 의사에 과도하게 의존한다는 폐해가 크게 부각되었다. 그러한 와중에 1976년 노인의료비 유료화 정부안이 입안된다. 노인의료비 무료화제도 시행이후 불과 3년 만에 그 제도에 대한 전면적 개정 움직임이 본격화되었다(芝田英昭編, 2001: 151).

자민당 정부는 1970년대 후반부터 노인의료비 무료화가 노인들의 의료수진 남용을 불러일으킨다는 캠페인을 전개하였다. 고령화 사회의 접근을 위협재료로 사용하여, 노인의료비 유료화의 정지작업을 주도면밀하게 진행하였다. 1980년 6월 후생성은 노인보건의료 대책 본부를 성내에 설치하고 성안을 만들어서 1981년 5월 국회에 노인보건법안을 제출하기에 이르렀다. 이 노인보건법안은 국회에 제출되기 전인 1981년 3월 10일 사회보험심의회에 그리고 다음날인 3월 11일에는 사회보장제도심의회에 자문되었으며, 각각의 심의회에 양해를 얻은 후에 제출되었다. 그러나 이 법안은 노인의료비 무료화가 중심이었던 노인복지법과 비교하여 국민의 입장에서 본다면 명백하게 후퇴한 법안이었기 때문에 국회의 심의과정에 있어서 쉽게 통과되지는 않았다. 몇 번이나 계속 심의의 과정을 거쳤으며, 중의원과 참의원에서 각각 수정되는 등, 약 1년 3개월에 걸친 격론의 결과, 1982년 8월 10일 중의원 본회의에서 가결 성립되어 8월 17일 공포되었다. 법안의 시행은 1983년 2월 1일이었다(社会保障運動史編集委員会編, 1982: 309-310).

이 법률의 성립은 국민 그중에서도 특히 지금까지 노인의료비 무료화제도의 대상이 되고 있었던 사람들에게 커다란 타격이었다. 왜냐하면 이 법률의 성립에 의하여 노인의료비 무료화제도가 폐지되었기 때문이다. 누구에게나 현재의 생활수준을 낮추는 것은 곤란한 일이다. 복지정책의 삭감이라고 하는 것은 유권자인 국민들에게 많은 기득권을 포기하게 하고 자조노력을 요구하기 때문에, 집권당으로서는 굉장히 어려운 선택이었다. 하지만 노인의료비 무료화제도가 실시된 이후, 집요하게 그 제도의 맹점에 초점을 맞추어서 무료화는 결국 쓸데없는 것이라는 막연한 여론전을 펼쳐온 집권 여당 자민당은 세대 간 이익의 갈등을 교묘하게 조종하면서 자신들에게 유리한 환경을 만들어 노인보건법의 성립을 이루어냈다(김영필, 2006).

(3) 일본형 복지사회의 추진

1970년대에 들어와서 일본 내에 있는 사회복지시설 운영의 문제점들이 적극 개진되었다. 그 결과 커뮤니티 케어(지역사회 돌봄)의 필요성이 대두되었다. 이 당시 커뮤니티 케어에 관해서는 여러 견해들이 혼재하고 있었다. 시설 케어(돌봄)에 대치하는 개념으로 형성된 재택(在宅) 케어를 커뮤니티 케어라고 하거나 돌봄을 받아야 할 사람들을 지역에서 지역주민의 협력 아래 보호하는 조직적 활동을 커뮤니티 케어라고 보기도 했다. 그러나 대체적으로는 기존의 사회복지시설로 대상자를 수용하여 보호와 원조를 시행해왔던 시설복지에 대한 반성적 성찰에 기초하여 시설보호 서비스를 개선해야 하는 입장이었다.

즉, 이들 시설복지가 한편에서 시설 내에서의 집단생활과 더불어 시설의 환경과 시설 내 설비의 열악함을 벗어나도록 해야 하며 시설 입소자의 사적 권리가 충분히 지켜지지 않았거나, 자유가 보장되지 않았던 부분을 해소해야 한다는 것이었다. 그러면서 다른 한 편으로는 이들 사회복지시설이 지역에서 격리되거나, 폐쇄적이 되어 시설 입소자가 사회에서 소외되는 점과 같은 문제들을 해결해야 한다는 개념에 근거하면서 결국은 시설에 거주하더라도 가능한 한 입소자들이 지역사회와 상호작용을 해야 한다는 것이었다. 나아가 일부의 경우이겠지만 입소자가 가급적 다시 가정으로 돌아가도록 해야 하며 자신의 가정에서 원조가 곤란한 경우에만 시설로 입소를 꾀하는 것이라고 하는 소위 '재택 처우의 원칙'에 기초한 사회복지서비스의 추진을 꾀하는 것이었다(김근홍 외, 2007).

결과적으로는 1971년 초에 전개한 "사회복지시설 긴급정비 5개년 계획"으로 커뮤니티 케어 논쟁은 종지부를 찍게 된다. 이때 만해도 지역사회에 시설 입소자들이 통합된다는 것은 사회적 공감대를 이룰 수 없었다. 오히려 압도적인 시설 부족에 대한 적극적 대응이야말로 긴급과제라고 하는 정부의 인식이 더욱 강하게 표면화되었다.

한편 앞서 언급했던 바와 같이 일본의 경제체제 및 복지체제는 1973년의 제1차 석유 위기(오일 쇼크)를 계기로 일대 전환점을 맞는다. 이후 새로운 경제체제, 복지체제를 구축하기 위한 다양한 시도가 이루어지는데, 그 결정적 계기가 된 것은 1979년에 발생한 제2차 석유 위기(오일 쇼크)였다. 이러한 오일 쇼크를 계기로 일본의 자민당 정부가 선택한 노선은 세계적인 신자유주의의 물결에 합류하는 방향이었으며, 복지체제에 있어서는 소위 일본형 복지사회로의 이행이었다.

일본 정부는 사회복지에 대한 대대적인 재정비 작업을 거쳐 1979년 8월에 '신경제 7개년 계획'을 각의결정하고 "일본형의 새로운 복지사회의 실현을 목표로 한다."고 선언했다. 세금증가 없는 재정 재건과 행정개혁의 추진을 목적으로 국회의 승인을 받아 1980년에 발족한 임시행정조사회도 외국에서 모델을 찾는 것이 아니라 새로운 복지사회의 건설을 국가 목표로 정했다(厚生省社会局老人福祉課編, 1984: 36).

이는 서구의 복지국가와는 다른 일본의 상황에 적합한, 즉 가정과 기업을 중심으로 한 복지를 추진한다는 것이었다. 기존의 시설 중심에서 가정과 기업을 중심으로 한 복지 개념이 적극적으로 개진되었다. 이는 후생성을 통해 1978년 후생백서에서 "노부모와 자녀의 동거는 일본 고유의 특징"이며 "복지에 있어서 중요한 자산"이라 언명한 바와 같이 성인자녀(부부)가 노부모와 동거하며 보살피는 것을 의미하였다. 이러한 일본형 복지사회 정책은 정부가 1979년에 그 추진을 선언하고 나서 사실상 철회한 1990년의 '고령자보건복지 추진 10개년 전략'의 개시까지 10년 이상에 걸쳐 실시되었다. 여기서 주된 안은 복지에 대한 공공적 비용지출을 강하게 억제하는 데에 있었다. 구체적으로는 첫째, 가족에 의한 상호부조, 둘째, 지역사회에서의 연대와 상호부조, 셋째, 민간 자원의 활용, 넷째, 적정한 부담의 4가지를 주로 해서 진행되었다(池田敬正 · 土井洋一編, 2000).

이렇게 복지국가로부터 복지사회로의 이행이 본질적으로 의미하고 있는 것은 국가책임의 회피이다. 국가가 아니라 사회가 복지의 일차적 책임자가 되는 것이 바로 복지사회인 것이다. 즉 이는 복지에 대한 책임을 국가로부터 기업이나 시민사회에 전가하는 것이었다.

그 결과, 가족에 의한 상호부조로는 보건소나 사회복지협의회를 통해 가족 개호자 교실이나 재가개호 강습회를 각지에서 개최하여 가족개호를 장려했다. 또한 세제혜택이나 주택정책을 통해 노부모와의 동거가 장려되었다. 정부는 1986년 6월에 각의 결정한 '장수사회 대책 대강'에서 동거에 적합한 공적주택의 공급, 동거에 적합한 대형주택의 건설이나 증축 · 추진을 정해 노부모와 동거하는 경우에는 주택건설에 대한 공적자금의 저리융자나 소득세의 고령자 공제 증액 등의 제도를 마련하였다(배준호 외, 2018).

또한 지역사회에서의 연대와 상호부조로는 자원봉사 활동을 장려하여 사회복지협의회를 중심으로 한 육성을 꾀하고자 했다. 특히 민간 자원의 활용으로는 영리기업에 의한 실버서비스 진흥을 꾀하고, 후생성은 이들 기업의 활동을 적극 뒷받침하였다. 예를 들면 후생성은 1985년에 후생성 내에 실버서비스 진흥실을 설치하였다. 또한 실버서비스의 방향에 관한 기업의 입장을 충실하게 반영해주었다. 그에 따라 1987년 12월에 기업을 대상으로 유료 노인홈에 대한 저리융자 제도를 실시하였다. 또한 1988년 9월에는 '민간 사업자에 의한 재가개호서비스 및 재가입욕서비스의 가이드라인'을 책정하고, 영리기업에 방문간호와 노인의 입욕서비스 사업 수탁을 인정했다(池田敬正 · 土井洋一編, 2000).

적정한 부담을 위한 시책으로는 1982년에 「노인보건법」을 제정하고, 노인의료비의 무료화를 폐지함과 동시에 복지서비스에 있어서 수익자 부담의 적정화를 꾀하여 저소득층에 한해서 무료로 실시하던 방문개호를 1982년부터 일반층에게도 실시함과 동시에 비용부담제도를 도입했다. 양호노인홈에 있어서도 입소자 본인에게 비용을 징수하는 비용징수제도가 1980년 1월부터 실시되었다(厚生省社会局老人福祉課編, 1984).

(4) 재가복지의 등장과 확산에 따른 지방분권화 시도

1973년에 노인 홈 사업의 일환으로, 가정을 기반으로 하는 재가노인 식사서비스 제공이 시도되었다. 하지만 이 사업은 당시 성공적이라 평가받지는 못했다. 이후 1974년에 노인 주간보호서비스 사업이 시행되면서 시설 일변도에서 재가복지를 아우르는 형태로 변화되기 시작하였다. 재가복지서비스가 제대로 이뤄지기 위해서는 사회복지협의회 등 민간단체의 역할이 중요하고, 특히 지방자치단체인 시정촌의 역할도 매우 중요함이 대두되었다. 무엇보다도 노인복지 분야에서 시설복지와 함께 재가복지서비스의 비약적 추진을 실현하기 위해서, 가정방문서비스의 중핵으로 가정봉사원의 증원이 특히 중요했다. 이에 종래 가정봉사원 파견 사업에서 볼 수 있었던 파견 세대의 소득 제한을 폐지함과 함께 그 공급방법의 다원화가 시도되었다. 그리고 동시에 물품제공, 복지시설기능의 활용 등 방책을 제시했고, 그 사실에서 특히 시정촌의 역할이 결정적으로 중요해졌다(김근홍 외, 2007).

재가복지의 전개는 처음 노인복지 분야로부터 시작되었다가 점차 장애인복지, 아동복지 등으로 범위를 넓혀서 시행되었다. 아울러 지역에서 재가복지에 관계되는 시설, 서비스 망이 정비됨과 동시에, 한편에서는 보호가 필요한 사람들을 지역사회의 일원으로서 평등하게 받아들였다. 그리고 사회참여의 기회를 제공함과 동시에, 필요에 따라 재가복지서비스를 지원하는 지역주민의 네트워크가 준비되었다. 이와 같은 조건을 가진 지역사회를 "복지 커뮤니티"라 하며, 그것은 지역주민에게 밀착한 지역(시정촌 혹은 일상생활권)에서 성립하는 것이 된다. 이처럼 재가복지가 사회복지의 기본이 됨에 따라서, 지역중심의 사회복지가 이 속에서 특히 시정촌의 역할이 중시되었다.

이 흐름은 행정과 재정 분야 개혁의 동향과 일치되어, 결국 일본 사회복지의 지방분권화에 직결되었다. 즉 1965년대 말부터 1975년대 일본의 경제계획에서 재가복지서비스를 중점적으로 추진한다는 것이었다. 더욱이 1979년의 신 경제사회 7개년 계획에서 "효율 좋은 정부는 활력이 있고 발전성 있는 경제사회의 기본이며, 그것을 실현시키기 위해서는 고도성장하에 행정과 재정을 재평가하고, 정부시책의 중점화를 꾀하며 개인의 자력 노력과 재평가 및 사회적 연대의 기초 위에 적정한 공적 복지를 형성하는 새로운 복지사회의 길을 추구해야 한다."라고 제시되었다. 이러한 생각은 같은 시기에 설치된 임시행정 개혁심의회의 1981년 임시행정 조사회 제1차 답신에서 "…개인의 자립 · 자조 정신에 입각한 재평가와 이웃, 직장과 지역, 사회에서의 연대를 기초로, 효율 좋은 정부가 적정 부담 속에서 복지가 충실히 꾀해지기를 바란다."라고 서술하기에 이른다. 이어 그것들을 실현해 가기 위해서 '작은 정부'를 지향함과 아울러 지역주민과 밀착한 시정촌의 역할을 중시하는 방향이 제시되었다(김근홍 외, 2007).

5) 신보수주의의 득세 시기(1980년대)의 제도 내 조정기

(1) 사회복지제도의 개혁과 조정

이 시기는 노인보건법, 국민연금, 기초연금 등의 제도와 재정이 개혁됨과 동시에 조정 국면을 맞이했던 때다. 우선 1982년 노인의료의 무료화 폐지로 대표되는 '의료 개혁', 이어서 1985년 연금 제도의 일원화를 단행한 '연금 개혁', 이러한 흐름 속에 복지 분야에서 개혁이 필요한 '복지 개혁'은 기정 시나리오였다. 그래도 의료, 연금, 복지의 각 제도가 안고 있는 문제와 개혁의 방식은 달랐으나, 각 제도 개혁의 근저에 흐르는 문제의식은 공통된 것이었다. 즉 1970년대 말에서 모두 지적하고 있던 "복지국가의 종언"이라는 공통의 위기의식 가운데 초고령 사회를 눈앞에 두고 제도 개혁을 서두르지 않으면 안 된다고 생각하기에 이르렀던 것이다. 따라서 국가가 공적 재원에 의해 "요람에서 무덤까지" 모든 생활면에서 기본적인 생존비용을 부담한다고 하는 복지국가에 대한 시각은 전쟁 이후의 서구 국가들이 지향했던 사회보장 정책의 과제 가운데 면면히 흐르고 있었다. 그러나 1980년대에 시행된 제도 개혁의 기본 개념에는 서구의 입장과는 동떨어져 있었다(배준호 외, 2018).

이 시기 일본의 정책적 지향점은 최소한의 부분만을 국가와 지방자치단체가 보장하고 이것을 초과하는 부분은 사적 부문으로 유도한다는 쪽으로 설정되어 있었다. 대표적인 일례로 의료 개혁을 통해 노인 의료의 무료화 폐지를 추진하는 일을 들 수 있다. 예산 절감을 기조로 하는 사회복지제도의 개혁과 조정은 1970년대 중후반에서 1980년대로 이어진 저성장 경제 상황으로 탄력을 받았다. 이러한 일본의 제도 개혁은 1980년에 '세금 증대 없는 재정재건'을 목표로 설치된 제2차 임시행정조사회(제2임조)를 중심으로 진행되었다. 이는 재무행정 개혁과 공공기업의 민영화 등 기존 시스템의 제약을 해제 또는 완화함으로써 국가 운영의 건전화를 목적으로 설치되었다.

제2임조는 복지지출에 대한 조정 압력이 거세지자 「노인보건법」을 시작으로 본격적인 개혁 작업에 돌입하였다. 1973년 노인의료비의 국가부담을 추진했던 정부는 인구고령화와 노인의료비의 증가를 이유로 제도개혁과 재논의 압력을 받게 되었다. 이에 따라 1982년 일부 자기부담을 재도입하고 보험자 상호 간 재정조정을 단행하였다. 즉 상대적으로 노인에 비해 의료비 지출이 적은 젊은 인구가 많은 의료보험이 노인 인구가 많은 의료보험을 지원하는 구조를 마련하는 것이 핵심이었다. 또한 40대 이상을 대상으로 한 노인성 질환 예방체제의 정비 등을 도입하였다.

이는 노령화에 따른 의료비 지출 급증에 대한 대응이자 자영업자와 퇴직자의 의료비를 부담하게 된 국민건강보험의 재정을 보호하려는 노력의 일환이었다. 이러한 일련의 과정은 노인관련 사안의 전면적인 보험자 간 재정을 조정하는 가교 성격의 정책대안이라고 할 수 있다. 한편 재정 악화에 대한 대응으로서 연금보험도 이와 유사한 구조개혁에 놓이게 되었다. 특히 일본은 1985년 연금개혁을 통해 소득비례방식의 일원제에서 기초연금과 소득비례연금을 동시에 운영하는 이원제로 전환하게 된다. 여기서 기초연금의 보험료는 정액이었으며 국가가 보험료의 1/3을 부담하는 것으로 설계되었다. 동시에 사회복지서비스는 재정 축소와 분권화가 추진되었다. 이러한 일본의 지방화 조치는 중앙 집중화를 유지한 상태에서 분권화를 진행시키는 형태를 취했다(김교성 외, 2010).

(2) 옴부즈맨 제도 시행

일본에서 최초로 옴부즈맨(Ombudsman)을 제도화한 것은 동경도 나카노 구이고, 가와사키 시가 그 다음이다. 이용자가 복지서비스 공급기관의 대응과 결정에 불만이나 고충을 갖는 경우에 대한 구제책의 하나로 만들어진 것이 옴부즈맨 제도다. 사회복지 이용자는 공급기관에 의한 창구의 대응이나 결정에 불만을 가질 때, 보다 쉽게 설명하면 행정청의 대응이나 결정에 불만을 가질 경우 담당 창구나 홍보 · 상담창구에 직접 고충을 신고할 수가 있다. 그리고 행정 불복심사 또는 그 외의 여러 행정소송 제도로도 고소할 수가 있었다. 그렇지만 행정 불복심사 제도나 행정소송 제도에 근거한 이용자 차원의 권리 구제로는 현실적으로 소송할 수 있는 내용이나 기한에 제한이 있었다. 또한 복잡한 절차도 구제가 실현되기까지는 그 나름대로의 지식이나 판단 능력이 요구되고 실제로 장기간을 요하는 일도 적지 않았다. 그래서 스웨덴에서 시작했던 옴부즈맨 제도가 크게 대두되었다(김근홍 외, 2007).

나카노구의 옴부즈맨 제도는 통칭 '복지 옴부즈맨'이라고 불리면서 1990년 10월 1일에 창설되었다. 한편 시민 옴부즈맨이라고 불리는 가와사키 시의 옴부즈맨 제도는 명칭이 가리키는 것과 같이 적용의 범위가 시정 일반에 미치는 제도로서 같은 해 10월 1일에 창설되었다. 그러나 제도 도입 초기 일정 기간 동안은 행정학,

행정법학 그 외에 전문적인 검토 등 실질적인 가동이 여의치 않았다.

한편 옴부즈맨이라는 것은 헌법 또는 제정법에 의해 설립되고, 독립의 입법부 또는 의회에 책임을 지는 지위가 높은 공무원을 장으로 하는 관직이다. 또한 국가기관, 공무원 및 고용주에 대해서 불복을 갖는 사람들로부터 고충을 수리하고, 혹은 직권으로 활동하며, 조사하거나 시정조치를 권고하고, 보고서를 발행하는 권한을 갖는 것을 의미했다. 따라서 옴부즈맨의 기본적인 성격은 공무원이지만 제3자기관으로서 기능하고, 행정당국에 불복을 갖는 사람들로부터 고충을 접수, 조사, 시정권고 그리고 보고의 권한을 가졌다. 옴부즈맨은 입법부에 두는 경우와 행정부에 두는 경우가 있었고 전자를 의회 옴부즈맨, 후자를 행정 옴부즈맨이라고 했다. 또한 옴부즈맨의 활동은 고충의 수리에 의해 개시되는 것뿐만 아니라 직권에 의해 자발적으로 개시될 수도 있었다.

나아가 옴부즈맨의 기능은 첫째, 시민의 고충을 처리할 것, 둘째, 행정을 조정할 것, 셋째, 행정 개선을 권고할 것 등이다. 즉 옴부즈맨의 첫 번째 기능은 시민으로부터 불복이나 고충을 수리하고 처리하는 기능이었다. 옴부즈맨 제도는 행정기구의 확대에 동반되기 쉬운 행정집행상의 실수, 잘못, 부정, 지연 등에 대한 시민의 불만이나 고충을 정확하고 신속하게 무료로 처리하는 것이었다. 두 번째 기능은 행정통제, 행정관찰의 역할이었다. 현대사회가 비약적으로 확대한 행정기능은 의회에 의한 통제의 범위를 넘는 경향이 종종 발생했고, 이를 보완하는 기구로 옴부즈맨 제도가 부각되었다. 세 번째 기능은 행정 절차의 결함이나 법령, 조례 규칙 등에 문제점을 발견한 경우에 그 개선을 권고하는 기능이었다. 이렇게 옴부즈맨 제도에는 각각의 고충을 처리하는 것뿐만 아니라 그 효과를 일반화하고 행정의 개선에 크게 공헌하였다.

옴부즈맨 제도는 이용자 측면에서 행정의 전반을 재점검하고 이용자의 이익을 최우선으로 하는 공공체제로 재구조화하려는 관점에서, 즉 이용자 측의 입장을 반영하는 데에 있어서 매우 효과적인 제도였다. 무엇보다도 행정의 복잡화 · 전문화, 주민 필요의 다양화 · 고도화와 함께 주민의 고충이나 불만이 커지는 경향에 적극적으로 대처하는 데에 성과를 거뒀다. 다음으로 행정의 비대화 · 복잡화 · 전문화 과정에서 관료적인 행정 체제와 복지부동하는 직원에 대한 점검과 감독을 해나가는 데에도 유용하였다. 그 결과 옴부즈맨 제도는 이용자 중심의 사회복지체제에 대한 국가적 차원의 노력이 일본 사회에서 보다 더 가시화되는 데에 기여하였다.

6) 버블붕괴 시기(1990~2000년대)의 구조 개혁기

(1) 사회복지 관계 8법 개정과 시정촌(市町村) 중심의 사회복지 본격화

1990년 이후 일본 사회복지제도는 인구 고령화와 저출산에 대한 제도적 대응이 본격적으로 진행되었다. 1990년 6월에 「노인복지법 등 일부를 개정하는 법률」이 제정되었다. 이 법률개정은 「노인복지법」, 「신체장애인복지법」, 「지적장애인복지법」, 「아동복지법」, 「모자 및 미망인복지법」 등 복지 5법 이외에 「사회복지사업법」, 「노인보건법」, 「사회복지 · 의료사업단법」이 포함되어 복지관계 8법 개정이 이루어졌다.

특히 고령자 복지 골드플랜은 미래에 예상되는 본격적인 고령사회에 대비해서, 기존의 낙후된 고령자 보건 · 복지의 긴급정비를 수행하는 것이었다. 그 내용은 재가복지 추진 10개년 사업, 자리에 누워 있는 노인 제로 작전, 장수사회복지기금 설치, 시설대책 추진 10개년 계획, 고령자가 삶의 보람을 느낄 수 있는 대책 추진, 장수과학 추진 10개년 사업, 고령자를 위한 종합적 시설정비 등이다. 그런데 이들 사업은 시정촌(지역)을 중심으로 추진되었다. 이와 같은 배경을 토대로 제정된 8법 개정은 많은 내용을 포함하고 있지만, 다음의 네 가지 점이 특히 주목된다(김근홍 외, 2007). 첫째, 사회복지사업의 기본적 이념 명문화, 둘째, 주택복지의 법정화, 셋째, 시정촌을 중심으로 하는 종합적 복지추진, 넷째, 계획적 복지행정의 전개를 꼽을 수 있다.

무엇보다도 두 번째 주택복지의 법정화를 현실화하기 위한 선제적 조치는 혁신적이다. 즉, 홈 헬퍼, 단기입소사업, 주간보호서비스 등을 적극적으로 추진하기 위해 각 복지법의 규정을 정비하였다. 예를 들면, 노인복지법 제5조에 노인거택생활지원 사업으로 노인거택개호 지원 사업, 노인 주간보호서비스 및 노인 단기입소사업을 명확하게 정해 놓고 있다. 그리고 제10조의 3에는 복지 조치로 시정촌에서 시행하는 것으로 거택에서 개호가 있다. 한편 세 번째인 시정촌을 중심으로 하는 총합적 복지 추진으로 1993년 4월 1일 특별양호노인 홈 등의 입소결정권이 시정촌으로 위임한 것도 의미가 크다. 예를 들면, 노인복지법 제10조의 2에서 "시정촌은 65세 이상인 자로 신체상 또는 정신상의 장애가 있기 때문에 일상생활을 영위하는 데 지장이 있는 자의 심신 상태에 대해서, 적절한 처우를 받을 수 있도록 재가에서 개호 등의 조치 및 특별양호노인 홈으로 입소하는 등의 조치가 총합적으로 실시되도록 노력해야 한다."라고 규정하고 있다. 그리고 제11조에서는 양호노인 홈, 특별양호노인 홈, 양호위탁 등의 복지 조치 권한을 시정촌에 위임하는 규정도 있다.[3)]

네 번째인 계획적 행정이라는 것은, 1993년 실시한 것으로 노인복지법 및 노인보건법을 개정하고, 시정촌 노인복지 및 보건계획, 도도청현(都道廳縣) 노인복지 및 보건계획 책정을 의무화하고 있다. 그 밖에 시정촌 권한 위임에 따른 비용부담관계, 재가복지서비스 지원체제 강화를 도모하기 위해, 장수사회 복지기금 설치, 사회복지협의회 및 공동모금활동 추진, 유료노인 홈에 관한 규정의 개정, 노인 심신건강 보호와 유지가 바탕이 되는 사업 추진 등 많은 개정된 부분이 있다. 법률개정의 중점은 위에서 서술했듯이, 전후 제3기에 현저해진 재가복지를 축으로 하는 지역복지 전개를 기반으로 해서 사회복지를 법적으로 명확히 함과 동시에 사회복지 총합적인 계획적 추진을 도모하기 위해, 시정촌에 권한을 집중하려고 했던 것으로 볼 수 있다.

그리고 이것은 사회복지 사업법 개정으로 새롭게 덧붙여진 기본이념을 집약적으로 나타내고 있다. 즉 "국가가, 지방공공단체, 사회복지법인 그 외 사회복지 사업을 경영하는 자에는, 복지서비스를 필요로 하는 자에게 심신이 건강하게 육성되도록 하는 것이었다. 특히 사회, 경제, 문화 그 외 모든 분야 활동에 참가할 기회를 주는 것과 동시에, 그 환경, 연령 및 심신 상태에 대응하며, 지역에서 필요로 한 서비스가 총합적으로 제공될 수 있도록 사회복지 사업 그 외의 사회복지를 목적으로 하는 사업의 범위 또한 계획적인 실시가 이루어져야 한다."는 것이었다.

3) 같은 규정으로 신체장애인복지법에서도 볼 수 있다. 특히 1987년 "지방공공단체의 집행기관이 국가기관으로서 시행할 의무 및 합리화에 관한 법률"에서 지방으로 권한 위임은, 법률개정에서 실시주체와 체제라는 관점에서 시정촌으로 권한 위임이라는 다음 단계를 도모할 수 있었다.

더불어 지역에 대한 배려라는 점에서, "…사회복지 사업 그 외 복지사업을 목적으로 하는 사업을 실시할 때 의료, 보건 그 외 관련정책과 유기적인 연대를 꾀하고, 지역을 중심으로 한 창의적 연구를 행하며 지역주민 등의 이해와 협력을 얻도록 노력해야 한다."라고 규정되어 있다.

이처럼 일본의 사회복지는 전후 40여 년을 지내면서, 정부 주도적이며 중앙집권적인 사회복지에서 국가 파트너로서의 지방 그리고 그 실시주체를 시정촌으로 옮기는 방향이 명확해졌다. 물론 여전히 많은 문제가 남아 있었다. 권한 위임을 효과적으로 실행하기 위해, 재정조치가 어떻게 시행되어질 것인가 하는 것이 관건이었다. 또한 시정촌 사회복지 행정 능력을 얻기 위해 필요한 인재를 확보함과 함께 그 직원의 자질 향상을 어떻게 꾀할 것인가 하는 과제도 중요하게 대두되었다.

(2) 신구 골드플랜의 실시

① 2개의 골드플랜의 의의

1990년도부터 5년간 실시된 '고령자보건복지 추진 10개년 전략(골드플랜)'과 이것을 더욱 발전시켜 1995년부터 1999년 말까지 실시된 '신고령자보건복지 추진 10개년 전략(신골드플랜)'에는 다음과 같은 의의가 있다(배준호 외, 2018).

첫 번째로 높은 정비목표를 세워 재가 · 시설서비스의 정비를 실시한 것이다. 그 목표가 대단히 높았다. 높은 정비목표를 세우지 않으면 안 될 정도로 개호서비스의 기반 정비는 일본형 복지의 10년 동안 상당히 뒤쳐지고 말았기 때문이다.

두 번째로 단순히 수치상의 목표를 세웠을 뿐만 아니라 재원을 확보하여 10년간에 15조엔 이상의 사업비(민간 부담 부분을 포함)를 투입한 것이다. 이 정도 거액의 자금이 투입된 것은 고령자 복지뿐만 아니라 일본 사회복지의 역사상 처음이었다.

세 번째로 골드플랜을 추진하기 위해 1990년 6월에 복지관계 8법 개정을 실시한 것이다. 법 개정의 주된 안은 주민들에게 가장 가까운 시정촌이 재가 · 시설서비스를 일체적, 계획적으로 실시하는 체제 구축에 있다. 이를 위해서는 시정촌에 많은 권한을 이양함과 동시에 전 시정촌에 1993년도 말까지 노인보건복지계획을 세우도록 의무화했다. 1994년도에 신골드플랜이 책정된 것은 시정촌이 세운 노인

보건복지계획을 집계한 것을 보면 당초 골드플랜의 정비 목표로는 부족했기 때문이다.

네 번째로 이것이 가장 중요한 바, 가족개호에 의존하고 있던 일본형 복지에서 개호의 사회화 추진으로 방향을 전환한 것이다. 거액의 공비(公費)을 투입한 것도 그 이유인데, 가족개호에서 개호의 사회화로의 방향 전환은 골드플랜의 책정과 함께 열린 '노인가정봉사원파견사업 운영요강'의 개정(1989년)에 잘 나타난다. "가족이 노인의 개호를 할 수 없는 상황에 놓인 경우"라 되어 있던 파견조건이 "노인 또는 그 가족이 개호서비스를 필요로 하는 경우"라고 개정되었는데, 이는 선별주의에서 보편주의로의 전환이었다.

다섯 번째로 지금까지 일본에서는 볼 수 없었던 복지이념이나 정상화에 근거한 시책이 추구된 것이다. 이것은 특히 다음 부분에서 구체적으로 다루게 될 신골드플랜에 나타나 있다. 이용자 본위 · 자립지원, 보편주의, 종합적 서비스의 실시, 지역주의의 4가지를 기본이념으로 하여 24시간 순회형 방문개호의 창설, 케어플랜의 책정, 개인실화, 치매그룹홈의 창설, 고령자 · 장애인이 살기 쉬운 마을 만들기의 추진 등이 계획되었다.

여섯 번째로 재가개호를 추진하기 위해 다음의 4가지를 새롭게 실시한 것이다.

- 재가개호지원센터의 설립: "재가개호에 대해서 종합적인 상담에 응할 뿐 아니라 이용자 가족을 대신해서 재가서비스의 이용수속을 대행할 수 있는 권한을 주고, 서비스 이용을 간단, 신속하게 하며 사회복지사 배치를 의무화한 점"에 의의가 있다.
- 홈헬퍼 연수제도 실시: 지금까지 홈헬퍼에게 "자격" 제도가 없었다. 질의 확보를 꾀하기 위해 1991년부터 헬퍼 1급은 360시간 이상, 2급은 90시간 이상(후에 120시간 이상으로 변경), 3급은 40시간 이상(후에 50시간 이상으로 변경)으로 하는 단계별 연수를 시작하고 헬퍼 업무에 종사하는 자에게 이 연수 수강을 의무화하였다.
- 노인방문간호제도의 창설: 고령자의 재가개호는 방문개호가 불가결하여 1991년 9월 노인보건법을 개정하고 노인방문간호제도가 창설되었다(실시는 1992년 4월부터). 이것을 받아들여 신골드플랜은 방문간호시스템을 전국으로 5000여

개소 설치할 목표를 세웠다.

- 치매노인 그룹홈 등의 창설: 치매노인이 가정적인 분위기 속에서 소수의 사람들과 생활하고, 전문성을 갖춘 직원에게 원조를 받는 그룹홈 케어가 치매환자 개호에 있어서는 가장 적합한 것으로 서구에서 경험적으로 실증되었다. 일본에서도 이러한 경험적 측면에 따라 1992년부터 치매노인 전용 주간보호서비스가, 1997년부터 치매노인 그룹홈의 창설이 시작되었다.

② 골드플랜의 실시 이유

위와 같은 의의에 기초하여 실질적인 내용을 지닌 골드플랜과 그에 앞서 실시된 일본형 복지정책 사이에는 큰 차이가 있는 것도 아닌데, 왜 골드플랜이 실시되었는지 매우 흥미롭다. 사실 일본형 복지정책이 막다른 곳에 다다라 전환을 해야 하는 입장에 놓였는데, 골드플랜이 실시된 계기는 1989년 7월에 열린 참의원선거에서 여당이 대패하여 야당과 의석수가 역전되었다. 패한 요인은 전년도에 도입된 소비세에 대한 국민들의 강한 불만에 있었다. 정부 여당은 소비세를 고령화 사회에 대한 준비라는 이유로 도입하였는데, 국민들의 지지를 다시 얻기 위해서는 소비세를 그러한 이유로 사용하고 있다는 증명이 필요했던 것이다. 골드플랜이 참의원선거로부터 겨우 5개월이 지난 후인 1989년 12월에 후생·대전·총무성 3 대신의 합의에 의해 급하게 책정된 것은 그 때문이었다(吉田久一, 2004).

그러나 골드플랜이 단순한 퍼포먼스로 끝나지 않고 앞에서 말한 의의를 가지게 된 것은 후생성이 위와 같은 정치상황을 이용해서 당시까지 추진되어 오던 일본형 복지사회정책에 종지부를 찍고, 개호의 사회화를 추진하는 정책으로의 전환을 꾀하였기 때문이다. 후생성은 앞에서 기술한 참의원선거 직후에 개호대책의 기본적 사고방식과 나아갈 방향을 검토하기 위해 후생성 내에 개호대책 검토 위원회가 설치되었다. 그 결과 검토 보고서가 같은 해 12월에 공표되었다. 보고서에는 재가서비스 없이 서로 부담을 주는 개호에서 재가서비스를 적절히 활용한 가족개호로의 전환 등 가족개호에 대한 언급이 있었는데, ① 언제 어디서든 확실하고 질 높은 서비스를 안심하고 편하게 받을 수 있는 체제의 정비, ② 홈헬퍼의 파견을 기상 시부터 취침 시까지 확대하여 24시간 안심할 수 있는 체제의 정비, ③ 기존의 네타키리를 전제로 한 개호에서 네타키리가 되지 않기 위한 개호로의 전환, ④ 공급 측의 입장이 우선시되는 개호에서 이용자 본위의 서비스로의 전환 등 역점은 명백하게 개호의 사회화 추진에 방점이 찍혔다(吉田久一, 2004).

앞에서 언급한 정치적 상황에서 후생성의 개호의 사회화 추진으로의 정책적 전환이 골드플랜에 책정되어 1990년부터 10년간 실시되었으나 후생성은 그 실시과정에 있어서 이미 다음과 같은 개호보험제도를 준비하고 있었다. 바로 신개호정책의 실시라는 개호보험제도였다.

(3) 개호보험제도의 도입과 시행

① 고령자개호제도의 변화

2000년 4월부터 고령자개호는 「개호보험법」에 의해 실시되었는데, 개호보험제도실시 전후로는 다음과 같은 점들이 크게 변하였다(吉田久一, 2004; 배준호 외, 2018).

첫째, 기존 고령자개호의 대부분은 시정촌에 의한 복지조치로서 실시되어 왔다. 즉 시정촌은 시민으로부터 개호서비스의 이용신청을 받고 가능불가능 여부를 심사하여 직업으로 제공하는 서비스 내용이나 사업자를 결정해왔다. 개호보험제도로는 시정촌에 의해 요개호상태에 있다고 인정된 고령자 자신이 서비스 내용이나 사업자를 결정하고 사업자와 계약을 맺어 서비스를 이용하게 되었다(조치제도에서 이용자 계약제도로).

둘째, 고령자개호에 요구되는 비용은 종래의 경우 이용료를 제외하면 전액 공비로 사용되었다. 그러나 개호보험제도는 고령자개호에 요구되는 비용의 1할을 이용자가 부담하고 나머지 9할을 40세 이상인 자(피보험자)가 갹출하는 개호보험료와 공비로 반반씩 부담하는 형식으로 바뀌었다(세금방식에서 사회보험방식으로).

셋째, 이용자 비용부담은 종래에 소득에 따라 부담하는 응능(応能)방식이었으나, 개호보험제도는 세금감면제도를 도입하여 이용한 서비스의 내용에 따라 이용료를 부담하는 응익(応益)방식을 취하고 있다(응능부담에서 응익부담방식으로).

넷째, 종전의 고령자개호는 노인복지(방문개호, 특양 등)와 노인의료분야(방문간호, 노건 등) 쌍방으로 이루어져 이용수속이나 비용부담 구조가 달리 이루어져 있었지만, 쌍방을 개호보험제도 하에 합치게 되었다(고령자개호제도의 통합).

다섯째, 사회복지사업은 극히 공공성이 높기 때문에 종래에는 이를 행할 수 있는 곳은 국가, 지방공공단체로 민간에서는 사회복지법인을 주로 한 비영리법인에 한정되어 있었다. 그러나 개호보험제도는 다양한 사업자가 '개호보험시장'에서 경쟁을 함으로써 서비스 질의 향상을 꾀하기 위해 일부 사업자 규제가 있기는 하나 영리법인을 포함한 법인체를 가진 모든 단체의 도입을 허락했다(사회복지사업의 규제완화와 경쟁원리의 도입).

여섯째, 기존 고령자개호의 대부분은 공비로 운영되어 왔으므로 직원배치나 운영비 사용 용도도 공공의 지배하에 놓여 있었지만, 개호보험사업에 의한 수입은 서비스 대가인 점으로부터 수입의 사용용도 규제가 없어지게 되었다. 직원배치에 있어서도 종래에는 상근정규직원의 배치를 원칙으로 하였으나, 개호보험제도는 직원의 고용형태 · 고용방식은 운영의 문제로 보고, 자격요건과 인원기준만을 제시해 놓았다(경영의 자유 보장).

② 개호보험제도 도입의 이유

이상의 차이를 보면, 개호보험제도는 고령자개호제도와는 전혀 다른 새로운 개호제도인데, 왜 개호보험제도가 도입된 것일까?

후생성과 정부심의회는 노인복지(조치제도)와 노인의료로 구분되어 실시되고 있는 현행 개호제도에는 ① 장수사회를 맞이한 일본에서 요개호 상태에 놓일 가능성이 높은 고령자가 많아진 점, ② 개호기간의 장기화나 노노개호 등 가족개호가 어려워진 상황 등을 들어 "개호의 사회화"를 추진할 필요성이 생겨나게 되었다. 그러나 이러한 이유들이 개호보험이 생겨난 참 이유는 아니다. 왜냐하면, 이용자가 서비스를 선택할 자유가 없는 등 조치제도의 문제점은 운용개선으로 해결 가능했고, 시정촌의 권한하에 고령자 개호를 통합하는 것도 가능했기 때문이다.

1992년부터 시작된 스웨덴의 에델개혁은 방문간호와 너싱홈의 권한을 코뮨에 이관하였다. 일본에서도 이미 1990년부터 재가시설서비스를 일체적으로 실시할 권한을 시정촌으로 옮겨 방문간호나 노건을 포함해 시정촌 노인보건복지계획을 책정하였으므로 에델개혁을 모방하여 노인보건법 하에 있던 방문간호와 보건을 노인복지법 아래 이행시켜 통합하는 것이 가능했다. 또한 개호의 사회화 추진도 앞에서 보았듯이 골드플랜의 실시부터 이미 시작되었다.

새로운 정책이 도입되는 경우, 선행 실시된 정책의 전환을 꾀하고자 하는 것이 통상적이므로 선행정책과 무엇이 가장 다른가에 주목해야 한다. 개호보험제도와 그에 앞서 실시된 골드플랜과의 가장 큰 차이점은 둘 다 "개호의 사회화" 추진을 목적으로 했어도 골드플랜은 거액의 공비를 투입하여 추진한 것에 비해 개호보험제도는 공비지출을 최대한 억제하면서 추진하였다는 것이다.

개호보험제도는 ① 고령자개호에 필요한 비용의 1할을 이용자가 부담한다. ② 나머지의 반은 40세 이상 피보험자가 갹출하는 사회보험료로 충당하는 구조로 변경한 것으로 방문개호, 통소개호, 쇼트스테이 등 노인복지제도 하에 실시되던 개호비용을 종전의 절반 이하로 감소시켰다. 또한 법인체를 가진 모든 단체에 개호보험사업에 대한 참가를 인정한 것도 공비지출을 억제하면서 '개호의 사회화'를 추진하는 방책으로서 매우 큰 효과가 있었다. 왜냐하면 영리기업을 중심으로 의료법인, NPO법인, 생협법인 등이 개호보험사업 참여로 방문개호, 통소개호, 쇼트스테이, 방문입욕, 유료노인홈 등의 특정시설이나 치매노인그룹홈 등의 재가서비스 양이 대폭 증가하였기 때문이다. 그러나 그에 따른 시설정비 비용이나 설비정비 비용은 각 법인이 스스로 해결하여 종전과 같이 국고보조금을 지출할 필요가 전혀 없어지게 되었다.

이와 같이 공비지출을 억제하면서 개호서비스 양을 증가시키는 데에 개호보험제도 도입의 최대 목적이 있었다. 하지만 후생성이 이러한 방법을 택한 배경에는 1990년에 거품경제가 붕괴되고 이후 계속되었던 경제불황과 거액의 재정적자 속에 고령자개호비용을 지속적이며 안정적으로 확보하기 위해서는 사회보험방식을 도입할 수밖에 없다는(그러기 위해서는 조치제도와 세금방식을 중심으로 한 종래의 고령자개호제도를 해체할 수밖에 없다) 인식이 더 강하다.

즉, 개호보험제도는 공비(公費)지출을 가능한 한 억제하면서 서비스 양의 증가를 꾀하는 것을 목적으로 하고 있다. 그러나 개호보험제도는 항상 개호보험 재정 상황에 따라서 변경되는 숙명을 지고 있다는 것을 의미한다. 개호보험 재정에 있어서 공비(公費)부담이 증가할 때마다 제도 개정이 이루어지는 것은 그 때문이다.

③ 개호보험제도의 내용과 문제점 및 과제

노인의료비에 대한 새로운 재원의 필요성과 여성을 개호의 지옥으로부터 해방시키고 사회적 개호를 실현하며 국민의 권리를 충족시키고 국민이 선택할 수 있는 제도라는 명분으로 2000년 10월 개호보험이 도입되었다. 개호보험제도가 도입됨으로써 생기는 이점으로는 첫째, 이용자가 서비스를 선택할 수 있다는 점, 둘째, 복지와 의료서비스를 종합적 · 일체적으로 제공할 수 있다는 점, 셋째, 다양하고 효율적인 서비스를 제공받을 수 있다는 점, 넷째, 쓸데없는 의료비를 절감할 수 있다는 점 등이었다(김영필, 2006).

개호보험제도의 구체적인 내용은 40세 이상 국민 전원이 보험에 가입하여 보험료를 지불하고 기초자치단체인 시 · 정 · 촌은 보험자로서 개호서비스를 제공할 의무를 진다. 65세 이상은 제1호 피보험자이고 40~64세는 제2호 피보험자가 된다. 고령자의 80%는 보험료가 연금급여로부터 원천징수 되고 있으며, 40~64세는 제2호 피보험자로 소득에 따라 의료보험료에 개호보험료가 더해지고 있다. 샐러리맨은 노사가 절반씩 보험료를 부담하고 자영업자는 반액이 국고부담이기 때문에 평균적으로 자기부담은 고령자의 반 정도이다. 고령자는 개호가 필요하게 된 경우 시 · 정 · 촌에 신청하여 6단계의 요개호(要介護) · 요지원(要支援) 인정을 받아 금액에 맞는 서비스를 받으며 그 중 10%의 이용료를 지불한다. 40~64세에 대해서는 초로기치매, 뇌혈관장애, 만성관절 류마티스, 당뇨병, 골다공증 등 나이를 먹는 것과 관련된 15가지 병이 동반하는 개호에 한하여 보험이 적용된다(김영필, 2006).

재택서비스의 급여는 홈 헬프 서비스, 데이 서비스, 단기입소개호 등 3가지 재택서비스를 비롯하여 방문입욕, 방문간호, 방문진료, 방문 · 통소 재활서비스, 손잡이 설치 등의 주택 개량비, 복지용구 대여 및 구입비, 치매 대응형 공동생활 개호 등 12종류이다. 시설서비스는 특별양호 노인 홈, 노인보건시설, 요양형병상군의 입소에 보험이 적용된다. 이용료의 10%와 식비는 자기부담으로 병의 완치된 후에도 병원에서 생활하여왔던 사회적 입원을 시정하기 위한 제도설계였다. 그러나 실제로 개호보험제도는 여러 가지 문제점이 발생하고 있는데, 보험자인 각 기초자치단체간 서비스 수준의 차이가 크게 나타나고 있으며, 자치단체에 따라 3~4배 이상의 보험료의 차이도 나타나고 있는 실정이다. 이는 고령화율과 자치단체의 재정

자립도 자치단체의 규모 등과 관련하여 나타나고 있는 현상이다(김영필, 2006).

이 제도의 가장 큰 특징 중의 하나는 자기부담의 원칙에 따라 고령자에게 합당한 부담을 지게 하여 세대 내, 세대 간의 언밸런스를 시정한다는 것이다. 이는 연금 급여가 충실하게 됨으로써 고령자의 경제력이 향상되어 사회적 · 경제적 약자로서 고령자를 일률적으로 보호하는 제도가 실태에 맞지 않게 된 것에 대한 시정조치의 의미가 내포되어 있다. 대신 생활보호수급자의 보험료와 이용료는 공비(公費)에서 지출하고 저소득자는 감액, 고소득자는 가산하여 연대의 원칙을 살리고 있다(배준호 외, 2018).

그러나 실질적으로 이 제도는 신자유주의 노선에 적극 동참하였던 나카소네 야스히로(中曾根康博) 내각이 1983년 「노인보건법」 도입으로 시작된 일련의 사회적 약자 괴롭히기 정책과 맥을 함께하는 제도이다. 즉, 복지국가의 길을 접고 복지사회로의 이행이라는 명분으로 국가의 역할을 사회에 떠넘기려는 기만적 접근이다. 실제로 이 제도는 많은 문제점을 내포하고 있는데, 이를테면 아픈 척하는 노인들, 게으른 노인들, 얌체 가족들의 증가로 제도의 공공성이 침해받고 있는 것이며, 개호보험제도의 도입으로 의료제도의 전면 개혁도 시험대에 오르게 되었다는 것이다. 물론 개호보험제도가 그 필요성, 시의 적절성, 사회보장제도의 완결성이라는 측면에서 무조건 비난받을 수는 없는 일이지만, 제도 도입의 주체성에 대해서는 충분히 비난받을 여지가 있다. 일본의 자민당 정부가 이 제도를 도입하게 된 내면적인 진짜 이유는 경제성장의 둔화로 인한 의료보험 재정의 파탄위기와 고령화로 인한 노인의료비의 급증에 따라 이를 해결하기 위한 방법으로써 개호보험을 도입하게 된 것이다(김영필, 2006).

개호보험은 앞으로 고령자만이 가입하게 되는 의료보험제도 도입의 가능성을 염두에 둔 제도라고 할 수 있으며, 결국에는 양 제도를 통합하려는 의도가 엿보인다고 할 수 있다. 또한 사회보험의 일반성 원칙도 심각하게 도전받고 있다고 할 것이다. 당초 이 제도는 개호의 사회적 책임, 국가책임을 강조하는 측면에서 도입에 찬성하는 사람들이 있었다. 반면, 고령자들만이 수급자가 되는 개호보험을 신설함으로써 사회보험으로서의 일반성이 훼손되고, 고령자들이 개호보험을 이용하는데 의료보험과 분리함으로써 오히려 이용하기 어려운 제도가 될 수도 있다는 우려가 병존하였다. 실제로 개호보험의 도입은 그 취지와 필요성 등에 전적으로 공감을 한다고 하더라도, 국가책임의 회피라는 방향으로 시장화와 영리화로 흐를 가능성은 현실로 나타났다.

그렇다면 개호보험의 문제를 해결하기 위한 방안은 무엇일까? 한마디로 개호보험의 보편화를 추진하는 것이다. 이는 개호보험의 대상을 최대한 넓히는 것이다. 개호보험 대상의 범위를 어떻게 결정할 것인지는 개호보험 재정의 문제와 밀접한 관계가 있다. 이 말은 현재의 보험료율과 자기부담률이 변하지 않는다는 전제하에 고령화가 한층 빠르게 진행되어 개호보험 재정에 압박을 받게 되면 이에 대처하기 위한 선택지는 3가지 밖에 없기 때문이다.

우선 생각할 수 있는 것은 공비(公費)의 투입을 증가시키는 것이다. 이것이 가장 바람직한 방법이라 생각되지만 국민의 합의를 얻어야만 하는 어려움이 있다.

두 번째 방법은 피보험자의 범위를 넓히는 것이다. 제2호 피보험자는 현재 40세 이상 65세 미만의 의료보험 가입자로 되어 있는데, 그 범위를 20세까지 넓히는 것이다. 이것을 재정부담의 보편화라 말할 수 있다. 그러나 부담의 보편화는 급부의 보편화를 수반해야만 한다. 현재 제2호 피보험자의 경우에는 많은 부담을 하고 있지만, 급부는 극히 제한되어 있다. 즉 피보험자와 서비스 급부권자의 관계가 비정상적이라고도 말할 수 있는 상태로 되어 있다.

마지막 방법으로는 개호보험의 급부 대상을 제한하는 것이다. 개호보험 급부를 받고 있던 개호복지시설에서의 거주비 등을 개호급부 대상 외로 변경한 2005년 개정과 같은 방법을 강화하는 것이 이에 해당된다. 그러나 이것은 제도 본래의 목적을 고려하였을 때, 바람직한 방법은 아니다. 보편주의적인 제도운용의 성격이 다소 결여되어 있는 제도를 더욱 더 선별주의적인 방향으로 이끄는 것이기 때문이다.

결국 가급적 개호보험 제도를 개호를 필요로 하는 모든 사람이 연령이나 요개호 이유, 장애종별의 여부 등과 관련 없이 공평하게 개호서비스를 이용할 수 있는 제도, 즉 보편적인 제도로 발전시키는 것이 요구된다. 만약 피보험자의 범위를 넓힌다면 당연히 개호보험제도의 보편화를 동시에 지향해야 한다. 이는 노인개호보험으로서의 성격을 버리고 원인의 여부를 따지지 않고 개호를 필요로 하는 모든 사람을 대상으로 하는 일반개호보험으로 전환하는 것을 의미한다.

(4) 이용자 중심으로의 사회복지서비스 공급 구조와 내용 개혁

2000년대에 들어서면서부터 현재까지 일본 사회복지서비스에 대한 이용자 접근 경로 방법은 실제적으로 신청주의를 계기로 하면서 직권주의에 의한 조치를 기준으로 이루어지고 있다(김근홍 외, 2007). 신청주의에 기초한 공급 시스템은 첫째, 복지욕구를 갖는 지역주민이 자각적으로 인식하고, 둘째, 그와 같은 복지욕구가 복지서비스에 의해 해결 또는 완화의 가능성을 이해하는 일이며, 셋째, 복지서비스의 내용 접수창고, 방법, 비용부담의 정도 등에 대해서 정보를 가지고 있는 일, 넷째, 복지서비스 이용에 따른 스티그마 해방, 다섯째, 이용신청에 필요한 판단능력, 이동능력을 가지고 있는 일, 여섯째, 이용에 따른 필요한 비용을 부담하는 능력, 일곱째, 이용가부에 대한 판단이 제시되기까지 사회자원이 가까이 있도록 할 것 등을 전제조건으로 하고 있다.

그러나 실제 문제로서 사회복지의 잠재적 이용자 속에는 복지욕구를 자각하고 있지 않은 사람, 복지서비스 정보에 접해 있지 않은 사람, 기타 질병이나 신체적 사정으로 신청이 될 수 없는 사람의 수는 사회경제 변화에 따라 여전히 증대되고 있다. 이와 같은 이용자 및 이용과정을 둘러싼 문제가 존재해 있는 사실은 통합화나 정상화의 이념의 구체화의 상황 그리고 분권화 · 지역화의 상황을 포함해 사회복지 공급 시스템의 전체를 이용자 측에 서서 근원적 수준에서 점검할 필요를 제기하였다.

더욱이 사회복지를 공급자 측에 서서 변혁하기 위해서는 사회복지의 공급 시스템 그 자체가 이용자 불만이나 제도개선 요구를 받아들여 자기 변혁의 수단으로 확립해 갈 필요가 있다. 전통적인 공급자 측에서 구상되어 왔던 사회복지는 이용자 측에 선 사회복지로서 재구성되어가고 있다. 보편화 · 분권화 · 지역화 · 다원화 · 총합화 · 계획화 더욱이 전문화로서 추진되어 왔던 일본 사회복지의 공급 시스템 패러다임을 공급자 중심의 사회복지에서 이용자 중심의 사회복지로 근본적으로 전환해 가고 있다.

이러한 공급자 중심에서 이용자 중심의 사회복지로 전환은 실은 이미 1990년대부터 시작되었다. 즉 일본의 사회복지는 1990년대 사회복지 패러다임 전환을 상징하는 분권화와 지역화를 위해 공급자 측의 사회복지에서 이용자 측의 사회복지로 전환하는 것이 중요했다. 또한 사회복지의 공급자 위주에서 이용자 중심으로의 전환과 이것을 전제로 공급 시스템을 다시 재조직 하는 것도 필요했다. 그래서 1990년대에 들어서서 기존의 사회복지는 공급자 측에서, 즉 중앙정부나 지방자치단체, 사회복지시설의 입장에서 논해 왔었다. 종래의 사회복지는 일정의 권한 밑에서 주체 측의 일방적 공급이었고, 이용자인 대상자는 정부와 지방자치단체가 제공하는 시혜에 따른 단순한 수혜자로 인식되었다. 즉 사회복지의 전통적인 틀 안에서는 사회복지의 권한은 원조하는 측의 결정(행정처분)에 의존해 있었다. 이용자는 어디까지나 그 대상 객체이고 원조를 받아 그 시혜를 받는 존재였다(김근홍 외, 2007).

하지만 2000년대 이후 일본의 사회복지는 이용자 중심주의를 정착시키기 위한 많은 노력이 이루어지고 있다. 그 결과 이용자 중심의 지역복지와 재가복지를 강조하는 사회복지법이 2000년에 제정되었고, 비영리기관의 활동기반을 마련하기 위한 특정 「비영리활동촉진법」이 1998년 제정되기도 하였다(김교성 외, 2010).

(5) 실업과 빈곤 대책의 개혁 추진

2008년 미국발 경제위기가 일본 사회에 사상 초유의 실업 · 빈곤문제를 초래하였다. 사실 이는 1990년대 초반 버블경제 붕괴 후 장기간 지속된 경기침체 속에서 자민당 정권이 지향했던 민영화와 규제완화 등 '작은 정부'를 추구하는 신자유주의 정책의 한계를 여실히 드러낸 당연한 현실이었다(金成垣, 2011).

특히 노동시장 규제완화의 일환으로 「노동자파견법」등 노동법 개정을 추진한 결과, 1990년대 초반 전체노동자의 20% 정도에 지나지 않았던 비정규직 노동자가 2008년에는 30% 중반에 근접하게 되었고, 심지어 여성과 청년층에서는 무려 50%를 넘어서는 상황이 되었다. 이런 가운데서 2008년의 경제위기로 발생한 일본의 대량실업과 빈곤문제, 그로 인해 불거진 자민당의 실책은 근본적으로 구조적인 문제에 기인했던 바가 컸다고 할 수 있다. 이는 제2차 세계대전 이후 일본이 구축해온 사회복지정책의 구조적 한계를 드러내는 사건이었다(김교성 외, 2010).

한편 제2차 세계대전 직후에 실업보험과 공공부조에 의한 실업과 빈곤대책이 정비되었다. 패전 직후의 경제적 혼란기에 대량 실업문제에 직면한 일본 정부는 우선 전쟁 전에 고령자와 아동 등 노동능력이 없는 자만을 대상으로 하여 실시해 왔던 「구호법」(1929년 제정, 1934년 실시)을 폐지하고, 새로운 제도로서 생활보호제도(1946년 제정, 1950년 개정)를 도입하였다. 이로 인해 노동능력의 유무와 관계없이 빈곤자라면 누구라도 구제의 대상이 되는 현대적인 의미의 공공부조제도가 정비되었다(駒村康平, 2003).

하지만 실업자를 모두 세금으로 구제하게 되면 재정에 문제가 발생할 수밖에 없다. 이 때문에 새로 도입한 생활보호제도와 연계하여 전쟁 전에는 존재하지 않았던 실업보험제도(1947년)의 창설을 통해 이 문제에 대응하였다. 이후 실업보험에서 고용보험으로의 법 개정이 이루어지고(1974년의 「고용보험법」), 생활보호제도에 있어서도 몇 차례에 걸친 소폭의 개정이 이루어졌다. 그러나 안타깝게도 기본적으로 이 두 제도에 의해 실업자와 빈곤자를 보호하는 틀은 크게 바뀌지 않았다.

서구의 실업과 빈곤대책은 '실업보험-실업부조-공공부조'라는 3층 체제로 구성되어 있는 반면, 일본의 그것은 '실업보험-공공부조'의 2층 체제로 구성되어 있는 것이 큰 특징이라고 할 수 있다. 물론 이러한 2층 체제라는 일본의 특징은 단지 실업부조제도의 유무만의 문제가 아니다. 서구 선진국에 보편화되어 있는 다양한 사회수당 제도가 일본에서는 마련되어 있지 않다. 예를 들면 주택수당이 존재하지 않으며, 1972년에 도입된 아동수당도 서구국가들과는 달리 소득제한을 둔 선별주의적인 제도로서 그 금액도 매우 낮다(駒村康平, 2003).

나아가 2층 체제에서 초래된 중요한 제도적 특징으로서 공공부조제도의 포괄성을 지적할 수 있다. 이는 실업부조와 사회수당이 정비되지 않은 상황에서 그들의 역할을 동일한 부조방식의 제도인 공공부조가 담당하게 되었기 때문에 나타난 결과라 할 수 있다. 실제로 일본 생활보호제도의 경우, 생계비뿐만 아니라 주택, 교육, 의료, 출산, 개호 등 많은 서구국가들에서 개별 사회수당이나 그 외의 다른 제도로 존재하는 여러 급여들이 생활보호라는 하나의 제도 안에 부가급여의 형태로 모두 포함되어 있다(金成垣, 2011).

대다수 서구 선진국의 경우 적어도 복지국가라는 체제 안에 고용보장과 사회보장이 하나의 결합된 정책으로서 형성, 발전되어 왔다고 할 수 있다. 일본에서도 제

2차 세계대전 이후 고용보장과 사회보장을 양 수레바퀴로 하는 복지국가 체제를 구축하려는 시도들이 있었다. 그런데 일본의 경우 차별화되는 중요한 특징이 있다. 즉, 현역 세대에 대한 강력한 고용보장정책과 그에 비해 턱없이 미비한 사회보장정책이라는 점이다. 결국 일본의 사회보장제도는 다른 국가들과 비교해 보았을 때, 현역 세대를 위한 것이라기보다는 고령자 세대를 위한 것이라고 할 수 있다.

대신 현역 세대에 대해서는 미흡한 사회보장을 대신하여 적극적인 고용보장이 실시되어 왔다. 이른바 지극히 일본다운 고용관행이라 할 수 있는 종신고용이 그것이다. 이러한 장기고용제도가 제2차 세계대전 이후 고도경제성장기를 통해 대기업을 중심으로 확립되어, 중소기업까지 확대되었다. 이와 함께 토건업계를 지원하는 공공사업, 영세한 소규모 유통업과 농업 · 자영업에 대한 보호정책 등 정부의 제도적 보완이 민간기업의 장기고용제도에 포함되지 못한 사람들의 일자리를 보장하면서, 완전고용을 유지하는 독특한 경제제도가 자리매김 되었다. 일본이 서구 국가들과는 달리 1990년대 전반까지 2~3%대의 완전고용을 유지할 수 있었던 이유가 바로 위와 같은 적극적인 고용보장정책 때문이었다고 할 수 있다. 여기서 중요한 것은 이러한 고용보장정책이 실질적으로 사회보장정책을 대체해 왔다는 사실이다(文春新書編集部編, 2006).

고용보장정책 중 특히 중요한 역할을 했던 것이 가족임금, 복리후생 등의 기업복지이다. 고용된 노동자의 임금은 가족임금 또는 생활임금의 명목으로 아내와 자녀의 부양비용을 포함한 형태로 지불되어 가족전체의 생활을 보장하는 기능을 하였다. 임금뿐만 아니라 기업복지의 관점에서 전개된 가족수당제도나 주택수당 등의 복리후생 또한 노동자들의 생활안정을 위해 중요한 기능을 하였는데, 그 중 핵심적인 제도가 주거관련 제도이다. 이러한 안정적인 고용과 기업복지가 사회보장정책의 대체수단으로서의 역할을 해왔던 것이다. 일본에서 1990년대 초반까지 완전고용이 실현되어 왔다는 점을 고려하면, 그 대체수단으로서의 기능을 충분히 발휘해왔다고 할 수 있다(宮本太郎, 2008).

그 결과 현역 세대에 대한 생활보장은 전적으로 고용이 담당하였다. 안정적인 고용 속에서 소득격차가 완화됨과 동시에 주거관련비용 등 복리후생이 충분히 제공되었으며, 그 결과 현역 세대를 위한 정비에 대한 필요성과 중요성이 약해지게 된 것이다. 일시적인 실업에 대해서는 보험방식의 고용보험이 대처하면 되는 상황이었으며, 이 때문에 서구와 같은 실업부조의 도입이 검토되는 일도 없었다. 또한 가족수당이나 주택수당 등의 사회수당에 대해서도 기업이 제공하는 가족임금과 복리후생이 존재했기 때문에 제도도입이 이루어지지 않았다. 예외적으로 고용에 포섭되지 못하여 빈곤에 빠진 사람에 한해서, 실업부조나 각종 사회수당의 기능을 모두 포함하는 포괄적인 제도로서 생활보호가 최후의 안전망으로서의 기능을 수행하면 되는 것이었다.

그런데 문제는 1990년대 중반 이후 고용보장이 무너지기 시작했다는 것이다. 그 결과 기존의 실업 · 빈곤대책 또한 위기에 직면하게 된다. 특히 2008년의 경제위기가 일본의 실업과 빈곤 대책의 구조적인 문제를 부각시키게 된 것이다. 이에 따라 일본 사회복지의 현안 정책과제 중 하나가 바로 실업과 빈곤대책의 구조적 개혁이라고 할 수 있다(宮本太郎, 2009).

이는 2024년 현재에도 여전히 일본 사회복지의 최대 이슈로서 작용하고 있다. 고용보장 분야에서는 비정규직, 특히 파견노동의 금지와 최저임금의 상향조정 등의 규제강화를 통해 고용안정을 도모하고 있다. 사회보장정책에 있어서도 고용보험의 확대, 어린이 수당제도의 도입, 생활보호제도의 강화, 최저보장연금의 도입 등의 복지확대를 추진해나가고 있다.

(6) 현행 일본의 주요 사회보장제도와 지역공생사회 실현을 향한 포괄적 지원

① 주요 사회보장제도의 개요

일본의 주요 사회보장제도를 개략적으로 정리하면 우선 사회보험형 제도와 비사회보험형 제도로 구분할 수 있다. 사회보험형 제도에는 공적연금, 고용보험, 산재보험, 건강보험(의료보장), 장기요양보험을 포함한다. 비사회보험형 제도는 아동수당(가족수당)과 공공부조를 비롯하여 고령자, 아동, 장애인, 저소득층 대상 사회복지서비스 등이 있다. 이를 간략하게 정리하면 다음과 같다(배준호 외, 2018).

먼저 사회보험형 제도부터 살펴보면, 건강보험과 공적연금이 전 연령대에 걸쳐 서비스로 제공된다. 고용보험은 근로 시기인 15세 이상 64세 미만의 근로자가 대상이며 65세 이상의 근로자에게 통상 실업급여 대신 고연령 구직자 급부금이라는 일시금이 지급된다. 또한 60세 이후 임금이 인하되는 경우(75% 미만으로) 고연령 고용계속 기본 급부금이 65세가 될 때까지 지급된다. 고용보험은 65세 이후 가입할 수 없으며 64세까지 고용보험에 가입한 이들을 대상으로 예외적으로 일부 서비스가 적용되고 있었다. 그러나 2017년 1월부터 고용보험 적용대상을 기존 64세 이하에서 65세 이상 고령자에게까지 확대하고 2020년부터는 그동안 면제되어온 고용보험료를 64세 이상 근로자로부터도 징수하고 있다. 산재보험은 근로기에 재해를 입은 근로자를 대상으로 서비스를 제공하며 영구장애를 입은 재해근로자에게는 평생 서비스를 제공한다. 각종 급여수준은 낮지 않은 편이며 연금수급자인 재해근로자가 65세에 달하면 급여수준이 공적연금의 노령연금 등에 준하는 수준으로 하향 조정된다. 개호보험은 40세 이상이 적용대상이며 제도의 특성상 고령 후기에 수요가 급증한다.

다음은 비사회보험형 제도를 살펴보면, 보건위생의 경우 질병예방과 건강유지와 관련된 서비스로 일생에 걸쳐 실제적인 서비스로 제공된다. 임산부 검진, 영유아 검진과 예방접종, 학생검진, 직장인을 비롯한 성인 건강검진, 전염병 예방, 동물관련 전염병 방역 등이 대표적 서비스이다. 고용지원은 노동시장에서 차별받기 쉬운 고령자, 장애인, 여성 등 취약 계층이 그 대상이다. 이들의 구직 수요에 부응하여 희망하는 직장에 취업할 수 있도록 다양한 구직자 서비스를 제공한다. 한편 고용지원의 일환으로 최저한의 노동조건과 최저임금 이상의 임금을 보장하기 위해 노동시장에 대한 감독과 행정지도를 강화한다. 아울러 근로자가 안전한 환경에서 일할 수 있도록 주도면밀한 안전위생 대책을 강구하여, 사고와 질병의 예방에 힘쓴다. 이러한 대책에도 불구하고 업무 중 사고와 질병 등 각종 재해에 직면한 근로자에게는 사회보험인 산재보험을 통해 다양한 형태의 급여와 서비스를 제공하여 재해근로자의 생활을 보장한다. 또한 기초보장제도인 생활보호가 마지막 사회안전망으로 기능하는데, 적용대상이 전체 인구 대비 1.5% 전후로 그 숫자가 많지는 않다.

② 지역공생사회 실현을 위한 포괄적 지원

일본의 사회복지정책은 생애주기에 일반적으로 발생하는 위험과 사회적 문제를 상정하여 그것들을 해결하기 위한 현금 · 현물 등의 복지서비스를 제공하는 데에 집중해 왔다. 이러한 접근은 고령자나 장애인과 같이 대상자를 초점화한 제도의 전문성을 향상하는 데에는 기여하였지만 반면, '8050문제(80대의 부모가 50대의 자녀를 부양하는 사회문제)'와 같이 개별제도의 적용 요건에 해당하지 않는 경우에는 지원 대상에서 배제되기 때문에 복잡하고 다양한 욕구에 유연하게 접근할 수 있는 복지서비스에 이르는 데는 한계가 있었다.

강민호(2019)에 의하면 최근 개인과 세대를 둘러싼 일본 사회의 환경이 급변하고 있는 가운데서 새로운 복지서비스 형태는 반드시 필요한 것으로 제시된다. 예를 들면 사회적 고립과 같은 관계의 빈곤화, 고용에 의한 사회보장 기능의 약화, 고령화 및 1인가구의 증가, 한부모 가정의 증가, 지역사회의 공동체 기능 저하, 저출산 고령화에 따른 인구동태의 변화, 경제의 세계화 등이다. 이러한 변화에 따라 복지 욕구가 복잡, 다양해졌고 이를 해결하기 위해 관계의 지속을 목적으로 한 접근법이 크게 부각되었다. 바로 여기에서 포괄적 지원체제가 요구되는 것이다.

이에 포괄적 지원체제 구축의 일환으로 2016년부터 '지역공생사회 실현을 위한 지역 만들기 강화 추진 시범사업'이 실시되었고, 2022년부터 구체적으로 현실화되었다. 포괄적 지원체제 구축의 형태는 다음과 같다(강민호, 2019). 첫째, 생활 권역 안에서 주민이 주체적으로 지역문제를 파악 및 해결하는 형태, 둘째, 시정촌 권역을 단위로 지역주민이 파악한 지역문제 중에서 복합 · 복잡한 문제에 대응할 수 있도록 타 기관과의 협동을 통해 종합적 상담지원체제를 구축하는 형태이다. 나아가 셋째, ① 필요시 거부 없는 상담지원, ② 적극적인 참가 지원(사회와의 유대 및 참가 지원), ③ 지역과 커뮤니티 안에서의 케어 및 상호 지원이 가능한 관계성 향상 지원 등의 세 가지 기능을 일체화하는 것이다.

③ 아동의 권리 보장을 향한 구체적인 접근

고령자 대상의 사회복지적인 대책에 비해 상대적으로 열악했던 일본의 아동복지를 권리적인 차원에서 내실화할 뿐만 아니라 제도적으로 분명하게 보장해야 한다는 시각이 강하게 제기되었다. 그 결과 아동학대를 방지하기 위한 다양한 방안이 제시되었고, 그 중 하나는 아동의 권리에 대해 포괄적으로 규정하는 기본법의 제정이다. 2022년 4월 4일에 아동의 권리에 대해 포괄적으로 규정한 법률인 「일본 아동 기본법안」이 일본 국회에 제출되었다. 여기에는 "유엔아동권리협약"에 천명되어 있는 차별 금지(제2조), 아동 최선의 이익(제3조), 생명, 생존 및 발달에 대한 권리(제6조), 아동의 의견 존중(제12조)이라는 일반원칙이 어떠한 때에도 준수되어야 한다는 점을 분명히 하고 있다.

3. 일본 사회복지 변천의 의미

일본은 19세기 말에 와서야 근대국가로서의 형태를 갖추게 되었으며, 20세기 전기에는 후발 산업국으로서의 위치를 일거에 만회하기 위한 방법으로 군사적 행동을 취하였다. 그 결과 제2차 세계대전 전후로 일본의 복지정책은 보편적인 인권보장에 입각한 복지정책이 아닌 군사적 성격이 매우 강한 독특한 형태를 띠고 있었다(井上英夫, 2001).

일본은 전후 폐허를 극복하고 자민당의 장기집권 아래에서 고도경제성장을 이룩하였으며, 1970년대 초에는 미국에 이어 제2의 경제대국으로까지 발전하였다. 많은 인구에 적은 자원의 한계를 극복하기 위한 방법으로서 일본은 수출주도형 산업을 육성시켰으며 그러한 일본의 경제발전 전략은 탁월하였다.

하지만 이와 같은 일본의 경제발전 전략 뒤에는 다른 측면에 있어서의 희생이 필요하였는데, 그것은 다름 아닌 구미 선진국처럼 복지국가화 전략이 국가목표로 설정되어진 차원에서 이루어진 것이 아니라 경제발전의 종속 개념으로서 이루어졌다는 것이다. 즉 정권차원의 필요성에 의하여 복지정책이 도입되었으며, 경제성장의 부산물로서 기업 중심의 복지지원과 완전고용 실현에 의한 복지정책이 추진된 것이다. 따라서 사회복지와 사회보장을 경제성장이 대체하는 시스템으로서 일본의 복지국가 전략이 이루어짐으로 해서 복지는 경제성장의 하위개념에서 벗어나기 어려웠다.

결국 일본의 복지국가화는 국가목표로서의 복지국가가 아닌 경제성장의 종속변수로서의 성격이 강하였기 때문에 인권으로서의 사회보장과는 관계가 먼 것이었으며 국가가 국민들에게 베푸는 시혜적 · 잔여적 성격이 강한 형태를 띠게 되었다. 그럼에도 개호보험을 비롯한 고령자 세대에 대한 접근은 상당히 발전하였으며 이는 현역 세대보다는 그 이후 세대 중심의 일본 사회복지의 특성으로 자리 잡게 하였다.

실제로 일본은 경제적 위기에 처할 때마다 복지를 희생하여 왔다. 그 중에서도 고령자들에 대한 복지 수급을 전면적으로 조정함으로써 성공적인 신자유주의정책을 추진할 수 있었다. 아울러 일본의 복지국가 수준은 타 선진국에 비하여 절대적으로 낮은 수준에 머무르고 있었다. 하지만 일본 내의 상황 속에서의 수준만 본다면 상당한 정도의 평등한 분배구조를 가지고 있었기 때문에 비교적 빈약한 사회보장제도임에도 사회복지 축소 지향적인 사회 환경을 탓하거나 저항하는 국민적 움직임이 두드러지지 않았다. 오히려 일본 정부는 오랜 기간 낮은 실업률을 유지하였고 기업들의 복리후생 정책을 정부 차원에서 지원함으로써 적은 비용으로 고효율의 복지 상태를 국가적인 차원에서 이뤄갈 수 있었다.

그렇다고 해서 국가적 차원에서 일본의 사회복지정책이 제대로 진행되었다고 보기 어렵다. 사실 이는 정치경제적 국민 의식화 작업에 따른 하나의 착시 현실이었기 때문이다. 결국 일본의 사회복지는 제도적으로 분명 지속적인 확대를 이뤘지만 실질적으로는 여전히 '선별주의'적인 사회복지 성격이 강하게 잔존하였고, 최소한의 공적 책임의 토대에서만 사회복지서비스를 제공하는 수준에 머물렀던 것이다. 그런데 이는 1970년대의 오일 쇼크와 2008년의 미국발 금융위기와 같은 심각한 경제적 위기가 닥칠 때는 사회복지제도의 한계로 나타나는 그 민낯을 여지없이 드러내게 하는 취약한 제도이자 사회구조였다.

한편 일본도 여느 국가들과 마찬가지로 경제발전과 인구 고령화라고 하는 두 가지 요소에 의해 사회복지제도의 진화를 거듭해왔다. 그런 맥락에서 고령사회를 넘어 초고령사회(super aged society)를 맞이한 일본은 사회보장 부문에 있어서의 국가의 역할을 가급적 축소해나가고 있다. 그러면서 사회의 역할을 강조함과 아울러 자급, 자족이라는 그럴듯한 구호로 사회적 취약계층을 배제하거나 사회적으로 희생시키기도 했다. 그 대표적인 제도가 노인의료비 무료화제도의 도입과 폐지의 과정이었으며, 「노인보건법」의 도입과 개호보험제도 도입의 일련의 과정이었다. 이렇게 일본이 복지국가로의 길을 철회하고 대신 복지사회로 이행해가는 과정은 복지에 대한 수요를 억누르고 복지공급의 주체로서의 국가의 역할을 민간 사회에 전가해가는 수순이었던 것이다.

그러나 2008년 경제위기를 겪으면서 최근 일본은 실업과 빈곤대책의 전면적 보완을 시도해나가고 있다. 더 이상 완전고용에 의한 기업복지와 선별주의적인 사회보장으로는 국민의 복지욕구를 충족시킬 수 없게 되었기 때문이다. 특히 일본은 시혜적 · 잔여적인 복지국가의 길이 사회안전망으로서의 기능을 온전히 수행할 수 없음을 이제야 여실히 깨닫고 복지국가를 향한 진정성 있는 접근을 시도하고 있는 것으로 보인다. 그와 관련한 대표적인 실례가 바로 지역공생사회를 구축하려는 시도이다. 아동과 가족, 고령자와 장애인을 비롯한 사회취약계층이 지역사회에서 공생할 수 있는 포괄적인 사회적 지원체제를 만들어가려는 움직임을 눈여겨봐야 될 것 같다.

참고문헌

김교성 · 김연명 · 최영 · 김성원 · 김병철(2010). 동아시아 사회복지와 사회투자전략. 서울: 나눔의 집.

김근홍 · 서화자 · 심창학 · 이만식 · 함세남 · 홍금자(2007). 사회복지 역사와 철학. 서울: 학지사.

김영필(2006). 후발산업국 일본의 복지국가전략. 日本文化研究. 第18輯. 동아시아일본학회, 45-46.

다케가와 쇼고 저, 김성원 역(2004). 일본의 사회정책과 복지국가론. 서울: 인간과 복지.

미야모토 타로(宮本太郎) 저, 임성근 역(2003). 복지국가전략-스웨덴 모델의 정치경제학. 논형.

배준호 · 김규판 · 김명중 · 문성현 · 임현정 · 선우덕 · 오현석 · 전영수 · 정성춘 · 정형선 · 조성호 · 최동원(2018). 일본의 사회보장제도. 한국보건사회연구원 · 나남출판.

서민교 역(2013). 일본 근현대사를 어떻게 볼 것인가. 이와나미신서 편집부(2007). 日本の近現代史をどう見るか. 서울: 어문학사.

이영석(2006). 다시, 역사학의 길을 찾다. 서울: 푸른 역사.

최옥채 · 黑木保博(2009). "일본 사회복지학의 형성에 관한 이해: 사회복지학 저술과 계보학적 관점 중심으로". 한국사회복지학, 63(3), 129-153.

최옥채 · 黑木保博(2011). 일본 사회복지학 삼각측량. 파주: 양서원.

최옥채 · 黑木保博(2014). "〈월간 복지〉에 비친 일본 '사회복지'의 변천: '자선'에서 '사회복지'까지 사회사 관점 중심으로". 한국사회복지학. 66(2). 203-229.
加藤陽子(2009). それでも, 日本人は'戰爭'を選んだ. 朝日出版社.
京都大學大學文書館(2006). 京都大學の歷史. 京都大學.
駒村康平(2002). 福祉の總合政策(改訂版). 創成社.
駒村康平(2003). 低所得世帯の推計と生活保護. 慶応義塾大学三田商学研究. 第47巻 第3号.
宮本太郎(2008). 福祉政治—日本の生活保障とデモクラシー. 有斐閣.
宮本太郎(2009). 生活保障—排除しない社会へ. 岩波新書.
金成垣(2011). 日本と韓国における失業·貧困対策—2層体制の構造的·歴史的特徴. 週刊社会保障. No. 2611.
及川和男(1984). 村長ありき一澤内村深澤晟雄の生涯. 新潮社.
吉田久一(2004). 新 · 日本社會事業の歷史. 東京: 勁草書房.
内片孫一(1930). "セッツルメント事業の方法". 社會事業. 14(3). 40-44.
文春新書編集部編(2006). 論争格差社会. 文藝春秋.
社会保障運動史編集委員会編(1982). 社会保障運動全史. 労働旬報社.
一木喜德郎(1926). "皇室と兒童保護". 社會事業. 9(12). 2-4.
日本社会党中央本部機関紙局編(1978). 日本社会党綱領文献集. 日本 社会党中央本部機関紙局.
井上英夫(2001). 医療保障法 · 介護保障法の形成と展開. 日本社会保障法学会編. 医療保障法 · 介護保障法. 法律文化社.
池田敬正 · 土井洋一編(2000). 日本社会福祉總合年表. 法律文化社.
芝田英昭編(2001). 福祉国家崩壊から再生への道一21世紀生活大国ニッポンへの提案. あけび書房.
後藤清(1944). "戰時厚生事業の性格と任務". 厚生問題. 28(1). 1-11.
厚生省社会局老人福祉課編(1984). 老人福祉法の解說. 中央法規出版.

강민호 (2019.08.23). 복지타임즈(www.bokjitimes.com).

HISTORY OF SOCIAL WELFARE

04 chapter

한국의 사회복지

대한민국 정부 수립부터 현재까지

1. 미 군정기 및 정부 수립과 한국전쟁 시기
2. 제3·4공화국
3. 제5·6공화국과 문민(김영삼)정부
4. 국민의 정부(김대중)와 참여정부(노무현)
5. 이명박, 박근혜 정부, 문재인 정부, 윤석열 정부
6. 현대 사회복지 변천

04 CHAPTER

한국의 사회복지

대한민국 정부 수립부터 현재까지 현재까지

사회복지의 원초적 동기인 상부상조부터 민간의 협업까지 사회복지에 포함하면 꽤 먼 과거로 거슬러 올라가야 한다. 한국은 고대 삼국시대로부터 천재지변이나 각종 재난이 있을 때 국가가 백성을 돌봐주었고, 어려운 사람을 위한 구제사업도 다양하게 시행해 왔다. 전통사회 사회복지 사상의 근원은 고대국가(삼국-통일신라) 시대, 고려시대, 조선시대에 걸쳐 왕가의 인정, 시혜에 의한 구휼 제도와 민간차원에서 이뤄진 두레, 품앗이, 향약, 계 등의 상부상조 활동의 구제사업으로 나누어볼 수 있다.

이와 같은 구휼 성격의 사회복지 원형은 개화기 한국의 사회복지에 고스란히 투영된다. 대체로 1876~1910년간의 개화기에 국가의 명칭은 조선(1392~1897)과 대한제국(1897~1910)이었다. 이 시기 공공복지는 스스로 근대화를 향한 사회개혁의 노력과 변화를 담았다. 하지만 외세에 의한 강압적 개항과 그에 따른 급격한 사회변동으로 자발적 방식의 지속적 복지근대화는 한계가 있을 수밖에 없었다. 즉, 1910년 한일 합방으로 시작된 일제 강점기는 일본 천황의 인정을 강조하고 식민지 국민의 반일 행동을 억제하려는 정치적 목적으로 1944년 조선구호령을 제정하였다. 이는 생활보호 제도의 법적 근거를 마련해 국가가 빈곤, 불구, 폐질 등에 보상할 의무를 명시했지만, 법상의 명문에 불과하였다.

일제 강점기의 식민지 사회복지는 공공복지 근대화의 주체로서 구휼의 제도화 전통과 근대 상황에 대응하려는 변화의 단초를 단절시킨 결과를 낳았다. 오히려 개화기까지 면면히 이어져 기능하던 민족 자체의 공공복지와 상호부조 등의 구휼적인 사회복지제도와 관행들이 소멸하거나 대폭 약화되었다. 또한 민간에서 새로운 형태의 사회복지서비스나 개화기 때 추진되었던 근대적 사회복지를 향한 다양한 노력이 식민지 현실에 의해 왜곡되거나 이전의 모습으로 퇴보하는 경향을 보이기 하였다(하상락, 1984; 안상훈 외, 2005; 안상훈, 2006).

그런 상황에서 서양 기독교나 지주 부자들의 자선 박애사업, 민족주의자들의 향토적 계몽사업 등은 특기할 만하다. 특히 기독교는 왕성한 의료 활동을 통해 사회복지서비스를 실천하였다. 그 중에서도 한센병환자를 돌보는 활동이 크게 주목받았다. 1910년에 영국 나병자의료회, 나병격리원과 1912년에 파크 월프 나병동 설치 등을 꼽을 수 있다. 그 밖에 YMCA와 YWCA가 중심이 된 노동자와 여성의 야학, 공창 폐지 운동단체인 곽제회(1912년), 성공회 고아원(1913년), 이화학당 유치원(1914년), 평양고아원(1921년) 등이 설립되었다(홍금자, 1999: 484). YMCA와 YWCA는 노동야학 · 농민야학 · 아동야학 · 여자야학을 비롯하여, 금주단연운동(1921년), 교풍운동(1923년), 농촌문제 강연회 및 강좌(1929년), 한글강습(1930년) 등의 프로그램을 통해 민간 차원의 사회교화 사업에 앞장서기도 했다(홍금자, 2000: 238).

감리교는 태화여자관(1921년) 활동을 비롯하여 원주사회관(1926년)과 유린사회관(1930년) 같은 사회관을 설립하였고, 1925년 여자맹인학교도 설립하였다. 또한 보딩 여사의 중앙영아관(1924년), 감리교파 부인선교회의 평양연합기독병원 시료부사업(1920년), 이화유치원에서 무산 아동을 위한 오후반 신설(1927년) 등 값진 사업을 벌였다. 다른 종파와 관련된 시설로는 평양구활원(1926년), 한국 최초의 폐결핵요양원의 설립(1928년), 구세군의 자선 남비 설치, 경성만리현교회의 무산 아동을 위한 야학 및 유치원 운영(1926년) 등도 있다(홍금자, 2000: 252).

한편 천주교는 여자 아동을 대상으로 한 고아원(1915년)이나 1916년에 미감리회가 사립 중앙유치원 설립 진흥회를 설립했다(조선사회사업연구회, 1927: 13). 그리고 고아원 기금을 모금하기 위해 바자회(1928년)를 개최하기도 했다(홍금자, 1999).

불교 관련 단체로 정토종 교우회(1913년)를 비롯하여 불교중학교(후에 혜화전문 동국대학, 1915년), 경성 불교자제회(1917년), 평양 불교광제회(1917년), 대전 불교자전원(1918년), 인천 불교자제회(1918년) 등이 설립되어 구제 활동을 펼쳤다. 이어 자선직업학교인 입정(立正)학원, 진해입정자교원(1922년)을 비롯하여, 종합복지법인 부산 공생원(1924년)과 목포 공생원(1927년), 아동의 사회교화를 목적으로 한 마산복수야

학회, 경성 불교구제원의 양로 사업(1925년), 평양불교 광제회의 정신질환자 수용 사업(1931년) 등을 들 수 있다. 일본 사회복지 실천 기관들이 한반도에 사업 일부를 이관하거나 지부를 설립했는데, 부식농원이 1910년 화광학원(정토종개교원)을, 鎌倉보육원이 1913년에 경성지부를 각각 설립하여 사업을 시작하였다(홍금자, 2000: 243).

이와 더불어 민간인들의 개인적인 사회사업 활동 참가도 점차 체계화되었다. 이에 민간인에 의한 사회사업 서비스가 어느 시기보다 활기를 띠었다. 개인적으로 행한 사업으로는 김병찬과 송택수 등의 경성 고아 구제회(1919년)와 경성 고아원, 청주 박인회(1919, 궁민구조시설), 정치국의 인천 조선인 자선회(1920년), 김병선 외 100인의 유지들에 의해 설립된 평양 고아원(조선사회사업협회, 1943: 42), 영남 지역유지들의 경북 고아 구제회(1921년), 박영효 등의 노동주택과 보린회, 이민응의 선린회(1924년), 이원식의 경성 양로원(1927년), 김희석의 기부로 빈민을 위해 건립된 빈민주택(1927년), 이응설의 청진 사립 탁아보호원(1930년), 김인정의 평양 민중도서관(1930년) 등이 있다. 또한 민간에 의한 장애인복지시설의 효시라 할 수 있는 좌각원(1932년)을 이인섭이 설립하고, 경성 시외 공덕리 공장지대에 공장 여성의 자녀들을 위한 주간 탁아활동도 사회복지 발달 사상에서 중요한 활동으로 꼽힌다(홍금자, 2000).

이 시기에 여러 민간조직이 결성되어 민중 의식을 높였다. 조선노동공제회(1920)를 비롯하여 조선소작인상조회, 조선아동협회, 조선맹아협회 등의 창립으로 협회 소속자들에 지위 향상을 위해 노력했다. 특히 1921년에 조직된 조선사회사업연구회는 한반도 최초의 사회사업 관계자들 모임으로 사회사업 사상의 관점에서 그 의미가 매우 큰 역사적 사실로 기록된다. 사회사업기관을 후원하는 단체로 한진달 재단(1922년), 사르타레르 재단(1927년)이 설립되었고, 1930년에는 경성보육학교도 설립되었다.

이렇게 한국 사회복지의 토대는 전통적으로 면면히 계승되어 온 구휼 또는 구제 사업을 사회복지의 역사 속에서 비중 있게 다루는 것이 일면 의미가 있어 보인다.

사실 한국 사회복지제도의 역사적 기원이 언제부터인지는 합의된 바는 없다. 그러므로 유구한 한국 사회복지의 구휼 사업을 정리하는 것은 나름 의미가 크다. 그럼에도 제도로서 사회복지를 생각할 때, 법적 근거를 명확하게 설정하고 운영된 사회복지 제도를 중심으로 고찰하는 것은 매우 중요할 것이다. 해외의 경우에도 그런 측면에서 근대 사회복지를 출발점으로 삼는 경향이 강하다. 실제 한국의 학계에서도 대체로 국민을 위한 국가책임을 확대한 시점부터 사회복지의 시초로 보는 듯하다. 그런 의미에서 이 책에서도 대한민국 정부 수립부터 한국의 사회복지 역사를 다뤄봤다.

1945년 해방 이후 미 군정기를 거쳐 1948년 마침내 대한민국 정부가 수립되었다. 일제 강점기와 미 군정기에서 전통적인 한국 사회복지의 근간이 상당 부분 허물어지거나 해체된 탓에 오랜 기간 시행착오를 겪었다. 그래도 한국은 1945년 일제 강점기를 벗어나 독립한 후 남북분단, 한국전쟁, 빈곤과 질병의 질곡 등 국가적 시련 속에서도 사회복지를 제도적으로 전개하였다.

1961년 「생활보호법」이 제정되면서 사회복지는 비로소 사회보장 차원의 사회복지 담론이 태동되었다. 1987년에는 사회복지관 사업의 확장과 사회복지 전담 공무원을 국가가 채용함으로써 사회복지 정책이 전달체계를 통해 제도적 현실화를 이루게 되었다.

2005년 지방자치가 시작되어 전달체계에 바우처 사회서비스를 비롯한 업무들이 병행되었고, 지자체 자체의 복지 기획과 서비스 연계 체계 관련한 업무도 증가하기 시작하였다. 자연스럽게 기존 사회복지 전문직 인력의 업무 수행 방식이 개별 사례에 대한 통합적 접근에서부터 관료제적 효율성 논리에 따른 체계적 업무 분담으로 바뀌었다.

2007년부터 노인장기요양보험 제도가 시행됨에 따라 요양과 관련한 서비스는 대부분 노인복지법에서 「노인장기요양보험법」에 따른 급여로 옮겨졌다. 빈곤 노인과 독거노인을 중심으로 선별적이던 노인 돌봄서비스도 장기 요양 등급을 받은 모든 노인과 노인성 질병이 있는 이들의 권리로 정착하였다. 2015년부터는 「국민기초생활보장법」의 개별급여 전환, 「긴급복지지원법」 개정으로 지원 대상의 확대, 읍 · 면 · 동의 복지 허브화 사업 등 제도적 변화들이 가시화되었다. 2024년 기준 한국의 사회복지는 국민 맞춤형 기초보장 강화와 사회서비스 혁신을 통한 복지 · 돌봄 서비스 고도화를 지향하고 있다.

이번 장에서는 한국의 사회복지 변천 과정을 미 군정기 및 정부 수립과 한국전쟁 시기, 제3 · 4공화국, 제5 · 6공화국과 문민정부(김영삼), 국민의 정부(김대중)와 참어정부(노무현), '이명박 정부 · 박근혜 정부 · 문재인 정부 · 윤석열 정부' 순으로 나누어 살펴보고자 한다.

1. 미 군정기 및 정부 수립과 한국전쟁 시기

1) 미 군정기의 사회복지

(1) 심각한 빈곤 문제와 대응

1945년 한국은 일본 제국주의 식민 지배로부터 해방되었다. 해방을 맞아 가장 먼저 눈에 띄는 일은 식민지 지배 동안 외국으로 강제노역이나 징병으로 끌려간 동포들의 귀환이었다. 이들을 전쟁으로 재난을 입었다 하여 전재민(戰災民)이라고 불렀다. 이 용어는 일제 강점기 하에서 징병과 징용, 이민 등으로 해외에 거주하였다가 해방 이후 귀환한 동포들과 함께 북한에서 넘어온 월남인도 포함하였다. 이들 전재민의 규모는 대략 200만에 육박해 당시의 남한 인구의 1/10 중 1/6에 해당하는 규모였다(강정구, 1992).

문제는 당시 귀환 동포들 대부분 생활 대책이 전혀 없는 상태였다는 점이다(김학묵, 1985). 따라서 자연스레 빈곤한 사회 취약계층으로 전락할 수밖에 없었다. 미군정 시기의 사회복지는 바로 이 전재민을 대상으로 하는 구호 정책에 집중되었다. 하지만 미군정청의 구호 대책으로 국가적 차원의 빈곤 문제를 해결하기에는 역부족이었다.[1] 그와 같은 부족한 부분들을 구한말부터 활동하던 선교단체와 미군정에 의해 초청된 외국 민간원조 단체들이 보충하였다(조규환, 2012).[2]

1) 미군정청 보건후생부에서 파악한 빈민 수는 1947년 3월 1일 기준으로 귀환 전쟁 이재민 가운데 요구호 전쟁 이재민 98만 6,540명과 토착 요구호 실직 빈궁민 102만 8,890명을 합하여 201만 5,430명이다(보건후생부, 1948; 하상락, 1989). 또한 전쟁 이재민 이외에도 빈농, 영세 노동자 등의 빈곤 인구가 적지 않았음은 1947년 당시 구호물자를 받은 인구가 750만 명에 이르렀다는 사실로 미루어 짐작할 수 있다(감정기 외, 2010).

2) 이 시기 일제 강점기에 추방되었던 선교사들이 일부 복귀하였고, 과거 북한 지역에 거점을 두었던 선교사들이 남한 지역에서 새로운 활동 거점을 확보하려 하였으며, 외국 민간원조단체들이 내한하여 활동하

(2) 미군정청의 전재민 구호 정책

1946년 1월 초부터 공식적으로 활동하기 시작한 군정청(USAMGIK)은 이전의 전술 업무에 치중했던 미 육군 제24군단과는 차이가 났다. 특히 소련(현 러시아)의 남하 저지와 남한의 반공 체제를 위한 미군정청이 해결해야 할 가장 큰 일은 외부 유입으로 폭발적으로 늘어난 인구를 감당하는 일이었다. 그것은 바로 남한의 인플레이션, 식량부족, 대량실업의 문제와 맞서야 하는 일이기도 하였다. 이러한 문제의 심각함은 1946년 6월 20년 만의 홍수로 증폭되어 1946년 9월 부산에서 시작된 총파업과 10월 대구 폭동을 통해 드러났다. 무력으로 진압되기는 했으나 1946년 소요 사태를 통해, 미군정청의 정책은 무상 원조 증대와 차관을 통한 잉여 농산물 수입 증대였다. 이러한 원조 확대로 결국 시혜적 구호 정책의 강화를 낳았다(황병주, 2000).

미군정의 구호 관계 법령은 준칙인 "후생국보 3호"(1946년 1월 12일), "후생국보3A호"(1946년 1월 14일), "후생국보3C호"(1946년 2월 7일) 등이며, 그 가운데 "후생국보3A호"는 "이재민과 피난민의 구호에 관한 사항"을 다루었다. 이를 시행하는 행정기관을 위해, "군정법령 1호"(1945년 9월 24일)는 일제 강점기 경무국의 위생과를 위생국으로 바꾸었다. 후에 "군정법령 18호"(1945년 10월 27일)는 위생국에서 보건후생국으로 이름을 바꾸었으며, 1946년 행정 개편에서는 다시 "보건후생부"(지방은 보건후생국)로 바꾸었다. 그리하여 보건후생부가 경무국의 전재민 관련 부서였던 "전재민계"와 광업국의 "전재민 구제회"의 기능을 담당하였다(정용육 외, 2002).

보건후생부를 통한 전재민 관련 사업은 1946년 말이 되어서야 본격화되었다. 그리고 미군정청의 전재민 관련 구호사업은 주택문제에 집중되었다. 전재민들은 임시 수용시설을 거쳐 각 지방에 정착하게 하는 것이 미군정청의 기본정책이었다. 임시로 수용하면서 의식, 치료, 취업 알선 등을 제공하였다. 전재민 수용소는 각 시도별 수용소와 접경지역 수용시설로 나뉜다. 이렇게 미군정청의 전재민들을 위한 주거의 문제 해결 방향은 임시주택 건설과 적산 주택 활용이었다. 그러나 시설

기도 하였다. 일제 강점기에 징용과 징병으로 끌려갔다가 해방을 맞아 귀국한 귀환 동포와 북한에서 월남한 동포 등 인구집단의 생활 문제는 원조 단체들의 내한 계기로 작용하였다.

과 구호 수준이 매우 열악하고 관리들의 부징이 끊이질 않았다(이연식, 2003).

(3) 민간 차원 전재민 구호사업과 자발적 조직 결성

① 민간 주도 전재민 구호사업

민간 주도의 전재민 구호사업은 대체로 새로 구성된 단체를 중심으로 진행된 모금과 기탁이 주를 이루었다. 이를 통해 전재민을 위한 주거, 위생, 귀향, 취업 등에 도움을 주고자 했다. 미군정청은 후생과를 통해 전재민의 입국, 검역, 임시 수용, 고향 송환 등의 일에 집중하였으며, 그 외의 구체적인 활동은 민간 구호단체가 담당하였다. 무엇보다도 전재민 구호를 위한 민간단체는 종교, 직능 그리고 이념 등 다양하다. 그뿐만 아니라 입국 경로에 있는 서울, 부산, 인천, 개성, 광주 등 대도시도 유지들을 중심으로 구호단체가 생겨 구호활동이 전국에서 일어났다(황병주, 2000).

그러나 민간구호단체 수가 걷잡을 수 없이 늘다 보니 구호금을 선전이나 식사비 등으로 유용하는 단체들도 생겨났다. 이에 미군정의 지원을 받은 "경성구휼동맹"은 무면허 구휼 사업을 금지하는 방침과 이를 위한 위원회를 발표하였다. 구호단체들이 경쟁적으로 생겨난 것을 반성하면서 자정하는 움직임도 있어서, 그 활동 중인 민간구호단체의 수효는 변동이 심했다. 미군정에서는 불량한 구호단체를 조사하고, 음식과 의복을 직접 공급하겠다고 발표했다. 결국 1946년 1월 미군정청은 구호단체를 허가장 받는 단체로 제한하고, 허가된 30개 단체를 발표하였다. 그 결과 전재민에 대한 민간구호는 미군정청이 남한에서 본격적인 행정 업무를 담당하면서 미군정청의 공식적인 행정으로 편입되기 시작하였다(정용욱 외, 2002).

② 자발적 조직 결성

전재민에 대한 민간단체의 구호활동이나 미군정청의 구호 정책이 기대만큼 만족스럽게 시행되지 않자, 전재민 스스로 자발적인 조직을 만들기 시작했다. 1946년 9월 3일 서울에서는 "전재동포총동맹"이 13개 전재 구호단체를 통합하여 결성되었으며, 자력갱생으로 기아를 극복하겠다는 의지를 표명하였다. 이 가운데, 응징사[3]들은 이미 1945년 11월에 자신들의 권리를 주장하며, 적산 가옥을 내어달라고 요구하기도 하였다. 이들은 전재 동포로 속여 악행을 일삼는 것을 막고자, 스스로 신분증을 만들어 휴대하며 자정운동을 벌이기도 하였다(정용욱 외, 2002).

전재민을 위한 기독교의 활동도 있었다. 교회차원의 지원, 미군정청 행정에 참여한 기독교인 개인의 활동, 그리고 더 나아가 가장 발전된 형태로 교회 자치조직 활동으로 나누어 볼 수 있다. 전재민들 스스로 교회를 이루어 자력갱생하는 모범을 보였는데, 정서적 · 심리적인 측면의 재활뿐만 아니라 남한 사회의 주변부에서 사회의 괄목할만한 일원으로 변화하는 계기를 마련하였다(강정구, 1992).

(4) 미 군정기 사회복지에 대한 평가

해방 후 남한 사회를 근본적으로 흔들어 놓은 일은 바로 전재민 유입이었다. 이들 전재민 구호활동에 대한 사회복지 차원의 평가는 4가지로 정리된다.

첫째, 전재민 구호활동은 남한 사회 각 구성원의 공존 · 공생을 위한 사회의 전방위적 대응이었다. 해방 후 전재민 문제는 남한 사회를 이해하는 중요한 사회적 변수다. 해방 후 바로 시작된 전재민구호사업은 단순한 복지 차원이 아니었다. 해방 정국에서 남한의 인구가 새로 유입된 이들과 함께 공존을 모색해야 하는 사회 전반의 위기 극복 문제였다. 유입된 전재민으로 경제 상황은 악화 일로로 치닫고 이들이 연루된 정치 상황은 더욱 복잡하게 전개됐다.

둘째, 1945년 해방 후 1948년까지 미 군정기에는 1944년 제정된 조선구호령을 연장하여 사용하였고 무계획적이고 임기응변적이었다. 1935년 제정된 미국 「사회보장법」의 영향을 받아 65세 이상인 자, 6세 이하의 부양할 아동을 가진 여자, 6세 미만의 아동, 불치의 병으로 신음하는 자, 분만 시에 원조를 요하는 자, 정신적 · 육체적 결함이 있는 자 등을 지원 대상으로 보았다. 미 군정기의 복지정책은 일제시대의 '조선구호령'을 원용한 '구호준칙'에 의해 이재민과 피난민, 그리고 노인, 아동,

---

3) 응징사(應徵士)는 '징용에 응한 사람'이라는 뜻으로 1943년 7월 개정된 '국민징용령(國民徵用令)'에 따라 동원된 노무자를 일컫는다. 1944년 2월 8일 '응징사복무규율(應徵士服務規律)'에 따라 징용 대상자들이 본격 동원되었다. 응징사는 노무자에게 '군인 복무와 동일한 의무를 부여하여 생산량을 증대시키기 위한 목적'으로 실시되었다(국립일제강제동원역사관 유물 소개).

장애인 등의 보호 대상에 식량, 숙식, 의료 등을 제공하는 정도였다(이준우, 2021).

셋째, 전재민 구호활동은 민간인 주도와 미군정청 주도 그리고 전재민의 자구노력으로 발전하였다. 가장 큰 문제는 주택문제로, 자연스럽게 적산 가옥 처리 문제와 연결되어 일제 잔재의 해결 방법 문제로 발전하였다. 특히 전재민 스스로 자력갱생의 노력을 하였다는 것은 전재민 구호활동이 근본적 해결책이 되지 못했다는 사실의 반영이기도 하지만, 사회적 수혜대상자가 사회활동의 주체로 발전했다는 걸 보여준다(황병주, 2000).

넷째, 미군정청이 주도했던 전재민 구호사업은 남한 시민의 삶을 개선할 근본적이고 제도적인 접근과는 거리가 멀었다. 그저 시혜적이고 제한적인 전근대적 사회복지제도 성격의 구호 정책이었다. 미군정기 구호 정책에서는 최저생활의 보장과 국가책임의 강화라는 근대적 복지 체제의 모습은 거의 찾아볼 수가 없다. 여기에는 구호 정책에 대한 미군정 당국의 정책 의지 결여가 원인이라 할 수 있다. 실제로 미군정의 주된 관심사는 남한이 반공 체제에 기초한 사회가 되는 데에 있었지(강정구, 1992), 남한 시민의 인간다운 삶을 보장하는 게 아니었다. 그렇다면 미 군정기 구호 정책은 미군의 남한 점령을 무리 없이 자연스럽게 진행하기 위한 또 하나의 점령 정책에 불과했다고 평가할 수 있다.

2) 정부 수립과 한국전쟁

(1) 제1공화국 이승만 정부 수립

1948년 8월 15일 자유당 정부가 출범하여 제1공화국이 출범하였다. 이렇게 이승만 정부 수립 후 사회복지 정책에서는 시설 구호, 응급 구호, 이재민 구호, 공공구호 등의 사업을 추진하였으나 여전히 극히 제한적인 수를 대상으로 한 위기 개입에 자선적인 성격의 구호사업에 지나지 않았다. 1950년 6.25 한국전쟁이 발발하면서 전쟁고아를 위한 근대적인 사회복지사업으로 시설보호 사업을 시행하였다. 자선적이고 구호적이며 사후 대책적 측면이 강했고 그나마도 외원에 의존하였다(감정기 외, 2010).

특기할 만한 사실은 해방 후 급격히 증가한 고아 등을 수용 보호하는 시설 및 구호 시설의 운영, 지도, 감독을 위한 준칙으로 1950년 5월 〈후생시설 설치 기준〉을 공포했으며, 한국전쟁 발발 이후 전쟁고아 수용시설을 비롯해 전란으로 혼란한 상태에 빠진 기존 구호 시설의 운영, 지도, 감독을 위해 1952년 10월 4일자로 소위 〈후생시설운영요령〉을 만들었다는 점이다(구자헌, 1961). 이 같은 〈후생시설운영요령〉은 비록 현대적인 입장에서는 조악하게 보일 수도 있으나 당시로서는 혁신적인 사회복지 경영을 시도했다고 평가할 수 있다. 다만 안타깝게도 〈후생시설운영요령〉이 구체적으로 어떻게 활용되었는지에 대한 기록들이 없다.

한편 해방 후부터 미군정에 의해 이루어진 위기 구호사업에서 중요한 역할을 담당한 외국 민간원조 단체들의 활동에 대한 법적 근거들도 마련되었다. 미군정 시기에 외원단체들은 '미군 점령 지구 구호 대책(GARIOA)', '국제연합구호 및 재건계획(UNKRA)'에 따라 활동하였다. 한국 정부 수립 이후에는 한미 간에 체결된 국가 간 구호협정과, 한국 정부와 외원단체 사이에 체결된 협정이 외원단체 활동을 뒷받침한 법적 체계였다(김학묵, 1986). 왕조 국가로부터 식민 피지배 상태에 빠졌다가 해방을 맞이한 대한민국은 광복 이후 혼란과 남북분단에 이어 전쟁이라는 비극을 겪으면서 민주주의 국가 건설의 과업은 더디게 진행되었다. 그럼에도 한국전쟁의 파괴적 영향은 막대하였다. 3년 가까이 계속된 전쟁으로 남북한 모두 심각한 인명 손상과 파괴를 겪었고, 전쟁이 남긴 사회문제 또한 엄청났다(한국사회복지협의회 60년사 편찬위원회, 2012).

1950년대에는 경제 상황의 어려움과 한국전쟁이라는 돌발사태로 현대적 의미의 사회복지 실천은 생각도 하지 못했고, 난민과 고아 등 취약계층을 일시적으로 보호하는 구호 차원의 복지정책이 이루어졌다. 그래도 외국 원조 기관들과 협력하여 선구적인 사회복지 실천가들의 눈물겨운 활동이 있었다(한국사회복지협의회 60년사 편찬위원회, 2012)는 데 의미가 있다.

(2) 한국전쟁과 사회복지

미 군정기와 대한민국 정부 수립 초기부터 만연했던 빈곤 문제는 한국전쟁을 거치면서 폭발적으로 부각하였다. 그중에서도 귀환한 전쟁 이재민들과 월남민들의 문제가 심각하였다(하상락, 1989). 이들 대다수가 아무 생계 수단이 없었기에 가족 해체는 빈번히 발생하였다. 그래서 미군정청은 이들에 대해 위기 개입 차원의 구호 정책을 시행할 수밖에 없었다. 이 시기에 고아원과 양로원들을 대거 설립하였고, 전쟁 때와 전쟁 직후 이들 시설에서 생활하는 사람들이 크게 늘 수밖에 없었다(최성균, 1991; 한국사회복지협의회 60년사 편찬위원회, 2012).

결국 이 시기 사회복지는 위기 개입 차원의 구호와 시설 구호가 특징이다. 즉, 1950년대 말까지의 사회복지 실천에서 가장 활발했던 건 전쟁 이재민에 대한 위기 개입 차원의 구호와 시설 수용을 통한 개입이었다. 그러나 '무차별적이고 비조직적으로' 구호활동이 많았다. 한국전쟁기와 그 이후의 시기에도 사정은 비슷하였다(한국사회복지협의회 60년사 편찬위원회, 2012).

이렇게 시설 중심의 사회복지가 발전한 이유는 일차적으로 전쟁이라는 혼란 상황 때문이지만, 그 외에 외원단체들이 막대한 원조 물자를 통하여 시설 지원에 나섬으로써 촉진된 면도 없지 않다(김학묵, 1985). 아울러 사회복지시설을 적극적이며 능동적으로 운영했던 선구적인 사회복지 실천가들 때문이기도 하다. 이들은 체계적인 사회복지 교육 없이 복지 경영 차원의 수완을 발휘한 것으로 보인다. 이론 지식과 임상 경험은 부족해도 돌보는 복지서비스 이용당사자들을 먹여 살려야 한다는 절박함이 강하게 작용한 결과인 듯하다(김범수, 2015).

전쟁 기간에 위기 개입 차원의 구호를 위해 외원단체의 지원에 의존할 수밖에 없는 한국의 사회복지계는 전후 복구사업이 어느 정도 마무리된 이후에도 시설사업 이외의 다른 사회복지서비스 방도 강구에 적극적이지 않았다. 나설 수 없었다는 게 더 적절한 평가일지 모른다. 외원단체들을 좀 더 상세하게 살펴볼 이유가 바로 여기에 있다. 특히 해방 이후 우리나라 사회복지 실천에서 국제연합 민사원조사령부(UNCAC 혹은 KCAC라고 함)와 외국 민간원조 단체 연합회(Korea Association of Voluntary Agencies: KAVA)의 존재가 주목된다. 전자는 한국전쟁 중에 발생한 사회문제에 국제연합군 차원에서 개입한 조직이고, 후자는 해방과 한국전쟁을 계기로 대거 들어온 외국 민간원조 단체들의 연합체였다(한국사회복지사협회 40년사 출간위원회, 2007).

(3) 국제연합 민사원조사령부(UNCAC)

국제연합 민사원조사령부는 한국전쟁으로 발생한 대규모 전쟁 이재민과 그로 인해 야기될 수 있는 전선 후방의 사회불안 요인을 통제하려던 국제연합군의 고려에서 탄생하였다(최원규, 1991). 국제연합 민사원조사령부의 기본 임무는 "질병, 소요 및 기아 방지를 통해 군 작전에 심각한 지장을 초래할 수 있는 전선 후방의 상황들을 개선함으로써 군이 마비 상태에 빠지지 않도록" 하는 것이었다. 실제로 수많은 전쟁 이재민의 고통과 어려움을 구호해야 할 책임을 져야 했던 한국 정부의 사회부와 일선 행정당국은 혼란에 빠진 행정체계, 부족한 자원으로 효과적인 구호 정책에 적극적으로 나설 수 없는 상황이었다. 이에 따라 전쟁 수행이 일차적인 목적이던 국제연합군이 직접 구호활동에 나설 수는 없었기에 산하 조직이면서도 별도 업무를 맡길 수 있는 민사원조사령부를 창설하였고, 여기서 전쟁 이재민 구호 역할을 맡았다(한국사회복지협의회 60년사 편찬위원회, 2012).

국제연합 민사원조사령부는 1953년 9월 창설되어 1955년까지 활동하였는데, 주목할 만한 사항으로는 한국 정부와 구호 정책을 협의하고 조정하는 연락 부서를 두었고, 각도에는 구호물자의 배분을 감독하고 보건의료와 농사 지도를 담당하는 인력들로 구성된 야전운영팀을 두었다는 점이다(한국사회복지사협회 40년사 출간위원회, 2007).

야전운영팀은 지방 행정당국과 긴밀히 협력하며 전쟁 이재민 구호에 관여하였다. 특히 공중보건과 공공구호 분야에서는 이들 야전팀이 한국 정부의 지방 행정당국보다 통제권이 더 많고 역할 비중도 더 컸다. 야전운영팀은 해당 지역으로 반입되는 모든 물자를 수령하고 분배하며 적절히 사용할 책임도 맡았다. 아울러 구호물자의 최종 사용 용도 검토로 구호물자 배분을 맡은 한국 행정당국에 대한 감사의 책임과 권한까지 보유하였다(한국사회복지협의회 60년사 편찬위원회, 2012). 이런 면에서 야전운영팀은 오늘날의 사례관리팀과 유사한 기능을 수행하였다고 본다.[4]

---

4) 최근 한국의 사회복지 실천 현장에서 사례관리 체계가 널리 확산될 수 있는 것은 이 당시의 실천개입 활동 경험이 우리도 모르게 계승되어 온 것이 아닐까 싶다.

(4) 외국 민간원조단체 연합회(KAVA)

해방 후 한국에서 활발한 구호, 원조 활동을 전개한 외국에서 온 민간조직들이 있었다. 이들을 보통 외원단체 또는 외원기관이라고 불렀는데, 그것은 약칭이고 정식 명칭은 '외국 민간원조단체'였다(최원규, 1996). 시기별로 다르기는 하지만, 외원단체들은 절반에서 4분의 3 정도가 선교단체이고 나머지 단체들도 종교적인 색채가 강했다. 실제 해방 후 외원단체로 등록하여 활동한 단체 중에는 구한말에 들어온 선교단체들도 있다(한국사회복지협의회 60년사 편찬위원회, 2012).

해외 귀환동포, 월남동포, 남한지역 내 빈민 등이 외원단체의 위기 개입 차원 구호 대상이었다. 한편 한국의 사회문제 해결을 위해 미군정 또는 국제연합이 초청한 외원단체들도 있다. 예컨대 대표적인 외원단체인 가톨릭구제위원회(1946년)는 미군정이 초청하였다(하상락, 1989). 기존 한국에서 활동하던 선교단체들이 초청하기도 했고, 한국천주교주교중앙협의회처럼 한국에서 결성하기도 하였다. 또 기독교아동복리재단(CCF)처럼 중국 본토의 적화에 따른 활동 거점의 이동이 불가피해서 국내로 들어오기도 하였다. CCF는 1938년 중국에서 설립되었는데 1948년 중국 본토의 적화에 따라 홍콩으로 철수하였고, 그 활동 지역으로 남한을 포함하였다(김학묵, 1985). 캐나다 연합교회선교회(UCC)와 메리놀 수녀회 같은 경우 북한에서 남한으로 활동 거점을 옮겼다. UCC는 1898년에 내한하여 함경북도와 만주에서 활동하였는데, 한때 선교사 50명이 선교사업(성경학교)과 교육사업(초중고), 의료사업(병원)을 전개하였다. 1945년 이래 소수의 선교사가 남한에서 활동을 시작하였는데, 메리놀 수녀회는 1924년에 내한하여 평양, 평안남도, 압록강 유역에서 활동하다 제2차 세계대전 때 본국으로 철수했다가 1949년에 부산으로 다시 왔다. 이후 메리놀 수녀회의 활동 거점은 부산과 경남 지역이 되었다(한국사회복지협의회 60년사 편찬위원회, 2012). 이 단체들은 일본, 만주, 북한 등으로부터 건너온 수많은 전쟁 이재민들을 위한 의료 및 기타 원조사업을 벌였는데, 미군정은 외국 민간단체들이 독자적으로 운영되도록 허용하지 않았다. 의류와 기타 잉여물자가 공동으로 관리되었고, 미군정의 감독과 지도에 따라 활동하게 하였다(김학묵, 1985).

1950년 한국전쟁은 외원단체들이 시설 중심의 구호사업에 집중하게 만든 요인이었다. 외원단체는 시설사업에 대규모의 물적 자원을 지원하였다. 한국전쟁 이후 시설구호 사업은 양적인 면에서 이전 시기와 비교할 수 없을 만큼 확대되었다(한국사회복지사협회 40년사 출간위원회, 2007). 한국전쟁 발발 후 외원단체들은 앞서 언급한 국제연합 민사원조사령부(UNCAC)에 등록하여 활동하였다. 외원단체들은 국제연합 민사원조사령부(UNCAC) 및 한국 정부 보사부와 긴밀히 협력하면서 위기 개입 차원인 구호를 비롯한 사회사업, 의료사업, 교육사업 및 지역사회개발사업 등에 헌신하였다. 전쟁 초반의 혼란이 어느 정도 수습되면서 무차별적이고 무원칙한 구호활동에 대한 반성이 국제기구와 한국 정부에서뿐만 아니라 당시 구호활동에 나선 외원단체 측에서도 제기되었다. 특히 외원단체들 입장에서는 여러 서비스 기관이 중첩되어 서비스의 누락과 중복 등의 문제가 있었다. 그래서 서비스 기관 사이의 조정과 유기적인 소통이 필요했고, 한국 정부나 국제기구를 상대로 체계적인 영향력을 행사할 필요가 질실했다(한국사회복지협의회 60년사 편찬위원회, 2012).

그 결과 외국 민간원조단체들의 연합체인 KAVA가 출범하였다. 1952년 3월 5일 당시 피난지 임시 수도였던 부산에서 7개 외원단체 대표들이 KAVA를 결성하고 보사부에 등록하였다. 기독교 세계봉사회의 캐롤 주교가 초대 회장으로 선임되어 활동하였다(한국사회복지사협회 40년사 출간위원회, 2007). 1954년에는 수복된 서울로 옮겨 총회를 개최하고 본격적인 활동에 들어갔다. 지역사회조직방법론을 응용한 KAVA 활동[5]은 1970년대 중반까지 5개 분과위원회(보건의료, 사회복지, 구호, 지역사회개발, 교육)를 운영하였다. 매월 셋째 수요일에 월례회를 열고, 또 연 1회 연차대회(KAVA Conference)를 개최하는 등 당시에 당면한 다양한 사회문제를 두고 토론하고 그 해결책을 모색하며 정부에 건의하는 등의 활동을 전개하였다. 기독교 아동복리회(현 초록우산 어린이재단), 선명회(현 월드비전), 기독교 세계봉사회, 홀트아동복지회 등을 회원으로 했던 KAVA는 1950년대 후반 한국 정부 보사부보다 더 많은 재원을 사용하였고, 한때 '제2의 보사부'로 불리기도 했다(한국사회복지협의회 60년사 편찬

5) KAVA의 한국인 회장을 역임하였고, 마지막 KAVA 회장이기도 했던 조기동(조기동 · 최원규, 1995)에 의하면 KAVA 회원단체들이야말로 한국전쟁 난민의 위기 개입 차원의 구호에서 전후 복구사업에 이르기까지 현금과 물자 지원뿐만 아니라 당시 자선 차원의 사회사업과 시설복지사업에서 탈피하여 병원 내 의료사회사업과 설치와 전후 정착민을 위한 가정복지사업의 전개 등에 공헌했다(한국사회복지사협회 40년사 출간위원회, 2007).

위원회, 2012). 더욱이 KAVA 사업들 가운데에 4H클럽 활동 등 농촌개발을 위한 지역사회개발사업의 소개와 지도는 한국의 근대적인 전문 사회사업을 도입하는 견인차 구실을 하였다. 아울러 사회, 교육, 의료 등 분야 전문인력의 양성에도 큰 몫을 하였다(한국사회복지사협회 40년사 출간위원회, 2007).

외원기관은 서구식 사회사업, 즉 미시적 수준의 사회복지를 실천했고 재원이 풍부했기에 적지 않은 사회복지사를 채용하여 사회복지 실천 분야가 한국에 정착하는 데 밑거름이 되었다. 취업할 현장이 없으면 교육기관도 사회사업가협회도 사회사업학회도 성장하기 어렵다. 당시 영향력이 컸던 외원기관이 사회사업가(사회복지사)를 안정적으로 채용하면서 한국 사회복지 실천 분야는 안정될 수 있는 최소한의 조건을 확보할 수 있었다(이혜경 외, 2005).[6] 결국 당시 한국 사회복지 실천은 외원기관 덕에 규모 측면에서는 안정되었고, 서구식의 미시적 사회복지 실천 영향 아래 사회복지 개념을 세워갔다. 그러나 한국경제가 마침내 성장하며 자립경제로 발돋움하면서 외원은 축소되다 철수하기에 이르렀다.[7]

(5) 사회복지 교육의 시작과 전개

우리나라에서 사회복지사 양성을 위한 대학 교육이 시작된 것은 한국전쟁 이후의 사회적 혼란기다. 이미 제1차 세계대전 이래 군대에 사회사업가(Social Worker)를 배치했던 미군의 방식에 따라 1945년 이후 3년여 동안 시행된 미군정 시기에 몇 명의 미국 사회사업가들이 활동 중이었다(한국사회복지협의회 60년사 편찬위원회, 2012). 이를테면 미군정청에서 구호사업을 담당했던 스노우(Snow), 시설사업을 담당했던

6) 대학에서 고등교육을 받은 전문 사회사업가(현재의 사회복지사)가 당시에 절대적으로 필요했으나 안타깝게도 전문가로 대우할 수 있는 현장은 오랫동안 극히 제한되어 있었다. 훈련받은 전문 사회사업가를 고용한 것은 주로 사회사업 전문직에 대한 이해가 있고 재원이 비교적 풍부한 외원기관들, 주로 아동복지기관들이다.

7) 한때 120개 회원단체가 가입하기도 했던 KAVA는 1970년대 외원단체들의 철수로 점차 그 활동이 약화되어 1995년 5월 6일에 해산되었다. 외원단체들의 철수 배경은 미국 경제의 쇠퇴에 따른 외원단체에 대한 미정부 지원의 감소, 한국의 경제 성장을 감안한 외원단체 자체의 판단, 당시 국제적으로 현안이 되었던 아프리카 내전에 따른 구호 욕구의 발생과 베트남 등에서의 원조 욕구의 발생 등에 따른 외원단체 자체의 원조 대상 국가 변경, 외원단체의 활동에 대한 한국 정부의 통제 강화에 따른 활동 입지의 축소 등 다양하다(한국사회복지협의회 60년사 편찬위원회, 2012).

셰어바허(Scherbacher), '전문 사회사업가(family case worker)'로서 경기도 군정관이었던 케네픽(Kenefic) 중위 등이다(김학묵, 1985). 미군정 기간 이들은 위기 개입 차원인 구호사업 이외에 더 체계적인 사회사업(사회복지 실천)이 필요하다는 판단 아래 이화여자대학교에서 야간 강좌 형식으로 사회사업에 관한 강좌를 개설하였다(Kidneigh, 1954; 한국사회복지협의회 60년사 편찬위원회, 2012 재인용). 이를 계기로 1947년에 기독교 사회사업학과가 이화여자대학교에 설치되어 한국에서 사회사업에 관한 대학 교육이 시작되었다. 또한 1953년에는 중앙신학교(현 강남대학교)에 최초로 사회사업학과가 설치되었다(이준우 외, 2011).

① 이화여자대학교 사회사업학과

이화여자대학교는 인문학부에 국어국문학과와 영어영문학과에 이어 기독교 사회사업과를 설치하여 전문인력을 양성하였다. 이후 1951년 12월 기독교 교육의 목표와 전문 사회복지 실천의 목표를 달성하기 위하여 종교사업학과로 변경하여 운영하였다(이혜원 외, 1997). 그런데 학과명에 사회사업을 포함했으나 실상은 사회사업가 양성보다 기독교적인 가치와 인격을 갖춘 인력 양성에 가까웠다는 평가다(이혜경 외, 2005).

1955년 이화여자대학교가 펴낸 대학 안내서에 의하면, "성경을 배우고 기독교 정신으로 움직이는 사회사업가로서 사회사업 지식을 가지고 사회적 책임을 느끼는 기독교 교육 지도자를 양성함이 본과의 특징이다."라고 나온다(이화여자대학교, 1955; 이혜원 외, 1997 재인용). 사회사업학의 실천 학문 성격을 강조하기보다 인성 교육에 방점이 실린 것으로 볼 수 있다. 실제로 1948년 이화여자대학교 기독교 사회사업과의 교과과정을 보면, 전공 교과목은 대부분이 기독교 과목이었고, 사회사업 과목은 case work, group work, 아동심리, 청년심리, 사회문제 등으로 극히 제한되었다. 그러다가 1955년 사회사업 전공 교과목이 훨씬 다양해져서, 사회사업개론, 사회문제, 아동복지, case work, group work, community organization, 사회조사, 사회통계, 사회입법, 사회보장, 사회정책, 시설 운영론, 실습 등이 전공 교과목으로 설정되었다(이혜원 외, 1997).[8)]

그래도 전문 사회복지 실천 교육이 본격적으로 추진된 1958년부터는 독립된 사회사업과가 되어 기독교 교육 중심에서 전문 사회복지 실천 교육으로 자리매김하였다. 학과의 교육 목표도 사회사업의 이론과 실천의 중요성, 사회과학으로서의 사회사업학을 강조하였으며 사회복지 전문인력 양성을 통해 전문 사회복지 실천의 자리를 굳건히 하였다. 1966년에는 사회사업과에서 사회사업학과로 개칭하였다.

② 중앙신학교(현 강남대학교) 사회사업학과

중앙신학교(현 강남대학교) 설립자 '이호빈' 목사는 사회 혼란기에 보호가 필요한 사람들을 위한 전문인력의 필요성을 공감하고, 사회사업학과를 설치하였다. 일본 동지사대학에서 사회사업을 전공한 '김덕준' 박사와 함께 1953년 문교부(현 교육부)로부터 4년제 대학의 사회사업학과 설치인가(제1419호)를 받아, 부산 YMCA 건물에서 제1기생을 선발하여 사회복지사(사회사업가, Social Worker) 육성에 나섰다. 이것이 우리나라 대학 과정의 사회사업학과로 최초이다(강남 사회복지 교육 60년사 편찬위원회, 2013).

당시 우리나라의 사회 상황은 전후의 경제적 빈곤으로 질서와 체계를 갖추지 못한 채 복지혜택은 극 빈곤층만을 대상으로 할 수밖에 없었다. 이런 상황에서 사회사업학과 교과과정은 미국과 일본의 사회사업 기초이론을 중심으로 개별사회사업(Casework), 지역사회조직(Community Organization) 등 사회사업 방법론과 함께 분야별(아동복지, 노인복지, 장애인복지, 모자복지 등) 과목들을 포함하였다. 특히 학과 설립에 중대한 역할을 했던 김덕준 교수는 기독교 목회자로서 기독교적인 종교 이념과 인본주의적인 사회사업 이념 및 한국의 문화적 전통을 바탕으로 한 홍익인간 정신을 통합한 가치 중심의 사회사업을 가르쳤다. 이에 따라 사회사업학을 전공하는 제자들에게 사회복지 실천의 가치와 열정적인 실천 활동에 강한 의욕을 불어넣으며, '경천애인(敬天愛人)'의 정신을 목표로 참된 사회복지 실천가의 삶을 살아가게끔 최선을 다했다. 특히 한국 최초의 독립적인 사회사업학과로서 손색이 없도록 미국 대학의 사회복지학과 커리큘럼을 바탕으로 커리큘럼을 구성하였다. 사회사업 이론과 실천을 겸비한 사회사업 실무자 양성에 초점을 맞추고, 이론과 실제를 조화

8) 당시 학과 교수 8명 중 1명만이 사회사업 전공이고 나머지 7명은 기독교 전공이라서, 사회사업 과목들은 주로 강사에 의존하였다. 이를테면 case work와 group work는 외국인 강사로 진행되었다.

시킨 독창적인 커리큘럼 등 사회사업학과 특유의 역사적 의미를 갖도록 힘썼다(박창석, 2000).[9)]

이렇게 한국의 사회복지 실천 초기 발전에 공헌한 중앙신학교(현 강남대학교) 사회사업학과 출신들은 실제로 창학이념인 '경천애인(敬天愛人)' 정신을 바탕으로 시대적 아픔을 함께하면서 복지 실현을 구현하려는 소명을 다하려는 노력을 기울여 왔다. 성장과 발전을 위한 선구자적 활동을 발휘하면서 전문 사회복지사로서 사회 발전과 향상에 노력한 역군들이었다(이준우 · 임원선, 2011).

③ 한국사회사업학교(현 대구대학교)

정산 '이영식' 목사는 사랑, 빛, 자유의 건학정신을 바탕으로 진리 탐구, 사회정의 구현, 복지사회 건설을 목표로 학교법인 이공학원을 설립했다. 만민복지의 인류애를 정신적 기반으로 광명학교, 영화학교, 보명학교, 덕희학교, 명도학교 등 특수학교를 설립해 전문인력을 양성하였다. 1957년에는 정규대학에 준하는 4년제 학교인 한국사회사업학교를 설립했다. 1961년 '한국사회사업대학'으로 승격된 후 설립자의 아들인 고(故) 창파 이태영 학장이 1979년 한사대학(韓社大學)으로 교명을 변경하였다. 그리고 1981년에는 종합대학인 대구대학교로 개칭하였다(이준우 외, 2011).

④ 서울대학교 사회사업학과

1954년 한국을 방문한 미국 미네소타대학 사회사업학과 교수 키드네이(Jone C. Kidneigh) 박사는 같은 해(1954년)에 '미네소타 계획서'를 수립했다(최원규, 1991). 이 계획서는 서울대학교에 미국식 사회사업 교육과정을 설치하고, 그 교수진 충원을 위해 젊은 학자를 선발하여 미국에 유학하도록 지원하며, 사회사업 교육의 내실화를 위해서 사회사업학뿐만 아니라 심리학과 사회학 분야의 유학생에 대한 지원, 그리고 교육과정 설립을 위해 서울대학교에 대한 물적 지원 등을 폭넓게 담고 있

9) 김덕준 교수는 우리나라 사회사업 초창기 사회복지학계 개척자로서 국내 여러 사회복지기구와 조직체를 만들었다. 일례로 1960년대 초 한국사회복지공동모금회를 만들어 운영 책임자로 2년간 일했고, 캐나다 유니테리언 봉사회를 통해 한국 사회복지연구소를 창설, 소장으로 활약하기도 했다. 아울러 한국사회복지협의회 전신인 한국 사회사업연합회가 국제사회복지협의회(ICSW) 회원으로 활약하도록 주선해 활동무대를 국제화하는 역할에도 기여했다.

다(감정기 외, 2010).

자신이 수립한 계획서를 실행에 옮기기 위해 키드네이 박사는 장학 사업으로 1955년 하상락, 김학묵, 백근칠 3인을 미네소타대학교에 유학할 수 있도록 주선했다. 이후 3인은 사회사업학 석사과정을 이수하고 1957년에 귀국했다. 귀국 이후 이들은 한국의 사회사업 교육에 큰 영향을 미쳤고, 중앙신학교(현 강남대학교)와 이화여자대학교 사회사업학과에 출강해 한국에서 본격적인 전문 사회복지 실천 인력을 양성하였다. 더욱이 대학 교육과정 사회사업학을 내실화하기 위해 사회사업개론, 사회정책, 사회계획, 지역사회 연구 등의 강의를 개설하였다. 1958년에는 사회학과 내에 사회사업 전공으로 사회사업 전문교육이 실시되었으며 그 이듬해에 마침내 사회사업학과가 태동하여 서울대학교 사회복지학과는 1959년 '사회사업학과'라는 명칭으로 설립되었다(서울대학교 사회복지학과 50년사 편찬위원회, 2009). 전쟁으로 피폐해진 한국 사회에 외원기관들이 긴급구호를 펼치면서 사회복지 인력이 필요했고, 이에 국립대학인 서울대학교에도 하상락 교수와 함께 사회사업 전문인력을 양성하는 사회사업학과가 설치되었다(이준우 외, 2011).

(6) 전쟁 이후부터 1960년대 초까지

한국 현대사에서 한국전쟁 후 1960년대 초까지는 전쟁 복구 시기로 긴급 복구 사업이 활발하게 이루어졌다. 전쟁 이후 피폐한 사회적 상황에서 정치적 부패와 혼란이 지속되고, 국민 경제는 대부분 원조로 지탱되었다.

2. 제3 · 4공화국

이 시기는 정치적으로 군사혁명에 의한 1961년 제3공화국으로부터 유신헌법으로 연장되어 1979년 박정희 대통령의 사망에 이르는 제4공화국까지다. 경제적으로는 수출주도형 공업화 정책이 추진되면서 경제개발계획이라는 장기적 경제발전 계획이 국가정책의 핵심 논리로 대두하면서 경제발전 지향 논리가 전반적인 사회 분위기를 주도하였다. 사회복지 욕구에 대한 대응책으로 공공부조의 체계화와 새로운 사회보험의 시도가 있었다. 선 경제, 후 분배에 군비 강화라는 전근대적인 구호방식으로 무연고자 대상 시설보호 사업과 빈민 대상의 제한적 부조에 머물렀다. 이 시기는 경제개발 시작과 외원 사회사업의 정점(1960년대 초중반~1970년대 후반)이었다고 평가된다.

이승만 정부의 제1공화국, 장면 내각의 제2공화국에 이어 등장한 박정희 정부의 제3공화국에서는 1962년부터 경제개발계획을 시작하였다. 1962년 제1차 경제개발 5개년 계획에서부터 1970년대 말까지 세 차례의 경제개발 5개년 계획을 성공적으로 수행한 결과 '한강의 기적'이라는 경제성장이 이루어졌다. 그러나 '선 성장 후 분배'를 내건 경제성장 지상주의 때문에 분배 문제를 중심으로 한 국가적 차원의 서비스 전달체계로서의 사회복지는 매우 미흡한 상태였다.

1) 부족한 사회복지

1961년에 집권한 박정희 정부는 경제개발계획을 추진하며 빈곤으로부터의 해방과 복지국가를 목표로 1960년대 초 사회복지 관련 법과 제도를 만들었다. 그러나 실천을 위한 것이라기보다 구호 위주에 불과했다. 이를테면 1961년 공공부조제도로 「생활보호법」을 제정했지만, 1970년대 중반까지 국가에서 재가보호 대상자를 위한 부식비를 한 푼도 지원하지 못하고 주식비로 하루에 밀가루 한 홉 정도를 지원하는 정도였다.[10] 사회보장심의위원회를 만들어 각종 복지제도를 연구하고 실제로 복지 관련 입법도 더러 하였지만, 1963년 제정된 「의료보험법」이 전 국민 대상 강제 의료보험이 아니라 임의 보험제도로 머물렀던 것에서 보이듯, 명목적 차원을 넘어서지 못하였다.[11]

10) 그 밀가루도 미국의 PL480 원조사업이 제공한 것이었다.

11) 1960년대에 들어서 '경제개발 5개년 계획' 추진과 수출산업의 전략적 육성 등에 힘입어 건국 후 처음으로 경제가 돌아가면서 사회복지 부문에서도 현대적 의미의 복지제도가 서서히 도입되기 시작하였다. 예를 들면 「생활보호법」, 「군인연금법」, 「산업재해보상보험법」 등의 사회복지 관련 법령을 제정하였다. 하지만 실질적인 실행에는 한계가 많았다. 1963년 제정된 「의료보험법」도 강제 적용 규정의 누락으로 사실상 보류되었다가, 1976년에 500인 이상의 사업장부터 강제 적용되기 시작하였다. 1973

기존 사회복지시설에 대한 지원도 미약하였다. 한국전쟁 이후에 생긴 고아원 등 사회복지시설이나 절대 빈곤층에 대한 생계 보호 사업의 재원도 대부분 외국 원조에 의존하였다. 1963년 의료보장제도로서 「의료보험법」을 제정하였지만, 국민의 보험료 부담 능력이나 정부의 재정도 부족해 시행되지 못하였다. 국가 차원의 사회복지가 발전하지 못한 상태에서 외국 민간원조 단체에 의한 사회복지 사업은 1970년대 중반까지 계속되었다. 이렇게 1970년대까지는 외원기관의 원조를 통한 사회복지가 한국의 사회복지에서 큰 부분을 차지하는 상태에서 공공 복지정책의 발전과 공공복지 전달체계에 관한 관심 수준은 낮을 수밖에 없었다. 공공 복지정책은 재원이 크게 들지 않는 사회보험을 중심으로 그 기반을 마련하는 데에 초점이 맞추어졌다. 이 시기 사회복지 전달체계의 체계화는 공론화될 분위기가 아니었다. 아니 없었다. 하지만 외원기관이 점차 철수하면서 복지 책임이 공공으로 이양됨에 따라 복지 전달체계 행정에 관한 관심도 증가하게 되었다.

1970년대 후반까지 한국 공공 행정은 권위주의와 형식주의의 팽배로 구체성이 부족했다. 의사결정 과정은 정부 관료 중심으로 내부 결정이 주를 이루었다. 특히 1961년 「생활보호법」을 비롯한 공공부조 분야는 관료적 · 폐쇄적 정책 결정의 전형이다. 정책 결정에 가장 큰 영향을 미친 건 대통령, 보사관료, 경제 관료 등 집권 엘리트들이었다. 특히 대통령의 문제 인식과 정책 시행 의지가 중요했다. 보사부 관료들은 법안 준비과정에서 중요한 역할을 하였고 정책 결정 과정에는 항상 예산 문제를 둘러싸고 경제 관료들 사이에 갈등 관계가 조성되었다(김영순 외, 2008: 223에서 재인용).

외원기관에 의한 구호의 체계적 배분 시도마저 당시 혼란한 양곡 구호사업에서 이득을 챙기던 국회의원 등 일부 집단의 반대로 무산되었을 정도다. 적지 않은 수의 국회의원이 외원을 편법으로 이용하여 이득을 챙기던 상황에 구호물자 배급을 체계화하는 법제화가 달가웠을 리 없었다. 당시 대표적인 복지사업이었던 생활보호 사업도 객관적이고 엄격한 선정조사로 대상자를 선정한 게 아니고, 일선에서 다분히 자의적으로 이루어졌다.

년에 제정된 「국민연금복지연금법」도 '1차 석유 파동'으로 시행이 보류되었다.

2) 사회복지 교육의 발전과 실천 현장의 확대

이 시기 여러 대학에 사회복지 관련학과가 개설되고 대학 교육이 활성화되었다. 1961년 한국사회사업학교(현 대구대학교)가 설립되었고, 1963년 중앙대학교, 1964년 성심여자대학(현 가톨릭대학교)과 원주대학(현 상지대학교), 그리고 1968년 서울여자대학, 1969년 부산대학교와 숭실대학교에 사회사업학과가 설치되어 구미의 사회사업이론을 우리 현실에 적용하기 위해 꾸준한 노력을 기울였다(김덕준 외, 1977). 한편 1953년 창립된 사단법인 한국사회사업연합회는 1961년 한국사회복지사업연합회(현 한국사회복지협의회)로 명칭을 바꾸고 그 기능을 확대 · 개편하였다. 그리고 1965년 한국사회사업학교협의회(그 후 한국사회사업〈복지〉대학협의회에서 다시 현재의 한국사회복지교육협의회로 명칭 변경)와 1967년 한국사회사업가협회(현 한국사회복지사협회)가 창립되었다.

사회복지 교육이 자리 잡아 가면서 사회복지 이론이 정립되기 시작하였다. 예컨대 사회복지 실천, 당시 용어로 사회사업에 대한 개념적 접근이 구체화되었다. 1964년 초판, 1985년 재판이 발행된 『사회사업사』에 따르면, 사회사업은 "인간관계를 조정하는 기술"로 정의된다. 지윤(1985)에 따르면 '관계'와 '사이' 등이 강조되는 게 특징으로 사회사업은 "인간관계를 조정하는 기술", 즉 곤란이 일어났을 때 이를 극복하기 위한 원조 기술로 정의된다.[12)]

대학에서 사회복지 교육의 이론화와 더불어 사회복지 실천 교육을 전문적으로 이수한 사회복지사들이 현장에 진출하였다. 사회복지 실천 분야가 점차 자리 잡으며 사회복지사들은 1957년 '한국 사회사업학회'를 창립[13)]했다. 1964년 '한국 개별사

---

12) 『사회사업사』에서는 사회사업과 자선사업으로 구분되어 있다. 지윤(1985)에 따르면 무보수로 제공되는 봉사와 구제를 사회사업으로 혼동해서는 안 되고, 사회사업과 자선사업은 분명하게 구별해야 한다고 했다. 당시까지도 사회사업과 자선사업을 구분하지 않았던 상황에서 사회사업과 자선사업의 차이로 '관계', '사이' 등이 제시되었다(지윤, 1985).

13) 사회복지 교육에서 유능한 실천가를 계속해서 양성할 수 있던 요인 중 하나가 학회다. 학회를 통해 교육 내용의 전문성 함양이 이루어진 것이다. 더욱이 사회복지 교육이 시작된 초창기 1950년대에 학회가 만들어졌다는 사실은 큰 의미가 있다. 우리나라 사회복지 실천에서 '한국사회사업학회'라는 전문 학술조직 출범은 역사적인 사건이었다. 어떤 분야에서 학회의 출현은 해당 분야가 과학적 이론과 지식을 기반으로 하는 실천 분야라는 걸 보여준다.

회사업가협회', 1966년에는 '한국 사회사업가협회'가 창립되었다(김덕준 외, 1970). 그 결과, 사회사업가(사회복지사)들이 직업으로 일하는 사회복지 실천 현장이 늘어갔다. 실제로 아동 보육시설을 비롯하여 거주시설이나 위기개입 지원 형태의 원조 중심 실천 일변도에서 지역사회와 함께하는 사회복지 실천 현장이 확대하기 시작했다. 그 결과 1960년대와 1970년대 지역에서 사회복지관[14] 사업이 활기를 띠었다.

특히 1960년대 이후 외원기관들이 사회복지관을 설립, 운영하기 시작하였다. 사회복지관 설립에서 가장 적극적이었던 외원기관은 캐나다 유니테리언봉사회였다. 1962년 전남 목포에서 아동 결핵병원 지원 사업을 전개하면서 목포 사회복지관을 설립, 운영하였다. 목포 사회복지관은 당시 이 지역에 만연한 기아 문제를 해결하고자 기아 일시 보호소 운영, 기아 예방 상담에 주력하였다. 캐나다 유니테리언봉사회는 이후 1965년 인천, 1967년 경기도 이천, 1968년 마포에 사회복지관을 추가로 설치하여 지역사회 문제해결과 지역사회개발에 주력하였다. 당시 사회복지관은 구호물자를 배급하는 장소인 동시에 주민 진료 기관이자 가정조사를 통한 케이스워크 수행 현장이었다. 특히 농촌 지역에 설치된 이천 사회복지관은 4~5명의 마을 대표와 비슷한 수의 부녀 회원, 4H클럽 등 지역단체 대표로 구성된 지역사회종합개발위원회를 조직하여 지역주민의 의견을 수렴하는 과정을 거쳐 마을회관 건립과 놀이터 설치 등 마을의 공동사업을 추진하였다(강만춘, 1972).

14) 한국에서 사회복지관은 1906년 대한제국 때 원산에서 미국 감리교 여선교사인 놀스(Knowles) 여사가 만든 반열방(班列房)이라는 인보관을 설립하여 여성을 위한 계몽 사업으로 시작한 것을 출발로 본다(한국사회복지관협회, 1999). 이후 1921년 경성(현재의 서울)의 태화여자관을 시작으로 개성, 춘천, 공주 등에도 여자관이 설립되었다(남경현, 1978; 한국사회복지관협회, 1999 재인용). 당시 여자관은 여성들을 대상으로 한글 교육, 가정방문 상담, 아동 건강 및 영양 사업 등 가정 위생과 생활 개선사업 위주였다. 한국 사회복지관의 또 다른 기원은 1930년대 조선총독부가 서울의 종로, 왕십리, 마포, 영등포 등 여러 곳에 설치한 인보관을 들 수 있다. 이곳에서 직업보도, 구호, 생활지도 등의 다양한 사업을 실시하였다(강만춘, 1972; 한국사회복지관협회, 1999 재인용). 특히 1929년에 종로 5가에 세워진 '동부 인보관'은 조선총독부 산하의 공공 구호기관인 방면위원회가 주관하여 건립한 것인데, 주요 사업으로는 직업보도, 자립작업장, 생업자금 대부, 상담, 아동교육 및 주민교육 등이다. 그러나 이 인보관들은 해방 이후 미군정에 의해 폐쇄되었다(한국사회복지협의회 60년사 편찬위원회, 2012). 해방과 한국전쟁을 거치면서 서구와 같이 대학과 지역사회 연계 형태의 사회관이 만들어졌다. 예컨대 1956년 이화여자대학교는 주한미군원조처(AFAK)의 지원으로 지역주민을 위한 서비스 제공과 학생 실습과 자원봉사의 장으로 이화여대 사회관을 만들었다. 당시 피난민들이 많이 거주하던 대신동 지역주민들을 대상으로 상담 및 자립 지원, 아동을 위한 탁아소, 야간학교, 모자보건 및 지역 의료사업을 벌였으며, 당시 도입된 전문사회사업 방법들을 실천하는 데 상당한 노력을 기울였다.

1970년대 들어서 더욱 다양한 설립 주체들이 사회복지관을 설립, 운영하기 시작하였다. 성심여자대학교(현 가톨릭대학교 성심 교정) 부설 사회복지관(1971년, 서울 봉천동), 선명회(현 월드비전)의 성남복지관(1974년, 성남시), 대한 기독교 개혁선교회의 사당복지관(1974년, 사당동), 중앙대학교 부설 사회복지관(1975년, 서울 봉천동), 캐나다 유니테리언봉사회 영등포복지관(1975년, 영등포) 등이 설립되었다. 1975년에는 기독교아동복리회(CCF)가 기존에 운영하던 각 지역 가정복지부를 사회복지관으로 개칭하여 운영하였다. 이로써 1977년에는 우리나라의 사회복지관은 총 23개소였는데, 외원기관에 의해 설립된 게 다수였다(한국사회복지관협회, 1999).

1970년대까지 경제성장 우선주의의 영향으로 사회복지에 대한 정부 재정 지출은 극히 미약하여 사회복지 수용시설에 일부 재정을 지원하는 정도였다. 따라서 이용시설로 분류된 사회복지관은 정부의 재정지원 대상에서 제외되어 재정적으로 어려웠다. 특히 1970년대 외원기관들이 철수하면서 외원에 의존하던 사회복지관 사업은 위기에 처하였다. 그에 따라 사회복지관 운영자들은 정부 재정지원을 계속 요청하여 마침내 1978년 처음으로 정부가 서울의 중앙사회복지관과 영등포사회복지관의 2개소에 보조금을 지원하기 시작하였다. 그러나 법적 근거가 없었으므로 재정지원이 안정적으로 이루어지지 못했고, 개별 사업에 따라 부분적으로 지원되었을 뿐이다(한국사회복지사협회 40년사 출간위원회, 2007).

그래도 이 시기 사회복지관은 정부가 복지 책임을 다하지 못하는 가운데 소외계층과 빈민들을 위한 민간 차원의 종합적인 서비스를 제공하여 이들의 기본권과 삶의 질 향상에 기여하였다. 아울러 사회복지를 단순한 생존 욕구 충족을 위한 시설보호로 보는 인식에서 벗어나도록 하는 데 큰 역할을 하였다. 실제 복지관에서는 다양하고 전문화된 서비스를 제공하였다. 취업모를 위한 탁아사업, 청소년 클럽, 도서실, 상담소 등은 당시 절대적으로 부족하였던 문화, 체육, 교육 및 복지를 통합적으로 제공하였다(한국사회복지관협회, 1999). 그럼으로써 사회복지가 사회문제나 부적응문제 등에 사후 대응하는 소극적인 체계가 아니라 사전에 문제를 예방하며 참여자의 건강한 발달을 견인하는 것으로 성격 변화를 유도하였다. 또한 대학과 현장을 연결하는 통로 기능을 수행하여 사회복지에서 교육, 연구와 실천 사이의 역동적인 연계를 가능하게 하였다.

3) 사회복지 관련 법령의 입법화

사회보험 부문으로서 「공무원연금법」(1960년), 「선원보험법」(1962년), 「군인연금법」(1963년), 「산업재해보상보험법」(1963년), 「의료보험법」(1963년)이 제정되었다. 공공부조 부문에서 「생활보호법」(1961년), 「군사원호보상법」(1961년), 「재해구호법」(1962년), 「국가유공자 및 월남 귀순자 특별보호법」(1962년), 「사회복지서비스 부문에 아동복리법」(1961년), 「윤락행위 등 방지법」(1961년), 「자활지도에 관한 임시조치법」(1968년) 등이 제정되었다. 그 밖에 특히 1963년에 사회보장에 관한 법률이 제정되었다. 1960년대 근대적인 사회복지 법제를 구축했지만, 제도 시행에는 이르지 못했다.

1970년대 초 박정희 대통령이 유신헌법으로 대통령의 권한을 대폭 강화하고 유신체제를 유지하자 이에 대한 체제 도전이 끊임없이 일어났다. 이를 무마하느라 여러 사회복지 관련 법률이 제정되었다. 사회보험 부문에서 「사립학교 교원연금법」(1973년), 「국민복지연금법」(1973년), 「개정의료보험법」(1976년), 「공무원 및 사립학교 교직원 의료보험법」(1977년) 등이 제정되었다. 공공부조 부문으로는 「재해구제로 인한 의사상자 구호법」(1970년), 「의료보호법」(1977년), 「월남귀순자 특별보상법」(1978년)을 언급할 수 있고, 사회복지서비스 부문에서 「사회복지사업법」(1970년)도 제정되었다. 1970년대 말 한국사회복지사업연합회의 명칭이 현재의 사회복지법인 한국사회복지협의회로 바뀌었고, 1977년 한국사회사업가협회가 사단법인 한국사회사업가협회로 변모했다. 그간 활동이 없었던 한국사회사업학회가 1979년 본격적인 모임을 시작하고 학회지 창간호를 발행하기 시작했다.

3. 제5·6공화국과 문민(김영삼)정부

1979년 10.26 사건으로 박정희의 유신체제가 종말을 고하고 1980년 5.17 군사 반란으로 전두환 대통령의 집권과 함께 제5공화국이 시작되었다. 제5공화국은 민주주의 토착화, 정의사회 구현, 복지사회 건설, 교육개혁 및 문화 창달을 국정지표로 내세웠다. 이는 1982년부터 시작된 제5차 5개년 개발계획에서 경제와 사회의 균형적인 발전을 기본목표로 삼았다. 제5공화국은 체제의 정통성 확보를 위해 사회복지 관련 법률 여러 입법들을 단행하였다. 사회복지서비스 부문에서 「사회복지사업기금법」(1980년), 「심신장애자복지법」(1981년), 「노인복지법」(1981년) 등이 제정되었다. 아동복리법을 「아동복지법」으로 개정(1981년)하였으며, 「사회복지사업법」을 전면 개정(1983년)하여 사회복지종사자를 사회복지사로 명칭을 변경하고 사회복지사 자격을 1급, 2급, 3급으로 구분하였다. 공공부조 부문에서는 「생활보호법」을 개정(1983년)하여 생활보호 유형에 자활보호와 교육보호를 추가하고 그 밖에 「최저임금법」을 제정(1986년)하였다. 제5공화국 후반부터는 한국형 복지 모형이 등장하기 시작하였다. 이에 시설 수용 위주의 복지사업에서 탈피하여 지역복지와 재가 복지가 강조되기 시작하였다.

1988년 출범한 노태우 대통령의 제6공화국은 「국민연금법」(1988년), 「의료보험법」(1989년), 「최저임금법」(1988년) 등 제5공화국이 약속한 사회보험제도를 대부분 시행하였다(한국사회과학연구소 사회복지연구실 편, 2000). 특히 1987년부터 사회복지 전문요원을 영세민 밀집 지역 동사무소에 배치하기 시작하였다. 또한 1989년 지방자치법이 제정되고 지방화 시대가 도래하면서 중앙정부 중심의 업무가 지방정부에 이양되기 시작하였다. 이 시기 사회복지와 관련하여 「모자복지법」 제정(1989년), 「심신장애자복지법」을 「장애인복지법」으로 개정(1989년), 「노인복지법」 개정(1989년), 「장애인고용촉진 등에 관한 법률」 개정(1990년), 「의료보호법」 개정(1991년), 「영유아보육법」 제정(1991년), 「고령자고용촉진법」 제정(1992년) 그리고 「사회복지사업법」 개정(1992년) 등이 있다.

1993년 등장한 김영삼 대통령의 문민정부는 신경제 5개년 계획 사회복지 부문에서 우리나라 제7차 경제사회발전 5개년 계획 복지정책의 기본방향을 국가발전 수준에 부응하는 사회복지제도의 내실화에 두었다. 그러나 국민복지 증진을 위한 사회복지 분야는 소극적으로 대처하였다. 문민정부에서 사회복지와 관련하여 사회보험 부문에서 「고용보험법」 제정(1993년), 「국민연금법」 개정(1995년), 「국민의료보험법」이 제정(1997년)되었다. 사회복지서비스 부문의 경우 「정신보건법」(1995년)과 「사회복지공동모금법」을 제정(1997년)하였다. 한편 기존 사회보장에 관한 법률을 폐지하고 「사회보장기본법」을 제정(1995년)하였다.

1) 경제성장과 사회복지의 도전과 발전(1970년대 후반~1997년 IMF 위기까지)

1970년대 후반부터 1997년 IMF 사태 이전까지 우리나라는 현대 산업국가로 빠르게 성장하였다. 이 시기에 고도의 경제성장으로 산업화와 함께 정치적으로 민주화까지 이룩한 시대 상황을 배경으로 사회복지 실천도 큰 발전을 이루었다. 특히 1970년대 후반 이후 35년간 국가 사회복지가 본격적으로 발전하면서 민간 사회복지도 크게 발전하였다.

박정희 정부에서 시작된 현대적 의미의 사회복지제도가 경제발전 속도에 맞춰 점진적으로 도입 · 발전하는 전통은 전두환 정권과 노태우 정권에서도 그대로 이어졌다. 전두환 정권은 '복지국가 건설'을 4대 국정지표의 하나로 설정하였다. 1981년에는 「노인복지법」과 「심신장애자복지법」을 제정하였다. 1986년에는 「국민연금법」이 만들어져 석유 파동으로 시행이 보류된 국민연금도 실시되었으며, 「최저임금법」도 제정되어 저임금 근로자를 위한 보호 장치가 마련되었다. 노태우 정권 역시 의료보험, 산재보험 그리고 국민연금 대상자를 지속해서 확대하였고, 1991년에는 「영유아보호법」제정, 종합사회복지관 건립, 사회복지 전문인력 양성 등을 통해 사회복지서비스 부문의 발전을 도모하였다.[15)]

우리나라 사회복지관의 본격적인 활성화는 1989년 정부가 "도시 영세민 주거 안정 종합대책"의 일환인 사회주택 성격을 갖는 영구임대주택(아파트) 25만 호를 1992년까지 건설한다는 계획을 확정하며 시작되었다. 건설부에서는 「주택건설 촉진법」을 모법으로 하는 1991년 대통령령 '주택건설 기준 등에 관한 규정'과 건설부령 '주택건설 기준 등에 관한 규칙'을 제정하면서 복리시설로서의 사회복지관

15) 5 · 16 군사 정변 이후 18년간의 박정희 정부와 8년간 전두환 정부는 한국의 경제발전이라는 목표에 정책 초점을 맞추었다. 이 두 정권은 절차적 정통성의 결손을 경제적 업적으로 보충하려고 온갖 노력을 다 기울였다. 국민 모두의 염원이던 경제적 업적을 내지 않으면 정권이 절차적 정통성 결손으로 언제 무너질지 모른다는 위기감 때문에 이 분야에 일차적 목표를 둘 수밖에 없었다(이정복, 2006).

건립을 의무화하였다(김융일, 1994). 이 조치로 영구임대아파트 단지 내 사회복지관의 수가 급격히 증가하였고, 이를 마중물로 이후 지방자치단체 등에서 건립한 복지관들이 가세하면서 사회복지관의 수가 급증하였다(김융일, 1995). 1992년부터 가정과 지역사회를 중심으로 한 서비스 강화라는 정부 정책으로 정부 주도 재가복지 봉사센터가 사회복지관 부설로 설치되기 시작하였다. 「영유아보육법」에 따라 별도 규정을 받는 보육시설들이 사회복지관에 설치 · 운영되면서 사회복지관은 지역주민들의 복지 수요에 부응하는 종합적인 사회복지사업을 수행하는 전문적인 사회복지시설로 자리 잡았다(한국사회복지관협회, 1997).

사회복지관의 확대와 정착은 지역사회복지 실천의 거점으로써 사회복지관이 기능하는 데에 결정적인 요인이 되었을 뿐만 아니라, 더 근본적으로는 사회복지시설의 지역적 접근의 시작이라고 평가할 수 있다. 아울러 이후 지역사회 내에 설치되는 여러 사회복지시설들의 건립과 운영의 근거가 되었다.

1993년 김영삼 정부가 들어서면서 사회복지 선진화 노력이 더욱 체계적으로 이루어졌다. 1995년 1월 새로 출범한 보건복지부는 1995년을 '선진복지 원년'으로 선포하였다. 1995년 3월 김영삼 대통령의 코펜하겐 '사회개발 정상회의' 참석을 계기로 그해 5월 '국민복지기획단'이 설치되었고, 12월에는 '삶의 질 세계화를 위한 국민복지 기본구상'이 발표되었다. 정부 차원에서 발표된 최초의 종합적 사회복지 구상이라 할 수 있다. 그 후 10년간 진보정권에서 강력하게 추진된 사회복지정책의 기초가 되었다는 점에서도 큰 의미가 있다. 이러한 기본구상에 따라 1995년 말 「사회보장기본법」이 제정되었고, 1995년 7월에는 고용보험제도도 도입되었다(이준우 외, 2011).

2) 사회복지 전문성 지향과 사회복지 모형 개발(1980년~1998년)

(1) 외원 철수와 그에 대한 대응

1981년 보건사회 백서에 따르면 1970년대 말부터 외원이 철수하기 시작하였고 외원의 성격도 변화여 구호사업보다는 후생 · 보건 · 교육 및 선교사업 등에 비중을 두었다.[16] 1980년도 도입된 외원의 사업별 실적을 보면 후생 · 보건 · 교육 · 사업이 60%를 차지하여 이 분야 사업은 늘어나는 추세에 있었으나 일반 영세민에 대한 단순 구호사업은 7%로서 줄어들고 있었으며 선교사업이 11%로 급격히 늘어나는 추세를 보였다(보건사회부, 1981: 258-260). 1980년 이전까지 공공복지 전달체계의 필요성이 그리 크지 않았던 건 사회복지 예산 규모가 그리 크지 않았던 당시 상황과 무관하지 않다. 1981년 보건사회 백서에 따르면, 1961년 이후 1980년까지 보건사회부 예산의 증가는 보이지 않았다. 이에 외원이 철수한 자리에 정부의 복지정책이 대신 대응하여 결국 복지에 대한 책임이 외원기관에서 정부로 이양될 필요성이 커졌다.

외국 원조 기관의 완전한 철수는 당시 대학 교육을 이수한 사회복지사들에게는 커다란 도전이었다. 이들 중 상당수가 외국 원조 기관에 취업하여 활동했기 때문이다(한국사회복지학회 50년사 편찬위원회, 2007). 외국 원조 기관이 철수하자 사회복지사 또한 일자리를 잃어버릴 상황이었다. 현장에서 일하는 사회복지사가 줄자 학회도, 협회도 급격히 불안정해지며 기반이 취약해졌다. 실제로 당시 외국 원조 기관에서 일했던 사회복지사들이 1970년대 후반 외국 원조 기관이 철수한 후 현장을 떠나는 경우가 속출했다. 사회복지사라는 직업, 사회복지 실천이라는 영역 자체가 생존의 위협에 직면했다.

결과적으로 이 시기 사회복지정책은 크게 두 가지 정책변화를 보였다. 첫째, 외원 민간기관이 담당하였던 각종 사회복지서비스를 민간기관이 계속 제공할 수 있도록 민간 위탁의 확장이다. 둘째, 외원에 의존한 구호를 넘어서 생활보호 제도의 역할 강화다. 이 두 가지 정책변화는 모두 전문화 이슈를 부상시켰다. 각종 물질적 지원이 복지정책으로 확충되었던 1980년대에는 전문성 결여에 대한 지적이 빈번하고 강력하였다(서상목 외, 1988).

한국 사회복지 정책과 서비스를 설계하고 정책을 현장에서 진행하는 인적 자원인 사회복지사의 정체성에 대한 성찰이 요구되었다. 무엇보다도 사회정책에 대한 요구가 가장 컸다. 주된 내용은 미국식 임상 사회사업(또는 사회복지 실천), 특히 환

---

16) 1980년도 보건사회부에 등록된 외원단체의 수는 87개지만 실질적으로 사업을 종결하고 철수 준비 중인 단체도 7~8개에 이르렀다. 국적별로 보면 미국이 48개(55%), 독일과 이탈리아가 각 7개(16%), 영국과 스위스가 각 4개(10%), 캐나다 · 아일랜드 · 스웨덴이 각 3개(11%), 기타 8개(10%) 등이다.

경보다는 인간이라는 측면에 치우쳐 개입하는 사회사업 방식, 즉 미시적이며 임상적인 사회복지 실천의 한계가 비판 대상이었다. 임상 사회사업으로는 사회변화와 사회개혁이 어렵다는 비판이었다. 따라서 사회복지 실천은 사회에 관심을 두어야 하고 사회정책까지 적극적으로 다루어야 한다는 주장이 커졌다(이혜경 · 남찬섭, 2005). 물론 미국의 기능적 전문 사회사업에 대한 문제 제기는 이미 1960년대 중반 이래, 미국식의 사회사업학을 모방 · 수입한 나라에서 종래의 개별사회사업(casework) 중심의 미국식 미시적 사회복지 실천의 현실 적합성을 재검토하는 공동노력이 시도되었다. 결국 이 시기 한국에서도 사회복지 실천과 사회복지정책을 통합하는 방식으로 변화하였다. 전문성 향상에 대한 동기부여와 가시적인 노력이 사회복지 현장과 교육기관 등에서 활발하게 이뤄졌다.

실제로 전문성을 높여야 할 필요성은 복지서비스 제공에서도 당연히 강조되었다. 외원기관이 중요한 역할을 하였던 취약 인구집단 지원이 1980년대 초 각종 관련 법 제정과 함께 정부 정책으로 대체되면서 복지서비스 제공에서 외원의 모국인 외국의 사례와 같은 전문성을 갖추는 일이 당면과제가 되었다. 이러한 인식과 외국 모델의 이식으로 일선에 취약 인구집단을 상담할 전문인력이 배치되었다. 당시 일선 시 · 군 · 구 등에 부녀복지, 아동복지 전담 인력을 배치하고 1981년 「심신장애자복지법」 제정 이후 시 · 군 · 구에 심신장애자 복지지도원을 배치하였다. 공공부조에서도 전문성이 중요해졌는데, 대상자 선정의 정확성과 관련이 있었다. 이와 더불어 1970년대 이후 계속 강조되었던 자활사업의 성공을 위한 일선의 상담 강화도 전문성 향상 요구의 배경이었다.

(2) 생활보호 제도의 내실화

1980년대 들어서면서 생활보호 제도에서 현금 급여가 강화되었다. 1980년대 이전에는 생활보호 대상 중 본인의 집에 머물며 지원받는 거택보호자에게 구호양곡만 지원하였다. 그러나 1979년부터 양곡과 함께 연료비와 부식비로 현금을 지급하였다(보건의료계획반 · 사회보장기획반, 1981: 157). 그리고 “거택보호자의 생계보호를 최저생계비 대비 40%인 당시 수준에서 1986년에는 70%까지 상향시킴으로써 자가소득을 포괄하여 최저 생계유지가 가능토록 한다.”라는 계획이 있어 이후 현금 급여를 위한 재원 투입이 증가할 예정이었다. 그리고 당시 강조되기 시작한 자활지원에서도 예산 증가 가능성이 컸다. 그 계획에 따르면 자활능력 배양을 위해 1981년부터 생활보호 대상 자녀를 위한 기능훈련과 동 훈련생에 대한 훈련 준비금, 훈련 수당 · 식비 및 취업준비금을 지급하였다(보건의료계획반 · 사회보장기획반, 1981: 158-160).

1981년 공공 사회복지 전달체계의 개선 필요성과 구체적 대안을 다룬 연구가 나오기 시작하였을 뿐 아니라 1982년부터 적용을 예정한 제5차 경제사회개발 5개년 계획에도 공공 사회복지 전달체계의 개선안이 담겼다. 이러한 논의나 계획의 배경은 생활보호 사업의 형평성 확보였다. 특히 생활보호 대상자 선정과정은 1999년까지 여전히 민간 의존도가 심하고 임의성도 큰데다 선정기준의 적용 시차마저 발생하는 등 불합리한 측면이 유지되었다. 하지만 지원 수준은 1985년부터 큰 폭으로 상향 조정되었다. 그래도 대상자의 규모는 1987년 이후 그리 많이 증가하지는 않았다. 대상자 선정 조사에서 엄격성이 강화되어 누락 대상 중 일부가 지원받는 정도고 새로 대상자가 된 경우는 많지 않았다. 그런 이유들로 신청주의로 변화된 1990년에도 대상자 규모의 증가는 크게 보이지 않았다. 신청주의가 누락 대상자 발굴에 그리 큰 보탬이 되지 않았다는 말이다(보건사회부, 1992: 189).

(3) 사회복지사업법 개정과 특화된 사회복지 전달체계 구축 노력의 무력화

공공부문 복지의 제공에서 유의미한 또 다른 변화가 1983년 「사회복지사업법」 개정이다. '국가와 지방자치단체는 사회복지를 증진할 책임을 진다.'라는 조항을 신설하여 공공의 책임과 역할에 관한 내용을 보강하였다. 그리고 시 · 도, 군에 사회복지위원회를 두도록 하고 읍 · 면 · 동에는 복지위원을 두어 공공복지 전달에 협력하도록 하였다. 보건사회부에서는 당시 사회복지사무소와 같은 별도의 복지 전달체계를 갖추어 전문성을 높여야 한다고 계속 제안하던 상태였다. 하지만 제안은 관철되지 못하였고 1980년대 중반 생활보호 사업에서 신청 보호제도만 도입되었을 뿐이다. 그래도 여전히 지역의 리 · 동장, 새마을지도자 등의 영향이 생활보호 사업 대상자 선정에서 중요하게 작용하였다는 비판이 있었다.

이즈음 가장 중요한 정책변화는 1987년 사회복지 담당 별정직 공무원, 사회복지 전담 공무원을 배치하기 시작한 것이다. 보건사회부와 전문연구자들이 주장하였던 사회복지사무소가 설치되지는 못하였지만 전문인력 배치가 시작되었다. 전문성을 높여야 한다는 정책적 · 사회적 압력이 일부 수용된 결과로 해석할 수 있다. 하지만 사회복지 전담 공무원의 배치는 제안된 전문화 대안 중 일부일 뿐으로 차선의 타협으로 볼 수 있다.

취약 인구집단에 대한 사회복지서비스가 확충되었음에도 복지 대상의 구성에서 생활보호 대상자의 규모는 여전히 큰 상태가 1990년대까지 유지되었다. 왜냐하면 공공 사회복지 전달체계가 1990년대까지는 생활보호 중심이었기 때문이다. 한편, 복지서비스는 대부분 민간으로 위탁하는 방식이었으므로 공공 사회복지 전달체계에서 생활보호의 몫은 그만큼 더 컸다. 1992년에 「사회복지사업법」에 '복지사무전담기구'에 관한 규정을 마침내 신설하여 복지사무소와 같은 전문화된 집행기구를 별도로 설치하는 법적 근거를 마련하였다. 보건사회부는 1993년부터 3년간 사회복지사무소 시범사업을 계획하였다. 사회복지사무소 모형을 계속 추진하기 어려운 환경에서 새로운 별도의 특별행정기구가 아닌 '보건복지사무소' 모형이 1995~1999년까지 실험되었다. 하지만 이 실험이 본 사업으로 이어지지는 못하였다. 1992년 1월부터 보건사회부에서는 보건사회연구원, 사회복지전문요원이 함께 참여하는 '사회복지사무소 추진반'을 구성하여 운영하였다. 하지만 1992년 12월 보건사회부 사회복지사무소 추진반이 해체되고 보건사회연구원에서 사회복지사무소 모형개발 연구보고서가 발표되었을 뿐이다.

1993년 김영삼 대통령이 취임하면서 '작은 정부'를 지향하였고 이러한 환경에서 사회복지사무소 설치는 재검토되었다. 사회복지정책심의위원회에서 사회복지정책장기발전계획에 '보건복지사무소' 설치안을 공공복지 전달체계 개선방안으로 보건복지부에 건의하였다. 사회복지사무소 설치를 위한 시범사업 추진에 행정자치부, 당시 내무부와 기획예산처 등의 반대로 어려워지자 복지부는 애초 추진했던 5개 지역 사회복지사무소 시범사업을 3개 지역은 보건복지사무소, 2개 지역은 사회복지사무소 설치 계획을 세웠다. 하지만 1994년 사회복지정책심의위원회 건의 형태로 사회복지사무소가 아니라 보건과 복지의 통합을 지향한다는 새로운 시도로 보건복지사무소 시범사업을 벌이기로 변경되었다. 이 과정에서 기존 행정조직인 사회복지과와 가정복지과의 반대에 직면하였는데, 주민 전산망 활용이 불가능한 것도 장애가 되었다. 행정직들도 관행과 다른 예외적인 형태의 행정조직이라는 이유로 보건복지사무소에 반기를 들었다. 당시 보건복지사무소 설계는 인력의 확충도 최소화한다는 것이었다. 예산의 증액이 어려웠기 때문이다. 1990년대 '작은 정부'라는 이념은 그 영향이 매우 강력해서 전문화된 공공 전달체계를 별도로 구축하려는 노력은 모두 무산되었다.

한편 1980년대 공공복지의 책임이 커지면서 공공복지의 전문성을 높여 효율화와 성과 제고를 동시에 달성하려고 하였다. 하지만 당시 생활보호제도가 법적인 권리, 즉 수급권을 보장한 게 아니라서 대상자 선정과정의 정확성이 아직 낮은 수준이었다. 1980년대부터 수용된 신자유주의 이념이 전달체계를 체계화하려던 각종 계획의 실현을 막았던 셈이다. 1998년 즈음하여 정부는 구조조정 중이었고 지방정부 조직도 예외가 아니었다. 이러한 분위기가 보건복지사무소의 본격적 확산을 불가능하게 하였다.

(4) 법제화를 통한 사회복지제도의 성숙

질병 치료와 국민건강을 위한 의료보장 정책이 시작되었다. 사회보험방식의 건강보험제도는 1977년 500인 이상의 대규모 사업장에서 시작하여 1980년대 초에 소규모 사업장까지 계속 확대 적용하였다. 1981년 지역건강보험 시범사업을 시작하여 1989년 건강보험 적용을 농촌과 도시의 모든 지역주민까지 확대하여 건강보험 시행 12년 만에 전 국민건강보험을 완성하였다. 이와 함께 생활이 어려운 빈곤층을 위한 의료보장 정책으로 1977년부터 의료보호제도를 시작하였다.

국민의 경제적 생활상 불안과 문제를 해결하고 소득을 보장하기 위한 정책과 프로그램도 이 시기에 시작되었다.[17] 노인, 장애인, 아동 등 보호가 필요한 국민을

17) 노령, 장애, 사망 등의 사회적 위험에 대응하는 국민연금제도는 1988년에 시작되었다. 직장 가입자를 대상으로 하는 국민연금제도는 처음 100인 이상 사업장에서 적용을 시작하여 점차 그 적용 범위를 확대하여 나갔다. 빈곤한 국민을 위한 공공부조방식의 소득보장사업도 1980년을 전후하여 본격적으로 발전하기 시작했다. 생활보호대상자에 대한 쌀과 보리쌀 지원(1978년), 연료비 지원(1979년), 부식비 지원(1980년), 교육보호 및 자활보호(1982년), 생업자금 융자(1982년) 등이 모두 이 시기에 시작되었다.

대상으로 하는 사회복지서비스를 위한 시설이 설치되거나 확충되었고, 제도와 프로그램들도 이 시기에 일제히 발전하기 시작하였다.[18] 특히 1980년대 이후 지역사회 중심의 사회복지서비스를 담당하는 사회복지관, 노인복지관, 장애인복지관 등 이용복지시설이 증가하기 시작하였다. 특히 1991년 영유아보육법 제정 이후 아동보육 사업도 양적으로 크게 성장하여 보육시설도 대폭 증가할 수 있었다.

사회복지서비스를 담당하는 사회복지사 등 사회복지 전문인력도 이 시기에 처음으로 제도화되었다. 사회복지 전문 자격자인 사회복지사가 1985년도부터 처음 배출되어 그해 2,500명이 자격증을 받았다. 이때부터 사회복지 전담 공무원과 사회복지관 등 시설 직원이 자격자로 충원되기 시작했다. 사회복지 전담 공무원은 1987년에 처음 배치되기 시작하여 1990년대 말에는 7,000여 명까지 늘었다.[19]

4. 국민의 정부(김대중)와 참여정부(노무현)

1997년 이후 IMF 체제하에서 산업화 이후에 경험하지 못한 경제위기와 대량실업, 빈곤의 문제에 직면한 상황에서 1998년 출범한 김대중 대통령의 국민의 정부는 빈곤 및 실업 대책, 사회보험 통합에 노력을 기울였다. 또한 민간부문에서 시 · 도 사회복지협의회의 독립 법인화가 이루어지고 민간 사회복지의 자율성이 강화되었다. 국민의 정부에서 제정 또는 개정된 사회복지 관련법들은 사회보험으로서 「국민건강보험법」 제정(1999년), 「산업재해보상보험법」 개정(1999년)을 꼽을 수 있다. 「생활보호법」 폐지와 「국민기초생활보장법」 제정(1999년) 그리고 「의료보호법」을 「의료급여법」으로 전문 개정(2001년)하였다. 더불어 사회복지서비스 부문에서 수차례에 걸쳐 「아동복지법」, 「노인복지법」, 「사회복지사업법」, 「영유아보육법」, 「장

18) 「아동복지법」(1961년 제정된 「아동복리법」에서 1981년 전문개정으로 「아동복지법」), 「노인복지법」과 「장애인복지법」이 1981년에 제정되었고, 「사회복지사업법」이 같은 시기에 개정되었다. 이러한 법들에 따라 보호를 필요로 하는 국민을 위한 사회복지시설의 체계화가 이루어지고, 서비스의 대상과 사업에 따라 시설의 종류도 다양화되기 시작하였다.

19) 2023년 상반기 기준으로 우리나라 사회복지사 2급 이상 자격증 취득자 수는 141만 명에 달한다.

애인복지법」 등을 개정하였으며, 「모자복지법」을 「모 · 부자복지법」으로 전면 개정(2003년)하였다.

2003년 출범한 노무현 대통령의 참여정부는 사회복지를 국정운영의 중심에 둔 최초의 정권이었다. 참여정부가 제시한 '참여복지'는 복지의 보편성, 국가 역할과 책임 강화 그리고 복지정책 수립 · 집행 · 평가과정에 국민 참여를 강조하였다. 1990년대 중반 이후 사회문제로 부각한 '양극화'에 대응하기 위해 2005년 「긴급복지지원법」을 제정하였고, 2007년에는 노인의 소득보장을 위한 「기초노령연금법」 제정과, 몸이 불편한 노인의 돌봄과 보호를 위한 「노인장기요양보험법」을 제정하였다. 2003년에는 지역사회복지계획 수립을 위한 「사회복지사업법이 개정되었고, 가족해체 예방을 위한 「건강가정기본법」도 만들어졌다. 이후 복지재정도 획기적으로 확대되어 2004년 이후에는 사회보장예산이 정부 재정의 10%를 넘었다(이준우 외, 2011).

1) 사회복지를 보편적 권리로 보는 국민 인식 변화 (1998년 외환위기 이후~참여정부)

1998년 외환위기는 한국 사회복지의 역사에서 위기이자 기회였다. 실제로 한국 복지국가의 등장을 1998년 외환위기 이후로 보는 시각이 지배적이다(김연명 편, 2002; 구인회, 2008). 이 시기 사회복지 지출의 양적인 확장뿐만 아니라 사회복지를 제공하는 공급자로서 국가의 역할과 책임이 확대되었다는 점에서 질적인 변화가 이루어졌다. 사회정책이 경제발전의 목적 실현을 위한 보조 수단에서 사회권과 재분배 실현이라는 독자적인 목표를 갖는 국가정책으로 등장했다고 평가된다(구인회, 2008).

시혜적 자선으로 이해되던 사회복지가 국민의 보편적 권리로 이해되기 시작한 건 1998년 외환위기를 전후로 엄청난 경제위기 상황에 대한 범정부적 대처와 맞물린다. 무엇보다도 정치적으로 복지 친화적인 진보적 성향의 김대중 정부와 노무현 정부가 집권하면서 나타난 다양한 혁신적인 변화들 덕이다. 이 시기를 통해 비로소 우리나라가 현대 복지국가로의 진입을 위한 사회복지제도의 기본 골격을 완성하였다고 해도 과언이 아니다. 빈곤과 질병의 굴레에서 벗어나기 위한 사회안전망으로서의 사회보험제도가 이 시기에 완성되었던 셈이다(김교성 외, 2010).

1988년에 시작된 국민연금은 직장 가입자에 대한 적용 범위를 계속 확대하여 1인 고용 사업장까지 포함하였고, 지역주민에 대한 국민연금도 1995년 농어민, 1999년에는 도시 자영업자까지 확대하여 전 국민의 연금 시대를 열었다.[20] 이러한 국민연금제도의 도입과 시행에 따라 2008년부터 완전 노령연금이 본격적으로 지급되기 시작하였고, 노령연금 수급자가 매년 큰 폭의 증가세를 보이고 있다. 2008년부터는 국민연금 수급권에서 제외된 65세 이상 노인들에게 별도의 소득보장제도로서 국민연금 가입자 평균소득의 5%를 급여하는 기초노령연금제도가 시행되었는데, 2008년 수급자는 65세 이상 전체 노인의 70%였다.

1964년 시작한 산재보험제도도 이 시기에 적용 범위를 1인 사업장까지 확대하여 모든 근로자를 수급권에 포함시켰다. 실업을 맞아 소득을 보장하는 고용보험제도도 1995년에 도입되어 2000년에는 1인 사업장까지 확대 적용하였다. 이처럼 2000년을 전후하여 소득보장제도로서 국민연금, 산재보험, 고용보험의 3대 사회보험을 완성하고, 그 적용 대상을 보편주의의 원칙에 따라 국민 전체로 확대하였다.

1989년 국민 전체의 의료보험을 달성한 의료보장정책[21] 면에서도 2000년에는 건강보험 체제를 개혁하여 단일보험자인 국민건강보험공단이 관리 운영하는 통합체제로 바뀌었다.[22] 의료보장 재원을 전 국민 계층 간의 사회연대로 조달하기 위

---

20) 1988년 도입된 국민연금제도는 기초연금과 소득비례연금이 분리되어 있지 않은 소득비례 단일연금제이며 공적관리, 확정급여, 부분적립방식으로 운영되었다. 김대중 정부는 소득대체율을 70%에서 60%로 낮추고 연금기금 운용의 투명성과 가입자의 정책 결정 과정 참여를 골자로 하는 제도 개혁을 단행하였다. 그러나 세대 간, 계층 간 연대, 관대한 급여 수준, 임금 근로자와 자영업자의 통합관리라는 기본 골격은 손상되지 않았다. 다시 말하면 개혁된 국민연금제도는 세계은행이 제안한 신자유주의적 요소는 거의 받아들이지 않았고, 노후 소득에 대한 국가책임의 원칙이 강하게 유지되었다. 그 결과 1999년 4월 1일부터 국민연금의 대상이 도시지역 자영업자까지 확대 시행되어 12년 만에 전 국민의 연금제도가 성취되었다. 이후 저출산 고령화 현상 심화와 완전 노령연금 수혜자가 나오면서 국민연금의 재정 상태가 불안해지자 2007년 7월 국민연금 보험료를 9%로 유지하면서 60%인 평균 소득자의 소득대체율을 2008년 50%, 2028년까지 40%가 되도록 국민연금법을 개정하였다(김연명, 2000).

21) 1977년부터 시행된 의료보호 제도가 의료급여제도로 바꾸어 2000년부터 절대빈곤층의 모든 국민에게 거의 무료로 의료서비스를 제공하는 공공부조 방식의 제도를 시행하였다.

22) 김대중 정부의 사회복지개혁 시도 중에서 가장 돋보이는 것은 「건강보험법」통합이다. 「국민건강보험법」이 국회에서 통과되고 2000년 7월 1일부터 시행되었다. 종래 '의료보험'이란 용어도 더 포괄적 의

하여 기존 조합방식의 건강보험을 통합방식 체제로 개혁한 것이다. 또한 2008년에는 거동불편 등 만성질환으로 혼자 생활하기가 어려운 노인에 대한 장기요양서비스를 제공하기 위하여 사회보험 방식의 노인장기요양보험 제도를 도입하였다.

특히 1999년 9월 7일 「국민기초생활보장법」을 제정하여 최저생계비 이하의 빈곤한 국민 누구나 실질적인 최저생활을 보장하는 현대적 의미의 공공부조제도가 마련되었다. 절대빈곤층의 국민이면 누구나 최저생활을 보장하도록 함으로써 빈곤을 극복하기 위한 실질적인 제도가 2000년에 시행된 것이다.[23] 이에 따라 「국민기초생활보장법」이 제정 공포된 9월 7일을 2000년부터 '사회복지의 날'로 기념하고 있다. 이 시기에 사회복지서비스 제도와 사업도 크게 발전하였고, 사회복지시설도 양적으로나 질적으로 크게 성장하였다. 아동복지시설, 노인복지시설, 장애인복지시설 가릴 것 없이 시설의 숫자가 큰 폭으로 증가하였을 뿐만 아니라 시설의 종류, 사업의 종류도 다양해졌다. 생활 혹은 거주시설뿐만 아니라 지역사회의 재가복지시설도 동시에 큰 폭으로 증가하였다.

2003년 출범한 노무현 정부는 사회복지를 국정운영의 중심에 둔 최초의 정권으로 복지의 보편성, 국가 역할과 책임 강화, 복지정책 수립 · 집행 · 평가과정에 국민 참여를 강조하는 '참여복지'를 내세웠다. 그에 따른 정책 일환으로 2005년 '양극화'에 대응하여 「긴급복지지원법」, 2007년 노인의 소득보장을 위한 「기초노령연금법」과 몸이 불편한 노인의 보호를 위한 「노인장기요양보험법」을 제정하였다.

미의 '건강보험'으로 바뀌었다(박병현, 2001).

23) 「국민기초생활보장법」제정 이전의 우리나라 공공부조 제도의 근간은 1961년에 제정된 「생활보호법」이다. 생활보호 제도는 대상자 선정의 비합리성, 급여의 저급성, 운영의 비합리성 등의 문제가 있었다. 생활보호 제도는 생계 보호의 대상자로 65세 이상의 노인이나 18세 미만의 아동, 임산부 등으로 제한하여 실질적으로 생계유지가 어려운 저소득층 중 보호받지 못하고 생활보호의 사각지대로 남는 이들이 많았다. 그에 따라 생활보호 제도는 우리나라 헌법 제34조 1항의 '모든 국민의 인간다운 생활을 할 권리'와 제5항의 '생활 능력이 없는 자에 대한 국가 보호책임에 대한 국민의 권리'를 구현하지 못하던 상태였다. 그러나 1999년 9월 7일 제정되어 2000년 10월 1일부터 시행된 국민기초생활보장제도에서는 기존 「생활보호법」의 가장 큰 문제점으로 지적되어온 65세 이상과 18세 미만이라는 인구학적 기준을 개선하여 근로 능력의 유무와 관계없이 소득이 최저생계비에 미달하는 국민은 누구나 대상자가 될 수 있게 하였다. 또 소득과 급여를 합한 소득수준을 최저생계비 수준까지 보장하여 헌법이 보장하는 모든 국민의 인간다운 생활을 할 권리와 생존권적 기본권을 보장하고 있다. 그뿐만 아니라 시혜적 성격의 「생활보호법」의 명칭을 「국민기초생활보장법」으로 바꾸고 법의 내용 중 '보호', '피보호자' 등의 시혜적인 문구를 '보장', '수급자' 등의 권리성 문구로 변경하여 현대적인 공공부조 제도로 거듭났다.

2003년 지역사회복지계획 수립을 위한 「사회복지사업법」이 개정되고, 가족해체 예방을 위한 「건강가정기본법」도 제정하였다. 그런 이유들로 복지재정의 획기적 확대로 2004년 이후 사회보장예산이 정부 재정의 10%를 넘어섰다.

2) 사회복지 전달체계 위상 변화와 지역단위 전달체계로 개편 (1999년~2007년)

1999~2007년 국민기초생활보장 제도로 수급권이 인정되고 최저생계비까지 보충 급여해야 하는 상황에서 대상자의 소득 파악 등이 더욱 정교해질 필요가 있었다. 각종 복지정책이 확충되었는데, 이는 과거 보건복지부의 범위 안에 국한되지 않았다. 국세청과 국토부를 비롯한 여러 부처의 복지정책 시행을 예정하는 광범위한 복지확충이었다.

일반적으로 공공 사회복지 전달체계에는 사회, 정치적 맥락의 영향이 크기 마련이다. 전달체계 발전 초기의 경우 정치적 권위주의의 쇠퇴와 민주화의 영향이 크다. 그러나 민주적 과정의 정착과 함께 정책 결정 과정이 대폭 개방되었고, 이러한 분위기는 전달체계를 정책 이슈로, 그리고 개편 추진 동력으로 작용하였다.

이 시기에 신공공관리며 신자유주의 이념의 확산이 활발하게 진척되었다. 사회복지 정책이 빠르게 발전하던 시기에 신자유주의가 수입되면서 전달체계의 각종 개편 모델은 구현되지 못하였다. 신자유주의가 복지 전달체계의 조직 신설이나 인력확충에 압박이 되었기 때문이다. 따라서 신자유주의 이후 효율화의 가치는 더 중요한 정책가치가 되었다. 이로써 2005년 지방분권이 본격화되었고 지방정부 단위의 복지가 강조되었다. 기초자치단체 수준의 협치를 위한 지역사회복지협의체를 설치하고 이를 기반으로 지역사회복지계획을 수립하도록 한 것도 지방분권이라는 배경과 관련이 있다. 바우처 제도의 도입과 같은 민간비영리, 영리 부문에 대한 복지 민영화도 이러한 기조에서 진행되었다. 다만, 정책적 지향은 복지확장과 불일치를 초래할 위험이 커서 전달체계의 왜곡 가능성도 적지 않았다. 게다가 정부의 구조조정은 여전히 중요한 정책적 지향점이었는데, 작고 효율적인 정부, 성과지향 등이 주요 가치였다.

다른 한편으로 복지확충과 복지의 전문화, 다양한 복지서비스를 담당할 업무의 분화가 요구되었다. 사회복지사무소의 주된 개념은 전문화, 분화였기 때문이다. 하지만 여전히 작은 정부가 중요한 정책적 지향점이었으므로 새로운 조직 설치가 아니라 시 · 군 · 구 조직의 개편을 선택하고 제한된 인력 규모를 더 이상 확충하지 못하여 읍 · 면 · 동의 기능을 일정 부분 포기하는 선택을 하게 되었다. 그러나 이러한 정책지향은 주민생활지원서비스의 구축으로 대체되면서 새로운 모델로 변화하였다. 다양한 영역의 복지확충을 조직적 통합으로 그 연계 기반, 공동 기획의 기반을 마련하기 위해서였다. 주민생활지원서비스는 읍 · 면 · 동의 접근성 강화와 현장의 통합적 서비스 제공을 추구하는 모형인데, 추진과정에서 보건복지부가 아니라 행정자치부가 주도적 역할을 맡았다. 행자부는 읍 · 면 · 동에 새로운 6급의 자리를 마련하여 부처의 이해관계를 반영하였다.

한편 복지 예산 중 국민기초생활보장제도의 예산 비중이 여전히 컸다. 그 수급자 선정은 역시 중요한 정책과제였다. 따라서 사회복지사무소 모델이 적용되었던 주민생활지원서비스 체계에서도 전문가는 주로 대상 선정 업무에 집중되고, 또 당시 주요 과제였던 다양한 정책 간 일선의 조정 연계를 지원하는 부서에 집중되었다. 지방분권이 강조되는 상황에서 지방정부의 기획력을 강조하는 것도 당연했다. 그에 따라 지역의 복지와 관련하여 시 · 군 · 구에 기획부서가 신설되었다.

이 시기 일선의 인력은 계속 확충되면서 지방자치단체의 복지직 공무원은 중요한 이해관계집단으로 성장해갔다. 하지만 이 시기까지는 이들의 활동이 눈에 띄게 커지지는 않았다. 분권화와 함께 이후 진행된 총액인건비 제도는 지방정부 단위로 정규직 공무원의 증원에 어려움을 초래하였고 이후 민간영역에서 활동하던 경력자, 전문가를 계약직으로 공공에서 채용하여 복지업무를 담당하게 하는 현상을 초래하였다. 복지는 크게 확충되었어도 이를 수행할 기반을 마련하는 것은 쉽지 않은 여건이었다.

5. 이명박, 박근혜 정부, 문재인 정부, 윤석열 정부

2008년 이명박 정부 역시 출범 초부터 '친서민정책'을 강조하였다. 2008년 「노인장기요양보험법」 시행, 2009년 양육수당제도 도입, 2010년 「장애인연금법」 제정에 이어 국가고용전략 수립을 국정운영의 최우선과제로 선정하고 경제발전 정도에 걸맞은 사회복지 부문의 발전을 천명하였다. 그러나 무상급식을 둘러싼 복지 포퓰리즘 논란 등 사회복지 분야에는 많은 한계점이 드러나기도 하였다.

박근혜 정부는 '국민행복시대'를 표방하면서 영유아보육 누리과정에 대한 국가책임을 강화하고, 기초노령연금을 기초연금으로 개편하여 증액하였다. 그리고 읍·면·동 주민센터를 행정복지센터로 바꾸어 복지 전달체계를 혁신하였다(이용교, 2017).

문재인 정부에서는 사회복지를 국가적 의제 중 가장 중요한 핵심으로 삼고, 포용적 복지국가를 천명하였다. 기초연금을 인상하고 아동수당을 도입하였으며 기초생활보장제도에서 한계로 지적되던 부양 의무자 조항의 단계적 폐지와 치매국가책임제, 보장성 강화를 위한 문재인 케어 도입과 지역사회 중심의 통합적 복지체계인 커뮤니티케어를 실현하고자 하였다(이준우, 2021).

지난 2022년 윤석열 정부는 지속가능한 복지국가를 천명하면서 국민 맞춤형 기초보장을 추진한다는 계획을 천명하였지만, 실질적 성과는 눈에 띄지 않고 있다.

우리나라 사회복지 정책과 제도는 복지를 국민의 권리로 보편적으로 보장해 가는 방향으로 진행된다고 볼 수 있다.

1) 민간자원의 적극적 연계와 사례관리 강조(2008년 이후)

2008년 이명박 정부는 활기찬 시장경제와 능동적 복지를 국정지표로 제시하고 일을 통한 복지를 강조하였다. 2010년 GDP 대비 공공 사회복지지출 비중은 9.2%로 2007년 대비 1.6% 증가하였다. 노무현 정부에서는 증가율이 2.5%였다. 다만, 이명박 정부에서 경제위기에 대응하는 대규모의 재정지원 일자리 사업과 저소득층에 대한 사회보험료 감면정책 이외에는 특징적 제도가 추진되지 않았다는 평가이다(강병구, 2012: 84).

새로운 복지정책의 구상과 확충 세는 둔화하였지만, 복지 전달체계에 관한 관심까지 낮았던 건 아니다. 2008년 정부는 '사회복지서비스 전달체계 개선 TF'를 보건복지가족부 차관을 단장으로 관계 부처 국장급 공무원, 민간전문가들로 구성하고, 공공 · 정보화 · 민간 분과로 구분하여 분야별 심층 논의를 진행하였다. 이 계획에 따라 2008년 시 · 군 · 구의 민원 종합안내와 상담 기능 강화를 위해 보건복지 콜센터("희망의 전화 129")와 상시 연계 가능한 시스템을 구축하였다. 이에 앞서 「희망복지 129」(가칭) 설치 방안을 마련하였고, 상담 · 서비스 연계 등을 담당케 하려 했다. 그리고 시 · 군 · 구의 서비스 연계팀은 민간기관으로부터 인력을 파견 받아 민간기관의 네트워크를 활성화하고자 하였다. 상담의 체감도를 높이되 그 초점은 민간자원의 동원에 두었다.

복지가 확충된 면은 없지만, 국민의 복지 욕구는 더 커지는 상황이었다. 고용불안정과 불평등이 경제적 어려움으로 더 악화되었는데 복지정책의 확충, 개선으로 이러한 요구에 대응해가기에는 복지영역에 대한 재원 투자의 여력을 확보하지 못하였다. 결국 정부로서는 사회복지 체감도를 효율적으로 높이는 게 더욱 중요한 관심사가 되었다. 그에 따라 2012년 복지부는 '체감도 높은 복지 전달체계 마련'을 주요 정책과제로 설정하였다.

당시 복지 전달체계의 주요 문제에 대응하기 위하여 고안된 해법은 일선의 사례관리를 강조하여 사례별로 대응하여 체감도를 높이는데 있었다. 그러고 제한된 자원의 한계를 극복하기 위하여 사례의 욕구에 대응하는 민간자원을 동원하는 방안이 강구되었다. 이러한 제반 정책의 노력이 전달체계에 경주되었다. 2008년 이후 이명박 정부의 민생안정 TF, 희망복지 지원단, 박근혜 정부의 동 복지협의체 등이 이러한 정책 시도 사례들이다.

한편 2010년 이후 체감도를 높이기 위한 인력의 가용이 필요하기에 부정수급을 엄정한 선정을 제한된 인력으로 유지해야 되었다. 여러 부처로 분산된 복지정책에 대한 중앙의 관리도 더 개선하고, 전산화 강화로 그 해법을 모색하였다. 2010년 사회복지통합전산망 시행 이후 전산 자료가 범부처로 확장하였고 그 용도도 다양해졌다. 효율화의 가장 강력한 도구로 전산화가 추진된 셈이다. 최근에는 전산망 확충 그 자체가 성장 논리가 되는 추세다.

박근혜 정부의 지역복지 전달체계 개편은 보건복지부의 '읍 · 면 · 동 복지기능 강화'로 특화되었다. 즉, 서비스대상자 욕구별 지원이 가능한 인프라를 갖추는 것이다. 읍 · 면 · 동의 복지기능 강화 외에도 '통합형'과 '거점형'으로 일선 전달체계 행정 단위를 읍 · 면 · 동 이상으로 변경하는 데에 집중하였다. 이러한 단위 개편에는 행정자치부의 협력이 절대적으로 필요하지만 기대한 협력은 순조롭지 않았다. 결과적으로 일선의 조직 개편을 최소화하는 '복지기능 강화' 모형만 복지부의 주관으로 추진되었다.

문재인 정부는 사회서비스의 공공성 강화를 위해 지자체에 사회서비스원을 신설하여 운영하기 시작하였다. 사회서비스원 설립 취지는 공립 사회복지시설의 공공성 제고에 있다. 가령 그동안 '구립 어린이집'은 구청이 예산을 투입하여 만든 공공어린이집이지만 사회복지법인이나 학교법인 등이 수탁하여 운영하였던 경우를 꼽을 수 있다. 즉, 말만 '구립'이고 실제는 '법인' 어린이집과 크게 다를 바 없었다. 이름만 공공어린이집이고 민간어린이집 방식으로 운영된 셈이었다. 이에 사회서비스원을 만들어서 공립 어린이집, 공립 요양시설, 초등돌봄교실 등을 직접 운영하게 한 것이다(이용교, 2019).

그런데 일각에서는 사회서비스원이 또 하나의 '권력화'된 집단이 될지도 모른다는 우려가 있다. 사회서비스원 자체가 공공의 전문화이기 때문이다. 따라서 민간의 전문화보다도 더 '권력화'하거나 '관료화'하여 집단 유지를 위해 사회적 약자들을 힘들게 할 위험이 있다는 것이다. 아울러 비영리조직을 사회서비스원의 자원으로 종속시킬 위험도 거론되었다. 더 큰 문제는 정부의 공공성만으로는 급변하는 사회문제를 해결하기가 매우 어렵다는 것이다. 지방행정 혁신, 주민센터 활성화, 커뮤니티 케어 등 민간에게서 그 해결점을 찾기 위해 권한이 위임되는 게 그 때문이다.[24)]

---

24) 그러기에 왜 사회서비스의 공공성만 강조해야 되는지 이유에 대한 의문이 제기고 있는 상황이다(승근배, 2019).

윤석열 정부는 복지 분야 국정과제로 '따뜻한 동행, 모두가 행복한 사회'를 목표로 '생산적 맞춤 복지'를 전면에 내세웠다. 이를 위해 '필요한 국민께 더 두텁게 지원'하겠다는 7가지 핵심 과제가 담겼다. 첫째, 지속가능한 복지국가 개혁. 둘째, 국민 맞춤형 기초보장 강화. 셋째, 사회서비스 혁신을 통한 복지 · 돌봄 서비스 고도화. 넷째, 100세 시대 일자리 · 건강 · 돌봄 체계 강화. 다섯째, 안전하고 질 높은 양육환경 조성. 여섯째, 장애인 맞춤형 통합지원을 통한 차별 없는 사회 실현. 일곱째, 누구 하나 소외되지 않는 가족, 모두가 함께하는 사회 등이다.

2) 다양한 형태의 사회복지 정책과 서비스들의 출현

한국의 사회복지는 점차 기존의 보호 대상자 중심의 선별적인 정책에서 국민의 삶 전반에 영향을 미치는 보편적인 정책으로 영역이 더욱 다양해지고, 확대되고 있다. 예를 들면, 「사회보장기본법」 개정으로 사회복지의 범위가 확대되었고, 「사회보장급여의 이용 · 제공 및 수급권자 발굴에 관한 법률」 제정으로 지역사회 차원에서 사회보장 체계를 새롭게 구성해나가고 있다. 노인 인구 증가에 따른 돌봄 서비스 등 다양한 사회서비스가 확대되고, 읍 · 면 · 동을 거점으로 전달체계가 찾아가는 서비스로 정착하면서 사례관리 실천이 대세로 자리 잡았다.[25)]

복지의 패러다임도 공급자 중심이 아니라 이용자 중심, 중앙정부 중심이 아니라 기초자치단체 등 지방정부 중심으로 강조되고 있다. 사회복지 예산 편성은 과거 그 어느 때보다도 확대되었다.[26)] 그 결과 복지재정 부담이 만만치 않은 실정이다. 복지비용의 증가가 국민 삶에 직접 체감되는 만족감이 커지는 것이 확인되고 있다. 따라서 사회복지 실천 현장의 경우 일터와 지역사회, 가정 등에서 더욱 생산적

---

25) 읍 · 면 · 동을 비롯하여 대부분의 사회복지시설마다 사례관리 실천 위해 애쓰는 상황이다. 더욱이 사회복지시설 평가에도 사례관리는 주요 평가 지표로 확고하게 자리를 잡았다. 정부 보조금을 받는 시설 모두 사례관리는 필수 개입 실천이 되었다. 그런데 문제는 사례관리가 관점인지, 모델인지, 개입방법인지에 대한 사회복지학계와 실천 현장 간의 논의와 합의가 명확하게 이루어지지 못했다는 데에 있다. 다만 현재로서는 대체로 다양한 개입 수준을 통합하여 직접 실천과 간접 실천을 아우르는 통합적 방법론으로 자리가 매겨진 것으로 보인다.

26) 2020년 국가 예산 약 512조 중 복지 관련 예산은 180조 원으로 전체의 35%이고 국방예산의 3.5배이다(이용교, 2020).

인 복지 활동으로 사회 전체에 활력을 불어넣어야 할 정책적 · 실천적 과제가 무겁다.

김대중 정부로부터 노무현 정부까지 혁신적으로 추진하던 사회복지정책들이 실제적인 성과를 낼 수 있었던 중요한 요인에는 참여연대와 민주노총을 중심으로 하는 시민운동과 노동운동의 협력과 연대가 꼽힌다. 「국민기초생활보장법」이 이러한 성과의 대표적인 사례이다(이영환 편, 2005).[27] 이렇듯 이 시기에 들어서면서 우리의 사회복지 운동에 대한 관심이 본격적으로 대두되었던 또한 사실이다. 그것은 바로 1990년대 후반 외환위기가 기점이었다. 이 시기야말로 사회복지 문제의 사회적 중요성이 폭발적으로 대두되었던 것이다. 물론 정치적 민주화나 시민운동의 발전이 사회복지 운동의 중요한 발전 계기였던 것도 사실이지만, 사회복지 운동의 발전을 위한 가장 중요한 필요조건은 사회복지 문제가 중요한 사회적 이슈로 부각하는 것이다. 그런 의미에서 외환위기는 개인의 빈곤이 개인에게 책임이 있는 게 아니라는 사실을 분명하게 보여준 실제 사건이었다. 국가 부도 사태 앞에서 누구든지 빈곤의 나락으로 떨어질 수 있다는 것을 온 국민이 체험[28]하면서 '빈곤한 사람은 무능하다'라거나 '빈곤은 개인 책임이다'라는 인식에 변화가 생기기 시작했고 이것이 사회복지 운동을 촉발하는 결정적인 계기가 되었다.

아울러 외환위기 이후 사회복지제도에 대한 사회운동 차원의 대응은 매우 활발하게 진행되었다. 지역복지 운동으로, 장애인 운동으로, 사회복지노동조합 운동 등 다양한 실천 영역에서 나타났다. 특히 장애인 운동의 경우 「장애인차별금지법」 제정, 이동권 확보 등 여러 가지 실제적인 정책과 제도가 마련되는 성과를 낳았다.

27) 1998년 초 경제위기로 초래된 대량실업과 대량빈곤 상황에서 획기적인 빈곤 대책이 절실하다는 인식이 확산되었다. 이에 참여연대 등 시민사회단체들은 공동으로 기존의 「생활보호법」을 대체하는 새로운 법률의 입법을 청원하였고, 새로운 법안은 여러 노력을 거쳐 12월 말에 보건복지위원회 법안심사소위를 통과하였다. 그러나 입법이 계속 지연되자 전국 50여 개의 시민, 노동, 빈민, 종교 등 단체들이 대거 참여하는 '연대회의'를 구성하여 적극적인 노력을 기울여 결국 1999년 8월 법 제정의 결실을 거두었다(국민기초생활보장법 제정추진 연대회의, 1999; 이영환 편, 2005 재인용).

28) 하루아침에 직장이 없어진 사람들이 즐비했고, 자영업자들과 기업들의 부도 소식은 봇물 터지듯 매일 들려왔다. 살길이 막막한 가장이 가족 자살 같은 극단적 방법을 선택했다는 소식은 많은 이들의 가슴을 아프게 만들었다. 또한 이 시기 거리를 배회하는 '노숙자'라는 용어가 등장하기도 했다. 외환위기는 많은 것을 무너뜨렸다. 수많은 가장이 직장을 잃으며 가정 해체로 이어지고, 수많은 빈곤 인구가 양산되었다.

이렇게 이 시기 들어서 사회복지제도에 대한 사회운동 차원의 대응이 고양된 이면에는 복지제도의 양적 확대에도 불구하고, 그 절대적인 수준의 저열성 문제가 있었다(이영환 편, 2005). 저열한 복지수준은 절대빈곤과 복지 사각지대를 그대로 남겨 놓고 계층 간, 집단 간 형평성의 문제를 초래하였고, 이러한 상황이 복지에 관한 관심을 키우고 그 결과 사회운동 내지 사회적 행동 차원의 개입으로 이어졌다.

한편, 이 시기 주목할 만한 현상은 사회적 기업, 사회적 일자리 등과 같은 사회적 경제 조직에 관한 관심이 커지고, 그 결과 일정 수준의 수익을 창출해내는 자활과 자립을 지향하는 '탈 전통적인 사회복지 실천' 영역이 크게 확대한 점이다. 특히 사회적 기업은 지역사회의 발전이나 복원 같은 시민사회의 가치를 추구하면서 동시에 시장에서 수익을 창출하는 새로운 기업형태다. 2007년 「사회적기업육성법」을 통해 취약계층 일자리 창출과 사회서비스 제공이 핵심 목표로 규정되면서, 사회적 기업[29]은 국가의 고용정책과 복지사업의 목적으로도 주목받고 있다.[30] 이처럼 사회적 기업과 같이 복지서비스 공급에 있어서 국가 중심의 복지보다 협업과 융합을 추구하는 현상은 세계적인 추세다. 주목할 점은 우리의 경우 복지혼종으로 각 섹터가 중첩된 혼종영역(hybrid zones)이 크게 확대되면서 여러 섹터의 특성이 복합된 혼종조직이 점차 늘어나리란 사실이다(김수영, 2015).

외환위기 이후 사회복지의 새로운 양상들이 나타나며 사회복지 정책과 제도, 전달체계, 서비스와 프로그램 등이 다원화되었다. 게다가 사회복지 운동을 통한 사회행동 실천의 역할도 절대 작지 않았다. 그런데도 안타까운 건 다양한 요인으로 사회개혁과 가치 지향을 강조하는 거시적 실천보다는 개인의 변화를 중시하는 미

29) 사회적 기업은 태생적으로 시민사회의 호혜성, 시장의 수익성, 정부의 공공성을 동시에 실현하려는 혼종적 속성이 있다. 지금까지 사회복지서비스 제공에서 국가(제1섹터), 시장(제2섹터), 시민사회(제3섹터)의 협업을 지향하는 복지혼합(welfare mix)만으로는 설명할 수 없는 새로운 복지 형태이다. 즉, 각 섹터 조직들 '사이'의 협력을 넘어, 한 조직의 '내부'에 여러 섹터의 원리와 가치가 융합되는 '복지혼종(welfare hybrid)'이다. 사회적 기업은 바로 대표적 혼종조직이다(김수영, 2015).

30) 물론 현대사회에서 복지 공급의 주요 주체는 '국가'다. 그래도 복지 공급의 주체를 국가 이외에 시장과 시민사회로 다원화하자는 복지 다원주의가 상당한 확장세를 보이는 현실이다. 사회복지 지출을 줄이면서 시장이나 비영리기관, 자원봉사조직 등을 통한 복지 공급을 강화하는 것이 국가의 관심이다. 이를 복지혼합이라고 한다. 그런데 복지혼종으로 정부가 복지사업을 '외부'에 위탁하는 수준을 넘어서 정부 조직 '내부'에 성과, 경쟁, 효율 같은 시장원리를 전격적으로 도입하는 것을 포함하여 시민사회 내에서도 시장과의 혼종 현상이 증가 추세다.

시적 실천이 우리나라 사회복지 실천의 주가 되었다는 현실이다(김인숙, 2005). 2000년대 들어서 사회문제가 다양해지고 개인의 치료가 목적인 사회복지 실천보다 사회의 정의롭지 못한 상황과 불평등한 현실을 변화시켜 사회 전체를 개혁하는 거시적 사회복지 실천을 강조하는 목소리가 높아지는 건 바람직한 것 같다(김성천 외, 2016). 특히 역량 강화, 옹호, 사회행동, 사회운동 등의 방법이 중시되는 것이 그 예다(김미경, 2008; 김지윤, 2015; 김종해, 2018).

그래도 한국 사회복지 실천에서 사회행동은 톱다운(Top-Down) 방식의 다분히 관료적 성향을 띠고 일시적이고 미시적인 캠페인 수준의 형태가 여전히 주를 이루고 있는 것이 현실이다. 또한 사회복지 실천 영역에서 발생하는 사회행동이나 사회운동보다 제도권 밖에서 이루어지는 급진적 사회운동을 통해 사회복지를 위한 사회행동이 발현되는 경우가 더 많다. 특히 장애인 운동, 페미니즘 운동 등에서 당사자 중심의 사회운동에 사회복지사들이 사회행동 차원의 실천을 시도하는 모습이다(김혜미, 2019).

한편 사회복지사들의 권익 보호와 노동권 확보 투쟁에서 사회운동의 범위를 확장하여 시민사회와 함께 사회개혁에 목소리를 내려고 하는 사회행동의 사례들이 나타나는 것은 크게 고무적이다. 2000년대 창립된 우리복지시민연합, 서울복지시민연대, 경기복지시민연대, 인천평화복지연대 등 지역단위의 복지단체들이 대표적이다. 이 단체들은 초기에 주로 사회복지사의 처우 문제나 복지예산투쟁에서 목소리를 높여왔으나 최근에는 다양한 방법의 복지 운동을 통해 '차별철폐', '사회정의 실현', '인권보장', '복지 공공성 확보' 등 사회복지 가치 실현에 노력하는 추세다(김혜미, 2019). 2012년 사회복지사들이 '세상을바꾸는사회복지사'라는 전국 단위의 단체를 조직한 것은 매우 의미 있는 일이다. 이를 통해 사회개혁을 적극적으로 촉구하는 한편 사회운동에 가담하면서 사회행동 차원의 사회복지 실천의 모델을 구현해나가고 있다. 이렇게 사회복지사들이 주체가 된 사회행동 실천으로 사회복지사들의 사회운동 및 사회행동에 대한 의식도 점차 변하는 추세다. '세상을바꾸는사회복지사(일명 세밧사)'는 '줬다뺏는 기초연금 개혁운동', '어린이 병원비 국가보장', '연동형 비례대표제 정치개혁' 운동 등을 통하여 사회정책 개혁의 필요성을 사회행동 차원에서 실천해가고 있다. 또한 이들이 주장한 '어린이 병원비 100만

원 상한제'의 경우 2018년 지방선거 후보자 다수가 실제 공약으로 채택하였고, 전국 최초로 성남시에서 이를 시행하기 위한 조례를 만들기도 하였다(김혜미, 2019).

이러한 사회복지 실천의 다양한 경향은 앞으로도 계속 이어질 것으로 보인다. 한국 사회가 이미 다원화되었고, 사회문제도 복잡다단해졌으며 제4차 산업혁명의 영향도 그 어떤 국가보다 크기에 급격한 사회 환경의 변화를 시시각각 직면할 것이다. 따라서 거시적 차원의 사회복지 실천이 당연히 요구될 수밖에 없으며 사회의 각 영역 간 융합이 사회 전반에 걸쳐 더욱 급속하게 자연스러운 모습으로 나타나 사회복지 실천도 융합과 통합에 토대를 둘 수밖에 없을 것이다.

6. 현대 사회복지 변천

1) 요약

한국에서 빈민에 대한 근대적 정책이 시작된 것은 1961년 박정희 정부에서 도입한 생활보호제도이다. 당시의 생활보호제도는 빈곤한 자들을 위한 공공부조 성격을 띤 유일한 제도였다. 하지만 이 제도에서 빈곤에 대한 인식은 기본적으로 빈곤을 개인과 가족의 책임으로 돌렸다. 개인의 빈곤은 당연히 알아서 해결해야 하는 문제였다. 그래서 급여 대상자 선정기준이 까다롭고, 정책은 시혜적 성격이 강했다. 생활보호 대상자는 개인과 가족의 무능함을 철저히 증명해야 했고, 그 과정은 그들에게 낙인이 될 수밖에 없었다.

하지만 이러한 생활보호제도가 크게 변하는 계기는 아이러니하게도 우리 역사에서 최악의 경제위기라 할 수 있는 'IMF 경제위기', 즉 1997년 외환위기였다. 이 시기에 출범한 김대중 정부는 기존의 「생활보장법」을 대체할 만한 새로운 공공부조 정책을 시행하는데, 바로 현재의 「국민기초생활보장법」(1999년)이다. 이때 우리는 모두 국가도 부도가 날 수 있음을 뼈저리게 체험하였다. 한국 사회는 어마어마한 파도에 휩쓸리는 것처럼 대량실업과 다양한 사회문제를 겪어야 했다. 그런데 역설적으로 외환위기로 가장 힘든 시간을 보내야 했던 이 시기에 본격적인 복지

국가로 출발하는 계기가 되었다. 가장 대표적인 「국민기초생활보장법」의 시행, 건강보험의 통합 그리고 국민연금의 확대 등 주요 사회보험의 기틀이 만들어졌다. 시혜적인 성격의 「생활보호법」을 폐지하고 근로 능력의 유무와 관계없이 모든 국민을 대상으로 최저소득 보장을 목적으로 하는 「국민기초생활보장법」의 시행은 빈곤정책 역사에서 획기적인 사건이었다.

1980년대 들어서면서 외원이 메꾸었던 자리를 국가정책으로 대체하는 변화가 시작되면서 공적 부조가 중요한 역할을 하였다. 공적 부조의 수행을 위한 전달체계 구축이 사회복지 발전 주된 내용이 되었다. 1990년대 들어서도 공적 부조를 수행하기 위한 전달체계 구조화와 내실화의 노력이 여전히 계속되었다. 특히 1999년 「국민기초생활보장법」의 통과가 이러한 경향 유지에 일조하였다. 그러나 한국의 사회복지는 점차 공적 부조에서 벗어나 복지 전반의 차원에서 전달체계를 독립적으로 다루기 시작하였다. 공적 부조 외 여타의 급여와 서비스가 확충된 것이 그 배경이었다. 사회복지서비스에 대한 강조와 전문성 확보를 위한 독립된 전달체계의 구축 노력이 이러한 변화를 더욱 가속하였다. 2000년대에 들어서면서는 사회복지에서 전달체계가 공적 부조와 독립된 복지인프라 확충이라는 새로운 영역을 차지하게 되었다. 하지만 이후 지방분권이 본격화하면서 지역사회복지라는 차원에서 공적 복지 전달체계가 다루어지면서 지방의 자체적인 모델의 개발과 적용이 활성화되었다. 중앙차원에서는 지방에서 재정적 부담으로 문제가 발생할 것 등 재정의 부담을 고려하여 지역단위로 민간자원 동원에 좀 더 많은 관심을 기울였다.

이명박 정부는 보편적 복지를 견제하고 복지축소를 시도하였지만, 결과적으로 한번 확대된 복지를 축소하기란 어려운 일이었다. 이 시기 노인장기요양보험의 실시와 초 · 중학교 무상급식 등이 시행되었다. 무엇보다도 2008년에 실시된 노인장기요양보험제도는 노인복지시설의 변화에 결정적 영향을 미쳐 가히 혁명적이라 할 만큼 시설의 변화를 초래하였다(이준우 외, 2011). 가장 대표적인 게 개별 기관 중심의 단절적 서비스 제공체계를 지역단위에서 조정하여 공공-민간 간의 서비스 연계 및 협력을 하는 것이었다. 이를 통해 개별가구가 가진 서비스 수요자의 복합적인 욕구를 전문적으로 조정하고 동시에 지역단위 복지자원의 총괄적인 조정과 관리를 통해 복지안전망의 사각지대를 보완하는 지역사회 보호체계 구축에 관심이 주목되었다(홍선미, 2010).

지방자치단체에서 추진했던 사례가 바로 '경기도 무한돌봄센터'의 설립과 운영이었다(류정애, 2012). 뒤이어 정부 차원에서도 지역단위 통합적 서비스 제공체계 구축의 필요성을 인식하여 사회복지담당 공무원 7천 명 확충과 함께 중앙정부 차원의 복지사업 컨트롤 기능 강화, 지자체에 통합사례관리를 전담할 '희망나눔지원단(가칭)'을 설치 운영하고 읍 · 면 · 동의 복지상담 기능을 강화해 나가는 마스터플랜을 제시했다(송준헌, 2011; 류정애, 2012 재인용). 여기서 출발한 현재의 희망복지지원단의 운영 과정에서 지역단위 통합서비스 제공체계는 과거 그 어떤 전달체계보다도 통합서비스를 지역단위에서 적극적으로 실현할 수 있는 주요 핵심 기제로 자리잡았다.

'국민행복시대'를 표방한 박근혜 정부는 영유아보육 누리과정에 대한 국가책임 강화, 기초노령연금을 기초연금으로 개편, 증액하고, 읍 · 면 · 동 주민센터를 행정복지센터로 전환 등 복지 전달체계를 혁신하였다(이용교, 2017).

문재인 정부에서는 사회복지를 국가 의제 중 가장 중요한 핵심으로 삼고, 포용적 복지국가를 천명하였다. 기초연금을 인상하고 아동수당을 도입하였으며 기초생활보장제도에서 한계로 지적되던 부양 의무자 단계적 폐지와 치매국가책임제, 보장성 강화를 위한 문재인 케어 도입과 지역사회 중심의 통합적인 복지체계인 커뮤니티케어를 시도하였다.

윤석열 정부는 복지와 돌봄이 결합된 사회복지서비스 고도화라는 목표를 사회복지 정책의 핵심으로 제시하고 이명박, 박근혜, 문재인 정부의 사회복지를 계승발전시켜가겠다고 천명하였다. 그렇지만 돌봄, 교육, 의료 등의 복지서비스를 '민간 주도'로 재편하겠다고 발표하는 등 복지 분야의 민영화를 축으로 하여 시장주의 정책을 강화하려는 움직임이 포착되었다.

2) 과제

우리의 사회복지 정책과 제도가 국민의 복지 권리를 보편적으로 보장해 가는 방향을 되돌릴 수 없는 것만큼은 분명해 보인다. 그런데도 오늘날 한국 사회에는 청년실업, 근로 빈곤, 양극화 등과 같은 용어들이 자주 등장한다. 청년들이 일자리가 없어 빈곤의 위험에 노출되고, 일하는데도 빈곤의 덫에서 헤어 나올 수 없는 근로 빈곤층 비중도 여전히 크다. 더욱이 제4차 산업혁명이라고까지 불리는 첨단 과학기술 문명이 가속화되는 현실에서 새로운 빈곤에 대한 대응까지 사회복지에서 해결할 과제다. 무엇을 어떻게 해야 할지, 지금까지 다룬 내용을 토대로 향후 사회복지의 기본적인 과제를 몇 가지 제시하고자 한다.

(1) 성공적인 복지 분권의 실현

중앙정부와 지방정부의 협력과 연계에 기초한 사회복지를 성공적으로 구현하는 측면에서도 여전히 넘어야 할 장벽이 많다. 지방자치 차원의 복지정책 실체가 무엇인지, 사회복지 영역에서 지자체 고유의 역할은 무엇이며, '중앙-광역-기초' 정부 간 역할 분담은 어떻게 이루어져야 하는지와 관련하여 실체적인 합의가 아직도 도출되지 못한 상황이다. 지자체에서 자체적으로 시행한 다양한 복지서비스들을 살펴보면, 그 서비스의 전달 주체가 누구여야 하는지에 의문이 생길 때가 많다. 예를 들어, '지역복지'에서 지역의 단위는 무엇인지, 광역 지자체가 지역사회의 대인 서비스를 관리 운영하는 역할을 해야 하는지, 그와 같은 실제적인 사회복지 실천 서비스 전달은 누가 맡아야 할지와 관련하여 명확한 근거가 제시되지 못한 것이 현실이다. 다만 각각의 지자체가 알아서 조례에 따라 시행하는 상황이다.

복지 분권과 관련하여 가장 시급한 과제는 정부 단위 간 역할 분담에 대한 법적 토대 마련이다. 서비스 개입의 책임 소재가 분명하게 나타나야 한다. 정부 단위에 따른 권한과 책임, 그리고 이를 뒷받침하는 세제가 법률로 정비되어야 한다. 특히 기초연금과 같이 중앙정부 차원에서 도입한 복지정책들이 지자체 재정에 미치는 영향이 심각하다 보니 중앙-지방 간 갈등이 큰 문제지만 광역-기초자치단체 간의 관계 정립도 꼭 필요하다. 기초 지자체에서 보면, 중앙-지방 간 갈등의 핵심인 '돈도 없이 일만 떠넘기는 경우'가 광역-기초 간에도 종종 일어날 수 있고, 동시에 기초 지자체의 고유역할에 광역 지자체가 숟가락만 얹으면서 생색은 다 낸다는 불만도 나올 수 있다.[31)]

복지 분권을 성공적으로 수행하기 위해서는 복지서비스를 위한 정교한 기준선과 지침을 만들고 이에 따라 서비스의 질을 규제하는 중앙정부의 역할이 강조되어야 한다. 아울러 중앙정부와 지방정부의 상호 협력과 '파트너십'이 견고하게 구축되어야 한다. 예컨대 사회보험의 경우 전체적으로 중앙정부가 관리하고, 보건의료 · 교육 · 교통 · 고용 등은 주로 광역이 담당하며, 대인서비스와 사회서비스는 기초 지자체가 담당하는 방식이 있다. 광역 지자체에 집중해서 보면 현재 사회서비스에 대한 광역 지자체의 권한은 다 기초 지자체로 내려 보내고, 광역 지자체는 보건의료, 교육, 교통, 고용 부문에만 집중하는 것이다.

그런데 간과해서는 안 될 커다란 쟁점들이 있다. 바로 기초 지자체 간의 불균형 해소 문제다. 기초 지자체 간의 서비스 격차를 해소하기 위해, 일정 부분 지역 경계를 초월하는 보완적인 전달체계 구축이 하나의 대안이 될 수 있다. 지방분권은 서비스의 질과 접근성을 높이기 위한 것이므로 '광역'이라는 울타리 내에 행정구역의 경계를 넘어서는 서비스를 적정한 수준에서 허용할 필요가 있다. 문제는 지자체 간 격차가 서비스에 그대로 반영되는 것을 어떻게 통제할 것인가에 대한 심도 있는 분석과 구체적인 대응 방안이 전제되어야 한다.

(2) 사회복지 전달체계의 효과적 · 효율적 운영

사회복지 전달체계의 역사에서 기획재정부와 행정자치부의 영향은 막강하다. 기획재정부와 행정자치부는 지방자치단체와 분리되는 별도의 복지 전달체계 구축을 견제하는 역할을 하였다. 복지전문가와 보건복지부는 항상 복지의 전문화를 이유로 별도의 집행조직 설치를 주장하였지만 이루지 못하였다. 사회복지 전달체계의 중요한 변화는 정치적 실권을 가진 정책결정자에 의해 추동되었다. 이유는 행정조직의 개편이 기재부와 행자부 등과 같은 강력한 이해관계집단과 관련되기 때

---

31) 지방분권과 관련하여 가장 큰 문제는 '의사결정은 중앙, 집행은 기초'로 이원화된 것이다. 단적인 예가 2005년의 국고보조사업 지방이양이다. 이때 67개의 복지사업이 내려왔는데, '분권 교부세'를 신설했다고는 하지만, 재원은 철저하게 중앙이 쥐고 집행 부분만 지방으로 이관했다. 중앙정부가 소관 업무를 지방정부로 이관할 때는 반드시 해당 사업의 경비를 충당할 수 있는 재원도 함께 이관해야 하는 것이 원칙이며 상식이다. 행정 분권을 위해서는 의사결정권의 상당한 이양과 재정 분권이 함께 이루어져야 한다. 이 문제가 해결되지 않고서는 '중앙이 중심이 되고 지방은 중앙의 업무를 보좌하는' 형태의 지방분권 실태를 극복하기란 불가능하다.

문에 더욱 강력한 추진력이 없으면 진행될 수 없기 때문이다.

주요 정책결정자는 복지 예산의 증액과 더불어 복지 체감도가 높아질 것을 기대하는 것이 일반적이다. 하지만 이러한 기대에 부응하지 못하는 현실을 타개할 전략을 전달체계 재구성을 통해 모색하려 하였다. 그런데도 가능하다면 이해관계집단 간의 갈등을 피하고 재정적 부담을 줄이는 저렴한 방식으로 전달체계를 개선하고 체감도를 높이고 싶어 한다. 반면 시민사회와 민간조직은 공공 사회복지 전달체계에 관한 견해를 밝힌 바 있지만 그 의견 개진이 충분할 정도로 강력하지 못하였다. 이들의 관여는 조직적으로 이슈화하고 모니터링을 계속하는 방식으로 진행되지 않았다. 국민기초생활보장제도나 연금제도의 개편 등 여타의 복지정책에서 보여준 입장의 강도와 차이가 크다. 이러한 점은 중요한 정책 대상 집단을 염두에 두지 못한 탓도 있다. 여타의 복지제도와 달리 전달체계에서는 그 이해관계집단을 쉽게 표적화하기 어렵다.

복지직의 조직도 정책의 변화를 초래하기보다 결정된 정책의 보완과 구체화에 관여하는 경향을 보였다. 물론 사회복지사무소와 같은 별도의 조직 설치를 준비하는 정책 기획과정에서 안을 정교하게 하는 역할을 하였지만, 정책의 변화를 추동했다고 보기는 어렵다. 복지부와 협력하면서 연대하지만 정책 방향의 변화에 영향을 주는 연대로 보기는 힘들다. 이렇게 중앙정부 차원의 정부 정책에서 사회복지부서의 힘과 영향력에 한계가 커 보일 때가 많았다.

사회복지 전달체계의 효과적 · 효율적 운영의 중요성은 갈수록 더 커지는 상황이다. 이는 복지 예산의 증가가 계속되며 정책집행의 성과가 강조될 수밖에 없기 때문이다. 실제로 1990년대 이후 전달체계의 개편은 계속 추진되었다. 하지만 보건복지사무소 시범사업(1995~1999)과 사회복지사무소 시범사업(2004~2006), 주민생활 지원서비스 전달체계 개편(2007년), 맞춤형복지 전달체계 개선(2011년) 등의 의욕적인 시도들은 대부분 기대했던 성과를 산출하지 못했다. 가장 큰 이유는 읍 · 면 · 동과 시 · 군 · 구의 복지 집행 기능에만 초점을 맞추었기 때문이다. 유사한 복지사업들의 난립과 파편화로 인한 전달체계의 과부하와 비효율성 문제를 해결하기 위해서는 중앙정부와 지자체의 복지사업 기획 및 예산에 대한 통합과 조정의 기제가 도입되어야 했지만, 실효성 있는 개선이 이루어지지 못했다. 그러다 보니 사회복지 전달체계에서 통합적 조정 및 집행 능력이 여전히 부족하여 복지서비스의 파편화 및 중복성 문제가 심각해졌다. 또한 당사자 신청주의와 발굴 기능 미약으로 서비스 누락과 복지 사각지대의 문제도 개선되기 어려웠다. 당연히 예방적 접근과 사후 관리체계도 미흡하여 복지자원의 투입 대비 성과가 낮을 때가 많았다.

일선 복지행정조직의 개편도 전문인력의 충분한 확충 없이 조직과 업무를 세부 조정하는 데 머물렀다. 그래도 문재인 정부에서는 공공부문 일자리를 계속 늘려나갔고, 사회복지 전담 공무원도 확충했지만, 기초연금, 생계비, 보육료 지원 등 늘어난 업무량에는 여전히 역부족이었다. 나아가 통합사례관리나 찾아가는 복지, 수요자 맞춤형복지의 도입은 최소한의 정량적인 실적 채우기에도 힘겨운 실정이다.

복지 전달체계는 공공이 공적 급여를, 민간이 서비스 공급을 담당하는 이원 체계가 거의 고착된 것으로 보인다. 복지 전달체계 개편 과정에서 민간부문의 역량 강화와 민관협력은 늘 부차적인 것으로 간주하고, 민관협력은 관이 갑이고 민이 을이 되는 악순환이 반복되는 상황이다. 그 결과, 공공과 민간 간의 협력체계가 효과적으로 작동하지 못해 서비스 누락 및 중복과 복지자원 활용의 비효율성이 해소되지 못하였다. 따라서 사회복지 전달체계의 효과적 · 효율적 운영을 통한 복지재원의 확보 및 시의적절한 투입은 현재 우리나라 사회복지정책의 성패를 좌우하는 핵심 관건이 되고 있다.

(3) 체계적이고 투명한 사회서비스 경영

우리의 사회서비스 공급 방식은 크게 세 가지로 구분할 수 있다. 첫째, 전통적인 사회복지서비스로 정부는 사회복지기관에 보조금을 지원하고, 기관이 복지서비스 이용당사자를 정해 서비스 생산과 전달을 담당하는 방식이다. 사회복지관, 장애인복지관, 노인복지관, 지역아동센터 등 지역사회 이용시설들이 그렇다. 둘째, 2007년 도입된 사회서비스 바우처 사업이다. 종전의 사회복지서비스와 달리 지자체가 직접 지역주민에게 신청 받고, 서비스 수급 자격을 부여한다. 이용자들은 서비스 수급권 획득 후 본인이 기관을 정해 계약을 맺고 서비스를 제공받는다. 보육서비스, 노인장기요양서비스, 장애인활동지원서비스도 바우처 서비스처럼 이용자 재정지원 방식으로 공급된다. 셋째, 지자체가 자체적으로 사회서비스를 제공한다.

앞의 두 종류와 달리 지자체가 지역의 사회복지 욕구에 부응하고자 자체적으로 계획하고 공급하는 서비스이다.

사회서비스에 대한 책임 주체로서 지자체의 역할이 계속 강조되었는데도 중앙정부가 주도하고, 국고보조금을 주요 재원으로 하며 공급자 재정지원 방식을 특징으로 하는 사회복지서비스를 확대하면 지역의 특성에 맞는 서비스를 공급하는 지자체의 재량권은 한계에 부닥칠 수밖에 없다. 이용자 재정지원 방식으로 도입된 사회서비스 공급에서 특화된 서비스를 추진할 재량적 영역은 어느 정도 확보되지만, 등록제 방식으로 자유롭게 시장에 진입하는 공급기관들의 관리 · 감독이라는 쉽지 않은 책임까지 함께 부가되었다. 더욱이 사회서비스를 공급하는 건강보험공단, 국민연금공단 등 다른 관리주체와의 연계, 협력까지 구축해야 한다. 지자체는 사회서비스 공급을 위한 재정과 규제에서 실질적인 권한을 갖지 못한 채, 법률상 책임 주체의 역할만 수행하는 셈이다. 다수의 민간 사회복지기관과 사회서비스 시장이라는 이질적인 공급체계를 지자체가 효과적으로 조정하고 관리하지 못하는 건 구조적인 문제 때문이다.

이에 대한 대응으로 지역사회에 필요한 사회서비스 공급의 실질적 주체인 지자체가 자기 책무를 제대로 감당하려면 지역주민 중심으로 접근해야 한다. 지역 차원에서 필요하고, 또 공급하는 사회서비스의 총량을 구체적으로 파악해야 한다. 즉, 제도적 기준에 따라 공급되는 서비스의 양과 수혜자의 규모, 서비스 사각지대 발생의 원인, 충족되지 못한 수요 규모에 대한 데이터가 지자체 사회복지행정에서 실제로 확보할 수 있어야 한다. 그래야 사회서비스 공급계획 역시 지역사회의 사회서비스 공급 현황에 대한 진단에 근거하여 실효성 있게 수립할 수 있을 것이다. 아울러 서비스 공급 전반에 대한 투명성도 확보할 수 있다.

참고문헌

감정기 · 최원규 · 진재문(2010). 사회복지의 역사. 파주: 나남.

강남 사회복지 교육 60년사 편찬위원회(2013). 강남대학교 사회복지 교육 60년사(1953-2013): 한국의 사회복지를 개척한 강남 사회복지 발걸음. 서울: 인간과 복지.

강만길(1979). "개화기의 사회사업과 그 정책". 한국사회개발연구, 1호, 205-245.
강만춘(1972). "특별기고: 서독의 청소년사업 -100년 앞을 보고 사람을 기르는 모습은 감명적이었다". 동광, 60호, 11-16.
강병구(2012). "이명박 정부의 복지재정 평가와 차기정부의 과제". 한국재정학회 학술대회 논문집, 81-119.
강정구(1992). "해방후 월남인의 월남동기와 계급성에 관한 연구". 한국사회학회 편, 한국전쟁과 한국사회변동, 서울: 풀빛.
곽효문(2000). "조선조의 사회복지법제에 관한 연구". 한국행정사학지, 8, 197-219.
구인회(2008). 죽음과 관련된 생명윤리적 문제들, 서울: 집문당.
구자헌(1961). 아동복지, 남산소년교호상담소.
국무총리실 · 관계부처 합동(2011). 맞춤형 복지 실현을 위한 복지 전달체계 개선대책.
국민기초생활보장법 제정추진 연대회의(1999).
김교성 · 김연명 · 최영 · 김성원 · 김병철 · 안현미 · 김성욱 · 이은주 · 유희원(2010). 동아시아 사회복지와 사회투자전략: 사회투자전략의 비전과 가능성에 대한 모색, 서울: 나눔의집.
김근홍 · 서화자 · 심창학 · 이만식 · 함세남 · 홍금자(2007). 사회복지 역사와 철학, 서울: 학지사.
김덕준 외 공저(1970). 신사회사업개론, 서울: 한국사회복지연구소.
김미경(2008). "사회복지 분야의 운동적 성격 및 NGO적 위상을 통해 본 사회복지사의 역할". 지역사회연구, 16(1), 95-112.
김범수(2015). "광복 70년, 한국 사회복지를 일으켜 세운 사람들의 발자취", 제16회 사회복지의 날 제5차 사회복지역사포럼 주제발표.
김성천 · 김은재(2016). 옆으로 간 사회복지 비판, 서울: 학지사.
김수영(2015). "혼종조직으로서의 사회적 기업: 국가 시장 시민사회의 조직 내 충돌과 대응방식을 중심으로". 한국사회정책, 22(1), 345-379.
김연명 편(2002). 한국 복지국가 성격논쟁 I, 서울: 인간과 복지.
김연명(2000). "Welfare State or Social Safety Nets? Development of the Social Welfare Policy of the Kim Dae-jung Administration", Korea Journal, 41(2), 169-201.
김영순 · 권순미(2008). 제5장 공공부조제도. 양재진 외(편). 한국의 복지정책 결정과정, 서울: 나남출판사.
김융일(1994). "영구임대아파트 단지내 사회복지기관의 문제점과 개선방향", 사회과학 연구, 10, 45-59.
김융일(1995). "영구임대아파트 단지내 사회복지기관의 문제점과 개선방향(II)". 사회복지리뷰, 3, 7-26.
김인숙(2005). "한국 사회복지 실천의 정체성". 비판사회정책, 20, 119-152.
김종해(2018). "사회복지운동의 과거와 현재". 복지동향, 240, 5-10.
김지윤(2015). "개인소수자에서 당사자로의 임파워먼트 경험", 가톨릭대학교 대학원 석사학위논문
김철준(1990). 한국고대사연구, 서울: 서울대학교출판부.
김학묵(1985). 귀환동포와 월남 피난민의 구호사업(사회봉사의 편편수상), 서울: 집문당.
김학묵(1986). 원호사업과 외원관리, 서울: 집문당.
김혜미(2019). "사회복지사의 사회운동 참여와 사회운동가로의 변화과정", 중앙대학교 대학원 석사학위논문.

김훈식(1993). "조선 초기 의창 제도 연구", 서울대학교 박사학위논문.
남경현(1978). "사회복지관의 역사적 배경과 유형". 사회복지관개요. 한국사회복지관연합회. 3-14.
류애정(2012). "지역단위 복지 전달체계로서 희망복지지원단의 운영구조 분석에 관한 연구". 한국지역사회복지학, 42, 137-156.
류진석(1989). "일제식민지 시대 빈민정책의 특성에 관한 연구", 서울대학교 석사학위논문.
박병현(2001). "정치적 민주화의 진척과 한국의 사회복지". 비판과 대안을 위한 사회복지학회 학술대회 발표논문집, 1-34.
박창석(2000). 사회복지사(社會福祉士)로 봉직(奉職)한 40年의 세월(歲月): 나의 인생보고서. 영성문화.
보건사회부(1981). 보건사회 1981. 보건사회부.
보건사회부(1992). (제7차)경제사회발전 5개년계획: 보건의료 · 사회보장부문계획: 1992-1996. 보건사회부.
보건사회부(1992). 보건사회백서 1992. 보건사회부.
보건의료계획반 · 사회보장기획반(1981). 제5차 경제사회개발 5개년계획 보건의료 및 사회보장부문계획, 보건의료계획반.
서울대학교 사회복지학과50년사 편찬위원회(2009). 서울대학교 사회복지학과 50년사: 1959-2009, 서울: 서울대학교출판부.
손준규(1981). "한국의 복지정책 결정과정에 관한 연구: 행정부 내 정책결정과정을 중심으로", 서울대학교 박사학위논문.
승근배(2019). 복지현장 조직혁신, 서울: 인간과 복지.
신은주(1985). "일제식민 하 한국 사회복지사업의 성격에 관한 연구", 서울대학교 석사학위논문.
안상훈(2006). "한국 사회복지제도의 기원 및 형성에 관한 비교사회정책연구: 식민지 사회복지론의 한국사례를 중심으로". 사회복지연구, 31호, 219-242.
안상훈 · 조성은 · 길현종(2005). 한국 근대의 사회복지, 서울대학교 출판부.
양옥경 · 이방원 · 이방현(2012). "사료분석을 통해 본 개화기(1876년~1910년) 사회복지 현상 연구". 사회과학논총, 27, 107-147.
이방현 · 이방원(2018). 한국사회복지역사. 서울: 신정.
이연식(2003). "해방 직후 서울로 유입된 귀환동포의 주택문제", 전농사론, 9, 91-138.
이영환(2005). 한국사회와 복지정책: 역사와 이슈, 서울: 나눔의집.
하상락(1989). 한국사회복지사론. 서울: 박영사.
이용교(2017). 디지털 사회복지개론(4판). 서울: 인간과 복지.
이용교(2020). 복지상식(알아야 챙기는)(2판). 서울: 인간과 복지.
이정복(2006). 한국정치의 분석과 이해, 서울: 서울대학교 출판부.
이정우 · 이창곤 · 신광영 · 김윤태 · 고세훈 · 이태수 · 정운찬 · 김상조 · 김낙년 · 김유선 · 최장집 · 이병훈 · 장지연 · 신명호 · 김창엽 · 조명래 · 김형기 · 김윤상 · 전강수 · 변창흠 · 윤영진 · 강병구 · 정태인 · 임현진 · 이혜경 · 김연명 · 성경륭 · 이종오 · 박상훈(2015). 불평등 한국, 복지국가를 꿈꾸다. 서울: 후마니타스.
이준우(2021). 통합과 융합의 사회복지 실천. 서울: 인간과 복지.

이준우 · 임원선(2011). 전문 사회복지 실천론. 서울: 인간과 복지.

이혜경 · 남찬섭(2005). "한국 사회복지학의 고등교육 50년 – 사회복지의 제도화와 고등교육의 대중화를 배경으로". 한국사회복지교육, 1(1), 69–95.

이혜원 외(1997). 이화여대 사회복지학과 50년사. 서울: 이화여자대학교 사회복지학과.

정용육 · 김수자 · 유광호 · 이길상(2002). '주한미군사'와 미 군정기 연구. 서울: 백산서당.

조규환(2012). 볼런티어에서 프런티어로. 서울: 인간과 복지.

지윤(1985). 사회사업사. 서울: 홍익재.

최성균(1991). "Kidneigh의 한국사회사업교육자문활동에 관한 사례연구". 사회복지연구, 3(1), 201–223.

최원규(1996). "외국 민간원조단체의 활동과 한국 사회사업 발전에 미친 영향". 서울대학교 박사학위논문.

최익한(1947). 조선사회정책사. 서울: 박문출판사.

한국사회복지관협회(1997). 사회복지기관현황 조사보고서.

한국사회복지관협회(1999). 사회복지관백서.

한국사회복지협의회 60년사 편찬위원회(2012). 복지 한국을 향한 위대한 여정: 한국사회복지협의회 60년사. 한국사회복지협의회.

함세남 · 이만식 · 김근홍 · 심창학 · 서화자 · 홍금자(2001). 사회복지역사와 철학. 서울: 학지사.

홍금자(1995). "왕의 역할변화와 공적 구제". 한국사회복지학, 27, 253–274.

홍금자(1999). "일제시대 사회복지의 발달사적 구분에 관한 연구". 한국사회복지학회 춘계 학술대회 자료집, 473–489.

홍금자(2000). "근대 사회사업의 성립과 발달사적 구분에 관한 연구". 한국사회복지학, 40, 226–269.

홍선미(2010). "경기도의 통합적 복지 전달체계 구축방안". 사회복지 전달체계 변화와 발전을 위한 토론회 자료집.

황병주(2000). "미 군정기 전재민구호운동과 '민족담론'". 역사와 현실, 35, 76–113.

05 chapter

유럽 현대사회복지 역사와 개념

1. 현대사회복지의 의미와 사회복지 정책에 대한 관점

05 CHAPTER 유럽 현대사회복지 역사와 개념[1)]

1. 현대사회복지의 의미와 사회복지 정책에 대한 관점

1) 현대사회복지의 의미

서론에서 살펴본 역사에서 우리가 흔히 아는 근대, 현대와 같은 개념이 나오지 않았다. 그럼에도 다이아몬드는 어제와 오늘로 나누고, 하라리(Harari, 2015)는 과학혁명의 시대를 근현대로 구분해 보았다. 또 고진에서는 교환경제 C로 세계적 범위에서 시장과 국가가 보로메오 고리로 묶인 시대를 현대로 분류했다. 세 시각에서 현대를 명확히 구획하지 않은 이유는 다이아몬드의 이야기에서 추측해볼 수 있다. 그러니까 오늘날 수는 많지 않아도 어제의 세계를 사는 사람들이 있다는 말이다. 따라서 시대 구분을 획일화하기 곤란하다. 그렇지만 위의 셋보다 좀 더 일찍 책을 낸 홉스봄은 혁명의 시대, 그러니까 18세기 후반(프랑스혁명 1789)부터 오늘날 현대에 크게 영향을 미쳤다고 본다. 가장 직접적으로는 제국의 시대(1875~1914)부터지만, 그 제국의 시대에 영향을 미친 게 자본의 시대이고, 그 자본의 시대는 혁명의 시대에 빚을 졌다.

사회복지가 자본주의와 더불어 시작한다고 정의하는 경우도 있다(유범상, 2021)[2)]

1) 유럽(영국, 프랑스, 독일, 스웨덴)의 사회복지역사를 5, 6, 7, 8장에 다루었기 때문에 참고문헌은 8장에 일괄적으로 제시하였다.

2) 사회복지 역사는 "자본주의 사회에 존재하는 불평등에 대한 정의의 갈등(철학)이며, 이 철학을 현실화시키려는 정책(제도)이고, 이 철학에 동의하여 현실화하려는 세력 등을 통해 정의되고 재정의 되는 역사였

영국의 자본주의는 1588년 엘리자베스 1세의 드레이크(네덜란드와 힘을 모아)가 칼레 해전에서 스페인의 아르마다를 격파하고, 이후 다시 이른바 청교도혁명으로 왕을 제거하고 권력을 잡은 크롬웰이 항해조례(1657년)로 보호무역 정책을 펼치면서 네덜란드를 격파하던(영란전쟁) 17세기부터 시작한다(홉스봄, 2002). 물론 산업혁명 덕도 있었지만[3], 그보다는 오히려 식민지라는 세계 시장 덕이 더 근본적이었다고 보인다.[4] 18~19세기 초에 걸쳐 프랑스와 벌인 전쟁에서 승리하면서 식민지를 확대하고 우월한 지위를 유지할 수 있었다. 물론 영국뿐만 아니라 식민지 수탈이 유럽 자본주의 발달에 큰 역할을 하였던 것은 엄연한 사실이다. 독일의 경우 식민지 쟁탈에 오히려 늦는 바람에 식민지가 별로 많지 않았지만, 산업 발전에서는 타의 추종을 불허할 정도로 속도가 빨랐다. 절대주의 정부가 앞장서 밀어붙인 덕이었다.[5] 그러나 본 책자에서는 좀 다른 시각으로 바라보았다. 자본주의가 무르익고 불평등이 심화하며 국가가 직접 나서서 제도로 마련한 사회복지가 현대사회복지이다. 자본주의와 맞물린다는 말은 그런 면에서 맞는 말이지만, 시작 자체는 자본주의 먼저이고, 현대사회복지가 뒤따랐다. 특히 영국은 자본주의가 한창 진행되었을 때도 「빈민법」에 의존하였다. 빈민법은 엄밀히 사회복지제도라고 보기 어렵다. 말이 좋아서 가난을 구제하는 법이지만, 사실은 빈민 통제법에 가깝다. 우리나라 역사에서 왕조가 나서서 가난을 구제하던 전통에서도 왕권 수호를 위한 통제의 의미가 없는 건 아니지만, 그래도 측은지심이 중요한 역할을 하였다. 가난은 나라님도 어쩔 수 없다고 할 정도로 가난 자체를 팔자나 운명으로 보면 보았지, 죄로 보지는

다."(유범상, 2021).

3) 홉스봄은 산업혁명이 기술 발전에 따른 결과라고 보지 않는다. 식민지를 비롯한 세계 시장수요의 팽창에 기존 기술을 사회적으로 조직하여 대응한 결과라는 시각이다. 그래서 산업혁명은 결과로 보아서 혁명이지 처음부터 혁명으로 간주할 급격한 변화는 없었다.

4) 엘리자베스 1세 때 식민지 개척을 시작했으나 이때까진 타 식민지 및 식민지에서 귀국하는 배들을 공격하고 약탈하는 게 주였다가, 1603년 제임스 1세 때부터 북아메리카와 카리브해 섬들에 영국인들 이주 사업과 영국 동인도회사를 통한 아시아 교역에 본격적으로 뛰어들었다. 영란전쟁 이후 네덜란드는 물론이고 포르투갈과 스페인의 식민지까지 차지하고 프랑스와는 전 세계에 걸쳐 충돌하는 등 영국 해상세력의 비약적 발전과 함께 전 세계에 해가 지지 않는 규모의 식민지 제국을 건설하기에 이른다.

5) 절대주의는 그런 의미에서 봉건주의가 아니라 자본주의 국가를 가리킨다. '중상주의 시대'로 보기도 하지만, 그건 정책적 지향을 가리키는 것일 뿐이다. 이때부터 교회가 아니라 국가가 빈곤 문제 해결을 주도하기 시작했다(김환준, 2021).

않았다. 그러나 빈민법의 바탕에는 가난을 죄로 보고, 가난한 사람을 환자나 죄인으로 보는 시각이 깔려 있다. 따라서 사회복지제도가 아니고, 현대사회복지와는 거리가 멀다.[6] 다만, 유럽의 사회복지 역사에서 빈민법이 차지하는 의미라면 최초로 국가가 나서서 빈민을 구제하기 시작했다는 점이다. 그전까지는 교회(수도원)와 시 혹은 개인 차원의 자선이 빈민구제의 축이었지만, 빈민법부터 국가가 빈민구제를 위한 소득세를 강제하며 직접 나서기 시작했다(허구생, 2016: 129).

이 책 후반에서 살피는 유럽의 현대사회복지제도는 그러니까 적어도 가난이 개인의 잘못 때문이 아니라(완전히 버리진 않았다. 어쩌면 지금까지도 남았다고 볼 수 있다.), 사회의 구조적 문제 때문에 발생하고, 운명과 관계없이 충분히 예방할 수 있으며, 함께 의지하며 이겨낼 수 있다는 관점에서 만든 제도이다. 이런 제도가 성립하기 위한 배경에는 크게 세 가지가 필요하다. 첫째, 시민과 국민이 성립해야 한다. 신분으로 모든 게 결정되어 지배계급이 짜 놓은 대로 사는 피지배계급이 아니라 인민으로서 세상의 주체가 되어야 한다. 그래서 서론에서 이야기하였듯이 세 번의 혁명이 그 마중물 구실을 하였다. 그리고 현대 국민국가로서 행정이 이루어지고, 한 나라의 국민이라는 인식이 자리 잡아야 한다. 같은 공동체로서 국민이 성립해야 나랏일에 대한 공동의 관심도 생길 수 있다. 둘째, 연장선이지만 의회민주주의가 제도적으로 성립하고 현대의 보통선거까지는 아니더라도 적어도 노동자에게 선거권이 있어야 한다. 셋째, 경제적으로 자본주의가 무르익어 양산된 노동자가 계급(프롤레타리아)을 이루고 노동조합과 같은 단체를 이루고 더 나아가 사회민주주의 노동자당처럼 정치적 세력화가 되어야 한다. 특히 이때 사회주의 사상이 중요한 역할을 한다. 이렇게 세 가지 배경이 갖추어져야만 현대사회복지가 태어날 수 있다. 누가 알아서 베푸는 게 아니라 선거를 통해, 힘을 통해 스스로 이룩해야 한다. 유럽의 현대사회복지가 성립할 때도 이들 세 가지 기준을 통해 살펴보면 의미가 있다. 민주화 과정에서 이 세 가지를 함께 살펴보았다.

---

6) 그런 점은 이후 1656년 파리의 종합병원(이성재, 2016)과 독일의 빈민 수용시설과 작업장 등 다른 유럽 국가들에서도 확인된다.

2) 사회복지 정책을 보는 관점

제1장의 I. 현대사회복지의 이해에서 오늘날 사회복지를 어떻게 보아야 할지 간략히 살폈다. 그에 따르면 사람을 가리거나 차별하지 않으며 복지의 대상이 아니라 사회권 혹은 복지권의 보유자, 권리자로 보아야 한다.[7] 그런데 여기서 다룰 유럽 현대사회복지 역사에서는 그런 이해를 완전하게 반영한 경우가 거의 없다. 특히 현대사회복지제도의 도입기에는 권리로서의 사회복지 개념이 싹 트기 시작했을 뿐, 실제 제도의 모습이나 제도 도입의 의도(정책 의도)로 보더라도 아직 복지를 국가 혹은 국왕이나 정부의 시혜나 사회 안정을 위한 수단적 정책 정도로 보는 전통적 시각이 남아 있다. 대표적으로 비스마르크(Bismarck)의 사회입법을 통한 사회보험 도입에서 그런 모습이 보인다. 프로이센 중심으로 통일(1871년)을 이룬 뒤 뒤늦은 산업화를 떠미느라 철권으로 통치하던 비스마르크는 산업화 과정에서 필연으로 발생하는 노동자들이 사회민주주의노동자당을 결성하자 「사회주의자 진압법」(1878년)이라는 채찍과 함께 당근으로 내민 게 사회보험제도였기 때문이다. 비스마르크는 융커 출신의 보수주의자로 국민을 국가의 자녀라고 보는 가부장적 사고로 국가를 운영하였다(김근홍, 2011). 따라서 사회보험을 통한 사회복지가 국민의 권리일 리 없고, 다만 자녀를 돌보는 아버지의 은혜 정도로 생각하지 않았을까 싶다.

사회복지와 사회복지 정책을 보는 관점들을 먼저 살피고 다음 단원에서 그것이 적용된 사회복지 정책의 발달을 설명한 이론들을 살펴보고자 한다.

(1) 사회복지 정책의 범위에 따른 구분 - 협의 대 광의

사회복지 정책의 범위 혹은 대상의 규모를 좁게 잡느냐, 넓게 잡느냐에 따라 관

---

7) 자본주의 발달 단계 혹은 생산양식에 따른 사회복지의 변화를 설명하기도 한다. 마츠오 히토시(松尾均)는 산업자본주의와 「공장법」, 독점자본주의와 사회정책, 국가독점자본주의와 사회보장을 짝 지운다. 파인과 해리스(B. Fine & I. Herris, 1990)는 절대 잉여가치 생산방식과 「빈민법」, 상대 잉여가치 생산방식과 「공장법」, 독점자본주의와 사회보험, 국가독점 자본주의와 복지국가를 대응시킨다(이준상 외, 2021에서 재인용). 이런 구분이 자본주의 이전의 사회복지 역사를 담아내지 못하는 걸 한계로 보는데, 현대사회복지제도를 살피려는 이 책에서는 그것이 한계가 아니라 선택과 집중을 살린 미덕이라고 본다.

점이 구분된다. 좁게 잡는 대표적인 이론이 카두신(Kadushin, 1972)인데, 협의적 사회복지 정책이라고 할 수 있다. 따라서 국민 전체가 아니라 복지정책이 꼭 필요한(열악한 처지) 특수 계층의 욕구를 충족하는 급여(재정 원조), 프로그램, 서비스 등을 제공하는 게 사회복지 정책이다.

로마니신(Romanyshyn, 1971)에 따르면 사회복지는 개인과 사회 전체의 복지를 증진하는 사회적 노력을 모두 포함한다. 따라서 사회문제의 치료와 예방, 인적자원의 개발, 인간 생활의 향상과 관련된 시책과 과정이 다 담긴다. 아울러 그저 개인이나 가정에 대한 사회서비스를 제공하는 것으로 그치지 않고 제도 차원의 개선 노력도 함께 포함되어 있다.

▌표 5-1▐ 협의와 광의의 사회복지 정책

구분	좁은 관점: 협의(잔여)	넓은 관점: 광의(제도)
대상	도움이 필요한 특수 계층	국민 모두[8)]
목적	특수 계층의 욕구 충족	복지 증진, 인간 생활의 향상
기능	급여와 사회서비스	사회문제 해결, 인적자원 개발, 사회적 욕구 충족
주체	국가	국가와 민간 모두

(2) 잔여 차원 VS 제도 차원

사회복지 예산과 사회복지 정책 급여 규모를 정할 때 잔여 차원의 사회복지 정책은 되도록 줄이고 제도 차원에서는 늘리는 경향을 보인다.

가족이나 시장경제가 제 기능을 원활히 수행하지 못할 때 파생하는 문제를 보완하거나 해소하는 것이 잔여 차원의 사회복지 정책이다. 물론 사회복지는 가족과 시장의 기능을 일시적이고 임시로, 다시 말해 잔여 차원에서 보충할 뿐이다. 사회복지가 없다고 하여 사회가 유지되지 않는 건 아니다. 문제의 원인은 개인이나 가족에 있다. 무능력, 무책임, 무절제, 나태함, 부적응, 역기능 등 비정상이고 병리적인 개인이 사회복지의 대상이 된다. 그에 따라 사회복지 대상이 된다는 것 자체가

---

8) 더 나가면 국적도 가리지 않고 '사람' 모두를 대상으로 하겠지만, 그러면 필요한 사람들이 밀려드는 게 지금까지의 현실이고, 현재 국가 중 그걸 감당할 나라는 없다. 따라서 현실 복지정책은 국민을 대상으로 하고, 일부 예외적으로 여행자나 외국인을 포함하는 정도다.

비난받을 일이 되어 사회적으로 낙인이 찍힌다(stigma). 문제 해결의 접근방식은 자선이나 사후 치료적 서비스다. 이 관점에서 사회복지 급여나 서비스는 국민의 권리가 아니라 국가의 시혜이다.

자본주의와 도시화에 따라 전통적인 공동체가 와해하고 도시로 집중된 노동인구로 인건비가 싸지고 일자리가 부족해지는데도 이들을 보호할 공동체가 없고 그저 시장에서 해결해야만 할 때 그 규모가 워낙 크기에 사회가 혼란에 빠지기 쉽다. 또 그 이후 핵가족화와 여성의 경제활동 참가로 가정의 양육과 부양 능력이 한계에 직면하고 사회변화가 빨라 이에 적절하게 적응하지 못하여 실직당하고 빈곤에 빠지기 쉽다. 이미 눈앞에 닥친 현실이지만 4차 산업혁명과 정보와 기술 발달에 따라 AI가 일상화된다면, 이제 일자리 대부분은 AI가 맡기에 대량 해고가 불가피하다.

그러면 가족과 시장경제가 온전히 운영되기 어려워서 사회를 온전히 유지하려면 사회복지가 제도적으로 필요할 수밖에 없다는 관점이 바로 제도적 사회복지 정책이다. 사회복지제도는 사회구성원 사이의 상부상조 기능과 함께 사회의 안정을 유지하는 기능을 한다.

(3) 선별 혹은 예외주의 대 보편주의

앞의 두 구도와 궤도가 비슷하다. Ryan(1971)의 예외주의에 따르면, 사회문제는 특정 범주에 있는 사람들에게서 발생하는데 다만 예측하기가 어렵다. 사고나 불행처럼 예외적인 상황과 해당 개인의 결함 때문에 발생한다. 그에 따라 개별적인 접근방법으로 해결을 시도해야 한다. 달리 말하면 필요한 사람만 선별해서 사회복지 급여를 제공한다는 말이다. 선별해야 하는 이유는, 그러지 않으면 사회복지 비용을 감당하기 어렵기 때문이다. 따라서 자산을 조사하여 꼭 필요한 대상을 선별하여야 한다. 문제는 사회적 낙인 문제가 생겨 대상 자격을 갖춘 사람도 신청을 꺼릴 수 있고, 반대로 자격이 없으면서 조사를 통과하여 부정수급이 발생할 수도 있으며, 조사와 급여 관리에 필요한 행정비용이 크다는 점이다.

보편주의에 따르면, 사회문제가 발생하는 이유는 불완전한 사회체제와 불공평 때문이다. 따라서 사회문제는 예측할 수 있을 뿐만 아니라, 공공의 노력으로 예방

할 수도 있다. 그래서 보편주의에서는 일정한 기준만 갖추면 누구에게나 권리로 사회복지 급여를 제공하자고 한다. 급여가 필요 없는 대상에게도 서비스가 제공되니 급여의 낭비라는 비판에 대해, 행정비용이 대폭 줄고 낙인 효과가 없어 사회통합에도 도움이 된다고 대응한다. 코로나 19 대응 때 우리 사회에서도 한참 논쟁이 일던 문제이다. 앞으로는 기본소득 관련하여 다시 논란이 일 것으로 보인다.

3) 사회복지 발달에 관한 이론

세상을 보는 방식은 아마도 사람마다 달라서 그 구분을 자세히 하자면 그 종류는 사람 수만큼 될지 모른다. 예술, 철학, 문학 등에서도 사조를 나누기도 하지만, 더 자세히 들어가면 다들 다른 점이 있다. 종교가 그렇게 많지만, 또 한 종교 안에서 구분되는 교파들의 수는 전체 종교 수보다 많다. 그만큼 같은 걸(이를테면 성경, 불경) 보더라도 어느 부분에 집중하고 어느 부분을 강조하느냐에 따라 그렇게 달라진다는 이야기다. 사회와 인간을 바라보는 시각 역시 관점에 따라 가치관이 다르고, 그에 따라 사회복지 정책에 대한 시각도 다르다. 이는 사회복지 정책이 어떻게 발달하는지 설명할 때도 비슷하다. 따라서 진보와 보수로 크게 나누는 것도 의미가 있고, 이론마다 그 중 어느 한쪽으로 굳이 분류하자면 분류할 수도 있다. 하지만, 옳고 그름이 아니라 다름일 뿐이라고 생각하는 것이 중요하다. 오히려 그 덕에 이렇게 다양한 시각을 볼 수 있는 걸 다행으로 받아들일 수 있는 아량을 기르면 더 좋다.

(1) 사회양심론(social conscience theory)과 엘리트이론(elite theory)

사회 양심론에 따르면 사회복지정책은 국가의 자선활동이다. 자선이란 다른 사람의 불행을 도우려는 이타심에서 비롯하고, 그것이 사회 차원으로 모이면 사회양심이고, 그것이 커질수록 사회복지가 발전한다는 이론이다. 즉, 인간 본성은 선하여 이타적이고, 그런 사람들이 모인 사회이니, 정부는 그런 사람들 뜻에 따라 사회복지를 강화해나갈 수밖에 없다는 이야기다. 본성 문제를 떠나 사회문제에 관한 국민 인식이 높을수록 제도적 · 정책적 개선을 추구하며 사회정책이 발달하리란 건 논리적으로도 당연하다. 국민의 문제의식이 없고 요구하는 바가 없는데 정부에서 알아서 사회복지 혜택을 안겨주는 일은 찾아보기 어렵다. 사회양심론에 따르면 사회복지 정책은 갈수록 좋아지도록 진화하고, 복지 수혜자의 이익도 그만큼 좋아진다. 그 바탕에는 도덕성과 인도주의를 중심으로 기독교의 박애정신과 이웃사랑이 있다. Hall, Baker가 대표적 이론가들이다.

한편, 비스마르크에서 보았듯이, 정치 지도자의 가치관에 따라서 사회복지 정책의 성격도 달라지는데, 가치관이 다르면 사회복지 정책을 보는 시각도 다르다. 이 부분을 강조하면 엘리트이론이 된다. 특별한 자격이 있는 사회지도자, 정치, 경제, 사회, 문화 등 사회 각 분야에서 주도적인 역할을 하는 계층을 가리켜 엘리트라고 한다. 사회를 소수 권력자와 다수의 일반 대중으로 구분하는 엘리트이론에서는 엘리트가 자기 이익을 위해 사회복지정책을 도입한다고 본다. 그러니까 사회복지 수혜자에게 필요하고 그에 유리한 정책을 세우는 게 아니라 자기의 가치관과 취향에 맞는 정책을 입안한다. 따라서 엘리트의 가치관과 취향이 수혜자의 이해관계와 얼마만큼 어울릴 수 있느냐가 관건이 된다. 현실에서도 사회복지정책은 보건복지부나 노동부, 학계, 국책연구소 그리고 국회에서 일하는 엘리트들이 주도하고, 현실을 제대로 반영하기보다 엘리트들의 가치관과 관행이 먼저 작동할 때도 많다. 다만, 매번 그렇지는 않지만, 선거라는 게 있고, 여론이라는 게 있어서 엘리트도 눈치를 본다는 현실도 생각해야 한다.

(2) 산업화, 현대화 이론, 수렴이론(convergency theory)

산업화는 도시화와 연결된다. 산업화는 값싼 노동력이 대량 필요하다. 그래서 주로 도시에 공장이 세워지고, 일자리가 늘어남에 따라 인구가 도시로 몰리면서 인력 공급이 수요를 뛰어넘는다. 그에 따라 인건비 수준이 떨어지고 노동환경이 열악해도 일자리를 찾을 수밖에 없다. 그러면서 주택문제, 도시 시설 부족 문제, 위생 문제, 양극화 문제, 범죄 등 사회문제가 발생한다. 산업화 이전에는 어떤 문제가 발생하면 공동체에서 해결하였다. 가족이 해결 못하면 마을이 나서고, 마을이 힘에 겨우면 좀 더 큰 단위의 공동체가 나선다. 그러나 산업화로 발생한 문제는 이제까지와는 다른 양상, 다른 규모인데다 지역 공동체가 없는 상황이다. 농촌을 떠나온 인구가 몰려든 곳이 도시이기 때문이다. 그래서 사회복지가 생겨났다는 이론이 산업화 이론이다. 이 산업화 이론에서는 산업화가 근본 원인으로 설명되지만, 현대화 이론에서는 다르다. 산업화가 중요하긴 하지만 현대화의 한 부분일 뿐이다. 산업화와 도시화는 멈춤 없이 계속되고 사람들의 요구도 다양해지면서 행정과 정치의 현대화를 부른다. 그래서 사회복지는 계속해서 발전해갈 수밖에 없다.

그런데 어느 정도 사회복지 발전이 이루어지면, 어디서나 그 양상이 비슷하다. 수렴이론은 이 부분에 집중한다. 특히 여러 나라가 인접해 있을수록(교통의 발달로 거리의 직접적인 효과는 점점 줄지만) 사회복지 수준이 비슷하게 수렴한다. 자연스러운 수렴 말고도 기술 개발 등을 위한 주요 인력 수급 경쟁 때문에도 사회복지 수준은 비슷해지지 않을 수가 없다. 이 과정을 후진국의 선진국 모방이나 인접 국가의 모방으로 설명하면 확산이론(diffusion theory)이 된다. 위에서 아래로, 중심에서 주변으로 퍼져나간다는 말이다. 모두 경제발전 수준과 사회복지 지출 수준 간의 상관관계를 중시한다. 심지어 정치 이념이나 체제가 다르더라도(공산주의 대 자본주의) 산업화나 경제발전의 정도가 유사하면 사회복지 정책의 발달 양상도 비슷해진다. 거기에 드는 비용은 산업화-현대화로 늘어난 재원으로 해결할 수 있다. 이데올로기나 정치적 변수보다 경제 성장과 경제구조의 변화와 같은 경제적 변수를 중시하는 이론이다. 웰렌스키(Wilensky)와 르보(Lebeaux)가 대표적 이론가들이다(Wilensky et al., 1965).

(3) 시민권 이론(Citizenship Theory)

마샬(T. H. Marschall)은 시민권(Citizenship or Citizenship rights)을 공동체 구성원이 누리는 지위 또는 자격이라고 정의하였다. 그 일례로 시민권의 세 가지 요소로 공민권(civil right), 정치권(political right), 사회권(social right)을 들었다. 공민권은 신체의 자유, 언론과 사상의 자유, 신앙의 자유, 재산 사유의 자유, 계약의 자유, 법 앞의 평등을 뜻하며 18세기 초에서 19세기 초까지 확립되었다. 여기서 지향하는 게 법치주의와 야경국가다. 투표권 혹은 참정권을 뜻하는 정치권은 19세기 초에서 20세기 초까지 확보되었다. 부르주아지의 의회 진출로 귀족의 독점이 깨어진 뒤, 1인 1표의 보통선거까지는 오래 걸리긴 하였지만, 노동자계급이 부르주아지로부터 얻어낸 값진 민주주의의 기반이 되었다. 집단적 복지를 받을 수 있는 사회권은 20세기

초부터 20세기 중반까지 조성되었다. 두 번에 걸친 세계대전 경험이 중요한 역할을 하였다. 여기서부터가 본 책자에서 말하는 현대사회복지이다.

사회권에는 적정 수준의 경제 복지부터 사회적 유산을 함께 누릴 수 있고 또 사회의 보편적 기준에 따라 문명화된 삶의 영위권까지 다 포함하고 있다. 여기에도 진화론적 관점이 담겨 있다. 비록 사회의 계급구조가 불평등하다 해도 시민권은 다 평등하게 누릴 수 있다. 다만, 이런 발전을 가능하게 만든 원인이 구체적으로 무엇일까? 사회 양심일까 또는 산업화일까 아니면 사회주의, 민주주의 그것도 아니면 사회민주주의일까? 결국 그 모두인가?

(4) 음모이론 또는 독점자본주의론

사회복지 정책의 목적은 사회 안정을 도모하고 질서를 유지하며 사회를 통제하는 것이라는 이론이다. 정치나 경제 차원에서 위기가 닥쳐 지배계층이 사회질서가 위험하다 싶을 때 안전과 효율을 위해 사회통제 방법이 발전하기 마련이다. 정치적 불안이나 위기가 닥칠 때는 사회복지정책을 확대하여 정치적 정당성을 확보한다. 영국의 구빈제도처럼 구호 정책을 통해 불완전한 시장체계 질서를 회복하고 노동을 규제하며 노동 윤리를 유지하는 등 사회를 통제하는 것이 사회복지정책이다. 비스마르크의 사회보험도 비슷하다. 또 하나, 여성의 사회진출과 맞벌이는 어느덧 일상이 되었다. 혼자 벌던 때와 둘이 버는 때의 살림은 두 배는 아니더라도 상당한 정도로 나아졌어야 하는데, 그런 경우가 많지 않다. 무슨 음모가 있는 것 아닐까.

일일이 정책결정자의 의도를 따지다 보면 정치 현실과 정책 산출 과정의 복잡성을 제대로 반영하지 못하고 정책 목표를 이미 정해놓은 것처럼, 결정론으로 해석하기 쉽다는 단점이 있다. 이것이 바로 마르크스주의자들, 네오마르크시스트들의 이론이다. 특히 네오마르크시스트들의 이론은 독점자본주의론으로 이어진다. 레닌이 말한 독점자본주의는 산업자본과 은행자본의 독점화가 이루어지고, 둘이 작당한 독점 금융 자본이 지배적인 경제주체가 되면서 나타난다. 이제 국가가 독점자본과 연루되면 국가 독점자본주의가 된다. 국가는 자본주의 유지를 위해 움직이는데, 음모이론과 연결하면 복지정책은 바로 그 움직임일 따름이다. 이때 관점이 둘로 갈리는데, 바로 도구주의(Instrumentalism)와 구조주의(structuralism)이다.

도구주의에서 국가는 자본주의 유지를 위한 도구이자 장기적으로 보아 자본가의 이익에 봉사하는 도구이다. 안정적이고 지속적이면서 효율적으로 자본을 축적하는 데에도 국가의 개입이 필요하다. 그러다 발생하는 갈등과 긴장을 다스리고 질서를 유지하는 데에도 국가가 유용하다. 이를테면 공황은 폭동 사태로 번질 수 있고, 그러면 자본주의 전체가 위험에 빠질 수 있다. 그래서 자본가는 국가에 복지 정책을 펼치라고 요구한다. 그것이 바로 뉴딜이요 사회보장법이다. 한편, 구조주의에서는 국가가 굳이 도구로 전락할 것 없이 자본주의 경제의 구조 때문에 자본가의 이익과 함께 갈 수밖에 없다. 그래서 자본가의 영향력이 없더라도 자본주의 경제체제를 유지 · 강화해갈 수밖에 없다.

(5) 근대화론(확산이론)

근대국가의 발전 과정에서 한 나라의 사회복지 정책이 다른 여러 나라에도 영향을 미친다는 이론이다. 어느 나라에서 사회복지 정책이 시작하여 확산하는 과정은 곧 국제적 모방의 과정이다. 이러한 확산은 이웃 나라로 옮겨가고 또 선진국에서 후진국에 이전된다. 유럽을 예로 든 Taira & Kilby(1969)에 따르면 사회보장의 발전과 국가의 지리적 위치 사이에 상관관계가 있다. 유럽에서 비유럽 국가들보다 사회보장 프로그램이 먼저 등장하고 복지비 지출도 많은 이유가 국가들 사이의 지리적 근접성 덕이다. Collier & Messick(1945)는 경제발전과 문화 수준이 상대적으로 높은 곳에서 낮은 곳으로 확산하는 모습에 집중한다. 경제발전 수준이 상대적으로 낮은 동유럽과 남유럽에서 사회보장이 확대된 건 유럽 복지 국가들의 영향이 크다. 영국 식민지 중 정착한 영국인이 많을수록 유럽식 사회보장 제도가 도입된 곳이 많은 것도 확산의 증거다. 예컨대 노인장기요양보험만 보더라도 독일(네덜란드로 보기도)에서 시작하여 일본을 거치고 한국을 거치며 중국으로 확산해 가는 모습이다.[9] 위에서 본 수렴이론과도 맥이 닿는다. 다만 수준의 높낮이를 강조

9) 1968년 네덜란드 「질병기금법」에서 예외적인 의료비 지출과 장기 입원비용을 포괄하도록 법(AWBZ)을 개정하였다. 일상생활 도움, 신체활동 지원, 간호, 치료, 시설 입소 등 건강보험에 적용되지 않는 의료 지출을 보장하는 내용이 곧 노인의 장기 요양과 연결되기 때문에 최초의 장기요양보험이라고 보는 이들

하는 편이다.

그런데 사회보험에서는 영국에 비해 후진국이던 독일이 영국보다 한 세대 먼저였던 예외도 있다. 또 노인장기요양보험도 그 정책적 방향성은 영향을 받았다 하더라도 각 나라 사정에 따라 작지 않은 차이들을 보여주고 있다. 직접적인 확산이라고 단정하기에는 한계점들이 많다.

(6) 이익집단 이론(interest group theory)

특수한 목적 달성을 위해 공동으로 행동하여 정부 정책에 영향력을 행사하는 집단을 이익집단이라고 한다. 목적이 같은 개인들의 조직 행동인 셈이다. 정권 획득이 목표가 아니기에 정당과는 구분된다. 정권 획득보다는 자신들의 이해관계를 표출하여 정치적 효과를 극대화한다. 이 이론에서 사회복지정책은 국가정책이나 제도 등에 대해 서로 이해관계가 다른 이익집단들의 행동과 영향력을 분석하여 각 이익집단의 이해관계를 적절히 포괄한 정부의 조정 결과다.

우리 사회에서 지난 2023년 이와 관련한 본보기를 보여주는 사례가 일명 「노란봉투법」이다. 노동조합법 제2조와 3조에서는 노동조합의 노동쟁의를 합법으로 규정하고 있다. 제2조 5항 "'노동쟁의'라 함은 노동조합과 사용자 또는 사용자단체(이하 '勞動關係 當事者'라 한다)간에 임금 · 근로시간 · 복지 · 해고 기타 대우 등 근로조건의 결정에 관한 주장의 불일치로 인하여 발생한 분쟁상태를 말한다. 이 경우 주장의 불일치라 함은 당사자 간에 합의를 위한 노력을 계속하여도 더 이상 자주적 교섭에 의한 합의의 여지가 없는 경우를 말한다." 6항 "'쟁의행위'라 함은 파업 · 태업 · 직장폐쇄 기타 노동관계 당사자가 그 주장을 관철할 목적으로 행하는 행위와 이에 대항하는 행위로서 업무의 정상적인 운영을 저해하는 행위를 말한다." 제3조(손해배상 청구의 제한): "사용자는 이 법에 의한 단체교섭 또는 쟁의행위로 인하여 손해를 입은 경우에 노동조합 또는 근로자에 대하여 그 배상을 청구할 수 없다." 문제는 하도급이다. 원청에서 결정한 노동조건이 하청 노동자들을 규정하지만, 사

이 있고, 예외적인데다 건강보험 안에서 다루었기에 본격적인 장기요양보험으로 보지 않는 이들도 있다. 2015년에 「사회지원법」WMO(Social Support Act)으로 AWBZ를 폐지하고 의료는 「건강보험법」, 재가서비스는 「사회지원법」, 장기요양 시설보호는 「장기요양법」등으로 개편하였다.

용자 측에서는 다른 회사라고 하여 노동쟁의에 대해 천문학적 손해배상 청구 소송으로 노동쟁의를 생각할 엄두도 내지 못하게 하려 한다. 노동자 측에서는 같은 회사거나 적어도 '노동관계 당사자'라며 법 개정을 통해 원청을 사용자로 보아야 한다는 내용을 추가하자는 게 노란봉투법의 취지이다. 이 법의 통과 여부에 따라 사회복지의 발달에 대한 이익집단 이론의 설명과 그 설득력도 달라질 수 있기 때문에 매우 민감했다.[10)]

(7) 사회민주주의 이론

사회민주주의는 혁명으로 자본주의 경제체제를 격파하지 않고 점진적인 사회주의화를 추구한다. 따라서 사회정의를 추구하고 민주주의를 위한 정책과 소득 재분배 정책을 비롯해 사회 전반의 이익과 복지정책을 포함하는 개량적 사회주의 이념이다. 사회민주주의의 목표는 자본주의와 더불어 더 나은 민주주의, 평등주의, 연대주의를 이룩하는 일이다. 20세기 후반 유럽, 특히 북유럽에서 두드러졌던 사회 경제 정책과 연결된다.

자본주의에서는 자본이 많은 자본가에게 권력이 있지만, 사회민주주의에서는 표가 많은(1인 1표) 노동자가 권력을 차지할 수 있어서 노동자의 권익 보호를 위한 사회복지가 나아질 수 있다는 정치 중심적 이론이다. 그러자면 노동자가 실제로 그렇게 행동해야 하는데, 기본적으로는 노동자의 정치권이 전제되어야 한다. 아울러 노동조합 운동을 강화해가는 한편, 노동자를 대변할 수 있는 정당(사민당, 노동당)이 들어서서 노동자를 위한 사회복지정책을 입안해야 한다. 물론 정권을 차지하면 더 유리하다. 그런데 사회복지 정책의 발달 과정에서 꼭 사회민주주의나 사민당(노동당)이 결정적 역할을 한 건 아니었다. 영국처럼 자유당이 앞장서거나 독일의 비스마르크처럼 보수적 관료가 앞장서기도 하였다.

10) 2023년 6월 30일 본회의에서 노란봉투법은 집권 여당인 국민의힘 의원들이 불참한 가운데 의결되었다. 그러나 양곡관리법, 간호법에 이어 대통령의 거부권이 행사되었다.

06 chapter

유럽 현대사회복지 정책 도입기

1. 현대사회복지 정책 도입의 원인-정책환경 변화
2. 영국
3. 프랑스
4. 독일
5. 스웨덴

06 CHAPTER 유럽 현대사회복지 정책 도입기

1. 현대사회복지 정책 도입의 원인 - 정책환경 변화

새로운 정책이 나오거나 변화가 생기는 건 대체로 정책환경의 변화 때문이다. 정책환경이 변하면 정책 유산들과 맞물려 정책 개선이나 새로운 정책이 산출되기 마련이다. 이에 유럽에서 현대사회복지제도가 도입되면서 정착하고 확대하다 재편하는 과정의 정책환경 변화, 정책의 유산에 이어 사회복지 정책의 산출을 살펴보고자 한다.

인류는 가장 초기부터, 그러니까 1백만여 년 전부터 대부분 친척으로 구성된 작고 친밀한 공동체에서 살았다. 인지혁명과 농업혁명이 일어난 뒤에도 상황은 달라지지 않았다. 이런 혁명 덕분에 가족과 공동체가 뭉쳐서 부족, 도시, 왕국, 제국이 만들어졌지만, 모든 인류사회의 기본 단위가 가족과 공동체라는 점은 바뀌지 않았다. 하지만 산업혁명은 불과 2세기 남짓 만에 이 단위들을 산산이 깨부쉈다. 가족과 공동체가 수행하던 전통적 기능은 대부분 국가와 시장에게 넘어갔다. 수백만 년에 걸친 진화의 결과, 우리는 자신을 공동체의 구성원이라고 생각하면서 살아가도록 설계되었지만, 불과 2세기 만에 소외된 개인이 되었다(Harari, 2015).

어떻게 그런 일이 일어날 수 있을까? 오늘날에 태어난 사람들(이 책의 독자는 대부분 그럴 텐데)은 도무지 이해하기 힘들지 모른다. 그러나 우리 아버지 세대만 하더라도, 특히 시골에서 태어난 사람이라면 얼마든지 공감할 수 있는 상황이다. 이를테면 1970년대까지도 시골에서는 전기가 들어오지 않는 지역이 많았고, 가까이에 교통시설도 없고, 현찰이 아니라 쌀이나 보리쌀로 거래하고 월급을 주었다고 한다.[1)] 1970년대 한국의 시골은 그나마 학교가 있어서 공부한다는 게 산업혁명 초기와 다를 뿐, 19세기 중엽과 말엽의 유럽과 그리 크게 달라 보이지 않았던 듯하다.

새마을 운동이 시작되면서 농촌에도 변화의 바람이 일어났다. 시골길도 닦이고 지붕을 슬레이트나 함석으로라도 번듯하고 알록달록하게 고치고, 무속을 비롯한 온갖 전통적인 것들은 다 '미신'으로 몰려 사라졌다. 그 전에 시작된 제1, 2차 경제개발 5개년 계획(1962~1966, 1967~1971)과 더불어 산업화에 박차를 가하면서 도시화가 이루어졌다.

1825년 영국에서는 스탁턴(Stockton)에서 달링턴(Darlington) 사이 40km 구간에 세계 최초의 공공 철도노선이 개통되었다. 우리나라 최초의 철도는 1898년 경인선이다. 위에서 한국의 1970년대를 산 사람에게 유럽의 19세기 중엽이나 말엽이 그리 달라 보이지 않았으리라고 했는데, 철도만 놓고 보면 73년밖에 차이가 나지 않는다. 이렇게 산업화 과정은 단선적이지 않다. 부산광역시 금정구에서 시작해 서울특별시 서초구까지 연결되는 경부고속도로는 1968년에 착공하여 1970년에 완공되었다. 아울러 도시화 정책이 효과를 내기 시작하였다. 한국은 고도 경제 성장 과정에서 도시 계획과 도시정책으로 도시화를 긍정적으로 수용했음을 알 수 있다. 물론 판자촌을 비롯한 온갖 슬럼의 문제를 거치지 않은 건 아니다. 그리고 재개발을 통해 도시에 살던 사람들이 외곽으로 내몰리는 현상도 다 겪었고, 지금도 진행 중이기도 하다. 그래도 도시 집중을 부정적으로 보고 교외화 중심으로 도시정책을 해 온 다른 선진국들과는 구분된다(박재길 외, 2010).[2)] 산업의 발전과 교통시설의 발전이 도시화와 삼각편대를 이룬 셈이다.

울타리 치기(Enclosure)란 소유 개념이 모호한 공유지나, 경계가 모호했던 사유지 사이에 양이나 가축이 도망가지 못하게, 혹은 소유권을 명확히 하려고 울타리를 쳐서 자신의 영역을 확인하고 자산으로 만들었던 사회현상을 말한다. 아울러 거기서 대대로 살아온 사람들을 내몰았다. 농사 대신 양을 길러 양모를 생산하는 편이

1) 부모님 어린 시절에 방앗간에서 일하던 사람 월급이 쌀 두 가마니였다고 한다.

2) 유엔 보고서에 따르면 2005년 기준 세계의 도시 인구는 약 32억으로, 전체 인구의 49%인데, 2030년이 되면 약 17억의 도시 인구가 더 늘어나 도시 인구 비중이 60%에 이를 전망이다(박재길 외, 2010).

이롭다는 계산에서다. 멀게는 13세기 장원까지 거슬러 올라가지만, 보통 16~17세기 튜더 왕조(1차)와 의회가 주도한 18~19세기(2차)를 가리킨다. 우리나라의 경우 저렇게 몰아내는 대신 쌀값 정책으로 또 산업화로 대신하였다. 다른 공산품 가격은 다 올라도 농산품 가격은 상대적으로 오르지 않았다. 1970년대에는 이를 위해 이중곡가제도를 시행하기도 하였다. 쌀이 부족했기에 식량 증산과 농가 소득증대가 필요했고, 동시에 소비자 가계를 보호하고 물가를 안정시켜 임금 상승을 억제하려는 정책이었다. 그러나 계속할 수는 없고, 이중곡가제를 통해서도 공산품에 비해 농산품 가격이 낮았다. 따라서 시골을 떠나 도시로 향하는 이촌향도(離村向都, Rural Exodus) 현상은 몇십 년에 걸쳐 꾸준히 이어졌다. 이 현상은 도시화와 함께 값싼 노동력 공급을 가능하게 만들었는데,[3] 그와 함께 도시문제가 사회문제로 번지게 되었다. 일례로서 몰려든 사람이 살 주택문제, 일자리 없는 실업자들의 일자리 문제와 생활문제, 건강과 위생 문제, 도시 시설 문제 등을 꼽을 수 있다.

과거에는 문제가 생기면 웬만한 건 가정에서 가족끼리 해결하고 큰일은 마을공동체가 나섰다. 우리 부모 세대 어린 시절 시골에서는 아주 심하게 아프면 도시의 병원에 가지만, 웬만해서는 집에서 할머니가 쓰다듬거나 된장을 발라주셨다. 초상같이 큰일이 나면 마을이 나서서 장례식을 치러주었다. 더 오래전에는 공부도 가정에서나 아니면 마을 단위 서당, 서원, 향교 같은 곳에서 했다. 그런데 그런 공동체가 이제는 없거나 멀리 있는 상황이다. 가족구조마저 대가족이 아니라 핵가족 중심이다. 특히 도시로 밀려온 사람들일수록 대가족을 이루고 생활하기가 힘들었다. 대부분 나이 든 가족은 고향에 남고, 젊은이들이 도시로 나갔다. 이들이 문제에 빠지면 도와줄 사람도 기관도 없는 상태다.

오늘날에는 공동체가 제공하던 것 대부분을 시장과 국가가 충족해준다. 국가와 시장이 개인의 어머니이자 아버지다. 개인이 살아남을 수 있는 건 오로지 국가와 시장 덕분이다. 시장은 우리에게 직업과 보험과 연금을 제공한다. 전문직업인이 되는 공부를 하고 싶으면 공·사립학교에 간다. 사업하겠다면 은행이 돈을 빌려준

3) 영국의 울타리 치기에서 이런 저렴한 노동력 공급까지 의도한 건 2차 인클로저였다. 그전에는 아직 산업화가 시작되지 않아 일자리가 없었고, 오히려 몰려드는 빈민구제가 걱정거리였다.

다. 집을 짓겠다면 은행이 융자해줘 건설회사가 지어주고 국가가 보조금을 주거나 보증을 서주기도 한다. 폭력이 발생하면 경찰이 지켜준다. 며칠간 아프면 의료보험이 보살펴주고 몇 개월간 환자로 있으면, 사회보장제도가 개입한다. 24시간 보살핌을 원하면 시장에서 간병인을 고용할 수 있다. 그 간병인은 외부 세계에서 온 낯선 사람으로, 이제는 더 이상 자녀들에게 기대할 수 없는 헌신성으로 우리를 돌본다(Harari, 2015). 이런 오늘날의 모습이 자리 잡기까지의 과정이 바로 유럽의 현대사회복지 정책이 도입되는 시기이다.

그러나 현대사회복지 정책이 도입되어야 할 무렵 국가는 그런 사실을 아직 제대로 모르는 상태였고, 시장 역시 제대로 갖추어지지 않았지만, 갖추어졌더라도 사회복지의 주요 대상인 도시 빈민으로서는 그림의 떡 때문에 소외감과 상대적 빈곤감만 더 커졌을 터이다. 저런 복지제도가 생기기 위해서는 몇 가지 먼저 갖춰야 할 게 있다. 첫째, 산업화와 도시화다. 둘은 맞물린 것으로 따로 가기란 몹시 어렵다. 도시화 없이 값싼 노동력을 구하기 어렵고, 그러면 산업화가 어렵다. 마찬가지로 산업화 없이 사람들이 도시로 밀려드는 이촌향도 현상이 일어날 수 없다. 산업화는 도시화와 함께 인구를 급속히 증가시켰다. 그것은 농업 생산성 향상이나 의학과 공중위생의 발달, 산업혁명의 덕이다. 19세기 초부터 20세기 초까지 약 1세기 동안 영국 인구는 4배, 프랑스 2배, 독일 약 3배가량 늘었다(Przeworski, 2003). 1800년에 1억 9천만이던 유럽 전체 인구가 1914년에는 4억 6천만이 되었다. 19세기 영국의 산업도시 랭커셔(Lancashire)와 체셔(Cheshire)에서는 1,000명의 어린이 중 198명이 첫돌이 되기 전에 사망했다. 농촌 지역보다 두 배 더 많은 수치다(Bairoch 1988). 프랑스 도시 릴에서는 어린이의 4분의 1이 3세 이전에 사망했다(Lees & Lees, 2007). 유럽의 다른 산업도시들도 마찬가지였다. 높은 사망률의 원인은 거리와 주택(특히 가난한 노동계급 동네)의 더럽고 비위생적인 환경과 산업도시의 오염된 공기에다 햇빛도 제대로 들지 않고 통풍도 되지 않는 밀집되고 비좁은 주택환경 등이었다(Schultz, 1989). 갑자기 늘어난 인구를 수용할 만한 충분한 주택이 없었고, 또 쓰레기며 배설물을 비롯한 오물과 오수는 도시의 능력 밖이라 일부 거름으로 농부들이 가져갔지만, 대부분은 그대로 거리나 도시 외곽에 그냥 버렸다. 19세기 후반 들어서야 도시위생 인프라 문제의 해결방안들이 마련되기 시작했다. 현대식

상 · 하수도 시스템, 도로포장, 공공 조명 개선 등과 함께 도시 사망률이 감소하기 시작했다.[4)]

둘째, 민주주의다. 비스마르크의 독일처럼 민주주의가 제대로 자리 잡지 않은 상황에서도 복지제도가 생기기도 하지만, 제대로 된 복지권의 성립을 위해서는 민주주의가 자리 잡혀야 하고, 그러기 위해서는 선거권이 보통선거까지 확대되어야 한다. 1850년대까지만 해도 유럽은 민주주의와 거리가 멀었다. 보통선거는 기미도 보이지 않은 채 영국, 북유럽, 네덜란드 같은 나라에서는 간접선거로 구성된 대의제 의회가 있었지만, 선거권과 피선거권은 연령 제한과 재산 같은 자격 기준이 엄격했다. 또 임명이나 세습으로 구성된 상원이 대의제 하원을 제어하였다. 당시 인구 2천 7백만이던 영국 선거 유권자 수는 1백만 명 정도고, 인구 470만인 벨기에는 6만 정도였다. 1860년대에 들어서 대중의 압력이 높아지자 선거권이 점차 확대되었다. 19세기 서구 민주주의를 보는 상반된 시각이 있다. 한편에서는 부르주아 주도로 민주주의가 상당히 발전했다는 시각이고, 다른 한편으로는 아직 불완전한 상태나마 민주주의 발전 주역은 부르주아가 아니라 노동계급을 비롯한 빈민 대중이었다는 시각이다. 19세기 민주주의는 정치 · 이념 측면에서 혁명적이었지만 현실에 나타난 결과는 불완전한 상태였다. 민주주의에 대한 불신, 혐오, 억압은 가시지 않았다. 그에 따라 부르주아지와 정치 지배계급은 참정권 확대 요구를 점진적으로 수용하면서 동시에 참정권 행사의 통제를 위한 제도화와 정치공학에 몰두했다.[5)] 대의제가 그 가운데 하나였다. 예컨대 독일제국은 최초로 남성 보통선거제를 도입했지만, 제국의회는 아무 실권이 없었다. 또 형식적이나마 선거 조작을 위한 게리맨더링, 특권 귀족으로 구성된 상원의 견제도 존재했다. 자유주의 부르주아는 민주주의를 문제 해결이 아니라 문제 해결을 위한 수단으로 제도화해 나갔던 셈이다. 마침내 19세기 후반에서야 남성 보통선거를 도입했다.[6)] 19세기 후반 유럽의

---

4) 도시 인프라와 관련된 설명들은 아래 홈페이지 주소를 참조하여 정리하였다(www.sociostudies.org/almanac/articles/the_nineteenth-centur, 2024.01.16

5) 김동택에 따르면 영국에서는 보수파들이 자유주의자들을 견제하느라고 참정권을 확대했다. (https://www.kdemo.or.kr/blog/world/post/368/ 2022.12.15).

6) 초기 미국 선거법에서 선거권은 백인, 남성, 21세 이상, 재산 소유자, 납세 능력 보유자란 제한을 두었는데, 모든 나라가 다 비슷했다. 남성 보통 선거권은 독일 1871년, 오스트리아 1907년, 이탈리아 1913년,

노동운동은 혁명이 목적이 아니라 산업화한 세계에서 뿌리를 내리고 권력을 쟁취하기 위한 대중운동이었다.[7)]

셋째, 노동자의 계급화와 집단화, 정당화가 필요하다. 위의 둘과 다 맞물리지만, 제도가 그냥 갖추어질리 없으니 이 단계가 민주주의의 전제가 될 수도 있지만, 다른 한편, 민주주의 제도가 갖추어져도 제대로 된 정당과 정당한 요구 없이 복지권이 성립하긴 어렵다. 노동계급과 빈민은 온갖 탄압을 무릅쓰고 투쟁과 희생을 보여주었다. 19세기 영국의 차티스트 운동, 프랑스의 여러 혁명에서 확인할 수 있다. 1848년 혁명과 함께 일어난 차티스트 운동은 비록 실패했지만, 노동자계급의 많은 요구가 받아들여지고 복지정책도 싹트기 시작했다. 영국 부르주아지가 재산권, 교육 정도에 따라 노동 빈민의 참정권을 제한했지만, 차츰 인민의 정치참여가 불가피한 현실로 다가왔고, 이에 19세기 지배 이념이었던 자유주의를 바탕으로 하는 부르주아는 선거권의 점진적 확대와 대의제로 방어하였다.

사회복지제도의 시대적 발전 과정을 도입기, 발전 확장기, 개편기 등 3단계로 구분할 수 있다. 시대 구분은 기준이 문제일 뿐 따로 정해진 규칙은 없다. 사회복지 역사를 다룬 책마다 시대 구분은 대체로 다르다. 이 구분에 따라 나라별로 살펴보면 다음과 같다. 도입기는 제1차 세계대전 이전까지로 독일의 사회보험이 도입되고, 이어서 이 사회보험이 주변 나라로 퍼져나갈 때까지다. 아직 사회보험이 완성된 모습을 보이진 않지만, 형식적인 상태로나마 그 모습이 분명해진다. 확장기는 제1, 2차 대전과 그 사이 대공황을 거치며 70년대 석유파동이 일어날 때까지다. 두 차례 세계대전과 대공황 시기는 분명 복지의 위기라고 볼 수 있겠지만, 그 엄청난 규모의 재난은 산업화와 도시화보다 크면 컸지, 작지 않았다. 그런 와중에 이미 어느 정도 복지제도가 자리 잡은 상태인지라 더 큰 차원에서 국가의 개입이 필요했다. 그래서 국가의 사회보험 정책 규모와 차원이 변하는 과정이라 확장기에

영국 1918년에 도입되었다.

7) 민주화운동기념사업회 자료에 따르면, 제1차 세계대전 직전 혁명 세력에서는 민주주의가 사회혁명을 저지하는 제도로 보았다. 민주주의가 목적이 아니라 수단으로 제도화되었고 또 민주주의와 보통 선거권이 짝을 이룬다는 인식은 민주주의가 자본주의를 대변한다는 인식으로 이어졌다. 그러나 이 책에서는 그런 인식의 타당성 여부를 따지기보다 그런 인식에도 불구하고 민주주의 발전이 사회복지제도 도입에는 도움이 되었다고 보았다(https://www.kdemo.or.kr/blog/world/post/368, 2023.01.10.).

함께 넓었다. 종전 후에는 그야말로 사회복지 정책의 순풍기, 필요하다 싶은 제도가 나타나면 그대로 제도화되었을 정도이다. 개편기는 두 차례 석유파동을 거치며 세계 경제가 정체하면서 신자유주의와 함께 나타난다.

▌표 6-1▐ 국가별 최초 사회보장제도 도입 시기

	질병 또는 모성 관련 급여	노령, 장애, 유족 연금	산재보험	실업보상	가족, 아동 관련 수당
독일	1883	1889	1884	1927	1954
스웨덴	1891	1913	1901	1934	1947
덴마크	1892	1891	1898	1907	1952
노르웨이	1909	1936	1894	1906	1946
이탈리아	1910	1861	1898	1919	1936
아일랜드	1911	1908	1897	1911	1944
오스트레일리아	1912	1908	1900	1944	1941
네덜란드	1913	1913	1901	1916	1939
일본	1922	1941	1905	1947	1971
프랑스	1928	1910	1898	1905	1932
스페인	1929	1919	1922	1919	1938
캐나다	1935	1927	1902	1940	1944
뉴질랜드	1938	1898	1900	1930	1926
핀란드	1963	1937	1895	1917	1943
미국	1965	1935	1908	1935	–

출처: Kuhnle & Sander(2010). 최원규 외 (2021)에서 재인용. 국가 순서는 첫 항목 도입 시기 기준.

2. 영국

1) 산업화와 도시화

(1) 산업화(Industrialization)

16세기부터 18세기 사이 영국은 사회 · 경제적으로 급격히 변모하였다.[8] 고립되고 분산된 봉건사회의 사회 · 경제 구조에서 점차 통일된 국가 경제의 물적 기반이 잡혀갔다. 정치에서도 중앙집권화와 함께 절대왕정 체제를 거쳐 17세기 말 명예혁명(1688년)으로 의회가 주도하는 입헌군주제로 자리 잡혀갔다. 아울러 인구의 급격한 증가와 함께 자본주의 농업과 상공업이 발달하였다. 지주들은 소작을 주던 토지와 공동경작지를 자본가들에게 위탁하거나(차지 기업농) 자본주의 영농방식을 도입해 영농의 기계화와 대규모화를 이루었다. 그 결과 농민들 대다수는 토지를 잃고 일자리를 찾아 도시로 몰려갔다.[9] 경제적 · 사회적 궁핍이야말로 인구 유입의 가장 효율적인 채찍이었고, 좀 더 높은 화폐임금과 도시의 자유는 당근 역할을 하였다. 그 수가 많았기에 공장이나 광산에서 적은 임금에 시달려야 했다. 19세기의 마지막 30년간에 농촌 인구의 약 3분의 1이 영구히 농촌을 떠났다.

영국이 산업화에 가장 앞설 수 있던 데는 무엇보다 큰 식민지 덕이 크다. 기술력을 이야기하지만, 기술은 얼마든지 모방하고 또 자본과 함께 수입할 수 있었다. 프랑스 혁명과 2월 혁명 사이 유럽과 아메리카에는 영국의 전문가, 증기기관, 면제품 생산기와 투자자가 쇄도하였다(홉스봄, 2002). 특히 인도에서 생산되어 널리 팔리던 수제 면직물의 수입 금지 조치를 얻어내어 막 기계화가 시작된 영국 내 면직물 공

8) 영국의 공식 명칭은 'The United Kingdom of Great Britain and Northern Ireland'로 잉글랜드로 통하는 Great Britain, 스코틀랜드, 웨일스, 북아일랜드가 합쳐진 것이다. 이 책에서 다루는 영국의 복지 관련 내용은 잉글랜드에 한정한다. 큰 틀에서는 비슷하겠지만, 자치와 지역 특색과 재정 능력 등에 따라 세부에서는 다른 점들도 많다. 이를테면 장기 요양 서비스의 경우 잉글랜드는 소득조사를 바탕으로 저소득층 중심으로 지원하고, 소득과 재산이 일정 수준을 넘으면 본인이 비용을 부담하게 한다. 반면 스코틀랜드는 보편주의로 자산과 소득과 무관하게 장기 요양 서비스는 다 무료다(최복천 외, 2018).

9) 공업화 시기 농업의 역할은 생산력 증대로 급속히 증가한 인구에 식량 공급과 공업화에 필요한 자본 축적의 메카니즘 제공이 핵심이었다(홉스봄, 2002).

업이 기회를 얻었다.[10] 식민지 무역이 면공업을 창출하였던 셈이다. 소규모 공장들은 점진적 기계 구입으로 사업 확장에 나섰고, 필요한 자금은 경상이익으로 조달이 쉬웠는데, 시장 확대와 꾸준한 물가 상승 덕에 엄청난 이윤을 남길 수 있었다.[11] 여기서 공장이라면 주로 면공장이고, 면업의 활황은 기계, 화학, 공업용 조명, 해상 운송에, 다시 연료와 에너지를 위한 석탄, 기계 제작을 위한 제철 등 수많은 분야의 수요를 낳으며 19세기 중반까지 영국 경제 성장의 대부분을 책임졌다.[12] 면공업 덕을 특히 많이 본 도시로는 브리스틀, 글래스고, 노예무역 중심지 리버풀 등 식민지 무역항 인접 지역이다. 1750년에서 1769년 사이 영국 면제품 수출은 10배 이상 증가했는데, 거기에는 정부의 적극적인 후원 덕이 컸다(홉스봄, 2002).[13]

영국이 다른 주변 유럽 국가들보다 가장 앞선 이유를 정리하면 다음 다섯 가지다. 첫째, 영국에서는 봉건 제도가 일찍 무너져 근대 상공업의 발달이 순조로워 자본이 축적되고, 길드와 같은 산업상의 규제도 느슨하여 새 기업의 발전에 유리하였다. 둘째, 18세기 중엽 식민지 쟁탈전 승리로 해외 많은 식민지 덕에 해외 무역의 패권을 잡았다. 셋째, 석탄과 철 등 필요한 자원이 풍부했다. 넷째, 18세기 후반부터 농업 개량을 위한 인클로저 운동으로 토지를 잃은 농민이 많아서 값싼 노동력이 풍부했다. 다섯째, 17세기 두 번의 혁명으로 절대왕정이 쓰러진 뒤 정치가 안정되었고 섬나라였던 관계로 대륙의 분쟁에 말려들거나 그 피해를 보는 일이 적었다(김근홍 외, 2011; 박광준, 2022).

---

10) 더 이상 생산하여 판매하지 못하고 거꾸로 영국 제품을 사 입어야 했던 인도의 경제에는 괴멸적인 영향을 미쳤다.

11) 홉스봄이 예로 든 인물이 로버트 오언이란 인물이다. 1789년 포목상 점원이던 그가 맨체스터에서 100 파운드를 빌려 공장을 시작했는데, 1809년, 그러니까 20년 만에 8만4천 파운드 현금으로 뉴 라나크 공장에 대한 동업자들의 권리를 사들였다(홉스봄, 2002).

12) 1785년 수입 원면이 1,000만 파운드에서 1850년 5억 8,800만 파운드, 면직물 생산은 4,000만 야드에서 20억 2,500만 야드로 증가했다. 면제품은 1816년과 1848년 사이 총수출품 중 40~50%에 달했다. 철 생산 1830년 68만 톤에서 1860년 225만 톤, 석탄 1830년 1,500만 톤에서 1850년 4,900만 톤 등 세 배 늘었다(홉스봄, 2002).

13) 유럽은 처음부터 동양과 무역에서 수입이 수출보다 훨씬 컸다. 향신료, 비단, 면포, 보석, 도자기와 차 등을 수입한 대가로 수출할 품목이 없었다. 중국에 가져간 면포는 지나친 무역 불균형 상태 조정을 위해 사 주는 정도였다. 이런 관계가 면직물 분야 산업혁명으로 처음으로 뒤집혔다. 그런데도 중국은 여전히 물품 대량 구매를 거부하였고, 결국 군함의 도움으로 인도에서 생산한 아편의 대량 수출로 그마저 뒤집고 만다.

다윈의 진화론을 비롯해 지질학과 천문학 등 과학의 발전으로 한편으로는 진보사상이 더 확고하게 자리 잡았고, 다른 한편으로는 종교는 더 세력을 잃고 세상은 더욱 세속화되었다. 산업화 속도가 빨라지면서 1780년대 무렵이면 경제가 그야말로 도약했다. 1840년대에는 철도와 대규모 중공업 건설이 이루어졌다(홉스봄, 2002). 그와 함께 1851년 런던의 하이드 공원(Hyde Park) 만국박람회가 상징하듯 물질문명의 번영과 이에 따른 생활수준의 향상으로 빈곤과 같은 사회문제에도 긍정적으로 작용하기도 하였다. 자선과 박애 활동의 규모가 커지고 사업 기관들도 대폭 늘었다.

그런데도 18세기 영국 인구의 70~80%를 차지했던 하층민의 삶은 특히 비참했다. 이들은 주로 영세한 농민, 상인, 항구와 도시의 노동자, 광산지대 광부와 산업지대 공장노동자들이 주를 이루었다. 이들은 대부분 땅을 잃거나 일자리가 없어서 고향을 떠나 도시 변두리로 밀려와 임시 주거지에 살았다. 이런 지역은 곧 슬럼화되었다. 끼니를 잇기 어려운 이들에게 교육은 언감생심이었다.[14] 그런데도 도시에는 술집이 즐비해 습관적인 폭음과 음주 폐단이 심했다. 매춘, 개싸움과 도박에다 싸움질까지 심지어는 강도와 살인까지도 흔해 감옥은 항상 포화상태였고 구걸에 나서는 이들도 많았다. 희망을 볼 수 없는 사람들의 안타까운 자학이자 반항의 한 단면이라 할 수 있다.[15] 위어마우스(Robert F. Wearmouth)는 이런 모습을 가리켜 18세기가 영국의 보통 사람들에게 영국 사회 역사상 가장 슬프고 비극적인 장이었다고 하였다.[16] 이런 사회적 빈곤과 노동자들의 비참한 현실은 그 규모로나 성격으로 보아서 기존의 구빈정책으로는 해결할 수 없었다.

---

14) 가난한 집 아이들이 교육을 생각하기 어려웠던 원인을 두 가지로 볼 수 있다. 첫째, 대중교육을 위한 제도도 또 시설도 거의 없었다. 둘째, 가난할수록 되도록 일찍부터 돈을 벌어야 했기에 학교가 있더라도 갈 수 없었다. 1833년 국가는 국민교육에 관심을 두기 시작했고, 1870년에 법으로 초등학교 의무교육을 보장하였다. 그 결과 빅토리아 시대 영국인 절반은 글을 읽고 쓸 줄 아는 정도가 되었다.

15) 아버지 세대 어린 시절 새마을 운동이 시작될 무렵 한국의 시골에서도 술 마시고 도박하던 남성들 모습은 흔했었다고 한다. 그러다 어느 정도 생활이 되어 앞을 내다볼 여력이 생기자 그런 모습은 사라지고, 일부만 음지로 들어섰다.

16) 위어마우스(Robert F. Wearmouth)의 내용은 다음 홈 페이지 주소를 참조하여 정리하였다. www.sgti.kr/data/person/wesley/park/2-1.htm, 2023.12.01.

(2) 도시화(Urbanization)

갑자기 만들어진 도시에는 다양하고 긴급한 생활문제와 심각한 사회문제가 발생하였다. 고용주들은 그런 어려운 사정을 배려할 생각이나 의지가 없었고, 정부나 사회도 이들을 돌볼 만한 상태가 아니었다. 더구나 가난은 개인이 게을러 일하지 않거나 낭비벽 때문이라며 개인 책임을 강조하고 심지어 신의 형벌이요 죄라는 전통적인 견해가 빈곤한 이들의 상황을 더욱 힘들게 만들었다.

1801년에 17%였던 영국의 도시화율은 50년 후인 1851년에 35%로 두 배 넘게 커졌다. 다시 50년 뒤인 1901년에는 77%였고, 현재의 도시화율은 약 90%다. 영국의 도시화 과정은 19세기에 이미 거의 완료되었던 셈이다. 이러한 도시성장의 대표적인 사례가 바로 런던이다. 1801년에 이미 인구 85만 명의 대도시였던 런던은 1851년 200만, 1881년 400만, 1939년 850만으로 정점에 올랐다. 2024년 기준으로는 약 900만 명 정도다. 영국 도시화의 특징이라면 자유주의에 따른 자유로운 건축양식을 꼽을 수 있다. 급속한 산업화, 도시화와 개인의 자유로운 도시개발의 상승작용으로 19세기 영국의 도시, 특히, 산업 중심도시의 도시환경이 급격히 악화하였다. 당시 영국인의 기대수명이 41세인데, 선진 공업도시 리버풀은 26세, 맨체스터는 24세에 불과했다. 특히 노동자 구역의 주거환경은 극도로 열악했다. 이를테면 노동자 주택은 통풍, 일조, 위생 설비가 지극히 열악하였을 뿐만 아니라, 과밀로 위생 상태가 최악이었다. 19세기 중반이 되어서야 정부는 비로소 보건(공중위생)과 안전 차원의 개발행위규제 장치를 마련하기 시작했다. 그에 따라 「공중보건법」(Public Health Act, 1848), 「공해제거법」(Nuisance Removal Act, 1855), 「위생법」(Sanitary Act, 1866), 「농민 및 근로자 주택법」(Artizan's and Labourer's Dwelling Act, 1868) 등이 제정되었다. 특히, 1875년 개정된 「공중보건법」에 따라 지방정부가 조례로 신규 건축물을 규제할 수 있게 하였고, 1894년의 「런던건축법」으로 도로 신설과 확장, 건축선, 공지, 건축물의 높이 등에 관해서 제한할 수 있게 하였다. 그래도 소유권 절대성 의식이 팽배해 도시환경 개선은 매우 제한적이었다.[17]

도시화와 산업화가 낳은 또 하나의 사회 · 문화적 현상이 시간의 획일화에 따른

17) 영국의 도시화와 뒤에 독일의 도시화는 최병선의 자료를 참고하여 정리하였다(최병선, 2002).

생활 리듬의 동기화다. 공장이 사람들 행동에 시간표를 강요하면서 학교, 병원, 정부 기관, 식품점이 뒤를 따랐다. 맨 먼저 영국에서 1784년 출발 운행시간표를 붙인 마차 서비스가 시작되었다. 리버풀과 맨체스터 사이에 상업용 기차가 운행한 지 10년 뒤인 1830년에 최초의 기차 시간표가 나왔다. 기차는 마차보다 빨랐기에 현지 시각의 차이가 심한 불편을 초래했다. 1847년 영국 열차 회사들은 논의 끝에 모든 열차 시간표를 그리니치 천문대 표준시에 맞추기로 합의했다. 1880년 영국 정부는 영국의 모든 시간표가 그리니치를 따르라는 법률을 제정했다. 역사상 처음으로 한 나라가 국가 시간을 정하여 국민에게 현지 시각이나 해가 뜨고 지는 주기 대신에 시계에 맞춰 살기를 강요한 것이다. 머지않아 세계적 시간표 네트워크로 이어졌다. 방송매체의 등장으로 시간표의 세상이 열려 매체는 시간표의 강요자이자 복음 전도사가 되었다(에릭 홉스봄, 2002).

2) 민주화

1830년 7월 혁명과 특히 1848년 2월 혁명에 이은 유럽 전역의 혁명 확산은 분위기를 뒤숭숭하게 만들었다. 사회혁명으로 자본주의 체제가 무너질지도 모른다는 불안감이 감돌았다.[18] 그러나 19세기 영국은 세계 최고 수준의 번영을 누렸다. 세계의 공장, 세계의 은행, 세계 최대의 제국이었다. 경제적으로 18세기 중반에 시작된 산업혁명의 결실로 기계에 의한 대량생산과 향상된 운송 수단을 통한 식민지 확대를 바탕으로 유례없는 성장을 이룩하였다. 이러한 번영으로 영국인의 자유는 더욱더 확장되었고 끊임없이 진보에 관한 확신도 커졌다. 물질적 번영과 정치적 자유의 확대는 밀접하게 연관되어 자유주의 이념이 더욱더 확산하면서 영국제품과 함께 전 세계로 퍼져나갔다. 혁명에 대한 우려가 말끔히 가시지는 않았지만, 끊임없는 경제성장과 제국주의 확장으로 영국인들은 걱정보다 고무된 바가 더 컸다.

---

18) 1789년 프랑스 대혁명이 부르주아가 프롤레타리아와 농민을 끌어들여 왕과 귀족계급을 상대로 권력 획득에 성공한 사건이었다면, 1830년 7월 혁명과 1848년 2월 혁명은 노동자계급이 목소리를 키우려는 시도였다. 그 후 1871년 프로이센에 패배한 뒤 파리 코뮌(Paris Commune)은 두 달 남짓한 한시적이지만 사회주의 자치정부를 세우기도 하였다.

게다가 국제적으로 유럽의 평화가 장기간 이어진 기간이었다. 나폴레옹 전쟁 이후 제1차 세계대전(1914~1918)이 일어날 때까지 125년 동안 크림전쟁(1853~1856), 프로이센-오스트리아 전쟁(1866년), 프로이센-프랑스 전쟁(1870~1871) 정도가 있었는데, 모두 합쳐도 기간이 44개월 정도였다. 그래서 '백 년 평화' 또는 빈 체제라고도 한다.[19] 이런 상황에서 민주주의는 요원하기만 하였다. 게다가 18세기로부터 물려받은 정치체제는 모순투성이였다. 그간의 노력으로 언론의 자유가 확대되어 정부 비판도 가능했고, 혁명이 아니라 선거로 정부를 바꾸는 게 일상화되었지만, 부정부패를 비롯해 전통적이고 전제적인 요소들도 아직 세력을 잃지 않은 상태였다.

그래도 노동자의 투쟁 덕에 선거법이 더디지만 개정되며 선거권이 점진적으로 확대되었다. 영국에서는 총 다섯 차례 선거법 개정이 있었다. 1832년 제1차 선거법 개정이 이루어져 연간 10파운드 이상의 지대에 해당하는 재산을 소유한 모든 남자에게 선거권을 부여하였다. 이로써 부르주아지(산업자본가, 중간 시민층)가 선거권을 얻었다(유권자 비율 5.9%). 2차(1868년)에서 도시 소시민과 노동자와 일부 농촌 노동자들이 선거권을 얻었다(14.2%). 아울러 부패 선거구가 폐지되면서 지역적으로 남부 농업지역의 의석수가 줄고 인구가 많은 북부 공업지역의 의석이 늘었다. 시골에서 도시로, 잉글랜드에서 스코틀랜드 및 아일랜드로 의석수가 이전했다. 그 결과 의원들은 유권자들을 전보다 더 의식할 수밖에 없었다. 어린이의 노동시간을 제한하는 「공장법」(Factory Law, 1833년), 빈민가의 위생 상태 개선을 위한 「신빈민법」(Poor Law, 1834년), 국내의 비정상적인 곡물가의 현실화를 위한 곡물법의 폐지(Corn Law, 1846년) 등의 개혁 조치가 입안된 이유다. 3차(1884년, 1885년)에서 지방 소작인, 농촌과 광산의 노동자로 선거권이 확대되고 비밀 투표제가 확립되었다(29.3%). 4차(1918년)에서 21세 이상 남성과 30세 이상 여성 모두가 선거할 수 있게 했다(74.8%). 5차(1928년) 개정에 들어서 비로소 남녀 모두 21세 이상이면 누구나 선

---

19) 유럽 외에서는 제2의 독립전쟁이라고도 하는 미영전쟁(1812~1815)에서 곤욕을 겪기도 했지만, 중국에서 아편전쟁(1차: 1840~42, 2차: 1856~60)으로 노예무역만큼이나 비인간적으로 부를 키워갔다. 1757년 오늘날의 인도, 당시 벵골에서 플라시 전투로 벵골과 프랑스 연합군을 이기고 프랑스를 몰아낸 뒤, 마이소르(1767~1799), 마라타1775~1818), 시크(1845~1849) 등의 전쟁으로 벵골을 잠식하다가 이어 1857년 세포이 항쟁을 유혈 진압하고 무굴 제국을 마감시켰다. 그에 따라 식민지는 더욱 커졌기에, 미영전쟁 말고는 다 남는 전쟁이었다.

거를 할 수 있게 되었다(95.5%)(위키피디아, 2022.12.12).

도시로 밀려든 사람들로 노동자 숫자는 충분하였으나, 적절한 자격과 기술을 갖춘 노동력과는 거리가 멀었다. 농업의 계절적 기복이나 떠돌이 도제 노동 같은 전통에서 벗어나 규칙적이고 중단 없이 매일 일정한 작업 리듬 속에 일하고 화폐의 자극에 반응하는 법도 배워야 했다. 최저 생활비를 벌고 나면 일을 중단하는 전통도 버려야 했다. 이를 위한 해답은 최저 소득을 벌려면 한 주 내내 꾸준히 일해야 할 만큼 적은 보수를 지급하는 것이었다. 값싼 부녀자와 아동의 고용은 그런 해답을 더 효과적으로 만들었다. 1834~47년 면공장 노동자의 약 1/4이 성인 남자, 절반 이상은 부녀자, 나머지가 18세 이하 소년들이었다.

노동자 계층은 노동력 착취에 시달리거나 아니면 실업으로 고통을 당해야 했다. 당시 광부는 일당 약 1실링(shilling)을 받으며 하루도 쉬는 날 없이 1주일 내내 하루에 16~17시간씩 노예처럼 일했다. 그리고 일하다 사고를 당하거나 늙어서 그 일에 적합하지 않다 싶으면 가차 없이 해고되었다. 임금을 아끼려는 자본가는 인건비가 싼 여성과 아이들까지 고용하였다. 5~6세 어린이들이 공장이나 위험하고 더러운 탄광에서 하루 12~13시간씩 중노동을 해야 했다. 찰스 디킨스(Charles John Huffam Dickens, 1812~1870)의 『올리버 트위스트(Oliver Twist)』에서는 숨 막히는 굴뚝을 헤집고 들어가 청소하는 일을 할 수밖에 없는 어린아이 모습이 나온다.[20] 오갈 데 없는 소년, 소녀들이 도제(apprentice)라는 구실로 고용주들에게 노예처럼 팔려 갔다.

이러한 비인간적인 노동환경과 저임금에 의한 노동력 착취나 실업 그리고 그에 따른 빈곤에 의한 불만이 심해지면서 차티스트 운동이나 1848년 혁명처럼 사회혁명이나 폭동이 일어나기도 하였다. 물론 노동자와 빈민만 불만인 게 아니었다. 새 경제에 적응하기 힘든 지방 사업가와 농업 경영자뿐만 아니라, 국민 세금을 챙기

20) 구빈원 이사들에 대한 묘사 장면: "가난한 사람은 양자택일을 해야만 한다. 구빈원에 들어와 점차적으로 굶어 죽든지, 구빈원에 안 들어오고 바깥에서 즉각 굶어 죽든지. 둘 중의 하나를 택하도록 한 것이다. 이런 목적으로 하루 세끼 묽은 죽과 일주일에 두 번 양파 조금, 일요일엔 둥근 빵 반 덩어리를 지급하게 했다. 그들은 또한 가난한 부부를 이혼시키는 일을 친절하게도 떠맡아서 법원의 엄청난 소송비를 면하게 해 주었고, 종전처럼 남편이 가족을 부양하도록 강요하는 대신에 처자식을 남편에게서 떼어놓아 다시 독신자로 만들어주었다!"(찰스 디킨스/황소연 역, 2020).

는 공채소유자에 대한 소규모 기업가들의 불만도 있었다. 이런 불만이 급진주의, 민주주의, 공화주의 같은 대중운동에 불을 지폈다. 그러면 국가는 원인 제거보다 공공질서의 파괴와 국가에 대한 도전이라며 군대를 동원해 진압하고 주동자들을 처벌하였다. 이에 대한 국가나 교회 또 사회도 다 속수무책이었다. 세계 최초로 산업사회로 들어서면서 고통이 수반될 수밖에 없었다. 산업자본주의 사회로 탈바꿈하면서 사회계층이 귀족, 산업자본가, 산업노동자, 빈민층으로 더욱 세분화하여 계층 간의 갈등이 첨예하였다. 노사 간의 갈등과 가부장적 수직 사회가 수평적 계급사회로 바뀌면서 겪는 혼란 등은 노동계급의 투쟁을 불렀다.

(1) 러다이트 운동(Luddite, 1810~1811, 1826)

방적과 방직 기계가 노동자의 일자리를 빼앗는다고 기계를 파괴하며 지역 폭동으로 치달았다. 자본가에 맞선 계급투쟁이었고, 영국 정부는 자본가 편에 서서 주동자 처형 등 탄압으로 대응했다. 독점자본주의 이론과 음모이론이 근거로 쓸 만한 일이었다. 그런데 이런 탄압이 오히려 민중을 자극하여 투쟁자금 모금 운동이 일고, 바이런(George Gordon Byron, 1788~1824) 같은 작가와 지식인들도 노동자 편에 섰다. 러다이트 운동 자체는 비록 실패로 끝났지만, 자본가 계급은 노동자의 권리를 조금 더 존중하지 않을 수 없었다. 노동자 측에서는 폭력 투쟁의 한계를 깨닫고 의회 진출을 모색하는 민주주의식 투쟁으로 변모하였다. 그것이 바로 차티즘 운동이다.[21)]

(2) 차티스트 운동과 노동운동

제1차 선거법 개정으로 자본가 계급의 요구만 실현되었을 뿐, 정작 개정 실현의 원동력이었던 노동 대중의 요구는 전혀 실현되지 않았다. 자본가 계급의 배신 때문이었다. 1839년 노동 대중은 보통 · 비밀 선거와 선거구의 공평화, 매년 의회 개회, 의원의 재산 자격 폐지, 의원에게 세비 지급 등 6개 항의 인민헌장(People's Charter)을 내걸고 광범위한 정치운동을 벌였다. 경제적인 향상을 위해서도 의회개

21) 대륙의 직물업에서 기계 파괴 운동은 1830년대 중반~1840년대 중반에 일어났다.

혁이 필요했다. 1838~1848년에 걸쳐 전국적인 규모로 운동이 확산하고 인구가 많은 북부의 공업지대에서는 선전전과 함께 서명운동으로 수백만 명의 서명을 얻어 의회에 청원하기도 하였다. 그러나 지도자 분열, 사상의 불일치, 탄압 때문에 그 최고조였던 2월 혁명을 고비로 급격히 쇠퇴하고 말았다(김근홍 외, 2011).

전체적으로 보면 1825년 「단결금지법」 폐지와 함께 노동조합의 합법화 이후 1830년대 참정권의 확대 미흡에 따른 차티스트 운동(1838~1848)을 거치면서 노동운동에 정치 성격이 강해졌다. 인민헌장(People's Charter, 1838)에서 의회개혁을 추구한 이 운동은 세계 최초 노동계급의 합법적 정치운동이었다. 이 운동은 현대 민주주의의 제도적 시발점이었고, 민주주의 흐름을 주도한 이념은 자유주의였다. 왕과 귀족이 중심인 국교회의 특권과 비국교도의 차별이 기본 대립 전선이었고, 비국교도의 자유주의 운동이 반국교회 운동을 넘어 사회 전체에 대한 도전으로 커갔다. 19세기를 거치며 자유주의는 자유당과 보수당을 막론하고 거스를 수 없는 이념이 되었다. 자유당에 주도권을 빼앗기지 않으려고 보수당이 자유주의 의제를 선점하기도 했다.

19세기 말경에는 과거 소수가 독점하던 국가권력을 제도화된 정당이 대신하였다. 먼저 휘그당이 자유당으로 변신하여(1859년) 보수당과 의회를 양분하더니 1906년 압승을 거두며 정권을 잡았다. 그런 추세 속에 1868년 직종별 조합의 전국 회의체로 영국노동조합회의가 결성되었고, 1900년에는 독립노동당, 사회민주연맹 등 진보 단체 대표들과 의회에 노동자 출신 의원을 보내기로 하고 노동대표위원회를 설립했다. 이 위원회가 1906년 노동당(Labour Party)[22]으로 이름을 바꾸고 29석을 얻으며 도약하다 1924년에는 마침내 자유당 대신 제2당의 자리를 차지하기에 이른다.[23] 정부는 한편으로 사회 개혁과 복지 프로그램 채택을 통해 대중적인 노동운동이나 사회주의 정당들의 불만을 완화하면서, 다른 한편으로는 제국주의

22) 영국의 노동당(Labour Party)은 1900년에 제임스 키어 하디(James Keir Hardie, 1856~1915)가 노동자의 정치 진출을 위해 창당한 중도좌파 정당으로 사회민주주의와 민주사회주의를 지향하였다.

23) 자유당은 휘그당(Whig Party)과 급진파를 통합하여 1859년에 창당된 중도 혹은 중도좌파 성향의 자유주의를 이념으로 한 정당이다. 1924년 노동당에 지지층이 대거 넘어가면서 군소정당으로 떨어졌지만, 1988년까지 존속했다(강정인 외, 2010).

를 활용했다.[24] 제국주의는 그 자체로 사회 개혁의 비용을 댈 수 있는 잉여소득을 창출하였고 더하여 점점 짙어지는 민족주의 정서에서 대중적인 인기를 얻을 수 있었다(홉스봄, 2002).

한편, 점차 가속화된 기계의 발달에 의한 생산성 향상 탓에 한편으로 러다이트 운동도 일었지만, 다른 한편으로는 노동자의 여가가 늘기도 하였다. 게다가 교회에서 분 주일학교 바람으로 어린이의 문자 해독률이 높아지고 성인 문맹률이 급감했다. 한편으로는 독서에 의한 교양이 높아졌고, 다른 한편으로는 사회문제에 눈을 뜨고, 계급의식이 확산할 수 있었다. 영국 노동자의 사회보장에 대한 요구는 주체에 따라 달랐다. 이를테면 19세기 중반 이래 영국의 숙련공 조합은 실업보험을 스스로 운영하면서 고용주의 해고 권한에 이의가 없었을 뿐만 아니라, 해고규제 법률제정을 요구하지도 않았다.[25]

3) 정책 유산 – 빈민법(1601, 1834)과 정주법(1662)

외교적 이익을 위해 죽은 형의 부인인 캐서린(에스파냐 아라곤의 페르디난트 왕의 딸이자 신성로마제국 황제 카를 5세의 숙모)과 결혼한 헨리 8세(Henry VIII, 1491~〈재위 1541〉~1547)는 아들을 낳지 못하자 이혼하고 앤 블린(Anne Boleyn)과 결혼하고자 했으나 교황이 허락하지 않자 로마와 결별하고 종교개혁으로 영국국교회(Church of England)를 만들었다. 이때 기존의 가톨릭 수도원을 해체하였다(1529년 의회 입안, 1536년 해체). 유럽 어느 국가나 마찬가지로 중세 빈민구제 사업은 교회와 수도원의 몫이었다. 그런 수도원이 사라지자 가난한 자며 환자는 오갈 데 없는 처지였다. 게다가 급속한 인구 증가로 늘어난 양모의 수요나 인클로저(Enclosure: 울타리 치기) 바람으로 대규모의 부랑인 발생, 인구증가, 부랑인 도시집중, 빈곤 문제 등이 심각해졌다.

---

24) 이처럼 정부가 스스로 개혁정책을 편 결과 사민주의가 두드러졌던 대륙과는 다르게 노동당은 태동도 늦었지만, 사회주의 색채를 표방하지 않았다.

25) 이런 현상은 다음에서 살피게 될 프랑스에서도 비슷하게 확인된다. 노동자와 농민을 위한 퇴직연금을 강제보험, 사회보험 형식으로 도입했지만, 법원에서 자유 침해라는 판결로 제도가 정착하지 못하고 만다(신원철, 2018).

1601년 「빈민법」은 정치, 경제, 종교 및 사회의 대변화 시기에 3대(에드워드 6세, 메리 1세, 엘리자베스 1세)에 걸쳐 내려오던 정부의 빈곤 조치를 모아 성문화한 「선별적 공공부조 법」이다. 이 법의 의의로 세 가지를 꼽을 수 있다. 첫째, 가난 구제의 책임을 교구에서 지방정부로 옮겼다. 공공부조를 국가의 책임으로 간주했다는 점에서 세계 최초의 사회복지정책으로 볼 수 있다. 둘째, '선 가정, 후 사회복지' 원칙에 대상자를 자격 있는 빈민과 자격 없는 빈민으로 나누었다. 이 구분은 이후로도 복지국가에 이르고 나서까지 영향을 미치고, 특히 사람들 인식에 공공부조에 대한 거부감을 깊이 아로새겼다. 노동능력이 있으면 구빈 혜택을 볼 자격이 없어서 강제로라도 일을 시키고, 그럴 능력이 없는, 그래서 자격이 있는 이들에게는 최저한의 구제를 제공했다. 절대 최저수준을 넘어서면 안 되도록 못 박았다. 셋째, 노동능력 있는 이들에 대한 강제 노역과 빈민 아동의 훈련은 엄밀히 구빈정책이라기보다 노동정책이요, 정주법과 연결하면 사회통제, 빈민통제의 정책이라고 보아야 한다. 여기에는 빈민을 잠재적 범죄자로 보고, 가난의 원인을 개인의 나태와 도박 같은 반사회적 성향에서 찾는 경향이 있는데, 역시 사람들 인식과 사회복지정책에 길게 그림자를 남겼다.[26)]

빈민의 소속 교구를 명확히 하여 이동 자체를 금지한 「정주법」(The Settlement Act, 1662년) 제정 목적은 두 가지다. 첫째, 빈민의 도시 유입 차단이다. 따라서 사회복지정책으로 보기 어렵다. 빈민이 일자리를 찾아 이동하는 걸 금지하고 원래 속했다고 판단되는 곳으로 강제로 보내는 걸 원칙으로 하였다. 둘째, 빈민의 거주 이전의 자유 통제로 노동력이 부족한 지주들에게 저렴한 인력을 제공하였다. 그러나

26) 가난을 죄악시하는 것은 고대부터 내려온 전통이다. 그리스 도시국가에서 거지는 게으름을 조장한다는 혐의로 자선 대상에서 제외했고, 로마도 마찬가지였다. 중세에 기독교가 일상이 되면서 베드로 형과 나사로 형으로 빈민을 구분했는데, 예수처럼 스스로 빈곤을 받아들인 자발적 빈자 형이고, 후자는 성서의 병든 거지로 세속적 · 물질적 빈자 형이다. 이처럼 기독교는 가난과 빈자에 대한 이중적 태도를 보였다. 첫째, 베드로 형과 통하는데, 11세기 이후 수도원 사상과 교부의 가르침에 따라 빈곤에서 영적 가치를 인정하고, 또 구원에 자기 역할을 인정하면서 가난한 사람들을 부자들의 구원을 책임져주는 사람들로 서로 나름의 역할을 인정하는 풍토다. 그건 마치 불교의 적선처럼 자선을 통해 자기 구원에 스스로 공을 들인다는 의미이다. 둘째, 권력과 부는 신의 은총을 보여주는 것이고, 가난은 운명이거나 더 나아가 신의 벌로 생각하는 풍토다. 그러다 중세 말과 근세에 들어서면서 가난의 영적 가치보다 가난을 단순한 개인의 악습에 따른 결과로 보는 쪽으로 치우쳤다(허구생, 2007).

거꾸로 임금노동자가 필요한 상공업 신흥자본가들에게는 노동력 확보가 힘들어졌고, 일할 수 있는 노동자들이 일할 수 없는 부작용을 낳았다.

4) 정책 유산의 연장선 – 작업장법

정책환경의 변화에도 불구하고 빈민법 같은 정책 유산에서 벗어나지 못하는 제도들이 한동안 이어졌다. 그에 대한 대표적인 것이 바로 「작업장법」(Workhouse Test Act, 1772년)이다. 빈민의 노동력을 동원해 국부 증진을 도모하는 취지의 제도다. 구빈감독관과 교회집사에게 작업장 건립 권한이나 민간업자와 빈민의 고용과 수용에 관해 계약할 권한을 부여했다. 작업장에 입소하지 않는 빈민의 구제를 거부함으로써 제도 효율성도 높였다.

1847년 「구빈청법」(Poor Law Board Law) 도입으로 신빈민법의 빈민법 위원회가 유명무실해지고, 1871년 구빈청이 폐지되면서 지방자치, 공중위생, 구빈행정을 통합하여 처리하는 지방자치청(Local Government Board)이 설립되었다. 1913년 이후 공식문서에서 작업장(workhouse)이란 용어는 빈민법시설(Poor Law Institution)로 대체되었다. 공식적으로 작업장의 존재가 없는 것이었지만, 1930년대까지 빈민법의 시설은 작업장과 크게 다르지 않았다.[27)]

5) 새로운 정책 모색

정책 유산에서 아예 벗어난 것은 아니지만, 그래도 새로운 환경 변화에 따라 정책을 시도하는 제도들이 나타났다.

(1) 길버트법(Gilbert Act, 1782)

기존의 억압적 빈민 행정을 완화하고 신설 구제를 확대한 인도주의적 성격이

27) 빈민제도의 소멸 시점을 남성 보통선거 도입 시점(1918년)으로 보는가 하면, 1920년 신빈민법의 공식 폐지 이후 국민부조법 제정(1948년)으로 보기도 한다(박주현, 2018).

드러나서 사회복지의 면모가 상대적으로 강하다는 평가다. 그 이유는 다음 3가지다. 첫째, 작업장 빈민의 비참한 생활과 착취를 개선할 목적으로 빈민청부를 금지했다. 둘째, 노동의 대가로 받은 임금이 생활하기에 부족하면 부족분을 국가에서 보충해 주었다. 셋째, 노동이 가능한 빈민을 작업장에 보내는 대신에 자기 가정이나 인근의 적당한 직장에서 취업하도록 알선해 주는 원외 구조를 인정했다.

(2) 스핀햄랜드법(Speenhamland Act, 1795)

「길버트법」을 보완하여 최저 생활 기준에 미치지 못하는 임금을 국가에서 보조하여 임금 보조법이라고도 한다. 1795년 스핀햄랜드에서 열린 회의에서 경제적 어려움과 최저 생계 수준 이하의 빈곤 수습을 위한 임시방편의 수당제도가 마련되었다. 생계비와 가족 수를 연동하여 수당을 지급했는데, 시민의 구빈세 부담 증가로 비판받았다.

(3) 공장법(Factory Law, 1833)

공장에서 혹사당하는 아동의 노동조건과 작업환경을 개선하기 위한 일종의 「아동 노동복지법」이다. 아동의 야간 노동과 9세 이하 아동들의 노동을 금지하고, 공장 감독관을 파견하여 위생 환경을 개선하며 노동 아동에게 초등교육의 기회를 제공했다.

6) 유산으로 회귀 - 신빈민법(The New Poor Law, 1834)

종래 지주 부농이 판을 치던 의회가 산업혁명 이후 부르주아지에 의해 밀렸다. 최저 임금제와 구빈 비용 증가에 반대하는 부르주아지는 더 억압적인 정책을 위해 신빈민법을 입안했다. 목적은 구빈 비용의 최소화다. 이를 위해 균일처우 원칙, 열등 처우 원칙, 작업장(구빈원) 활용 원칙 등 3대 원칙을 강조했다. 원외 구제를 도로 금지하고 구빈원 수용을 기존으로 하였다. 아울러 전국적으로 처우 수준을 똑같게 했다. 구빈원 생활 조건을 열악한 수준으로 유지하여 빈민 스스로 빈곤 극복 의지를 갖게 하자는 취지였다. 즉, 가난을 죄로 보고 가난의 원인을 개인에게서 찾는 전통적 성향이 다시 짙어진 셈이다. 사회복지 정책의 역사에서 의미를 찾는다면, 구빈 행정체계를 세웠다는 점 정도다.

7) 민간사회복지

엄밀한 의미에서 사회복지라고 하면 국가 차원에서 이루어지는 정책이지만, 전통 사회에서 자선과 두레 등의 자조 혹은 자구(自求) 전통이 이어져 발달한 활동들이 있다. 산업화 이후의 민간사회복지는 조직화, 전문화, 과학화 등의 특징이 강화되었다. 조직화는 개인 차원에서 산만하게 이루어지던 자선의 규모가 커지면서 중복 등의 문제를 해결하고 지역 단위 조직적 자선활동으로 효율을 높이기 위해서였다. 전문화 역시 자선활동의 효율성을 높이기 위해 활동가의 전문성을 키워가 나중에는 전문인력 자격증 제도로 발전하였다. 과학화는 가난의 정도와 실태를 객관적 조사로 파악하는 등의 노력을 말한다. 민간사회복지 조직이 산업화와 함께 등장한 건 자선이라는 전통 유산 덕도 있지만, 그보다는 자유주의 사상과 정책 때문이기도 하다. 국가의 개입을 철저히 거부하는 부르주아 사회에서 빈곤 문제를 중심으로 하는 사회문제 역시 국가의 개입이 아니라 자기들 손으로 알아서 해결하려고 하였다. 빈민집단의 규모와 그 정도가 날로 심각해지자, 자선사업의 전문화 과정은 20세기 들어서 본격화하기에 뒤에서 언급하고, 먼저 자선의 조직화와 과학화부터 살펴보자 한다.

(1) 조직화: 자선 조직 협회와 인보관

조직화 노력의 대표적인 예가 자선 조직 협회(COS)와 인보관(Settlement Movement) 운동이다.

① 자선 조직 협회

1861년 런던에서 활동하는 자선단체가 640개나 되어 막무가내 구호 활동으로 구호가 겹치기도 하면서 효과적이지 못한 것은 물론이요, 심지어 대중을 일하지 않고 자선으로 유인한다는 비판까지 일었다. 여기에는 대략 네 가지 문제가 지적되었다. 첫째, 자선기관과 빈민법 당국 사이의 협력 결여. 둘째, 자선기관들 사이에 종교 차이로 협력 결여. 셋째, 자선활동에 필요한 정보 부족. 넷째, 구제 중복과 낭비. 그래서 나온 게 자선 조직 협회다. 지역 단위로 등록하게 하여 자선활동을 조정하겠다는 게 궁극 목적이다. 다음 세 가지 방안을 마련했다. 첫째, 자선기관과 빈민법 기관, 그리고 자선기관들 사이의 협력. 둘째, 조사를 통해 사례에 적합한 조치. 셋째, 구걸과 중복 방지. 1869년에 런던에서 최초 자선 조직 협회가 설립되었고, 1872년에는 뉴욕에도 생겼다. 협회의 활동은 크게 두 가지다. 첫째, 방문을 통한 빈곤의 원인 조사와 분류. 둘째, 도덕적 문제가 있는 빈민 상담. 이 두 가지 활동을 위해서는 전문화와 과학화가 필요했다. 비록 협회가 본래 목표로 했던 자선의 조직화까지 달성하지 못하고 또 하나의 자선기관으로 머물고 말았지만, 그 의의는 세 가지로 정리할 수 있다. 첫째, 조사의 필요성을 제기했고, 과학적이고 객관적인 조사 방법을 모색하게 하였다. 둘째, 방문 인원의 전문화 필요성을 제기했고, 케이스워크(case work) 발전의 발판을 마련했다. 셋째, 유급 인력의 필요성을 제기하여 그 수요가 늘고, 종사자의 훈련 과정이 도입되었다. 이 부분은 다시 인력의 전문화와 연결된다. 문제는 전통적인 빈곤관에서 벗어나지 못했다는 점이다. 그래서 구제 가치가 있는 빈민과 그럴 가치가 없는 빈민을 구분하고, 가난의 원인을 나쁜 품성과 음주벽, 의존적이고 비양심적인 성격 등 개인 차원에서 찾았다.

② 인보관 운동

사회복지에서 민간부문 빈민 지역 개발 노력의 대표적인 것이 인보관(鄰保館) 운동이다. 인보관(Settlement House)은 일종의 '영세민 구제 사회사업 시설'이다.[28] 산업화가 가장 일렀던 영국에서 19세기 말에 시작되었다. 식민자본주의가 무르익으면서 생산과 부의 팽창이 한창이던 런던의 동부 빈민촌인 화이트 주드의 어느 교회 바넷(Samuel Barnet, 1844~1913) 목사가 주인공이다. 화이트채플 지구에서 목회와

28) 인보(鄰保): 중국 당나라 때 한 집의 이웃 네 집을 '인(鄰)'이라 하고, 그 집을 보탠 다섯 집을 '보(保)'라 하였다. 그 뒤 가까운 이웃집이나 이웃 사람 혹은 이웃끼리 서로 돕는 활동이나 그럴 목적으로 세운 단체도 '인보'라고 불렀다. 조선 초기에 열 집 또는 여러 집을 하나로 묶은 조직을 인보라 하였다 (https://wordrow.kr/의미/인보/?q=인보/ 2022.10.15.).

빈민구제 활동으로 빈민의 생활실태를 직접 보고 확인하였다. 그 원인이 영국의 산업화와 노동자계급의 불규칙한 임금 탓이었다. 바넷 목사는 옥스퍼드와 케임브리지대학 강연에서 노동자의 물질적 · 정신적 빈곤 문제를 국가에만 맡겨두지 말고 대학생을 비롯한 지식인이 배운 지식과 교양을 나눠주어 자립하도록 돕자고 호소하였다. 그러면서 뜻있는 지식인들이 직접 빈민굴에 들어가 함께 생활하면서 지식 교육과 도덕적 감화로 서로를 이해하며 돕는 활동을 펼쳤다.

세계 최초의 인보관은 '토인비 홀'(Toynbee Hall)이다. 아주 열정적이고 적극적으로 참여하여 본보기가 되었지만, 젊은 나이에 요절한 아널드 토인비(Arnold Toynbee, 1852~1883)라는 학생을 추모하느라 화이트채플 지구에 세웠다.[29] 토인비 홀에서 대학 공개강좌로 대학 교육을 노동자에게 연장하고 대학과 노동자를 결합하려고 하였다. 성인들 사회 교육 시설이자 노동조합 관계자의 회합 장소이기도 하였다. 인보관의 주요 활동은 대략 다섯 가지다. 첫째, 공립학교 탁아, 급식, 심신장애인 특수교육, 직업교육 등의 사업. 둘째, 지역 공원 조성, 주택 법규 개선, 도시 계획으로 밀집 주거 문제 해소 등의 사업. 셋째, 해외 이민자들의 사회적응을 돕는 이민보호 활동. 넷째, 근로 여성 보호와 아동노동 폐지를 위한 입법 투쟁과 전국 아동노동위원회와 여성노조 결성에 참여. 다섯째, 시와 구 단위의 개혁과 1912년 창당된 진보당의 정강 작성 및 조직 참여.

미국에서는 영국 여행 중에 토인비 홀을 방문하여 인보관 사업을 직접 목격한 제인 애덤스(Jane Addams, 1860~1935)가 1890년 시카고에 헐 하우스(hull house)를 설립하였다. 유치원에서 시작하여 보육원, 유아 보호 센터에 이어 시민의 권리와 의무를 교육하는 야간학교로 역할을 확장하였다. 시설도 확장되어 청소년 클럽활동, 탁아소, 유치원, 강연회장 캠프, 레크리에이션까지 할 수 있었다. 이 사업은 곧 미국 전역으로, 또 전 세계로 퍼져나갔다. 인보관 운동에서 특히 강조하는 건 참여와 민주주의, 잠재 능력 발휘를 위한 교육이다. 서로 영향을 주고받으면서 문제 해결을 위해 조직화하여 지역사회운동의 거점이 되었다(유동철, 2011).

29) 그 역시도 경제사가이기도 하였지만, 널리 알려진 역사학자 아널드 토인비(Arnold Joseph Toynbee, 1889~1975)의 큰아버지다. 토인비 홀 설립 이후 10여 년 만에 30여 개, 1911년에는 46개까지 늘었다.

이 운동의 의의는 세 가지로 정리된다. 첫째, 지역사회 자체를 문제의 대상으로 보고, 그 현장에서 활동하였다. 둘째, 활동 거점 시설로 인보관을 확보하고 지역주민과 협력하며 지역사회의 문제 해결 능력을 키우려 하였다. 셋째, 주는 자와 받는 자라는 수직적 관계가 아니라 주민을 직접 운영에 참여시켜 수평적 관계를 지향하였다.

③ 협동조합, 신용조합, 공제조합

19세기 중후반에 미흡한 시장제도와 절대 부족한 재화와 서비스 공급 상황에서 경제적 약자들이 공동의 경제 · 사회 · 문화적 필요의 충족을 위해 설립한 게 협동조합이다. 여기에는 농업협동조합과 소비자협동조합이 있다. 농민들이 농축산물의 판매나 영농자재 구매 때 시장의 독과점에 대응하려고 한 게 농업협동조합이고, 노동자들이 생필품 시장에서 소비자 착취에 맞서느라 생필품을 공동으로 구매한 게 소비자협동조합이다. 또 저축할 자금이 없고 금융중개기관이 미흡한 19세기 중엽 대금업자로부터 높은 이율로 자금을 빌려야만 했던 농민, 소상공인, 노동자들은 자신들 은행 기능을 하는 신용협동조합 혹은 협동조합 은행을 설립하기도 하였다(장종익, 2015). 그 밖에도 새로운 공업지대, 특히 랭커셔 일대 노동자들의 상호부조협회와 공제협회 혹은 공제조합도 자조 기구에 포함된다.

▌표 6-2▐ 영국, 독일, 프랑스의 공제조합

구분	내용
영국 우애조합	• 17C 노동자의 자생적 상호부조 조직 • 부금을 정기 납부한 조합원에 연말 배당금, 질병급여, 사망급여, 노후서비스 등 현금과 현물 급여 가공 • 1911년 국민보험이 기능 대체
독일 공제조합	• 1845년 공제조합 합법화 • 직업별, 공장별, 지역별 공제조합이 사회보험의 순조로운 출발에 기여
프랑스 공제조합	• 1848년 공제조합 허용 • 1850년 국가에 의한 국가노령퇴직금고 설립 • 19세기 후반 기업이 노동자에게 산재 및 퇴직 보상금 지급 위한 사용자 금고 설립
조합: 사회보험	• 산업화로 규모 커진 사회적 위험에 영세한 공제조합의 대응은 역부족 • 국가 사회보험이 공제조합의 원리와 조직 수용

출처: 원석조 (2022).

(2) 과학화 - 부스와 라운트리 사회조사와 왕립빈민위원회 보고서

전통적인 빈곤관은 빈곤의 원인이 게으름이든 품성이든 아니면 도박이나 음주 같은 무절제든 혹은 그것의 조합이든 개인에게 있다는 논리다. 자유주의는 그런 전통을 더욱더 강화하여 '자유방임주의적 빈곤관'으로 심화하였다. 이에 따르면 인간의 현재 상태에는 자신의 도덕성이 반영되었다. 따라서 가난하다고 아무나 다 구제하면 안 되고, 그럴 자격이 있는 빈민에게만 자선을 베풀어야 한다. 그런데 1857년 미국에서 시작해 유럽까지 번진 미국 대공황과 1873년 6월 오스트리아의 빈과 미국 뉴욕을 거쳐 런던까지 파급된 금융공황인 영국 대공황(1873~1896)을 거치는 과정에 개인의 잘못과 무관한 대량실업을 겪으면서 상황이 바뀌기 시작하였다. 빈곤이 사회적으로 광범위하다는 주장이 나왔지만, 정확한 실상을 아는 사람이 없었다. 과학적으로 확인하거나 밝혀내지 못했기 때문이다(이창곤, 2012).

① 찰스 부스(Charles Booth, 1840~1916)

부스는 빈곤 조사의 첫 장을 열었고, 시봄 라운트리(1871~1954)는 빈곤의 원인이 빈민의 행태가 아니라 구조적으로 잘못 배분된 노동, 소득, 신체적 · 사회적 환경 탓이란 걸 처음으로 밝혀냈다. 이들의 조사로 실업이 광범위한 빈곤을 낳는다는 것을 사실과 통계로 확인하였고, 그 과학적 증거의 기반 위에 많은 개혁적 사회정책이 나올 수 있었다. 20대 초에 부친 사망 이후 형과 증기선 회사를 세운 사업가 부스는 빈곤과는 거리가 먼 부유한 기업인이었다. 그런 부스가 빈곤 조사를 시작한 동기는 빈곤에 대한 마르크스주의 집단이나 사회민주연맹에서 내놓은 자료를 반박하기 위해서였다. 예컨대, 런던 인구의 약 25%가 빈곤 상태라는 사회민주연맹의 주장이 지나친 과장이라 보고 체계적인 확인을 위해 1886년 런던의 동부 지역을 조사하기 시작했다. 빈곤 조사를 위해 공무원을 동원하고 1881~1891년의 인구조사 같은 국가 자료를 이용했다. 자신과 보조원들이 지역 사정에 밝은 학교 교직원들에게 질문하여 자세한 정보를 기록하는가 하면, 노동자 집에 머물면서 가난한 이들의 생활을 직접 체험하기도 했다. 첫 조사 결과가 1889년 『런던 시민들의 생활과 노동』이란 책으로 공개됐다. 과장되었다고 의심한 사회민주연맹의 25%보다 런던의 빈곤 인구가 오히려 더 많았다.

그 정도 규모의 빈곤이라면 국가가 개입해야 한다는, 이른바 '복지국가적 빈곤관'이 나오는 배경이 되었다. 이에 따르면 빈곤은 해소돼야 할 경제 현상이다. 빈곤에 대처할 책임이 국가에 있고, 국가는 제도를 통해 그 책임을 다해야 한다. 이처럼 빈곤관의 대전환을 가져온 결정적 계기가 광범위하고 체계적인 빈곤 조사에 따른 객관적인 증거였다. 런던 인구 400만 명의 30.7%에 이르는 이들이 가난한 이유는 도덕적 타락 때문이 아니라 저임금과 부정기적 소득 때문이었다. 부스의 책은 초판이 단시일에 팔릴 정도로 큰 주목을 받았다. 런던의 일부 지역에서 시작한 빈곤 조사는 이후에도 이어져 1903년까지 빈곤 조사를 비롯한 조사연구 서적을 17권이나 출간했다. 이후 공직 생활에서 직접 빈곤 해결에 나서기도 했다. 1893년 정부가 노령 빈민 대책을 위한 왕립위원회를 구성할 때 위원이 되었고, 노령연금을 제안하기도 하였다. 이 노령연금은 일정한 기여금을 내고 혜택을 받는 오늘날의 보험제도는 아니고, 65세 이상 노인에게 일주일에 소정의 현금을 주는 일종의 공적부조 형식이었다.

② 시봄 라운트리(Seebohm Rowntree, 1871~1954)

찰스 부스와 함께 빈곤 조사의 선구자로 평가받는 시봄 라운트리는 여러모로 부스와 닮은 점이 많다. 첫째, 실제로 부스에게 영향을 받은 동시대 인물이다. 둘째, 대규모 빈곤 조사로 가난의 주요 원인이 개인의 도덕적 타락이 아니라 근로계층이 처한 불리한 사회 · 경제적 상황, 곧 실업에 따른 소득 중단에서 비롯한다는 걸 밝혔다. 셋째, 학자가 아닌 부유한 사업가로 자기 돈을 들여 대규모 빈곤 조사를 벌였다.

그런 데에는 직원 수천 명을 거느린 초콜릿 공장 사업가인 아버지 영향이 컸다. 빈곤아동 교육과 병원사업, 퀘이커교도를 위한 성인학교 지원 등 자선활동을 벌인 아버지 조지프는 오늘날까지 자선기관 '라운트리 소사이어티'로 이어진다. 아버지의 공장 일에 참여하거나 노동자들을 가르치는 활동을 통해 노동자의 고달픔을 일찍이 체험한 시봄은 찰스 부스(Charles Booth)의 1889년 빈곤 조사 결과를 보고 인구 7만 명의 도시 요크의 실태를 확인하려고 1897년 조사팀을 구성했다. 1901년 조사 결과가『빈곤: 도시 생활 연구』(Poverty: A study of town life)라는 책으로 발간된다. 부스처럼 사회의 빈곤이 대규모라는 걸 알렸고 빈곤선이란 개념을 통해 빈곤 조사의 지평을 넓혔다. 빈곤선이란 식량에 기반한 육체적 능률을 유지하는 데 필요한 최소한의 생활수준을 의미했다.

당시 7만 5,812명이던 요크시의 전체 인구에서 하인이 1명 이상 있는 상층 계급을 뺀 나머지 인구 4만 6,574명을 전수 조사했다. 이 가운데 명백한 빈곤계층이 2만 302명으로 요크시 전체 인구의 27.84%에 달했다. 부스가 산출한 런던의 빈곤율은 30.7%였다. 라운트리가 제시한 또 다른 주요 개념은 '빈곤 순환'인데, 노동자 가족이 생애 동안 빈곤과 번영의 시기를 겪는다고 봤다. 예컨대 한 부부의 경우 그들은 자녀가 어릴 때 빈곤 또는 빈곤 언저리에서 살다가 자녀가 일하는 나이가 되면 가족 전체 소득이 늘어나 형편이 좀 좋아진다. 그렇지만 자녀가 독립해 집을 벗어나거나 그들 자신이 노인이 되면 다시 가난해진다. 이 빈곤 순환 이론은 아동기엔 아동수당, 노령기엔 노령연금의 필요성을 제기하는 핵심 논거가 되었다. 그 밖에 빈곤 원인으로 저임금이 꼽혔는데, 조사 결과 전체의 52%가 낮은 임금 탓에 빈곤했다. 이는 계절적 실업과 비자발적 실업 탓에 소득이 일정치 않아서 가난해진다는 부스의 의견을 뒷받침해주는 근거가 되었다. 또 하나 주목할 게 빈곤이 질병이나 주거 조건과도 밀접하다는 점이다. 조사 결과, 전체 노동자계급의 주택 90%는 주거 조건이나 규모 면에서 충분하지 않았고, 빈곤층의 경우 소득 3분의 1을 집세로 내야 했다. 또한 빈곤한 노동자계층 자녀는 형편이 조금 나은 계층의 자녀에 비해 성장이 더뎠고, 극빈층 아동의 상당수는 영양실조 상태였다. 1913년에는 메이 켄들과 함께 농업노동자의 표본 가계를 분석해 발표했고, 1918년 '노동에 대한 인간의 욕구'라는 제목으로 전시 노동자의 상황을 조사하기도 하였다.

1936년, 요크시 2차 빈곤 조사에서는 빈곤 인구 측정을 넘어 노동자계급의 생활 변화 전반을 연구했다. 그 결과 노동자계급의 4분의 1의 생활이 최저수준 이하였고, 가난한 이유는 저임금, 실업, 노령 때문이었다. 그에 따른 정책 대안으로 완전고용, 높은 급여와 연금, 최저임금의 법적 보장과 가족수당을 제시하였다. 그런 주장은 1908년 노령연금법안, 1911년 「국민보험법」 등의 도입에 긍정적으로 작용하였고, 1941년 〈베버리지 보고서〉에 반영되기도 하였다.

③ 왕립빈민위원회 보고서(1905)

1834년 「신빈민법」은 산업화, 도시화, 자본주의화에 따른 구조적이고 대규모인 사회적 빈곤을 옛날식 극빈자 구제 정책으로 해결하려는, 애초 불가능한 시도였다. 20세기 초 실업문제가 점점 더 심각해지고 빈민법에 대한 새로운 검토가 불가피해지자 왕립빈민법위원회가 결성되었다. 왕립빈민법위원회는 보수주의자, 자유주의자, 페이비언 사회주의자 등 다양한 성향의 인사들 20명으로 구성되었다(위원장은 보수당의 조지 해밀턴 경). 쉽게 예상할 수 있듯이 보수주의와 자유주의는 빈민구제에 소극적이고, 사회주의는 적극적으로 빈곤관 자체부터 달랐다. 여전히 빈곤의 원인을 개인에게서 찾는 시각에서 빈민에게는 동정보다 강력한 규율이 필요하다는 주장이다. 반면 불합리한 사회구조에서 빈곤의 원인을 찾는 시각에서는 공공지출 없이 빈곤 해결은 불가능하다고 강조했다. 그래서 소수파는 구빈제도의 완전한

▌표 6-3▐ 다수파와 소수파 보고서의 주요 차이

	다수파	소수파
조직	법률명 「공공부조법」으로 변경하고 장관급 담당 관청 장. 구빈 감독청 지방정부 공공부조청으로 대체	빈민법 폐지에 따른 구빈 감독제도 폐지 - 지방정부 공공부조청 신설하고 전문가위원회가 대신. 관할 대상: 취학 아동, 시설보호 필요한 환자와 노령자, 정신이상자, 연금 수급 노인
시설보호	종합 작업장 폐지 - 대상자 분류하여 입소	대상자 분류에 따라 시설 분류
재가보호	민간원조위원회와 협력하여 재가보호. 재가보호의 제도적 통일	전문가위원회의 협력으로 공공부조청이 감독하여 재가보호
아동	작업장 퇴소. 학교급식법(1906) 적용. 민간원조자와 공공부조청의 도움	교육위원회 책임
노인	신체조건, 전력, 행태 등에 따라 분류하여 입소. 가능하면 노인홈에서 보호. 공공부조청의 재가보호로 지원	연금위원회 책임
의료구호	민간 및 공공기관과 공조체제로 공공부조위원회에서 담당	보건위원회가 보건서비스 제공 공공부조청이 비용 일부 지원
고용과 실업	직업소개소, 직업훈련, 실업보험 등으로 보호	노동성 주관으로 전국적 노동시장 조직해 실업 예방 혹은 최소화. 노동조합 실업보험 국가에서 지원. 직업훈련과 재훈련, 청년 노동자 대상 파트타임 재교육

출처: Bruce, 1961; 원석조 2022 재인용. 일부 손질

폐기가 길이고, 다수파는 개혁하여 유지하는 게 답이라는 주장으로 이어졌다. 결국 1909년 양측은 두 개의 보고서를 내는데, 이것이 바로 다수파 보고서와 소수파 보고서다. 한편 이들의 주요 주장들을 표로 정리하면 다음과 같다(〈표 6-3〉 참조).

한편, 두 보고서에서 일치하는 점도 있는데, 세 가지 정도로 정리할 수 있다. 첫째, 신빈민법의 전면 개혁. 특히 열등 처우 원칙과 같은 억압적 구빈 개념 폐기와 공공부조 개념 도입에 일치를 보았다. 둘째, 예방과 사회적 급여 수용. 빈곤의 예방이나 해소 비용은 공공지출로 한다는 것과 환자, 정신질환자 등의 처우 개선에도 뜻이 같았다. 셋째, 구빈 행정의 광역화. 기본 행정 단위를 카운티로 하고, 일부는 중앙정부가 담당하며 행정인력은 선출이 아니라 임명식으로 바꾸자는 데에 의견을 함께했다. 두 보고서 모두 직접 결실로 이어지진 못했지만, 이후 등장하는 사회입법에 영향을 미쳤다. 1908년 노령연금제에 두 보고서 모두 찬성했고, 1911년 「국민보험법」의 실업보험제도의 필요성도 공감했다(Schweinitz, 2001; 최원규 외, 2021 재인용).

8) 현대적 사회복지제도의 등장 - 자유당 정부의 개혁 입법

1906년 총선에서 노동자계급의 지원으로 토리당을 누르고 집권에 성공한 자유당에서 빈민법과는 철학부터 다른 사회복지정책을 도입하며 복지국가의 기반을 다졌다. 이런 개혁이 가능하고 또 불가피하기도 한 요인을 정리하면 다섯 가지다(감정기 외, 2002). 첫째, 자본주의 발전으로 사회 지배계급의 축이 지주와 농업노동자에서 산업자본가와 산업노동자의 관계로 바뀜.[30] 둘째, 위에서 살핀 여러 조사활동으로 빈곤 실태와 원인을 보는 사회적 인식의 변화와 그에 따른 빈곤문제 해결을 위한 접근방법의 변화. 자유방임에서 국가의 제한적 개입. 셋째, 시민권 확장으로 노동운동이 정치화, 사회주의화 경향을 띠며 발달. 넷째, 국민생활 최저선(national minimum) 개념의 등장. 부스의 빈곤 연구에 참가한 베아트리체 포터(Beatric Porter, 나중에 웹Webb, 1858~1943)의 주장인데 1890년대 이후 페이비언 사회주의의 공

30) 그에 따른 변화는 정책환경의 변화에서 설명하였다.

식 입장이 되었다. 임금을 비롯하여 생산, 여가, 위생, 교육 등 노동자 생활의 포괄적 영역에서 최소한의 수준은 보장하도록 정책적으로 뒷받침해야 한다는 주장이다. 다섯째, 자유당의 집권. 1906년 총선에서 356석 차지하고, 노동당도 29명 당선자를 냈다. 이들 개혁세력이 의회를 장악하면서 사회 개혁이 급물살을 탔다. 이른바 자유주의 개혁(liberal reform)이라 불리는 이 개혁 입법들은 연도별로 대략 〈표 6-4〉와 같이 정리할 수 있다.

▌표 6-4▐ 자유주의 개혁 입법(자유당)

연도	법안
1906	노동쟁의법 - 노동자의 파업 합법화 교육법 - 지방행정 당국 초등학교 아동에 대한 급식 책임
1907	교육법 - 아동 신체검사와 치료 - 국민보건서비스(NHS)의 출발점 노동자보상법- 고용주의 산재보상 책임
1908	아동법 – 아동이 부모의 소유물이 아니라 인간으로서 독자적 권리가 있다는 인정. 아동학대와 청소년 비행이 모두 빈곤에 원인이 있다는 사실을 사회적으로 인정. 보호관찰법 - 범죄자 지역사회에 거주하면서 도움받을 수 있게 함. 직업소개소 법 – 국가 직업소개소 전국 네트워크 구축 노령연금법 - 저소득층 노인을 위한 무갹출 연금 탄광규제법 - 탄광 노동자 노동시간 8시간으로 규정
1909	최저임금법 - 노동조건 열악한 산업 분야 지정하고 임금위원회에서 정한 최저임금에 법적 구속력을 부여
1911	국민보험법 - 질병보험 + 실업보험 상점법 - 한 주에 한 번 한나절 상점 문 닫게 함

이 중 핵심적인 내용으로 「노동자보상법」(British Workmen's Compensation Act: WCA, 1897년), 「노령연금법」(the Old Age Pensions Act, 1908년), 「국민보험법」(National Insurance Act, 1911년) 등을 조금 더 구체적으로 살펴보면 다음과 같다.

(1) 영국 노동자보상법(WCA : British Workmen's Compensation Act, 1897)

「보통법」(Common Law)과 1880년에 도입된 「사용자책임법」(Compensation under Employer's Liability Act)에서 노동자의 산업재해를 다루었지만, 관리 소홀과 의무 위반이 전제되었기에 노동자가 사용자의 잘못을 입증해야 했다. 무과실 책임을 원칙으로 했다는 점에서 WCA는 산재보상의 역사에서 한 획을 그었다. 그렇지만 철도, 공장, 광산, 채석장, 30피트 이상의 빌딩 건설 등 적용 사업장 범위의 제한성이 한계였다.[31)]

(2) 노령연금법(the Old Age Pensions Act, 1908)

사회보험이 아니라 오히려 구빈제도의 연장선에 있는 제도이지만, 진일보한 면이라면, 노인의 기본 생활 보장이란 이념과 낙인이나 차별이 없어진 점이다. 보험료 같은 기여가 없기에 무갹출이며, 그에 따른 재정의 압박 때문에 70세 이상, 도덕성과 자산조사 통과라는 거름 장치를 동반했고, 아울러 1주일 5실링이라는 제한된 금액을 노령연금이란 이름으로 제공하였다.[32)] 노인 부부는 7실링 6펜스를 받았는데, 비록 생활비로 충분한 건 아니었지만, 정작 당사자들은 작업장에 가는 두려움 없이 집에 살 수 있게 된 데 크게 고마워했다(원석조, 2022; 최복천 외, 2018). 이후 1919년 소득 외에 나머지 자격 제한 규정이 사라졌고, 1925년에는 「노령 · 유족연금법」으로 사회보험 방식 연금제도가 생겨난다.[33)] 하지만 그 이후에도 「노령연금법」은 그대로 유지되어, 사회보험 방식과 공공부조(구빈) 방식이 병존하였다.

---

31) 나중에 베버리지는 WCA가 매우 긍정적인 측면이 있지만, 낮은 보상수준과 협소한 적용 대상, 연금이 아닌 일시불 보상, 산재노동자에 대한 길고 복잡한 소송 과정, 재활과 의료비 지급의 미비 등을 문제점으로 지적했다(유범상, 2012).

32) 1890년대 빈곤 원인이 대부분 노령에 있다는 걸 밝힌 부스가 무갹출 연금제를 주장했지만, 체임벌린은 재정 압박을 들어 반대했고, 또 공제조합도 연금 도입 자체를 반대했다. 자신들 사업과 경쟁이 된다고 생각해서다. 그러다 1908년 의회에서 무갹출 연금 법안이 통과되었다. 그 과정에서 대상자 수를 줄이고 금액을 제한하여 재정 부담을 줄였다. 그런 점에서 독일 노령연금과는 다르고, 덴마크 노령연금의 영향을 받은 것으로 보인다. 독일식 관료제 없이 독일식 노령사회보험은 어렵다고 보았기 때문이다(원석조, 2022).

33) 뒤에서 살피겠지만, 노동자와 고용자가 기여금을 내고, 65세를 넘으면 노령연금, 사망하면 유족연금을 받는다. 가입 대상도 저소득 노동자에서 점차 모든 노동자와 자영업자로 확대되었다.

(3) 국민보험법(National Insurance Act, 1911)

의료보험과 실업보험을 양 축으로 한 사회보험이다. 사회보험이기에 보험료를 내고, 질병이나 실업이 발생하면 당연한 권리로 급여를 받는 방식이다. 의료보험은 공제조합, 보험회사, 의사 등 기득권 집단과의 오랜 협상을 거쳐야 했다. 사업영역에 공제조합의 의료급여가 의료보험과 경쟁 관계가 될 수 있다고 거부하였고, 결국 의료보험 운영권을 민간조직인 공제조합에 넘겨야 했다. 그러자 또 다른 경쟁업체 보험사에서 반대하고 나섰다. 특히 자신들 상품인 사망보험과 충돌할 수 있는 미망인 급여와 고아 급여 폐지를 강력히 요구하여 이를 관철하였다. 그러자 공제조합과 계약하고 진료 서비스를 제공하던 의사들이 나섰다. 국가 의료로 편입될 생각이 없었기에 의료보험 대상을 빈민법 적용 대상 이상에서 일정 소득(연 소득 100파운드) 이하로 제한할 것을 요구하여 16~70세 육체노동자 중 연 소득 250파운드 이하와 160파운드 이하의 사무직 노동자만을 대상자로 삼게 하였다.[34] 가입은 의무이고 운영은 정부가 공인한 공제조합이 맡고, 국가가 감독하며 피보험자에게 조합 선택권을 부여했다. 실업보험 재정은 노동자와 고용자의 보험료에 국가의 기본 분담금으로 충당하는 방식을 취했다.[35] 일정 소득 이하에 실업 위험이 큰 특정 산업 분야(건축, 토목, 조선, 기계, 철강, 자동차, 제재 등) 노동자만 대상으로 했다가 농민과 자영업자를 포함한 전 국민으로 확대되었다. 의료보험에 비해 진통이 덜했다. 결국 토목 · 조선 · 기계 · 제철 · 차량제조 · 제재 등 6개 부문에서 실업 때 노동자 생활을 국가 차원에서 보장하는 강제 실업보험으로서 세계 최초였다.

---

34) 보험료는 노동자 주당 4펜스, 고용자 3펜스, 정부 2펜스 부담시켰고, 상병 수당은 주당 10실링, 장애수당 5실링, 출산수당 30실링, 진료는 무료이고, 의사는 진료한 피보험자 수에 따라 진료비를 보험사에서 받았다.

35) 노동자와 고용자가 1주일에 2.5펜스, 정부에서 둘을 합친 금액의 1/3을 기본 보조금으로 부담하였다. 기본 급여는 성인 남자 기준 1주 7실링에, 그 이상은 보험료 비례이며 최고 15주간 지급했다. 사망하면 과부와 고아를 위한 급여가 없었다. 실업수당 지급 실무를 각 지역 직업소개소에서 담당하며 청구인의 진실성을 조사할 권한을 부여받았다.

3. 프랑스

1) 산업화와 도시화

(1) 산업화

프랑스는 자카드식 직조기(1804년)의 전통이 있었고, 조선에서도 선박 개선 등 독창적인 시도가 이미 있었다. 또 파리 이공계 종합기술학교(Ecole Polytechnique)가 먼저 자리 잡힌 상태였다. 그런데도 이어져 온 제도의 제약이나 혁명과 전쟁에 따른 사회적 불안으로 산업혁명이 영국에 비해 약 50년가량 늦었다. 진척 속도 또한 더뎌서 '산업혁명'이라고 하기 어려울 정도였다. 그에 대한 대표적 원인으로 다음 다섯 가지가 꼽힌다. 첫째, 산업혁명에 꼭 필요한 석탄과 철이 당시까지는 영국이나 벨기에만큼 충분히 발견되지 않은 상태였다. 발견된 곳도 로트링겐 같은 외곽 지역이거나 북서부 변방뿐이었다. 둘째, 영국에 비해 인구증가가 크지 않아서(영국이 4배 늘 동안 2배만 늘어), 값싼 노동력의 대량 공급이 어려웠다. 게다가 프랑스 혁명으로 농업노동자 손에 농지가 배분되면서 농토 없는 농업노동자도 거의 없다시피 했다. 그에 따라 산업화에 필요한 노동력의 유입이 없고 또 도시화의 진척이 빠르지 않았다. 셋째, 농지 배분은 또 대토지 소유에 의한 산업자본 형성의 길도 막았다. 특히 18세기까지만 해도 아메리카, 아시아, 카리브해 등에서 거대하게 유지하던 식민지의 경영에서 생기는 소득도 영국에 비할 바가 못 되었다.[36] 넷째, 수송로가 형편없었고,[37] 국내에도 지역마다 관세장벽이 즐비했다. 다섯째, 멀리 루이 14세의 낭트 칙령 폐지로 그나마 산업을 일으킬 만한 능력을 지닌 위그노가 프

36) 이 시기 노예무역에서는 영국과 포르투갈에 이어 프랑스가 3위로 백만 이상의 노예를 아메리카로 끌어다 팔았다. 카리브해의 하이티(당시 생도맹그) 사탕무 플랜테이션에서 수요가 특히 컸다. 그만큼 유럽에서 설탕 수요가 폭발적으로 늘었기 때문이다. 이렇게 노예무역과 설탕 수입으로 르아브르(Le Havre), 낭트(Nantes), 보르도(Bordeaux), 라로셸(La Rochelle) 등 항구에서는 수입업자, 상인, 조선소, 금융가, 제당 공장, 아프리카에서 노예와 교환할 물건들을 제조하는 수공업자와 가내수공업자 등이 큰 수익을 올렸지만, 18세기 후반 영국에 전쟁에 패하면서 그만이었다.

37) 미디 운하(Canal du Midi)가 17세기 말에 완성되어 대서양 쪽 보르도와 지중해 쪽 세트(Sète)가 연결되어 이베리아반도를 돌아가지 않아도 되었는데, 그래도 충분하지 않았다.

랑스를 떠나야 했다.

물론 상업과 산업을 촉진할 제도적 노력은 몇 가지가 있었다. 먼저 1789년 프랑스 혁명으로 길드의 독점과 국내 관세 장벽이 사라졌다. 둘째, 1804년 「나폴레옹 법전」으로 법체계를 일원화하고 프랑을 안정 통화로 정착시켜 프랑스 국립은행을 세웠다. 그뿐만 아니라 사유재산제를 보장하고, 토지와 공장의 상속권을 인정했다. 셋째, 1806년 나폴레옹의 대륙 봉쇄령으로 영국과 무역이 차단되었을 때 경쟁력이 떨어졌던 유럽대륙 국가들의 면직물 공업이 기회를 얻었다. 이와 더불어 1820년을 전후로 영국으로부터 기계를 수입하여 견직물 공업을 발전시키며 프랑스 면직물 공업도 발 빠르게 기계화를 추진하였다. 이어서 철강과 화학공업에서도 커다란 진척을 보이며 1830~1870년대 산업혁명이 펼쳐졌다.

1830년경 북부에 루앙(Rouen), 릴(Lille)과 루베(Roubaix), 그리고 알자스(Alsace) 등 세 군데에 면사 방적공장 지대가 형성되었다. 1842년 아이니(Oignies) 탄광이 발견되어 도버해협 북쪽에 거대한 탄광지역이 생겨났다. 로트링겐에서는 영국식 철 가공 공장이 열리고, 외젠 슈나이더(Eugène Schneider)가 1836년 인수한 왕실 주물 공장은 거대 제철소로 발전하여 기관차, 철도, 무기 등을 생산하게 된다. 철도 네트워크는 주민 저항과 자본 부족으로 지연되었지만, 그래도 1827년 최초의 열차가 생테티엔에서 루아르강으로 석탄을 운송했다. 1832년 비단 직조 중심지 리옹까지 노선이 확장되었고, 1850년대가 되면서 전국 노선망을 연결시켜 보르도와 리옹, 칼레와 바젤 노선이 열렸다. 그리고 릴에 대규모 방적공장이 생기고, 아용즈(Hayange) 제철소 확장에 석탄 광산이 세워졌다. 로스차일드 가문의 라이벌인 에밀과 이삭 페레르(Émile & Isaac Pereire) 형제의 최초 투자 은행 '동산 신용'(Crédit Mobilier)도 세워졌다. 로렌(Lorraine)의 중공업이 꽃을 피웠고, 위깡제(Uckange)에서는 1878년 용광로들이 들어섰다. 아울러 전기, 화학, 알루미늄 등 2차 산업 혁명이 제자리를 잡아갔다.

19세기 중반부터 식민지도 산업화와 밀접한 관련을 맺으면서 원자재 공급과 동시에 판매 시장 역할을 하였다. 20세기 들어서며 서아프리카 식민지에서는 농산물을, 인도차이나에서는 쌀을 공급하다가 석탄과 광석을 채굴하기 시작했다. 고무 생산은 프랑스 산업용 자동차 생산 시작과 함께 가파르게 성장했다. 1886년 시트

로엥이 파리 근처에서 자동차 제작에 나섰고, 르노는 3년 뒤 불로뉴비양쿠르에, 푸조는 대형 트럭 공장을 리옹 근처에서 만들었다.[38]

(2) 도시화

프랑스의 도시화는 19세기 전반기와 후반기 파리의 두 차례 도시화에서 상징적으로 드러난다. 전반기는 산업혁명 여파로 일자리를 찾는 노동자가 운집하는 과정에서 파리 규모가 커졌다. 19세기 초 파리는 제철소, 기관차 공장 등이 들어선 대규모 산업도시로 노동자 인구만 140만 이상이었다.[39] 급격한 인구 증가로 주거, 공중위생, 사회불안 등 온갖 사회문제가 나타나자 나폴레옹 3세(재위: 1852~1870)는 정책적 해법으로 오스만(Haussmann) 사업을 추진하게 하였다. 노동자와 빈민의 밀집 지역을 정화하고 새 길을 내어 경관을 미화하겠다는 목표였다.[40]

구도심부터 외곽까지 3차에 걸쳐 다섯 분야에 도시 리모델링이 이루어졌다. 첫째, 도시 교통망이 정비되었다. 1차 사업에서 센강 중심으로 동서와 남북으로 구도심과 외곽지역을 직선으로 잇는 대로가 뚫렸다. 거기에 개선문을 중심으로 12개의 방사형 도로를 닦았다. 통행 기능 개선도 개선이지만 그 위용은 파리의 위엄을 상징할 정도였다. 둘째, 상 · 하수도 망과 녹지공간 확대로 위생 상태가 획기적으로 개선되었다. 셋째, 병원, 재판소, 시장, 극장, 경찰서, 교회, 오페라 등 공공건물과 문화시설을 대폭 확충하였다. 넷째, 행정구역 개편으로 오늘날의 파리 모습을 갖추었다. 늘어난 인구와 시설을 위한 공간을 확충하기 위해 주변 11개 코뮌을 흡수하여 도시 외곽으로 확장해(면적 약 2배 이상, 인구 약 4배 이상 증가 160만), 20구 80구역의 새 행정 체제를 정비했다. 다섯째, 건축 규제로 도시 외관의 통일성을 마련했다.

---

38) 프랑스 산업화에 대한 내용은 다음의 홈페이지를 참조하여 정리하였다.
www.erih.de/wie-alles-begann/industriegeschichte-europaeischer-laender/erih-europaeische-route-der-industriekultur-industriegeschichte-frankreich, 2023.10.15.

39) 파리 인구의 증가추세는 1801년 약 55만 명 – 1851년 약 100만 명 – 1861년 170만 – 1876년 200만 – 1891년 250만 – 1920~1930년대 약 300만 으로 기록되어 있다.

40) 프랑스 도시화에 따른 내용들은 아래 홈 페이지를 참조하여 정리하였다.
https://brunch.co.kr/@kes54626/2, 2023.10.06.

▌표 6-5▌ 프랑스의 도시화율

1789	1850	1876	1911	1936	1975
16%	26%	32%	44%	57%	75%

출처: https://brunch.co.kr/@kes54626/2/ (2023.10.06. 인출)

2) 민주화

'인권선언'에서 드러난 프랑스 혁명의 이념에는 재산권, 신체와 사상과 양심과 종교의 자유와 같은 기본권이 담겼다. 그뿐만 아니라 인민주권의 원칙(선언 제3조), 모든 공직의 선거(선언 제6조), 권력분립에 입각한 대의제(선언 제16조)와 같은 폭넓은 정치적 권리도 담았다. 또한 "인간은 자유롭고 평등하게 태어나며 그렇게 살아간다."(인권선언 제1조)라며 평등의 가치를 적극적으로 인정하였다. 프랑스 혁명은 이처럼 자유와 평등의 이상을 인민주권에 입각한 근대 민주주의의 틀 안에서 정치적으로 발전시켜 전 유럽과 이후 전 세계에 그 이상을 전파하였다.[41] 프랑스 혁명에 의한 제1 공화정으로 프랑스의 민주화 과정의 이념은 바로 공화주의로 이어졌다.

그 이후에도 여러 차례 혁명이며 소요가 있었다. 대표적으로 알고 있는 7월 혁명(1830년), 2월 혁명(1848년)만 있었던 게 아니다. 이를테면 1830년대 초 콜레라가 창궐했을 때 공화주의자 라마르크(Jean Maximilien Lamarque, 1770~1832) 장군이 죽었을 때도, 또 7월 혁명에 이은 7월 왕정에 대한 불만이 큰 상황에서 1831년 리옹에서 실업자들이 바리게이트를 쳤고, 노동자들이 합류하였다. 1848년 2월 혁명 전인 1847년부터 전 유럽에서 이어진 흉작으로 인한 식료품 가격 폭등 탓에 곳곳에서 폭동으로 번졌고, 파리에서는 바리게이트가 설치되기도 하였다. 여러 도시에서 굶주린 사람들이 떼를 지어 빵 가게를 습격하는가 하면 경찰과 군대가 무방비 상태의 사람들에게 총을 쏘기도 하였다. 주식시장에서도 공황이 발생하여, 새 기업들의 주식을 사들인 선의의 사람들 수천 명이 하룻밤 사이에 망하고 말았다.[42]

---

41) 민주화에 관한 내용은 아래 홈페이지 참조하여 정리하였다.
https://www.kdemo.or.kr/blog/world/post/361, 2023.10.08.

42) 1847년의 역동성에 대해 〈독일 브뤼셀 신문〉(Deutsche-Brüsseler Zeitung) 1848년 1월 23일 자에서 엥겔스는 이런 기사를 실었다. "우리가 오랜 세월 겪어본 중에서도 1847년이야말로 확실히 역동적인

7월 혁명으로 생긴 7월 왕정도 또 2월 혁명으로 생긴 제2공화국도 그 뒤 제멋대로 황제에 오른 나폴레옹 3세의 제2 제정 때도 마찬가지였다. 위에서 언급한 파리 개발은 제정과 공화정을 오가는 정치적 혼란기, 프랑스의 마지막 제정인 나폴레옹 3세 때의 일이다. 1853년 오스만 남작(Baron Georges-Eugène Haussmann, 1809~1891)을 파리시장으로 임명하여 맡긴 대대적인 소위 파리 개조 사업이었다. 국가는 갈수록 부르주아 계급의 지배 도구에 가까워졌고, 정책은 전문직과 엔지니어 등 부르주아 집단이 주도했다. 오스만 사업의 목적은 우선 질병과 혁명의 차단이었다. 특히 좁고 구부러진 골목을 넓게 직선화한 대로는 시위자들이 바리게이트를 칠 수 없도록 하기 위해서였다(서운영, 2012). 집단 소요 사태의 중심인 민중과 노동자가 도심에 사는 건 혁명에 의한 정부 교체를 몇 번이나 경험한 부르주아에게는 달갑지 않았다. 게다가 밀집 지역의 비위생적 환경은 1830년대 콜레라 확산의 바탕이었다. 부르주아지는 전염병 원인을 빈곤계층의 불결로 보았다.

그에 따라 오스만은 도시 공간을 계층적으로 분화하였다. 먼저 위생을 내세워 서민주택과 빈민 주거지 12만 호를 철거했다. 그 자리에 수익률이 높은 부르주아 저택을 세워 임대료를 3배 정도 올렸다. 내몰린 노동자는 새로 편입된 주변 구, 외곽지역으로 몰려 쌩 앙투안느 같은 노동자 밀집 주거지역이 등장했다.[43] 중심부 노동자 주거지 철거의 목적 역시 혁명의 중심 세력인 노동자 밀집 지역을 격리하여 통제하기 위해서였다. 넓은 직선 도로망은 폭동의 조기 진압을 위한 군대의 신속한 이동 경로로 쓸 수 있을 뿐만 아니라, 노동자 밀집 지역의 격리로 집단 소요 자체를 차단하는 데에도 효과적인 수단이었다. 프랑스에서는 바리게이트의 투사들을 그린 들라크루아(Eugène Delacroix, 1798~1863)의 그림처럼 바리게이트를 설치하고 시작하는 소요와 폭동과 혁명은 많았지만, 영국만큼 가난한 산업노동자와 대중운동은 없었다.[44] 그 이유는 산업노동자 세력이 미약하고 또 규합되지 않았기

해였다. 프로이센에서 헌법과 통합 영방의회, 이탈리아에서는 정치 생활과 오스트리아에 항거하는 전국민적 무장 속도가 예기치 않게 빠르고, 스위스에서는 내전, 영국에서는 단호하고 급진적 성향의 새 의회, 프랑스에서는 여러 스캔들과 개혁 패키지, 아메리카에서는 미합중국의 멕시코 정복 - 그야말로 지난 여러 해 동안 한 번도 보지 못했던 커다란 변화와 격동의 연속이다."

43) 서울에서뿐만 아니라 대부분의 도시재개발에서 보는 현실이기도 하다. 쫓겨난 사람들은 억울하겠지만, 그러나 그 수가 많지 않기에 무시당하고 만다.

때문이다. 1830~1848년 사이 노동계급 운동이라면 주로 숙련수공업 분야와 리옹의 견직업 같은 전통적 가내공업과 선대제 공업 중심지의 구식 장인들 중심이었다. 그 밖에 좌파 자코뱅주의자나 바뵈프주의자들의 일부가 1830년 이후 공산주의자로 활동하였을 뿐이다.

1830년 '영광의 3일'이라는 7월 혁명으로 시대착오적인 샤를 10세(Charles X, 재위: 11824-1830)의 반동 정치를 몰아냈지만, 그래도 3천5백만 프랑스 국민 중 선거권이 있는 사람은 18만 명에 불과했다.[45] 자유주의자들은 유권자 수를 늘리자고 제안하였다. 소유재산이 있는 계급만이 아니라 교육받은 사람들도 소득과 무관하게 선거권을 갖게 해야 한다는 주장이다. 급진 공화주의자와 사회주의자들은 프랑스 식민지의 노예제도 금지와 보통 선거권을 요구하였다. 마침내 1848년 2월 혁명으로 남성 보통선거가 실현되기에 이르렀다.

그러나 다시 친위 쿠데타에 따른 제정(1851년) 이후 1870년 프로이센과의 전쟁에서 패하여 점령당할 때까지 이렇다 할 변화는 없었다. 결국 전쟁에서 패하고 제3공화국(Troisième République française, 1870~1940)이 들어서고 나서야 사회 개혁이 잇따르고 노동자를 위한 법률들이 제정되었다.[46] 물론 프로이센에 항복한 상태에서 왕당파가 의회 다수 의석을 차지한 공화정이기에 초기 혼란은 불가피하였다. 게다가 프로이센에 대한 항전을 목표로 한 파리 코뮌이 수립되기도 하였다가 정부군과의 싸움에서 2만여 명이 사망하는 엄청난 피해를 보고 무너졌다. 이 파리 코뮌은 훗날 프랑스 사회주의 운동에 큰 영향을 미쳤다. 게다가 왕정복고의 시도가 끊임없이 이어졌다. 1876년 2월 선거에서 공화파 언론에 대한 심한 검열에도 불구하고 다수파가 되면서(360 대 280) 의미 있는 변화가 시작되었다. 1881년 총선에서는 공화파 의석이 압도적으로 늘었다(457 대 88). 이 공화국 체제에서 프랑스 민주주의가 마침내 뿌리를 내렸다(강정인 외, 2010).

---

44) 영국 외에 대중적 서명운동이나 공개시위를 통한 보통선거권 쟁취, 차티스트 운동, 곡물법 반대 운동가들의 대중선전 같은 건 상상하기 어려웠다(홉스봄, 2002).

45) 당시 영국은 인구가 프랑스보다 적었지만, 투표권자 수가 80만 명이었다.

46) 제3공화국 헌법은 1875년에 제정되어, 이 해를 제3공화국 시작으로 보기도 한다.

3) 정책 유산

프랑스에서도 중세까지 자선은 역시 교회 몫이었다. 물론 중세 교회는 오늘날의 교회로 생각하면 안 되고, 나름의 행정과 심지어 사법(종교재판)기능에 십일조 헌금이라는 재정까지 갖춘 또 하나의 국가, 아니 이름뿐인 왕보다 더 실질적으로 사람들 삶과 연결된 기관이었다(허구생, 2007). 따라서 행정 단위는 교구(paroisse)였다. 돈 많은 사람의 기도 소리보다 빈민의 기도 소리를 하나님은 더 잘 들으신다는 믿음으로 중세 빈민에 대한 인식이 비교적 양호한 편이고, 또 빈민의 생활도 상대적으로 안정적이었다. 빈민 생활의 안정 요인으로 허구생(2007년)은 세 가지를 든다. 첫째, 중세의 구원 프로그램에 빈민이 포함되어 자선활동이 활발했다. 둘째, 농민 대부분이 토지를 소유하여, 넉넉지는 않아도 정상적인 상황에서는 식구의 기본생활은 유지할 수 있었다. 셋째, 공동체적 유대에 바탕을 둔 인간관계로 생존 위협이 있으면 친척과 이웃이 나섰고, 그마저 힘에 부치면 공동체 전체가 개입하였다. 봉건 영주 역시 자신의 이익을 위해서라도 농민의 생존이 위협받는 상황을 묵과하지 않았다. 이런 안정성은 농민뿐만 아니라 도시 빈민도 마찬가지였다. 길드와 우애단체 같은 자발적 결사체를 통한 상호부조 덕이었다. 맹인이며 직업적 거지들도 그런 결사체를 결성하였다.

16세기부터 프랑스에서는 절대왕권의 강화가 시작되었다. 빈민 보호가 교회에서 왕의 손으로 넘어가면서, 빈민은 더 이상 환영 대상이 아니라 사회질서를 위협하는 위험한 존재가 되었다. 그에 따라 국가 차원의 정책 역시 구제보다 통제 성격이 강했다. 1532년 파리는 걸인들을 체포하여 강제 노역에 처하라는 칙령이 나왔다. 1534년에는 빈민을 도시 밖으로 추방하는 칙령, 1657년에는 구걸 금지와 적발되면 추방하고 두 번 적발되면 노예선(갤리선)에 보낸다는 칙령까지 공포했다. 1838년 도마다 정신질환자 수용시설을 설치하도록 규정한 정신이상자에 관한 법률은 정신이상자의 입원, 제3자 청구에 의한 입원, 행정 기관에 의한 입원이라는 체계를 갖추어 현대적인 면모가 있었지만, 그래도 전체적으로 통제의 의미가 강했다. 현재 코뮌 사회복지센터(CCAS)의 기원이 되는 프랑스와 1세(François I, 재위: 1515~1521)의 빈민사무소(Bureau des Pauvres)는 빈민 정책을 다루는 기관이었다. 영국 빈민법처럼 국가가 빈민 정책의 주체로 나섰다. 대도시마다 빈민 수용소 격인 오피탈 제네랄을 두고 왕이 임명한 검사가 운영하게 하였다. 하지만 가난은 어디까지나 개인 탓이었고, 질병, 장애, 노쇠, 미혼모 등 구제받을 자격이 있는 사람들을 선별하였다. 또 파리 지역에서는 오텔디외(Hôtel-Dieu: '하느님의 집'이란 뜻)가 교회와 민간 자선에 의해 운영되며 온갖 종류의 환자들을 수용하였다(노대명 외, 2018).[47]

19세기 산업화 사회에서 빈곤 문제와 노동자계급의 생활 불안정 문제가 중요한 사회문제로 떠올랐지만, 국가의 대응은 지극히 소극적이고 무관심했다. 그뿐만 아니라 영국처럼 사회조사나 자선조직화 운동, 인보관 운동 같은 민간사회복지 분야도 두드러지지 않았다. 결국 빈곤 문제 해결의 주체는 도로 교회였다. 19세기 말까지 가톨릭교회가 빈곤 문제 해결사요 빈민의 후견인이었다. 제2 제정기 노동자 스스로 운영한 공제조합(SSM)에 대한 국가의 태도 역시 감시와 통제로 일관했다. 기껏 1852년 「공제조합 지원법」과 1850년 국립 노령 퇴직 공단의 설치로 노동자의 임의적 대비책 장려와 보조에 그쳤다(노대명 외, 2018).

4) 새로운 이념과 정책

(1) 새로운 이념

프랑스 혁명기 최초로 부조의 권리 개념이 나왔다. 몽테스키외(Montesquieu)는 『법의 정신』에서 "길거리 동냥과 자선으로 국가 의무가 이행된 걸로 볼 수 없다."라고 하였다. 제1공화국 「헌법」(1791년) 제1조는 공공 구호 총괄본부의 부조 활동을 규정했다. 여기에는 유기아 양육, 병약자 돌봄, 노동할 수 있는 빈민에 대한 노동 기회 제공 등의 목적 규정이 담겼다. 1793년 헌법에서도 시민에 대한 노동 기회의 제공이나 생존 수단 보장을 사회의 책임으로 삼았다. 그렇지만 정작 혁명 세력이 결성한 건 '구걸방지위원회'였고, 이후 나폴레옹 집권 후 사회권에 관심을 두지 않았다. 그 이후 혁명 세력의 사회권 이념이 계승되지 못하다가 제3공화정에

47) 660년 파리 주교 주도로 창설되어 지금도 운영되는 프랑스에서 가장 오래된 병원시설로서, 기본적으로 신도들의 기부로 운영하고 환자 돌봄은 수녀들이 맡아 감당하고 있다(https://www.hani.co.kr/arti/culture/religion/935639.html 2023.07.10.).

가서야 살아났다(노대명 외, 2018). 문제는 새로운 이념은 나왔으나, 새로운 정책으로 제대로 실현된 건 없었다.

에펠탑 건립과 함께 파리 만국박람회가 열리던 1889년 파리에서 개최된 '세계 공공부조총회'는 다른 이념 차원보다 발전한 모범적 공적부조의 기본원칙들을 정했다. ① 공공단체의 의무개념에 기초한 부조 원칙. ② 거주지 보호 원칙과 국가 재정의 참여 원칙. ③ 부조의 보충성 원칙(부조는 어디까지나 보충 수단이고, 기본 혹은 그 이상은 본인 책임).

레옹 부르주아(Léon Victor Auguste Bourgeois, 1851~1925)는 제3공화국에서 의원과 장관직을 맡았고 국제 연대와 협력에 앞장서 국제연맹 제창자로 1919년 초대 총회 의장을 맡았던 인물인데, 공공부조를 연대주의로 해결했다. 그에 따르면 잘 사는 사람들은 가장 못사는 사람들에게 빚진 것이기에 그 가난한 사람들에 대한 책임을 공공부조 제도로 구체화하여야 한다는 것이다.

가난 문제 해결이 국가의 의무라는 인식이 싹튼 건 19세기 말 진보성향의 공화파 의원 쪽에서였다. 이는 영국의 노동당이나 독일의 사민당(SPD)에 해당하는 셈이다. 국가의 무간섭주의로 노사 대립이 격화하고, 노동자 요구가 거세지며 압력으로 작용하자, 국가의 개입을 강화하는 법안들이 제정되기 시작했다.

(2) 새로운 정책

제3공화국(1870~1940)에서 비로소 사회복지와 관련한 의미 있는 변화가 나타났다. 변화는 두 갈래인데, 하나는 사회부조고 다른 하나는 노동자 자체 공제조합에 대한 정부 입장의 변화다.[48] 첫째, 사회부조 법안으로 「학대받고 방기된 아동보호 법안」(1889년), 지자체가 빈곤층 의료비용 부담케 한 「무료의료 부조법」(1893년),[49]

48) 우리가 공적부조라고 하다가 공공부조라고 하는데, 프랑스에서는 사회부조라는 용어를 쓴다. 사회부조가 필요한 이유는 크게 두 가지다. 첫째, 신체적 · 정신적 질병과 장애 또는 비정상적인 성장 과정으로 정기적인 생계 활동을 통한 생계비 획득이 불가능하여 사회보험 같은 사회보장을 청구할 수 없거나 청구하더라도 급여가 충분치 못한 사람들은 거의 언제나 있다. 특히 가족의 부양이 없는 사람은 제삼자의 도움이 필요하다. 둘째, 대규모 개인적 빈곤은 사회평화에 대한 위협이 되고 국가 질서를 위협할 수 있다(Lampert., 2001; 김근홍 외, 2011. 재인용).

49) 이에 따라 부조기관이던 병원이 유료 서비스를 제공하는 의료기관으로 바뀌었다.

아동 부조 서비스의 재편을 위한 「고아원아동보호법」(1904년), 노인이나 병약자와 장애인에게 연금 급여를 주거나 복지시설에 수용하게 한 「노인 · 병약자 · 불치병 환자를 위한 법안」(1905년), 「임산부 법안」(1913년), 「다자녀 빈민 가정을 위한 법안」(1913년) 등이 마련되었다. 과거 빈민법으로 해결할 수 없는 규모의 빈곤에 대한 공 공부조의 확대이자 현대화인 셈이다. 둘째, 19세기 말 노동자의 자발적 노력으로 마련된 상호보험이 프랑스 최초의 실업보험 제도인데, 노동조합이나 노동자 상조회에서 운영하는 실업 부조에 국가가 보조금을 지원하는 형식의 '실업보험'(1905년)이 되었다. 「철도회사 퇴직과 구호공단법」(1890년) 그리고 「광부 퇴직금법」(1894년)이 여기 속했다. 「공제조합 자율화 법」(1895년), 공제조합 헌장(1898년)처럼 노동자 공제조합을 감시와 통제 대상으로 보는 게 아니라 국가가 앞장서 권장하는 변화도 여기에 포함된다(노대명 외, 2018).[50] 산재보상을 고용주 책임으로 규정한 「산재보상보험」(1898년), 「노동자 · 농민 노령연금법」(1910년) 등도 있다. 특히 뒤의 「노령연금법」은 프랑스 최초의 사회보험법인데, 가입 대상자의 반발과 거부에 따른 대법원의 판결로 의무 가입 원칙을 없앤 뒤 실패로 끝났다.

퇴직연금 법안은 적립방식 재원 조달에 수급 나이를 65세로 정하였다. 당시 기대수명이 50세여서 독일처럼 '죽은 자를 위한 연금제도' 소리를 들었다. 그래서 노동조합의 반발로 시행되지 않다가 1912년 60세로 수급 나이를 낮추었다.[51] 공제조합법 제정의 의의는 세 가지 정도로 요약된다. 첫째, 공제조합 설립의 자유화로 임금인상, 노동시간 단축 등 노동자 권익을 위한 노동조합의 활동이 합법화되었다. 둘째, 기여금과 급여가 모두 낮은 수준이어서 큰 도움은 되기 어려웠지만, 사회적 보장이 전혀 없다시피 한 상황에서 조합원과 가족을 사회적 위험으로부터 어느 정도 보호할 수 있었다. 셋째, 노동자의 생활보호 체계 도입의 필요성을 부각하여 이후 사회보험 입법화에 영향을 미쳤다. 산재보상보험 법안은 소유권 보장에 치중

---

50) 1902년 전국공제조합연합을 만들었는데, 조합 수가 1,600개, 조합원 수가 400만이었다.

51) 2019년 기준 평균 수명이 83세였던 한국은 1953년-1956년생의 경우 61세부터 연금을 수급하였지만, 1969년생 이후부터는 65세부터 연금 수급 연령을 오히려 높이는 정책을 시행하고 있다. 당시 프랑스 기대수명이 50세 정도였는데, 제3공화국 사회복지 관련 내용은 정기혜(2012a)를 참조해서 정리하였다.

하던 사회정책을 노동권 보장을 위한 정책으로 옮겨가는 첫걸음이었다. 근로 산재에 대한 고용주의 보상책임 원칙과 함께 근로 산재가 개인 문제가 아니라 사회가 책임져야 하는 사회 보호 영역이라는 발상의 전환이 담겼다(김근홍, 2020a).

4. 독일

1) 산업화와 도시화

(1) 산업화

종교전쟁(1618~1648)이 끝나고 독일은 통일을 염려하는 리슐리외 추기경의 입김도 작용하여 300여 개의 영방국가(領邦國家)로 나뉜 상태였다. 물론 이때 경계는 우리가 독일이라고 하는 국가뿐만 아니라 신성로마제국에 해당하는 오스트리아, 네덜란드, 룩셈부르크 등도 포함하였다. 나폴레옹 전쟁 이후 1815년 영주들이 서명한 독일연방조약(Deutsche Bundesakte)에 따르면 독일 연방은 35개 국가와 4개의 자유도시로 구성되었다. 여기에는 룩셈부르크, 네덜란드, 덴마크가 포함되고, 또 한동안 하노버의 왕이기도 한 영국 왕도 의결권이 있었다. 즉, 중앙정부 없이 프랑크푸르트 연방의회(Bundestag)만 두었던 상태다. 그런 독일에서 산업혁명이 이루어지려면 봉건적 제약의 폐기와 국가 통일이 선행되어야 했다. 1803년 나폴레옹은 전쟁으로 독일에 새로운 질서를 강요하였다.[52] 아직 통일은 되지 않았지만, 그 덕에 방향만큼은 제대로 잡혔던 셈이다. 전쟁 패배 후 슈타인(Karl Stein, 1757~1831)을 중심으로 한 대대적인 개혁들이 이루어졌다. 우선 1807년 농노해방을 비롯한 농업개혁이 이루어졌다. 이 개혁으로 농노제도가 사라졌는데, 그 결과는 산업화 촉진으로 이어진다. 첫째, 농노해방은 융커들이 바라는 바이기도 했다. 영국이나 프랑스

52) 영토 면에서 독일 라인강 왼쪽(도르트문트, 뒤셀도르프 등 루르 탄광 및 공업지역)은 프랑스가 지배하고, 바이에른 쪽 서남부 독일은 나폴레옹의 보호 아래 영방 군주들이 정권을 유지했다. 프로이센은 독립국 지위를 유지했지만, 엄청난 배상금을 내야 했고 내정간섭을 받았다.

에서는 진즉 농노제도가 사라진 마당인데 독일과 동유럽 특히 러시아에서는 그대로 유지 혹은 오히려 강화된 상태였다. 그러나 융커는 내심 농노의 보호에 드는 비용을 줄이고 싶었고, 슈타인은 부르주아 중산층을 늘릴 셈이었다. 결국 농노는 자유를 얻었지만, 보호받을 수도 없고, 토지를 소유하기도 어려워 융커의 농업노동자가 되거나 아니면 실업자로, 혹은 예비 노동자로 일자리를 구해야 하였다. 그 밖에 다른 개혁 조치로는 행정개혁과 대학개혁이 이후 독일 산업화와 연결해 생각해볼 수 있다. 근대적 행정관료 체제를 도입하면서 중앙집권화를 추진하는 동시에 지방자치에 의한 지방행정을 추진하였다. 대학개혁으로 근대적 국민국가 형성을 위한 국민대학(베를린대학)을 세워 단순한 직업교육이 아니라 연구 중심 대학으로 육성하고자 하였다. 이런 개혁이 일사불란한 사회보험 입법과 도입의 발판이 되었다. 또 하나 1834년 독일 관세협정에 따른 경제 활성화는 산업화의 기반이 되었다.

베를린 등 일부 도시 외에는 산업화 · 도시화 과정이 영국에 비해 80년 정도 늦은 1830년경을 기점으로 독일의 산업혁명이 시작되었다.[53] 이때 가장 중요한 역할을 한 게 바로 철도건설이다. 철도건설에는 노동자와 철과 석탄이 필요한데, 철과 석탄을 운송하기 위해서는 철로가 필요하고, 그 철로를 놓으면 다시 철과 석탄이 필요해지는 순환이 산업혁명 속도를 높였다. 그러나 이때까지 영국보다 앞섰다면 프로이센의 베르크아카데미(Bergakademie) 같은 기술 훈련기관과 이어서 국가가 선도한 국민교육이 있었다는 정도다(홉스봄, 2002). 다만, 작센의 직물 산업에서는 영국 기술자의 감독 아래 영국 발명품을 복사하면서 따라가려는 시도가 있었다. 특히 1848~1870년 사이에 융커 농업과 더불어 루르 광산업, 정련업 등 중공업의 발전으로 산업혁명이 진행되었다. 이어 1871년에서 1910년까지를 고속산업화 시기로 구분하는데, 이때부터 독일은 영국을 따라잡기 시작했고, 자동차산업의 경우 유럽에서 가장 앞섰다.[54] 독일에서는 이러한 산업화에 어느 다른 유럽 국가보다 국가의 역할이 컸고, 급속한 공업화에 필요한 자본의 조달을 위해 주식회사 제도

53) 전통적 성격이 강한 농업 중심의 바이에른은 1864년이 지나서야 산업화에 동참했다.

54) 1886년 칼 벤츠(Carl Benz)가 자동차를 발명한 게 대표적인 사례다.

가 활용되었다.

(2) 도시화

산업화는 도시화와 병행하면서 도시문제로서 사회문제와 환경문제를 불러일으켰다. 이촌향도에 따라 농촌은 비고 도시는 비대해지며 인구밀도가 높아지면서 미처 국가나 지방자치단체에서 대처하지 못하는 사이 주거 문제와 위생 상태가 심각해졌다. 특히 빈민 노동자 공급의 초과와 함께 노동조건은 비참한 지경이었으며, 환경오염과 지구 온난화로 이어지기도 했다. 물론 그런 덕에 오늘날의 풍요를 누릴 수 있게 된 건 사실이다.

인구문제는 이미 1800년경에 시작되어 이를 19세기 인구폭발(Bevölkerungs-explosion)이라 불렀다. 준비가 되지 않은 사회에서 인구폭발은 광범위한 사회적 빈곤(pauperism)을 낳았다. 일자리가 없어서 빈곤이 심해지면 일자리를 찾아 도시로 떠났다. 독일제국이 수립된 1871년에서 1910년 사이 독일 인구는 4천1백만에서 6천5백만으로 늘었다. 1840년 베를린과 함부르크 둘뿐이던 인구 10만 이상의 도시가 그사이 1910년 8개에서 나중에는 48개로 늘면서 대도시에 사는 인구 비율이 21.3%가 되었다.[55] 독일은 산업화 이전에도 전국 도시 인구의 비중이 다른 나라보다 높은 수준이어서 도시화가 시작되던 1840년경 독일의 도시화율은 이미 30%였다. 1900년 60%에서 현재는 대략 85% 정도다. 1907년 베를린 인구 2백만에서 40.5%만 토박이고, 나머지는 외부에서 왔는데, 인근에서 온 이들이 18%, 먼 지방에서 온 인구가 39.1%, 외국 이민이 2.4%였다. 석탄 산지 중심인 루르 지역도 비슷한데, 토박이 43.3%, 인근에서 온 인구 31.7%, 먼 지방 출신이 22%, 외국에서 온 인구가 3%였다. 루르 지역 유입 인구 대부분이 노동자였지만, 베를린은 그 외에 다양한 직업을 구하는 부르주아 층도 많았다. 루르 지역이 비교적 분산된 도시화였다면, 베를린은 그야말로 메트로폴리스로, 인구밀도가 루르의 두 배에 이르렀다. 그에 따라 불량 · 고밀 임대주택이 기승을 부리며 주택당 거주자 수가 1815년 30명에서 1895년에는 72명에 달했다는 기록들이 있다. 1860년 제곱미터당 5마르

55) 19세기 중반 베를린 인구는 412,000, 함부르크는 175,000이었다.

크이던 베를린 샤를로텐부르크의 지가는 1870년에 20마르크, 1890년에 60마르크, 1900년에는 85마르크로 높아졌다. 당연히 건물은 높아지고 주택은 더 작으면서도 더 비쌌다. 전기 공급, 원형 철도, 버스와 트램 등 다양한 교통 시스템을 이용하여 주변 도시들이 베드타운화되고, 대도시화의 속도는 더 빨라졌다.

19세기 후반 들어 도시환경의 악화, 토지의 투기 같은 사회문제가 심각하였다.[56] 이를테면 주민들이 그동안 일상으로 하던 물 긷기, 쓴 물 버리기, 오물 치우기와 같은 일들이 이제는 개인 차원에서 해결할 수 없는 지경에 이르렀다. 거리마다 온갖 오물로 냄새가 심했는데, 이런 환경이 때때로 콜레라며 장티푸스의 유행을 부추기기도 했다. 문제의 해결 방향은 둘로 나뉘는데, 하나는 도시 확장이고, 다른 하나는 도시위생과 하수시설 도입이었다. 유럽 대도시들 외곽에는 노동자를 위한 주택들이 세워졌다. 대체로 19세기 중엽부터 현대화된 하수 체계가 도시에 도입되어 산업폐기물이나 배설물과 오수 등이 처리되었다.[57]

초기 서구사회에서 지배적 사회 풍조이던 자유방임적 건축 자유가 허용되었지만, 얼마 가지 않아 독일의 전통적인 토지관을 계승하여 오늘날 토지관리의 바탕을 이루는 주요 제도가 정립되었다. 19세기 후반에 프로이센에서는 「토지수용법」(Enteignungsgesetz, 1874년), 「건축선법」(Fluchtliniengesetz, 1875년) 등의 법으로 개인의 토지 등 재산권을 제한할 수 있게 하였다. 토지수용법은 공공의 목적에 필요하면 정부가 개인의 토지나 건축물을 수용할 수 있게 하였고, 도로개설 등으로 인한 토지가격의 상승분은 보상가 산정에서 제외하게 규정하였다. 건축선법은 개별 필지의 건축선을 지정하여 불규칙하고 불합리한 건축행위를 규제하는 한편, 도로 등

---

56) 가족 전체가 방 하나에 살면서 심지어 그 와중에서도 침대를 세놓기까지 하였다. 계단 층에 있는 화장실은 이웃과 함께 써야 했고, 위생시설을 갖추지 않은 주택이 허다했다.

57) 한혜정(2007)은 도시에서 나타난 위생개혁 혹은 문화혁명의 추진력을 ① 콜레라 창궐, ② 페텐코퍼(M. von Pettenkofer)의 연구를 비롯한 1850년대 의학 연구 성과, ③ 엔지니어, 사회개혁가, 공중보건운동가 등의 활동, ④ 시장을 비롯한 지방자치단체 전문행정가의 수행력 등으로 정리하는데, 앞의 두 가지는 간접적 영향을 미치는 정도고 나머지 두 가지도 확실한 영향을 찾을 수 없다고 결론을 내린다. 다만, 시(에센)에서 도시환경 개선 시도가 꾸준히 있어서 거리 청소, 분뇨 수거 시스템의 변화, 정화시설 등을 고려하며 도시 모습을 바꾸어 갔다. 마침내 20세기 초에 에센시와 주변 지역까지 하수시설이 갖춰져 오수와 오물의 역겨운 냄새가 사라지고 생활환경이 깨끗하고 편리해졌다. 이걸 일러 소위 '문화적인 혁명'이라고 한다.

공공시설의 용지확보를 용이하게 하였다. 이들 법령 이전에 이미 「프로이센 헌법」(Preussen Verfassung, 1850)에서 사적 토지 재산권은 원칙적으로 보장하되, 공공복리를 위해서는 법이 정하는 보상을 전제로 그 권리를 제한할 수 있도록 하였다.

1900년을 전후하여 프로이센의 프랑크푸르트시에서는 현대적 공간관리제도의 토대가 되는 용도지역제(Zonenbauordnung, 1891년)와 토지구획정리 제도(Lex Adickes, die Umlegung von Grundstücken in Frankfurt am Main, 1902년)가 입안되었다.[58] 용도지역제는 도시의 토지 전체를 몇 개의 용도로 나누고 각 용도의 토지에 대해 허용되는 개발행위의 종류, 규모, 높이, 간격 등을 규정하였다. 토지구획정리 제도는 당시 도시 주변 지역에서 농토를 무분별하게 주택지로 바꾸는 걸 막고 시가지를 합리적으로 만들기 위해 도입한 제도였다. 이 두 제도는 프랑크푸르트에서 처음 입안된 뒤 독일의 모든 도시를 거쳐 전 세계로 확산하여 오늘날 대부분 국가에서 핵심 공간관리제도 역할을 하고 있다. 국토가 비교적 좁고 자원산지가 일정 지역에 집중된 독일에서는 20세기 초반부터 개별 도시 지역 공간관리 외에도 광역 차원의 문제에 대한 계획적 관리의 필요성이 제기되었다. 1911년 베를린 광역지역을 위한 목적 조합과 1920년에는 루르 탄광지역을 중심으로 주거 조합이 결성되어 관련 자치단체가 합동으로 지역계획을 수립하여 광역적 공간을 관리하였다. 이런 방식으로 1932년까지 목적 조합이 전 국토의 29%, 인구는 58%를 점하였다. 광역 차원의 공간관리에서 성과를 본 독일은 1933년에 전 국토를 대상으로 한 국토계획의 수립을 위해 중앙정부 내에 전담 기구까지 설치했다.

2) 민주화

산업화에 따른 또 하나 문제는 열악한 노동조건을 꼽을 수 있다. 1872년 독일 노동자는 주당 평균 72시간 일하고 임금은 아주 낮았다. 게다가 신산업에는 전에 겪어본 적 없는 위험한 일도 많았는데, 건강 보호 대책은 전혀 없다시피 하였다. 그런

58) 'Lex Adickes'는 '아디케스의 법'이란 뜻인데, 당시 프랑크푸르트 광역시장(Oberbürgermeister)인 프란츠 아디케스(Franz Adickes)의 이름을 딴 것이다. 1891년 토지이용규제와 개발이익의 국가 환수를 규정한 법이다.

데 소국으로 분열돼 있던 독일은 국가통합이 우선적 과제였기에 자유주의를 비롯한 주요 정치 이념들이 독일 통일 문제 뒤로 밀려 주도적인 정치 이념이 없었다. 그런 상황에서 사회민주주의가 선도적 이념에 가까운 구실을 하였다(강정인 외, 2010). 열악한 노동조건이 프롤레타리아의 단결을 불렀고, 슐레지엔 직조공의 폭동이며 1848년까지 여러 혁명을 경험한 정치가들과 공장 소유자들은 노동자의 봉기를 두려워할 지경이 되었다.[59] 19세기 유럽의 산업화에 따라 프롤레타리아 숫자가 확대되며 이들의 정치 투쟁이 민주주의 형성에 커다란 영향을 미쳤다. 1863년 이후 독일에서 대중적인 사회주의 운동 벌어지기도 했다. 보통선거의 쟁취를 중시한 라살(Ferdinand Lassalle, 1825~1864)의 급진 민주주의 노선과 사회주의를 강조하면서 마르크스를 추종하는 리프크네히트(Karl Liebknecht, 1871~1919)와 베벨(August Ferdinand Bebel, 1840~1913)의 노선이 합해져 1875년에 독일 사회민주당이 만들어졌다.[60] 독일은 물론 유럽 전체를 따져도 가장 역사가 오래된 정당이다. 사민당은 인권, 시민권, 사회권의 실현과 포괄적 정치 · 사회 참여의 실현을 목적으로 한 해방 운동의 일부 과정이다. 이 운동은 프랑스 혁명과 더불어 시작되어 산업화와 그에 따른 사회 변

59) 하이네는 슐레지엔 직조공 봉기를 시로 표현하였다. 직조공의 노래, 하인리히 하이네
퀭한 눈에는 눈물조차 없어. 베틀 앞에 앉아 이를 드러내며 외친다. 독일아, 우리가 짜는 건 너의 수의 세 겹의 저주를 짜 넣는다. 베를 짜자, 베를 짜자!
저주 한 겹은 겨울 추위와 기아 지경에서 기도하던 신에게, 하릴없이 희망 품고 고대했지.
우릴 조롱 희롱하며 기다리게 했지. 베를 짜자, 베를 짜자!
저주 한 겹은 왕, 부자들의 왕에게, 우리 아무리 비참해도 눈썹 하나 까딱없지! 마른 수건 짜듯 우려먹고 개처럼 쏴 죽이라고 했지. 베를 짜자, 베를 짜자!
저주 한 겹은 잘못된 조국에게, 굴욕과 모욕만 번성한 곳, 꽃이란 꽃은 다 일찍부터 꺾이고 부패와 유린이 구더기를 살찌우는 곳. 베를 짜자, 베를 짜자!
북이 날고, 베틀이 부러지네, 밤이고 낮이고 부지런히 베를 짜네 – 늙은 독일아, 우리가 짜는 건 너의 수의 세 겹의 저주를 짜 넣는다. 베를 짜자, 베를 짜자!

60) 라살이 세운 독일 최초의 사민당 전신은 전 독일노동자연맹(Allgemeiner Deutscher Arbeiterverein ADAV)으로 1863년 5월 23일에 창립되었다. 라살이 강령에서 요구한 건 보통선거의 도입과 국가 지원에 의한 노동자생산조합 설립이다. 아우구스트 베벨(August Bebel)과 빌헬름 리프크네히트(Wilhelm Liebknecht)가 1869년 아이제나흐에서 창당한 '사회민주주의 노동자당(Sozialdemokratische Arbeiterpartei)'이 1875년 고타에서 합치면서 '독일 사회주의 노동자당(Sozialistische Arbeiterpartei Deutschlands)'이 생겼다. 이때 노동자란 개념은 외연이 매우 넓어서 국민이나 민중(Volk)과 같이 쓰였지만, 그런데도 1890년 '노동자'를 빼고 '사회민주당'(Sozialdemokratische Partei Deutschlands, SPD)으로 거듭났다. 즉, 좌파 대중정당을 표방한 것이다. 그해 제국의회 선거에서 19.7%, 1912년 34.8%(의석 27.7%)로 최대 정당으로 거듭났다.

화로 촉진되었다. 사회 변화에 따라 사민주의도 변화했지만, 변치 않는 기본 이념이 있다. 인간은 과거에나 지금이나 경제적 절차와 정치적 지배의 대상이 아니라, 자유롭고 평등한 사회에서 스스로 결정하는 존재이기에 착취를 근절하고 노동자의 권리를 관철하며 민주주의를 실현해야 한다는 것이다(베른트 파울랜바흐, 2017). 독일 사회민주주의는 1차 대전 패전 이후 바이마르공화국을 이끌었지만, 강력한 구심력이 없고 거기다가 세계적 경제 공황까지 겹쳐 결국 1933년 나치당에 권력을 빼앗기고 말았다.

프로이센의 프랑스 점령 후 1871년에 설립된 통일 독일제국의 제국의회 선거부터 보통선거가 적용되었다. 25세 이상의 남성에게 선거권과 피선거권이 주어졌다.[61] 하지만 비밀투표와 자유투표는 1903년에야 도입되어 투표용지 겉봉과 투표소가, 1913년에는 투표함이 도입되었다. 1919년 바이마르 헌법은 제국의회, 주의회, 지자체 선거에 모두 보통, 평등, 직접, 자유 및 비밀 선거를 원칙으로 확립했고, 처음으로 여성에게도 적용했다. 다만, 군인들은 1945년까지 선거권과 피선거권에서 제외되었다.

3) 정책 유산

다른 유럽 국가들과 마찬가지로 산업화 이전 구빈제도는 수도원, 동업조합, 길드 등 교회와 민간 영역에서 책임졌다. 물론 봉건사회에서 달리 책임질 국가라고 할 만한 세력도 없었다. 그 대신 가난을 산업화와 부르주아 사회의 성립 이후에서 보이듯 그렇게 부정적으로 보지도 않았다. 수도원 자체가 이미 스스로 선택한 가난한 생활일 만큼 기독교의 이상이기도 했다. 심지어 걸인이 그리스도 모습과 같다고 보기도 하였다. 그리스도 역시 가난하게 살았기 때문이다. 따라서 자선은 그리스도교의 이웃사랑 행위로 인정되었고, 자신의 영혼 구제에 도움이 된다고 생각했다. 가난한 사람들이나 걸인들 모두 합법적인 사회의 일원으로 인정받았다.

15~16세기 근대로 넘어오면서 가난을 보는 시선이 달라지며 가난에 대한 새로

61) 1969년 21세로, 1972년에는 다시 18세로 낮추었다.

운 평가가 나타났다. 이제 가난은 게으르고 음주와 도박에 빠진 패덕의 결과로 보았다. 이런 인식 변화는 종교개혁과도 맞물리는데, 특히 칼뱅교에서 가난을 부정적으로 보았다.[62] 그간 기독교 전통에서는 부자는 천국에 오르지 못할 부정적인 이미지였지만, 칼뱅교에서는 구원을 나타내는 하나님의 표시(구원 예정설) 혹은 근면에 대한 보상이라고 보았다. 다른 한편, 뉘른베르크의 전반적인 구걸 금지 규정(1522년)처럼 빈민구제 정책의 변화가 종교개혁 이전에 시작되었다는 점을 들어 종교개혁과 무관하다고 보기도 한다(김근홍 외, 2011).

이런 변화의 원인으로는 14세기 중엽 페스트 광풍이 꼽히기도 한다. 그 뒤 15세기 인구가 다시 늘어가면서 일자리는 부족하고 그와 동반하는 임금 하락에 직업적 구걸이 급증하면서 대도시에서 사람들의 인식이 바뀌었다. 뒤이어 가난한 사람들을 통제하고 조직하며 중앙집중식으로 대처하는 구빈정책의 합리화가 따랐다. 1530년 제국 경찰령에서는 도시나 교구마다 자체 극빈자들을 스스로 부양하도록 규정하였다. 아울러 공개적인 구걸이나 자선을 강력히 단속하였다. 예컨대 뉘른베르크에서는 합법적인 걸인에게 구걸 허가 표시를 주고 중앙집중식으로 자선기금을 관리하였다. 이와 관련한 제도나 체계는 아주 다양하지만, 기본적으로 공개적 구빈정책과 폐쇄적 구빈정책으로 구분된다. 공개적 정책이라면 구걸 규정이, 폐쇄적이라면 시마다 운영된 구빈원(양로원)이 대표적이다. 구빈원은 병약한 노인들을 수용하기 위해 지어졌는데, 점차 재산 있는 부르주아들이 돈 내고 들어가는 양로원으로 탈바꿈했다. 17세기부터 작업장-교도소가 늘어났다. 우선 말 그대로 보호하고 처벌하여 교도에 의한 재사회화가 필요한 사람들이 수용되었고, 그다음으로 사회적으로 눈에 띄거나 도움이 필요한 사람들을 수용하여 교육을 통해 경제에 참여할 수 있게 하려고 하였다(김근홍 외, 2011).

18세기에는 구빈정책의 무력함이 점점 더 사람들 의식에 인식되기 시작했다. 폐쇄적인 구빈 시설 수가 지나치게 적었고, 들쑥날쑥한 작업장-교도소 시설 수용원

---

62) 그 이후에도 프로테스탄트 지역과 가톨릭 지역의 구빈정책은 차이를 보였다. 가톨릭 지역이 훨씬 통제가 느슨하였고, 아예 원칙적으로 허용하기도 하였다. 개신교 지역에서는 구걸을 금지하고 교회 재산을 세속화하여 시의 구빈정책에 제공하였다. 그런 이유들로 개신교 지역의 공공 구빈정책이 먼저 시작되었다고 볼 수 있다.

칙은 비효율적이었다. 그 결과 교육과 훈련으로 생산적인 노동자로 만든다는 궁극 목적은 사라지고 보조금에 의존하는 기업 신세로 남았다. 결국 외지에서 온 극빈자들을 적대하는 정책이며 고아원의 아이들 처우에 대한 회의가 커졌다. 휴머니즘과 계몽 절대주의와 함께 이러한 문제 상황들에 대처하려는 시도가 나타났다. 우선 작업장, 교도소, 고아원을 본래 목적에 맞게 따로 구분 지었다. 동시에 가난에 대한 사회적 시선에도 변화가 생겼다. 무엇보다 가난이 경제 사정과 밀접하게 연결된다는 인식에서 그 극복에 적합한 경제 조처를 모색하였다. 물론 태만에 대한 인식에는 변함이 없었다.[63)]

(1) 작업장-교도소(Das Werk-und Zuchthaus)

작업장-교도소(Das Werk-und Zuchthaus)는 함부르크에서 1618년부터 1842년까지 존속한 극빈자 작업장이자 교도소를 가리킨다. 함부르크 시의회(Bürgerschaft) 주도로 걸인이며 떠돌이들을 수용하였는데, 친척들이 맡기는 사람들도 수용하였다. 당시 빈곤의 원인으로는 역시 낭비와 게으름 등 바르지 못한 개인의 습관과 품성이 꼽혔다. 그래서 자선에 기대는 게 아니라 작업장에서 작업하며 그 버릇을 고치고, 심하면 교도소에서 강제 노동으로 개조해야 할 대상으로 보았다.[64)] 이들 빈민에게는 선거권과 피선거권도 인정하지 않았다. 이를 구빈정책으로 분류하지만, 그것은 분명 극빈자와 거지와 난민 통제정책에 가깝다.

(2) 함부르크 일반-구빈시설(Allgemeine Armen-Anstalt, 1788)

함부르크에서 자선활동이 무질서해지는 걸 막고자 만든 시설이다. 가난한 이들을 위한 의학적 돌봄과 가난한 임산부 지원, 노동자 자녀의 교육과 노동 지원 등

63) 돌봄에 따른 설명들은 아래 홈페이지 내용들을 참조하여 정리하였다.
https://www.uni-muenster.de/Geschichte/SWG-Online/sozialstaat/glossar_armenfuersorge.htm, (2023.09.18. 인출)

64) 태만에 대한 처벌로 천장에 매달아 놓은 커다란 바구니에 모여 앉아서 아래에서 '부지런한 사람들'이 맛있게 식사하는 모습을 지켜보아야 했다(1760년경 영국 화가 윌리엄 호가스 William Hogarth의 동판화). 1871년 독일제국형법에서도 비사회성(Asozialität)을 범죄로 설정하고 구빈원 징역형을 선고했다.

이 주요 활동이었다. 기존의 종교적 자선 차원과 달리 구제가 필요한 사람들의 구체적인 경제적 욕구에 집중하였다. 그러나 비용은 교회 헌금과 주마다 벌어진 빈자를 위한 모금 행사에서 댔다.

중앙에 자선 총괄 부서를 설치하고, 각 구에서 감독관이 자선을 책임졌다. 구걸금지와 빈민 직업학교 작업장 설치 등 빈민의 구제와 갱생을 통합한 제도로 어느 정도 효과도 있었지만, 인구증가에 따라 구제 대상자가 증가하면서 재원 부족으로 무너지고 말았다. 이 시설은 1920년 새로 마련된 복지청의 역할과 비교된다.

(3) 엘버펠트 구빈제도(1852)

엥겔스(Friedrich Engels, 1820~1895)가 김나지움을 다니던 도시, 당시 인구 4만으로 현재 부퍼탈에 속한 엘버펠트는 독일에서도 노동운동이 가장 빨리 일어난 마을이다(1849년).[65] 구빈제도는 1852년에 마련되었는데, 함부르크를 참조하여 미비점을 수정 · 보완하여 공공 조세로 운영하고, 지구 단위로 조직화하였다. 시를 지구로 분할하고, 지구당 약 300명 주민에 빈민은 4명 이하가 되도록 하고, 명예직 구빈위원이 구제 담당관 역할과 상담 그리고 방문조사를 통한 생활실태를 파악하였는데, 그것이 바로 민생위원제도의 시초다.

4) 새로운 정책 산출 – 사회보험

독일 산업화의 특징은 정부가 앞장서는 위로부터의 산업화란 점이다. 특히 국민교육을 통하여 영국이 100년에 걸쳐 이룬 성과를 50년 만에 달성했다. 독일 제국의 재상 오토 폰 비스마르크(Otto Eduard Leopold von Bismarck, 1815~1898)는 보호무역주의를 내세워 국내 산업의 경쟁력을 기를 수 있는 발판을 마련하였다. 다른 한편으로는 과학기술 교육 정책으로 1830년 이후 프로이센 고등학생의 약 30~35%가 실업학교에 다닐 수 있도록 하였다. 아울러 산업화에 따른 문제들의 해결도 국가

65) 그러나 봉기를 일으킨 사람들은 염색공으로 방적공이나 직조공보다 사는 게 윤택하였다. 다른 직공들의 동참이 없었기에 곧바로 진압되었다.

가 직접 개입하였다. 그러나 산업화와 함께 임금노동자가 맞닥뜨린 위험(실업, 산재, 낮은 임금 등)은 그 규모나 심각성에서 빈민법으로 감당할 수 없었다. 노동자의 단결권이 허용된 1860년대 이후, 특히 1873년 경제불황으로 계급 갈등이 격화되며 급진적 사회운동에 대한 우려가 커졌다.

이때 비스마르크는 노동자의 세력화와 사민당의 출현에 소위 채찍과 당근, 두 가지 정책으로 응수했다. 첫째, 「사회주의자 진압법」(Sozialistengesetz, 1878년)으로 모든 결사, 집회, 출판을 금지하여 사회주의 조직과 사민당의 조직을 금지하였다. 흔히 이를 일러 채찍이라고 한다.[66] 둘째, 1881년 황제의 칙서에서 노동시간 단축, 최저임금 도입 등 노동자를 위한 사회정책 추진이 명시되고, 이어서 구체적인 법안들이 제정되었다. 1883년 노동자 의료보험, 1884년 산재보험을 비롯한 폐질 · 노령연금보험(1889년) 등 유럽 전체로 보더라도 모범적인 사회법, 혹은 사회보험법 입법이다. 이것이 이른바 당근이다. 퇴직 후 노동자의 장래를 국가가 보장한다면, 노동자를 급진적 사회주의 세력과 갈라놓을 수 있고 노동력을 군주제 국가에 통합하여 내부 결속력을 강화할 수 있다는 계산이었다.[67] 물론 어버이인 국가가 국민을 자식처럼 돌본다는 가부장적, 권위주의적 가치관도 한몫했다. 아무튼 산업사회의 사회적 위험을 국가가 주도하는 공적 사회보험을 맨 먼저 도입할 수 있었던 건 우선 독일 통일과 함께 강력한 중앙집권 정치로 국민국가가 기능하기 시작한 점을 꼽을 수 있다. 그러면서 그런 가치관과 함께 비스마르크라는 정치 지도자의 그릇과 능력 덕이라 할 수 있다. 더 하나 꼽는다면, 영국이나 프랑스에 비해 보수주의자들과 사민주의자들 모두 자유방임주의에 반대하였기에 자유주의 사상이 뿌리 깊게 자리 잡지 못했고, 그런 덕에 자유주의적 부르주아의 세력도 상대적으로 약했다. 그래서 비스마르크를 필두로 한 관료들의 주도로 정치 · 경제 · 사회 개혁

66) 「사회민주주의의 공공 위해 책동 금지법」(Gesetz gegen die gemeingefährlichen Bestrebungen der Sozialdemokratie: 약칭 반사회주의자법, Sozialistengesetz)으로 사회주의, 사회민주주의, 공산주의 활동(정당과 노조는 물론 저술과 언론 포함)을 금지했다. 약 1,500명이 갇히고 약 9백 명이 망명자로 떠돌아야 했다. 주로 파리와 런던에 많았다. 1878년 제정되어 여러 차례 연장되다 1890년 10월 1일 폐지되었다(Eichenhofer, 2019).

67) 사민당은 이런 현실에서 더 급진화 노선을 선택할 수도 있었겠지만, 그 반대로 1890년 당명에서 '노동자'를 빼면서 좌파 대중정당 노선을 선택하고 혁명 이념을 버리지 않되 혁명 실현을 추구하지 않는 식으로 점진적 수정주의로 돌아섰다.

이 이루어졌다. 물론 비스마르크가 처음 의도했던 대로 제도가 나오지는 않았다.[68)]

(1) 노동자 의료보험법(1883.06.15.)

노조, 종교 단체, 지역 단위로 자율적으로 운영하던 각종 질병금고(Krankenkasse)를 법률로 통합하고 국가의 감독을 받게 했으며, 노동자의 가입을 의무화하고 급여를 당연한 권리(수급권)로 인정한 제도다. 고용인이 아닌 노동자를 위한 건강보험으로 일주일 이상 근무하고 연봉 2,000마르크 미만의 노동자가 가입 대상이다. 분담금의 3분의 2는 노동자 자신이, 3분의 1은 고용주가 부담했다. 기존 기업의 건강보험기금과는 달리, 직원들은 공공기관이 자금을 지원하는 법정 건강보험료를 내 급여를 받을 수 있는 법적 권리를 얻었다. 직장을 옮겨도 건강보험은 유지되었다. 질병이 생기면 보험사가 치료와 약물 비용을 부담하고, 일을 할 수 없으면 질병 발생 3일째부터 최대 13주 동안 평균 임금의 50%에 해당하는 병가 급여(Krankengeld)를 지급하도록 하였다. 다만, 근무일 하루당 2마르크를 넘지 않도록 했다. 4인 가족의 최소 생계 수준이 주당 약 25마르크인 상황에 이 정도 병가 급여는 허울뿐이었지만, 적어도 보험 가입 노동자들에게 의료 치료가 기본이 되었다는 점에서 의미가 있었다.

(2) 산재보험(1884.07.06.)

급속한 산업화에 따라 산업재해의 증가 역시 폭발적인데, 1871년 제정된 고용자의 「책임보상법」(Haftpflichtgesetz)으로는 전체 산재의 절반도 보호하지 못하는 것이 현실이었다. 산재가 고용자 책임이라는 걸 본인이나 가족이 입증해야 하는 과실입증주의 원칙 때문이다. 게다가 늘어지는 소송 기간과 막대한 소송비용, 패소에 대한 불안감 등으로 포기하는 경우가 많았다. 처음 공적 산재보험 형태를 입안했지

---

68) 비스마르크는 권위주의, 가부장주의 가치관에 따라 국가의 세금으로 노령연금 재원을 삼고, 다른 사회보험에도 국가보조금을 주려고 했다. 국민의 애국심 고취와 충성심 강화를 위한 방안이었다. 그러나 다 성공하지 못하고, 연금보험에서만 국가보조금이 남았다.

만(1881년), 국가보조금과 국가의 보험공단 설치를 문제 삼아 부결되었다(1881년, 1883년). 결국 국가보조금 폐지와 국가의 보험공단 대신 직역별 독립 공적 법인으로 설치한 동업조합(Berufsgenossenschaften)에서 운영하게 하였다. 단, 개별 사업주 차원의 사적 배상책임이 아니라 사업주 공동의 연대 책임을 원칙으로 하였다.

사회보험임에도 보험료는 고용인이 전액 감당하는 방식으로 하였다. 산업재해가 발생하면 책임 여부와 관계없이 건강보험 만료 시점인 14주째부터 산재보험사에서 보상한다. 기업가 동업조합에서 운영하는 산재보험은 완전 장애에는 치료비나 급여의 3분의 2를 연금으로 부담토록 했다. 특히 산업재해로 사망하면 유족에게 연금이 돌아가는 방식을 취했다. 따라서 미망인은 남편 수입의 20%를 받을 수 있었는데, 처음에는 공장, 광산, 채석장 등 위험이 큰 직종에만 적용되다가, 임업과 농업 근로자에게까지 확대되었다.

(3) 폐질 · 노령 연금법(1889.05.24.)

폐질(廢疾)이란 질병이나 상해로 경제적인 활동력을 잃거나 또 고칠 수 없는 병을 의미한다.[69] 1880년대까지도 폐질이나 노령으로 일할 수 없는 노동자는 생계에 심각한 위협을 받았다. 법을 제정해 놓고서도 계속 미루어지던 이 보험법은 루르 지역 광부들의 파업 소식을 들은 제국의회가 1889년 5월 24일 법안을 통과시켰다. 연간 소득이 2,000마르크 미만인 노동자는 의무 가입하도록 했다. 노령연금은 30년 보험료를 납부하고 70세가 되면 청구할 수 있었다.[70] 다만, 소득 능력의 2/3 감소면 일할 수 없는 상태(폐질)로 인정되었다. 이 경우 보험료를 5년 이상 내었을 때 평균 임금의 3분의 1을 연금으로 지급해 주었는데, 재활 비용도 보험에서 부담했다. 국가는 폐질과 노령연금에 대해 각각 개인별 연간 50마르크의 기본금액을 지

---

69) 독일어 번역상 장애로 써도 될 듯한데, 아직은 관행을 따라 폐질이란 용어를 쓴다.

70) 당시에는 정년퇴직이란 개념 자체가 아직 생기지 않았다. 당시 기대수명이 50세에 미치지 못하던 상황에 70세면 현실적이지 않을 것 같지만, 1891년 연금 수령자 수가 약 126,400명이었다는 기록도 있다. 그뿐만 아니라 연금 기금은 사회주택 건설과 위생시설 등에 투자하여 재정의 효율성도 도모하였다는 점을 눈여겨볼 필요가 있을 것 같다.
(www.deutsche-rentenversicherung.de/DRV/DE/Ueber-uns-und-Presse/Historie/historie_detailseite.html, 2023.11.16. 인출)

급하고(처음에는 보험료의 1/3), 나머지는 피보험자와 고용자가 절반씩 부담토록 하였다. 주별로 보험기관을 설치하여 운영하게 하였는데, 총 31개 기관이고, 그중 프로이센에만 13개가 설립되었다(1890년). 노동자(보험가입자)와 고용자가 자체적으로, 민주적으로 이 기관을 운영하였다(위원회 위원 비율 동수).

(4) 사회법에 대한 반응

1911년 「제국보험법」(Reichsversicherungsordnung: RVO)이 제정되어 이듬해 효력이 발휘되었다. 노동자 「의료보험법」, 「산재보험법」, 「폐질 · 노령 연금법」을 모두 이 법에 통합하였다. 이 법은 1992년까지 독일 사회법의 핵심으로 유지되었다. 이를 통해 470만 명의 산업 근로자가 법적으로 보험에 가입한 상태다. 사회보험 입법으

▌표 6-6▐ 사회입법에 대한 사회 각계의 반응

		현재의 입지	사회입법에 대한 반응
융커	비스마르크	영토 통일에 이어 사회적 통합 기도 신흥 부르주아지의 도전을 누르고 헤게모니 유지	노동자계급과 사회주의 세력 확대와 정치 진출에 대응하기 위한 채찍과 당근 정책 채찍: 사회주의자 진압법 당근: 노동자를 국가체제에 통합하기 위한 일정한 양보로 사회보험 도입
자본가 계급	독점 대기업	중공업 중심 협회 조직 동질적 이해관계, 개별 기업 하나하나가 강력한 권력 보유	찬성 기업 자체 복지사업 이미 시행 중 사회보험으로 기업 복지에서 국가복지로 이양 거시적 차원에서 산업 평화를 위한 새 전략으로 사회보험 수용
	중소기업	약한 조직력, 전국 조직 없음 이해관계 복잡하여 행동 통일 어려워	반대 사회보험은 국가사회주의 보험 노동집약적 산업 특성상 사회보험료 부담 가중
노동자 계급	좌파 노동운동	사회민주노동자당 창당, 의회 진출 강력한 사회세력으로 성장	원칙적 찬성, 현실적으로는 반대 자본주의 체제에서 노동자 생활의 근본적 개선은 불가능, 절대왕권 부활 위한 음모. 사회보험은 노동자계급의 혁명성 약화하려는 지배계급의 정치적 술수
	우파 노동운동	사회주의 계급 혁명 부정 기존의 절대주의 국가와 타협하여 사회개량 달성 가능	비스마르크 사회입법 적극 지지

출처: 원석조(2022).

로 노동자의 사회적 보호가 국가의 책임이 되었던 셈이다. 이런 제도는 유럽 대부분 국가에 모델로 받아들여졌지만, 정작 독일에서는 엄청난 비판을 받았다. 사회민주주의와 노동운동은 포괄적인 정치 개혁과 법적 평등을 대체하는 법을 받아들이려 하지 않았다. 그 밖에도 기업의 포괄적인 산업 안전 조치와 근무 시간 단축을 요구했지만, 비스마르크(Bismarck)는 단호히 거부했다. 8시간 노동과 노동조합의 합법화는 1918/19년 혁명으로 비로소 가능해진다. 또 자유주의자들은 자유주의자들대로 법이 너무 노동자 친화적이라고 받아들이며 법에 숨은 '국가사회주의'를 비판했다.

5) 기타 노동 관련법

(1) 노동자보호법(Arbeitsschutzgesetz, 1891)

일요일 근로 금지, 여성 근로시간 제한(하루 11시간 이내), 아동과 여성의 야간 노동 금지 등을 담았다. 아울러 기업 경영에 대한 노동자대표의 참여가 허용되었다. 그러나 노동자 파업은 엄격히 탄압되었다.

(2) 광산법(Berggesetz) 개정(1905)

광산노동자의 대규모 파업에 위기의식을 느낀 정부에서 광산노동자들의 권익향상을 위해 법을 개정하였다. 광산노조에서 노동자의 비밀투표로 선출된 노동자평의회(Arbeitsausschuss)를 합법적인 노동자 이익단체로 인정하고, 근로시간, 지원 혜택 수준, 위생 및 기타 요구조건 등을 두고 회사와 비교적 자유롭게 합의할 수 있게 하였다.

(3) 사무직 노동자 연금제도(1911)

연간 소득 2,000마르크 이내의 저소득 사무직 노동자는 선택에 따라 공장노동자 연금제도에 가입할 수 있게 하였다. 이 법에서는 연간 소득 상한을 5,000마르크까지 높여 중산층 사무직 노동자에게도 국가 차원에서 노후 소득을 보장할 수 있게 하였다. 사무직 노동자와 공장노동자가 당면하고 있는 사회적 위험의 발생 환경과 위험의 내용 수준, 노동환경 등의 차이로 따로 연금보험제도를 두었지만, 2005년 독일연금보험(Deutsche Rentenversicherung)으로 통합되었다.

5. 스웨덴

1) 정책환경의 변화

(1) 산업화

19세기 유럽에서도 가장 가난한 지역에 속했던 스웨덴은 칼 14세 요한의 통치기(1818~1844)에 산업화에 나선다.[71] 처음에는 시골 대장간, 초기 섬유산업에서 산업화가 먼저 시작하여 한창인 영국과 벨기에에 목재와 철광석 수출을 위한 제철업과 제재업 등으로 이어졌다. 철광석 매장량은 유럽 전체의 92%를 보유하였고, 남북한 합친 면적 두 배에 이르는 면적에서 자란 목재가 자랑이었다. 석탄 매장량은 영국과 벨기에에 밀렸지만, 철광석과 구리 등 광물자원이 풍부했다.[72] 수출산업이 내수산업의 성장에 자극제가 되었다. 수출로 자본이 축적되고, 수출산업의 근거지인 농촌의 구매력이 상승했다. 1850년부터 철도망 건설, 전신 시설 구축 등으로 서서히 현대화가 진행되었다.

71) 1810년, 양자로 삼았던 덴마크 왕자 칼 아우구스트 왕자가 사망하자 스웨덴 국왕 칼 13세는 법률가의 아들로 태어나 졸병에서 시작한 군 생활에서 전공을 세워 31세에 장군을 거쳐 대공에 이르는 성공 가도를 달려 장바티스트 쥘 베르나도트(Jean-Baptiste Jules Bernadotte)를 양자로 들여 후계자로 지명됐다. 핀란드를 둘러싸고 러시아와 벌인 전쟁에 패전하여 1809년 국왕 구스타프 4세 아돌프가 폐위당하고 삼촌이던 칼 13세가 즉위하여 정치적으로 불안정한 상태였다. 당시 최강의 군대가 나폴레옹의 프랑스군이었기에 나폴레옹과 끈이 닿을 만한 사람을 양자로 삼아 대러시아 전쟁에서 힘을 빌리겠다는 속셈도 있었다. 마침 나폴레옹의 형 조제프의 아내가 베르나도트의 처형이었고 전공도 나름 많아 스웨덴 사람들의 호감까지 사서 결국 1818년 국왕 서거 후 스웨덴과 노르웨이의 왕위에 오른 뒤 새 왕조를 열고, 스웨덴에서는 그 왕조가 현재까지 이어지고 있다.

72) 나폴레옹의 대륙 봉쇄령으로 영국 수출이 금지당했지만, 미국이 등장하여 스웨덴 철강의 최대 수입국 자리를 차지하였다.

1870년대 이후 국제 경쟁이 심해지자 스웨덴은 산업의 보호와 장려에 직접 나섰다. 국유 철도건설로 수송 능력을 키우고 낙후 지역을 개발하여 상업은행의 자본조달을 지원했다. 1890년 이후에는 산업화가 본 궤도에 올랐다. 이때는 내수산업이 오히려 산업화를 주도했다. 수출과 내수에서 가장 큰 역할을 한 건 기계공업이었지만, 건설자재산업과 소비재 산업에서도 산업화가 본격화되어 제1차 세계대전 직전인 1913년경 스웨덴은 더 이상 농업사회가 아니고 산업사회였다.

(2) 도시화

산업화와 더불어 사람들이 시골을 벗어나 도시로 옮겨갔고, 인구는 급격하게 증가했다. 말뫼, 예테보리, 스톡홀름 등이 대표적인 도시였다. 그중 수도인 스톡홀름의 도시화 과정을 살펴보면 몇 가지 특징적인 모습들이 있다. 철광 개발이 이루어지면서 멜라렌호와 발트해 사이의 전략적 요충지로서 개발되기 시작한 스톡홀름은 1523년 구스타브 1세 바사(Gustav Vasa) 왕 때 중심 도시가 되어 1600년경 인구가 1만 명으로 늘었다. 17세기 스웨덴이 북유럽의 강국으로 떠오르면서 1634년 공식적으로 스웨덴 왕국의 수도가 되었다. 무역법에 따라 스칸디나비아반도와 스웨덴의 상인들이 꼭 거쳐 가야 하는 독점 무역의 핵심 무대이기도 했다. 18세기 흑사병과 대북방 전쟁으로 잠시 침체기를 맞았지만, 19세기 들어 다시 경제 중심지가 되었다. 인구가 크게 증가하였지만, 자체 출생보다는 주로 이민에 의한 것이었다.[73] 이에 도시의 확장에 따른 새 지역들이 거주지로 개발되었다. 건축 규제가 없는 상태에서 작은 목조 주택이 마구 지어지며 유럽 강대국들의 수도 모습과는 다소 거리가 멀었다. 19세기 후반에는 노동집약적 공장들이 도시에 생겨나면서 공업 중심의 도시가 되었다.

1636년 종교전쟁(30년 전쟁)에서 국왕이 전사한 뒤 전쟁터에서 돌아온 총리 악셀 옥센셰르나(Axel Oxenstierna, 1612~1654)는 스톡홀름과 그 교외 지역 도시개발을 현

73) 먼저 인구가 1780년 6만8천 정도에서 1830년 8만, 1850년 9만3천, 1865년 16만8천, 1895년 25만, 1950년 74만4천, 1995년 114만9천으로 증가 속도가 가파르다가, 2001년에는 도로 75만대로 감소하였다. 여기서 살펴볼 점은 산업화 과정에서 1830년의 8만이 16만으로 두 배 증가하는 데 약 35년이 걸렸다는 점이다.

대화하였다. 1637~1644 사이 최초의 대규모 재개발이 이루어졌다. 토지 전체를 일시 수용하여 일직선의 곧은 도로망을 닦고 건축 부지를 시민에게 제공했다. 그러나 규모 면에서 몇몇 지역에 한정된 작은 도시로 남았다가, 19세기 말 산업화와 함께 이민자들이 몰려들면서 도시화가 본격적으로 시작되었다. 그에 따른 영향으로 유르고르덴 지역이 수도로 편입되었다.

20세기 초(1900~1930)에는 영국 런던 근교 개발 모델에 따라 '정원 도시'를 내세우며 솔나시, 순드뷔베리시 등에 단독주택 단지들이 생겨났다. 이때 트램과 철도가 놓였다. 1930년 이후 1970년대까지 도시건설의 현대화를 모토로 공동주택을 많이 짓고, 자동차가 늘면서 시내 중심가를 관통하는 간선도로들을 닦았다. 아울러 지하철(Tunnelbana) 건설로 근교 지역에 역 주변 상업단지와 고층 주거시설들이 자리를 잡아가기 시작했다.

(3) 제1차 세계대전

제1차 세계대전에서 중립을 선언하였던 스웨덴에게는 전쟁이 위기보다 경제발전의 기회였다. 첫째, 독일의 무제한 잠수함 계획으로 영국의 직물 제품이 들어오지 못한 게 스웨덴 기업의 성장 기반이 되었다. 둘째, 전쟁물자 생산을 위한 독일의 철 수입이 최고조였다. 그러면서 전쟁 후에는 철 수출량은 줄고 제지와 펄프 산업 비중이 커졌다. 셋째, 대전 기간과 전후 스웨덴은 전 세계에 걸친 철, 볼 베어링, 펄프, 성냥 수요로 인해 큰 이익을 볼 수 있었다. 이런 경제번영은 차후 스웨덴 사회보장기금 마련에 큰 보탬이 되었다.

(4) 대공황

세계 경제위기는 1929년 10월 24일 목요일 뉴욕 증권거래소에서 12.8%나 되는 가격 하락으로 촉발되었다. 뉴욕 뉴스가 증권거래소 마감 후에야 유럽에 전해져 유럽에서는 하루 뒤에 폭락이 시작되어 소위 '블랙프라이데이'다. 위기의 원인은 경제구조, 투기, 심리 차원에서 찾을 수 있다. 빌린 돈으로 한 투기가 무너지며 위기를 심화시켰다. 동시에 농업 부문과 산업 부문 모두 전 세계적으로 대규모 생산과잉이 있었다. 한편으로 시장자유주의 기반의 자본주의 속성상 수년간의 호황 끝에 불황이 찾아올 차례라고 볼 수도 있다. 이렇게 여러 위기 요인이 겹치면서 폭발력을 키웠다. 오늘날 관점에서 볼 때, 주요 국가들은 잘못할 수 있는 모든 것을 잘못했다. 이제 최소한의 예산 균형을 맞추기 위해 지출을 줄이는 수밖에 없었다. 아울러 자국민 보호를 위해 무역 장벽을 세웠다.

위기는 끝내 북부 유럽으로 번졌다. 아이슬란드와 노르웨이는 주력 수출품이던 생선뿐만 아니라 다른 상품들까지 수출이 줄었다. 광석과 햄, 목재와 종이 수요가 줄면서 1932년 실업률이 10%를 넘어섰다. 사회보장 제도가 미처 자리 잡지 못했던 상황이라 경제적 어려움에 맞닥뜨린 사람이 많았고, 심지어 굶어 죽을 처지인 사람도 많았다.

경제적으로 어려운 시기에 농업 부문은 불필요한 노동력을 흡수하는 일종의 '스펀지' 역할을 하기 마련이다. 실업률이 높을 때 낮은 생산성 수준에서 일자리를 찾을 수밖에 없는데, 농업과 가족 간의 유대가 남아 있는 한 효과가 있었다. 그럼에도 다음 〈표 6-7〉에서 보이듯이 스웨덴을 포함한 북유럽 국가들의 산업화는 계속되었다.

표 6-7 경제 부문별 인구 분포 (단위: %)

구분	I. 분야	I. 분야	II. 분야	II. 분야
연도	1920	1940	1920	1940
스웨덴	44	29	35	36
노르웨이*	36	26	27	35
덴마크	33	28	29	33
핀란드	75	63	13	19

출처: 원석조(2022).
* 1940년 대신 1950년 수치.

미국, 영국, 프랑스 등 경제 규모가 큰 국가들은 관세장벽으로 시장을 봉쇄하였다. 그리고 독일, 이탈리아 같은 나라들은 전체주의와 재무장으로 수요를 창출했지만, 북유럽 국가들은 두 가지 선택지를 모두 사용할 수가 없었다. 그래서 국가 재정의 긴급 업무를 통한 고용 창출의 아이디어를 검토하였다. 오늘날과 같은 건설기계가 없던 시절이라 건설 산업이 유력했지만, 문제는 경제위기에 따른 세수 부족이었다. 케인스주의에 따르면 위기에서는 수요 창출을 위해 정부가 돈을 빌려 써야 한다고 했지만, 당시에는 일반화되지 않았다. 그런데 북유럽 국가, 특히 스웨덴 정부는 이런 식으로 돈을 썼다. 이것은 확실히 위기를 극복하는 데 도움이 되었다. 다행히 북유럽 국가들의 위기가 그리 깊지 않아서 다른 국가들보다 구매력의 상당 부분이 보존되었고 종이, 광석 등은 밀이나 자본재보다 수요가 많았다. 그런 덕에 북유럽 국가들은 실업률이 높긴 했지만, 세계 경제위기를 일본 다음으로 비교적 잘 견뎌냈다. 그래도 상황에 대한 노선별 입장 차이는 극단적이었다.

불황의 조짐이 현저하던 1920년대 말, '정통' 시장자유주의 노선에서는 임금과 물가를 더 낮추려 하였다. 당시 정통 시장자유주의의 우등생인 스웨덴 우파 정부는 실업률 30%에 임금 수준이 공황 이전의 80%밖에 안 되는 상황에서도 스웨덴 경총(SAF)의 의견을 따라 임금 수준이 최소 20%는 더 떨어져야 경기가 회복된다고 주장했다. 반대쪽 정통 마르크스레닌주의에서는 노동자 혁명으로 자본주의를 타도하고 전체 산업시설을 국유화하자고 했다. 1931년 위기감이 고조되며 성장률이 마이너스 6%를 넘어섰다. 빈곤 타파를 부르짖는 농민 봉기가 일어나자 군대가 진압하면서 5명의 시위자가 총에 맞아 죽는 일이 벌어졌다.

(4) 민주화와 사민당의 부상

1809년 새 헌법을 제정했지만, 스웨덴은 귀족주의적 헌정주의와 전략적 식민주의(노르웨이) 정책을 계속 이어갔다. 1851년부터 1910년 사이 이상기후로 인한 흉년과 열악한 노동시장 때문에 수많은 이들이 이민 길에 올랐다. 대부분 미국행이고 그 뒤를 캐나다가 이었다.[74] 1865년까지 신분제 의회(귀족과 성직자, 부르주아지, 농민)가 유지되다가 1866년 양원제 의회(상원: 지역 의회에서 간접선거로 155명, 하원: 직접 선거로 233명)로 현대화되었다.[75]

---

74) 1868년 겨울 이상 한파로 인한 흉작 때문에 1만 명도 넘게 굶어 죽었다. 그리고 1896년부터 1910년 사이에만 이민자 수가 총 150만으로 당시 스웨덴 인구 25%가 떠났다. 미국의 「홈스테드법」(서부 개척 지역 토지를 경작자에게 무상 지급한다는 1861년 법)이 이민을 부추겼다고 한다(최연혁, 2018).

75) 1970년에 헌법 개정으로 단원제(350명, 1976년부터 349명)를 도입해 지금까지 이어지고 있다.

1905년 칼슈타트 협약으로 노르웨이가 스웨덴과 갈라선 뒤 스웨덴은 국내 정치에 집중하면서 산업화로 전반적인 생활수준이 나아졌고, 인구도 급증했다. 그러나 산업화와 함께 등장한 노동자계급은 열악한 작업환경에서 낮은 임금에 감시까지 받으며 장시간 노동해야 했다. 인구가 밀집한 공업지대의 경우 노동자 주거환경은 무척 비위생적이었다. 1880년대 설립된 노동조합이 임금과 노동조건에 관하여 단체협약을 맺으려고 했다. 하지만 단결권과 단체교섭권을 인정받기는 쉽지 않았다. 19세기 말과 20세기 초 산업화와 함께 독점적 자본가 세력이 부상하고 열악한 노동조건에 따른 계급 갈등이 심해졌다. 더욱이 1909년에 대파업이 벌어지기도 했지만, 실패하고 공산주의와 부르주아 보수주의는 대립이 심각한 지경이었다.

노동조합은 사회주의 신문 창간에 이어 1889년 사회민주노동자당(Sveriges Socialdemokratiska Arbetareparti: S/SAP, 이하 사민당)을 창당했다.[76] 1896년 자유당의 도움으로 알마르 브란팅(Sven Karl Hjalmar Branting, 1860~1925)이 의회에 진출했다. 20세기 초 정치 투쟁의 중요한 과제는 보통선거권 쟁취였다. 자유당과 연합하여 1907년 남성 보통선거를 관철했고, 1911년 스웨덴 최초로 민주 선거로 정부를 구성했다. 1921년에는 여성 투표권도 도입되었다.

스웨덴의 사회보장체계는 1920년대 사민당의 성장에 힘입었다. 1921년 당수로 취임한 페르 알빈 한손(Per Albin Hansson, 1885~1946)은 1928년 총선에서 패배했지만, 1932년 총선에서 재집권에 성공했고, 그러면서 복지제도가 본격적으로 구축되었다. 스웨덴 복지국가의 특징은 사회보험이 아니라 대부분 조세수입을 재원으로 하여 저소득층을 포함, 모든 국민을 대상으로 소득보장과 다양한 공공사회서비스를 제공한다는 점이다. 이러한 스웨덴 복지국가의 근간은 1928년 사회민주당의 한손 당수가 주창한 국민의 집(Folkhemmet) 개념에 담겼다. 그에 따르면 국가는 국민의 집으로 노동자와 사회적 약자 전체를 보듬어 품고 일정 수준 삶의 질과 평등한 사회적 권리를 보장해야 한다. 1932년 이후 한손(재임 1932~1946) 정부는 빈곤 추방과

76) 독일 사민당의 영향을 받아 선거에 의한 합법적 집권으로 사회주의적 사회 개혁을 추구했다. 1917년부터 1920년까지는 소수자로 연정을 구성하기도 하였다. 1921년 두 정당의 공동 투쟁이 끝나고, 제1차 세계대전 중에 개혁적 지도부와 급진 좌파의 당내 분쟁으로 급진 좌파가 출당되었다. 급진좌파는 사회민주 좌파당을 창당하고 1921년 스웨덴 공산당이 되었다.

인간적인 삶의 보장 정책을 추진하였다.

2) 정책 유산

(1) 전통적 구빈 활동

역사적 자료들을 살펴보면 스웨덴도 전통적으로 빈민구제와 교육은 대체로 교회의 몫이었다. 교구(Socken)는 그대로 행정구역 역할을 하였고, 목사는 그 행정구역의 책임자나 다름없었다. 1686년 「교회법」(Kyrkio-Lag och Ordning)에서는 전염병 환자 방문과 위로(대도시 전염병 성직자 따로 고용), 지역의 건강관리와 보건 업무, 교구의 행정 업무를 목사에게 맡겼다.

다른 유럽 국가들과 마찬가지로 전통적으로 불행한 이웃을 돌보고 사랑하는 게 그리스도인의 의무라고 강조했다. 스웨덴에서도 17세기부터 가난한 사람의 수가 늘면서 원조를 찾아 큰 도시로 몰려들며 사회문제가 되었다. 그러한 이유로 1624년과 1642년에 「빈민구제법」으로 구걸을 금지시켰다. 다만, 1624년과 1642년 법에서는 빈곤의 원인이 반드시 개인 문제만 아니라 사회적 요인도 있다는 사실을 적시했다. 다른 나라보다 상당히 빠른 인식이었던 셈이다. 그러면서 기존에 빈민구호소(fattigstugor)라는 구빈 시설과 빈민구제 시스템을 합리화하였다(21개 시설을 11개로 합병하여 1,000명 수용). 그러나 근로 의무의 강조와 구제받을 자격이 있는 자와 없는 자(몸을 쓸 수 있는 자)의 구분은 여기서도 마찬가지였다. 구제받을 자격이 없다고 인정되면 작업장으로 보냈다. 1624년 법은 구걸을 금지했지만, 효과가 없자 1642년 빈민구제법으로 주교와 주임 사제가 발급하는 구걸 허가증 소지자에게만 구걸을 허용했다. 그러다가 다시 1649년에 허가증은 모두 금지시켰다. 1632년 루드벅키우스(Johannes Rudbeckius) 법은 구빈시설 수용자에 안정된 생활 제공과 함께 기도와 노동을 의무화했다. 시설장의 직무와 의무인 영적 안정과 업무 담당자와 가사도우미의 관리와 감독을 목사에게 맡겼다. 1663년 법은 빈민구제를 위한 빈민세를 도입하고 징수원(alms collector)을 두어 세금을 걷게 하였다.[77] 1686년과 1698년 법

---

77) 영국에서 1598년 빈민법에서 강제적인 구빈세(poor rate)를 징수한 것이 유럽 최초의 국가 차원의 빈

은 기존 정책의 강화가 주요 핵심 내용이다(강성옥, 2017).

1734년 「교회법」은 집 없는 사람과 극빈자 보호를 의무로 규정했다. 1800년대에는 전국 디아코니(Diakoni) 망을 세워 교회의 구제사업을 체계화하였다. 1830년대부터 지나친 흡연과 음주가 문제되자, 교회를 중심으로 금주와 절제 운동이 전개되었다. 1847년 「빈민구제법」에 따라 처음으로 교회가 아니라 지자체의 빈곤구제위원회를 설립하게 했다.[78] 역시 자격이 있는 자와 없는 자를 구분해 자격 있는 자만 구제하고, 없는 자는 강제로 노동시키고 잠자리와 먹을거리를 주었다. 1918년 구제법에 이르러 구분 없이 가난한 사람과 돌볼 가족 없는 노인을 수용하는 기초양로원에 수용하였다. 그렇지만 가난이 개인 책임이란 시각이 지배적이었다(정기혜 외, 2012b).

스웨덴 사회보장제도는 산업혁명의 결과 변화된 노동시장과 산업구조와 연관성이 매우 깊다. 먼저 아동노동이 심각한 사회문제로 떠올랐다. 이에 1881년 12세 미만인 아동의 취업 금지와 12~14세 아동의 노동시간을 6시간 이내로, 14~18세는 10시간 이내로 제한시켰다.

이전까지는 다른 유럽 국가들과 마찬가지로 교회와 가정이 사회보장정책 영역을 주로 책임졌다. 그러나 산업화에 따른 사회 문제들은 이제 교회와 가정이 책임질 수 있는 차원을 넘어섰다는 인식이 퍼졌다. 전통적으로 지탱되어왔던 길드도 사라졌지만, 그런 식의 상호부조는 작동하기 어려웠다. 도시화는 사람들을 공동체의식으로 묶기보다는 익명으로 개인주의를 부추겼다. 그런 가운데 노동자들의 자구책부터 나왔는데, 바로 공제조합 형태의 자발적 질병금고(sjukkassa)와 실업보험기금(arbetslöshetskassa)이 출현하였다. 스웨덴 정부는 1891년 법적으로 기여금을 지원할 수 있는 근거를 마련하고, 1901년 고용주 부담의 산재보험법이 탄생하였다. 1913년 자유당 정부에서 국민연금(folkpension) 제도를 도입했다. 노인 모두를 대상으로 하는 보편적이고 공적인 연금제도로 적립식이었지만, 소득이 낮은 사람은 자산조사에 따른 공공부조 형태로 지급했다. 노동자가 아니라 노인 모두를 대상으로

민 정책이었으니, 스웨덴은 그보다 약간 늦은 셈이다.

78) 국가의 통일이 되지 않았던 독일은 도시 행정에서 빈민을 맡아했던 전통이 오래되어 이미 중세 때부터였다.

한 건 농민층의 영향력이 컸기 때문이다. 1914년 세계 대전이 터지자 경제위기와 대량실업에 대응하기 위한 실업위원회(Arbetslöshetskommissionen: AK)라는 정부 자문기구가 설립되어(정부, 노동조합, 사용자단체, 사회복지 관련 시민단체 대표들로 구성), 1921년 독자적 의사결정권을 갖춘 행정기구로 자리 잡았다. 위원회의 기본 정책 기조는 실업자에게 현금지원보다 취업 알선이나 공공근로 일자리 제공 등 노동 연계의 극대화라는 노동노선 원칙과 지원 정도를 최소생계 유지 수준으로 한다는 최소 지원 원칙이었다. 다만, 1930년대 이전 스웨덴의 사회보장제도는 선별적이고 잔여적 수준을 벗어나지 않았다(노대명 외, 2018; 이현주 외, 2018). 더욱이 독일의 사회보험에 비할 수 있는 체계적인 사회보장정책도 아직 나오지 않았다. 그런 제도들은 사민당이 정권을 잡은 뒤에 가능해진다.

(2) 상호공제

산업혁명 이전의 산업은 도제제도가 중심이었는데, 각 직종 길드에서 노동 인력을 알아서 수급하는 방식이었다. 길드에서는 만약 조직원의 사고나 가정에 큰일이 생길 때 서로 돕기 위해 기금을 모아 기초적인 부조를 제공하는 나름의 복지시스템이 작동하였다. 그러나 기금은 자발적이라서 규모가 크지 못했고, 보호 수준도 아주 제한적이었다(정기혜 외, 2012b). 그래서 산업화에 걸맞은 노조 차원에서 공제조합 형태의 자발적 질병금고(sjukkassa)와 실업보험기금(arbetslöshetskassa)이 출현하는 계기가 되었다. 앞에서 살펴보았듯이 여기에는 국가의 지원이 뒤따랐다.

3) 새로운 복지정책

1932년 총선 직전 대공황의 여파가 심하던 상황에서 스웨덴의 집권사민당은 마르크스주의와 시장자유주의의 중간노선을 선택하였다. 국유화를 강조하는 강경파도 있었지만, 대표 한손과 지도부의 제한적 위기 관리정책으로 경제위기를 극복하자고 주장했다. 에른스트 비그포르스(Ernst Johannes Wigforss, 1881~1977)는 사회화와 계획경제는 서로 다르며 사회화 없이 계획경제 추진이 가능하다며 제한적 위기 관리정책을 수용하였다. 총선 승리로 집권한 직후부터 실업 대책과 농민에 대한 보호 지원정책을 시작으로 1934년 실업보험제도, 1937년 모성보호지원금제도 그리고 1938년 2주 유급휴가제 같은 사회복지제도를 도입하였다. 스웨덴식의 복지국가 막이 올랐던 셈이다. 사민당은 이후 농민당(1959년 중앙당으로 개명)과 연립정부를 구성할 때도 있었지만 1976년까지 정권을 놓치지 않았다. 이러한 장기간의 집권으로 지속적이고 일괄적인 사회보장 시스템을 도입하여 정착하는 게 가능했다고 볼 수 있다.

(1) 경기부양을 위한 실업 정책과 공적 실업보험

1932년 집권한 사민당은 1933년 대공황의 여파로 발생한 대규모 실업에 케인스식 수요 창출을 위한 실업 정책을 폈다. 이제까지 실업 정책은 공공근로와 일자리 알선에 그치고, 임금도 시장보다 낮게 책정했었다. 순전히 실업 대책일 뿐이었다. 그러나 비그포르스가 들고 나온 '위기 안정화 프로그램'은 달랐다. 기업에서 자본을 투자하지 않는다면 국가가 빚을 내서라도 대신 투자한다는 내용이다. 국가가 주관하는 공공사업으로 일자리를 창출하는 것으로, 두 가지가 달랐다. 첫째, 민간기업도 참여할 수 있도록 수익성 있는 영역으로 공공근로사업을 확대했다. 둘째, 임금도 시장 수준으로 지급했다. 그래야 소비를 할 수 있고, 소비가 다시 기업을 살릴 수 있다는 발상이었다. 경제학자이자 사민당 의원 군나르 뮈르달(Karl Gunnar Myrdal)의 "사회정책은 생산적 투자이며, 국가 차원의 수익 창출을 지원하기 때문에 사회정책을 비용으로 간주하면 안 된다."라는 주장이 바탕이었다.[79] 이런 사회정책을 통해 스웨덴 전체를 '국민의 집'(people's home)으로 만들겠다는 게 사민당의 정책 목표였다. 하지만 의석이 절대다수가 아닌 터라 농민당과 정책 연합으로 적극적 실업 정책을 밀고 나가면서, 농민당이 원하는 농산물 수입 규제와 빈농 지원을 받아들여만 하였다.[80]

---

79) 존 메이너스 케인스(John Maynard Keynes)의 이론으로 보이지만, 케인스의 "고용, 화폐, 이자에 관한 일반이론(General Theory of Employment, Interest and Money)"이 출간된 건 1936년이고, 뮈르달의 『화폐경제학(Monetary Economics)』은 1932년에 나왔다. 뮈르달은 1973년 노벨경제학상을 하이에크와 공동 수상했다. 부인 알바 뮈르달은 군축 운동가로 스웨덴 핵 포기 선언에 힘을 쓴 공로로 1982년 노벨평화상을 받았다.

80) 1936년에는 두 당이 연립정부를 구성했다. 농민당의 정치색은 우파 보수였지만, 좌파 사민당과 우파

1934년 공적 실업보험 제도를 도입했다. 공제조합 형식의 실업보험기금을 국가가 재정을 지원하는 실업보험제도로 대신하였다. 스웨덴 사회보장치고 보편적 성격을 띠지 않은 게 드물지만, 이 실업보험에는 조건이 달렸다. 노동조합에 가입하여 실업 보험료를 내야만 가입할 수 있다. 국가의 재정지원이 있지만 운영은 노동조합이 책임졌다.[81)]

(2) 가족정책

당시 스웨덴의 출산율은 세계 최저수준이었다. 여기서도 뮈르달 부부는 저출산이 심각한 사회문제라며 진보적 사회정책을 통해 출산율을 높일 수 있다고 목소리를 높였다. 이들에 따르면 여성의 경제활동 참가는 사회발전에 따른 자연스러우면서도 바람직한 현상이다. 따라서 사회가 지원하여 육아와 직장생활 병행이 가능하다는 '기대'를 줄 때 출산율이 오른다고 설파하면서, 이들은 다양한 정책을 제안했다. 다자녀 가정 조세감면, 보육 서비스를 비롯한 사회서비스 프로그램, 빈곤아동 영양상태 개선을 위한 학교 무상급식, 취학 전 아동이 있는 가정 식료품비 지원, 자녀 양육에 어울리도록 주거 조건 개선, 저렴한 공공주택 보급, 아동 무상 의료서비스 등이다. 특히 이런 가족 지원정책은 자산조사 없이 보편주의 원리에 따라야 한다고 했다.

집권 사민당은 이러한 정책들을 하나씩 실현하기 시작하였다. 그에 따라 1937년 출산수당과 고아나 미혼모 자녀, 장애인 자녀 수당 법안이 나왔다. 1938년 「다자녀 가정 조세감면법」, 1939년 12주 「육아휴가법」을 도입하였다.

(3) 노사 간 살트셰바덴(Saltsjöbaden) 협약

1938년 스웨덴 사용자연맹(SAF)과 노동조합총연맹(LO)이 휴양도시 살트셰바덴에서 체결한 협약은 노사관계의 기반이 되었다. 노사문제에 국가 개입을 최소화하고 중앙교섭단체를 통해 해결한다는 노사 간 평화적인 합의 문화를 조성했다는

농민당의 연정은 안정적 개혁을 위한 상생의 선택으로 보인다.

81) 노조 미가입 노동자를 위한 실업급여 제도는 1970년대 도입되었다.

평가다. 고용주는 근속 1년 이상의 노동자를 해고하거나 일시 해고할 때 노동조합의 사업장 대표에게 1주 전에 통지해야 하고, 노동조합의 대표자가 요청하면 해고에 관해 협의하도록 하였다. 이는 경영특권과 노동조합의 단결권을 서로 인정한 1906년 12월 협정의 연장선이었다. 물론 스웨덴 역시 만만치 않던 노사 갈등 상황에서 1932년 사민당의 집권으로 노동시장을 법으로 규정하지 않을까 하는 압박이 작용했던 것이 사실이다. 그래서 사용자단체는 노동조합과 타협에 적극적으로 나섰고, 노동조합도 단체협약을 통한 노동시장 규제를 선택했다.[82)]

82) 자본과 노동 사이의 협력 협약은 1935년 노르웨이에서 먼저 나왔고, 1937년에는 스위스에서도 나왔다. 스웨덴 협약을 포함한 이들 협약은 기업 카르텔의 인정을 기반으로 하고 있다. 오슬로 협약에서 노르웨이 정부는 작은 선진국들이 큰 나라들에 경제적으로 압박받기 마련이기에, 함께 뭉쳐야 대등한 관계를 유지할 수 있다고 제안하였다. 이에 북유럽 국가들은 물론 벨기에와 네덜란드도 이 제안에 공감하였지만, 실현되지는 못했다. 이 아이디어를 기업 차원에서 실현한 게 바로 카르텔이다. 카르텔은 규모의 경제를 실현하여 대외 경쟁력을 갖춰 해고 위험을 줄일 수 있었다. 당연히 가격담합 같은 단점도 있지만, 장점에 비하면 부차적이라는 논리다. 협약으로 노조는 이런 카르텔을 인정하고, 기업은 노조의 대표성을 인정했다.

07 chapter

유럽 현대사회복지 확장·발전기

1. 바탕 사상
2. 정책환경의 변화
3. 영국
4. 프랑스
5. 독일
6. 스웨덴

07 CHAPTER 유럽 현대사회복지 확장 · 발전기

1. 바탕 사상

사상이 역사를 만드는지, 역사가 사상을 만드는지 자신 있게 설명하긴 어렵다. 그러나 역사가 사상의 바탕이자 밑거름이고, 거기서 싹튼 사상이 세상을 잘 설명하여 마무르면, 역사는 다시 그걸 바탕으로 방향을 찾아 나아가지 않을까 싶다. 유럽 현대의 사회복지제도에 깃든 사상 혹은 철학적 배경을 이 장 맨 앞에서 설명할까 했지만, 책이 딱딱해질 듯도 하고, 또 사회복지 역사에 굳이 잘 어울릴 것 같지 않았다. 그래도 빼버리면 복지정책의 역사 이해의 결이 헐거워질 듯하여 이 자리에서 아주 간략하게 줄기만 설명하려고 한다. 달리 인용도 하지 않고, 유럽 현지에서 연구하며 익힌 걸 정리하는 식으로 하겠다. 앞서 살핀 사회복지정책 도입 이전과 도입 이후를 살필 확장기와 연결해 보면 사회복지정책의 성격이 좀 더 분명해지리라 기대한다.

1) 보이지 않는 손 – 애덤 스미스(Adam Smith, 1723~1790)

하나님 손이 보이지 않지만, 세상 만물이 그 손 덕에 지탱하며 번영하듯이, 시장은 보이지 않는 손으로 세상 거래가 최선으로 이루어져 세상 사람들이 가장 효과적으로 살아갈 수 있게 한다는 의미다. 그래서 왕이든 제후든 혹은 조폭이든 시장에 개입하면 안 된다. 제아무리 능력이 있는 자라도 하나님 손과 비교되는 시장의 보이지 않는 손보다 더 뛰어날 수는 없기 때문이다. 그냥 놓아두면 시장에서 사람들이 자기 솜씨를 최고로 닦거나 아니면 여럿이서 분업하거나 협업하는 등 최선을 다해 능력을 발휘하여 경쟁력을 키우려고 한다.

24시간 감자탕집이 있다고 하자. 우리가 한밤중이나 심지어 이른 새벽에 따스한 감자탕을 먹을 수 있는 건 그 감자탕집 주인의 인심 때문이 아니다. 시장에서 살아남고 경쟁력을 키우려는 주인의 이기심 때문이고, 그렇게 이기심을 발휘하도록 보이지 않게 경쟁시키는 시장의 손 덕이다. 경쟁력을 키우느라 세상 맛있다는 감자탕 다 찾아가 맛보고, 최고라는 요리법을 돈 주고 샀다. 그래도 살아남기 힘들 정도로 장사가 잘되지 않아 다시 가맹점에 가입한 뒤부터 장사가 좀 된다. 매달 대는 가입비가 아깝지만, 살아남자니 어쩔 수가 없다.

그 가게에서 일하는 종업원도 여럿이다. 사장은 종업원에게 임금을 많이 줄 수 없고 그럴 수 있대도 그러기 싫다. 생각 같아서는 하루 12시간 일 시키고 150만 원 정도만 주면 좋겠는데, 언제부턴지 그런 식으로는 일할 사람 구하기가 불가능해졌다. 외국인을 쓰기도 하지만, 외국인도 그런 식으로는 일하지 않는단다. 자기 젊었을 때 생각하면 이해가 되지 않지만, 그게 현실이라 어쩔 수 없이, 3시간 반씩 일하는 알바를 네댓 명 써서 돌린다. 최저임금도 부아를 돋우는데, 거기다 무슨 주휴수당이니 퇴직금 같은 제도들 때문이다. 저런 걸 다 피하자니 귀찮지만 어쩔 수 없다.

유럽, 그중에서도 특히 북유럽에서 저런 일은 생각할 수가 없다. 일과 시간이 끝나면 모든 가게가 다 문을 닫아야 하기에 24시간 상점이란 잘해야 주유소밖에 없다. 그래서 혹시 갑자기 손님이 왔는데 사다 놓은 맥주가 없다면, 주유소에 다녀와야 한다. 우리 편의점보다는 못하지만, 생활에 꼭 필요한 것들 상당수를 거기서 살 수 있다. 네덜란드 노동시장에서는 파트타임 노동이 중요한 역할을 하지만, 거기서는 주휴수당이며 퇴직금보다는 일하는 사람의 시간 쪼개기가 더 중요하다.

스미스는 사람에겐 이기심만이 아니라 공정한 관찰자 모습도 있다고, 있어야 한다고 보았다. 그걸 생각하면 스미스가 감자탕집 주인에게 아주 공감하긴 어려울 듯하다. 물론 그 시절 노동시간과 급여 등 노동조건을 놓고 따지자면, 감자탕집 주인이 별스러운 건 아니겠다. 그 시절 판을 치던 자유주의자들이라면 감자탕집 주인을 잘난 척한다고, 너무 후하게 대우한다고, 그래서 공연히 주변 노동자들 버릇 버리겠다고 나무랄지도 모른다. 스미스는 그렇지 않았더라도 스미스주의자들도 마찬가지였을 게다. 마르크스와 마르크스주의자들이 달랐듯이 말이다.

스미스 이론의 한계, 그러니까 시장에 대한 자유방임주의의 한계는 인간 본성에서부터 찾을 수 있다. 스미스 자신처럼 자기가 하는 일을 공정한 관찰자의 눈으로 보며 지킬 것 지키는 사람이 없지 않지만, 현실에서 판을 치고 이기기 쉽고 또 그래서 이긴 사람 중에는 그런 공정한 관찰자의 눈을 감거나 아니면 아예 버린 사람들이 많다. 그래서 시장에서 독과점이 생기고 사기가 발생한다. 공정한 관찰자의 모습을 균형 있게 지닌 사람들만 있다면 권투며 축구, 야구에서 심판이 할 일은 의례적이거나 실수에 관한 판단 정도가 될 터이다. 그런데 현실 경기를 보면 축구와 야구 경기가 격투기가 되는 일이 그리 드물지 않다. 그래서 심판이 할 일이 많고, 또 심판을 감독할 필요도 있다.

2) 내 손 닿은 건 내 것 - 존 로크(John Locke, 1632~1704)

나이로나 혹은 철학적 업적(인식론, 사회계약설 등)으로 따졌다면 먼저 살폈어야 하지만, 사회복지와 연관하기에 소유권의 탄생에 대해서만 살피려고 뒤에 놓았다. 이걸 이해하려면 자연 상태라는 것부터 알아야 한다. 그러니까 사회가 생기기 이전에 인간은 아주 적고 세상은 아주 넓어서 무한일 정도일 때다. 언덕에 사과나무(그때도 있었을까 따지지 말고, 있었다 치자)들이 사과를 주렁주렁 매단 채 바람에 살랑살랑 흔들린다. 때마침 가을이라서 온통 빨간 열매들이 탐스러우니 먹음직스럽다. 누구 것인가? 아무도 그런 생각을 하지 않는다. 그냥 있는 것이지, 그 누구의 것일 리 없으니까. 아니, 소유라는 개념 자체가 없었을지 모른다. 그래서 지나가던 사람이 그 사과 몇 개를 땄다. 이제 누구 것인가? 역시 따질 리 없었겠지만, 로크는 여기서부터 따진다. 내 손과 몸은 내 것, 그 밖에 모든 것은 자연이다. 그냥 있는 것이다. 그냥 있는 걸 내 몸, 내 손을 써서(달리 말해 내 힘, 내 노동을 들여서) 거두었다면 그건 내 것이 된다. 다만, 남들도 생각해서 먹을 만큼만 따야지, 더 많이 따서 두었다가 썩게 했다면 그건 도덕적으로 비난받아야 한다.

이렇게 소유권이 설명되었다. 그 소유권을 지키려면 이제 사회가 필요하다. 엉뚱한 도적이나 강도한테서 저마다 자기 걸 지켜야 한다. 그래서 사회가 태어난다. 홉스(Thomas Hobbes, 1588~1679)는 사람들이 안전을 보장받으려고 리바이어던(최고 권력자)에게 일부 자유를 내주면서 사회가 성립한다고 보았다. 그래서 그 사회의 리바이어던을 사람들이 어쩌지 못한다. 그런데 로크는 그렇게 보지 않았다. 계약을 통해 권력을 맡긴 것뿐이다. 그런데 지키라는 안전과 질서는 지키지 않고 쓸데없이 괴롭히기만 한다면, 특히나 개개인의 소유권을 함부로 한다면, 그럼 계약 위반이다. 위반자에게 계약을 유지할 필요가 없다.

로크의 설명에서도 문제를 찾자면 전제이다. 무한한 자연에 소수의 사람, 그건 산업화와 더불어 끝났다고 봐야 한다. 이제 대부분의 나라에서 토지마저 다 개인 소유다. 게다가 상해서 버리지 않을 만큼이란 전제는 화폐가 나오면서 허사가 되고 말았다. 화폐도 잘못 보관하면 썩을 수 있겠지만, 은행 계좌에 있는 돈이나 전자화폐, 코인은 아예 썩을 수가 없다. 그러니 개인이 웬만한 나라 GDP보다 많은 돈을 벌고 지킬 수 있는 세상이다. 로크가 이런 현실을 본다면 저 이론을 고치려고 할까? 그래도 소유의 시작을 생각의 틀에 담아낸 건 로크의 공헌이라고 봐야 하겠다.

3) 가난에 대한 국가 개입은 더 큰 죄 – 토마스 맬서스

『인구론』(An Essay on the Principle of Population, 1798)을 쓴 토마스 맬서스(Thomas R. Malthus, 1766~1834)는 스미스보다 한 세대 뒷사람이다. 그 책에 따르면 식량 증산은 산술급수, 즉 1, 2, 3, 4… 같은 식이지만, 인구는 기하급수로, 그러니까 1, 2, 4, 8… 같은 식으로 증가한다. 그러니 먹을 게 제한될 수밖에 없다. 그건 싫고 말고가 아니다. 그냥 자연이다. 그래서 인구가 기하급수로 늘지 않도록 조정되어야만 한다. 그런데 국가나 사회가 개입해서 가난한 사람 살려 놓으면, 저들은 이제 기하급수의 생식을 이어갈 테고, 그러면 식량 부족은 필연이니 전쟁이 나거나 아니면 전염병이 돌아 더 많은 사람을 무차별로 죽게 만든다. 자기 잘못으로 가난에 빠진 사람이라도 죽는 것이 가슴 아픈 일이기는 하지만, 착실하게 노력해서 살던 사람들에게까지 무차별로 죽음이 닥치는 것은 더더욱 안 될 일이다. 그래서 가난에 대한 사회의 개입은 더 큰 죄이다.

다윈의 진화론에 결정적인 힌트를 준 이론이다. 도대체 똑같은 종의 동물이 다르게 진화한 이유가 무엇인가? 바로 먹을거리였다. 먹을 게 없으면 그 환경에서 먹을거리를 찾도록 진화한 것이다. 같은 핀치의 부리라도 다른 이유가 이렇게 설명된다. 그런데 이렇게 설명하면 오해가 생긴다. 자연선택(Natural selection)은 개체가 선택한 진화가 아니라 어쩌다 생긴 돌연변이가 그곳 환경에 잘 맞으면 오히려 정상의 다른 개체들보다 살아남을 확률이 커지고, 그래서 그들이 우세종의 자리를 차지한다는 말이다.[1)]

그러면 대전제였던 식량(생존에 필요한 다른 것들도 포함하지만, 생각하기 편하게) 증산은 아무리 잘해도 하나씩 늘어날 수밖에 없고, 사람은 둘이서 넷도 낳을 수 있으니 제곱으로 는다는 게 역사에서 확인될 수 있는가? 그렇지 않다. 1900년대 인구는 20억, 현재는 80억으로 네 배나 늘었다. 그런데 굶어 죽는 사람 수는 그때보다 훨씬 적다.[2)] 그 대전제가 무너졌다면, 나머지 이론도 무너질 수밖에 없다. 게다가 전 세계에 걸쳐 일어나는 출산율 저하(대한민국의 '저출산고령화')를 보더라도 인구의 기하급수적 증가라는 전제는 잘못이다. 산업국가와 개발도상국에서는 오히려 식량 생산 증가율이 인구 증가율을 앞지르는 형편이다.

---

1) 이 자연선택설이 적자생존과 연결되는 건 당연하다. 다윈도 그렇게 설명했다. 그런데 약자의 고기를 강자가 먹는다는 약육강식(弱肉強食)과는 다르다. 그런데 허버트 스펜서(Herbert Spencer, 1820~1903)가 『생물학원리』란 책에서 적자생존을 인간 사회의 생존경쟁 원리로 사용하였는데, 그것이 바로 사회진화론이다. 정확하게 확인하진 못했지만, 적자생존이 한자로 번역되면서 한유라는 사람이 썼다는 저 약육강식이 동원된 듯하다. 사회진화론과 약육강식, 적자생존은 강자(백인, 남자, 부자)의 정당화에 동원되고, 또 그와 연결되는 인종차별, 파시즘, 나치즘, 우생학 등으로 이어진다. 이 책과 연결한다면, 가난한 사람들이 가난한 건 타고난 것이고, 그들을 이용해 돈을 버는 부자들은 생존경쟁에서 살아남은 강자라고 정당화하는 것이다.

2) NGO에 따르면 아직도 하루 19,700명, 4.25초마다 1명꼴로 굶어 죽고, 한 해로 치면 5,000만이 넘는다고 한다(https://medicalhani.com/2022/06, 2023.11.17.).

4) 능력껏 일하고 필요에 맞게 분배 - 공산주의, 사회주의, 사민주의

위에서 살핀 자유주의는 개인주의를 기반으로 한다. 신분사회에서 신분 중심이던 사회질서를 개인 저마다 능력을 자유롭게 펼치게 하는 사회질서로 변한 것이다. 물론 신분사회에서도 유토피아라 불리던 공산주의 사상은 있었다. 그렇지만 개인주의로 무장한 자유주의가 대세가 되면서 속수무책 당해야 하는 대다수 노동자를 위해 생겨난 게 이른바 사회주의다. 즉, 개인이 중심이 아니라, 사회 전체의 조화와 발전이 중심이어야 한다는 이론이다. 평등과 정의와 연대를 기본 가치로 하고 자유는 옵션이다. 정치 이념으로는 자유주의와 보수주의에 이어 19세기 생겨난 3대 정치 이념 중 하나다. 여기에는 마르크시즘, 아나키즘, 공산주의가 다 포함되는데, 공산주의와 사회주의를 한칼에 구분한 건 마르크스를 기반으로 한 레닌이다. 그 첫 단계가 프롤레타리아트가 독재하는 사회주의다. 자본 중심의 사회에서는 자본이 전부이기에 노동자는 착취당할 수밖에 없다. 그래서 노동자 중심의 프롤레타리아트가 혁명으로 자본주의 사회를 뒤엎어서 노동자 중심의 사회를 세워야 한다. 다음 단계가 계급이 아예 없는 공산주의 사회다.[3)]

자본주의 사회를 (무력)혁명으로 뒤엎는 것이 초기 사회주의의 기본 노선인데, 민주주의가 무르익어가는 20세기에 이르면 자본주의를 더 이상 타도 대상이 아니라 함께 가야 할 체제로 이해하려는 사회주의 노선이 생겨난다. 1863년 라살(Ferdinand Johann Gottlieb Lassalle, 1825~1864)이 전 독일노동자연맹을 설립할 때 선택한 노선이다. 물론 그때까지 혁명을 포기하지 않은 마르크스주의자들도 공존하였지만, 의회로 들어가고 '노동자'를 강조하기보다 대중적인 중도좌파를 지향하면서 사민주의가 기틀을 다진다. 민주주의적인 방식으로 자본주의를 개혁하여 사회주의로 가게 한다는 게 목표였다.

앞에서 언급한 감자탕집으로 다시 가보자. 가게 주인은 가장 평범한 자본가의 속성을 보인다. 월급을 최대한 적게 주고, 일은 최대한 많이 시키고 싶다. 산업화

---

3) 현실적으로 레닌 이후 현실 공산주의 국가들이 생겨났었지만, 엄밀히 계급이 없는 민주사회는 아니었다. 독일의 경우 1920년대 프롤레타리아 독재를 외친 독일공산당(KDP)은 사민당을 오히려 주적으로 삼기도 했다.

초기에는 그게 대세였다. 그게 바로 자유주의이고 자본주의였다. 그러다가 사회주의가 나타나 자본주의를 뒤엎겠다고 한다. 위기의식을 느낀 자본가들과 정부는 조금씩 양보한다. 민주주의도 조끔 양보하고, 급여도 조끔 올리고, 시간도 조끔 줄이고… 하며 노동환경과 노동자 삶의 질의 개선이 이루어졌다. 이 즈음해서 사민주의와 사회주의가 갈린다. 사회주의가 혁명을 포기하지 못했지만, 사민주의는 민주주의를 통해 자본주의 세상을 사회주의 쪽으로 조금씩 밀어가고자 한다. 유럽에서는 그런 사민주의가 정권을 잡기도 하면서 사회주의 색채가 한결 일찍부터 철저하게 자리 잡았다. 그래서 일정 시간 일하면 더 이상 가게고 사무실이고 문을 열지 못하게 하여 노동자 삶의 질을 높였다. 그런 이유들로 24시간 가게라는 게 거의 없다. 또 적은 시간 일해도 먹고살기 어렵지 않게 급여도 높였다. 그만큼 정부가 여러모로 개입한다는 말이다. 가게 주인이 알바 시간 꼼수를 쓰는 걸로 보아서 한국도 국가의 개입이 있다는 걸 알 수 있다. 이제 와 상대적으로 철저한 유럽의 국가 개입이 옳은 건지, 24시간 언제라도 즐길 수 있는 우리가 더 좋은지는 판단하기 어렵다. 아마 토론을 벌여도 결론이 나지 않을 것이다. 그러나 그렇게 돌아가는 내력은 알아두어야 한다.

독일 사민주의 150주년을 맞은 2013년 한국에 있는 독일 사민당계 에버트 재단에서 낸 자료에 따르면 파울렌바흐는 독일 사민주의가 추구해온 걸 5가지로 정리하였다. 첫째, 사회 개혁 운동 – 소유권 문제를 지렛대로 새 사회를 건설하려 하였지만, 혁명적이되 혁명을 일으키려고 하지는 않는 정당. 그 대신 단체협약과 운동과 입법을 통해 어린이 노동 금지, 노동보호, 하루 8시간 노동 등 구체적 개혁을 달성하며 사회국가를 통해 자본의 힘을 점진적으로 제한하였다.

둘째, 민주주의 운동 – 1848년 혁명 주역이던 민주주의자들을 계승한 게 사민주의자들이었다. 보통선거, 여성 선거권 등을 요구하였고, 독일 최초 민주주의(바이마르공화국)의 탄생에도 한몫하였다. 1933년 사민주의자들만 공화국을 지지하였지만, 끝내 나치가 정권을 장악하자 비스마르크 프로이센에서처럼 사민당이 다시 금지당하고 사민주의자들은 박해당했다.

셋째, 교육 · 문화 운동 – 신분사회에서 사민주의 노동자 운동에서는 자체 교육 · 문화 · 여가 활동 조직을 구축하였고, 그런 조직은 바이마르공화국 시절 정점에 달했다. 이때 교육과 문화를 누구에게나 개방하는 정책을 발전시켜 아직도 계속된다. 소외 계층도 고등교육을 받을 수 있게 해야 한다는 정책이다.

넷째, 항상 발전하는 정당 - 기술의 발전에 대한 믿음을 기반으로 하였고, 어느 정당보다 환경보호에 먼저 앞섰으며, 1961년 중공업의 루르 지역 하늘이 푸른색을 되찾아야 한다며 '삶의 질' 개념을 도입했다. 1970년대 친환경 사회 개편 구상을 발전시켰다.

다섯째, 국제 평화와 균형을 위한 노력 - 제국 시절에 이미 국제 중재제도와 국제연맹 창설을 옹호하고, 1925년 하이델베르크 강령에서 유럽합중국의 필요성을 역설하며 로카르노 정책 실현을 위해 노력했다. 제2차 세계대전 이후에는 유럽 통합을 지지하고 동참하였다(베른트 파울렌바흐, 2017).

5) 국가 개입 없인 불가능한 완전고용 - 존 메이너드 케인스

1930년대 세계 대공황의 원인과 해법을 제시한 현대경제학의 창시자 케인스(John Maynard Keynes, 1883~1946)의 이론은 그때까지 경제 설명의 대표 격인 세이법칙(Say's law)을 거스른다. 세이에 따르면, 공급이 수요를 만들어낸다. 상품이 공급되면 소득이 생기고, 이 소득은 다시 수요를 부른다. 그러니 과잉생산이란 생각할 필요가 없다. 일시적으로 초과공급이나 실업이 생길 수 있지만, 물가와 임금의 조정으로 곧바로 조정된다. 그런데 대공황을 맞은 미국 현실은 어땠는가? 대규모 실업 사태가 벌어지니 머지않아 상품이 팔리질 않고, 상품 수요가 사라지니 다시 공장들이 문을 닫거나 적어도 일하는 사람들을 내보낼 수밖에 없었다. 상품 수요는 더더욱 적어지고, 그러면 실업자가 느는 악순환이 깨질 길이 없었다.

케인스의 『고용 · 이자 · 화폐 일반이론』(1936년)이란 책에 따르면 경기 침체의 원인이 총수요의 부족이다. 물가나 임금은 고전학파 경제학의 전제처럼 그렇게 쉽게 변하지 않아서 총수요의 부족은 오래갈 수 있다. 총수요 감소는 고용 감소로, 고용 감소는 다시 더 심한 총수요 감소로 이어진다. 이 악순환을 깨려면 재정을 들여 총수요를 키우는 정책이 필요하다. 앞으로 살펴볼 유럽의 복지정책 확대 · 발전기는 케인스의 이론을 바탕에 깔고 보아야 쉽게 이해된다. 미국(뉴딜정책)을 비롯해 대부분의 나라가 케인스의 이론을 바탕으로 삼아서 복지정책을 확대하고 발전시켜왔다.

신자유주의의 두뇌인 하이예크(Friedrich Hayek, 1899~1992)와 슘페터(Joseph Alois Schumpeter, 1883~1950) 같은 이들은 케인스 경제학이 지나치게 근시안 철학이라고 비판한다. 재정적자와 인플레이션 같은 장기적인 후유증을 외면한다는 말이다. 그런데 이런 비판이 근거가 없지 않았다. 복지 확대에 따른 재정 지출 확대가 재정적자의 확대로 이어진 현실 때문이다. 케인스 경제학은 포퓰리스트 정치인들이 선심 정책을 합리화하는 도구가 되기 쉽다. 그래서 케인스주의 정부는 호황, 불황 관계없이 무조건 재정 지출을 늘리고 적자의 수렁에 빠져드는 경향이 있다. 케인스로서는 억울하겠지만 미래 세대에 무관심하다는 비판이 나오는 이유다(조선일보, 2017.8.16.).

2. 정책환경의 변화

앞에서 살핀 사회복지제도 도입기를 한 마디로 설명하자면 산업화와 도시화에 따른 자본주의 시장경제가 자리 잡히면서 전통적인 구빈정책의 한계를 맞아 새로운 규모와 차원의 복지정책으로 돌아서야만 했다. 일찍부터 산업과 자본시장이 발달했던 영국은 바로 그 때문에 사회복지정책 개발이 오히려 더뎠다. 개인의 연구와 개인 차원의 복지 활동은 발달했어도 국가 차원의 복지정책 개발에는 선뜻 나서지 않았다. 오히려 산업화가 주변 국가보다 뒤늦은 독일에서 먼저 개혁한 관료제를 기반으로 한 사회보험이라는 제도를 국가 차원에서 나서서 만들었다. 그 사회보험 제도가 인근 유럽 국가들로 확산하면서 20세기 들어서는 대부분의 나라에 사회보험 제도가 도입되었다.

그런데 20세기 유럽은 또다시 엄청난 시련을 거듭 겪어야만 했다. 그 시련은 앞서 살핀 19세기까지의 산업화와 도시화를 기반으로 한 자본주의가 준비한 것이고, 또 하나는 산업화를 촉진하는 과정에 국민교육과 민족 혹은 국민 의식(상상의 질서)

강화가 국수주의적 애국주의로 변질하면서 좁아진 세계에서 식민지와 수출 경쟁을 부른 제국주의 갈등이 초래하였다. 시련은 크게 보아 세 가지다. 첫째, 제1차 세계대전(1914~1918), 둘째, 세계 대공황(the great depression, 1929) 셋째, 제2차 세계대전(1939~1945) 등이다. 앞서 산업화 진전으로 나타난 빈곤을 비롯한 사회문제가 그 전에는 겪어보지 못한 규모라 그에 대한 해결책도 기존에 없던 것이어야 했다. 여기 세 사건도 마찬가지로 피해와 후유증의 규모는 이제까지 겪어보지 못하던 차원이어서 새로운 차원의 해결책이 필요했다. 그에 따른 핵심적인 내용들만 간략하게 짚어본다.

1) 제1차 세계대전

1914년 오스트리아의 대세르비아 선전포고와 함께 시작한 제1차 세계대전은 1918년 독일의 항복으로 끝났다. 제국주의 다툼이 배경이지만 1914년 사라예보에서 오스트리아-헝가리 제국 왕위 후계자 프란츠 페르디난트(Franz Ferdinand, 1860~1014) 대공이 세르비아 국민주의자(민족주의자) 가브릴로 프린치프(Gavrilo Princip, 1894-1918)에게 암살당하자 오스트리아-헝가리 제국이 세르비아를 침공하면서 대전이 벌어졌다. 군인 7천만 명이 참전한 이 전쟁에서 장병 전사자 9,381,551명, 부상자 23,143,015명, 장병 손실(사망 및 부상) 합계 32,524,566명이었다. 민간인은 사망자만 최대 19,174,335명이 넘었다. 산업화로 개발된 기술이 무기에 적용되면서 살상 규모가 비약적으로 커졌던 셈이다. 이 전쟁은 전 세계 경제를 두 편으로 나누어 한쪽은 영국, 프랑스, 러시아의 삼국 협상이고, 다른 편은 독일과 오스트리아-헝가리 제국, 이탈리아의 삼국 동맹이다. 다만, 이탈리아는 동맹국 전쟁에 가담하지 않고, 오히려 협상국에 들어가 오스트리아-헝가리 제국을 침공했다. 그 밖에 일본과 미국이 연합국에 들고, 오스만과 불가리아가 동맹국에 가담했다. 러시아가 총동원령을 내렸고, 독일군은 중립국 룩셈부르크와 벨기에를 침공하면서 프랑스로 진격했다. 그러자 영국이 독일에 선전포고하였고, 11월에 오스만 제국이 참전하면서 전역이 코카서스, 메소포타미아, 시나이반도 등으로 확대되며 본격적인 세계대전으로 번졌다. 이탈리아와 불가리아는 1915년, 루마니아 왕국은

1916년, 미국은 1917년에 참전했다. 독일은 11월 혁명 이후, 1918년 11월 11일 휴전에 합의하면서 연합국이 전쟁에서 승리를 거두었다. 전후 독일제국, 오스트리아-헝가리 제국, 러시아 제국, 오스만 제국 등 4개 주요 제국이 해체된다. 이러한 끔찍한 전쟁이 일어나는 걸 막으려는 목적으로 국제연맹이 탄생하지만, 미국의 불참과 유럽 민족주의 부활, 독일의 파시즘 등으로 국제연맹은 제 기능을 하지 못했다.

1차 세계대전이 미친 영향을 정치와 경제면에서 살펴보자. 정치에서는 민주주의의 확산과 민주주의의 약한 고리와 전체주의의 등장을 들 수 있다. 경제면에서는 세계화의 후퇴나 엄청난 불황과 공황 그리고 무기 기술이 산업에 전용되면서 산업 기술의 비약적 발달 등을 낳았다. 정치 분야는 대공황에서 구체적으로 엮어 살펴보기로 하고 여기서는 경제 분야만 간략히 살펴본다(고승연, 2014).

제1차 세계대전은 한마디로 세계화를 쇠퇴시켰다. 이 전쟁 전 금본위제로 외환거래가 쉽던 게 전쟁 이후 변동환율제로 바뀌며 화폐의 상대적 가치가 혼란스러워졌다. 그러면서 나타난 국수주의와 애국주의로 모든 분야, 특히 경제 분야에서 경쟁이 심화하며 무역거래가 줄고 국내 생산이 무역을 대체하며 중산층의 발달과 만나 비약적 발전을 보였는데, 여기에는 군에서 개발된 첨단 기술들이 민간 생산에 이용된 것도 크게 작용했다. 전쟁 물품을 조달하던 공장들의 대규모화와 엄청난 성장도 한몫했다(기관총을 공급한 호치키스, 르노, 푸조, 메르세데스-벤츠 같은 자동차 제조사들이 대표적인 예). 전쟁 때(1, 2차 모두) 개발한 물류와 생산 효율화 방식이며 조직과 인사관리 기법 등으로 기업의 혁신도 이루어졌다. 전후 전기가 각 가정에 들어오면서 온갖 가전제품이 상용화되는 등 새로운 제품들이 줄을 이었고, 늘어난 중산층은 그런 제품들을 소화하여 경제발전 속도가 엄청났다.

2) 대공황

1870년대와 1890년대의 경제위기가 인플레이션을 불렀고, 그 타개를 위한 정책으로 국내 총생산이 호전되는 듯하다가 5년도 안 되어 원래의 수준으로 돌아왔다. 1929년 여름부터 경제가 쇠퇴하기 시작하더니 1933년엔 국내 총생산이 25% 이상 떨어졌다. 산업계는 심각한 타격으로 생산이 50%까지 떨어지기도 했다. 대공황으로 경제와 사회가 무너지며 삶의 질이 떨어지자 인종차별, 노사 갈등 등 사회적 갈등이 심해졌다. 그런데 그 원인이 깔끔하게 정리된 적이 없기에 대략 몇 가지 거론되는 것들만 정리해보자. 첫째, 제1차 세계대전이 세계화를 후퇴시켜 수출 시장이 축소되며 오늘날 세계화 수준 이상이던 세계 시장에 부담을 주어 전 세계 실물 경기 지표가 폭락하고 말았다. 둘째, 또 제1차 세계대전의 베르사유 조약이 독일에 지나친 배상금을 요구하여 다른 수 없이 화폐를 마구 찍어낸 바이마르공화국에서 초인플레이션이 발생했다. 석탄을 살 돈을 때는 편이 산 석탄을 때는 것보다 오히려 열량이 컸다고 한다. 독일경제가 결딴나면서 유럽 경제는 물론 세계로 그 영향이 퍼져갔다. 셋째, 농업과 광산 같은 옛 산업(1, 2차 산업)이 소비재 경공업의 '새 산업'으로 바뀌면서 대량생산과 대량소비의 시대가 도래했는데, 이 새로운 산업 분야가 경기에 아주 민감하여 흥할 때와 망할 때의 속도가 엄청났다. 그런데 그런 위기를 막아줄 국제통화기금 같은 게 당시에는 존재하지 않았다.

1933년 대공황은 정점을 찍고 서서히 회복되었다. 하지만 그 속도가 매우 느려 1933년 실업률이 25%, 1940년대까지도 14% 정도였다. 1929년 초반까지만 해도 대공황 같은 재난이 일어날 수 없다는 여론이 지배적이었다. 1929년 주가 대폭락과 1930년대 초반 은행 공황은 갑작스러웠다. 미국에서는 프랭클린 D. 루스벨트(Franklin Delano Roosevelt, 1882~1945) 대통령이 말 그대로 뉴딜(New Deal)정책을 펴야 했다. 한 번도 해본 적 없는 정책을 써야 할 정도의 위기였다는 말이다. 영국과 프랑스는 블록 경제로 보호무역을 선택했고, 미국도 뒤따랐다. 한편 독일, 이탈리아, 일본 등 전체주의 국가들은 영토 확장에 매진하였다. 정신, 문화, 정치, 사회 분야에 대공황이 미친 영향은 나라마다 정도가 다르지만, 배타적 민족주의의 부활과 민주주의의 침체, 그리고 전체주의와 같은 정치적 극단주의를 낳았다. 특히 1차 대전 패전국인 독일에서는 나치당이 출현할 기회를 제공해 결국 제2차 세계대전이라는 인류사의 비극을 낳았다.

3) 제1차 세계대전 이후 민주주의의 확산과 위기

1918년 1차 세계대전이 끝나면서 그때까지 있던 제국(독일, 오스트리아-헝가리, 러시아, 오스만)이 해체되면서, 오스트리아-헝가리와 오스만 제국이 있던 자리에 수많은 민주주의 공화국이 탄생했다. 그 밖에도 스웨덴과 핀란드에서도 군주제 대신 민주 정부가 들었다. 러시아에서는 1917년 볼셰비키 혁명으로 차르 체제가 거꾸러지고 공산주의를 내건 소비에트가 태어났고, 독일제국도 1918년 혁명으로 무너지고 바이마르공화국이 대신 들어섰다. 미국 윌슨 대통령의 '민족자결주의'가 분위기를 조성한 점도 있었다. 그래서 나라마다 '국민주권'과 '인민주권'을 내걸었다. 그와 함께 투표권이 확산하여 대부분의 나라에서 여성과 빈곤층에게도 투표권을 부여하였다. 제1차 세계대전 종전과 함께 자유민주주의가 유럽에서 완전히 자리 잡는 듯하였다(김윤태, 2009).

하지만 20년 뒤 그 기대는 허물어지고 말았다. 민주 정부가 잇따라 무너지고 독재와 군사 등 전체주의 정부로 교체되었다(독일, 오스트리아, 헝가리, 그리스, 이탈리아, 에스파냐 등). 민주주의는 제 기능을 하지 못했다. 민주주의의 위기를 부른 건 무엇보다 패전과 전후 처리의 후유증, 대공황에 따른 경제위기의 충격, 그에 따른 국수주의, 인종주의의 재발과 사회계급의 분열을 꼽을 수 있다.[4] 사회경제적 분열도 민주 정부에 짐이 되었다. 당시 유럽의 사회 · 정치적 분열은 극에 달할 정도였다. 노조 가입률이 가파르게 높아지면서 단체협상이 증가하였고, 파업도 빈발했다. 공장과 주택은 무너지고 식량 공급도 매우 어려운 상황에서 전쟁에서 돌아온 젊은 이들에겐 일자리도 쉴 곳도 없었다. 그런 사회에 대한 불만에 가득 차 차라리 모든 게 송두리째 뒤바뀌기를 바랐다. 이러한 문제는 이제 막 출범한 민주 정부가 해결하기에는 힘든 문제였다.

1919~1939년 두 세계대전 사이 시기에 여러 나라에서 민주 정부가 붕괴하였지만, 영국, 프랑스, 베네룩스 국가(벨기에, 네덜란드, 룩셈부르크), 스칸디나비아 국가들

4) 독일에서는 1819년 여름에 유대인이 살던 집이며 가게와 사무소들의 창문이 난동자들에 의해 박살나는 일이 많았다. 유대인으로 보이면 따질 것 없이 마구 두들겨 패기도 했다. 이미 19세기 초반에 독일에 남은 유대인 중 남성은 모두 거세하고, 그 부인과 여자들은 유곽에 보내야 한다는 팸플릿이 있을 정도였다. 뿌리 깊은 반유대 정서에다 유대인들의 금융업 독점(로스차일드 가문처럼)과 1816년 기근으로 파산한 사람들이 유대인에게 진 막대한 빚 등이 원인이었다. 내부 결속을 위한 왕따 만들기 혹은 외부에 적 만들기 같은 숨은 전략도 보인다. 유대인 공격 행위는 독일 뷔르츠부르크에서 시작하여 이웃국가 덴마크와 폴란드까지 퍼졌다. 이런 일은 대공황 이후 히틀러에 의해 더욱더 조장되었다.

(스웨덴, 노르웨이, 덴마크)과 미국에서는 민주주의가 흔들리지 않았다. 모두 패전국이 아니고, 특히 전쟁에서 승리한 영국과 미국의 지배계급과 민주주의 체제의 정당성은 강화되었다. 독일은 바이마르공화국의 의회 체제를 없애버렸지만, 영국과 미국에서 의회와 헌법을 없앤다는 건 상상하기 어려웠다. 영국과 미국의 주요 정당들은 각각 유권자의 지지를 확고하게 유지하였으며, 유권자를 의회와 민주정치의 틀 안으로 끌어들일 수 있었다. 프랑스도 오랫동안 공화주의 정부의 전통을 유지하였고 대중적 정당성에서도 독일보다 훨씬 컸다. 민주 정부의 지도자들은 경제위기와 계급 갈등을 해결하기 위해서 사회통합을 호소했다.

4) 제2차 세계대전

제1차 세계대전이 막바지에 다다를 무렵인 1918년 독일에서 혁명이 일어나 사민당 중심으로 바이마르공화국이 선포된다.[5] 공화정은 사회민주당, 중앙당(가톨릭), 민주당(자유주의), 이렇게 세 정당이 주도했다. 달리 대안이 없다고 여긴 여러 정당이 공화정을 지지했지만 우호적이진 않았고, 공화정에 적대적인 공산당과 나치당(국가사회주의 독일 노동자당)은 틈만 나면 내각불신임안 등으로 정국을 불안정하게 만들고, 과격 시위, 궐기, 소요 등으로 공화국을 수시로 위협했다. 바이마르공화국 붕괴의 결정적 원인은 국민의 지지가 없었다는 점이다. 기반 없이 급조된 공화국인데 제1차 세계대전 패전의 피해와 전쟁 보상에 급기야는 대공황까지 겹치면서 온전히 지탱할 수 없는 처지였다. 국수적 민족주의 성향이 강한 독일인 눈에 민주정이 긍정적으로 보인 게 아니라 승전국이 강요한 결과요 패전의 치욕으로 보였다. 패전조차 독일제국 체제의 결함 때문이 아니라 등 뒤에서 단도를 꽂은 유대인 탓이었다. 그래서 독일을 민주정으로 재편한 정치인들을 매국노라 비난했다. 그런 분위기에서 1930년 총선에서 나치와 공산당은 선전하였지만, 제대로 연정을 세우

5) 정식 국호는 그대로 독일제국(Deutsches Reich)이다. 바이마르에서 제정한 헌법(당시 가장 선진적 헌법으로서 특히 사회권을 규정하고 여성의 투표권과 참정권을 보장함) 제1조에 독일제국이 공화국이라는 말이 나온다. 사민당에서는 독일 공화국(Deutsche Republik), 우파에서는 독일 민족 국가(Deutscher Volksstaat)를 선호했지만, 바이마르공화국이란 이름은 잘 쓰이지 않다가 히틀러가 등장하면서 깎아내리는 의미로 공식 사용하였다.

기 어려운 선거 결과가 나왔고, 그에 따라 정권이 뒤바뀌며 1934년 힌덴부르크(Paul Ludwig von Beneckendorf und von Hindenburg, 1847~1934) 대통령의 사망과 함께 그가 총리로 임명했던 히틀러(Adolf Hitler, 1889~1945)가 형식적 국민투표를 거쳐 대통령이 되면서 공화국의 실질적인 파국을 맞는다. 민주주의 절차로 독재를 결정한 아이러니였다.

히틀러는 독일 국민의 국수적 민족주의 혹은 애국주의를 더욱 자극하며 널따란 동유럽을 독일인의 생활권으로 만들자고 하였다. 이미 1931년 일본이 만주를 침공하고, 1935년에는 이탈리아의 파시스트 무솔리니가 에티오피아를 정복하여 합병한 상태였다. 1937년에는 일본이 중국을 침공하면서 태평양 지역 제2차 세계대전이 터졌다. 1938년 오스트리아를 합병한 독일은 체코의 핵심 군사 거점과 주데텐 지방을 양도받는다(뮌헨 협정). 슬로바키아 독립을 부추긴 뒤 뮌헨 협정을 깨고 체코를 점령해 보헤미아-모라비아 보호령으로 만들고 마침내 1939년 9월 1일 독일의 폴란드 침공과 함께 제2차 세계대전은 본격 궤도에 올랐다. 당시 강대국이란 강대국 모두와 세계 국가 대부분이 전쟁에 개입해 연합국과 추축국이라는 적대 전선이 마련되었다. 30개국 이상에서 참전 군인이 1억 명이 넘는 총력전이었다. 참전국은 저마다 경제, 산업, 과학의 역량을 전부 전쟁에 쏟아붓는 총력전을 펼쳤다. 역사상 처음으로 비행기가 전쟁에서 중요한 역할을 맡았고, 급기야는 핵무기까지 사용되었다. 이제까지 사망자가 가장 많은 제1차 세계대전에서 군과 민간인 사망자가 3천만에 육박했는데, 제2차 대전에서는 총 5천만에서 7천만(군인 1,070만) 명에 달했다. 그 밖에 홀로코스트, 제노사이드, 기아, 학살, 질병 등으로 수천만이 사망했다. 유럽에서는 독일 점령지가 해방되고 서쪽에서 연합군이, 동쪽에서 독일과 불가침 조약을 맺었다. 그리고 폴란드와 핀란드를 분할 점령했던 소련군이 독일의 침공을 물리치며 오히려 진격하여 베를린을 함락시키자 아돌프 히틀러가 사망하며 독일이 무조건 항복하면서 1945년 5월 8일 전쟁이 끝났다. 진주만 기습으로 미국의 참전을 부른 일본이 1945년 7월 26일 포츠담 선언에도 항복하지 않자, 미국은 8월 6일 히로시마시, 8월 9일 나가사키시에 핵폭탄을 투하했다. 일본 본토 침공이 임박하고 소련까지 일본에 선전포고하자 8월 10일 항복 의사를 밝히고, 1945년 9월 2일 항복문서에 서명했다.

제2차 세계대전은 전 세계의 정치 조직과 사회구조를 뒤바꿨다. 국제 협력을 촉진하고 미래에 일어날 분쟁을 막기 위해 유엔을 설립하고 승전국인 미국, 소련, 영국, 프랑스, 중국 5개 강대국이 유엔안전보장 이사회의 상임이사국이 되었다. 미국과 소련은 서로 경쟁하는 초강대국으로 부상하면서 이후 반세기 동안 냉전을 치른다. 전쟁 후 유럽의 제국주의 국가들은 영향력이 약해지며 아시아와 아프리카에서 식민지를 벗어나는 나라들이 속출했다. 전쟁으로 산업 피해를 본 국가들 대부분은 종전 이후 경기 회복과 호황으로 이어졌다. 그리고 유럽의 점진적 정치·경제적 통합은 공통의 정체성을 만들어 미래의 전쟁을 막는 방법이기도 했다. 그 이후 유럽연합에서 전쟁이 난 적은 없었다.

종전 후 유럽은 복지국가의 전성기를 맞는다. 각종 사회보장제도는 보편하게 국민 전체를 적용 대상으로 하면서 복지혜택의 수준을 점진적으로 확대하였다. 거의 모든 나라에서 보건 의료와 교육 분야 지출액을 절대적으로 늘려 국내 총생산(GDP)에서 차지하는 비율이 획기적으로 높아졌다. 전쟁에서 파괴된 주택들에 인구의 급증(베이비 붐)에 따른 주택난을 해결하기 위해 나라마다 보조와 융자 등 적극적인 지원을 하였다. 이처럼 복지를 확대할 수 있었던 원인은 여섯 가지로 정리할 수 있다. 첫째, 서유럽 국가들이 공산주의와 파시즘의 위협에서 벗어나려 민주복지국가로서 안정을 추구했다. 둘째, 전후 유례가 없는 경제성장이 지속되었다. 늘어난 세수로 정부의 복지투자를 뒷받침할 수 있었다. 셋째, 재정 지출 확대로 수요를 키우라는 케인스의 경제이론을 대체로 받아들였다. 넷째, 전쟁으로 애국심과 연대감이 커져 중산층 이상에서 가난한 사람들 사정을 이해하고, 가난한 사람들도 전쟁 중 배급으로 오히려 더 건강해질 수 있는 걸 경험하고 전처럼 국가의 복지정책에 냉담하지 않고 긍정적이었다. 다섯째, 전시 동원체제 경험으로 국민 전체를 대상으로 한 국가의 행정력이 입증되었고, 재정확장이 위험하지만은 않다는 경험도 하였으며, 국민 사이에서도 국가의 안전을 위해 국민 전체가 동원될 수 있다는 인식이 자리 잡았다. 여섯째, 1941년 대서양헌장에서 국민의 정부 선택권 존중, 개선된 근로 기준, 사회적 안전 등의 보장을 위해 노력하고, 1944년 필라델피아선언[6)], 1948년 유엔 인권선언으로 종래의 시민권, 정치권과 더불어 사회·경제적 권리(사회권)의 보장을 촉구하여 국제적 인식 변화도 요인의 하나가 되었다.[7)]

5) 전후 경제발전과 사회복지의 확장

전후 1950년대는 경제 호황에 힘입어 제2차 세계대전 피해 복구가 이루어졌다. 출생률에서 베이비 붐(1946~1964)으로 인구성장률도 높았다. 이러한 회복에도 불구하고, 1940년대 후반에는 그리 심각하지 않던 냉전이 1960년대 초까지 미국과 소련 사이의 치열한 경쟁으로 발전했다. 한편, 한국전쟁, 쿠바 사태, 인도차이나 등에서 자본주의와 공산주의 사이의 진영 다툼이 심해지면서 냉전이 제 궤도에 오르기도 하였다.

유럽 경제 공동체 회원국에서 모두가 충분히 먹을 수 있을 만큼 적당한 식량을 생산하기 위해 식량 생산에 관한 통제권을 공동으로 관리했다. 1967년 7월 1일부터는 유럽의 3개 공동체(유럽석탄철강공동체, 유럽경제공동체, 유라톰) 집행기관을 합병하면서 유럽 공동체는 행정부(위원회)가 단일화되고 집행부(이사회)도 단일화되었다. 1968년 7월부터 유럽 경제 공동체(European Economic Community: EEC)에서 회원국 간 무역 관세를 없애서 경제발전에 기름을 부었다. 사회 · 문화적으로 60년대는 현대와 그 이전을 가르는 기준 같은 역할을 한다. 미국은 권위주의에서 자유주의로, 록 문화와 히피문화로, 대량생산과 대량소비 시대로 바뀐다. 유럽에서도 68혁명으로 젊은이들이 새로운 사회정의를 외치는가 하면, 프라하의 봄처럼 권위주의적 공산주의에 반대하고 나서기도 했다. 둘 다 무산되고 말았지만, 그러나 사회 전반에

6) 국제노동기구(ILO)의 제26차 회의에서 나온 선언이다. 주요한 내용에, 노동은 상품이 아니고, 표현과 결사의 자유가 진보에 필수, 일부의 빈곤에 모두의 번영이 위험하다, 노동자와 사용자 대표는 정부 대표와 동등한 지위에서 모두의 복지 증진을 위해 협력한다는 내용들이 담겼다. 또 국제노동기구가 맡아 해야 할 책임 11개를 승인했다. ① 완전고용과 생활수준 향상 ② 노동자가 만족하면서도 모두의 복지에 최대한 공헌할 수 있는 직업에서 일하기. ③ 훈련 시설 제공과 고용 및 이민을 포함한 노동의 이동 편의 제공. ④ 경제발전 결실 모두에 공정 분배 보장하고 임금과 소득, 근로시간과 근로조건에 관한 정책. ⑤ 단체교섭권 인정, 노사 협력으로 생산능률 향상과 사회 · 경제적 조치 준비, 적용. ⑥ 보호가 필요한 모두에게 기본소득 보장과 종합 의료 제공하는 사회보장 확대. ⑦ 모든 분야 노동자의 생명과 건강 보호. ⑧ 아동복지 제공과 모성보호. ⑨ 적절한 영양공급과 주거와 휴식과 문화시설 제공. ⑩ 교육과 직업의 균등한 기회 보장. 이 선언은 베버리지 보고서를 참조한 것으로 보이고, 이어서 전후 프랑스를 비롯한 거의 모든 나라의 사회복지 철학과 제도에도 반영되었다.

7) 그 밖에도 사회보장 제도의 국제적 확산에 힘을 보탠 국제기구로 1919년 베르사유 조약에 따라 창설된 국제노동기구(International Labour Organization: ILO)와 국제사회보장협회(International Social Security Association: ISSA, 1928)가 있다.

걸친 인식의 전환으로 민주화와 인권의 발달에 보탬이 되었다.

표 7-1 국가별 사회지출의 증가 상황

국가	GDP의 3% 이상	GDP의 5% 이상
독일	1900	1915
스위스	1900	1920
영국	1905	1920
스웨덴	1905	1921
덴마크	1908	1918
뉴질랜드	1911	1920
노르웨이	1917	1926
네덜란드	1920	1933
프랑스	1921	1931
오스트레일리아	1922	1932
벨기에	1923	1933
이탈리아	1923	1940
핀란드	1926	1947

출처: Pierson(1991), 최원규 외(2021)에서 재인용.
주) 국가 순서는 3% 달성 순

3. 영국

1) 정책환경의 변화 – 양차 세계대전과 대공황

제1차 세계대전의 후유증이 제대로 가시지도 않은 상황에 대공황이 덮쳐 영국의 경제는 심각한 침체를 겪어야 했다. 거기다가 1930년대 초 국제무역의 위축으로 중공업 생산량이 3분의 1로 급락하며 잉글랜드 북부, 스코틀랜드, 북아일랜드, 웨일스의 산업 및 광업 지역의 실업률이 70%까지 치솟고, 실업자는 350만 명에 이르렀다. 그런데다 제2차 세계대전까지 치러야 했기에 피해는 엄청났다. 그 피해 규모와 복지의 필요 규모는 기존 사회복지 정책으로 해결할 수 있는 범위를 넘어섰다. 빈민법의 한계는 앞에서도 논했지만, 영국 「노동자보상법」(1897년), 「노령연금법」(1908년), 육체노동자 중 연 소득 250파운드 이하와 사무직 노동자 중 연 소득 160파운드 이하만 대상으로 했던 「국민보험법」(의료보험+실업보험, 1911년)으로도 버틸 수 없는 정도였다. 1938년 정도면 국민 대부분이 사회보험의 대상이 되었고, 빈곤의 예방도 사회보장의 주요 목적이 되었다. 1928년 「미망인, 고아, 노령연금법」으로 사회보험 적용 범위가 확장되었지만, 그 운영과 관리는 그만큼 복잡했다. 사회복지제도마다 목적이 다르고 시행 방법과 기준이 달랐기 때문이다.

그래도 유럽의 다른 나라들과 비교하면 영국 본토와 영국민의 피해는 상대적으로 적은 편이었다. 다만, 전쟁으로 전 세대에서 엄청난 수가 죽었고, 공습에 의한 주택파괴로 전체의 30%가 파괴나 손상되었다. 거기다가 빅토리아 시대의 종말과 핵심 식민지 인도의 독립으로 영국의 세계 지배 종말이 겹치며 영국인의 정신적 타격이 더 컸다. 그러나 더는 식민제국을 유지할 수 없다고 판단한 영국은 식민지를 독립시키며 대영제국을 대체하는 영연방으로 재편했다. 이 영연방을 통해 영국에 우호적인 과거 피식민 국가들과의 긴밀한 관계 유지와 그들의 지원과 협력(영연방 경제 연합)으로 전후 복구에 나섰다. 영연방 사람들이 영국으로 건너가 부족한 일손을 채웠다. 1972년 전까지 영연방 사이 자유 무역과 이주가 보장되었다. 거기에 세계 초강대국 미국의 배려와 영국 문화의 소프트-파워 덕에 아직도 어느 정도 세계적 영향력을 유지하였다.

2) 정치 · 정책적 대응

전쟁은 무조건 없어야 할 악이지만, 그렇대도 전쟁의 결과가 무조건 부정적이지만은 않다.[8] 전쟁 덕에 사회복지 정책의 필요성이 국민 전체에게 인식되기도 했다(루이즈 에런슨/최가영 역, 2020).[9] 예컨대 보어 전쟁(Boer War, 1차: 1800~1881, 2차:

---

8) 역사 속에서 사회복지는 전쟁과 불가분의 관련성을 가져왔다. 좋은 의미든 나쁜 의미든 전쟁을 치르는 과정에서 사회복지제도가 확충되었다. 복지국가라는 용어도 1930년대 영국에서 독일 나치 정권의 전쟁국가(warfare state)와 대비되는 개념으로, 국민복지의 유지 · 향상을 지향하는 국가를 나타낸다는 점도 시사하는 바가 크다(www.peoplepower21.org/welfarenow/ 2023.10.19.).

9) "전쟁은 온 국민에게 깨달음을 주었다. 소아 사망률을 낮추면 더 많은 군인을 양성할 수 있다는…"(루이즈 에런슨/최가영 역, 2020).

1899~1902)[10]에 데려갈 병사를 징병하는데, 라운트리가 1897~1900년 요크, 리드, 셰필드 모병사무소에서 3,677명 자원자를 조사한 결과 26.5%가 부적격자, 29.0%가 조건부 입대로 절반 이상이 체격과 체력상 군 복무를 제대로 견뎌낼 수 없었다. 이에 대해 병무청의 1902년 특별보고서에 이어 11월 관계부처 위원회 보고서(1903년)에서 다섯 가지를 제안하였다. 첫째, 환경위생 규칙과 공장의 주택 위생 규칙 제정. 둘째, 영아의 영양과 육아 교육 강조 및 청소년 흡연과 음주 제한. 셋째, 체력 단련. 넷째, 학교 신체검사 시행 강화. 다섯째, 학교 급식(박주현, 2018). 이 때문에도 아동과 청소년복지가 국방력을 비롯한 국력에 필수로 인식되었다. 그렇듯이 아무리 부정적인 사건이라도 그걸 극복하기만 한다면 그 과정에서 긍정적인 면을 여러 가지 찾아낼 수 있다. 제1차 세계대전에서 영국은 전쟁에 뒤따르는 사회·경제적 위기에 대처하는 전시 통제법을 배웠다. 그래서 제2차 세계대전에서는 그런 대응에 혼란이 덜 따랐다. 이를테면 병력으로 차출되면 노동력의 부족과 편중이 생길 수 있는데, 이를 조절해야 한다. 또 전쟁에는 인플레이션이 따르기 마련인데, 임금까지 따라 올라가면 걷잡을 수 없기에, 임금인상을 억제해야만 한다. 그러자면 노동자들의 협력이 꼭 필요하다. 공습에는 해당 지역민 모두가 피해야 하고 소개 조치도 필요하다. 또 물자가 제한되기에 식량을 비롯해 생필품의 배급도 필요하고, 국민 모두의 동참이 필요했다.

1939년 집권당인 보수당(총리 체임벌린 Arthur Neville Chamberlain, 1869~1940)은 전쟁이 터지자 주요 산업과 통신 통제, 세금 인상, 공습 예상 지역 소개, 공습 피해자 구제를 위한 보건의료 체계 정비, 병력 조달을 위한 병무청 설립, 임금, 가격, 이윤에 대한 통제와 노사분규 억제 방안 등을 마련하였다. 영국노총(Trades Union Congress: TUC)에서도 협력하고 나섰다. 문제는 임금 통제로, 각종 노조의 지도자들은 자유로운 단체협약을 요구하고, 인플레이션 우려에 정부는 생계비 상승에 따른 임금인상은 없어야 한다는 주장을 포기하지 않았다.

10) 현재 남아프리카 공화국 위치에 옛날 네덜란드 이주민의 후손인 보어인과 싸운 전쟁인데, 특히 2차는 다이아몬드와 금광이 큰 원인이었다. 1차에 패하고, 2차에서도 수많은 패배를 겪으며 비인간적인 행위들까지 동원하여 겨우 이긴 전쟁이다. 여러 나라에서 보어인을 위해 참전한 사람들도 많았고, 영국을 위해 처칠은 민간 기자로 참가했다가 나중에 장교가 된다. 간디가 의무병으로 참석하기도 했다.

1940년 5월 윈스턴 처칠(Winston Churchill, 1874~1965)이 새 총리로 나서면서 노동당의 애틀리(Clement Richard Attlee, 1883~1967)를 부총리로, 베빈(Ernerst Bevin, 1881~1951)을 노동장관 으로 기용하며 거국 연립내각을 출범시켰다.[11] 노동자의 협조와 국민의 단결을 바란 조처였다. 바람대로 연립정부는 국민과 노동자의 지지를 받으며 참전하였다. 특히 노동자를 국정 파트너로 받아들인 연립정부 구성과 또 베빈이라는 노동자 출신 의원을 노동장관이라는 핵심 자리에 올려 노동자 세력을 대표하게 한 일이 묘수였다. 결국 국가 비상사태에서 전시 인력 동원 정책, 임금정책, 파업 정책 등으로 정부가 인력의 배치와 노사관계, 임금을 직접 통제할 수 있었다. 정부 직업소개소를 거쳐야 노동자를 고용할 수 있고, 일부 특수직종에 정부 직권으로 배치한 인력은 직장을 이탈할 수 없으며, 기업은 해고할 수 없었다. 베빈은 인력공급국을 만들어 노사가 함께 참여하게 했고, 베버리지(William Beveridge, 1879~1963)를 책임자로 임명했다. 따로 노조 대표자회의의 협력을 요청하여 무기와 군수품 생산 협조를 약속받았다. 임금인상과 임금 통제 문제와 파업 문제에서 갈등이 있었지만, 재무부의 임금 통제를 베빈이 반대하였고, 파업 불법화에 따른 법 집행도 신중하게 하여 말썽을 최소화하였다. 베빈은 인력 동원 정책의 성공을 위해 정책 결정 이전에 충분한 논의와 협의 과정을 거쳤고, 노동자의 복지와 생활 조건에 정부가 더 많은 관심을 기울이도록 힘썼다. 내각 안에서 지나치게 노동자 친화적이라는 비판도 있었지만, 주변 나라에 비해 인력 동원은 매우 효율적이었다. 그뿐만 아니라 거국 연정은 노동당의 수권 능력을 기를 수 있는 계기로도 작용했다(박광준, 2022). 세계적인 전쟁 영웅으로 다음 선거에서 당선이 유력하다고 보았던 처칠이지만, 막상 전후 첫 총선에서 애틀리의 노동당에 대패당하고 말았다. 영국 국민이 노동당을 선택할 수 있었던 건 그 전에 보여준 노동당 출신 각료들의 정치와 정책 능력 때문이었다. 이런 믿음을 제대로 충족시키진 못했어도 영국의 현대적 사회복지 정책들이 태어나는 데에는 노동당의 집권이 큰 역할을 하였다.

전쟁은 정부와 기업과 노동자 모두의 상호협력 필요성을 당사자들 모두에게 깨닫게 하였다. 이런 경험이 전후 노조의 자본가 관을 바꾸게 하였다. 더는 자본가의

11) 총리가 처칠이었지만, 전쟁과 외교에 집중하느라 국내 정치는 부총리 애틀리가 주로 맡았다.

이익에 의해 통제되는 사회체제를 반대하지 않고, 자본주의 체제를 무너뜨리려 하는 대신 자본주의를 더 개선하려고 노력하였다. 또 전쟁으로 국민의 소득 분배가 그전보다 평등해졌고, 국가의 복지 서비스가 확대되었으며, 노동자와 여성 노동자의 필요성 증대에 따라 목소리를 낼 수 있었다.[12] 보수주의자들과 부르주아지 그리고 사회 엘리트도 노사협력과 사회 개혁에 우호적이었다. 그런 개혁은 사회주의의 해독제가 되리란 기대 때문이다. 그렇게 전후에는 사회복지가 점진적으로 확대되고 발전하였다(원석조, 2022).

다만, 다른 유럽 국가들과 달리 영국은 1960년대부터 경상수지 감소가 일본과 독일에 경제 규모에서도 밀리면서 경제를 되살리기 위한 온갖 정책(보수당 정권 – 규제 완화와 감세; 노동당 – 자동차산업 국유화)이 성공을 거두지 못하고, 석유 파동까지 맞자 1976년에는 급기야 IMF 구제금융에 의존할 수밖에 없었다. 17세기 초부터 부동의 1위였던 조선업은 60년대 일본으로 넘어갔고,[13] 자동차도 일본과 독일에 밀려나면서, 당시 '영국병'이란 말이 돌았다. 잦은 파업과 영국 노동자의 비능률을 가리키는 말이다. 이 말은 과도한 복지정책에 대한 비판의 빌미가 되기도 하였다.

3) 새로운 사회복지 정책

(1) 현대 복지국가의 탄생 – 베버리지 보고서

부스와 라운트리의 조사가 개인 차원에서 나서서 「빈민법」으로 해결할 수 없는 빈곤의 규모와 정도를 알려 현대적 사회복지 정책의 필요성을 일깨웠다면, 베버리지 보고서는 그야말로 현대 사회복지의 청사진, 설계도라 할 수 있다. 이 보고서의 사회보험 정책들이 베버리지가 새로 창안해 낸 건 아니고 기존하는 사회복지 정책들을 모아 유기적으로 통합하며 개선한 것이었지만, 그 결과는 전혀 새로운 사

12) 병력으로 차출된 남성 노동자를 대신하여 공장에서 일한 여성 수가 늘었고, 그 중요성도 커졌다. 1940년 무렵 노조 조합원 수가 약 6백만 명(그중 영국노총 소속이 475만)이던 게 1944년 8백만 명(650만 영국노총 소속)이었다. 여성 노조원 수는 1938년 92만5천 명에서 1944년에는 188만5천 명으로 두 배 넘게 증가했다.

13) 조선산업은 2000년부터 한국이 1위였다가 중국에 잠시 추월당한 적도 있지만, 다시 1위를 유지하고 있다.

회복지 정책처럼 보였다.[14)]

'사회보험과 관련 서비스'(Social Insurance and Allied Services)가 보고서 공식 이름이지만, 작성자인 베버리지(William Henry Beveridge, 1879~1963)의 이름을 따 '베버리지 보고서'(Beveridge Report, 1942.12.01)로 통한다.[15)] 이 보고서의 보편주의 원칙, 국민 최저선, 아동수당, 사회보장, 국민보험 등은 오늘날 복지국가의 기틀이 되었던 것은 부인할 수 없는 사실이다. '요람에서 무덤까지', '모두 돈을 내고 모두 혜택을 본다!'라는 복지국가의 구호도 여기서 등장했다. 자산조사 없이 권리로 받는 최저 생계(국민 최저선) 급여는 빈민법에 깃든 전통적인 빈곤관에서 벗어나는 인식의 변화였다(김윤태 외 역, 2022).

베버리지의 사회보험은 이제까지 문제가 생기면 개인과 가족이 책임지던 전통적 원칙을 버리고 국가가 책임져야 한다는 원칙을 대전제로 삼는다. 이 전제에 따르면 궁핍(destitution), 질병(disease), 무지(ignorance), 불결(squalor), 나태(idleness)라는 5대 거악이 시민 곁으로 오는 걸 막는 게 국가의 의무이다. 그중에서도 궁핍을 가장 중요시했는데, 실태 파악 결과 가난의 70~80%가 노동능력 중단이나 상실 탓이었다. 그 나머지는 가족 수에 비해 지나치게 낮은 소득 때문이었다. 먼저 사회보장으로 실업이 발생하여 소득이 없을 때를 대비하고, 노령으로 퇴직하거나 가구주의 사망, 출산, 결혼 등 특별 지출이 생길 때를 위해 소득을 보장하기로 했다. 이렇게 사회보험이 선두주자가 되었는데, 여기에는 3가지 원칙을 전제로 두었다. 첫째, 소득보다 가족 수가 많아서 가난에 빠지는 걸 막기 위해 국고로 재정을 충당하는 사회수당 방식으로 아동수당 제도이다. 둘째, 질병의 치료와 예방, 직업능력의 회복을 위한 포괄적인 건강과 재활서비스(health and rehabilitation services)를 국가

---

14) 「노동자산업재해보상법」(1897년), 「의료보험법」(1912년), 2, 3차 산업노동자에만 적용되다 1920에 전 국민 적용된 「실업보험법」(일반실업보험+실업부조), 70세 이상 노인들 자산조사 전제한 「무갹출제 연금법」(1908년, 1925년 노인, 과부, 고아에 대한 갹출 연금 지급법) 등과 기타 빈곤 구제 방법, 아동 사회복지서비스, 생명보험 단체, 우애조합 등의 보험프로그램이 다 검토 대상이었다.

15) 위에서 인력공급국(전시 근로위원회) 책임자로 언급되었는데, 변호사로 토인비홀에서도 활동하였고, 양 세계대전 때 모두 정부에서 일했는데, 제2차 세계대전 중에 이 보고서를 작성하였다. 11인 위원의 위원회였지만 혼자 작성하다시피 하였고, 서명도 혼자만 했다. 이 보고서는 그야말로 불티나게 팔렸고, 영국 국민과 군인들 사기를 충족시키면서 영국의 위상을 높였다는 공로로 바스 훈장에 이어 남작이라는 귀족 지위에 올랐다.

에서 모두에게 제공한다. 셋째, 대규모 실업 예방과 완전고용 혹은 고용유지(maintenance of employment)의 책임을 국가가 진다.[16]

베버리지 사회보험의 6가지 명시적 원칙은 〈표 7-2〉에서 볼 수 있는 것처럼 최저생계 수준[17]의 정액 급여, 정액 기여, 행정책임 단일화, 급여 적절성, 포괄성, 대상 분류다. 보고서에 따르면 나라마다 상황과 정치 이념에 맞는 제도를 채택해야 하는데, 전시 상황을 함께 고려할 때 소득 연계 급여가 영국에는 적절하지 못하였다. 따라서 최저생계 수준 정액 급여를 권리로 제공하고 그 이상은 스스로 알아서 보완하게 하는 것이 이미 자발적 보험이 발달한(특히 질병보험) 영국 상황과 정서에 적합했다. 그에 따른 특징을 살펴보면 첫째, 최저생계 수준이라면 식품과 의복, 연료, 임대료 및 기타 품목으로 퇴직연금은 최소 10년 이상 기여금을 냈을 때 지급한다(지은정, 2006).

▌표 7-2▐ 베버리지 사회보험 6대 원칙

	급여 원칙	특 징
1	최저생계 수준 정액 급여(Flat rate of subsistence benefit)	급여는 소득 정도에 상관없이 정액 지급함(산업재해나 직업병으로 장해 장기화의 경우는 예외)
2	정액 기여(Flat rate of contribution)	보험가입자와 고용주는 자산 정도에 상관없이 모두 정해진 일정 기여금 납입. 나중에 소득 비례로 바뀌지만, 보고서와 초기 보험에서는 정액제 유지
3	행정책임 단일화(Unification of administrative responsibility)	모든 종류의 기여금을 단일 사회보험기금(social insurance fund)에서 적립하고, 그 기금에서 각 급여 지급하여 행정책임 단일화
4	급여의 적절성(Adequacy of benefit)	모든 상황에서 최저생계에 필요한 최소한의 소득 제공. 다른 재원 없어도 그 자체로 충분하게 욕구가 지속되는 한 자산 조사 없이 지급
5	포괄성(Comprehensiveness)	사람들 모두를 포괄하는 사회보험
6	대상 분류(Classification)	사회보험은 모두를 포괄하고 똑같은 금액으로 하되, 대상(class)의 다양한 욕구나 상황, 삶의 방식을 고려

출처: 지은정(2006).

16) 산업사회에서 계절에 따른 실업이나 비정규 노동의 불가피성으로 완전고용은 문자 그대로 실업이 아예 없는 상태가 아니라 대량실업 혹은 1년 이상 실업 상태에 머무는 걸 예방한다는 뜻이다. 그래서 실업률 3% 이하로 고용을 유지하고 대량실업 예방과 실업 기간의 단축을 의미한다.

17) National Minimum인데, 국민 기본선, 최저선 등 번역이 다양하다. 본 책자에서는 익숙한 최저생계 수준으로 옮겼다. 국민 최저생계 수준은 위에서 본 소수파 보고서에도 담겼던 것이며 노동당 집권 때 정책으로 실현되었다.

둘째, 정액 기여 원칙은 자산 정도와 무관하게 최저임금 소득자라도 납입할 수 있는 정도의 금액을 정해서 모두 보험료를 내게 한다. 베버리지는 자신의 기여 없는 급여에 반대하는 관점이고, 일반 영국인도 자선보다 스스로 보험료를 내고 급여 받는 방식을 선호하였다. 셋째, 1941년까지 사회보장의 다양한 현금 급여 행정을 직 · 간접적으로 담당하는 기관이 7개였고 재원 조달 방식과 급여 수준도 저마다 달라 서비스가 중복되거나 누락되는 경우가 많았다.[18] 베버리지는 사회보험 행정체계의 효율성(efficiency)과 경제성(economy)을 위해 통일해야 한다고 주장하였다. 넷째, 급여의 적절성은 다른 재원이 없어도 그 자체로, 일반적인 모든 상황(자연재해 제외)에서 생존 유지에 충분하게 한다는 원칙이다. 다섯째, 포괄성은 사회보장이 모든 사람과 모든 경우의 위험을 보호한다는 원칙이다. 그래서 자산조사가 필요 없는 권리가 된다. 자산조사는 사람들이 혐오하여 도움이 필요해도 신청하지 않는 사람들이 많았을 정도다. 여섯째, 대상 분류에서는 시민을 6개의 범주(근로 연령 계층 4 범주, 비근로 연령 계층 2 범주)로 구분하였다. 따라서 근로 연령 범주에 드는 시민은 모두 기여금을 내도록 하였다.[19] 나머지 범주들은 다음 〈표 7-3〉과 같다.

▌표 7-3▐ 베버리지의 대상 분류와 기여금 납입 여부

구분			가입자 조건	기여금 납입
근로 연령 계층 ○		범주 I	피용인	납입○
		범주 II	고용주, 무역가 등 유급 소득 활동자	납입○
		범주 III	가정주부 등 근로 연령 계층의 기혼여성	남편 기여금
		범주 IV	유급 소득 활동에 종사하지 않는 근로 연령 계층	납입○
근로 연령 계층 ×	저연령	범주 V	15세 미만(학생은 16세까지)	납입×
	고연령	범주 VI	남성 65세, 여성 60세 이상	납입×

18) 산업재해보상은 고용주 부담, 전쟁 연금과 비기여 노령연금 그리고 실업부조는 세금, 공공부조는 지방세 납부자, 건강 · 실업 · 노령연금 보험은 고용주와 근로자와 국가 3자가 부담한다. 급여액도 산업재해보상은 이전 소득에 비례, 실업보험은 생계 수준(거기에 부인과 아동수당)에 맞췄다.

19) 당시 분위기상 기혼여성이 따로 기여금 없이 남편의 기여금을 통해 급여를 함께 받을 수 있게 설계한 것은 당연하다고 보인다.

▌표 7-4▐ 전후 정권별 영국의 사회보장 확충 과정

집권당	수상	사회보장 확충 내용
노동당 (1945~1951)	애틀리(C. Attlee)	가족수당법(1945), 국민보험법(1946), 국민보건서비스법(1946), 국민부조(1948)
보수당 (1951~1964)	처칠(S.W. Churchill 1951~55) 이든(A. Eden 1955~57) 맥밀란(H. Macmillan 1957~63) 홈(A.D. Home 1963~64)	사회보장급여 인상, 가족수당 증액, 국민보험법 개정, 소득비례연금 도입
노동당 (1964~1970)	윌슨(H. Wilson)	단기급여 소득 보조, 사회보장성(DHSS) 설립, 국민부조 보조급여제로 전환, 가족수당 증액
보수당 (1970~1974)	히이스(E. Heath)	가족수당보조법 제정, 연금생활자 크리스마스 보너스 신청 가능하게
노동당 (1974~1979)	윌슨(H. Wilson 1974~75) 캘러한(J. Callaghan 1975~79)	연금 개선, 새 연금법, 아동 급여 시행

출처: 박광준(2022)의 내용을 재정리.

1945년 봄, 영국 총선에서 노동당이 압도적으로 승리하고 이어 1945년 7월 26일 영국 하원의원의 70%를 석권하며 클레멘트 애틀리 내각이 수립되었다. 원인이야 많겠지만, 이 책과 관련하여 추정하자면, 베버리지 보고서의 인기가 하늘을 찔렀고, 노동당은 이 보고서에 열렬히 찬성하며 그 실현을 공약에 내세웠다. 그러나 처음부터 마뜩찮아 하던 처칠은 보고서를 등한시하고 자신의 전시 영웅 역할에 심취한 상태였다. 게다가 앞서도 이야기하였지만, 애틀리를 비롯해 노조 출신 노동당 의원들이 내각에서 보여준 정책 능력도 사람들의 불안을 잠재우기에 충분하였다. 마침내 베버리지 보고서의 사회보험과 사회보장의 청사진을 토대로 노동당 정부에 의한 구체적 입법이 이루어진다. 역사에 가정을 말할 바는 아니지만, 그 선거에서 처칠이 승리했더라면 영국의 사회보장 체계는 달랐을지 모른다. 물론 버츠캘리즘(Butskellism)이란 말에서 보이듯 서로 닮아갈 수 있어 별 차이가 없었을지도 모르지만 말이다.[20] 이러한 개혁들은 시민의 사회권을 중시하며 국가의 개입 규모를

20) 노동당 당수 게이츠켈(Gaitskell)과 노동당의 정책을 계승한 보수당의 버틀러(Butler)의 이름을 섞어 만든 용어다. 그만큼 이후 70년대까지 두 정당의 사회정책은 크게 구별되지 않는다. 김황식 전 총리는 독일 정치에서 부러운 게 이런 정책의 계승 진화라고 한다. 그에 따르면 브란트(Brandt, SPD)의 동방정책을 콜(Kohl, CDU)이 이어받고, 쉬뢰더(Schroeder, SPD)의 아젠다 2010과 하르츠 4는 메르켈

키웠는데, 케인스 학파의 관점을 바탕으로 하였다. 실제로 전후 영국에서 완전고용은 주요한 사회 · 경제적 정책 목표였다. 주요한 제도 몇 가지만 살펴보면 〈표 7-4〉와 같다.

(2) 가족수당법(Family Allowance Act, 1945)

베버리지 보고서에 나오는 제도로 1945년 노동당에서 제정하여 1946년부터 자녀가 둘 이상인 가족에게 정부 재정으로 수당을 지급하게 하였다. 말하자면 첫째는 당연한 몫으로 보아 제외한 셈이었지만, 1977년 첫째를 포함한 자녀 모두에게 지급하는 아동 급여로 바뀌었다. 그런데 세법에 근로소득공제가 있는데, 소득이 있을 때 받을 수 있는 공제이기에 빈곤가정보다 부유한 가정에 유리하다는 문제를 해결하려고 어머니에게 아동수당을 지급하게끔 바뀌었다. 1980년대 홀부모 가정이 급격히 증가하면서 부양 아동이 있는 가족의 빈곤을 아동수당으로 해결할 수 없게 되면서 자산조사를 전제로 하는 가족소득보충제도를 새로 도입했다. 그런데 근로의욕 저해라는 빈곤 함정효과(Poverty Trap)로 다시 가족면제급여(Family Credit)로 바뀌었다. 현재 자녀가 있는 가구의 양육자는 모두 매주 아동 급여를 받는다.[21)]

(3) 국민보험법(National Insurance Act, 1946)

1908년 「노령연금법」에서 1911년 자유당 정부의 「국민보험법」을 거쳐 1925년 제정된 「과부, 고아 및 노령보험 연금법」과 실업보험과 「산재보험법」 등이 정책 유산이다. 적용의 보편성, 사각지대의 최소화, 사회 변화에 탄력적 대응, 재정관리의 통일성 등을 위해 저 다양한 법을 종합사회보험제로 대체한 게 「국민보험법」

(Merkel, CDU)이 이어받았다. 정권이 바뀌었다고 이전 정책을 마구 바꾸는 건 그런 의미에서 문제이기 쉽다(김황식, 2022).

21) 영국의 아동수당에 관한 양난주(2016년)의 설명에 따르면, 첫째 아동은 주당 20.70파운드(약 3만 원), 두 번째 아동부터는 13.70파운드(약 2만 원)가 지급된다. 2015년 8월 기준으로 742만 가족, 1,290만 명의 아동이 아동 급여를 받았다. 경제 협력 개발 기구(OECD) 통계에 따르면, 영국은 아동과 가족에 지급하는 현금 급여로 2013년 국내총생산(GDP)의 2.4%(현물 1.35%)를 써서 OECD 중 3위를 차지한 바 있다(양난주, 2016). (https://mywelfare.or.kr/1347, 2022.10.21.)

이다.[22] 16~65세(여자는 60세까지)는 누구나 의무 가입 대상이다.[23] 그에 따른 급여에는 다음과 같이 7가지가 있다.

① 실업급여: 피고용인만 대상으로 보통 7개월(일요일은 뺀 180일간)간 급여하는데, 기혼과 미혼에 차이가 있고, 기혼이라도 자녀가 있으면 가산된다.

② 질병급여: 피고용인과 자영업자만 대상으로 질병으로 일하지 못할 때 급여한다. 금액은 대체로 실업급여와 비슷하다.

③ 출산급여: 출산했을 때 출산 전 6주, 출산 후 7주, 총 13주 동안 지급한다.

④ 퇴직연금: 3년 이상 보험료의 납입을 전제로 남성 65세, 여성 60세 이상 퇴직자에게 주마다 지급한다. 부양자를 가산하며, 남성 70세, 여성 65세가 되면 모두 퇴직자로 인정한다.

⑤ 미망인급여: 3년의 보험료 납입을 전제로 남편 사망 후 13주 동안 주마다 급여한다. 16세 미만 자녀가 있으면 가산한다.

⑥ 보호수당: 16세 미만으로 양친을 잃은 아동을 가족의 일원으로 양육하는 보호자에 주 급여를 지급한다.

⑦ 사망일시금: 피보험자 또는 부양가족의 사망에 일시 보조금이 지급되는데 나이에 따라 차이를 두었다.

「국민보험법」은 1959년에 개정(시행은 1961년부터)되어 기초연금에 누진 보험(Graduated Insurance) 기여금 제도를 도입했다. 누진 보험금을 더 내면 기초연금에 추가연금을 지급하는 제도로, 1967년 납부자가 1,200만 명이나 되었다. 개인과 고용주에게 민간부문과의 연금 계약을 허용하는 적용 제외 조항을 둔 것인데, 이에 따라 민간보험에 의한 직업연금과 개인연금이 성장하였다. 그 결과 직장연금을 받는 부유한 노인과 국가 기초연금만 받는 가난한 노인으로 대비되었다. 1975년에는 국가소득비례연금(State Earning Related Pension: SERP)을 도입하여 직장연금이 없는

---

22) 우리의 사회보험은 국민건강보험, 국민연금, 고용보험, 산재보험, 노인장기요양보험 등 다섯 가지다. 독일은 우리나라와 비슷하지만, 영국의 경우 이 모두를 국민보험에 포괄하였다.

23) 1995년에는 남성과 여성 모두 65세로 퇴직 연령을 통일하고, 2010~2020년 사이에 단계적으로 연장하였다.

저소득층의 기초연금에 비례연금을 추가로 받게 하였다. 직장연금을 선택하면 이 보험에 가입하지 않아도 되었다. 이렇게 영국의 연금제도는 3층이 되었다.

▌표 7-5▐ 영국 연금제도 체계

추가연금(3층)	개인연금저축	은행, 보험회사와 계약
보충연금(2층)	수탁자연금, 직업연금 등	가입은 선택 사항–가입하면 제2 국가연금 적용 제외
	제2 국가연금(SERP)	법적 의무 가입
기본연금(1층)	기초국가연금(BSP)	16세 이상 모두 법적 의무 가입

(4) 국민 보건 서비스 법(National Health Service Act: NHS, 1946)

국민 건강권 보호에 필요한 보건의료서비스를 국가나 사회가 제공하는 제도로 건강보험, 의료급여, 산재보험을 포괄하며 1948년부터 시행되었다.[24] 이제껏 질병에 의한 소득 중단에 대처하는 경제보장과 치료비 지출에 대비하는 질병 치료 중심이던 '의료보장' 개념에서 질병 예방과 건강 증진의 '건강보장'이라는 개념으로 확대 발전한 것이다. 사회계층 간 의료수혜의 불평등과 의료서비스 이용도에서 소득 계층별, 지역별, 성별, 직업별, 연령별 차이가 사회적 불만을 낳고 또 보건의료서비스가 의 · 식 · 주 다음 제4의 기본 욕구로 인식되면서 마련된 제도다. 이 제도의 목표는 세 가지다. 첫째, 의료수혜 불평등 해소와 재정 부담 경감. 둘째, 질병 발생으로 인한 개인 부담 능력의 한계와 위험의 극복과 국민의 건강 수준 향상. 셋째, 개인의 위험을 사회 · 국가적 위험으로 인식하여 위험 분산과 상호부조 인식 제고로 국민의 주인의식과 참여의식 강화 등이다.[25]

이 제도는 병원의 국영화와 병원 종사자의 공무원화로 의료 공급의 사회화를 전제로 한다. 그에 따라 세금으로 재원을 조달하고 영국 내에 거주하는 주민(6개월

---

24) 일명 베버리지형 혹은 조세 방식의 의료제도인데, 독일에서 살펴볼 의료보험 방식(National Health Insurance)과 쌍벽을 이룬다. 의료보험은 개인이 내는 보험료가 재원이며, 비스마르크 형 건강보장이라고도 한다. 보험재정 낭비를 줄여 지속 가능성을 높이려 의료서비스 이용 때 본인 일부 부담금이 부과된다. 우리 건강보험도 이러한 방식이다.

25) 영국의 국민건강서비스(National Health Service)는 건강보험심사평가원의 홈페이지 내용을 참조하여 추가 정리하였다. www.hira.or.kr/dummy.do?pgmid=HIRAA020011000000, 2023.12.22.

이상 체류하는 유학생 포함) 모두에게 의료서비스를 무료로 제공한다. 세계에서 가장 규모가 큰 이 보건 의료 체계는 1948년부터 시행에 들어가 오늘날까지 그대로 유지되는 상황이다.[26] 안과 · 치과 진료, 처방 약, 장기요양서비스 외에는 모든 의료서비스가 무료다. 응급의료나 감염병 치료는 단기 방문자도 무상으로 이용할 수 있다.

전 국민에게 균등한 의료보장과 의료 자원의 효율적 배분이 장점이라면 의료비 증가에 따른 재정 약화, 의사의 진료 의욕 저하와 환자의 대기 시간 장기화 등이 단점으로 꼽힌다. 그에 따라 정권이 바뀐 1950년대 보건 지출의 급속한 증가로 복지지출이 경제에 부담을 준다는 주장에 길보드위원회(Guillebaud Committee)에서 보건 지출 관련하여 전반적으로 검토하고 1956년 보고서를 냈다. 보고서에 따르면 GDP의 비율로 보면 보건 지출이 오히려 감소세고 보건 지출 증가의 대부분이 물가 상승 탓이었다. 이에 따라 복지지출에 대한 비판은 잦아들었다. 1950~1960년대는 이 보고서 덕에 정치적 논란의 대상이 되지 않아 NHS의 제도적 변화가 별로 없었다.[27] 다만, 처음 봉급제 의사가 되기를 거부하는 의사들을 달래느라 타협안으로 인정한 병원 내 유료 병상은 1974년 재집권한 노동당 정권에서 결국 단계적 폐지로 가닥이 잡혔다. 진료 대기 순서를 기다리지 않아도 되는 새치기 문제가 가장 큰 논란이었다. 그러나 이 유료 병상 폐지는 민간 의료보험과 민간병원이 성장하는 계기가 되었다.

(5) 국민부조법(National Assistance Act, 1948)

국민보험료를 내지 못하는 사람들에게 기본적인 사회보장을 제공하기 위한 국가 지원법이다. 이로써 국민보험과 국민보건서비스로도 메우지 못하는 공백(16세 이상 소득 없어 보험에 들지 못한 사람들)이 메워졌다. 특히 1918년 「선거법」 개정으로

26) 2013년 기준으로 영국의 의료비 지출은 GDP의 8.5%(OECD 평균 8.9%, 프랑스 10.9%, 독일 11%), 1인당 3,235달러(OECD 평균: 3,453달러)였다. 의료비의 83%가 세금으로 국가가 지급한다.

27) 1962년 병원계획(Hospital Plan)에서 전국에 병원 추가 건립과 의료장비 현대화를 추진하기도 했지만, 비용 문제로 성공하지 못했다. 1952년 보수당 정부에서 도입한 처방전 수수료 정책도 1965년 노동당 정부에서 폐기하였다. 그러나 지속된 경기 악화에 따른 공공지출 절감 정책으로 1968년 되살아났다.

빈민법 수혜자의 선거권 박탈 조항을 폐지하고도 아직 남아 있던 빈민법을 공식 폐지했다는 것에서 가난에 대한 인식의 변화를 정식으로 반영했다는 의의도 있다. 다만, 자산조사를 전제한다는 점은 여전하다.

처음 베버리지안에는 선천적 장애인이나 장기환자를 위한 급여는 따로 마련하지 않았다. 1964년 노동당이 다시 집권하면서 장애급여, 실업급여, 과부급여 등 부가급여를 도입하였다. 1966년에는 국민부조청을 대체하는 보충급여위원회를 설립하면서 국민부조가 보충급여(Supplementary Benefit)로, 1986년에는 다시 소득보조(Income Support)로 명칭이 바뀌었다. 보충급여에서 수급의 권리 성격이 강화되고, 일선 사회복지공무원의 재량권이 강화되었다. 1960년대 빈곤의 재발견과 1970년대 자산조사 급여 의존율 심화에 따라 장애와 질병에 따른 추가 비용 보상을 위해 새 급여제도를 도입했다.[28] 무기여 장애연금으로 소득을 대체하고, 추가 비용으로 이동(교통) 수당과 간호비 용도의 보호 수당을 마련하였다.[29]

4. 프랑스

1) 정책환경의 변화 - 양차 세계대전과 대공황, 경제성장

제1차 세계대전에서 산업화에 따른 기계화가 군수물자 생산에 이용되면서 사망자가 상상하지 못할 정도로 많았고,[30] 전쟁은 이전까지와는 전혀 달랐다. 프로이센의 프랑스 정복(보불전쟁) 때도 기차를 이용한 군대와 군수품 수송 능력이 판세에 큰 영향을 끼쳤지만, 이 전쟁에서는 그와 비교할 바가 아니었다. 프랑스는 수많은

28) 타운센드와 아벨-스미스의 『빈민과 극빈자』라는 연구가 대표적이다.

29) 1990년대에는 중증 장애수당이 장애근로수당으로, 이동수당과 보호수당은 장애생활수당으로 바뀌었다. 장애인의 근로를 지원하고 유도하기 위해서다. 아울러 국민보험 보험료를 낸 적이 있는 근로자가 26주 이상 질병을 앓으면 단기질병급여보다 25% 더 많은 급여를 지급하고, 고령자는 부가금을 추가로 지급했다. 그러나 그에 따른 비용 증가로 1990년과 1994년 개혁에서 일부 삭감되었다.

30) 월드 히스토리(2005년)에 따르면, 독일 177만, 러시아 170만에 이어 프랑스가 138만 5천으로 3위다.

사망자로 1920년대 내내 노동력 부족 현상에 이미 시달렸다. 그럼에도 프랑스는 승전국이 되어 영국과 함께 식민지를 키우고 보불전쟁으로 빼앗긴 알자스-로렌도 되찾는 등 소득이 없던 건 아니다. 그러나 영국과 마찬가지로 식민지와의 연결이 점차 끊어지면서 막대한 경제적 타격을 입었다. 아울러 청년 인구의 1/3(부상자 포함)을 잃은 후유증이 컸다.[31] 거기다가 제1차 세계대전 이후 인구문제가 급격히 악화하는 가운데, 제2차 세계대전 이후 알프레드 소비(A. Sauvy, 1898~1990)의 비관적인 인구 전망도 영향을 미쳤다.[32] 농업 중심 경제에서 여성의 노동은 자연스러워 프랑스에서도 여성 노동은 그리 낯선 게 아니었다. 그러나 인구 전망이 좋지 않자 가족정책을 통해 여성의 노동시장 참여를 제한하는 대신 가장의 급여에 가족수당을 넣는 가족정책을 낳았다.

반면에 그런 덕에 대공황기에 대량 해고가 일어날 일이 없어서 실업률이 5% 안팎에 그치기도 했다. 게다가 국토가 전쟁터가 되어 경제도 별로 좋지 않은 상황이라 거품 형성이 덜 되어 자산가치 폭락도 비교적 덜했다. 그러다 1930년대 중반 이후 미국과 독일, 소련이 풍부한 노동력을 바탕으로 경제성장을 이루는데, 프랑스는 여전히 경제침체를 벗어나지 못했다. 그 바람에 독일의 침략에 대비하지 못하였다가 제2차 세계대전을 맞아 다시 전 국토가 전쟁터가 되었다.

제2차 세계대전은 보불전쟁에 이어 다시 독일군에게 파리가 점령당하고 항복했다는 사실에서 프랑스 국민의 충격이 제1차 세계대전 때보다 컸다. 독일 공군의 대규모 공습으로 피해 또한 컸다. 전쟁 비용에 국민총소득의 3배가 들었고, 농업 시설과 농작물 파괴, 기계와 비료 부족, 인력 유출 등으로 농업 분야 피해가 엄청났다. 아울러 철도 체계와 운송체계가 완전 마비 상태였고, 주거지 20%가 파괴 또는 손상되었다. 1940년대 프랑스 GDP는 전쟁 이전의 40%에 불과했고, 1948년까지도 배급제가 시행된 지역도 일부 있을 정도였다. 드골(Charles André Joseph Marie

31) 제1차 세계대전 이후 프랑스는 저출산으로 인구증가가 정체되었다. 그 결과 영국에게도 인구가 뒤처져 1990년대까지 영국보다 인구가 적었다.

32) 전쟁 사망으로 인한 인구감소(1915년 265,000명, 1916년 313,000명, 1918년 395,000명 감소했고, 1935년부터 몇만 명씩 줄다가 1940년 179,000명, 1941년 153,000명 이후 다시 1944년까지 몇만씩 감소)는 예상할 수 있는 일이지만, 1919년 232,000명이 감소한 건 의외였다. 소비(Sauvy)는 저서『프랑스인들을 위한 프랑스』(Des Français pour la France, 1946)에서 인구 고령화를 염려하였다.

de Gaulle, 1890~1970)과 임시정부는 미국 뉴딜을 참고하여 국가가 나서서 이끄는 경제정책을 펼치며 정부 개입에 의한 전후 복구에 나섰다. 독일에 부역한 르노 같은 기업들을 공영화하고, 노동조합과는 협력하며 생산성 제고에 힘을 기울였다. 외교적으로는 미국에 전쟁 때 진 부채의 탕감과 마셜 플랜의 지원금을 얻어내고, 또 제1차 세계대전 종전 때처럼 독일에서 공업시설과 자원을 뜯어 전쟁 복구에 쓰기도 하였다(모네 계획). 1946~1950의 5개년 경제계획으로 1929년의 생산력을 회복하며 철강, 석탄, 시멘트와 전기 등에 주력했다.

그 결과 1945년 종전부터 1975년까지 30년간 프랑스는 경제 호황기를 맞아 영광의 30년(Les Trente Glorieuses)이란 소리가 나왔다. 한마디로 프랑스판 라인강 기적인 셈이다. 오늘날 프랑스 경제의 중추가 되는 자동차산업, 프랑스의 자존심 콩코드, TGV, 항공우주산업 등이 이 시기에 나왔다. 특히 50년부터 성장이 속도를 더하여, 1975년까지 노동자 구매력은 170%, 민간 소비량이 175% 증가했다. 1964년에는 1870년 이후 처음으로 영국의 본토 GDP를 넘어섰다. 대중문화와 소비생활도 풍요로워지고, 문화생활에 투자할 여유가 생길 정도로 중산층이 된 프랑스의 노동자들은 여행이며 여가를 즐기게 되고, 그에 따라 시트로엥, 르노 같은 자가용 자동차나 대규모 관광객 수용을 위한 TGV 같은 대중교통 인프라도 확충되었다. 세계대전 이전에는 소수 상류층이나 쓰던 각종 명품 소비품이나 고급 식문화, 연극, 무용, 예술 같은 취미도 더욱 대중적으로 보급되었다.

이처럼 경제가 발전하면서 여성의 노동시장 진출은 또다시 거세지고, 국가에서도 기혼여성의 노동시장 참여를 막기보다 장려하여 '일하는 어머니' 모델을 지원하였다. 이런 분위기는 국제적이기도 하여 이즈음부터 노인과 아동 돌봄의 사회화 문제가 본격화되었다.

2) 정책 유산과 과도적 정책

앞서 살핀 도입기 사회복지 정책들이 직접적인 정책 유산인데, 사회보험 성립 이전에 나온 사회복지 정책들은 과도적인 정책으로 보았다. 왜냐하면 이후 통합 개편되면서 현대화되었기 때문이다. 프랑스에서도 제1차 세계대전 후의 경제 불황과 사회 혼란을 배경으로 여러 가지 사회적 입법이 나타났다. 공공부조와 사회보험이 었는데, 문제는 조직이며 체계가 복잡하였고 내용 또한 부실한 점이 많았다.

1910년 「노동자 · 농민 노령연급법」이 실패한 경험이 있었지만, 보불전쟁 때 빼앗겼던 알자스-로렌 지역이 제1차 세계대전의 승리로 돌아왔을 때 그 지역 사람들이 이미 경험한 비스마르크식 의료보험과 노령연금보험을 전국에 공유하고자 1928년 프랑스 전국 차원의 제1차 「사회보험법」이 제정되었다. 실업 외에 사회적 위험 대부분을 보상하겠다고 했으나 역시 가입 대상자들의 단체인 노사단체, 농업단체, 의사단체, 공제조합 등의 반발로 끝내 무산되었다. 반대의견들을 반영한 개정법(1930년)에서는 임금 수입이 일정 수준에 미치지 못하는 상공업부문 노동자만 의무 가입 대상으로 하여 건강, 모성, 장애, 노령, 사망 등의 위험에서 보호하려 하였다. 가족의 경우 사망 시 유족 보상과 의료서비스를 제공하게 하였다. 그것은 바로 독일의 사회보험이 모델이었다. 공무원과 고위 사무직까지 포함한 사회 전 분야를 포괄하지는 못했지만, 의무 사회보험의 원리가 뿌리내리게 했다는 데 의의가 있다. 1939년 인민전선(Le Front Populaire) 정부는 농업 자영농과 장인 등 비임금 노동자까지 대상자에 포괄시켰다.[33)]

그 이후 독일군에서 해방된 1944년 국가 차원의 사회 보호 체계를 마련하기 시작하였다. 애초 프랑스인 모두를 보호 대상으로 할 계획이었지만, 역시 대부분의 직종에서 이미 자체 공제조합이 운영되던 상황이라서 이 조직들 전부를 단일한 사회보장 지붕 아래 들이기는 이번에도 어려웠다. 그러한 이유로 1945년 이전 사회보험의 중요 체계를 살펴보면 다음 〈표 7-6〉과 같다.

33) 자영업자와 자유직업 종사자에 대한 의무적 사회보험의 최초 형태다. 임금 소득과 무관한 급여 지급 면에서 사회보험의 논리와는 차이가 있지만, 연대를 내세운 정치 세력의 대두로 설명된다. 이 밖에도 인민전선의 블룸 정부는 1936년 대규모 파업 이후 사회 개혁 정책을 펼치면서 노동자 복지수준을 한 단계 높였다. 노사 간 마티뇽 협정(Accord Magtignon)을 체결하게 하여 단체협약권 승인, 임금 7~15% 인상, 주 40시간 노동, 연 2주일의 유급휴가 등도 법제화하였다. 한편, 주요 산업의 국유화도 계획하였지만, 금융(프랑스 은행), 철도와 군수산업 등 모두 제대로 성공을 거두지 못하고 대공황 후유증을 이겨내지 못해 정권을 민족주의 보수정권(레노 Paul Reynaud)에 빼앗긴다.

▌표 7-6▐ 1945년 이전 프랑스 사회보험 체계

사회적, 직업적 범주	시행 보험	가입 조합
산업, 상업 부문 일반 봉급생활자	의료, 출산, 노령, 폐질, 사망	일반 사회보장 제도
산업, 상업 부문 간부직	노령, 사망, 폐질	특수 사회보장 제도
공무원, 공공기관, 특수직 종사자	노령, 의료	특수 사회보장 제도
농업 부문 봉급생활자	노령, 의료	농업 사회보장 제도
농업 부문 경작자	없음	없음
자영업 종사자	없음	없음

출처: 심창학(1997)

프랑스 사회보험 정책 유산의 특징은 세 가지로 정리된다. 첫째, 사회적 · 직업적 범주에서 민간과 공공영역 일정 수준 소득 이하의 피고용자들만 사회보험 의무 가입자로 시작되었다. 그에 따라 국민의 절반만 혜택을 보고, 경제활동 인구의 1/3이나 되는 자영업 종사자와 농업 부문 경제활동 인구의 80%는 자영농으로서 사회보험 혜택을 받지 못했다. 둘째, 보통 조합 외에 다른 조합은 5대 보험(의료, 출산, 노령, 폐질, 사망) 중 노령과 의료보험이 있는데, 그나마 제대로 운영된 건 노령보험뿐이었다. 셋째, 비농업 부문 봉급생활자를 대상으로 한 조합이 셋이다. 공무원과 특수직 종사자 대상 특수 사회보장 제도, 민간 영역 봉급자 대상 일반 사회보장 제도 또는 민간 주도 특별 조합 그리고 특수 사회보장 제도에는 다시 15개 하부 조합이 따로 운영되었다. 따라서 보편하지 못한 편협성과 숱하게 나뉜 분절성이 주요 개혁 요인이 된다(심창학, 1997).

1932년 고용주의 가족수당 금고(Caisses d'Allocations Familiales) 의무 가입을 규정하고, 1939년에는 가족수당의 확대가 이루어졌다. 뒤에 가족정책을 좀 더 구체적으로 살피겠지만, 이때 가족수당을 의무화한 이유는 세 가지다. 첫째, 1930년대 심각한 인구감소를 겪었다. 둘째, 가정과 가족을 중시하는 가톨릭 전통이 강한 프랑스에서 이미 기업 차원에서 가족수당을 둔 상태였다. 가장이나 독신 모두가 똑같은 급여를 받는다면 가족이 있는 노동자의 경제 사정이 여유롭지 못할 게 분명한 상황에서, 가장에게 일정한 정도 지원금을 가족수당으로 지급하는 편이 오히려 임금 인상을 억제하는 방법이었다. 셋째, 여성의 노동시장 진출을 억제하고 가정에 충실하게 할 수 있는, 이른바 가부장적 문화다.

3) 라로크의 사회보장 계획

1944년 전국레지스탕스 위원회(CNR)는 국민 모두의 생존 수단을 보장할 사회보장 계획을 발표하는데, 라로크(Pierre Laroque, 1907~1997)가 그 계획을 작성해 1945년 6월 제출하였다. 이것이 1945년 10월 사회보장조직에 관한 법령으로 공포된다. 대원칙이 세 가지다. 첫째, 보편성, 둘째, 단일성, 셋째, 보험 당사자에 의한 자치라는 민주주의 원칙(정기혜 외, 2012a)이다.[34] 앞의 둘은 베버리지와 통하고 셋째는 비스마르크와 오히려 더 가깝다.[35] 보험 당사자 대표가 운영을 맡는 건 이른바 사회민주주의식 원칙인데, 국가의 개입을 차단하자는 의도지만, 현실성이 떨어져 나중에는 정부의 개입이 불가피해졌다.[36]

위에서 살핀 사회보험의 분절성과 편협성을 개선하고 개혁하기 위한 원칙이 단일화와 보편화다. 단일화는 분절된 상태의 수많은 사회보장 책임 기관을 통합하는 것이고, 보편화는 빠지는 대상 없이 모두에게 똑같은 급여를 되도록 확대하여 지급해 공백이 없도록 하는 것이다. 그러기 위해 대상자를 사회구성원 전체로 확대하고, 위험 범위도 확장하였다.

---

34) 정기혜 외(2012a)는 셋째 원칙을 형평성 원칙으로 들었다.

35) 비스마르크의 사회보험 운영은 공공기관이 아니라는 점에서는 비슷하지만, 자율적인 별도 사회보장 기구가 맡는다는 점에서는 차이가 있다. 셋의 특징을 비교하면 다음 〈표 1〉과 같다.

〈표 1〉 복지체계 유형과 프랑스 복지체계

기준	이상적 베버리지 복지체계	이상적 비스마르크 복지체계	프랑스 복지체계
사회보호의 속성	보편적 시민권	사회직업적 성격에 의한 사회보험	보편주의 성격의 사회보험
급여 관리 방식	공공행정(국가와 지자체)	자율적 사회보장기구	공공 행정과 사회보장 기구(국가 감독)
재정 확보 방식	일반 조세	임금기초 기여제(임금 상한제)	기여금(임금상한제 없음)과 일반 조세
급여 성격	정액제	임금 비례(급여 상한제)	임금과 비례, 사회적 미니멈 급여
강제 적용 대상	거주자 모두	상한선 이하의 봉급생활자	정기 거주자 대부분

출처: M. Laroque(1993), 심창학(2012)에서 재인용

36) 1960년 국가의 감독 권한이 강화되고, 재정적자를 해결하기 위한 1995년 쥐페(Alain Marie Juppé, 1945~) 개혁에서는 오히려 주도권이 국가에 넘겨진다.

4) 사회보장 정책적 대응

프랑스 사회보장제도(protection sociale)는 고용주와 임금노동자의 보험료를 주 재원으로 운영되는 사회보험(assurances sociale)과 사회부조(assistance sociale)로 나뉜다. 사회부조에도 최저생계비 보장(Minima sociaux)[37], 기타 급여제도(주거급여와 의료급여 등), 지자체가 운영하는 사회지원제도(Aide sociale)와 사회복지스비스 등 3갈래 영역이 있다. 최저생계비 보장에는 다시 총 9개의 급여가 있고, 급여에 따라 중앙정부, 사회보험 기금의 관리기관, 지방정부, 즉 도(départments) 등 관장 부서가 다르다.

(1) 사회보험

사회보험 제도의 정책 유산이라면 위에서 살핀 「공제조합법」(1898년), 산재보상보험(1898년), 노동자와 농민을 위한 퇴직연금제도(1910년), 의무사회보험법안(1930년), 가족수당(1932년), 가족수당 확대(1939년)에 특히 「사회보험법」(1928년, 1930년), 1941년 사회보험 적용 대상에서 빠졌던 고령자의 무기여 연금(AVTS) 도입 등이다.[38] 그런데 사회보험법은 직종마다 분절되어 복잡하면서도 위험 보상의 범위는 제대로 온전하지 않아 라로크 계획의 실행 원칙에서 단일화 원칙을 위해 일반 사회보장 제도(régime general)를 세웠다.

그러나 공무원, 광부, 선원, 철도, 전력 인력 등의 특수직종과 농업종사자, 자영업자 등이 제각기 국민연대보다는 직종 연대를 우선하여 반대하는 바람에 일반 사회보장 제도 외에 특수 사회보장 제도, 자율 사회보장 제도, 농업종사자 사회보장 제도 등으로 타협의 모자이크식 4원 체계가 들어섰다. 그런 이유로 소위 국민

---

37) 사회적 미니멈, 사회적 최저선 등의 용어가 섞여 쓰이는데, 이를 우리에게 익숙한 말로 옮겼다. 한마디로 최저생계비를 보장한다는 의미다. 우리는 국세와 시 · 군 · 구의 세원(그 비용의 일부는 중앙정부 감당)을 재원으로 하는 공공부조(「사회보장기본법」, 「국민기초생활 보장법」, 「의료급여법」, 「주거급여법」)에 포함되지만, 프랑스에서는 사회보험 기여금에서 운영한다. 그런 의미에서 공공부조, 혹은 사회부조라 하기도 어렵지만, 그 역할의 관점에서 바라보면 사회부조로 분류할 수 있다. 우리의 급여 종류는 생계, 주거, 의료, 교육, 해산, 장제, 자활 등 7가지이지만, 프랑스는 9 혹은 10가지다.

38) 1673년 콜베르(Jean-Baptiste Colbert, 1619~1683)가 선원 대상 부과방식 연금을 창설한 게 연금의 효시였다(https://contents.premium.naver.com/kiii/wiselife/contents/230130091038075ya, 2023.10.13.).

연대의 기치가 무색해지고 말았다. 여기에 조합별로 보충 연금제도가 추가되는데(1961년, 1962년), 그래서 영국의 연금보험처럼 3층 체계가 되었다.

▌표 7-7▐ 프랑스 소득 보장(사회보험) 체계

3층	기업마다 독자적 운영 – 임의 가입	추가 보충제도
2층	강제가입 방식의 보충제도	기업 연금제도
1층	공적 기본연금, 부과방식 재원 조달	일반 사회보장제도, 자율조합, 특별조합, 농업종사자조합

프랑스 연금제도는 크게 보아 여섯 차례에 걸쳐 바뀌었다. 첫째, 1956년에 65세 이상 무기여 고령자를 포함하여 국민 모두에게 최소한의 은퇴연금을 보장하는 노령최저연금(Minimum Vieillesse)을 도입했다. 그리고 1957년에는 비간부직 일반 피고용자를 위한 보충연금제도가 시작되었다. 둘째, 1961년 기초연금을 보완하여 소득대체율 40% 이상 보장하는 보완 연금제도(ARRCO)가 확대되었다. 셋째, 1967년 종래 사회보장 재정을 총괄하던 전국 사회보험 금고의 위험 분산을 위해 질병보험 금고, 노령보험 금고, 가족수당 금고로 삼원화하였고, 그간 빠졌던 수공업자나 독립자영업자도 사회보험의 울타리 안에 들여 가입자 수가 거의 3천만에 달했다. 넷째, 1983년 연금 지급률을 수정해 노령연금 150회 이상 납부한 65세 이상에 임금이 최고조에 달한 10년의 평균 임금 50%를 지급했고, 연금 받기 시작하는 나이를 65세에서 60세로 낮추었다.[39] 다섯째, 2018년 자영업자 사회보장제도(RSI)를 폐지하고 통폐합하였다.

---

39) 개편 과정은 세 차례에 걸쳐 이루어졌다. 1991년: 일반 사회세(CSG) 도입(보험료 납부의 기준이 임금뿐만 아니라 모든 소득 기준으로 변경). 1993년: 급여수급자의 급여액 변경을 임금에서 물가변동률에 연동. – 완전 노령연금 수급을 위한 가입 기간 150분기에서 160분기로 연장. 연금 산정에서 평균 임금을 상위 최고소득 10년에서 25년으로 확대. 2003년: 양쪽 부문 간 납부 기간을 40년으로 똑같게 통일하고, 이후 42년으로 점진적 변경. 완전 연금 수급을 위한 가입 기간이나 공공부문에 민간부문의 보충연금제에 상응하는 보충제도 시행(2005년 상여금에서 20% 정도). 공무원연금 수급자의 급여액 변경도 임금에서 물가변동률과 연동. 완전 연금을 최저임금의 85% 수준으로 보장. 연금(기본+보충)의 총합이 최저임금의 85% 수준으로 보장(2004년 1월 기준). 학업을 위한 보험료 납부 중단 기간 3년(12분기) 한도 내에 추납으로 가입 기간 인정. 퇴직보장위원회 설치. 퇴직자진로결정 위원회 확대하고 법으로 그 역할 규정. 가입자들에게 퇴직 시기와 그에 따른 연금 수급 요건 등 수급자 중심의 다양한 정보 제공.

프랑스 사회보험의 특징 중 하나가 바로 실업보험이 제외되었다는 점이다. 베버리지도 완전고용을 사회보험의 전제로 들었는데, 라로크 계획에서도 마찬가지다. 그 이유는 완전고용이기 때문에 실업을 따로 다룰 이유가 없었다. 그러나 현실은 그렇지 못했기에, 결국 1958년 노사 합의에 따라 노사협의체가 운영하는 실업보험으로 추가되었다. 그런데 이때는 경제성장으로 노동력이 부족하던 상황이었다. 석유 파동 이후 경제성장이 떨어지자 실업률 급증과 짝을 이루었기에 실업보상(실업보험+연대급여+사회부조) 수급권이 확대되었다(1981~1982). 여기에도 케인스 학설이 작용하여 경제 활성화 측면도 함께 있었다(Anne Eydoux, 2004).

〈표 7-8〉과 비교하면 공무원이 의료와 출산에서 일반 사회보장 제도에 든 것이나 자영업 종사자가 노령에서 자율 조합에 든 것 정도만 달라졌을 뿐이다. 여기서도 빠진 자영농을 위한 노령보험은 1950년, 의료와 출산 보험은 1967년에 가서야 추가되었다. 그리고 자영업자의 의료와 출산은 1966년 자율 조합으로 도입되었다.

▌표 7-8▐ 1948년 프랑스 사회보장 체계

구분	의료, 출산	노령
민간 영역 일반 봉급생활자	일반 사회보장 제도	일반 사회보장 제도
민간 영역 간부직	일반 사회보장 제도(의무적) 보충 조합(선택적)	일반 사회보장 제도(의무적) 보충 조합(선택적)
공무원	일반 사회보장 제도	특수 사회보장 제도
특수직 종사자	특수 사회보장 제도	특수 사회보장 제도
농업 부문 봉급 생활자	농업 조합	농업 조합
농업 부문 자영농	없음	없음
자영업 종사자	없음	자율 조합

출처: 심창학(1997)

(2) 사회부조(aide sociale)

베버리지나 라로크 모두 완전고용을 전제하였는데, 완전고용이라면 사회부조가 굳이 있어야 할 이유가 없다. 소득이 있는 사람은 모두 다 보험에서 위험을 보장해주기 때문이다.[40] 그래서 사회부조는 보충적이고 임시적인 차원으로 두고 점차 사라질 거로 기대했지만, 현실에서는 정반대였다. 예컨대 질병보험에 들지 못한 취약계층을 위한 사회부조 급여가 줄어들 줄 몰랐다. 석유 파동 이후에 늘어나는 실업자로 사회부조 급여가 대폭 증가하고, 1980년대엔 사회보험 안에 최저생계비 보장(minima sociaux) 급여가 오히려 더 확대되었다. 프랑스 사회부조에는 최저생계비 보장급여와 주거와 의료급여 등이 있다.

① 최저생계비 보장

사회보험에 들지 못하는 사람들 혹은 사회보험으로도 충당할 수 없는 어려운 사정의 사람들에게 연대의 원칙에 따라 국가에서 세금으로 지원하는 것이 사회부조(공공부조)다.[41] 프랑스 사회부조 역시 여느 나라나 마찬가지로 최후의 사회안전망으로서 노인, 장애인, 임산부 등 취약계층 보호로 시작해서 근로 빈곤층으로 보호 대상을 확대했다. 종전 후 현대적 사회보장 체제를 구축하면서 최저소득에 미치지 못하는 사람들에게 최저생계비 보장을 제도적으로 시작했다. 사회보장제도 운영 금고(caisse)는 질병금고(직업병 포함), 노령금고, 가족금고, 이렇게 3가지다. 가족금고(caisse d'allocations familiales)에 노인, 장애인, 고아를 대상으로 하는 사회부조를 운영하게 하였다. 그 뒤 부조 대상과 범위가 주택 임대금 보조, 육아보조금 등으로 확대되었다. 가족과 관련된 사회부조는 사회보험 기여금 납부와 무관하기에 국가 차원에서 세금을 재원으로 하는 게 일반적이지만, 프랑스에서도 그런 비판이 없지 않았다. 다만, 적어도 시작 단계에서는 사회보험 금고에서 보험 기여금을 재원으로 하였다.[42]

한국이 국민기초생활보장법과 의료급여로 공공부조를 규정하지만, 프랑스의 사회부조, 특히 최저생계비 보장은 체계가 다원적이어서 그 대상이 근로 능력이 없는 집단이라도 노령보충급여, 장애보충급여, 성인장애급여, 한부모지원급여 등 집단별로 따로 구분되어 있다. 또 근로 능력이 있더라도 장기실업자 급여가 있고, 또

---

40) 프랑스 사회부조의 정책 유산에는 「학대받고 방기된 아동보호 법」(1889년), 「무료진료」(1893년), 「고아원아동 보호법안」(1904년), 「노인, 병약자, 불치병 환자를 위한 법안」(1905년), 「임산부를 위한 법안」(1913년), 「다자녀 빈민 가정을 위한 법안」(1913년) 등이 있다. 말하자면 사회보험보다 사회부조가 앞섰다고 할 수 있다.

41) 프랑스 사회보험이 조합별로 큰 차이를 보이며 불완전하기에 퇴직자 30%가 빈곤에 노출될 정도이다.

42) 최저생계비 보장은 심창학(2007)을 참조하여 정리하였다. 다만 심창학은 사회적 미니멈이란 용어를 사용한다(심창학, 2007).

사회부조 급여 대상자에서 누락된 빈곤 집단을 위한 보편적 최저소득보장급여(RMI) 등 총 9개 종류의 급여가 있다(〈표 7-9〉 참조). 특히 급여마다 운영 기관, 재원, 급여의 수준, 수급 요건과 관련된 자산(소득)상한액도 다르다.

▌표 7-9▐ 프랑스 최저생계비 보장 급여(2005년 기준)

종류	주 적용대상	도입 연도	재원	운영기구	수급자 규모
노령보충급여 (ASV)	65세 이상	1956 (1941)	사회보장, FSV(기금)	노령보험기관(CAV)	610,000
장애보충급여 (ASI)	60세 이하 장애인 중 연금수급권자*	1957 (1930)	사회보장, FSV(기금)	건강보험기관(CAM)	112,600
성인장애급여 (AAH)	성인 장애인 중 연금적용 제외자	1975	국가	가족보험기관(CAF)	801,000
한부모지원급여 (API)	한부모	1976	사회보장	가족보험기관(API)	206,100
미망인지원급여 (AV)	유자녀 55세 미만 미망인	1980**	사회보장	노령보험기관(CAV)	7,000
편입급여(AI)	정치적 망명자 등 특수집단	1984	연대기금	실업보험기관 (ASSEDIC)	35,400
특별연대급여 (ASS)	장기실업자, 실업보험수권 박탈자	1984	국가, 연대기금	실업보험기관 (ASSEDIC)	400,400
최저편입급여 (RMI)	25세 이상(유자녀라면 그 이하도 가능)	1988	국가(지방정부)	가족보험기관(CAF)	1,289,500
연금동등화급여 (AER)	60세 이하 구직자 중 연금수급 기간 충족자	2002	연대기금, 국가	노령보험기관(CAV)	42,600

출처: 심창학(2007).

한편 최저생계비 보장 분야마다 도입 시기나 목표가 다른데, 대략 세 가지 유형으로 분류할 수 있다. 첫째, 사회보장 도입과 팽창기에 맨 먼저 생긴 비기여 사회보장 급여로 노령보충급여, 성인장애급여, 한부모지원급여 등이 여기에 속한다. 사회보험 운영 원칙상 나이나 정신 · 신체적 장애 혹은 자녀 부양 등의 이유로 사회보험에서 배제된 이들의 최저생계비를 보장한다. 둘째, 사회보험 가입자라도 직업 활동을 계속할 수 없는 사람과 그 가족의 최저생계비 보장이다. 미망인 지원

급여(AV)와 보충장애급여가 여기에 해당한다. 셋째, 근로 능력이 있어도 노동시장에서 배제되어 생존이 어려운 사람들의 최저생계비 보장이다. 사회부조와 근로 능력은 빈민법 이전부터 늘 논란의 대상이었다. 빈민법 이후로도 현대적 사회보장 정책이 정착된 이후 정도의 차이가 있을 뿐, 언제나 논란거리다. 1980년대 편입급여(AI), 실업부조에 해당하는 특별연대급여(ASS), 사각지대 해소를 위한 최저편입급여(RMI), 노동시장에 남았지만, 연금도 없이 사실상의 퇴직자를 대상으로 하는 연금대체수당(AER-R)도 도입되었다.

급여의 재원과 운영 기구도 복잡하고, 재원에는 네 가지가 있다. 첫째, 조세 의존형 급여로서 성인장애급여, 최저편입급여가 여기 해당한다. 둘째, 사회보장형 재원으로 한부모지원급여와 미망인지원급여다. 셋째, 특정 기금 의존형 급여로 편입급여가 해당한다. 넷째, 혼합형 급여로 노령보충급여와 장애보충급여(사회보장과 기금), 특별연대급여와 연금동등화급여(조세와 특정 기금) 등이 있다. 운영 기구는 사회보험 관련 기관인데, 조세 의존형 급여도 실질적 운영은 사회보험 관련 기관이 담당한다. 다만, 노령 관련 급여는 노령보험기관, 실업 관련 급여는 실업보험 기관, 그 외 급여는 가족보험기관에서 담당한다.

실업문제가 심각해진 1980년대 최저생계비 보장이라는 사회부조가 위기에 직면했었다. 대량 실업이라면 경제가 심각하다는 말이고, 그렇다면 국가재정에도 문제가 있는 상황에서 사회부조로 나갈 비용은 오히려 늘어나는 상황이기 때문이다. 한 가지 다르다면, 프랑스 사회부조에서 최저생계비 부문은 국가 개입을 막고 노사의 사민주의 정신을 살리기 위해 국가 세금이 재원이 아니라 사회보험 기여금이 재원이란 점이다. 그렇지만 실업자가 늘면서 보험료가 줄고 오히려 실업에 따른 사회보험 지출이 는다는 점에서 차이가 없다. 이런 상황에서 국가 개입은 불가피했고, 가장 대표적인 게 재원에 준조세인 사회보장세와 국고지원(2009년 전체 비중의 29.9%와 10.9%)이다.

② 주거지원제도(Aides au Logement)

주거지원제도에는 세 가지 급여가 있다. 첫째, 가족수당 수급자 가구, 21세 미만으로 가족수당과 장애수당을 받지 않는 가구, 65세 이상 가족을 부양하는 가구를 대상으로 하는 가족주거급여(ALF)는 월세 보조와 주택대출금 상환을 보조한다. 둘째, 사회주거급여(ALS)도 월세 보조와 주택대출금 상환을 보조하는데, 청년, 학생, 자녀 없는 가구, 노인과 장애인을 대상으로 한다. 여기에는 특별하게 국적도 따지지 않는다. 셋째, 차등적 주거급여(APL)는 임대주택처럼 국가와 협약을 맺은 주택에 사는 사람이 대상이다. 위의 두 가지 급여를 받지 못하는 이들, 즉 사각지대 해소를 위한 것이 바로 차등적 주거급여다(노대명 외, 2018).

③ 보편 의료보장(Couverture Maladie Universelle: CMU)

1999년 법제화되어 2000년부터 시행되었는데, 인구 전체를 대상으로 하는 기초보편의료보장제도와 자부담이 힘든 계층에 추가의료비를 지원하는 보충적 보편의료보장제도로 구성되었다. 전자가 공제조합 기반의 사회보험 영역이라면, 후자는 사회보장예산을 재원으로 하는 공적 제도이다. 그 밖에 보편의료보장제도에 가입할 수 없는 집단, 주로 외국인을 대상으로 하는 의료부조제도(AME)도 있다.

(3) 근로장려금(Prime d'Activité)

활동연대급여(RSA)와 취업촉진장려금(PPE)을 통합한 근로인센티브 지원제도이다. 18세 이상 취업자와 견습생, 비임금근로자 중 최저임금 수준 집단을 대상으로 구매력을 높이고 재취업이나 고용 유지를 촉진하는 게 목적이다. 근로장려금은 가족수당공단에서 지급한다.[43]

5) 가족정책 – 가족수당

자녀의 출산, 양육, 교육에서 부모 부담을 줄이기 위해 국가와 지자체의 사회보장기구가 추진하는 정책을 가족정책이라 하고(DILA), 그 정책에서 지급하는 급여를 가족수당이라 한다. 19세기 후반부터 20세기 초반에 시작한 가족수당이기에 다른 나라보다 빨랐다.[44] 가족 지원에는 가톨릭교회가 앞장섰고 20세기 이후부터 고

43) 다음 장에서 살필 부분이지만, 함께 모아 놓았다.

44) 영국에서는 1936년 라운트리 사회조사에서 처음 제안되었고, 법안으로 실현된 건 1945년이다.

용자 측에서 가족의 생계를 책임지는 남성 근로자에게 지급하는 특별 수당으로 바뀌었다.[45] 1932년 근로자에게 가족 특별 수당을 지급하는 것이 법적 의무가 되었다. 그러자 기업들이 연합하여 보상 금고를 세워 특별 수당 지급 의무에 공동 대응하였다(신윤정, 2017).[46] 1939년에는 가족수당이 확대되었는데, 특히 고용주가 지급하던 특별 수당은 1930년에 「가족법」, 1945년에 「사회보장법」의 가족 보조금으로 대체되고 자녀 수에 따른 가족수당도 도입되었다. 이처럼 가족정책이 앞서간 이유는 저출산의 사회문제화 때문이었다. 저출산 현상이 1930년대 후반 프랑스 가족수당 금고 성립과 1936년 공포된 「가족법」 이념에 크게 영향을 미쳤는데, 프랑스의 가족 급여제도는 프랑스 사회보장의 중요한 기둥이 되었다. 프랑스 가족정책의 특징은 크게 세 가지로 나눠 볼 수 있다. 첫째, 다른 사회부조와 달리 고용주보다 국가가 지원의 주체라는 점이다. 둘째, 지원 종류의 범위가 넓고 포괄적이다. 셋째, 지원은 아동기 대부분에 걸쳐 이루어진다. 그리고 가족정책에는 크게 가족수당과 육아휴직제도가 있다.

(1) 가족수당(allocations families)

자녀가 둘 이상이면 자녀가 16살이 될 때까지 가족수당을 받는다. 세 자녀부터는 혜택이 더 커진다. 소득이 부족한 가정은 추가로 최저생계비 급여, 한부모가족수당 등의 지원까지 받을 수 있다.

(2) 육아휴직

여성의 출산휴가는 16주(출산예정일로부터 6주 전부터 출산 후 10주간)며 그동안 건강보험에서 급여를 보장한다. 필요하면 다시 10주 연장하여 26주까지 가능하다. 특

45) 부양가족이 있는 남성 근로자가 독신자와 같은 생활수준을 누려야 한다는 이유였지만, 남성 근로자의 임금 상승을 막자는 의도도 있었다. 1910년대 루베와 뚜르꾸엥 지역의 섬유업자 등 제조업자들이 우수한 노동력 확보와 임금 억제 전략으로 시작하였다(나병균 외, 2006).

46) 프랑스 가족수당의 발달 과정은 ① 19세기 후반~20세기 초, ② 제1차~제2차 세계대전(1930년~1945년), ③ 1945년~1974년, ④ 1975년~2004년, ⑤ 2004년 이후의 기간으로 구분하기도 한다(신윤정, 2017, 25-34).

히 남성의 유급육아휴가 기간도 2주간이다. 같은 직장에 1년 이상 근무한 부모라면 최대 3년의 육아휴직을 신청할 수 있고, 동일한 직장 혹은 다른 직장 내 유사한 직위로 복귀할 수 있다. 이때 최저임금의 절반에 가까운 재택수당이 지급되며, 시간제로 바꿔 일할 수도 있다.

(3) 보육서비스

3세에서 6세까지의 어린이는 무료 공립 유치원에 다닐 수 있다. 2013년부터는 빈곤선 이하 가정의 어린이 10% 확보 규정을 두어 빈곤가정의 보육시설 접근성을 개선한 바 있다(이태훈, 2019).

5. 독일

1) 정책환경의 변화

(1) 제1차 세계대전 패전과 바이마르공화국 그리고 대공황

독일은 제1차 세계대전 패전과 함께 사회보장제도의 존립 자체가 힘들었다. 전쟁으로 생긴 미망인, 고아, 부상자들 수가 수백만에 달해서 이들을 돌봐야 하는 재정 부담이 급증한 상태였다.[47] 게다가 1918년 수립된 바이마르공화국은 베르사유조약에 따라 전쟁 배상금 지급을 위해 돈을 마구 찍어내다가 초인플레이션에 떨어지고 말았다.[48] 1920년대 중후반에 간신히 빠져나오며 사회보장제도 적용 대상의 확대와 급여 수준 개선 등 성과가 있기도 했지만, 다시 1929년의 대공황 여파로 급여 수준을 심하게 축소해야만 했다. 그런 이유로 경제는 디플레이션으로 붕

47) 패전에 대한 실망감과 이들이 현실적으로 충분히 보상받지 못하는 상황이 사회적 불만을 키우기도 하였다.

48) 1914년 1:4.20이었던 미국 달러 대 독일 마르크화의 비율이 1923년에는 1:4,200,000,000,000까지 폭등했다(http://klsi.org/bbs/board.php?bo_table=B07&wr_id=1800, 2023.11.24.)

괴상태에 이른다. 실업률이 치솟으며 먹고살길 없는 상황은 정치적 극단주의를 키웠다.[49] 식량 폭동, 반유대인 감정의 폭발, 유대인 상점에 대한 공격, 정치적 폭력 등 범죄가 엄청나게 증가하며 사회가 불안에 빠졌다. 그에 따라 좌파와 우파의 선동에 대중은 공산당과 나치당(민족사회주의노동자당)에 기울었다. 민주 정부의 정치적 입지는 점점 약화할 수밖에 없었던 셈이다.

1933년 정권을 차지한 히틀러의 나치(Nazi) 정권에 최우선 정책과제는 실업문제 해결이었다. 1933년 봄, 제1차 4개년계획은 농민 구제와 국민의 식량 공급 증대, 실업문제 해결 등이 기본 목표였다. 초기부터 급하지 않은 고속도로인 아우토반(Autobahn)과 대규모 교량 건설 등을 위한 재정 지출 증대로 유효수요를 창출하여 경기 회복세를 견인하려 하였다. 고용 창출을 위한 국가의 투자에 민간투자가 촉진되면서 투자심리가 살아났다. 그와 함께 상품 수요까지 살아나며 중산층도 회복되고 경제 규모가 확대되었다. 미국에서 뉴딜 정책으로 거둔 효과를 독일에서는 전체주의로 거둔 셈이다. 독일경제에서 정부는 가장 큰 투자가인 동시에 가장 큰 소비자였다. 국가의 경제활동 개입은 농업, 공업, 상업, 무역, 노동 등 거의 모든 부문에서 이루어졌다.[50] 여기에 재무장 명목으로 군비 지출을 크게 늘리면서 1930년대 후반 재정위기를 맞는다. 제2차 세계대전의 원인 중 하나가 이 재정위기를 전쟁을 통한 약탈과 채권국들의 붕괴, 점령지의 식민화 등으로 해결하려던 계획이었다.

(2) 제2차 세계대전과 독일 사회보장의 괴멸

전쟁 비용 때문에도 피폐할 대로 피폐한 상태였지만, 거기다가 전쟁 말기 미·영 연합군의 전략폭격으로 49개 대도시에서 주거지의 39%가 파괴당했다. 사망하거나 행방불명된 독일군 325만, 포로 1,120만, 동유럽에서 쫓겨난 독일인 중 사망자 250만, 폭격에 숨진 자 50만, 130개 이상 도시의 주택과 건물, 공장, 교통망 대

---

49) 1932년 등록 실업자가 600만 명이고, 등록하지 않은 실업자도 100만 명 정도로 추산되어 이들의 가족까지 합하면 당시 독일 인구의 3분의 1 이상이 실업 상태였다.

50) 독일 경제에 따른 위의 설명은 아래 홈페이지를 근거로 정리하였다.
http://klsi.org/bbs/board.php?bo_table=B07&wr_id=1800, 2023.11.24.

부분이 파괴되었다. 그전까지 독일 전체 면적의 24%에 해당하는 지역이 소련과 폴란드로 넘어갔다. 거기다가 1,400만 명에 달하는 군인과 민간인 전쟁 부상자에, 옛 독일 제국 지역에서 강제로 혹은 자발적으로 이주해온 사람들(1950년까지 800만)도 보호해야 했다.

1945년 6월 5일 미국, 영국, 프랑스, 소련 등 4개국 연합국 통제위원회가 독일의 모든 권력을 장악하고 군정을 시작했다. 나치는 물론 조금이라도 관련이 있는 조직과 제도는 모두 해체 또는 철폐시켰다. 전범자와 부역자 처벌을 위해 뉘른베르크 군사 법정이 열렸다(사형 12명, 유기징역 7명, 무죄 선고 3명). 다행히 제1차 세계대전 종전 후 베르사유 조약의 악몽에 대한 기억과 또 소련과 시작되는 동서 냉전의 분위기로 미국 주도로 독일의 조속한 서방세계 경제 편입이 결정되었다. 1947년 미국 국무장관 마셜(George C. Marshall, 1880~1959)이 유럽 재건 계획을 내놓았다. 이른바 마셜 플랜이다. 이를 위해 유럽경제협력기구(OEEC)를 결성했고, 이 기구가 1961년 경제협력개발기구(OECD)로 발전한다. 소련과의 적대관계가 심해지다 1948년 런던회담에서 서방 연합국 점령 독일 지역에 민주주의 정부 수립을 결정하였다.[51] 그러자 소련은 베를린(Berlin)을 봉쇄하였고, 트루먼(Harry S. Truman, 1884~1972) 대통령은 공군기를 이용해 서베를린 주민을 위한 물자를 운송하게 했다. 이른바 공중다리(Airbridge/Luftbrücke)이다. 1948년 각 주 의회 대표들이 의회 위원회를 세워 기본법을 제정하고, 1949년 공포하며 독일연방공화국(Die Bundesrepublik Deutschland, 이른바 서독)이 수립되면서, 본(Bonn)을 임시 수도로 결정했다. 연방하원 선출 총선을 거쳐 아데나워(Konrad Adenauer, 1876~1967)의 기독민주당(CDU, 기민당)이 정권을 잡는다(김황식, 2022).

아데나워는 외교정책에서 국가 주권 확보와 그를 위한 친 서방국가 지향정책, 프랑스와 화해하며 유럽통합, 국내 정치에서 추방자와 망명자 통합 정책, 자유경쟁과 복지국가적 책임을 연결한 사회적 시장경제 제도 등을 펼쳤다. 경제장관 에르하르트(Ludwig Erhart, 1897~1977)가 입안한 '사회적 시장경제' 혹은 '사회적 자본주

---

51) 미국, 영국, 프랑스 점령지역이 서독지역이고, 동독은 소련이 점령하였는데, 수도인 베를린(Berlin)은 다시 4개, 크게는 서방과 소련 지역으로 양분된 상태였다.

의'로 자유시장경제를 중심으로 하면서 사회보장을 동반하는 복지국가 지향의 새로운 경제질서를 열어갔다.[52] 비스마르크와 히틀러식 국가자본주의에서 벗어나 시장 자본주의를 추구하면서도 또 영미식 자유시장 자본주의나 북유럽식 사민주의적 자본주의와도 달랐다. 라인강의 기적(Das Wirtschaftswunder, das Wunder am Rhein)이라는 독일의 경제발전도 복지정책 기반의 안정 덕에 가능했다. 노조의 경영 참여권 보장, 노동자의 재산권 보장, 부담 조정, 사회 주택건설, 양육비 보조, 자연보전 계획, 사회연금제도 등이 독일 연방정부 복지제도의 주요 내용이 되었다. 독일 역사상 처음으로 민주주의에 기반한 사회적 시장경제가 자리를 잡았던 셈이다.[53] 여기에 한국전쟁에 이은 경제 호황까지 겹치면서 라인강의 기적이 이루어진다. 실질 국민총생산이 1950년에서 60년까지 115%, 1960년에서 70년까지 다시 55% 증가했다. 피고용자 실질 소득은 1950년에서 70년까지 3배 이상 증가했다. 1957년부터 완전고용 상태로 1960년까지 일하고자 하는 사람은 누구나 일자리를 찾을 수 있었다.

2) 정책 유산

바이마르공화국 헌법은 사회복지국가, 민주적 사회정책, 법 앞의 평등, 국민 생존권 보장, 인간 존엄성과 정의와 개인의 자유 및 단결권 등을 보장하였다. 1918년 하루 8시간 노동, 중증 장애인과 고위험 사업장의 노동자 보호 규정, 모성보호 확대, 제국 광부 조합법으로 광부에 대한 사회보장 등이 법제화되었다. 1920년에는 노동자 경영 공동결정권 보장, 산재와 위험 방지, 임금과 해고에서 노동자 권익 보호 등을 위한 법률이 제정되었다. 1927년에는 실업보험 도입, 공공부조 확대, 청소

---

52) 「경쟁제한 금지법」(1957년)으로 경쟁을 촉진하면서, 노조가 경영에 참여할 수 있게 하는 공동 의사결정 제도(1952년), 임금과 고용의 안정을 위한 사회협약 '협조 행동'(1967년) 등에서 모순처럼 보이는 사회적 시장경제의 모습을 확인할 수 있다.

53) 바이마르공화국이 민주주의 기반이긴 하였지만, 그때까지도 관료들은 토지 귀족이자 군 장교들인 융커가 대부분이었다. 국가체제도 귀족과 군부 중심의 병영국가, 경제도 국가자본주의가 주류였다. 그래서 이전까지만 해도 독일인에게 민주주의는 오히려 낯선 체제였고, 매력도 없던 터였다. (https://namu.wiki/w/콘라트%20아데나워, 2023.12.19.)

년 복지프로그램 등도 도입하였다. 그러나 1930년대 경제공황에 따른 인플레이션과 대량 실업으로 실업보험을 비롯한 저 모든 제도가 유명무실해졌다. 바이마르 시대 사회정책의 의의라면 국가 주도의 가부장적 구호 중심 원칙을 무너트리고 자치의 원칙을 세운 것과 현대식 사회보장 제도의 확장이다.

히틀러 시대의 사회보장 정책은 경제와 정치를 통제하고 노동력 공급과 노동력 배치 통제권을 장악하기 위한 수단이었다. 군비 강화와 전국 도로망 건설로 5백만의 대규모 고용정책이 시행되었다. 경기회복과 실업 감소로 사회보장의 적용 대상을 확대하고 보험급여 수준을 향상하였다. 그러나 기껏 세워진 자주 관리 원칙이라는 자치원칙이 무너지고 국가 주도의 권위주의적이고 전체주의적인 사회정책 노선이 다시 들어서며 노동자의 경영 참여를 폐지했다. 사회보험은 임금동결 수단이자 노동 통제의 수단이 되었고, 보험급여도 기여 정도가 아니라 국가에 대한 의무 수행 정도, 당에 대한 충성심 정도로 결정되었다. 노동자 단체들과 노조를 해체했고, 단결권과 파업권을 폐지하였다. 민주적 운영 원칙은 모두 해체되었다.

제2차 세계대전 패전으로 독일 사회보장의 재정적 기반은 완벽히 붕괴하고 만다. 전쟁 기간에 사회보장조직에서는 자산 대부분(70~90%)을 쏟아 국가채권을 매입하였다. 그 채권은 패전에 따라 종잇장이 되고 말았다. 따라서 재정 기반을 아예 새로 마련해야만 했는데, 나치 때 없앴던 사회보험 운영의 자치(자주 관리)원칙을 1951년에 되살렸다. 그러나 사회보장을 실제로 적극적으로 추진하기 시작한 건 전후 경제부흥이 어느 정도 이루어지면서였고, 특히 1966년 사회민주당 연립정권이 집권하면서 본격화되었다. 그리고 집권 사회민주당은 시장경제와 계획경제를 혼합한 새로운 사회주의를 내세워 사회보장을 확대해 갔다.

3) 새로운 사회보장 정책과 보장 확대

독일 사회복지 정책에서 재원 조달과 정책 실현 관련 원칙이라면 연대성 원칙, 보충성 원칙, 사회적 자치의 원칙 그리고 질서유지의 원칙 등이다. 전쟁 뒤 독일에서 가장 시급한 문제는 주거 문제였다. 따라서 1950년 「주택건설법」을 제정하여 6년 내 300만 채 아파트를 건설하기로 하였다. 연방과 주 정부 예산을 기금으로

30~35년 상환에 무이자 대출로 비영리 부동산 개발자들이 주택을 지으면서 성공을 거두었다. 난민 약 800만 명의 주거 문제를 대부분 해결할 수 있었고, 국가의 투자와 보조금이 건설 산업과 경제순환에 도움이 되었다.

1,400만에 달하는 전쟁 부상자들을 비롯한 전쟁 피해자에 대한 보상은 1950년에 「연방 원호 및 귀국자법」으로 신청자에게 치료비, (유족)연금, 병간호 수당, 장례 수당, 사망 수당(유족) 등으로 해결해 주었다. 그리고 1953년 「중증 장애인법」으로 전쟁 부상자들을 통합하였다.

1951년 800만이던 실향민이 1957년에는 약 9백만으로 집계되었는데(당시 서독 인구의 약 17%), 1953년 「전쟁부담조정법」은 이들이 입은 피해에 대한 보상을 다루었다. 이들은 따로 당을 만들어서라도 피해보상을 받아야 하겠다는 태도였다. 온전하진 않지만, 이들에 대한 보상이 이루어졌고, 그것이 심리적 통합에도 도움이 되었으며, 또 경제 기적이 이루어지던 당시라 적은 돈이라도 크게 효과를 보기도 하였다.

1957년 연금개혁으로 이제까지 주던 기본생활 정도(생계 수준보다 낮을 때도 자주. 1950년 법정 최저연금이 50DM)의 급여 대신 경제 상태 유지를 원칙으로 가입 기간과 소득수준을 연금 수준과 연계하고(노동의 동기 부여와 자기책임 강화) 전체 가입자의 평균 소득수준도 반영하며 군 복무, 실업, 교육, 직업훈련, 질병 기간도 연금 가입 기간으로 산정하였다(사회적 연대 강조). 아울러 물가 상승분과 국민총생산을 연금 수준에 반영하는 연금 연동제를 도입했다(현실 생활수준 보장). 산업재해보험은 1952년부터 급여 대상을 계속 확대하고, 대기기간을 14일에서 3일로 단축하였으며, 급여 기간은 52주로 연장하고 급여도 인상하였다. 1963년 「산업재해보험법」개정으로 재활 급여를 강조하여 노동력의 유지, 회복과 증진하는 데 역점을 두었다. 노동력의 유지가 폐질 연금 지급보다 경제·사회 차원뿐만 아니라, 개인 차원에서도 유리하기 때문이다. 이 법으로 연금이 곧바로 67~72% 인상되었다. 1969년 독일 연금보험은 적립방식에서 부과방식으로 전환하였다. 적립식으로 하면 당시의 경제 호황을 연금 수급자들이 누릴 수 없었기 때문이다. 1972년 연금개혁으로 자유업 종사자와 주부를 적용 대상에 포함하고 최저연금보장제도를 도입하였다.

1953년부터 청소년보호, 모성보호 확대, 최소 휴가 규정 도입 등 사회복지를 확대했다. 1961년 「의료보험법」 개정을 통해 질병으로 소득이 중단되면 6주간 소득을 전액 보장하게 하였다. 급여 연동제를 정기화하고 일시 지급을 가능하게 하며 예방과 재활 급여를 강화했다. 1954년에 아동수당제도(Kindergeld)가 도입되어 셋째 자녀부터 지급했다가 모든 자녀에게 18세까지(장애인, 학생, 실습생은 25세) 지급하게 했다. 1972년 「의료보험법」에서 그간 대상에 포함되지 않았던 농민을 위한 농민 의료보험을 도입하였고, 1975년 학생을 의료보험 대상에 포함하여 1883년 의료보험 시작 이래 거의 90년 만에 전 국민 의료보험을 달성했다.

노동조합과 고용자 간의 관계를 변화시킨 노동시장과 단체교섭 정책도 아데나워 시대 사회적 평화의 (재)확립에 큰 영향을 미쳤다. 1949년 초에 단체교섭법 개정으로 단체교섭의 자율성을 도입했다. 이제 단체협약은 사용자단체와 노동조합 간의 독립적인 협약을 따르도록 제도화하였다.[54] 1950년대 경기 호황에 따른 노동력 부족으로 노동조합의 힘이 강해지며 주 40시간 근무제를 관철할 수 있었다. 1950년대 후반부터 유급휴가를 법적 권리로 만들고, 병에 걸려 일을 할 수 없는 동안에도 임금을 계속 지급하며, 임금도 인상하였다.

4) 독일 사회보장제도의 특징

독일 사회보장제도의 특징으로는 사회보험 자치원칙과 집단적 자조 원칙 그리고 능력주의 원칙을 들 수 있다. 첫째, 사회보험 자치원칙에 따라 사회보험의 운영을 노사 협의에 따르거나 집단 구성원 협의에 따른다. 둘째, 집단적 자조 원칙에 따라 기업 단위별, 지역 단위별 또는 직종 단위별로 집단 내에 어려움이 있는 구성원을 자체 구제하는, 연대성 기반 사회보험제도다. 그러다 보니 보험조직 수가 많다. 의료보험의 경우 전국에 약 1,200여 개나 되는 의료보험 금고가 자체로 재정을 운영하고 있다.[55] 따라서 금고별로 보험료율, 보험급여 조건, 재정 상황 등도

---

54) 바이마르공화국에서는 노동부 장관이 강제로 중재하였다.

55) 독일 의료보험은 고부담 고급여 원칙에 따라 급여 범위가 상당히 넓다는 특징이 있다. 그러다 보니 보험료율도 우리와 비교하기 어려울 정도로 높았는데, 1990년 이후 심각해진 경제위기와 독일 통일비용으로 인한 재정 압박 등으로 새로운 해결책인 제5의 사회보험인 수발보험을 도입하는 계기가 되었

각각 다르다. 이는 자율적 보험조직으로 연대성을 키울 수 있지만, 국가 차원에서 보면 집단 간 차등에 행정력과 인력 낭비라는 단점도 있다. 셋째, 능력주의 원칙에 따라 특히 연금에서는 완전한 소득 비례제다. 재직기간의 소득수준과 보험료 납부 기간에 비례하여 수령 연금액이 정해진다.

한편 김욱 · 이은우(2012)는 독일의 사회보장 원칙을 다음 8가지로 설명하였다.

첫째, 산업사회에서 보편적 사회적 소득 보장의 필요성 인정
둘째, 사회보장의 목표는 경제 상태 유지
셋째, 사회보장을 경제적 동기유발과 연계
넷째, 사회보장에서 노동력의 유지와 회복의 개선 강조
다섯째, 시민 모두 평등하게 보호받을 권리
여섯째, 사회보장 조직과 행정의 탈집중화
일곱째, 적립식이 아닌 부과식(현재 경제활동 중인 사람이 부담)
여덟째, 예상 못한 경제적 어려움이나 대가족 지원은 사회 전체에서 공동부담

6. 스웨덴

1) 정책환경의 변화 - 사민주의 강화

다른 나라에 비해 스웨덴은 제2차 세계대전으로 인한 정책환경 변화는 없고 오히려 나치 독일에 대한 연합군의 승리로 정치적 축이 더욱 좌파로 이동하였다.[56] 1947/48년 냉전이 시작될 때까지는 공산주의자들조차 사회적으로 용인되었다. 전쟁 피해를 보지 않은 건 물론이고, 전쟁 동안 독일과 연합군 양측에 엄청난 양의

다(김근홍, 2005).

56) 노르웨이와 덴마크는 독일군 침입으로 결국 항복했다. 그런데 스웨덴과 핀란드는 전쟁보다 독일군 이동통로를 제공하고 운송을 돕는 걸로 대신했다.

철광석과 목재 등 원자재를 수출해 경제발전을 이루었다. 게다가 전후에는 전쟁으로 파괴된 산업시설과 기간시설을 복구하는 동안 아무 피해를 보지 않은 스웨덴은 고도의 성장 가도를 내달릴 수 있었다.

그런 분위기 덕에 1932년부터 정권을 잡은 사민당은 이후 수십 년 동안 정권을 유지할 수 있었다. 그러면서 사민주의 정책이 당연한 것으로 받아들여지기에 이르렀다.[57] 1946년 한손(Per Albin Hansson, 1885~1946)의 뒤를 이어 타게 에르란데르(Tage Erlander, 1901~1985)가 총리가 되었다. 에르란데르가 1969년까지 23년 집권하는 동안 아동복지, 의료, 건강, 보건, 연금, 실업기금 등과 같은 사회복지제도가 뿌리를 내리면서 담당 사회부의 위상이 높아졌다.[58] 1976년 집권한 중앙당, 보수당, 자유당의 연합 우익정권에서 사회부에 집중된 업무를 분산하기도 했지만, 1982년 사민당의 재집권과 다시 우익정당으로의 정권 교체를 경험하던 1991년까지 사회정책은 큰 변화 없이 확대 발전하였다(Schröter, 2015).[59]

그 사이 스웨덴은 계층 간, 지역 간, 성별 간 차이를 더욱 줄였다. 개인 간 소득 격차를 나타내는 지니계수가 덴마크, 노르웨이와 함께 가장 낮은 수준인 0.26에 불과한 것이 단적인 일례이다. 그만큼 사회구성원 간 격차를 줄여 주는 사회보장제도가 절대빈곤과 함께 상대적 빈곤까지 줄여 준 효과가 높았다. 사회복지재정은 정권의 성격과 대내외 경제 상황, 예컨대 실업률, 물가상승률, 경제 성장률 등의 변수에 따라 차이가 난다. 그런데도 1948~1973년 사이 스칸디나비아를 포함한 유럽 경제는 전반적인 성장세였다. 성장률은 다양했지만, 거의 한 세대(30년) 동안 경제 확장이 지속했던 적은 이전에도 없었고, 그 이후에도 없었다. 그 덕에 국가는

57) 북부 스웨덴의 부르주아 우파 정당들의 정강 정책도 우리가 보기에는 무척 좌파적으로 보일 정도이다.

58) 핀란드에서는 우르호 케코넨(Urho Kekkonen, 1900~1980) 대통령이 에르란데르의 23년 집권보다 더 길게 25년간(1956–1981) 정권을 지켰다. 노르웨이 노동당의 에이나르 게르하르센(Einar Gerhardsen, 1897~1987)은 세 차례 총리직을 맡았다(1945~1951, 1955~1963, 1963~1965). 반면, 덴마크는 정권이 자주 바뀌었다.

59) 이 시기에 사민당은 소위 '제3의 길'이라는 정책을 추진하였다. 이 정책 노선은 과거에 비해 시장주의적 요소를 한결 많이 포함한 노선으로 상당히 우경화된 것이라 평가할 수 있다. 따라서 복지지출은 늘어났으나 물가안정을 기하기 위해 복지지출 증가추세를 억제하여 증가 속도는 1970년에 비해 많이 둔화한 상황이었다. 특히 이 시기에 사회보장제도 운영에서 중앙정부의 역할을 줄이고 지방정부의 역할과 권한을 강화하여 수혜자 특성에 맞는 맞춤형 서비스를 제공하려고 하였다.

풍부해진 세금으로 이전에는 생각할 수 없었던 많은 일들을 할 수 있었다. 일반 소비자들도 마찬가지였고, 실업률은 엄청나게 떨어졌다. 제2차 세계대전 이전(1936~1940) 스웨덴의 실업률은 11%, 덴마크와 노르웨이는 약 20%에 달했다. 그러나 〈표 7-10〉에서 볼 수 있는 것처럼 1950년 이후 모두 실업률이 사상 최저치였다.

▌표 7-10▐ 북유럽 주요 국가의 실업률(1946-1970)

기간	덴마크	핀란드	노르웨이	스웨덴
1946~1950	9.2%		2.9%	2.7%
1951~1955	9.8%		2.8%	2.4%
1956~1960	8.0%	2.3%	2.9%	1.9%
1961~1965	3.4%	1.4%	2.1%	1.2%
1966~1970	3.8%	2.9%	1.1%	1.7%

출처: Kranz(1980).

이와 함께 실질 임금 역시 전에 볼 수 없던 방식으로 상승하였다. 경기 상승에 따른 노동력 부족이 임금 상승으로 이어지면서 생활수준도 자연스럽게 높아졌다. 그리고 사회·문화 영역에서 계급구조의 가시적인 경계가 해체되었다.

2) 사회복지 정책 유산의 확대 발전

1891년 제정된 「국민건강 보호법」을 시초로 1901년 직업상해보험, 1913년 보통연금, 1931년 병가수당 등이 직접적인 정책 유산이다. 접근방식으로 보자면, 1945년 이전에 북유럽 국가들은 복지정책에 비스마르크식으로 접근하였다. 보험 원리에 따라 보험에 가입한 사람에게 기여금에 비례하여 급여를 지급하는 식이다. 1945년 이후에는 영국의 베버리즈 식 접근법을 선택하는데, 주로 세금을 재정으로 모두 똑같이 정액으로 급여하는 방식이다. 그러나 노르딕 모델은 도움이 필요한 곳에만 최소한으로 개입하려는 영국 모델보다 훨씬 더 나아갔다. 원칙적으로 인구 전체를 대상으로 동등하게 취급하고, 평등은 근본적인 정치적 목표 중 하나다. 이를 위한 전제조건이 국가의 광범위한 개입이다(Hilson, 2013).

스웨덴 사회보장의 또 하나 특징이라면, 노동자의 사회보장 관련 재원이 모두 고용자에게서 나온다는 점이다. 고용자는 피고용자의 사회보장 비용 전액(월 기본급의 31.42%)을 사회보장(퇴직연금, 건강보험, 출산휴가 수당, 병가수당, 실업수당 등) 세금으로 부담한다. 그래서 국가 예산의 약 1/3이 사회복지에 쓰인다.

(1) 사회복지 관련 법의 확충

사민당 집권 이후 사회복지 관련 법들이 빠른 속도로 확충되었다. 1947년 「국민기본연금법」과 「아동수당법」 제정 이후 1950년대 및 1960년대에 소득에 따른 차등연금제와 병가혜택의 확대와 이후 출산보험, 탁아시설, 사회구호 제도로 급속히 발전하였다. 대략적인 핵심들만 살펴보면 다음과 같이 거의 해마다 하나씩 늘다시피 하였다.

- 1946년 국민연금
- 1947년 아동수당
- 1948년 저소득 연금생활자를 위한 주택보조금
- 1951년 3주 유급휴가(1938년 2주로 시작), 1963년 4주, 1978년 5주
- 1953년 전국민건강보험
- 1954년 알코올 중독자 복지
- 1956년 사회부조
- 1956년 노동시간 주 45시간제 주 5일 근무(1966년 42.5시간, 1970년 40시간)
- 1959년 일반 보충 연금
- 1962년 9년 의무교육제도
- 1969년 아동 임대료 보조금
- 1974년 급여 90%에 해당하는 질병 수당

시대적 추이를 보면, 40년대는 여성의 사회진출과 저출산 문제 그리고 약자로서 아동의 복지를 연결하는 정책과 가파르게 성장하는 경기에 따른 노동력 공급을 위한 노동시장 개입이 두드러진다. 50년대는 삶의 여유, 삶의 질 향상을 위해 노동시간이 짧아지고 휴가 기간은 길어지는 흐름을 보여주었다. 특히 50년대는 건강보

험을 비롯해 건강과 일할 능력이 없거나 하지 못하는 장애인을 돌보는 가족, 건강 때문에 가장이 일하지 못하는 가족, 생활이 어려운 가족 등 소외 계층에 신경을 쓴 모습이다.

(2) 사회보험

스웨덴의 사회보험에는 국민건강보험, 연금보험, 자녀수당, 주택보조금, 상해보험, 실업보험 등이 있다. 중요한 건강, 연금, 실업 보험들을 살펴보면 다음과 같다.

① 건강보험

1953년 공적 건강보험제도가 마련되었다. 소득 비례 원리에 따른 병가 급여를 지급하는 방식이었고, 소득 대체율은 65%로 했다. 처음 사회부장관이던 묄러(Gustav Möller, 1884~1970)는 평등권 보장을 위해 누진세 재원으로 균일급여제도를 생각했는데, 질병에 따른 소득손실분의 실질적 보상이 더 중요하다는 주장이 강했다. 재원은 광역지자체의 지방세로 감당하도록 설계되었다.

② 국민연금제도 개편

1913년 시작한 국민연금이 유일한 공적 연금제도였다. 1935년 적립식에서 부과식으로 전환되었고, 1947년에는 자산조사 없이 노인 모두에게 정액 연금을 지급하는 기초연금 형태로 바뀌었다. 그러나 연금 수준이 낮은 문제와 국민연금 외에 단체협약을 통한 협약임금을 받는 공무원, 사무실 노동자와 일반 노동자 사이의 형평성 문제가 불거졌다. 그러자 공적 부가연금(ATP)을 추가하여 문제를 해결했다. 역시 의무 가입이지만, 가입 기간과 납입 보험료에 비례하는 소득 비례의(영국과 프랑스에서 보았던) 2층 구조다. 연금보험료는 전액 사용자가 납부하는 방식이며, 1959년에 법안이 통과되었다.

③ 실업보험

스웨덴 실업보험의 기원은 19세기 말부터 노조별로 실직한 조합원들을 지원한 상호공제로 시작해서, 1891년 국가에서 보조금을 지원하도록 설계되었다. 그 이후 사민당 집권 이후 1935년 「실험보험법」을 입안하였다. 1934년 「공인 실업기금 및 공인 실업기금에 대한 정부 지원에 관한 법」이 제정되면서 실업보험이 공적으로 관리되었지만, 운영은 자발적으로 이루어졌다. 1973년 「실업보험법」과 「노동시장현금지원법」제정으로 실업보험이 진정한 의미의 사회보험 성격을 띠게 되었다. 소득 연계 실업보험은 자발적 실업보험으로 남고, 「노동시장현금지원법」이 의무 실업보험이다.

(3) 사회서비스

1960년대 후반부터 보육과 양로 등 사회서비스에서 커다란 발전이 있었다. 여성의 경제활동 참가가 활발해짐에 따라 가사노동이던 이 부문을 사회에서 맡게 한 것이다. 사회정책 전체 예산에 사회서비스 부문이 차지하는 비중이 1960년 중반까지 10% 아래였는데, 그 이후부터 증가하여 1980년에는 15% 수준이 되었다. 사회서비스 부문의 일자리는 여성과 가까워서 대규모 여성 일자리가 창출되면서 여성 고용률이 더 크게 상승하였다. 더불어 사회서비스의 확충과 함께 지방정부의 역할도 늘었다. 기초 지자체인 콤뮨(kommun)은 보육, 양로 분야를 책임지고, 1966년에는 중등학교 운영 책임도 맡았다. 광역지자체인 란스팅(landsting)은 1960년부터 종합병원 운영책임을 맡았다(이현주 외, 2018).[60]

3) 새로운 사회복지 정책적 대응

(1) 새로운 모델 - 렌-마이드너 모델

스웨덴 복지국가는 1951년 노동조합연맹 소속 경제학자 괴스타 렌(Gösta Rehn, 1913~1996)과 루돌프 마이드너(Rudolf Meidner, 1914~2005)가 개발한 렌-마이드너(Rehn-Meidner) 경제운용 모델을 기반으로 한다. 역동적인 자본주의 경제의 통제 가능성을 전제하였지만, 전통적 사회주의 사상과는 별개였다. 이 모델의 정책 요소는 긴축재정정책, 연대 기반 임금정책, 적극적 노동시장 정책 등 세 가지다. 긴

60) 임금과 세금에서도 부부 모두 일하는 모델로 설계되었다. 육아 부문에서 어린이집, 유치원, 학교 급식 등을 제공하여 일과 가정의 양립을 도왔다.

축재정정책은 물가안정을 위해서다. 그 기반에서 '동일노동, 동일임금' 원칙의 연대 기반 임금정책이 작동한다. 이는 자본주의 기업의 생산성을 높이기 위한 정책으로, 같은 산업의 기업들은 동일한 노동에 동일한 임금을 지급해야 한다. 생산성이 낮은 기업들에는 압박이겠지만, 생산성이 높은 기업은 임금인상 없이 더욱 안정적으로 성장할 수 있다. 생산성 낮은 기업이 도태하면 실업자가 나오겠지만, 적극적 노동시장정책으로 해결한다는 것이다. 정부가 실업자를 성장하는 기업에 재취업하게 하거나 직업교육과 취업 알선 같은 서비스를 제공한다. 사민당 정부는 이 중에서 긴축재정정책 대신 팽창적 거시경제정책을 선택했다.

(2) 뮈르달의 생산적 복지

스웨덴 현대사에서 1930년대는 하나의 분기점을 이루는 중요한 시기이다. 스웨덴 복지 모델은 1930년대 스웨덴 경제학자 군나르 뮈르달(Gunnar Myrdal, 1898~1987)이 제시한 사회민주주의형 모델로 알려져 있다(Carlson, 1990). 뮈르달의 '생산적 복지' 개념은 저소득층에 직접 급여를 나누어주는 복지 체제 대신, 모든 국민에게 생활에 필요한 서비스를 국가가 직접 제공하는 사회서비스 중심의 복지국가 전략이다. 의료, 교육, 보육, 아동보호, 노인요양과 같은 사회서비스를 정부가 직접 운영, 제공함으로써 일정 수준 이상의 삶의 질을 모두에게 보장하는 것이다. 이러한 공공사회서비스 소비로 스웨덴은 영 · 미 모델은 물론, 독일, 네덜란드 등 대륙 모델보다 사회서비스 인프라 수준이 높고, 실업수당 중심의 소극적 노동시장 정책보다 교육, 훈련 중심의 적극적 노동시장 정책이 큰 비중을 차지하게 되었다(Tilton, 1990).

이렇게 스웨덴의 사회복지는 1930년대 사민당 집권과 함께 시작해 1970년대 올로프 팔메(Olof Palme, 1927~1986) 총리 집권 때 완성되었다고 평가받는다(데일리안, 2018.07.28. 검색: 2023.07.22).

08 chapter

사회복지제도의 개편

1. 정책환경의 변화
2. 영국
3. 프랑스
4. 독일
5. 스웨덴

08 CHAPTER 사회복지제도의 개편

1. 정책환경의 변화

1) 석유 파동(1973, 1979)

1973년 닥친 석유 파동 이후 1970년대 중반부터 경제 성장률과 산업투자율의 저하에 실업률 증가로 세계 경제는 종전처럼 호황을 누리지 못하고 아직껏 전반적인 경기침체가 이어진다. 반대로 경기가 침체하면 국가 세입은 주는데 국가의 보호에 의존하는 사람이 늘어 재정은 늘려야 하는 이중의 어려움에 부닥친다. 그럴수록 정치적 보수주의화가 두드러지면서 복지정책에서도 재정 지출 축소와 민영화 혹은 민간부문 역할의 확대 등 보수주의화 경향을 보인다.

1967년 이스라엘에 점령당한 영토 회복을 위해 1973년 10월 6일 아랍 국가들이 이스라엘을 공격하면서 제4차 중동 전쟁(욤 키푸르 전쟁)이 터졌다. 이스라엘 군대를 패배 직전까지 몰고 간 이집트와 시리아는 미국의 무기 공급 탓에 역습당하다가 미국, 소련, 유엔의 촉구로 10월 말 휴전에 합의한다. 석유 수출국 기구(OPEC)에서는 이스라엘을 지지하는 캐나다, 일본, 네덜란드, 영국, 미국에 본때를 보여주려고 석유 수출을 금지하고 또 감산과 가격 인상을 단행하였다(70% 올려 배럴당 5.12달러). 그리고 1974년 1월부터 다시 11.65달러로 올렸다. 이것이 바로 제1차 석유 파동이다.

제1차 석유 파동으로 인한 불황은 우리에게 '격차' 문제를 부각하였고 사회복지와 사회개발의 필요성이 강조되는 계기가 되었다. 석유 파동 이후 고도성장의 시대는 막을 내렸고, 고도성장의 부작용 해소를 위해 사회개발과 복지증진에 눈을 돌려야 한다는 주장이 높아갈 수밖에 없었다.[1] 석유 의존도가 큰 나라일수록 충격은 더 컸다. 석유공급의 제한이 생산 감소와 생활수준 저하를 불러왔기 때문이다. 가격 상승은 인플레이션의 가속화, 석유 수입 대금 증가에 따른 소득 해외 이전의 증가로 이어졌다. 이는 다시 국내 수요 감소에 이은 불황과 실업의 악순환을 낳고, 국제수지 악화까지 초래하였다. 1973년 10월과 1974년 1월의 인상으로 원유 가격은 약 4배 가까이 급등했고, 세계 경제 성장률이 크게 떨어졌다. 1975년에는 서방 선진국마저 마이너스성장에다 인플레이션, 국제수지 대폭 적자 등을 겪어야 했다. 결국 이스라엘은 점령했던 땅을 돌려주었고, 석유의 공급과 가격은 정상으로 돌아갔다.

그 이후 1979년 제2차 석유 파동이 일어났다. 정치적 원인이라면 세계 2위 석유 수출국 이란의 이슬람 혁명에 따른 석유 수출 중단과 사우디아라비아의 감산 조치다. 거기다 나중에는 이란-이라크 전쟁도 원인으로 작용했다. 경제적으로는 석유 가격 인상에 따른 수익 증가로 달러 가치가 떨어지면서 산유국에 초래된 인플레이션이 주요 원인이다. 원유 가격의 실질 구매력이 떨어지자 산유국에서는 실질유가 보전을 위해 1973년 수준으로 회복하려 하였다. 1978년 12월 석유수출기구 총회에서 다음 해부터 원유 공식 가격을 14.55달러로 결정하였다.

1978년 12월부터 1980년 7월 사이에 석유 가격은 약 2.4배(배럴당 12.9달러에서 31.5달러로) 급등하며 다시 세계 경제를 강타했다. 생산 비용 상승이 인플레이션을 키워 세계 경제 성장률 둔화와 무역수지 악화, 국제금융과 통화질서의 교란으로 이어졌다.[2]

---

1) 단적인 일례로서 국민연금을 우리의 「국민복지연금법」은 1973년에 제정되었다. 이 법은 1974년 1월부터 시행될 예정이었지만 1973년 발생한 1차 석유 파동이 연기의 명분을 주었다. 물론 당시 먹고살기도 힘든 시절에 노후를 준비하는 제도를 미루는 것에 대한 반대 여론도 별로 없었기에 무기한 연기되었다가 1988년에야 전국민연금시대가 시작되었다.

2) 당시 석유파동과 관련된 내용들은 다음 홈페이지를 참조하여 정리하였다. https://namu.wiki/w/%EC%84%9D%EC%9C%A0%20%ED%8C%8C%EB%8F%99, 2023.12.26.

2) 신자유주의

자유시장 경쟁의 가치를 강조하는 이데올로기이자 정책 모델이 신자유주의(Neoliberalism)이다. 그 개념 정의가 일치하진 않지만, 그래도 자유방임주의 경제학과 관계가 깊다는 데는 의견이 일치한다. 신자유주의 기본원칙은 3가지다. 첫째, 인간의 진보를 위해 지속적인 경제성장이 있어야 한다. 둘째, 자유시장만이 자원을 가장 효율적으로 배분한다. 셋째, 경제와 사회문제에 국가 개입의 최소화 그리고 무역과 자본의 자유이다.

용어는 비슷하지만, 신자유주의와 현대의 새로운 자유주의(modern liberalism 혹은 New Liberalism)는 엄연히 다르다. 둘 다 정부의 과도한 권력에 맞서 경제적 자유방임과 개인의 자유(freedom or liberty)를 옹호했던 19세기의 고전적 자유주의에 이데올로기적 뿌리를 둔 점에서는 똑같다. 그 점에서는 국부론(1776)에서 시장이 "보이지 않는 손"에 지배되기에 정부 간섭을 최소화해야 한다는 경제학자 애덤 스미스(Adam Smith)와 연결된다. 그런데 현대 자유주의는 개인의 자유를 방해하는 빈곤, 불평등, 질병, 차별, 무지 등에 초점을 둔 사회적 자유주의 전통과 연결된다. 자유방임의 자본주의가 초래한 이런 요소들은 국가의 직접적인 개입을 통해서만 개선될 수 있다는 게 현대 자유주의다. 이것이 19세기 말 근로자 보상제도, 학교와 병원에 대한 공적 자금 지원, 근로시간과 근로조건 규제로 이어졌고, 결국 20세기 중반의 이른바 복지국가로 넘어갔다.

이에 반해 1970년대 경제침체와 공공 부채 증가로 일부 경제학자들이 고전적 자유주의로 돌아가려고 한 것이 바로 신자유주의다. 이때 복지국가에 대한 비판이 함께 제기되었고, 이를 세 가지로 정리할 수 있다. 첫째, 재정 면에서 복지국가는 공공지출 과다로 재정위기를 초래한다. 둘째, 효과로 볼 때 복지국가는 고도 성장기에는 작동할 수 있지만 저성장과 주기적 경기 침체 상황에서는 효율적이지 못하다. 셋째, 국민연대보다 개인주의의 가치가 더욱 존중되는 사회문화에서 복지국가는 정당성이 없다(정기혜 외, 2012a). 이런 분위기에서 신자유주의의 지적 기반은 오스트리아 태생 영국 경제학자 프리드리히 폰 하이에크(Friedrich von Hayek, 1899~1992)와 미국 경제학자 밀턴 프리드먼(Milton Friedman, 1912~2006)이다. 하이에

크는 부의 재분배를 위한 국가의 개입은 필연적으로 전체주의로 귀결된다고 주장하였다. 프리드먼은 경기 순환에 영향을 미치는 정부의 재정 정책을 거부했다(통화주의). 그들의 견해는 영국과 미국의 보수 정당에서 열광적으로 받아들였고, 정권을 잡고 장기 집권하였다.[3)]

2007년부터 미국과 서유럽의 금융위기와 대침체로 일부 경제학자와 정치 지도자들은 시장의 자유 최대화라는 신자유주의의 주장을 거부하고 금융과 은행 산업에 대한 정부 규제를 더 키우기를 요구했다.

3) 2007~2008년 세계금융위기

2007~2008년 세계금융위기는 은행의 탐욕을 낳았다. 미국의 은행가들이 큰돈을 벌겠다고 주택담보대출 채권과 파생상품에 투자했고, 위험이 클수록 대박이 터졌다. 전 세계 금융인들의 눈길이 월스트리트에 쏠리고 미국 주택채권시장으로 몰려들었다. 1990년대 미국 GDP의 46% 규모이던 주택담보대출 시장은 2008년에 73%까지 커지면서 총액이 10조5천억 달러에 이르렀다.

금융당국도 문제였다. 파생금융상품 규제 필요성이 제기되었지만, 앨런 그린스펀(Alan Greenspan, KBE, 1926~) 연준 의장, 로버트 루빈(Robert Rubin, 1938~) 미 재무장관은 반대했다. 게다가 예금은행과 투자 은행의 벽도 허물었다. 세계 중앙은행이라는 미 연준은 기준금리까지 대폭 낮췄다(2000년 6.5%, 2003년 1.0%). 그만큼 더 많은 돈이 더 많은 이익을 찾아 더 위험한 금융상품에 몰렸다. 부동산 시장은 자꾸만 커졌고, 미국 소비자들은 부풀려진 자산가치로 마음껏 소비하며 세계 소비시장 증가분의 1/3 이상을 차지했다. 자동차도 잘 팔려 적자에 허덕이던 미국 빅3 자동차 업체가 호황으로 돌아섰다. 해외여행객이 늘어 항공사와 여행사도 호황을 누렸다. 아이슬란드, 아일랜드, 그리스와 같은 나라들도 조금만 금리를 얹어주면 외국자본을 얼마든지 쓸 수 있었다. 그런 곳에서도 부동산값이 덩달아 뛰었고, 정치인들은

3) 영국 총리 마가렛 대처 1979~1990년과 미국 대통령 로널드 레이건 1981~1989년의 집권시기가 비슷하다.

복지자금을 넉넉하게 베풀었다.

그러나 금융시장과 실물경제가 영원히 따로 놀지는 못했다. 실물경제 성장 속도보다 더 많이 풀려난 돈은 거품을 만들었고, 그 거품이 끝내는 터져버렸다. 2008년 세계금융위기는 한계점에 도달한 금융의 거품이 꺼지면서 발생했다. 금융시장의 탐욕은 공포로 바뀌고, 부채도 자산이라 믿었던 나라와 기업, 그리고 개인은 파산의 나락에 빠져버렸다. 리먼브러더스 파산 직후 미국 금융시장은 얼어붙고, 그 충격이 유럽과 아시아에 미쳤다. IMF의 추산에 따르면, 2007년 1월부터 2009년 9월까지 미국과 유럽 은행들이 악성 자산에서 날린 돈이 1조 달러에 이르고, 세계 경제가 위축된 규모는 2조 달러에 달했다. 대출을 얻어 위험자산을 샀던 은행들은 도산하고 국가 부채비율이 높은 그리스, 이탈리아, 포르투갈, 스페인(PIGS)은 경제위기를 맞았다. 부채로 적자를 메우던 미국의 빅3(GM, 포드, 크라이슬러)는 파산 위기에 몰렸다.

1990년대 세계 2위 경제 대국이던 일본의 거품붕괴는 일본열도에만 한정되었는데, 2007~2008년 미국발 위기는 전 세계를 뒤흔들었다. 미국 가정의 부(富)는 2007년 2분기에 64조 4,000만 달러에서 2009년 3분기에 50조 달러로 급감했다. 소비 위축은 미국 GDP 성장률을 2년 가까이 마이너스로 떨어뜨렸다. 전 세계가 소비침체로 석유를 비롯해 온갖 상품 가격이 하락하고, 한국을 제외한 OECD 국가 전체가 마이너스성장을 기록했다. 영국의 브리태니커 백과사전은 2008년 세계금융위기를 1772년 영국의 신용위기, 1929년 대공황, 1973년 오일쇼크, 1997년 아시아위기와 함께 역사상 5대 금융위기로 꼽았다. IMF는 이 기간을 1929년 대공황과 비교해 '글로벌 대침체'(global recession)로 규정했고, 미국의 노벨경제학상 수상자 폴 크루그먼(Paul Krugman)은 '제2의 대공황'(a second Great Depression)이라고 정의한 바 있다.[4)]

4) 2007~2008년 세계금융위기와 관련해서는 관련 홈페이지를 참조하여 최근 내용들을 보완 정리하였다. http://www.atlasnews.co.kr, 2023.12.15.

4) 세계화, 저출산고령화, 4차 산업혁명

(1) 세계화

2007~2008 금융위기의 바탕에는 세계화가 있었다. 온 세상의 돈이 디짓(digit)이 되어 불릴 수 있는 곳이라면 세상 어디든 가는 세상이다. 교통과 통신(특히 인터넷)도 세계화에 큰 역할을 하였지만, 무엇보다 무역과 화폐거래의 자유화가 세계화에 가장 큰 역할을 했다. 우리는 자의 반(김영삼 정부에서 추구한 게 세계화였다), 타의 반[5]으로 세계화를 경험했다.

세계화로 인한 영향이 막강한 이유는 나 하나 혹은 어느 국가 하나가 자기 관련 결정을 혼자서 할 수 없기 때문이다. 옛날에도 외교며 이웃 환경 등 혼자서 멋대로 할 수 있는 일은 많지 않았다 하더라도 오늘날만큼은 아니다. 사회복지에서 중요한 노동복지 혹은 노동조건을 놓고 바라보면 더욱 그렇다. 일례로 노동자를 몹시 사랑하여 후하게 대접하고 싶은 나라가 있다고 가정해 보자. 주변국보다 30%, 저 멀리 지구 반대쪽에 있는 나라보다 2.5배 정도 급여를 더 준다. 생산성을 놓고 따지면 10%와 1.5배 정도 높은 수준이다. 그러면 국내 기업들부터 짐을 싸서 다른 나라로 나가고, 이곳에 투자하고 싶어 하는 사람은 그 나라 노동자뿐이다. 투자되었던 외국자본도 다 빠져나간다. 핑계 같지만, 우리가 늘 겪는 일이다. 우리 기업들의 해외 진출에도 정도의 차이는 있지만 이런 이유가 들어 있다. 또 다른 예를 들어보면 더욱 이해하기 수월할 수 있다. 미국 대기업 중에는 고객 서비스 센터를 인도에 둔 곳이 많다. 미국의 인건비에 비해 인도가 워낙 싼 데다, 교육받고 영어에 능통한 인도사람들이 또 많기 때문이다. 게다가 인터넷을 비롯한 통신의 발달로 통화 상태도 크게 차이 나지 않는다. 미국시간에 맞게 인도에서 전화 서비스를 제공하는 것이다. 이제는 이마저도 AI로 대체되는 상황이다.

세계화의 파급효과가 그렇게 부정적이지만은 않다. 이를테면 BTS가 그렇게 빨리 비틀즈와 비교될 정도로 세계적인 스타가 될 수 있었던 것, 한국의 드라마가 전 세계를 휩쓸 수 있는 것은 다 이 세계화 덕이기도 하다.

---

5) 금융위기를 맞아 1997년 IMF 구제금융을 받을 때 자본 유통의 자유화를 비롯한 세계화 조치가 전제였다.

(2) 저출산고령화

유엔의 2019년 세계 인구 전망 자료를 분석해 보면 2018년 65세 이상 인구가 5세 미만 인구를 넘어섰다.[6] 인류 역사상 처음이다. 2019년과 2050년 사이 5세 이하 인구의 변화는 거의 없지만, 65세 이상 인구는 배 이상 늘어날 전망이다. 또 2019년 기준 세계 전체 인구에서 65세 인구 비율은 약 9%인데, 2030년 12%, 2050년 16%, 2100년엔 23%가 될 전망이다. 기대수명 연장과 출산율 감소, 2차 세계대전 직후 태어난 베이비-붐 세대의 노년층 진입이 전 세계의 고령화 가속 원인으로 꼽힌다. 노인인구의 증가를 사회문제로 인식하기 시작한 건 1950년대부터다. 영국과 미국은 이미 이때부터 지역사회 보호 정책(community care)을 지향하였다. 1956년 고령화사회[7]를 규정한 UN이나 WHO, OECD 등이 노인 돌봄에 적극적인 이유는 그만큼 세계 고령화 현상의 심화라는 정책환경 변화 때문이다(맹상기, 2022).

인구 고령화로 일어날 문제는 크게 두 가지다. 첫째, 경제활동 참여 인구 비중이 줄고 이들이 책임져야 할 노년층은 늘면서 생기는 부담 문제다. 노년층이 증가하면 보건의료 서비스와 돌봄의 수요도 늘 수밖에 없으니, 국가 사회보장 혹은 사회복지 체계의 근간을 흔들 수 있다. 둘째, 일본에서 확인되었지만, 노후 생활이 걱정되어 장년층부터 노년층까지 소비를 줄이고 노후 대비 저축에 열중한다. 일본은 특히 케인스의 진단을 따라 노인에게 상당한 현금을 이전하였지만, 정작 노인들은 현금을 쌓아 두는 바람에 아무런 정책 효과를 보지 못하고 말았다.

케인스가 옳든 그르든 적어도 소비가 지나치게 줄면 경제가 제대로 돌아가지 않는다는 건 확인된 사실이다. 많은 사람이 소비를 줄이면 경제성장 속도가 늦어질 수밖에 없다. 그런데 이 두 가지가 합쳐지면 악순환의 고리가 완성되면서 해결

---

6) UN은 일찍부터 인구 고령화에 주의를 기울였다. 1948년 아르헨티나 회의에서 마련한 '인권선언 초안'에서 고령화 문제를 처음 제기하였고, 1982년 빈의 "고령화 문제 세계총회(World Assembly on Aging)"에서 "고령화에 관한 국제 행동계획(International Plan of Action on Aging)" 채택, 1990년 "세계고령자의 날(International Year of Older Person)" 제정 등의 활동이 이어졌다. 또 "고령자를 위한 국제연합 원칙(United Nations Principles for Older Person, 1991년)"에는 자립, 참여, 돌봄, 자기실현, 존엄 등을 채택하였다. 1999년에는 "세계 노인의 해" 지정, 2002년 "고령화에 관한 마드리드 국제 행동계획 2002" 채택 등으로 이어졌다(보건복지가족부, 2002).

7) 65세 이상 고령자 비율이 7% 이상 고령화사회(aging society), 14% 이상 고령사회(aged society), 20% 이상 초고령사회(super-aged society)라 칭한다.

책 마련이 갈수록 더 어려워진다. 경제성장이 이루어지지 않으면 세금이 주는데, 노년 인구가 늘면 세금 쓸 일이 많아지기 때문이다. 나라마다 법적 퇴직 연령과 연금을 받기 시작하는 나이를 늦추어, 될수록 오래 일하여 연금 적립과 저축을 늘리는 한편 연금 지급을 줄이는 정책을 모색하는 이유이다.

구분	사회보험 방식	조세 방식
재원	보험료	국세, 지방세
적용	전 국민	전 국민(일부 제한 가능)
국가	독일, 네덜란드, 프랑스, 일본(+조세), 한국(+조세)	덴마크, 핀란드, 이태리, 뉴질랜드, 스웨덴, 영국, 오스트레일리아
장점	• 조세 방식보다 재원 조달 용이 • 기여와 급여 연계 용이 • 기존 건강보험체계와 연계 용이	• 자산과 요구에 근거한 요양 대상집단 선정 - 자원 이용의 효율성 제고 • 보편 적용 가능 • 요양비용 총액 통제에 효과적
단점	• 조세 방식보다 요양 비용 과대해질 가능성 • 새로운 보험료 부담	• 예산 제약으로 서비스 질 저하 우려 • 조세 저항 우려. 국가 예산에서 요양 부분 우선순위 설득 곤란 • 민간 사업자 참여 없으면 공공시설 구축 예산 소요 과다 • 건강보험과 노인 돌봄 급여 간 낭비와 비용 전가 가능성

출처: 보건복지부(2006). "노인수발보험법 제정안 설명자료" [일부 문구 수정, 맹상기(2022)에서 재인용].

노인 돌봄 정책은 의료제도와 관계가 밀접하다. 의료문제를 조세로 해결하던 나라들은 대체로 노인 돌봄도 조세로 해결하려는 경향을 보인다. 그렇지만 나라에 따라 선별과 보편으로 구분된다. 소득이 일정 수준 아래인 사람들만 대상으로 하는 선별 정책을 선택한 나라로 영국, 스페인, 포르투갈, 이탈리아 등이 있다. 반면, 수발 필요성만 인정받으면 누구나 다 대상으로 하는 보편적 제도를 선택한 나라로는 스웨덴, 핀란드, 노르웨이, 호주, 캐나다 등이 있다. 국민 전체를 대상으로 하는 사회적 의료보험 없이 의료서비스를 시장에 맡기고 일정 수준의 소득에 미치지 못하는 사람들만 대상으로 조세를 재원으로 하는 사회부조로 해결한 미국 같은 경우 노인 돌봄도 같은 방법을 선택하였다. 사회보험을 운영하던 나라도 의료서비스와의 관계에서 둘로 나뉜다. 첫째, 네덜란드는 초기에 수발을 예외적인 의료서비스로 보고 예외적인 의료사회보험 정책을 마련하였다가, 나중에 장기요양보험으로 변신했다. 둘째, 독일 같은 경우 수발을 의료적 치료와 근본적으로 다른 것으로, 철학적 개념 변화와 함께 수발 문제를 사회보험(5대 사회보험)으로 해결하였고, 일본과 한국이 이어서 이 사회보험 방식을 따랐다(맹상기, 2022; 김광선 외, 2023).

(3) 제4차 산업혁명

2011년 독일에서 4차 산업혁명이란 의미의 'Industrie 4.0'이란 정책이 나왔다. 4차 산업혁명에 대한 논의가 직접적으로 시작된 계기는 메르켈(Angela Merkel, 1954~) 독일 총리 집권 당시 2006년 수립한 독일의 하이테크 전략(High Tech Strategie)이었다. 2010년 이 전략을 수정 · 보완하여 발표한 '하이테크 전략 2020'의 실행계획 중 하나로 추진된 것이다. 멀리는 2003/04년 민간의 ICT 융합 논의와 2005년 사물인터넷 지원사업까지 거슬러 올라간다. 한마디로 말하면 인공 지능(AI)과 사물인터넷(IoT), 빅 데이터(Big Data), 클라우드 컴퓨팅 그리고 모바일 등 스마트 정보통신 기술이 기존의 경제와 산업, 사회 전반에서 융합되는 단계를 말한다. 공장은 이제 한 군데가 아니라 관련 공장들 전체와 연결되어 기계들끼리 소통하며 디자인과 생산, 운송과 공급이 자동으로 이루어진다. 거리에는 자율주행 도로에서 자율주행차들이 서로 소통하며 달린다. 거기 사람이 운전하는 차가 들어가는 게 오히려 금지될 수 있다. 기계끼리 소통할 때 위험 가능성이 0에 가깝다면, 사람의 감정이나 부주의가 끼어들면 위험 가능성이 커지기 때문이다. 흔히 다른 산업혁명과 달리 미래의 혁명이라고 하는데, 사실 많은 부분은 이미 일어난 상태다. 알파고가 이세돌을 이긴 게 뉴스가 아니라 이세돌이 인공지능을 한 번이라도 이겼다는 게 뉴스인 세상이다. 서울에는 자율주행 버스가 운행하기 시작했고, 사람 없이 운행하는 전철도 있다. 생산시설 없이 앱 기반만으로 돈을 버는 배달의 민족을 비롯한 각종 인터넷 쇼핑몰, 메타버스, 무인상점 등, 4차 산업혁명에 포함할지 불분명하지만, 하나같이 일자리를 줄인다는 점에서 인구 고령화와 결합하면 그 폭발력이 걷잡을 수 없을 정도가 될 수 있다.

2. 영국

1) 정책환경의 변화

(1) 석유 파동과 IMF 구제금융

영국은 다른 나라에 비해 본토의 인프라 파괴가 적어서 종전 이후 수출 여건이 상대적으로 유리했다. 그 덕에 프랑스와 독일의 생산량을 합친 것보다 생산량이 많아서 1950년 세계 수출의 25%를 차지하며 호황을 누렸다. 그러나 1950년대에 인프라를 회복한 프랑스, 독일, 일본, 이탈리아 등이 1960년대부터 경쟁에 뛰어들면서 제2차 세계대전 이후 식민지 독립과 대외 영향력 축소 등 영국의 약점이 드러나기 시작한다. 1960년대부터 경상수지가 줄면서 경제 규모에서도 일본과 독일에 밀린 영국, 그러나 감세와 규제 완화라는 보수당 정권(1970~1974)도 1973년 석유 파동의 여파에 따른 인플레이션과 실업률 증가에 무너지고 만다.[8] 노동당 정권(1974~1979)은 노조와의 타협과 국유화 정책을 비롯한 대안 경제 전략(Alternative Economy Strategy)으로 경제를 살리려고 했지만, 석유 파동의 여파로 흔들리는 경제와 대량 해고(1978년 실업자 150만)에 강성 노조의 파업까지 겹치면서 실패하고 말았다.[9] 인플레이션을 잡는다고 긴축재정을 펼치다 석유 파동으로 경기가 얼어붙자 금융 확장 정책을 펼치다가 두 자릿수 인플레이션에 시달린 것도 큰 요인이었다(강중구, 2008). '영국병'[10]이란 말이 돌 정도의 불경기 끝에 1976년 IMF 구제금융을 받는다. IMF는 40억 파운드를 지원하면서 팽창재정정책의 포기와 금리 인상을 통한 디플레를 요구했다.

노동당은 결국 국유화 정책을 철회하고 교육, 보건, 복지 분야 예산을 전후 역사

8) 1960~1970년대의 영국 노동생산성은 미국보다 50%, 서독보다 25% 낮았고, 1960년대 세계 9위였던 1인당 GDP는 1971년 15위, 1976년에 18위로 떨어졌다.

9) 근본 원인은 고비용, 저효율인데 국유화 과정에서도 산업의 구조를 조정하지 못해서 결국 롤스로이스를 비롯한 기업실적이 떨어지고, 어쩔 수 없이 노동자 해고를 통한 경영합리화를 추구하다 노동조합의 반발과 파업을 부르고, 다시 실적 저하, 해고, 파업의 악순환에 떨어졌다.

10) 1960년대 초 서독 언론이 영국 노동자의 비능률성을 지적한 말이다.

상 최초로 삭감해야 했다. 1978년 전국 단위 총파업에 환경미화원과 장의사들까지 시위에 동참하여 길거리는 쓰레기 더미로 뒤덮이고, 썩어가는 시신을 제대로 처리하지 못하는 등 영국 전역이 대혼란에 빠졌다. 바로 '불만의 겨울'(the Winter of Discontent)이었다.

인플레이션에 석유 파동이 겹치면서 일어난 스태그플레이션으로 당시 당연시되었던 케인스 경제학 이론이 도마 위에 올랐다. 1929년 대공황 이후 긴축정책은 불황을 악화시켰고, 이때 원인은 가계 소득의 감소에 따른 수요의 붕괴였다. 1960년대 말 각국 중앙은행은 30년대 실수를 거울삼아 인플레이션 걱정은 미뤄두고 소비부양에 힘을 썼다. 미국의 인플레이션은 1965년 1.6%에서 1968년 4.3%, 석유 파동이 닥치기도 전인 1970년엔 6%에 육박했다. 임금이 물가와 연동돼 상승하는 구조라서 인플레이션 압력이 생기면 걷잡을 수 없었다. 그런데 1970년대 석유 파동은 1930년대처럼 수요의 위기가 아니었다. 국제유가와 기업 생산비용 급상승으로 촉발된 공급 위기였다. 위기의 메커니즘이 다르니 대응도 달라야 했다. 신자유주의적 통화주의의 밀턴 프리드먼은 인플레이션을 막으려면 유통화폐의 양을 조절해야 한다고 주장했다. 1979년 8월 지미 카터(James Earl Carter Jr., 1924~) 대통령이 연준 의장으로 지명한 볼커(Paul Adolph Volcker Jr., 2017~2019)는 유통 중인 화폐 유동성을 줄이기 위해 금융시스템에 할당된 화폐의 양을 제한했다. 1979년 11.2%였던 기준금리를 1981년 6월 20%까지 올리는 등 급진적인 처방이었다. 1980년 3월 14.8%였던 인플레이션이 1983년 4% 아래로 하락했다.

하지만 사회적 비용은 엄청났다. 미국 경제는 1980년 침체에 빠졌고, 1982년 다시 침체에 빠졌다. 그해 실업률은 11%를 넘었다. 1980년 당선된 로널드 레이건 대통령은 취임사에서 정부가 해법(solution)이 아니라 문제(problem)라며 세금과 연방정부 지출을 큰 폭으로 줄이며 보수 혁명을 더욱 밀어붙였다(내일신문, 2022.03.23).

1979년 등장한 대처(Magaret Thatcher, 1925~2013) 정부는 통화유통량 조정(monetary aggregates), 재정 지출 삭감, 공기업 민영화, 규제 완화와 경쟁 촉진 등으로 공공부문 개혁을 진행했다. 그런데 이런 공격적인 통화주의 정책으로 영국의 인플레이션은 오히려 올랐고, GDP 성장률도 마이너스를 기록했으며, 환율 가치도 올랐다. 결과적으로 1기 대처 내각은 경제불황을 겪어야 했고, 2기 내각에서도 경제성장은 저조했다. 제3기 내각에서 통화주의 정책을 폐기하고, 민영화와 규제 완화에 집중하면서 국영 기업의 수익과 생산성이 비로소 높아졌다. 금융 중심 정책과 공공주택 민영화로 주택경기를 끌어올려 집 있는 사람들을 어엿한 중산층으로 만들었다. 1980년대 이후로 성장의 발판을 마련하여 1992년부터 2008년 상반기까지 지속적인 GDP 성장을 이루었다.

(2) 금융위기

2007년 9월 14일 영국 노던록(Northern Rock) 은행 지점에 긴 줄이 늘어섰다. 서둘러 자기 돈을 찾으려는 예금자들이었다. 바로 은행이 부도나기 전에 예금인출을 위해 은행으로 달려가는 뱅크런(bank run)이다. 이 은행은 영국 북동부 지역 50여 개 주택조합(building society)이 합쳐져 1990년대 말에 금융업으로 전환한 지역은행이다. 미국 부동산 붐과 함께 주택담보대출 채권으로 큰돈을 번다고, 부동산 출신이니 더 자신감 있다고 자금시장에서 돈을 빌려 미국 비우량 주택담보대출 채권, 일명 서브프라임모기지를 대량 사들였다. 2007년 중반, 미국 금융위기가 시작되자 노던록은 자금시장에서도 자금을 빌릴 수 없었고, 빌린 돈의 만기가 돌아오면서 영국 중앙은행에 긴급자금 지원을 요청했다. 그러자 예금자들이 돈을 빼내기 위해 은행 창구로 몰려들었다. 이 은행이 2007년 말 기준으로 자산은 89억 파운드, 차입금은 260억 파운드였다. 결국 이 은행은 2008년 2월에 주주들이 돈을 한 푼도 못 받고 지분 90%를 정부에 내주며 국유화되었다. 영국 정부는 2008년 10월에 세금에서 5,000억 파운드(8,500억 달러)의 은행구제 패키지를 마련했다. 영국인들은 부도덕한 은행들을 살리느라 세금을 낸 셈이다. 바클레이즈, 로이즈, 애비(Abbey), HBOS, HSHC, 스탠다드차타드, 로열뱅크오브스코틀랜드 등 내로라하는 은행들이 세금에 의지해 살아났다(아틀라스뉴스, 2020.12.6).

2007~2008년 금융위기로 영국의 복지국가는 다시 새로운 방향으로 급선회하였다. 경제위기에 경제의 마이너스성장, 금융 기업들 도산, 부동산 가격 폭락, 실업률 폭발 등이 연쇄적으로 일어났다. 제3의 길을 외치던 토니 블레어(Tony Blair, 1953~)가 2007년 물러나면서 총리로 임명된 고든 브라운(James Gordon Brown, 1951~) 총리는 일시적 부가세 경감(17.5%에서 15%로)으로 확대 재정 정책을 펼쳤다. 확대

재정 정책은 경기회복에 긍정적 효과를 낸 부분도 있으나 동시에 국가 부채의 급속한 증가라는 부작용을 함께 낳았다. 결국 2010년 집권한 보수당 · 자유당 연립정부의 캐머런(David William Donald Cameron, 1966~) 총리는 긴축정책으로 돌아섰다.[11)]

(3) 저출산고령사회

영국은 1976년 고령사회에 진입하였지만, 출산율이 유럽연합의 평균 출산율보다 높이 유지되면서 고령인구 비율은 완만한 상승세다(2018년 기준 18%). 그런데도 상승세를 멈출 수는 없어서 2026년 20%에서 2036년 23.9%, 2046년 24.7%로 증가한다는 예측이다.[12)] 1950년대부터 사회서비스의 지역화를 지향했던 영국은 1968년 시봄 위원회의 보고(Seebohm Committee, Report of the Committee on Local Authority and Allied Personal Social Services)를 바탕으로 지방자치단체 「사회서비스법」(1970년)이 제정되고 지역사회 보호 정책을 본격화하였다(장병원, 2009). 지역사회에서 돌봄이 필요한 사람들과 그 가족을 도와 가정과 지역사회 보호의 지속 가능성을 키우기 위해서다. 노인 돌봄 대상자의 급증에 따른 재정 압박으로 재정의 효율성을 높이기 위한 「지역사회보호법」(1990년)으로 사례관리(case management)가 도입되었다. 재가요양 기회 증대, 클라이언트의 복지증진과 자원의 효율적 활용으로 지속적이고 통합적인 장기 요양 서비스를 제공하기 위해서다(김찬우, 2005). 1993년 「지역수발법」(Community Care Act)을 제정하여 별도의 제도로 운영하기 시작하였는데, 노인과 장애인을 따로 구분하지 않는다(맹상기, 2022).

2) 정책적 대응

(1) IMF 구제금융과 복지국가의 비판과 수술

산업화와 도시화를 가장 먼저 시작하여 현대적 의미의 복지정책의 필요성이 맨

---

11) 캐머런 총리의 정책과 관련된 내용은 아래 홈페이지를 참조하여 정리하였다.
http://www.atlasnews.co.kr (2023.10.31.)

12) 한국 전망치는 2036년 30%, 2051년 40%다.

먼저 나타났던 영국은 비록 사회보험으로는 독일보다 늦었지만, '복지국가'라는 개념을 가장 먼저 쓰면서도 또 시장의 역할을 강조하는 자유주의 복지국가다. 국민 보건의료 서비스(National Health Service)처럼 조세 기반의 사회보장 정책을 갖췄으면서도, 또 민간 연금이 가장 활성화한 곳이기도 하다. 베버리지(Beveridge)나 노동당의 역사로 잘 알려졌으면서 또 대처 총리로 유명하기도 하다. 기초보장 차원에서는 정부 개입이 적극적이지만, '기초' 수준 이상에서는 개인의 자립과 선택을 권하는 복지국가이다(최영준 외, 2017). 영국의 복지국가는 베버리지 보고서 이후 1970년대까지 급속히 확장하다가 IMF로부터 지원받으며 처음 축소되었다. 교육, 보건, 복지 분야 예산삭감은 전후 역사상 처음이었다.

그런 이유로 복지국가에 대한 비판이 쏟아졌는데, 대략 5가지로 정리된다. 첫째, 경제학자들은 복지국가에 드는 자원이 너무 많아 생산영역에 경제적으로 투자할 여력이 없다. 둘째, 정치가들인데, 복지급여가 근로 동기를 줄여 사람들을 의존적이고 도덕적으로 무책임하게 만든다. 셋째, 일하면서도 복지급여를 받고 지하경제에서 수입을 벌면서 세금을 내지 않는 부정수급과 탈세가 복지국가의 기본원칙을 훼손한다. 넷째, 운영에 거대한 관료제가 필요해 비용도 많이 들지만, 관료주의가 수요자보다 공급자와 자신들에게 유리하게 운영한다. 다섯째, 좌파의 비판인데, 복지국가가 사회 변화에 적절히 대응할 만큼 유연하지 않다.

한편 대처의 복지정책 기조도 6가지로 정리할 수 있다. 첫째, 사회보장급여의 삭감으로, 1980년 예산에 반영되었다. 1982년에는 「사회보장과 주거급여법」으로 실업급여와 장애급여에 조세를 부과하고, 소득 비례 부가급여(1965년 도입)는 폐기했다. 노령연금은 기존 급여가 아니라 물가를 기준으로 조정했다. 이때 물가보다 임금 상승 속도가 빨라 연금 가치가 하락하여 1981년 평균 임금의 23%였던 연금이 1995년에는 15%로 줄었다. 둘째, 제도의 간소화와 재량권 제한이다. 1984년 사회보장 체계 전반에 대한 대대적 검토작업과 1986년 「사회보장법」 입법으로 자산조사급여와 운영을 단순화했다. 가족소득보조(FIS)는 가족공제(Family Credit)로, 보충급여(SV)는 소득지원(Income Support: IS)으로 대체했다. 지원이 아니라 대출이기에 신청자가 줄고, 소득지원도 25세 이상과 미만으로 단순화하여 재량급여를 줄였다. 셋째, 민간보험을 통한 자조 강조다. 민간 연금보험과 계약하면 조세 혜택을 주었다. 넷째, 공공서비스의 민영화다. 1987년 선거 승리로 세 번째 집권하면서다. 1988년 「교육개혁법」으로 지방정부의 교육 통제력을 줄이고, 교육 예산을 개별 학교로 옮겼다. 주택에서도 지방정부 권한을 줄여 임차인은 정부가 아니라 주택조합에 통제받게 했다. 다섯째, 사회서비스에서 지역사회 보호의 강조다. 개인과 가족, 민간기관, 국가의 협조 속에서 서비스를 제공하는 제도로 변화하였고, NHS에서도 공급자와 구매자의 분리(1990년 「국민건강서비스 및 지역사회보호법」 NHS and Community Care Act)와 일반의가 연간진료비 범위에서 진료소를 운영(일반의 기금운용제도 GP Fund-Holding)하게 하였다. 이는 또 다른 민영화다. 여섯째, 사회복지의 부정적 이미지 강화다. 부정수급을 강조하고, 특정 수급자 집단을 비난하며 특히 실업보험을 구직수당(Jobseeker's Allowance)으로 바꾸고 적극적 구직활동을 수급 조건으로 삼았다. 또 6개월이 지나도 재취직이 되지 않으면, 자산조사로 수급 자격을 결정하였다(최복천 외, 2018). 그러나 대처 정권에서도 사회복지 예산이 GDP에서 차지하는 비율은 줄지 않고 오히려 늘다가 1986년에 19%로 정점을 찍은 뒤 1%씩 줄기 시작했다(1990년 16.3%).

이들 정책 기조 중 커뮤니티 케어(지역사회 돌봄)의 중요성은 다음과 같다. 사실은 이 안에 민영화와 간소화 같은 기조들이 들어있고, 서로 연계된다. 「국가보건서비스와 지역사회 돌봄법」(National Health Service and Community Care Act: NHSCCA)이 제정(1990년)되어 발효(1993년)되면서 시작되었다. 하지만 그 정책 유산은 1960년대부터 정신보건 영역에서 탈시설화(deinstitutionalization)가 사회적 공감대를 얻으며 시설 병상 수 감소와 지역사회 복귀로 이어진 걸 들 수 있다. 대처 정부에서는 1980년대 초 지역사회 돌봄(care in community)에서 지역사회에 의한 돌봄(care by community)으로 국가 역할의 축소와 민간부문의 역할강조와 연결하였다. 그런데 부작용이 나왔다. 지역사회 돌봄에서 민간의 역할 확대로 재가복지서비스가 오히려 위축되고 지역의 민간복지시설 서비스공급자가 돌봄의 주역이 되고, 시설의 탈피가 아니라 지역 민간복지 시설로 옮겨진 것이다. 이를 바로잡기 위해 지역사회 중심의 서비스 강화 주장이 1980년대 말부터 이어졌다.

1970년 「지방정부 사회서비스법」(Local Authority Social Service Act)은 지역사회에 기초한 사회서비스 강화와 지방정부의 사회서비스국(Social Service Department) 설치를 통한 통합적인 서비스 제공 강화방안이었다. 대처 정부는 공공부문 축소와 민간 영역의 확대를 위해 공공부문에 시장 메커니즘을 적용하려고 기업가 출신 그리피스(Roy Griffiths)에게 보건의료 및 사회서비스 영역 검토를 맡겼다. 그리피스는 보건의료 및 사회서비스를 담당하는 영국의 NHS(National Health Service)와 지방정부의 공급자 역할과 구매자 역할을 구분하는(purchaser-provider split) 내용의 보고서(The Griffiths Report, Community care: an Agenda for action, 1988)를 제출한다. 결국 NHSCCA를 제정하여 보고서 내용을 실현하였다. 사회서비스는 지방정부가 구매자로 계약을 통해 서비스를 구매하여 시장 거래화를 유도했다.[13] 대신 지방정부의 공급자 역할을 축소하여 민간 공급자가 성장할 수 있게 하였다. 목적은 제한적인 버금 시장(quasi market)을 일으켜 상호 경쟁할 수 있게 하기 위해서였다. 보건의료 분야에서는 1차 의료 담당 GP(General Practitioner)에게 비응급 입원 서비스의 예산 집행 권한을 부여해 구매자(GP fundholding) 역할을 하게 하였다. 구매자인 GP fundholding과 공급자인 NHS의 병원 간 서비스 거래와 경쟁으로 공공영역에서 한정된 내부시장(internal market)을 일으키기 위해서였다(장원모 외, 2019).

(2) 금융위기와 복지지출 축소

경제위기 직전인 2006년 국내총생산(GDP)의 41% 정도였던 정부 지출이 경제위기 여파를 최소화하는 과정에서 2010년 GDP의 48%, 2011년 80%를 넘어섰다. 캐머런 정부의 공공부문 축소와 복지 감축 결과 정부 지출은 2015년 기준 42%까지 감소했다(OECD, 2017). 2009~2010년을 기준으로 영국 정부 지출의 약 42%가 보건과 복지 부문에 쓰였다. 교육 부문까지 포함하면 영국의 사회정책 지출은 전체 정부 지출의 약 53%나 된다. 이처럼 정부 지출에서 사회정책 비중이 무척 높아서 공공부문 축소는 곧바로 복지 긴축으로 이어진다. 복지정책 확대가 경제위기를 부른 게 아니라 금융과 경제구조 탓인데 근본 개혁 없이 복지프로그램과 공공서비

13) 지방정부 사회서비스국의 돌봄 관리자(care manager)는 개별 이용자의 욕구를 파악하여 욕구 충족을 위한 적절한 돌봄 계획을 세우고 필요한 서비스를 민간 자원 부문에서 구매하는 돌봄 관리(care management)를 맡았다. 지역사회 내 민간 사회서비스로는 중간시설(halfway house), 거주시설보호(residential care), 주간보호(day care), 가정봉사원서비스(home help service) 등이 있다.

스 삭감에만 집중했다는 비판을 받았고, 정부 지출 감축이 정부 부채의 감소로 이어지지도 않았다. 오히려 감세 등으로 정부 부채는 2016년 기준 GDP 대비 약 90%까지 증가하였다.

자산조사 급여나 노동시장에 관련된 급여들이 삭감되었다. 통합 급여(universal credit) 도입으로 복잡하던 복지급여 체계를 단일 창구로 통합하고 수급 조건을 강화해 소득보조 대상을 줄이려 하였다. 통합 급여는 직업이 있고 없고 따지지 않고 근로세액 공제, 아동세액 공제, 주택 급여, 소득보조, 구직자 수당 중 자산조사형 급여와 고용 · 지원 수당을 모두 대체하였다. 이렇게 제도의 단순화로 행정 효율성을 강화하고 복지급여를 전반적으로 절감할 수 있었다. 관련된 감축 수단과 금액 관련한 내용은 의미가 크다. 먼저 근로 계층의 급여 관련 지수(index)를 소매물가지수(Retail Price Index: RPI)에서 소비자물가지수(Consumer Price Index: CPI)로 바꿔 약 52억 파운드, 근로세액공제(Working tax credit) 삭감으로 10억 파운드, 2013~2014년도부터 거의 모든 근로 계층에 대한 복지급여에 연간 1% 한도(cap)를 적용하여 16억 파운드, 기타 급여의 인상률 조정으로 약 15억 파운드를 감축하였다. 아동수당은 2011년부터 동결하여 2014년까지 약 11%의 삭감 효과로 매년 10억 파운드를 절감하였다. 그 밖에 고소득층(연간 5만 파운드 이상의 소득자)에게 지급하던 아동수당 감액, 그중 연간 6만 파운드 이상의 고소득자는 아동수당 지급 대상에서 배제하여 연간 6억 파운드를 절감하였다. 그렇지만 이러한 긴축정책이 근본적인 변화를 불러오지는 못하고 다양한 작은 변화를 낳는 데 그쳤다. 이를테면 빈곤이나 불평등 실태가 서서히 악화되는 변화 같은 것이다.

(3) 노인복지와 고용 및 장기 요양

영국은 1976년 고령사회 진입 후 아직 18% 수준이 유지되고 있다. 고령인구 비중이 2025년 20%, 2036년 30%, 2051년 40%로 급속히 증가할 걸로 전망되는 한국과 달리 영국은 2026년 20%, 2036년 23.9%, 2046년 24.7%로 매우 점진적 증가세가 예상되고 있다(복지타임즈, 2023.04.11).

그래도 노인인구와 노인인구 비중의 꾸준한 증가는 국가의 재정에 부담 요소로 작용할 수밖에 없다. 영국의 공공지출에서 노인 관련 지출 비중은 매우 높은 편이다. 65세 이상 노인 대상 국가기초연금(State Pension)은 사회보장 지출 항목 가운데 그 비중이 약 40%로 가장 커서 2018년 GDP 대비 4.6%에 해당한다. 게다가 의료와 장기요양보호를 비롯한 사회복지 서비스도 노인에게 집중된 상황이다. 따라서 고령인구의 증가는 재정 압박의 요인이 될 수밖에 없는 구조다. 1990년대 중반 25~27% 수준이던 노인빈곤율(중위소득 60% 미만)은 1997년 노동당 집권 이후 꾸준히 감소하여 2011~13년에는 13%까지 줄었다. 적극적인 연금급여 개선정책, 민간연금 수급 노인 수의 증가, 노인의 주택 점유율 증가 등에 따른 결과다. 1999년 4월에는 연금 수급권이 없는 노인을 위한 공적부조인 최저소득보장(Minimum Income Guarantee) 제도를 도입했다. 그리고 2003년 연금 크레딧(Pension Credit)으로 이름이 바뀌어 계속 이어졌다. 2011년에는 노인 연금 가치 보전을 위한 삼중보안(Triple Lock)제도를 도입하여 연금급여의 현재 가치 유지를 보장하였다. 아울러 민간연금을 수급하는 노인이 증가하면서 은퇴 후 소득도 증가하였다. 노인 주택 점유율 증가(2017/18년 자기 집 보유한 노인이 80%)와 임대료 상승도 노인 소득 증가에 보탬이 되었다. 영국 전체 인구 빈곤율에서 주거비 지출 전보다 주거비 지출 후 빈곤율이 더 높게 나타나는데, 이는 노인빈곤율에서 감소와 연결된다(이승영, 2020).

국가재정의 부담은 결국 노인 혹은 고령자 고용 문제와 연결된다. 영국에서 노인의 고용은 1990년대까지 문제로 의식되지 않았다. 오히려 청년 실업 문제를 해결하기 위해 1977~88년 고령 근로자의 조기퇴직을 장려할 정도였다(Job Release Scheme). 고령 근로자의 퇴직 장려는 정도의 차이는 있지만 대부분의 OECD 국가에서도 나타났다. 이유는 양호한 조건의 조기퇴직제도로 고령 근로자가 노동시장에서 벗어나도록 유인하는 '유인 요인(pull factor)'과 정기적 경기침체, 경쟁 심화, 기술 변천, 산업과 조직의 구조조정 등 고령 근로자의 수요 감소를 초래하는 환경변화나 기업 경영자의 인식 같은 '배출 요인(push factor)'의 상호 작용 때문으로 해석된다. 그러다 1990년대 출산율 감소, 평균 수명 연장, 인구 고령화 등의 사회적 환경 변화에 따라 고령자의 노동시장 참여율 하락에 대한 우려가 커졌다. 복지비용과 비경제활동인구에 대한 경제활동인구의 부양률과 관련한 우려 때문이었다.

게다가 고용의 평등 대우를 기본 틀로 하는 유럽연합 고용지침(European Employment Directive: 2000/78/EC)의 연령차별 관련 지침에 따라 영국은 2006년 10월부터 고용과 직업훈련에서의 연령차별을 금지하는 고용평등(연령)규칙(Employment Equality(Age) Regulations)을 시행하였다.[14] 모든 연령대가 적용 대상이지만, 특히 50세 이상의 고령 노동자와 25세 미만의 청년 근로자에 대한 차별 완화가 중점이다. 이 규칙은 2010년 「평등법」(Equality Act, 2010년)이라는 연령, 인종, 장애, 종교 및 신념, 성적 지향 등에 따른 차별을 금지하는 단일 법률로 통합되어 목적과 취지를 계승하고 있다.

이 법에 따르면 65세를 기본 정년으로 정하고 65세 미만에 퇴직을 이유로 해고하는 것은 불공정한 해고 및 차별이다. 2011년 4월부터 65세 기본 정년의 폐지가 점진적으로 적용되어 2012년 10월부터 예외 없이 적용되어 기업의 정년은 연령차별로 규율된다. 그러나 사용자가 기업 운영을 위한 효율성과 필요 같은 경제적 요소를 입증하거나 개인의 건강, 복지 및 안전상의 이유로, 혹은 직무 수행에 특정 훈련조건이 필요한 경우 등 객관적 정당성을 갖추면 강제 퇴직 연령을 정할 수 있다.

국가연금의 재정지속성을 높이고 고령자의 노동시장 참여를 장려하기 위해 2011년 제정한 「연금법」(Pensions Act 2011년)에는 국가연금 수급 개시 연령을 점진적으로 상향하는 내용이 담겨 있다. 당시 60세인 여성의 국가연금 수급 개시 연령은 2018년까지 65세로 높아져 남성과 같아지고, 2020년까지 남녀 모두 66세로 늦춰졌다. 아직 법으로 정해지진 않았지만, 2028년까지 67세로 높인다는 정부 발표가 있다. 게다가 기대여명에 국가연금 개시 연령을 연계하는 새로운 연금 개시 연령 산출로 70세까지 연금 수급 개시 연령을 늦출 수도 있다는 전망이다. 연금 받

---

14) 영국은 2016년 유럽연합 탈퇴 여부에 관한 국민투표에서 탈퇴 찬성 51.9%, 반대 48.1%로 탈퇴가 결정되어 2020년 1월 말 공식 탈퇴가 완료되었다. 그로부터 3년이 지난 2023년 브렉시트(BREXIT)의 효과는 예상과 달리 부정적으로 나타났다. 첫째, 사회복지와 관련하여 2023년 1월 말 지역별 소득 · 생산성 · 범죄 · 공공지출 등 12가지 사회 지표를 바탕으로 650개 선거구별 상황을 〈블룸버그〉 통신에서 자체 평가한 '지역 균형 발전 지수' 결과에서 영국의 균형 발전이 브렉시트 이전인 2019년에 비해 도리어 후퇴한 걸로 확인되었다. 특히 탈퇴 찬성 지역의 사정이 더 악화하여 반대 지역과의 소득과 생산성 격차가 오히려 더 커졌다(한겨레, 2023.02.01.). 둘째, 무역에서도 실적이 마이너스를 보이는데, 단적으로 독일의 대외무역투자(GTAI)의 조사에 따르면 브렉시트 이후 3년간 영국이 독일의 대외무역에서 차지하는 경제적 중요성이 계속 줄어 2022년에는 체코에게도 밀려 10위권 밖으로 밀려났다(한겨레, 2023.02.04.).

는 나이를 계속 늦출 가능성이 큰 현실에서 정년의 폐지로 퇴직 후 연금 수급 때까지의 공백기를 줄일 수 있다는 면에서 긍정적인 효과가 기대된다(정민아, 2013).

인구 고령화에 따른 인구구조의 변화는 의료보장과 장기 요양 서비스로 대표되는 노인 돌봄 정책의 중요성을 키웠다.[15] 사회보험을 기반으로 한 독일이나 일본과 한국의 경우 노인의 장기 요양 관련 비용은 기본적으로 장기 요양보험에서 책임지고, 보험에 들지 못했거나 들었어도 부족한 경우 세금을 기반으로 한 사회부조로 보충한다. 그러나 애초부터 세금을 기반으로 복지제도 틀을 짠 영국에서는 장기 요양과 관련한 비용 역시 세금을 통해 해결하고 있다. 그러면서 복지 예산의 부족을 막기 위해 재산과 소득을 조사하여 일정 수준 이하의 사람들에게 집중하고 그 수준 이상의 사람들은 본인이 그 비용을 대도록 하였다.[16] 다만, 영국 국가 보건의료서비스(NHS)의 경우 의료보장이 보편적으로 거의 100%지만, 장기 요양 서비스는 민간 시장에 의존하며 본인 부담금이 있다는 점에서 차이가 있다. 더구나 영국이 고령사회에 진입하던 때인 1976년 경제위기로 IMF 구제금융을 받아야 했던 위기의 시기였다. 다른 유럽 국가들과 마찬가지로 탈시설, 재가 중심의 정책을 추진했지만, 유난히 탈시설이 부진하여 요양시설과 병원 장기 입원 등으로 인한 재정 부담을 덜 수 없었다. 결국 신자유주의에 기반한 대처 총리의 보수당 정권 등장과 함께 제반 복지 서비스의 지역화, 민영화, 시장화가 본격화되기 시작했다.

국가 중심의 복지 서비스를 시장원리에 맡기고, 지방정부 산하의 재가 및 요양 분야 공공시설을 민간기관에 매각한 것이다. 그 영향은 서비스 공급 주체의 교체로 그치지 않고 서비스 이용자에게도 이어진다. 무료 서비스 범위가 좁아지고, 유료 서비스 범위가 넓어지며, 이용 요금도 올라간다. 다른 한편, 서비스 이용 행태도 달라지는데, 전에는 장기 요양 분야 전문가들 중심으로 서비스 이용 행태가 결

15) 영국 장기 요양 서비스와 관련한 내용은 전용호(2018)와 복지타임즈: http://www.bokjitimes.com/(2023.04.11.)를 참조하여 정리하였다.

16) 앞에서 설명했듯이 같은 영국이라도 스코틀랜드는 이런 재산/소득 조사 없이 보편적으로 누구나 세금에서 그 비용을 댄다. 사회복지 역사를 보자면 재산과 소득의 조사에는 예산 문제 말고도 정의 혹은 공정(받아 마땅한 사람과 그렇지 못한 사람의 구분)의 차원도 들어 있다. 아울러 잉글랜드에서 장기 요양에서 간호와 의료 분야는 광역지자체에서, 그 외 사회적 돌봄은 기초자치단체에서 비용을 부담한다. 물론 기초자치단체의 재원에는 중앙정부의 지원금과 이용자의 본인 분담금이 포함된다.

정되었다면, 이제 시장에서 서비스 이용자의 선택권이 넓어졌다. 이 선택권 보장을 촉진한 게 1996년 도입한 현금 급여였다. 이용자들에 서비스 선택과 통제 권한이 크게 향상된 것이다. 다만, 전체적으로 국가의 노인 장기 요양 정책 대상자가 줄었을 뿐이다. 또 하나, 지방정부가 책임져야 하는 노인 장기 요양이고 보니, 지방정부의 재정 능력이나 정책 의도 등에 따라 지역 차이가 크다는 점도 있다. 똑같은 상태라 하더라도 지역에 따라 이용할 수 있는 무료 서비스가 현저히 다르다는 형평성 문제는 '돌봄서비스의 공정한 접근'(Fair Access to Care Service, FACS, 2003)으로 전국 수준의 일정한 평준화 노력으로도 해소되지 않았다. 2016년 기준으로 노인이 서비스를 이용하며 부담하는 비율이 평균 41%였지만, 상대적으로 빈곤한 북동부 지역이 18% 수준이었고 고소득층이 많은 잉글랜드 남서부 지역에서는 54%나 되었다.

영국의 노인 장기 요양은 '사회적 성인 돌봄'(adult social care)이라는 종합적인 돌봄 체계 안에 함께 두고 있다. 특히 사회적 성인 돌봄은 다음과 같이 크게 세 가지 범주로 구성되어 있다. 첫째, 돌봄 욕구 수준이 낮은 이들을 위한 예방 차원의 돌봄이다. 지역사회에서 고립되는 일이 없도록 하는 방문 서비스, 만성 질환자를 위한 안내와 교육 프로그램 등으로, 이들이 돌봄 욕구 수준이 상승하는 걸 최대한 늦추는 게 목적이다. 둘째, 돌봄의 욕구 수준이 중간 정도인 이들을 위한 조기 개입 서비스이다. 재활을 통해 병원 조기 퇴원과 독립적 활동 지원, 집에서 건강과 복지 상태 모니터링, 돌봄 제공자 지원 등이 여기 해당하며, 역시 돌봄 욕구 수준의 상승 속도 완화가 주안점이다.[17] 특정 시간에 방문하여 상담심리치료와 대화를 통해 노인의 정신 건강을 책임지는 '우애 방문원'(Friendly Visitor) 서비스나 운전할 수 없는 노인들의 예약 진료, 모임이나 회의에 참석을 위한 동반 서비스도 첫째와 둘째 범주에 포함된다. 셋째, 돌봄 욕구 수준이 높은 이들로 장기 요양 서비스 대상자들이다.

노인 대상의 사회적 돌봄을 서비스 시간을 기준으로 '단기 요양'과 '장기 요양'

---

17) 한국에서도 이 단계까지는 노인 장기 요양보험에서 나서지 않고 지자체의 노인복지와 자원봉사로 대처한다.

으로 나누기도 한다. 단기 요양은 서비스 시간에 제한이 있는 돌봄 패키지를 의미한다. 개인의 독립성 강화와 지속적인 지원이 필요하지 않도록 하는 예방에 주 목적을 두고 있다. 이는 위의 첫째와 둘째 범주에 속한다. 다만, 정부의 장기 요양 분야 예산 절감으로 이 예방 차원의 서비스들마저 줄어들면서 머지않아 높은 수준의 요양이 지속적으로 필요한 노인들 수의 증가에 따른 악순환에 빠질 위험도 있다. 반면 서비스가 지속적인 장기 요양 서비스는 광역지자체가 책임지는 간호-의료서비스와 기초자치단체가 책임지는 사회적 돌봄서비스로, 돌봄이 이루어지는 장소와 관련하여 재가와 시설, 서비스 종류에 따라 요양과 일반적 돌봄(가사)으로 구분된다. 그 밖에 '현금 급여'가 중요한 장기 요양 정책으로 확산도 있다. 지급된 현금 급여 범위에서 서비스를 마음대로 구매할 수 있기에 가장 큰 만족감을 주는 서비스로 파악되지만, 전체적으로 보면 장기 요양 서비스는 개선되기보다 악화하는 경향이다. 영국 장기 요양 서비스는 민영화와 시장화로 서비스 제공 주체가 다변화되고 시장 규모도 커졌지만, 예산의 보수적 운용으로 서비스 수급 자격 조건이 까다로워지면서 보장성이 축소되었다. 서비스 품질의 개선이 일부 있었지만, 이용료 부담이 큰 부분에서 일어난 일일 뿐, 여전히 서비스 품질 문제는 가장 큰 불만 사항인 상태다.

3. 프랑스

1) 정책환경 변화

(1) 석유 파동

프랑스 영광의 30년을 꺾어버린 게 바로 석유 파동이다. 프랑스는 미국이나 네덜란드와 달리 이스라엘에 일방적이지 않고 균형 관계를 유지한 덕에 석유 수출 금지 대상국에 들지는 않았지만, 석유 가격의 인상에는 마찬가지 타격을 받았다. 따라서 프랑스 정부도 에너지 소비 절감을 위한 정책들을 펼쳐야 했다. 조명 광고 금지, 상점 창문 조명, 오후 10시~오전 7시 사무실 폐쇄, 휴일 외에는 밤 11시 이후 TV 방송 금지, 차량 속도 제한 등이다. 1976년엔 긴축정책을 도입했는데, 고율의 세금으로 수요를 줄여 치솟는 물가를 잡기 위해서였다. 그러나 실업과 스태그플레이션, 고물가와 저성장을 막을 수는 없었다. 1974년 인플레이션은 13.7%나 되었고, 1977년에도 여전히 9.4%였다. 1974년 프랑스 실업자는 50만으로 전례 없는 숫자였지만, 1977년이 되자 100만 명을 넘어섰다. 그런데 1979년 상황은 더욱 심각해져, 연료 가격이 12개월 동안 37.3%, 가스 가격 16.3%, 휘발유 가격 15.7% 상승했다. 이런 상황에 실업자는 계속 늘어만 갔다.

1981년 당선된 사회당 프랑수아 미테랑(François Mitterrand, 1916~1996) 대통령은 최저임금 10% 인상, 국영화 단행 등 케인스주의 부양책을 썼지만, 실업률을 낮추지 못하다보니 1981년 초 6.1%에서 1982년 말 7%로 오히려 올랐다. 인플레이션은 1982년 11.8%로 정점을 찍었고, 정부의 국채금리도 15% 이상 치솟았다. 무역적자는 1년 만에 0.8%에서 2.1%로 늘면서, 전후 도입한 물가 · 임금 연동제를 포기해야만 하였다. 결국 세금을 늘리면서 기업의 국제경쟁력을 키우기 위해 프랑화 가치를 인위적으로 낮추다 보니 그 결과 인플레이션은 1983년 9.6%에서 1986년 2.7%로 하락했다. 그래도 실업률은 1983년 말 7.3%에서 1985년 말 9.3%로 오히려 더 올랐다.

(2) 금융위기

2008년 투자 감소로 일자리 52,000개가 사라지면서, 실업률이 7.2%에서 7.4%로 상승하고 구매력도 0.4% 감소했다. 인플레이션이 2.4%에 달하자, 정부는 난방, 운송, 전기에 대한 보조금과 고용 계약 촉진 등으로 구매력 방어를 위해 개입했다. 1987년부터 2006년까지 프랑스도 영국이나 네덜란드 등 유럽 국가들과 마찬가지로 주택 실질 가격이 두 배 이상 상승하다가 2007~2008 금융위기를 맞으면서 급격히 하락하였다. 그에 따른 대안으로 주택담보대출 기간을 줄이는 정책을 펼쳤다. 그런데 이번 금융위기의 피해로 보면 프랑스는 영국이나 독일 등의 국가에 비해 규모가 작았고, 그 덕에 회복이 빨랐다. 그 원인으로 크게 네 가지 정도가 거론된다. 첫째, 정부의 은행 지원으로 중소기업에 대한 대출을 확대하고, 대학 · 재생

에너지 · 전기차 등 미래를 위한 분야에 크게 투자하여 경기를 부양한 덕이다. 둘째, 프랑스가 독일 같은 수출 주도국이 아니라서 세계의 소비 위축 영향을 덜 받았다. 셋째, 영국이나 스페인만큼 신용과 주택 거품이 심하지 않았고 그에 따라 가계부채가 낮았다.[18] 넷째, 공공부문 규모가 커서 경기 침체의 충격을 흡수하고 소비를 유지해 준 덕이다. 프랑스는 노동력의 약 25%가 정부부문이고 정부 지출이 GDP의 절반을 넘는다(이성신, 2010). 특히 실업급여, 교육비 보조, 연금, 의료서비스 등 사회보장을 위한 지출이 GDP의 30%나 되어, 경기침체에도 불구하고 가계의 가처분소득이 다른 나라보다 줄지 않았다.

(3) 인구 고령화

프랑스는 나폴레옹 3세의 제2 제정기였던 1865년에 이미 고령화사회에 진입하여 영국(1930년), 독일(1930년)은 물론 스웨덴(1890년)보다 빨라, 이 분야는 세계 최고에 해당한다. 반면에 고령사회 진입에서는 영국, 독일(서독), 스웨덴 모두 1975년이었던 데 비해 프랑스는 1980년으로 간격이 그중 길었다.[19] 초고령사회 진입은 독일이 유럽에서 가장 빨라 2009년, 스웨덴 2017년, 프랑스 2018년이며 영국은 2025년으로 예측되어 그중 가장 늦었다.[20]

이상에서 보이듯 인구문제에서는 일찍 문제의식을 느끼고 대처한 프랑스가 상대적으로 긍정적인 상황이다. 그렇지만 베이비 붐 세대의 고령층 진입과 기대수명 연장에 따른 고령화는 프랑스도 마찬가지다.[21] 특히 문제는 고령층 인구 비율이 증가하는 반면(65세 이상 인구 2016년 18.8%로 20년간 3.7%), 20세 이하 젊은 연령층은 감소세를 보인다는 점이다(1996년 26.3%, 2016년 24.6% - 1.7% 감소). 그래도 2014년 출산율에서 인구 대체 수준에 근접한 2.0명으로 유럽에서 가장 높다(2020년 1.79명). 다

---

18) 소득 대비 가계부채가 프랑스는 73.3%, 영국 152.9%, 스페인 130.9%, 독일 93.3%, 유로 지역 평균 93.1% 등이다(오태현, 2009).

19) 한국이 18년 걸렸는데, 프랑스는 115년이나 걸렸다.

20) 세계 차원에서 보면 일본(2005년), 이탈리아(2006년), 독일(2009년), 핀란드와 그리스(2015년), 스웨덴(2017년) 순이며, 한국은 2025년에 도달하였다.

21) 프랑스 인구 동향과 아래의 (3) 인구정책은 김영아(2018)를 참조하여 정리하였다.

만, 30세 미만 여성의 출산율 감소가 문제로 지적되지만, 30세 이상 여성의 출산율 증가로 상쇄하는 상황이다.

그러나 지난 2015년 85세 이상 인구가 140만이었지만 인구 고령화 추세에 비추어볼 때, 2060년에는 500만에 이르고, 프랑스 인구 1/3이 60세 이상이 될 전망이다.

2) 정책적 대응

(1) 완전고용 정책의 포기와 긴축재정 - 신자유주의 수용

19세기 말 노동자의 자조적 상호 보험(공제)에서 출발해 노조가 운영 주체가 되고 이어 국가에서 보조금 지급(1905)에 이어 1914년부터 보험(노조)과 복지(국가)를 모두 포함하는 이중의 보험보상제도가 되었다. 1958년 전국상공업고용조합(UNEDIC)에서 운용하는 국가 차원의 의무 보험제도가 들어섰다. 경제성장과 노동력 부족이란 정책환경에서였다. 석유 파동 이후 저성장 경제로 접어들면서 실업률이 급증하기 시작하였다(1973년 40만이던 실업자 수가 1975년에는 85만). 1974년에는 경제 여건이 완전히 바뀌는 시점이었지만, 실업보험 확대(추가 대기 수당과 정리해고 실직자에 급여의 90% 지급)와 완전고용 추구를 멈추지 않고 케인스 학설을 바탕으로 한 경기 역행 정책을 펼쳤다.

그러나 1976년 정부는 완전고용 정책을 포기하고 긴축재정으로 돌아서며 케인스주의에서 멀어지고 신자유주의를 수용하기 시작하였다. 실업률 증가에 따른 재정 압박이 가장 큰 문제였는데, 실업급여 감축 등의 제도 개선책이 시도되었다. 특히 1979년 통과된 법은 재정 압박을 줄이기 위해 실업급여를 네 가지로 구분하였다. 변화의 핵심은 실업급여를 줄여 노동시장 진입을 유도하는 것이다.

① 특별수당: 해고 노동자에게 임금의 90%를 지급하는 '추가적 대기 수당'을 60세 미만 해고자에 대해 12개월만 한정 지급하는 '특별수당'으로 대체

② 기초수당: 해고된 노동자를 대상으로 나이에 따라 지급 기간을 차등화한 실업급여

③ 소득보장금: 해고된 60세 이상 실직자 대상 급여

④ 일시 지급형 수당: 노동시장 신규 진입 청년층과 독신모 구직자 대상

1982년 정부의 재정으로 운영되는 '연대기금'을 도입하며 보상 기간을 가입 기간에 연동하도록 제도를 바꿨다. 완전고용의 포기와 고실업 시대로의 전환, 케인스주의 정책의 포기와 신자유주의 노선 선택은 노동비용 감축과 노동시장 활성화 정책으로 이어졌다. 그 밖에 실업 감소를 위해 노동시간 단축을 통한 일자리 나누기 유도 정책이 도입되었다.[22] 1984년 보험제도와 사회부조의 연대 제도가 분리되면서 실업자 사이에 불평등이 심해졌다. 1984년 이후 보험재정의 위기에 따른 긴축 조치로 사정은 더 악화하였다. 이에 1980년대 중반부터 이른바 생산적 복지 차원에서 실업자 취업 유인, 최저생활보호제도(RMI) 수혜자들의 취업 유인(1998년부터) 또는 강제적 근로 활동 사업 참여 등의 정책을 펼치기 시작하였다.[23]

1977년부터 완전고용 추구와 점진적으로 거리를 두기 시작하고 경제 경쟁력 회복에 무게를 실으며 산업의 구조조정을 지원하고 외국인 근로자와 55세 이상 근로자의 조기퇴직을 유도하고, 청년 세대의 취업 지원과 실업보상 제한 등 신자유주의 정책으로 옮겨갔다. 1981년 미테랑 좌파 정부에서 잠시 완전고용 정책으로 돌아가며 수요 촉진, 고용 창출(특히 공공부문), 노동시간 단축(주 40시간에서 39시간, 5주째 유급휴가 도입 등), 노동인구 축소(청년 교육 · 훈련프로그램, 60세 정년퇴직, 조기퇴직 도입) 등 케인스주의 정책을 다시 펼쳤다. 그러나 고용이 증가하지는 않고 재정적자만 늘자 1983년부터 다시 신자유주의로 정책 방향을 바꿨다. 그러면서 거시경제의 긴축정책으로 사회보장비용(실업 보상과 연금) 감축과 실직자 직업훈련과 창업 독려, 노동시간 규제 완화 등의 정책을 펼쳤다.

1986년 정권이 교체되면서 노동시장 정책에 신자유주의 경향을 강화했다. 노동시장의 경직성을 실업 원인으로 보고 구조조정에 의한 해고에 정부 개입 배제, 계약직과 임시직 등 비정규직 시간제 고용 방식 활성화 등 유연성의 회복과 특정 그

22) 「오브리법」(Aubry Law)으로 프랑스 법정 근로시간을 임금삭감 없이 주당 39시간에서 35시간으로 단축하는 소위 근로시간 단축 지도촉진법이라고도 한다.

23) 고용과 실업보험 정책은 Anne Eydoux(2004)를 발췌 정리하였다.

룹(청년 근로자, 장기 실직자, 무자격자 등)의 노동비용 경감에 중심을 두었다. 1992년에는 실업보험 재정 균형을 위해 보험료가 인상되고 보험급여는 감액하였다. 1992~1993년부터는 노동시간 단축과 노동유연화 정책이 혼합되었다. 고용정책은 특정 계층(청년층, 장기 실직자, 무자격자 등) 중심 대신 일반적 정책(노동비용 감축, 노동시간 단축, 고용 창출 프로그램 등)으로 바뀌었다.

(2) 고령사회 고용 및 연금정책

노동력의 급속한 고령화(민간부문 노동자 중 50세 이상의 비율이 1995년 17%, 2000년 20%, 2008년 24%)와 관련 문제들을 인지한 프랑스 노사 당사자와 정책담당자들은 고령자의 고용 유지를 위해 다음과 같은 여러 정책을 시행하였다(Frédéric TURLAN, 2013).

① 공공부문 조기퇴직 제한
② 2003년 연금개혁으로 보험료 납부 기간을 연장하면 연금 수령액 증액
③ 고령 근로사 고용에 관한 2005년 전국직업협약(ANI)과 후속 조치인 2006~2010년 고령자 일자리정책 종합계획. 여기에는 국민의 고령자 고용 유지 의식 고취, 고용-퇴직의 원활한 이전, 실업 고령 근로자의 노동시장 이동 경로 단순화, 고령자 고용 문제에 대한 사회적 대화 활성화 등 포함.
④ 2007~2008년 조기퇴직 및 강제 퇴직 독려 기업에 증세
⑤ 퇴직자 취업 제도의 자유화
⑥ 2009년 사용자가 나이를 이유로 근로자를 해고할 수 있는 연령 하한선(mise la retraite)을 65세에서 70세로 조정
⑦ 2009년 고령 실업자의 구직의무 면제 축소. 이 면제제도는 2012년 전면 폐지되어 고령 실업자도 실업수당을 받으려면 구직활동을 입증하도록 바뀜

프랑스 정부의 고령자 고용 유지를 위한 정책의 주요 특징은 법제의 강행 조치와 노사 간 자율원칙의 혼합이다. 2008년 제정된 고령자 고용 유지를 위한 사회복지재정에 관한 법은 근로자 50인 이상 기업이 노사 간 교섭을 통해 55세 이상 고

용 유지 대상 근로자 수와 50세 이상 채용 대상 근로자 수를 결정하도록 강제하며, 이를 이행하지 않으면 총인건비의 1%에 해당하는 벌금을 부과하였다. 노조 측은 협약 실행의 장치 미비를, 사용자 측은 교섭 의무의 강화를 비판했지만, 이 법안이 노조와 사용자에게 고령자 고용 문제를 인식하게 했다는 점은 긍정적으로 평가된다. 고령 근로자의 경제활동참가율이 남녀 모두 증가하여 55~59세 남성은 2000년 59.7%에서 2010년 69.2%, 60~64세 남성은 2000년 11.1%에서 2010년 20.2%였다. 여성 55~59세는 2000년 46.3%에서 2010년 61.4%, 60~64세는 2000년 10.3%에서 2010년 17.7%로 높아졌다. 이러한 경제활동참가율의 증가 속도가 지난 10년간 점차 빨라졌다는 점도 주목할 만하다.

2023년이 프랑스 연금개혁의 원년이 되리라며 집권 초기부터 5년 넘게 연금개혁을 추진하던 마크롱 대통령이 정치생명을 걸었다.[24] 프랑스 출생률은 2020년 기준 여성 1인당 1.83명(미국 1.64, 독일 1.53, 한국 0.837), 기대수명 82.18세다. 1960년 연금 수혜자 1인당 연금기여자는 4명이던 게 2019년 1.71명이 되었다. 이는 2040년 1.5명에서 2070년에는 1.2명이 되리란 예상이다. 더구나 베이비부머(1945~1975년 출생)의 은퇴가 이어지는 상황에서 2030년 연금 적자가 135억 유로(약 18조원)에 달할 거라며 개혁을 당장 해야 한다는 게 정부 입장이다. 프랑스 법정 정년은 62세(독일과 이탈리아 67세, 스페인 65세)로 낮은 편이라, 2030년부터 정년을 65세로 올린다는 게 마크롱의 개혁인데, 국민 70% 정도가 반대하는 상황이라 정책의 추진과 성사 여부에 관심이 쏠렸다. 지난 2023년 1월 31일 파리에서 최소 100만 명이 참가하는 연금개혁 저지 시위가 열리는 등 마크롱 대통령의 연금개혁은 커다란 장벽 앞에 놓였다(한국일보, 2023.01.31). 그러나 여러 번에 걸쳐 과격한 시위들이 있었지만, 헌법재판소의 합헌 결정과 함께 연금개혁 법안은 서명되었다.

(3) 인구정책 - 출산 장려 정책

정책 유산으로 볼 때 인구정책만큼 다양하고 풍부한 정책도 보기 힘들다. 그중

---

24) 마크롱(Macron)의 연금개혁은 공약에도 있었지만, 대중적으로 지지받지 못했고 또 노조가 강력히 반대하며 저항한데다가(2019년 대규모 파업), 2020년 코로나19의 대확산으로 진척을 보지 못했다.

에서도 출산율은 100년 이상 정치가들의 주요 관심사였다. 대표적인 게 1939년의 「가족법」(Code de la Famille)이라는 출산율 장려를 위한 가족정책이다. 핵심은 다자녀 가구에 대한 지원책으로 출산 장려에 해당한다. 그런 덕에 고령화사회에는 가장 먼저 도달했으면서도 상대적으로 오랜 기간을 거쳐 고령사회에 진입했고, 또 아직 출산율에서는 여타 선진국들보다 양호한 편이다.

그러나 이러한 긍정적인 결과가 출산 장려 정책 덕이라는 데에는 의견이 갈린다. 그보다는 오히려 여성의 고용시장 참여 지원책인 일과 가정의 양립 지원정책 효과가 더 크다는 주장도 있다(Thévenon, 2014). 그렇지만 가족 관련 공공지출이 높을수록 출산율이 높다는 것도 확인되었다(Masson, 2015). 그 덕에 프랑스는 2008년 경제위기 이후 출산율이 현저히 떨어진 다른 유럽 국가와 달리 대체 출산율에 육박하여 유럽에서 최고 출산율을 기록했다. 경제위기 이전에도 프랑스는 GDP의 3% 이상을 가족 관련하여 재정에 지출했다. 2013년 기준 영국 4.4%, 아일랜드 4%, 스웨덴 3.7% 다음 수준이다. 프랑스 가족정책은 이러한 현실을 받아들여 가족수당을 일과 가정의 양립 지원으로 조정하였다.

그렇지만 프랑스도 계속된 재정적자에 2012년에는 가족수당을 동결하고, 가족 지수 관련한 세제 감면과 영아 보육수당의 상한선을 낮추고, 2015년에는 가족수당을 소득수준과 연동하였다. 그러면서도 저소득 가정에 가족보조수당을 상향조정하고 아동 보육시설을 확장하면서 추가 시설의 수용인원 10%를 빈곤선 기준 이하 가정 자녀로 할당하는 등의 정책을 병행하였다.

(4) 노인 장기 요양 정책

프랑스에서 인구 고령화 대비 정책과제에 대한 논의는 1970년대 중반부터 시작하였지만, 노인의 장기 요양이 사회문제로 떠오른 건 1980년대 말이었다.[25] 그렇지만 이렇다 할 정책 유산도 없는 상태에서 1990년대 초까지 별다른 정책을 세우지 못하고, 그 이후 1997년 '피부양 특별수당'(prestation spécifique dépendance: PSD)이 도입되었다. 건강보험의 보호를 받지 못하는 노인들의 돌봄서비스 비용을 충당하

25) 프랑스 장기 요양 정책은 르비앙·마르탱(2018)과 박혜미(2016)을 참조하여 정리하였다.

기 위한 것이다. 용어 자체의 수동성과 의존성이 주는 부정적 인상 때문에 2002년 '개인 자립 수당'(Allocation Personnalisée d'Autonomie: APA)으로 대체되었다. 이후 2004년 연대와 자립 상실에 관한 법을 제정하여 연대자립기금(CNSA) 설립으로 재정 압박을 완화하였다. 2009년에는 「병원, 환자, 보건 영역법」(Hospital · Patients · Health Territories ACT) 제정으로 중앙정부 차원의 광역 기구인 광역 보건국을 설립했다. 이 기구로 기존의 광역지자체와 기초자치단체의 보건 행정을 아우르며 사회적 돌봄 영역까지 확장하였다. 2015년 「고령사회적응법」 제정과 함께 프랑스 장기 요양 정책이 전환점을 맞았다. 의존성 개념에 기반한 보상적 · 의료적 접근방식에서 탈피해 예방과 '건강한 노화'를 지향하기로 한 것이다. 이 법에서 규정한 정책 중 중요한 게 3가지다. 첫째, 자립성 상실 예방과 노인고립의 예방 및 퇴치(2017년 기준 약 2,361억 원). 둘째, 민간 주택 개량 프로젝트(2017년까지 8만 채)와 자립 요양원 시설 개선(2017년 약 1,072억 원). 셋째, 재가 돌봄 우선으로 자립성 상실 노인 지원(2017년 약 5,873억 원) 등이다.

기본적으로는 프랑스 노인 장기 요양 서비스도 영국처럼 조세를 재원으로 한다. 그런데 영국에서는 기초자치단체에서 책임지지만, 프랑스에서는 (코뮌과 레지옹 사이) 중간자치단체인 데프라트망에서 관리하였다. 총예산이 50억 유로(약 6조 3800억 원)인데, 70%를 데프라트망에서, 나머지 30%는 2004년 노인과 장애인을 위해 설립한 자립연대기금(CNSA)에서 조달한다.[26] 그렇지만 중앙집권의 전통이 강한 프랑스에서 장기 요양과 연결되는 사회, 보건, 의료 등의 정책 영역은 중앙정부, 광역지자체 레지옹, 중간지자체 데파르트망과 기초자치단체 코뮌이 복잡하게 얽힌 모습이다. 국가 차원의 정책을 정부가 법률로 정하면, 보건과 사회 분야 정책운영과 재정은 각 지자체의 행정에서 책임진다. 노인 장기 요양 영역의 정책 설정과 개인 자립 수당의 재정 조달과 운영은 특히 데파르트망에서 맡고, 지역 돌봄서비스를 관리한다. 2004년부터 추진된 지방 분권화에 따른 조치이다. 기초 지자체에서는 노인복지 분야 정책을 자체로 개발 · 운영할 수 있다.

26) 2003년 유럽을 강타한 폭염으로 프랑스에서 14,802명이 사망한 사건이 계기가 되었다. 전에 경험하지 못한 무더위와 열대야, 게다가 많은 이들이 휴가를 간 시기라서 제대로 대처하지 못한 탓이었다. 외곽 냉동고까지 동원했지만, 시신이 제대로 처리되지 못했을 정도였다.

60세 이상에 장기 요양 서비스 필요가 확인되면 누구에게나 지급되는 점에서 소득과 재산 조사로 나누는 선별적인 영국과 달리 보편적이다.[27] 요양 필요성 정도는 4등급으로 나누는데, 요양 등급 판정과 그에 따른 '돌봄 계획'은 지방의회(Conseil général) 소속 의료사회팀(EMS: Equipe médico-sociale)에서 관리한다.[28] 이에 따라 결정된 장기요양수당은 무엇보다 재가 돌봄서비스와 연결되는데, 대체로 활동 보조인 고용 비용으로 쓰인다. 이 서비스 이용자는 2018년 기준 75만 명이었고,[29] 먼저 가족과 친지의 돌봄을 받고 거기 더하여 전문가가 전문 서비스로 지원하는 방식이다.

APA 급여는 재가와 시설로 구분되고, 판정 등급과 개인별 지원 계획(plan d'aide)에 따라 현금 또는 현물 급여 방식이다. APA의 재가급여에는 요양 서비스 제공 인력의 고용, 복지 용구 구매, 주택 개보수 비용, 주야간 보호서비스와 단기 보호 서비스 이용, 원격서비스 이용 등이 있다. APA의 시설 수급자는 선택한 기관이 책정한 등급별 '의존성 요금(tarif dépendance)'의 비용을 지원받을 수 있으며, 급여액은 개인별 등급과 소득수준에 따른 본인 부담금(ticket modérateur)에 따라 산출된다.

프랑스의 장기 요양 서비스 범주는 3개로 구분할 수 있다. 첫째, 사회 · 보건 서비스로 재가와 시설 모두에 해당한다. 재가 돌봄 및 간호 서비스를 제공하는 시설 수는 2014년 기준 11만 7,093개로 비영리단체와 공공 사회적 돌봄 프로그램에서 서비스를 제공하는 종사자는 2011년 기준 53만 5천 명이다. 민간 회사에서 노인 돌봄 종사자는 2008년 기준 전체 종사자의 4%였다. 다음 시설에는 노인 주택과 민간 요양원(EHPAD)이 있다. 2015년 입법한 「고령사회적응법」에서 우선시한 것인데, 노인에게 맞도록 개조한 아파트로 혼자 생활이 가능한 노인들이 주로 이용한다. 이는 기초자치단체에서 운영하는 공공주택에 해당한다. 민간 요양원은 2015년 기준 75세 이상 인구의 10%, 90세 이상 인구의 1/3을 수용했다. 극빈자의 경우 요

27) 그러나 민간 요양시설을 비롯해 여러 가지 면에서 비슷한 맥락이다.

28) 의존성 등급은 6등급으로 분류하지만, 4등급부터 장기 요양에 해당한다. 4등급 662유로, 3등급 931유로, 2등급 1,375유로, 1등급 1,713유로가 현금으로 지급된다. 현재 60세 이상 인구의 약 8%가 수급 대상이며, 45%가 4등급이다. 85세 이상이 수급자의 50%를 차지하고 있으며, 여성이 수급자의 3/4에 달한다.

29) 베이비 붐 세대가 고령에 이르는 2030-40년이 되면 200만에 달할 것으로 추산된다.

양원 입소 비용을 지원받을 수 있다. 영국에서 선택한 정책과 비슷한데, 프랑스는 민간 요양원에만 적용한다.

둘째, 돌봄의 조정과 통합 범주다. 보건 분야와 사회적 돌봄 영역의 전문가들, 장기 요양 정책 관여 기관 등의 협력을 촉진하기 위한 것이다. 1996년 설립된 '노인 돌봄 네트워크'가 대표적이고, 최근 돌봄의 지속성 담보를 위한 자립성 촉진 통합 돌봄 프로그램(MAIA), 자립성 상실 위기 노인 프로그램(PAERPA), 돌봄 조정 플랫폼 지원 프로그램(PTA) 등을 도입했다.

셋째, 비공식 돌봄 종사자 범주다. 프랑스 역시 공공 프로그램이 가족의 돌봄을 대체하진 못한다. 2011년 기준으로 비공식 돌봄자의 비율은 48%에 달한다. 20%는 돌봄 전문가에게, 32%는 전문가와 비공식 돌봄자 양쪽의 서비스를 받는다. 말하자면 노인 장기 요양을 책임지는 사람 10명 중 8명이 가족과 친지라는 말이다. 프랑스는 이런 사정을 고려하여 (배우자 44%, 딸 20%, 아들 13%, 아버지나 어머니 13%)2015년 고령사회적응법 제정으로 돌봄 관리자(care manager)의 역할을 강조하는 한편, 이들의 활동을 지원하는 데 초점을 둔다. 그에 따른 지원의 종류는 6가지다. ① 노인과 장애인 돌봄 대상자를 위한 돌봄 휴가제 ② 돌봄자 휴가권 도입에 따른 휴가비 연간 최대 500유로 지급 ③ 2009년 「보건법」으로 비공식 돌봄자 훈련 제공 ④ 2013년 국가 포털과 지역정보조정센터(CLIC) 설립으로 가족에게 필요한 정보를 제공하는 서비스 ⑤ 돌봄자와 피돌봄자를 위한 조언과 해결책을 제안하는 돌봄 휴가 플랫폼 등이다. 이런 내용은 궁극적으로 돌봄자 휴가를 통해 부담을 덜어주고 돌봄 노동의 지속 가능성을 키운다는 정책이었지만, 2015년 조사에 따르면 휴가를 이용하는 사람들은 응답자의 7%에 불과하고 돌봄 휴가에 관해 아는 사람들이 드물었다.

프랑스 노인 장기 요양과 관련하여 제기되는 문제는 대략 5가지다. 첫째, 서비스 제공의 투명성 부족으로 적절한 서비스를 찾기 곤란. 둘째, 사회적 돌봄서비스 비용 문제로서 의료비는 건강보험이 보장하지만, 사회적 돌봄서비스 비용은 가족에게 상당한 부담이다. 요양원 비용 중 극빈자를 위한 사회주택 수당을 빼면 월 약 191만 원에서 약 223만 원이 든다.[30] 셋째, 지역 격차가 크다. 법은 프랑스 전역에 적용되지만, 각 정책은 데파르트망과 지역보건소들이 집행하기에 특히 시골

지역은 도시에 비해 재가 돌봄서비스나 간호 서비스가 양적으로 부족하다. 넷째, 노인 돌봄서비스의 품질 문제다. 사회적 돌봄서비스의 대부분은 '개인 서비스' 영역으로 누구나 서비스를 제공할 수 있다는 전제에서 노인과 장애인의 욕구를 충족시키면서 새로운 일자리도 만드는 두 마리 토끼를 기대하였지만, 양적 성장이 질적 성장으로까지 이어지지 않았다. 1980년대 말 이 분야 학위과정이 생겼고, 2002년과 2016년 종사자 훈련프로그램의 개선이 있었지만, 여전히 훈련 수준이 낮다. 보건과 사회 영역 전체에서 돌봄 종사자의 62%가 학위가 없다. 불안정한 근로조건이나 불충분한 훈련과 그에 따른 부정적 사회적 인식으로 이 직종이 인기가 없기 때문이다. 특히 2011년부터 2015년까지 입소자 수는 늘었지만, 요양원 종사자 수는 그대로다 보니 노동쟁의도 빈번하다. 다섯째, 재정적 지속 가능성 문제다. 프랑스에서는 기존 시스템이나 조직 또는 기관과 전문가들의 연계와 조정, 예방역점, 기술적 해결책 개발 등으로 이 문제의 해결을 도모하는 중이지만, 「고령사회 적응법」에서 규정한 7억 유로라는 예산 자체가 부족한 게 문제다. 결국 독일처럼 사회보험 형태의 장기 요양보험 도입을 검토했지만, 비용 충당의 문제를 해결하지 못하여 2012년 사르코지 정부에서 무산되었다.

(5) 제4차 산업혁명과 기본소득

2021년 프랑스는 기본소득 방향으로 가는 정책들을 시작한 바 있다. 먼저 정부는 구직활동을 조건으로 실직했거나 학업 중이 아닌 청년층을 대상으로 매월 최대 약 500유로를 지급하는 청년 수당제를 발표하고 전국에서 시행했다. 구직이라는 조건과 대상자 조건이 기본소득과 거리가 있지만, 이제까지 전국 차원 정책으로는 기본소득에 가장 가깝다. 파리시의 경우 2021년부터 기본소득제도 시범사업을 벌였고, 기본 수당제와 16~25세 청년 수당제이다.

프랑스 기본소득제도 계획에 애초 불을 지핀 건 2017년 사회당 대표 후보(브노아 하몽, Benoit Hamon)의 제안이었다. 세후 월 수익이 2,200유로 이하 가정에 600~800

---

30) 프랑스는 건강보험, 영국은 세금 기반의 NHS라는 점만 다르고 의료비가 거의 100% 해결된다는 점과 장기 요양 서비스의 경우 자기 부담이 상당하고 점점 더 커진다는 점은 같은 양상이다.

유로의 기본생존 수당을 지급하자는 제안이다. 2020년 마크롱 대통령이 기본 수당제(Revenu universel d'activité: RUA)를 계획했으나, 코로나19 여파로 실제 실행으로 옮기지는 못했다. 나이 기준의 대상자(18~25세 혹은 65세 이상) 제한, 청년 수당제 확대, 사회적 주거지역 주민 대상, 소득과 관계없이 몇 개의 지역구 대상 등의 방안을 검토했다. 재원은 기존 장기 비소득자 정부 지원금(RSA, 2009년 도입)과 사회편입 최소수당(RMI, 1988년 도입), 주거 보조금(APL), 활동 수당제(la prime d'activité) 등을 재편하여 하나의 체제로 통합하여 마련하였다. 동시에 장애인 수당, 노인 수당, 25세 미만 청년 수당까지 포함할지는 계속 논의하기로 했다.[31] 그리고 2021년 2월에는 사회당 소속 의원들이 청년 최소수당제(minimum jeunesse) 도입을 제안하였다. 현재의 장기 비소득자 정부 지원금(RSA) 제도가 25세 이상이 대상이라 대상자가 되지 못하는 18세 이상 사회초년생일수록 기본수당이 절실하며 특히 코로나 19 상황에서는 더욱 절실하다며 18세부터 매달 564유로의 기본소득과 5,000유로의 보조금 지급을 주장했지만, 국회의 해당 위원회에서 거부하여 실제 실행되지는 못하였다. 그러나 코로나 파고가 가라앉지 않자 그동안 극구 반대하던 사람들도 기본소득 밖에 달리 길이 없다는 쪽으로 바뀌는 분위기다.

파리시의 최소 소득보장제(Revenu minimum garanti) 혹은 기본소득제(Revenu universel)의 목적은 실직 혹은 학업 중단, 은퇴한 시민 등에게 이직이나 창업을 위한 최소한의 지원을 제공한다는 것이다. 런던의 한 협회에서 13명의 노숙자를 대상으로 한 기본소득제 실험과 2019년부터 인구 2만 3천 명 규모의 그랑 생뜨(Grande-Synthe) 지역에서 실시한 최소 사회보장제(minimum social garanti)가 모범사례로 제시된 바 있다. 그러나 이 역시 코로나19로 실행에 옮겨지진 못했다.[32]

31) 최인숙(2019)은 RMI와 RSA가 기본소득으로 가는 징검다리 역할을 했다면서, 한국의 기본소득 관련하여 다음 세 가지를 권고한 바 있다. 첫째, 기본소득 실현에는 복지제도 확대가 먼저 필요하고 기본소득 개념이 담긴 정책들의 꾸준한 개발이 필요하다. 둘째, 복지수준이 미흡한 현 단계에서 기본소득제 도입은 큰 모험이다. 셋째, 국민과 꾸준한 논의와 기본소득 개념의 정립과 표준화 모델 개발이 필요하다.

32) 프랑스 기본소득제는 다음 홈페이지를 참조하여 정리하였다.
https://www.si.re.kr/node/65344, 2023.02.03.

4. 독일

1) 정책환경의 변화

(1) 석유 파동 - 민영화와 시장원리 강화

두 차례 석유 파동을 거치고 경제적 · 사회적으로뿐만 아니라 인구통계학적으로도 압력을 받았다. 경제불황이 성장 둔화와 고용 문제로 이어지면서 연금재정에 부담이 커지는데, 실업자가 많아지며 지출은 급증하는 악순환을 낳았다. 〈표 8-2〉처럼 석유 파동 여파가 작용한 1975년부터 1985년까지 실업률이 거의 두 배씩 뛰었고, 1985년과 1996년에는 1인당 순소득마저 감소한 지표를 볼 수 있다. 다만, 1996년 인구의 가파른 증가는 1990년 동서독 통일의 결과다. 표에서 보이는 1990년은 아직 통일 전 상황이다.

석유 파동이 발생한 1973년 말 중동의 상황은 다소 완화되었는데, 그것은 산유국들이 석유 생산량을 다시 늘리기로 했기 때문이다. 그러나 가격 인상은 그대로 고수하자는 정책을 펼쳤기 때문에 경제적 어려움은 지속될 수밖에 없었다. 독일인들의 관심이 가장 컸던 자동차 운전과 속도 제한은 해제되었지만, 여파는 수그러들지 않았다. 그러다가 다시 유가가 몇 달 만에 4배로 뛰었다. 1974년 석유 수입 비용이 전년도보다 거의 153%나 증가하자(230억 마르크), 자동차 판매가 멈추고 자동차 제조업체는 작업시간을 줄여야만 하였다(생산량 18% 감소). 건축 자재 생산업체, 화학 산업, 철강 생산업체의 상황도 마찬가지다. 자전거 제조업체만 판매가 24% 증가하였고, 1973년 273,000명이던 실업자 수가 1975년에는 100만 명을 넘어섰다. 그러자 독일 정부는 외국인 근로자 채용 동결을 선포하였다. 노사 간의 긴장 관계가 고조되면서 정치적 분위기도 예사롭지 않자, 안정성장 기조로 전환할 수밖에 없었다. 실업 증가로 인한 사회보장지출 부담 증대, 기업 이윤율 저하, 재정수지 악화 등으로 분배의 위기로 이어지며 노사 간의 협력 분위기가 비우호적으로 변하였다. 아울러 실업 증가로 EU 이외 국가의 외국인 노동자 취업을 금지하여 노동 공급 확대도 제한되었다. 정책 면에서는 안정성장을 위한 총수요관리를 강화하고 분배와 복지 중심의 복지국가를 지향하는 등 정부 개입을 확대하였다. 1974~82년 중 GDP 성장률은 연평균 1.6%에 그쳤다.

▌표 8-2▐ 독일 경제성장 지표(1950~1996)

연도	경제 성장률(%)	인구(1,000명)	실업률(%)	노동자 1인당 순소득(DM)
1950	–	49,989	–	7,730
1955	9.1	52,382	8.3	10,405
1960	6.8	55,433	3.1	13,038
1965	4.7	58,619	0.8	19,196
1970	4.2	60,651	1.2	23,573
1975	2.2	61,847	2.1	26,335
1980	3.3	61,538	4.2	28,397
1985	1.2	60,975	8.1	26,869
1990	3.4	63,254	8.3	30,265
1996	2.0	81,971	9.3	27,756

출처: Lampert, 1998; 김욱 외, 2021에서 재인용

1982년 기민당(CDU)[33]과 자민당(FDP)[34] 연립정부가 출범하면서 경제정책이 시장원리를 더 강조하는 방향으로 바뀌었다. 기업규제 완화, 전력, 통신, 항공 등 기간산업 공기업의 민영화, 기술집약형 성장산업 육성을 위한 연구 · 개발 투자 지원 강화 등으로 이어졌다. 사회보장제도는 재정적자 감축을 위해 축소하려 하였으나 노조의 반대로 실패하였지만, 1983~1990년 독일 경제는 금융위기로 수출에 어려움을 겪으면서도 연평균 2.9%의 견실한 성장을 지속하였다.

33) CDU(Christlich Demokratische Union Deutschlands)는 1945년 결성된 중도우파 빅 텐트 정당으로서 콘라트 아데나워, 루트비히 에르하르트, 헬무트 콜(Helmut Kohl, 1930~2017), 앙겔라 메르켈 같은 연방 총리를 배출한 정당이다.

34) FDP(Freie Demokratische Partei)는 1948년 창당되었으며 CDU와 비슷한 성향의 중도우파 정당인 기민당/기사당(Christlich-Soziale Union in Bayern)과 차이점은 고전적 의미의 자유주의를 내세우고 있다는 점이다. 그 때문에, 정치적으로 보수주의 경향이지만, 기민당과 사안에 따라서 차이를 보인다.

(2) 2007~2008 세계금융위기

금융위기 여파로 세계 경기가 침체하면서 수출 의존도가 높은 독일 경제는 2008년 2/4분기 이후 매우 어려워졌다(수출증가율: 2006년 13.6%, 2007년 8.4%, 2008년 2.8%). 이에 두 차례 걸쳐 경기부양책을 썼는데, 1차 경기부양은 투자증대에 초점을 두어 320억 유로를 투입했다. 2차 경기부양은 500억 유로 규모로 공공투자 확대와 세금과 사회보장 기여금 인하 등으로 소비 진작을 유도했다.[35] 하지만 정부자금이 가장 큰 규모로 투입된 곳은 금융시장 안정(5,000억), 은행 자금거래에 대한 정부보증(4,000억), 금융기관 자본금 확충과 부실자산 인수(800억 유로) 등 금융 쪽이었다.

(3) 독일 통일

1989년 11월 9일 베를린 장벽이 무너지고, 1990년 10월 3일 동독(DDR)의 공식해체와 함께 「서독 기본법」에 따라 5개 주가 각기 서독(독일연방공화국 BRD)에 자치주로 가입하면서 동·서독 통일이 이루어졌다. 300여 개의 수많은 공국으로 나뉘었던 독일이 1871년 독일 제국으로 통일된 것을 독일통일(Deutsche Vereinigung)이라 불렀기에 이번 통일을 두고 독일 재통일(Deutsche Wiedervereinigung)이라고 한다. 통일에서 양쪽이 약속한 건 화폐(동·서독 마르크)의 1:1 교환, 경제와 사회 차원에서 서독의 질서에 통합한다는 것이었다. 사회적 시장경제의 도입과 더불어 연금과 건강보험과 같은 서독의 사회보장 체계가 동독으로 이전되었다. 통일이라고 하지만 냉철하게 분석해 보면 흡수통합인 셈이다. 그에 따라 동독의 국유기업과 재산은 민영화·사유화되었다. 그 과정에 경쟁력이 떨어지는 동독지역 경제가 급속히 붕괴하면서 동독 주민의 생활 안정을 위해 막대한 공공자금이 지출되었다. 엄격한 고용 보호 제도로 기존 취업자는 고용이 보장되지만, 신규고용은 제약되었다. 사회보장 지출 증가로 기업과 가계의 조세부담이 높아져 투자와 소비위축에 이어 장기실업의 원인이 되기도 하였다. 그 덕에 동독지역의 실업률이 급격히 증가할

35) 자동차 산업 지원을 위해 새 차 구매에 한시적으로 300만 원 규모(2,500유로) 보조금을 주고 개별 소비세를 면제하기도 하였다.

수밖에 없었다. 화폐의 동률 교환으로 잠시 풍요를 맛보았지만, 장기실업은 불안과 불만 요인이었고, 특히 여성들의 실업률이 높았다. 통일 이후 독일 경제는 막대한 통일비용과 노동시장 경직, 막대한 사회보장지출 비용 등으로 장기침체를 겪었다(1992~2002년 연평균 경제 성장률 1.4%).

(4) 인구 고령화

1932년에 고령화사회에 진입한 독일은 1947년 고령사회, 2009년 초고령사회에 진입하였다. 1973년부터 인구변화가 심각해졌는데, 사망자 수가 출생자 수보다 많은 최초의 국가가 되었기 때문이다. 1964년 출생자 수 120만으로 정점에 다다랐다가 오늘날은 대략 67만 3천에 불과하고, 지난 15년 동안에만 22%가 감소되었다. 예측에 따르면 이런 경향이 계속되다가, 40~50년 뒤 독일은 사망자와 출생자 비율이 2:1에 이른다. 이런 인구변화는 사회보장체계에 영향을 미칠 것이고, 무엇보다 재정적 지속 가능성이 위험해진다. 건강보험뿐만 아니라 연금보험도 적립식이 아니라 할당식이라서 현재 보험자가 내는 보험료가 직접 필요한 급여의 재정으로 쓰이고 있다. 이런 방식이 안정되기 위해서는 할당 절차에서 지출보다 수익이 장기적으로 안정적이어야 한다. 그런데 인구변화로 받아야 할 사람은 늘고 보험료를 낼 사람이 줄면 엄청난 생산성이 아니고서는 지속될 수 없다.[36]

한편, 이런 부정적 시나리오는 단순 수치에 따른 것이고 부양 문제도 경제활동인구 대비 전체 인구 비율인 '전체 인구 부양 비율'로 따지면 2013년 1인당 2명에서 2060년까지 2.2명으로 증가 폭이 크지 않다는 주장도 있다. 이 주장에 따르면 이런 정도 변화는 시간당 생산성이 1992~2014년 사이 평균 증가율인 1.4%씩만 높아지면 얼마든지 소화할 수 있다(김근홍, 2018). 그렇지만 생산성 향상이 AI를 비롯한 자동화에 따른 결과로 결국 실업자 양산과 소수의 자본증식과 빈부격차 심화로 이어진다면, 긍정적인 시각도 빛이 바랠 수밖에 없다.

36) 독일 인구고령화에 관련된 내용들은 다음 홈페이지를 참조하여 정리하였다.
http://www.foerderland.de/managen/personal/talent-management/demographischer-wandel/die-entwicklung-in-deutschland/ 2023.07.28.

2) 정책적 대응

1980년대 이후 꾸준히 증가하는 실업률이 사회문제가 되면서(1980년 3.3%에 1년 이상 장기실업자 비중 12%인 10만 6천, 1983년 8.1%에 장기실업 28.5로 약 64만), 재통일 이후 실업은 더 심화되어 실업부조에 따른 재정 악화에 저성장(통일 이후 2003년까지 GDP 성장률 2% 미만)으로 악순환을 벗어나지 못하던 상황이었다. 게다가 세계화와 고령화 문제가 가시화되며 구체적인 변화가 필요하던 차에 1998년 녹색당(Die Grünen)[37]과 연정으로 집권한 사민당(SPD) 게르하르트 쉬뢰더(Gerhard Schröder, 1944~) 정부는 2002년 노동시장 개혁인 하르츠(Hartz) I-V 그리고 2003년 고용 창출과 경제 활성화를 위한 소위 Agenda 2010으로 대대적인 개혁에 나섰다.[38]

(1) 사회복지 확대를 통한 해결 추진

1949년부터 1970년대 중반까지 독일의 사회복지는 그야말로 확장일로의 전성기였다. 서독 복지제도의 근간은 고용의 양과 질을 꼽을 수 있다. 1970년대 중반까지 실업률 1%대의 완전고용은 넉넉한 사회보험 급여의 원천이었다. 독일의 기본법[39]에서는 사회보험과 관련하여 연방에 입법권을 두고, 특별행정법원으로 사회보장법원(Sozialgerichte)을 설치해 사회보험 문제를 다루게 하였다. 1954년 연방 행정법원은 시민의 사회부조 급여 청구권을 인정하면서, 1962년 연방사회부조법에서 청구권을 명시하였다. 1962년에는 사회법전 제12권에 고령이나 수발 필요, 질병과

37) 250여 개 생태 · 환경 단체들이 연합하여 환경보호와 핵 폐기를 주장하면서 1979년 창설된 독일 좌익 계열 정당이다. 90년 독일 통일 후 동독의 동맹 90(Bündnis 90)과 통합하여 동맹 90/녹색당(Bündnis 90/Die Grünen)이 되었다.

38) 폭스바겐(Volkswagen)의 이사인 페터 하르츠(Peter Hartz, 1941~)의 이름을 따른 것으로부터 명명되었다. 쉬뢰더(Schröder)가 주지사였던 니더작센이 폭스바겐 주식 20%를 보유했고, 하르츠는 연방 총리가 된 쉬뢰더와 함께 노동시장 개혁을 이끌었다.

39) 베를린이 수도인 이상 서독의 수도는 임시 수도(본)라고 한 것처럼, 통일되어야 프로이센과 독일제국에서 썼던 「헌법」(Verfassung)이란 말을 쓰기로 하고 그때까지는 「기본법」(Grundgesetz)으로 불렀다. 통일 후 수도는 베를린으로 옮겼지만(1991년 결정, 94년 대통령 집무실 이전과 99년 국회 이전과 함께 이전 완료), 통일 협약이 이 기본법에 따라 이루어졌기 때문에 동독 지역과 관련한 일부 내용만 수정하고 그대로 기본법이 헌법을 대신하였다. 독일 헌법과 관련하여 헌법재판소(das Bundesverfassungsgericht)만 '헌법'이란 말을 담았다.

사회적 어려움에 부닥쳐 지원이 필요한 상황에서 도움을 주는 특별생활보호(Hilfe in besonderen Lebenslagen)라는 급여를 추가하였다. 이미 수발 문제가 사회보장 영역에 들어온 셈이다(Klie, 2020).

1957년 고령 연금개혁으로 연금 수입을 노동자 평균 임금 수준과 연계시키고 상당 기간 연금을 제대로 받지 못하게 설계된 적립식 재정을 세대 간 계약 방식인 부과식으로 바꾸었다. 즉, 부과식은 지금 일하는 사람이 일할 수 없는 사람들을 책임지는 방식이다. 1967년 사무직 노동자 의무보험 소득 상한 규정 폐기로 누구나 연금보험에 가입할 수 있게 했다. 특히 독일 국적이 아니라도 독일 내 주소지를 갖거나 상시 체류 요건만 갖추면 16세 이상 누구나 연금보험에 가입할 수 있도록 하였다. 더 나아가 위험 발생 이후에 사후 급여로 보호하던 기존 사회보험 운영방식에서 사전 예방에도 힘을 쏟도록 개선되었다. 예컨대 의료보험에서는 질병의 예방 차원과 조기 발견을 중시하였고, 1975년 낙태를 의료보험 급여 대상으로 포함하였다.

그러다 1970년대 중반 이후 세계 경제의 침체는 독일에도 영향을 미쳤다. 1970년대 후반부터 사회보장 축소를 위한 다양한 계획이 시도되었지만, 지출은 계속 증가하였다. 이러한 상황에서 1982년 집권한 기민-기사당의 연립정권(헬무트 콜 정부)은 사회보장정책을 보수적으로 운영하기로 하였다. 훌륭한 경제정책이 바로 최선의 사회보장정책이라는 관점의 변화다. 사회보장 급여 수준을 당장 줄이진 못해도 일단 확대는 억제하면서 현재 수준을 유지하는 일관된 현상 유지 정책이었다. 사회정책의 주요 원칙으로 효율성과 경제를 앞세우고, 국가 차원보다 지역사회와 자조 정신과 개인 책임을 강조하였다.[40] 그렇지만 사회보장 지출을 줄일 여지는 크지 않아, 결국 1988년 의료보험과 1989년 연금보험 등 사회보장제도의 개혁이 불가피했다. 전체 급여가 GDP에서 차지하는 비중은 1975년 21.6%에서 1985년 27.3%로 증가했고, 1996년에는 최대 29.44%에 이른 뒤 29% 내외에서 안정세를 유지했다.

---

40) 지역과 개인 책임을 앞세우는 건 영국에서 이미 보았던 것이고, 보수주의와 자유주의에서 늘 앞세운다. 다만, 한국에서는 그렇지 않은 것 같다.

1992년부터 실행된 연금보험 1차 개혁(1989년)에서 「노동자연금보험법」과 함께 「사무직 · 근로자연금보험법」, 「광산노동자연금보험법」, 「수공업자연금보험법」 등은 단일한 법률 체계로 통합시켰다. 2차 개혁(1992년)에서는 노령연금 산정 기준을 가입자의 총임금에서 순임금으로 조정하여 실질적 연금총액을 줄여 재정을 안정화하려 하였다. 2001년 개혁에서는 노령연금 수준의 하향 조정으로 사회 고령화와 인구구조 변화에 따른 연금재정의 불안에 대비하면서 민간보험 장려로 개인의 자체 노후보장을 독려하였다. 이를 통해 2005년 조직 운영의 효율화로 연금보험 관리운영비를 절감하였다.

의료보험은 가입자에게 보험사(의료금고) 선택권을 주고, 보험사 역시 의료 공급자를 선택, 계약할 수 있도록 경쟁구조를 도입해 급여 수준과 보험료율을 잡으려고 하였다. 소규모 지역 조합은 통합하고, 조합 간 재정을 균등하게 하도록 1994년부터 조정하게 하였다. 그러고도 노령인구의 병원 장기 이용에 따른 비용 부담을 해소하기 위해 1995년 우리식의 노인장기요양보험과 비견될 수발보험(Pflegeversicherung)을 도입하였다.[41] 문제는 비용도 비용이지만, 여성의 취업 증가와 전통적인 가족구조의 해체, 계속되는 인구 고령화 등으로 지속 가능성이 담보되지 않는 상황이었다. 세계 최초의 사회보험 방식인 수발보험 탄생의 주요 핵심 논거는 두 가지로 설명될 수 있다. 첫째, 노화는 자연현상이지 질병이 아니다. 따라서 수발은 의료행위와는 다른, 독자적 분야여야 한다. 둘째, 사회부조는 특별한 경우에 일시적으로 도움을 주는 제도인데, 자연스러운 노화에 따른 수발에 계속 사용하는 건 애초 취지에 반한다. 그만큼 시설이나 재가 서비스를 받으면서 소득이 모자라 사회부조에 의존하는 노인이 많았다는 이야기다.[42]

석유 파동부터 독일 통일까지 독일의 정책환경 변화에 독일 정부는 사회복지를

---

41) 독일의 수발보험과 우리의 공적노인요양보장제도 사이의 차이점은, 독일의 경우 이미 의료보험제도에서 장기요양서비스에 드는 비용을 상당 부분 급여해 주던 상태라는 점이다. 그러고도 부족한 부분이 있으면, 사회부조로 보완하여 사실상 수발이 필요한 사람들이 아무 보호를 받지 못하고 내몰리는 일은 거의 없다. 그런데 그 바람에 결국 건강보험재정과 사회부조를 담당하는 지방정부 재정의 약화를 초래하였고, 그것이 별도의 장기요양보험인 수발보험 제도를 도입하는 계기가 되었다(김근홍, 2005 재인용).

42) 독일의 수발 관련 정책적 대처는 다른 어느 국가보다 발 빠른 모습이다. 그 일례가 바로 노인수발을 담당하는 직업의 전문직화를 위한 법제화다. 그에 비해 우리는 아직도 수발종사자 육성 관련 제도가 갖춰지지 못한 상황이다(김광선, 2020).

비롯한 전체 사회정책의 개혁으로 대응하였다. 특히 당시 모처럼 정권을 되찾은 사민당 쉬뢰더 정권에서 대대적이고 근본적인 개혁을 추진했다. 통일 후유증과 높은 실업률, 저성장 등으로 '유럽의 병자' 소리를 듣던 상태에서 노동시장 유연화(해고 요건 완화)와 실업급여 개편(지급 기간 단축과 금액 축소), 연금 수령 나이 상향 조정(65세에서 67세로), 세제개혁(부가세 인상과 소득세와 법인세 인하) 등이 대표적인 내용이다(김황식, 2022). 이것이 바로 하르츠와 Agenda 2010이다.

(2) 하르츠 I-V

400만이나 되는 실업자를 절반으로 줄이려는 정부는 노사정 협의체에서 협의를 이끌어보려고 하였으나 모두 반대하자 사상 처음으로 단독으로 개혁입법안을 마련하여 의회에서 통과시켰다. 개혁안은 네 가지 분야에서 진행되었다. 먼저 하르츠 I은 새로운 형태의 일자리 마련, 직업교육 바우처, 기간제 일자리 도입 등을 다루었다. 전국 181개 고용센터(Arbeitsamt)를 노동 관련 각종 서비스를 다루는 일자리센터(Job-Center)로 개편하고, 기간제 파견노동자를 원하는 기업에 근로자를 파견하는 인력알선중개소를 마련했다. 하르츠 II에서는 미니잡 기준을 기존 월 325유로에서 400유로로 올리면서 15시간 이상 근무가 가능하게 하면서 사회보장체계에 통합했다. 미니잡 179만 개 신설이 목표다. 실업자의 창업을 지원하는 1인 자영업자프로그램(Ich-AG Programm)으로 17만 개 창업을 목표로 했다. 하르츠 III에서는 연방고용공단을 현대적이고 고객지향적 서비스 기관으로 개편했다. 연방 노동청(Bundesanstalt für Arbeit)을 연방고용사무소(Bundesagentur für Arbeit로)로 개편하여 고객 센터를 설치하고 정보제공, 자문 제공, 보호 제공 대상으로 실업자를 나누어 관리하면서 실업급여의 수급 요건을 강화했다. 하르츠 IV에서는 장기실업자에게 실업부조와 사회부조를 통합한 실업급여 II의 지급이 골자다. 재산 조사를 전제로 생활에 필요한 수준의 급여로 실업급여 II를 지급하고 적법하게 알선된 일자리를 거부하면 급여를 삭감하게 하였다.[43] 노동과 복지의 연계 강화요, 생산복지의 일

---

43) 실업 수당 II - 기본 실업보험에서 받는 실업 수당 혹은 실업보험금이 실업 수당 I이고, 여기에 국가에서 추가로 지급하는 수당인데, 2023년 시민수당(Bürgergeld)으로 바뀌었다.

환이다.

하르츠 개혁 이후 2006년과 2007년의 GDP 성장률이 OECD 평균 수준을 회복하고, 2000년 이래 처음으로 EU의 평균 경제 성장률을 넘어 2008/09년의 글로벌 금융위기의 성공적 극복과 고용률 개선(60%대이던 것이 2008년 79%)의 발판이 되었다. 특히 출산과 육아 등으로 경력이 단절된 여성들이 미니잡에 몰리면서 2004년 59.2%이던 여성 고용률이 2008년 64.3%, 2009년 77.8%에 이르렀다.

(3) Agenda 2010(2003년 3월)

2010은 EU 차원의 리스본 전략(2010년까지 회원국 고용률 70%, R&D에 GDP 3% 지출 목표)에서 정한 해였다. 쉬뢰더(당시 독일수상)-블레어(당시 영국수상) 초안(1999)에도 담겼고, 2002년 하르츠-위원회 보고서에도 담겼다. 한 마디로 경제성장과 고용 창출, 사회복지국가의 개편과 쇄신이 그 주된 목표였다. 구체적으로 경제, 직업교육, 교육 정책, 노동시장, 의료보험, 법정 연금보험, 가족정책으로 구분된다.

시장경제인 만큼 국가가 직접 일자리를 만들어낼 수 없고 또 공적 투자로 일자리를 지키거나 장만할 수 없기에 사용자 친화적인 조처들로 민간투자를 활성화하려고 하였다. 먼저 마이스터 자격증이 없어도 창업할 수 있도록 수공업법을 개정하여 중산층을 지원하고, 기존의 해고 보호 장치를 완화하여, 노동자의 사회보장(보험) 분담금 인상을 통해 간접 노동비용(Lohnnebenkosten)을 절감시킨다는 전략이었다.

(4) 독일 (재)통일 이후 사회복지 정책적 대응

1990년 동서독 (재)통일 후 서독의 사회보험제도를 동독지역에 그대로 확대 적용하여 사회보장제도도 통합했다.[44] 복지제도를 소득보장과 사회서비스로 나눌

---

44) 1990년 독일의 통일을 재통일(Wiedervereinigung)이라고 하는 이유는 역사적으로 의미가 있다. 하인리히에 이어 오토 대제 때 비로소 처음 독일 자체의 역사가 시작되었다고 할 수 있는데, 그때도 그랬지만 그 이후로 프랑스나 영국처럼 통일국가를 이룬 적이 없었다. 수많은 작은 나라들로 나뉘어 무늬만 신성로마제국(황제는 선출)으로 묶였다가 30년의 종교전쟁(1618~1648)을 마감하는 베스트팔렌조약에서 350여 개 국가의 독립이 재확인되었다. 그러다가 오토 에두아르트 레오폴트 폰 비스마르크(Otto

때 서독은 동독에 비해 소득보장이 강하고 사회서비스는 약했다. 사회보험 소득대체율이 60% 후반에서 70%에 이를 정도였다. 또 서독의 복지제도는 남성이 사회보험에 가입하는 정규직 일자리를 통해 가족을 부양하고 노령, 질병, 실업, 산업재해 같은 사회적 위험이 생기면 사회보험으로 남성 소득자와 그 가족의 생활수준을 보장하는 게 목표였다. 반면 동독에도 사회보험이라는 제도는 있었지만, 소득보장 수준이 낮아 실제 소득을 보장하기는 힘들었다. 반면 사회서비스는 서독과 비교할 때 고도로 발달하였다. 특히 전국적으로 발달한 보육시설 덕에 여성의 직업생활 참여율이 90% 정도로 세계 최고 수준이었다. 2005년 즈음에는 정부도 여성의 경제생활 참여를 뒷받침하기 위해 특히 동독지역 보육 서비스를 확대하는 쪽으로 정책을 바꾸면서 여성의 고용률이 전반적으로 높아졌다. 3세 미만의 아동이 있는 여성의 고용률을 보면 2005년에 43.7%에서 2012년에 60.6%로 급상승했다(황규성, 2016). 보육시설이 저출산과 여성 취업에 크게 보탬이 된다는 건 특히 프랑스에서 확인할 수 있다.

동독지역의 사회보장 수준이 서독보다 낮았던 상태라 그 격차 해소를 위하여 연방, 더 정확히는 옛 서독지역에 통일에 따른 재정 부담(연대세 혹은 통일세)을 지게 했다. 아울러 급여 수준도 줄였고, 실업보험 급여 1~3% 감액, 아동수당 역시 셋째부터는 수당액을 축소하는 정책을 펼쳤다. 모든 아동을 대상으로 했었지만, 1994년 이후 출생자에 대해서는 고소득자 자녀에겐 지급하지 않게 하였다. 나름 막강했던 각종 사회부조의 수혜 자격도 강화했는데, 그 원인은 엄청난 통일비용과 경기 침체에다 높은 실업률이었다.

〈표 8-3〉을 살펴보면 GNP 대비 비율이 줄어든 건 1990년뿐이고, 나머지는 다 올랐다. 1990년 동서독 통일로 사회 예산 총액 규모에서 비교적 많이 증가하였다. 다만 동독 GNP까지 포함되다 보니 그 비율이 상대적으로 약간 감소한 듯하다. 특히 1996년까지 동독 재건에 막대한 비용이 들었다. 50년 사이 국민총생산 대비 비율 증가가 두 배가 되지 않았는데, 예산 규모는 무려 스물여섯 배나 늘었다. 그만

Eduard Leopold von Bismarck)가 힘으로 밀어붙인 통일로 독일제국이 성립한 게 1871년이었고, 그것이 독일의 최초 통일이자 진정한 통일이라 받아들인 듯하다. 그래서 1990년 통일은 재통일로 불리는 것이다.

큼 경제 규모가 커졌던 셈이다.

▌표 8-3▐ 독일 사회보장 예산 추이(1960~2009)

연도	사회보장 예산	국민총생산 대비 비율
1960	28.4	18.3
1970	73.0	20.2
1980	202.7	25.7
1990	314.3	24.1
2000	608.5	29.7
2009	747.7	31.5

1998년 모처럼 재집권한 사민당 쉬뢰더 정권은 변화된 국제 경제 상황에도 중도 노선을 강화하며 시장경제에 대한 적응과 효율적 복지국가, 활기를 주는 사회정책에 사회적 위험에 대한 개인의 책임 강조와 국가 책임 축소 기조는 전임 콜 정권과 아무런 차이가 없었다. 더 나아가 국가 개입은 국민 스스로 자기 문제해결 능력을 기르는 데 중점을 두고 급여를 제한하는 연금개혁 2000으로 보험료를 20.3%에서 19.5% 낮추고 보험료 인상을 억제하였다(김욱 외, 2012).

2000년에는 노사정 위원회에서 조기퇴직과 시간제 근무에 관한 공동선언을 하였다. 그동안 금속노조의 경우 퇴직 연령을 60세로 낮출 것을 요구하였지만, 기업과 재정 부담 때문에 쉬뢰더 정부는 그런 요구를 받아들이지 않았다. 그러자 조기퇴직자 비율이 2000년 14.5%, 2005년 41.2%, 2010년 47.5%로 급격히 늘었다. 이후 정년 연장의 사회적 분위기로 조기퇴직 움직임이 주춤해서 2018년은 23% 정도의 비율이었다. 조기퇴직을 선택하면 연금 수령액 감액(월 -0.3%)이 따르는데, 그것을 받아들이거나 아니면 50세부터 자발적으로 특별 분담금(평균 대략 17,000유로)을 내서 예정된 연금액을 받도록 하였다. 한편, 67세 정년 연장은 2005년 대연정 당시 연정합의각서에 포함하고 이듬해 CDU/CSU와 SPD가 공동 발의한 「노령연금연령제한적응법」(RVAltersgrenzenanpassungsgesetz)으로 확정하였다. 이에 따라 법정 정년을 2012년부터 2029년까지 단계적으로 65세에서 67세로 높이기로 하였다.

(5) 인구정책

독일의 인구정책은 인구변화 시나리오의 어느 한 면에 치우치지 않으려고 한다. 그 특징은 크게 세 가지다. 첫째, 잠재력의 최대한 활용이다. 출산율 제고와 이민 촉진 정책도 중요하지만, 장애인, 출산 후 여성, 중장년과 노인 인력, 사회통합이 어려운 이민 이력자나 학교 중퇴자 등 숨은 인력을 찾아 활용한다. 둘째, 복지와 공동체성 및 사회통합의 추구다. 그러기에 첫째 특징인 잠재력 활용은 생산 인력 문제 해결과 사회통합과 자아실현을 통한 공동체 회복과 사회복지라는 두 마리 토끼를 잡는 데 꼭 필요한 복지정책들로 따로 겉돌지 않고 서로 맞물린다. 셋째, 지속 가능성이다. 인구변화 대응 전략은 에너지와 기후변화, 세대 간 통합, 시민참여에 의한 사회적 공동체 회복, 디지털화와 유연한 교통체계 등의 혁신 투자를 통한 낙후 지역과 외딴 지역의 연결 등을 아우른다. 동시에 사회적 연금제도의 개혁과 효율적 예산집행으로 후세대에 짐을 넘기지 않고 사회의 지속 가능성을 담보하도록 노력하였다. 이에 따라 연방정부는 2014년 초부터 모든 분야의 정책과 관련하여 인구학적 점검(Demografie-Check)이라는 점검표를 도입하여 모든 법령 제정의 전제로 삼게 했다.

인구학적 점검은 2009년부터 모든 법령의 입법 과정에서 그 입법에 따른 영향을 평가하게 했고, 2014년에 의무화되었다. 주로 인구변동과 관련된 영향 평가로 점검 항목이 24개이다. 몇 가지 예를 보면 다음과 같다.

- 이 계획이 미래 출산율 변화에 영향을 미치는가?
- 이 계획이 미래의 유입 및 유출 이민에 영향을 미치는가?
- 이 계획이 연령구조(나이 든 이들에 대한 젊은이들의 비율)에 영향을 미치는가?
- 이 계획이 지역에 따른 인구 분포(광역도시의 증가, 시골 지역의 감소)에 영향을 미치는가?
- 이 계획이 인구와 연령구조에 미칠 변화를 고려하였나?
- 이 계획으로 전체 인구에서 이민 이력자 비중의 점증 여부를 고려하였는가?
- 이 계획이 미래 세대들에 대한 재정 부담(세금 또는 지출 증가, 사회보험료 인상)으로 이어질 수 있는가?

(6) 장기 요양 정책

19세기 말 세계 최초로 사회보험을 시작했던 독일은 노인과 장애인 돌봄에서도 1990년대 사회보험을 도입했다.[45] 노인수발 문제가 처음 부상했을 때 정당별 법안에는 이러한 특성들이 대체로 모두 나타났다. 자민당(FDP)은 사회보험으로 기업에 부담을 주지 말고 각자 민간 보험으로 알아서 해결하게 하자는 안이었다. 시장에 맡기는 미국의 방식이다. 반대로 녹색당(Die Grüne)은 가난한 사람들에게는 사회보험료도 부담이라며 완전한 조세를 통한 해결을 주장했다. 영국, 오스트레일리아, 특히 스칸디나비아 3국과 유사하다. 그러나 중도적인 기민/기사련(CDU/CSU)과 제1야당이던 사민당(SPD)의 연정으로 독일에 익숙한 사회보험이라는 정책 유산을 따라 사회적 요양보험을 선택했다(김근홍 · 박자숙, 1999). 이처럼 커다란 의견 차이를 조정하는 데 무려 20여 년이 걸렸다. 마침내 1995년 재가 돌봄서비스와 부분 시설서비스(teilstationäre Pflege), 1996년에는 시설 입소자 시설급여를 제공하면서 완전히 뿌리를 내렸다.

독일이 (노인) 돌봄의 문제를 사회보험으로 해결하기로 결정을 내리기까지 결정적인 영향을 미친 요인은 3가지로 정리할 수 있다. 첫째, 저출산 고령화로 건강보험과 사회부조로 대표되는 사회안전망의 유지가 어려워졌다. 애초 사회부조(Sozialhilfe)는 예외적이고 일시적인 어려움을 극복하기 위한 사회적 안전망인데, 노년 장기 요양을 사회부조에 의존하는 노인이 많은 현실은 사회부조의 성격에도 맞지 않고 또 지속 가능성도 없다. 또 장기 수발 수요의 증가로 건강보험의 재정에 무리가 왔다. 의학적 치료가 아니라 사회적 돌봄서비스의 필요가 충족되지 못해 병원에 입원할 수밖에 없다면, 비용도 문제지만 정작 의학적 치료가 필요한 환자들에게도 피해가 간다. 노화가 질병이 아니라 자연스러운 현상이라고 강조하는 것은 이 맥락에서 이해할 수 있다.

둘째, 복지 서비스의 시장화와 본인 분담금 도입으로 지속 가능성을 담보하면서 복지수준의 유지 또는 개선을 도모한다. 건강보험에서도 본인 분담금이 생기고 강화되었지만, 장기 수발(요양) 보험법 도입 당시만 해도 독일 사회보험은 완전 보장

45) 이 부분은 맹상기(2022)와 김근홍(2013), 김근홍(2020b)을 참조하여 정리하였다.

지향 체계였다.[46] 그런데 장기 요양보험은 처음부터 보험과 본인(가족 포함)이 비용의 절반씩 부담하고 보험급여 지출이 보험금 전체를 초과하지 못하도록 설계되었다. 그래서 급여의 상한 금액을 정하고 그 나머지는 수급자가 내도록 하고, 다른 한편으로 보험요율안정성(Beitragssatzstabilität)의 원칙에 따라 수발의 필요 정도(등급) 판정을 엄격하게 하였다.

셋째, 현금 급여로 수급자의 선택권을 키워서 시설보다 재가 돌봄서비스의 매력을 키우는 한편, 가족의 돌봄 책임 유지와 지역사회 돌봄을 강조하였다("노후를 보금자리에서"- Zuhause im Alter). 가정에서 가족이나 친지 혹은 시장에 의한 돌봄서비스를 지원하기 위한 급여가 바로 현금 급여다. 장기 요양보험에서 처음부터 현금 급여를 인정한 건 독일이 유일했지만, 그 후 영국과 프랑스의 장기 요양에서도 현금 급여가 도입되었다.

그런 과정에 총 23회 이상의 장기 요양 관련 법률들이 개정되었다. 수발보험 도입 초기에는 법률 개정이나 추가 입법 없이 물가 등 현실변화를 반영하는 일부 개정이 주였다. 2002년 「수발급여보완법」(Pflegeleistungsergäzungsgesetz), 2003년 보험료율 안정화법 등이다. 장기 요양 보험법 시행 10년이 지나면서도 개혁보다 개선을 위한 일부 개정에 머물렀다. 다만 2008년 법 개정은 의미가 각별하다. 자녀를 두지 않은 23세 이상 성인의 보험료에 소득의 0.25%를 추가하였다. 보통 사회보험은 사용자와 고용자가 분담하지만, 이 무자녀 추가 분담금은 본인이 전부 부담하도록 하였다(2008년 7월부터). 출산율 저하가 노인인구 비중 확대 문제를 더욱 키운다는 문제의식에서 마련한 대안이다. 독신자나 자기 의도와 달리 자녀를 갖지 못하는 기혼자는 이중으로 억울할 수 있다. 그러나 자녀를 낳아 교육하여 키우면, 그들이 독일 시민 전체의 노후를 책임지기에 자녀를 둔 사람들의 공을 인정하기 위한 대책으로 보면 공정하다고 볼 수 있다.

시행 20년 이후 비로소 장기 요양 보험법이 개혁적으로 개정된다. 총 3차례 걸친 「수발강화법」(Pflegestärkungsgesetz)이다. 그간 겪었던 시행착오를 개선하고, 장기

46) 독일 건강보험에서 환자가 의료서비스를 받을 때 기관에 서비스당 10유로 이하의 비용을 내는데, 1년 동안 그 비용의 총합이 가구 소득의 2%를 넘지 못하게 하였다. 나머지는 건강보험과 정부에서 부담한다. 만성질환자가 있다면 연간 소득의 1%까지만 부담한다(우경숙 · 신영전, 2022).

요양 보험의 지속 가능성 개선을 위한 수술은 크게 두 가지 차원에서 이루어졌다. 첫째, 요양 등급 평가체계 개선으로 그간 씻기, 옷 입기, 식사 등 필요한 돌봄서비스 제공 시간을 분 단위로 평가하여 등급 판정 기준으로 삼던 것을 2017년부터 자립성 정도를 기준으로 바꾸었다. 둘째, 돌봄 인력정책의 변화다. 2018년 효력이 발효된 수발직업 개혁법은 노인수발과 환자 수발의 직업교육을 통합했고,[47] 수발인력강화법을 통해 13,000명의 인원을 증원하면서 수발 시설의 인력 수준을 적정화하도록 하였다.

이러한 장기 요양 보험법의 개혁적 개정은 수발이 필요한 사람도 가능한 한 독립적이고 자립적으로 되도록 오래 살 수 있게 한다는 법의 목적에 따른 것이다. 그에 따라 돌봄서비스는 신체적 · 정신적 · 심리적 자체 능력의 보존과 회복을 지향하였다. 법 개정에서는 이와 관련하여 3가지 기본원칙을 규정했다. 첫째, 돌봄서비스의 기본원칙은 기능의 유지 혹은 활성화다. 남은 신체기능의 보전을 기본으로 잃어버린 기능의 회복을 도모한다. 둘째, 돌봄 대상자의 의사소통 요구에 특별한 가치를 두어야 한다. 수발 등급을 정할 때 등급을 상향 조정하지 않더라도 대상자가 원하는 바에 최대한 부응하는 방향으로 서비스가 이루어져야 한다. 셋째, 장기요양보험 관련자(요양간병인, 요양간병시설, 시설 근무자, 보험사 등)는 대상자의 가족, 친척, 이웃 또는 다른 시민이 스스로 나서거나 자원봉사활동으로 수발에 참여하여 도움을 줄 수 있는 “공동 책임”의 원칙이 실현되도록 노력해야 한다(독일 사회법전 Sozialgesetzbuch 제11권 제8조). 「장기요양보험법」은 이 3가지 기본원칙 아래 수발 서비스 선택권, 시설보다 재가 돌봄 우선, 재활보다 돌봄 우선, 본인의 자립 유지 노력 등 4가지 돌봄 원칙을 규정하고 있다.

---

47) 3년 교육과정에서 2년은 공통 교육을 받고, 3년째 전공(성인 환자, 어린이 환자, 노인) 심화 교육을 받고, 그 분야 전문 수발 인력이 된다. 여기서 수발(Pflege)은 간호와 돌봄의 통합 개념으로 이해해야 한다. 다만 아직 독일 학계에서도 마땅한 용어를 제시하지 못하고 있다. 현재 (노인)돌봄 인력 중 세계에서 가장 전문성이 높고 사회적 인정의 정도도 높으며, 교육 기간도 가장 길다.

(7) 기본소득

2003년 「하르츠(Hartz)법」으로 실업자 감소와 고용 촉진, 장기실업자 수당 삭감, 노동 봉사나 직업훈련 그리고 미니잡 등으로 일자리 나누기 등 그간 보지 못했던 강력한 개혁을 노동자를 대변한다는 사민당과 녹색당이 주도했었다. 그렇지만 20년의 세월이 흐른 2023년까지도 아직 확실한 개혁 효과가 나타나지는 않았다는 한계를 보였다. 그러자 독일에서도 마침내 기본소득제 이야기가 나오기 시작했다. 2004년 괴츠 베르너(Götz Werner)가 조건 없는 기본소득 이야기를 꺼냈고, 2006년 구체적인 기본소득안을 발표한 바 있다. 물론 독일은 그때까지 주변 국가 핀란드나 프랑스처럼 정부가 나서서 기본소득을 실험할 정도까지 뜨거워지진 않았었다.

2014년 비영리단체 '내 기본소득'(Mein Grundeinkommen) 협회에서 후원금을 모아 1,000유로씩 1년간 지급하는 실험을 시작했다. 1명에게 지급할 자금이 확보되면 추첨으로 대상자를 선정했다. 목표는 생존을 위한 노동을 강요당하지 않고 창의적으로 산다는 심리적 효과를 개별적으로 확인하는 것이었다. 더 체계적인 현장 실험으로 실증적 학술연구가 필요하다는 인식에서 독일경제연구소, 쾰른 대학교, 막스플랑크 연구소의 심리학자, 경제학자, 사회학자로 구성된 연구팀이 '내 기본소득' 협회와 협력하여 2020년 8월부터 기본소득 실험을 계획하자, 순식간에 실험 지원자가 150만 명을 넘어섰다. 연구의 독립성을 위해 정부 지원 없이 시민의 후원금으로 진행하기로 하여서, 이 실험에 드는 비용 총 520만 유로(약 70억 원)는 "내 기본소득"에서 기부금을 모아 충당하는 중이다.[48]

2020년 8월 공모에서 201만 명이 지원하였고, 1차로 1,500명 선정 후 다시 추첨으로 122명을 최종 선정했다(기준: 독일에서 사는 21~40세 1인 가구로 중간 소득자, 소득 기준 50%). 2021년 6월 1일부터 대상자마다 최저생계비를 고려해 매월 1,200유로(약 162만원)를 3년간 지급하였다. 2022년 수입 1,200유로 이하인 경우 모자란 금액만 지급하여 1,200유로씩 지급했을 때와 효과를 분석했다. 다시 2023년부터는 모두에게 1,200유로씩 지급하고, 소득이 1,200유로를 넘으면 나머지 부분에 세금 50% 적

48) 2022년 8월 기준 정기 후원자 200,000명이 매달 878,648유로(약 12억 5천만 원)를 후원하였다. 이 금액으로 당첨된 실험자 약 1,200명에게 매달 1,000유로를 지급했다.

용하며 재원 조달 방식의 설계를 구상했다. 기본소득 대상자는 그 후 생활의 변화나 감정 상태 등에 관한 설문지를 작성해 제출하도록 했으며, 연구진은 기본소득을 받지 않은 집단(1,380명)과 비교해 기본소득의 효과를 검증하고 있다. 이 실험에서 기본소득이 개인과 사회에 미치는 효과에 관한 경제학 · 사회학 · 심리학적 연구가 검증 · 확인해야 할 미래상은 크게 다섯 가지다.

첫째, 디지털화에 따른 일자리 문제: 지루한 노동은 기계에 맡기고 좋아하는 일만 할 수 있을까? 이윤이 남지 않는 일의 가치도 존중할 수 있을까?

둘째, 빈부격차 문제: 생존의 두려움이 사라져 서로 미워하지 않고 더 가까이 다가설 수 있을까?

셋째, 기후변화와 환경 파괴 문제: 생존에 대한 위기감으로 쫓기지 않고 사회 분위기가 좋아지면 환경친화적으로 살 수 있을까? 여유로워져서 열린 마음으로 일관성 있게 환경정책을 실현할 수 있을까? 사람의 성장을 중심에 두어 경제성장이 조금 덜 중요해질까?

넷째, 자유민주주의의 위기 문제: '무조건적 기본소득' 지급은 '체제'가 '사람'에 대해 신뢰를 보내는 것으로, 체제가 사람을 신뢰하면 사람도 체제를 좀 더 신뢰할 수 있을까? 사회가 안정되면 더 나은 민주주의가 가능해지고 포퓰리스트(populist)의 이른바 '단순해법'에 쉽게 속지 않을 수 있을까? 평생 생계가 보장되면 생존에 대한 두려움과 스트레스가 줄어들까? '개인의 동굴'로 숨어들지 않고 사회 참여에 적극적일까?

다섯째, 전사회적 번아웃(burnout) 문제[49]: '무조건적 기본소득'이 실현되면 일과 스트레스에서 벗어나고 인간관계도 좋아질까? 고독과 무기력에서 벗어나 좀 더 단결(연대)할 수 있을까?[50]

그러나 비판 목소리가 상당히 큰데 그 이유는 표본 수가 너무 작은데다가 정부 자문기관이 주도하고 있다는 비판이다. 이 기관에서는 이러한 실험이 정치와 무관하며 찬성도 반대도 하지 않지만, 지금 상황에서 기본소득의 실증적 실험과 평가

---

49) 현재 독일 시민 2명 중 1명꼴로 번아웃 위기에 처해 있다는 통계들도 있다.

50) 이상은 서울시의 세계도시동향(https://www.si.re.kr/node/65427)을 정리하였고, 검색은 2023.07.13. 진행하였다.

는 중요하다는 반박으로 차후 독일 정부의 복지정책에 변화가 예상된다(경기신문, 2021.03.15).

5. 스웨덴

이제까지 살펴본 정책환경의 변화와 그에 대한 나라별 정책 대응들에서 스웨덴은 여러모로 다르다. 전쟁 때도 그랬고, 공황이나 미국발 금융위기 때도 스웨덴은 그리 크게 흔들리는 일이 없었다. 오히려 제3의 길을 간다고 금융 자유화와 자본이동의 자유화로 몰려온 외국자본에 부동산 경기가 갑자기 달아올랐다가 꺼지면서 겪은 자국 내 금융위기의 여파가 더 컸다. 그에 따른 핵심들 몇 가지를 살펴보면 다음과 같다.

1) 석유 파동과 정권 교체

1973년 석유 파동에 스웨덴 경제가 어려워지자 1932년 이후 한 번도 교체된 적 없는 정권이 우파 정당으로 교체되었다. 그런데 우파 정권도 1979년 제2차 석유 파동으로 다시 정권을 좌파 사민당에 넘겨주고 만다.

정권 교체로 복지정책은 그동안 꾸준히 확장, 발전하던 경향성을 벗어나 최대한 억제하려고 했으나 정책환경의 변화로 오히려 그러지 못했다. 예컨대 1977년 노동자의 경영 참여권 보장(MBL)과 1978년 5주 휴가제는 사민당이 추구해오던 정책이지만, 우파 정권으로서도 막을 수 없었다. 아울러 석유 파동에 따른 물가 상승으로 서민들이 어려움을 겪자 최저생계비 지급, 다자녀 아동 가정에 추가 아동수당 지급 등 사민당과 별다른 차별점을 보이지 않았다. 그러고도 두 번째 닥친 석유 파동으로 1982년 다시 사민당으로 정권이 교체되었다.

정권을 되찾은 사민당은 본래 정책 방향대로 꾸준히 사회복지를 확장하여 갔다. 일례로 1986년 고등학교와 대학교까지 무상교육에 포함하였고, 1974년 360일이던 육아휴직을 1989년에 연장하면서 국가가 세금으로 지원하였다. 특히 1980년대 출산율 저조 현상이 이어지자 파격적인 육아휴직 제도와 각종 육아 지원 프로그램 제도를 도입하였다.

2) 세계화와 금융위기

1982년 재집권하면서 경제침체에 대한 처방으로 '제3의 길'이란 정책을 추진한 사민당은 1985년부터 세계화 물결을 거스를 수 없다는 진단에 따라 자본시장을 개방하였다. 여기서 제3의 길이란 민간 산업 부문의 경쟁력 강화로 스웨덴 경제를 살린다는 것인데, 그러니까 공산주의나 사회주의도 아니고 순수 자본주의도 아니라는 뜻이다. 아울러 중앙은행의 통제를 풀고 은행의 대출과 자본의 이전을 자유화시켰다. 그러자 외국 자본금이 밀려오면서 경제가 달아오르고 부동산 가격이 폭등하면서 물가도 덩달아 8~9%까지 상승하였다(정기혜 외, 2012b). 결국 1990년대 초 스웨덴은 영국과 함께 외환위기를 겪으면서, 1930년대 대공황과 비교할 정도의 충격을 겪었다. 그것은 석유 파동 때보다도 심했다. 그 때문에 스웨덴 정부는 제2차 세계대전 이후 꾸준하게 고수해왔던 고정환율 제도를 변동환율제도로 바꿨다. 그러면서 1993년 우파 연립정권은 인플레이션의 허용 상한선을 정하는 한편, 팽창적 거시경제정책을 통화주의식, 즉 긴축과 인플레이션 억제를 중시하는 쪽으로 바꾸었다(신정완, 2009a). 결국 제3의 길 정책은 주요 정책 요소들 사이에 기술적 · 규범적 '정책 부조화'와 '정책-환경 부조화'로 1980년대 말 인플레이션과 거품경제를 낳고 실패로 끝났다. 한편 제3의 길 정책의 실패는 1990년대 초 금융위기를 거쳐 통화주의적 거시경제정책이 자리 잡는 데 이바지한 면도 있다(신정완, 2009b).

▌표 8-4▌ 20세기 스웨덴 경제위기와 생산손실(단위 %)

위기	생산손실
1907~1908년	11.6
1921년대	9.6
30년대 대공황(1931~1933)	15.6
1차 석유 파동(1976~1978)	7.8
2차 석유 파동(1980~1982)	1.1
90년대 금융위기(1991~1993)	13.5

출처: 신정완(2009b).

사민당은 재정적자를 줄이고 재정건전성을 회복하기 위해 복지정책에서도 긴축을 선택하지 않을 수 없었다. 사회복지 서비스 축소, 보조금 축소, 1차 진료소 통폐합으로 의사와 간호사 대량 해고, 양로원 간호사와 간호보조사 감축, 학교 구조조정으로는 보건, 의료, 아동, 교육 등의 축소로 이어졌다. 그런데 해당 부문의 경우 여성 일자리가 상대적으로 많았기에 여성 해고자가 많았다(정기혜 외, 2012b). 그 밖에도 재정위기 파업 금지 위반에 대한 위약금을 200크로나(SEK)에서 5,000크로나로 인상하고, 평화적 임금인상도 정지시켰다. 이처럼 물가 상승 억제, 공공세금 인상 금지, 주주 이익 배당 금지, 대도시 신규주택 공사 착수금 지불제 등 물가 폭등에 대한 사민당 정권의 정책은 기존 사민당의 정강과 어울리지 않았다. 결국 이러한 사회복지 관련 정책들의 결과들로 1991년 선거에서 역대 최저 정당 지지율(38%)로 정권을 빼앗기고 말았다.

1995년 스웨덴이 EU에 가입하면서 사회복지 정책도 어느 정도는 EU의 정책에 동조할 수밖에 없게 되었다. 예컨대 고용정책에서 더 이상 노조의 독점적 주장이 먹혀들지 않게 되었다. 스톡홀름 외과 박스홀름(Vaxholm)의 건축회사가 건축공사에 인건비 절감을 위해 라트비아 노동자를 쓰려다 건축노조(Byggnads)와 전국노조(LO)의 반대로 무산되었지만, 2007년 라트비아 노동자들이 유럽사법재판소에 제소하여 승소하였다. 그런데 스웨덴은 이처럼 사회복지 정책 문제를 내세워 EU에는 가입하면서도 유로화를 쓰지 않는다.[51] 지난 2003년 유로 도입에 관한 국민투표에

51) 스웨덴 외에 덴마크, 체코, 크로아티아, 헝가리, 폴란드, 리투아니아, 불가리아, 루마니아 등 모두 9개국

서 시민은 유로 대신 자국 화폐인 크로나(Krona, KR/SEK)를 선택했다. 유로를 받아들이면 독자적 재정 운용이 어려워져 스웨덴 고유의 복지정책이 손상되리란 우려 때문이다. 공통의 통화를 사용하면 복지 예산 역시 비슷하게 운용해야 하고, 그러면 다른 유럽 국가들에 비해 상당히 높은 수준의 스웨덴의 복지도 EU 평균치로 하향 조정되리란 논리다(데일리안, 2018.07.28). 이처럼 스웨덴은 세계화의 물결을 거부하지는 않되, 고유의 사회복지정책을 고수하기 위해 나름대로 최선을 다하는 실정이다.

3) 2007~2008 미국발 금융위기

2006년 총선에서 보수당이 승리하였는데, 사회주의 정당들(사회민주당, 좌익당, 환경당)의 지지율은 2002년에 비해 내림세였다. 그런데도 12년 집권한 사민당 정부는 실업률을 8%대에서 5%로 줄이고 자유주의 경제정책인 통화주의로 물가안정 정책을 주요 목표로 삼았을 뿐만 아니라, 국내총생산(GDP) 성장률이 2004년에 3.6%, 2005년에 2.4%, 2006년에도 약 3.4%로 경제도 매우 안정적인 성장세였다. 5%대이던 실업률을 4%로 낮추려고 일자리를 2003년에 9만 2천여 개, 2005년에는 12만 1천여 개를 만들었다. 더구나 좌파 정권의 페손(Göra Persson, 1949~) 총리가 재정 감소를 위해 복지제도를 대대적으로 축소하던(사회보장비용 소득 대체율을 80에서 75%로, 소비 진작을 위해 부가가치세를 21%에서 12%로 낮추고 병원과 학교, 요양시설의 구조조정 등) 2년이 지나고 재정건전성이 어느 정도 확보되자 1998년부터 실업수당 소득 대체율을 85%에서, 1999년 90%로 올리고, 구조를 조정했던 시설들 인력도 원상회복한 상태였다. 다만, 그 사이 노조 연맹(LO)과의 관계가 악화하였는데, 제3의 길이라는 신자유주의 정책 탓이었다. 이들의 사민당 투표율이 떨어진 게 정권을 잃은 결정적 원인일 수 있다.

정권을 교체한 4개 보수우익 연립정권에서는 복지제도의 효율적 운영이나 개인 책임과 선택권을 강조하는 방향이지만, 사회복지 규모를 줄이려 하지 않고 오히려

이 유로를 쓰지 않는다.

키워갔다. 물론 미국발 금융위기로 유로권과 유럽연합의 위기로 잠시 불안을 주기는 했지만, 부르주아-보수주의 연립정부는 2008~2009년에 경제 활성화 정책을 연이어 발표하였다. 소득세와 법인세 인하, 크로나 평가절하를 통한 수출 지원, 자동차 산업 지원, 기간산업과 건강 · 의료분야 및 에너지 분야에 대한 국가의 투자 등이 포함되었다. 2009년 세계 소비시장 위축으로 수출이 5% 감소했지만, 크로나화의 화폐가치를 15% 떨어뜨려 수출경쟁력을 높였다. 그 바람에 수입이 위기 전 BIP 기준 40%에서 2008년에는 48%까지 증가했지만, 경제와 금융위기로 소비 수요가 줄면서 수입이 2010년에는 41%로 감소하기도 하였다. 이렇게 다른 주변 나라에 비해 국가 부채가 늘지 않고, 재정적자도 점차 흑자로 돌아섰다. 그 덕에 2009년 금융위기 피해 규모에서 EU 국가 중 최소에 머물렀다(2009년 EU 평균은 마이너스 6.8%). 스웨덴은 재정과 물가, 금융시장이 모두 안정적이었고 실업률도 더 악화하지 않아서 높은 세율로 높은 수준의 복지정책을 유지할 수 있었다.

다만, 실업률이 문제였다. 실업률이 2.1% 증가하여 연평균 실업률이 8.3%가 되었다(EU 평균은 8.9%).[52] 2010년 실업률은 9%로 1998년 이래 최고치를 경신하였지만, 2010년에는 다시 8.2%로 떨어졌다. 더 큰 문제는 청년(15~24세) 실업률이었다. 2010년 3월 기준 26.2%나 되어 EU 평균(20.6%)보다 훨씬 높았다.[53] 청년실업률이 높으면 실업수당을 비롯한 사회복지 비용에도 문제가 되지만, 무엇보다 사회통합에 저해가 되고 정치적으로도 정권 차원에 문제가 될 수밖에 없었다.

4) 저출산고령화 문제

스웨덴은 고령화 문제보다 저출산 문제가 일찍부터 심각하였다. 그래도 저출산 문제해결 정책은 성공적이어서 오늘날 출산율에서 저출산 문제를 겪어본 나라들 가운데 선두권을 형성한다. 그런데도 스웨덴은 인구통계학적 변화에 대비하여 출산 활성화 정책을 유지하면서 동시에 외국인 이민 정책도 함께 개선해 나갔다.

---

52) 노르웨이, 네덜란드, 오스트리아에서만 실업률이 5% 아래였다.

53) 그리스, 이탈리아, 크로아티아만 청년실업률이 스웨덴보다 높았고, 오스트리아는 9.3%로 가장 양호하였다.

(1) 저출산과 보육 정책

2014년 이미 전체 인구 중 65세 이상 인구가 20% 이상인 초고령사회에 진입한 스웨덴의 기대수명은 남자 81세, 여자 84세다. 스웨덴의 저출산 문제는 역사가 오래되었다. 1880년 합계출산율 4.51명이 정점이었고, 이후 감소세로 돌아 1920년 2.9명, 1930년 2.0명, 1935년 1.7명을 기록했다. 인구 치환 수준(약 2.1명)을 밑도는 1930년대 합계출산율은 유럽 최저수준이었다. 산업화 · 도시화에 따라 도시의 출산율이 급격히 떨어졌고, 여기에 대공황까지 겹쳤다.

그렇지만 스웨덴은 이미 1930년대부터 가족정책을 꾸준히 시행하여 유럽 최하위이던 출산율을 대체 수준(여성 1인당 2.1명)으로 높였다. 그 과정에서 사회를 분열시키지 않고 높은 생활수준과 사회통합을 유지하며 시민 모두의 사회적 평등과 양성평등을 두루 실현했다. 스칸디나비아 국가들은 여성과 남성이 함께 일하고 함께 자녀를 돌보는 '맞벌이 - 공동 육아' 원칙을 지향한다. 기본적으로 부모의 노동시장 참여나 경력 개발, 가정의 생활수준과 경제력 등에 출산과 육아가 방해되어서는 안 된다는 논리에 바탕을 둔 것이다(Gerda Neyer ect., 2018).

1930년대 인구 논쟁은 우파 보수주의의 출산 장려와 신맬서스주의의 산아제한으로 양분된다. 여성의 사회진출이 출산율 저하의 원인이라며 여성의 사회진출을 막자는 게 보수 진영의 논리였고, 맬서스 이론에 따라 인구가 줄면 생활수준이 올라가니 여성의 사회진출을 굳이 막을 필요 없다는 게 진보주의 논리였다. 여기서도 위에서 이야기한 뮈르달 부부가 등장한다. 『인구문제의 위기』(1934)에서 스웨덴 인구의 두 세대 간격 반감을 예측하였다. 이 책에서 제안한 점은 7가지로 정리할 수 있다. 첫째, 전통적으로 가족이 하던 역할을 사회에서 맡아야 한다. 둘째, 여성이 일과 가정을 아우를 수 있게 사회의 지원이 필요하다. 셋째, 출산율 제고 정책은 상호 보완적이고 통합적으로 설계해야 한다. 넷째, 현금보다 현물 중심 지원이 바람직하다. 다섯째, 선별보다 필요에 따른 보편 지원 방식이 바람직하다. 여섯째, 사후 대증적 정책보다 예방 정책이 더 중요하다. 일곱째, 아동과 청소년 지원정책은 생산적 투자다(중앙일보, 2022.8.19). 1930년대 저출산율은 정치 문제가 되었다. 정부는 출산 감소 문제를 다각적으로 논의하고 출산율을 높일 방안을 모색하기 위해 인구위원회를 설치했다. 인구위원회는 유자녀 가정의 경제 지원, 주거 환경 개선, 영유아를 위한 유치원 확대, 산모보험 도입 등과 같은 일련의 정책을 제안했다.

이에 따라 1931년 「모성보험법」(취업 여성은 모성 급여, 그 외에는 별도 지원금)이 처음 도입된 뒤 모성보호 방식을 두고 보편과 잔여, 소득 기반 여부, 가족의 자율성과 국가가 모성보호를 지원하는 정도 등이 논쟁거리였다. 1937년 「모성보호 지원금법」제정 당시 정부 조사위원회에서는 보편적 보험을 제안하였지만, 최종 소득 기반으로 결정되었다. 270일 이상 취업 중인 여성에게 모성급여 일시금, 그 외 여성에게 지원수당 일시금, 자산조사로 상황이 더 어려운 여성에게 보조금이라는 3중 체계다. 1946년 전 국민 의무 가입 「상병보험법」이 제정된 뒤 1954년 이와 연동한 모성보호법으로 여성 모두 권리로 모성보험에 가입하게 했다. 그에 따른 모성급여는 모두에게 평등하게 지급하는 기본급여에다 출산 전 연속 근로 기간이 최소 270일인 여성에게 소득수준에 비례하게 지급하는 모성휴가 급여가 추가된다. 여성의 노동시장 지위와 가정 내 성 평등 논의가 활발해지는 1960년대를 거치며 모성보험 급여 수준이 당시 상병급여 수준으로 개선되었다. 모성보험의 급여 수준과 급여 대상의 포괄성 측면이 강화되다가 마침내 1974년에는 부모보험으로 대체된다. 아버지도 함께 육아휴가에 포함하며 그 급여를 제공하는 것이다.[54)]

이후 스웨덴의 부모 육아휴가는 경제 여건에 따라 소득 대체율 75~90%를 오가며 휴가 기간이 점진적으로 늘어났다. 180일의 휴가 기간에서 시작해 1976년 210일, 1978년 270일, 1986년 360일, 1989년 450일, 2002년 480일로 세월과 함께 향상되었다(김연진, 2020). 아울러 여성에게만 해당하는 임신급여가 있는데 그것은 「유아휴직법」에 포함되었다. 그 외에 자녀 양육을 지원하는 제도로 1947년 「아동수당법」, 1968년 아동 양육 가정 주택보조비, 1980년 출산수당 인상, 1982년 아동수당 인상(셋째부터), 1991년 아동수당과 주택수당 인상 등 꾸준한 개선이 이루어졌다.

① 현행 육아휴직법[55)]

현행법의 육아휴직은 출산 후 남성 240일(=8개월), 여성 240일(=8개월), 총 480일

---

54) 이런 취지가 현실에서 제대로 실현되지 않자 1995년에는 여성과 남성 각자 한 달간 육아휴직을 의무로 할당했다('아빠의 달'). 2002년부터 이 휴직 기간이 2개월로 증가하였고, 다시 2013년에는 3개월로 늘었다.

55) 스웨덴 저출산 해소 정책들은 Gerda Neyer ect.(2018)을 참조하여 정리하였다.

(=16개월)이다. 390일(=13개월) 동안은 소득에 비례한 육아 휴직 급여가 지급되고, 이 중 90일(=3개월)은 여성과 남성 각자의 몫으로 상대에게 양도할 수 없고 당사자가 쓰지 않으면 소멸하는 방식이다. 다만, 나머지 휴직 기간은 상대에게 양도할 수 있다. 90일(=3개월)은 (낮은 수준의) 고정 급여가 지급되고(현재 약 18유로/일) 상대방에게 양도할 수 있다.

임신 급여는 육아휴직법에서 여성에게만 적용되는 급여다. 육체노동에 종사하는 여성이 임신 뒤 직무 변경이 어려우면 최대 50일간 임신 급여를 받을 수 있다. 임산부와 태아에게 해로울 위험이 있어 임산부의 근무가 금지된 직무나 작업장(예컨대 방사선 사용 장소)에서 근무하는 임산부는 임신 전체 기간을 임신 급여로 받을 수 있다.

② 아동수당

아동수당은 육아 휴직 급여와 임시 육아휴직 급여를 보장하는 부모보험과 더불어 두 번째로 중요한 현금지원 정책이다. 아동수당은 1930년대 도입되었고 자산조사 결과에 따라 지급한다. 1948년에는 모든 가족으로 확대 적용되어 가족 지원형 복지제도의 첫 출발이 되었다. 아동수당은 남성 가장이 아닌 여성에게 지급하여 당시에는 혁명적 정책으로 보였다.[56] 아동수당은 스웨덴에 거주하는 16세 이하 아동에게 고정 금액(현재 100유로/월, 2명 이상이면 추가 수당: 둘째 15, 셋째 50, 넷째 100, 그 뒤는 각 125유로)을 지급한다. 의무교육 과정이나 특수학교에 다니면 16세가 넘어도 아동수당을 받는다.

③ 양육수당

중병, 장애 또는 6개월 이상의 지도 감독이 필요한 자녀가 있으면 해당 자녀가 19세가 될 때까지 양육수당을 받을 수 있다. 양육수당 급여는 연장된 양육 기간 또는 장애로 인해 증가한 비용은 물론 양육으로 인한 소득 손실도 지원한다. 예를 들어 양육수당은 근로시간 감소에 따른 소득 손실이나 특별 교통 사용 비용을 보

---

56) 양성평등이 강조되면서 2014년까지 부모가 합의하면 남성이 아동수당을 받을 수 있었다. 2014년 이후 동거 여부와 무관하게 공동 양육권이 있는 한, 양쪽 부모에게 자동으로 나눠서 지급하는 방식이 되었다. 물론 별도 신청하면 한쪽 부모가 아동수당을 전부 받을 수도 있다.

상할 수 있다. 수당은 주로 여성이 받는다. 심각한 장애로 주당 20시간 이상 개인 간호가 필요한 아동이면 부모가 개인 간호인을 고용할 수 있도록 간호수당도 지급한다.

④ 주택수당

주택수당은 자녀가 있는 가족 또는 자녀가 없는 청년(18~29세)을 대상으로 하지만 주로 한부모(대부분 여성)가 받는다. 육아휴직, 일시 부모 휴가, 아동수당 같은 보편적 급여와 달리 주택수당은 가구 유형(자녀가 있는 가족 또는 자녀가 없는 청년), 가계 소득, 가계 구성원 수, 주택비용과 크기 등에 따라 지급된다.

⑤ 한부모 양육비 지원

부모가 헤어져 자녀와 함께 살지 않는 쪽은 양육을 맡은 쪽에 양육에 필요한 이혼 수당을 보내야 하는데, 그러지 않을 때 지급하는 지원비(아동당 125유로 정도)다. 사회보험청은 일단 한부모 양육비를 지원하고 이혼 수당을 내지 않은 쪽 부모에게 구상권을 청구한다.

⑥ 보육 서비스

보육 제도는 스웨덴 가족정책에서 두 번째로 중요한 요소다. 현재 보육 제도의 기반은 1960~1970년대 마련되었다. 1960년대 초 스웨덴 미취학 아동의 공립보육시설 이용률은 일부 서유럽 국가들보다도 낮았는데, 정부는 여성의 노동시장 참가를 확대하고 가족 환경과 성별 구분 없이 성인이면 누구나 노동으로 자기 삶을 꾸려가는 복지국가 구축을 위해 공립보육 시설을 확대했다. 특히 사회적 평등과 양성평등 기반 사회 구축을 위해 아동 모두에 평등한 교육을 보장하는 정책은 유자녀 여성의 취업 확대 정책과도 연결되어 있다. 여성 중심의 출산휴가에서 양성평등의 육아휴직으로 전환하면서 공공 보육 확대는 고용, 양성평등, 사회적 평등을 촉진하는 정책이 되었다.

1975년 지방자치단체에 6세 미만인 아동에게 최소 한나절 이상 무료로 보육하도록 하는 취학 전 보육법을 제정했다. 이전까지는 부모가 취업 상태이거나 학생일 때만 공립보육시설을 이용할 수 있었다. 1990년대 중반까지 1~6세 영유아의

70% 이상, 1~2세 영아의 60% 정도가 공공 보육을 이용했다. 양질의 보육과 유아교육 보장을 위해 유치원 교사 교육을 제3차 교육에 통합했다. 1990년대 말부터 부모의 상태와 관계없이 1~6세 영유아 모두에 종일제 공공 보육 서비스를 제공했다. 부모가 실직이나 휴직 상태거나 기타 이유로 노동시장에 참가하지 않더라도 이용 시간만 짧아질 뿐 공공 보육에 대한 권리는 모두 보장했다. 2002년 비용과 접근성의 지역 격차를 없애기 위해 보육료 상한제(maxtaxa)를 도입했다. 자산조사 결과에 따라 책정하는 보육료 중 부모 부담(전체의 10%)은 가계 소득이 낮을수록 낮아진다. 둘째부터도 보육료 부담이 낮아진다. 2004년부터 4세 이상 아동은 주당 15시간 이상 공공 보육 무료 이용권이 있다. 즉, 이용할 수 있는 권리가 보장되는 제도라 할 수 있다. 보육료는 부모의 소득에 비례하여 지정된 상한선까지 상승하고 자녀 수에 따라 달라진다(첫째 자녀의 경우 부모소득의 3%, 둘째는 2%, 셋째는 1%를 초과할 수 없고 넷째부터 무료).

⑦ 가정양육수당

2008년 스웨덴 정부는 가정의 양육 선택권 확대를 위해 일명 가정양육수당을 도입했다. 핀란드와 노르웨이도 비슷한 수당을 도입했지만, 사회적 불평등과 양성불평등 심화란 결과만 낳았다. 사회적 평등과 양성평등을 지향하는 스웨덴 복지국가 원칙에 부합하지 않는다는 비판이 있어 양성평등 저해 위험의 해소를 위해 양성평등 보너스를 함께 두었다.

유급 육아휴직을 250일 이상 사용하고 자녀를 가정에서 보육하려는 부모에게 지방자치단체에서 가정양육수당(340유로/월)을 지급한다. 1~3세 아동이 공립보육시설을 일부만 이용해도 지급한다. 부모가 취업해도 받을 수 있지만, 실업급여 또는 사회적 지원 등 다른 급여와 겹칠 수는 없다. 하지만 가정양육수당은 큰 호응을 얻지 못하고 2016년 폐지됐다.

⑧ 양성평등 보너스

가정양육수당이 양성평등에 미칠 위험을 해소하고 남성의 육아 참여 촉진을 위해 도입한 것이다. 의무 할당 육아휴직을 2달 이상 쓴 남성에게 세금을 공제해준다. 여성과 동등하게 육아휴직을 사용한 남성은 약 1,500유로의 세금이 공제될 수 있다. 그러나 의도했던 효과가 없자 2017년 폐지되었다.

(2) 이민 정책[57)]

외국인 이민의 종류는 크게 둘로 나뉜다. 첫째는 직업 혹은 일자리 문제 때문이고, 둘째는 난민이다. 처음 노동력 부족에 따른 외국인 노동자 유입에 공을 들였지만, 1980년대 중동 전쟁부터는 난민 문제해결에 공을 들였다. 배경이 다양한 이주 노동자와 전쟁 난민이 들어온 결과 2009년 기준으로 스웨덴 인구 약 940만 명 중 이주 노동자와 전쟁 난민과 가족 또는 후손의 비중이 약 14%나 된다.

① 외국인 노동자

제2차 세계대전이 끝난 직후부터 1960년대 말까지 스웨덴의 이주 노동자 수가 급격하게 증가했다. 유럽대륙에서 제2차 세계대전 종결과 함께 시작된 전쟁 복구로 스웨덴 제품 수요가 급격히 늘어 스웨덴의 제조업계 노동력이 턱없이 부족해졌기 때문이다. 당시 노동정책위원회(Arbetsmarknadsstyrelsen: AMS) 산하 국영직업알선소(Arbetsförmedlingen: Af)에서는 노동력 부족에 시달리는 기업이 의뢰하면 유럽 각지를 돌면서 필요한 노동력을 채용해 오는 역할을 하였다. 그래도 외국인 노동자가 기업체에 고용되려면 해당 기업 노동조합의 허가를 받아야 했다. 당시 스웨덴에 이주한 노동자는 핀란드, 유고슬라비아, 그리스, 폴란드, 이탈리아 등의 출신이었다. 이런 현상은 1970년대 들어서 유럽대륙의 산업 생산능력의 복구와 함께 스웨덴 제품의 수요가 줄면서 끝나다시피 했다.

스웨덴의 고령화는 1960년대 이후부터 현재까지 노인인구 부양 비율이 평균 0.71명으로 거의 움직임이 없지만, 2060년에 이르면 평균 0.88명으로 오르리란 추산이다. 따라서 외국인 노동자의 유입 필요성이 크지 않은 상황이지만, 혹시 모를 미래의 노동력 부족에 대비한 법 제도를 준비하였다. 1994년 이후 유럽연합 회원국이 된 뒤로 유럽연합 소속 27개 회원국 사이에는 노동력 이동이 자유로운 상황이다. 유럽연합 회원국이 아닌 다른 국가 출신 이주 노동자를 위한 정책 개선에

57) 이민 정책은 손혜경(2010)을 참조하여 정리하였다.

나선 건 2004년 집권 사민당이다. 연정 상대인 좌익당, 환경당과 합의하여 미래에 노동력 부족이 예상되는 분야에 유럽연합 국가와 그 협력 국가의 외부로부터 외국인 노동자 수급을 확대하기 위한 이주 노동자 관련 법률안을 마련하기 위해 10명으로 구성된 특별 위원회(Kommittén för arbetskraftsinvandring: KAKI)를 국회에 두기로 하였다. 이 특별위원회에서는 해당 법률 외에 이주 노동자의 필요성, 이주 노동자 유입 후 예상되는 문제와 그에 대한 조처, 다른 유럽연합 국가들과 이주 노동자 유치 경쟁에서 경쟁력 제고 방안 등도 함께 모색하였다. 2006년 그에 따른 최종보고서가 제출되었다.

이주 노동자의 임금과 노동조건은 스웨덴에서 비슷한 직업에 종사하는 노동자들과 같게 하는 게 원칙이다.[58] 1차 산업 부문에서 노동력이 부족하면 일차로 스웨덴에서 노동력을 충당하고, 이차로 유럽연합 회원국과 그 협력국에서 충당하는 방식이다. 사업주가 최선을 다해도 합당한 노동자를 찾지 못하면 유럽연합과 그 협력국 이외의 국가에서 노동력을 충당할 수 있다. 그렇게 채용된 노동자에게는 먼저 24개월 유효한 거주와 노동 허가를 발부해 준다.[59] 사업주가 해당 노동력이 계속 필요하다고 판단하면 24개월 추가 연장할 수 있고, 해당 노동자는 그 후 스웨덴 영주권을 취득하도록 제안한다. 이주 노동자가 고용되면 그 가족들도 거주와 노동 허가를 받을 수 있게 했는데, 이는 스웨덴의 이주 노동자 유치 경쟁력을 높이는 조치로 볼 수 있다. 구직을 위한 3개월 임시 비자도 발급할 수 있고, 스웨덴에서 유학한 학생들이 유학 기간이 끝난 뒤 취업할 수 있는 기회도 높게 하였다.

보고서에 따라 2008년 새 법안이 마련되었는데, 몇 가지 중요한 사항만 살펴보면 다음과 같다.

- 외국인 노동력 필요성 결정 권한은 개별 사업자에게: 외국인 노동자의 노동력 필요성을 결정하는 건 개별 사업주이며, 그다음은 이민국에서 해당 외국인 노동자의 거주와 노동 허가 취득 절차를 밟는다.

58) 노조 연맹의 의견을 반영한 걸로 보인다.

59) 다른 회원국들은 유효기간이 최고 18개월이다. 그만큼 스웨덴의 유치 경쟁력 제고를 고려한 것이다.

- 노동을 위해 스웨덴에 이주할 때 갖춰야 할 기본 조건: 외국인이 노동을 위해 스웨덴에 이주할 때는 첫째, 스웨덴 사업주의 고용 건의가 있어야 하고, 둘째, 그 직업으로 본인 생계가 가능해야 한다. 이때 노동조건이 그 직업에 적용되는 스웨덴의 단체협약에 명기된 노동조건이나 일반적으로 적용되는 조건보다 열악해선 안 된다.
- 고용을 위한 영주권 취득 기회 확대: 노동 허가는 최소 2년이 기본이며, 고용 특성에 따라 2년보다 짧을 수 있다. 노동 허가는 연장할 수 있고, 연장 신청은 스웨덴 국내에서 할 수 있다. 단, 전체 고용 허가 기간은 4년을 넘길 수 없고, 4년이 지나면 영주권으로 넘어갈 수 있다. 현재 고용을 조건으로 영주권을 취득한 외국인이 약 300명 정도다.
- 고용자와 직업의 연계성 유지에 따른 노동 허가: 처음 노동 허가를 취득하고 2년이 지나 연장할 때도 처음 허가에 나타난 고용자와 직업의 연계성을 유지하여야 한다.
- 외국인 노동 허가 취소 3개월 유예: 이민국은 거주 허가를 받은 외국인 노동자의 고용이 취소되면 노동 허가 취소 전에 3개월간 새 일자리를 찾을 수 있도록 한다.
- 스웨덴 유학생 노동 허가 신청 가능성 제공: 유학생이 대학에서 30학점 수료 또는 석사나 박사과정에서 1학기 수강을 완료하면 스웨덴 거주와 노동 허가를 신청할 수 있다. 다만, 유학을 근거로 받은 거주 허가 기간이 만료되기 전에 이민국에 노동 허가 신청서를 제출해야 한다.
- 망명 요청이 거절된 이들에 대한 노동 허가 신청 기회 부여: 망명 요청이 거부되었을 때 요청자가 몇 가지 조건을 충족하면 스웨덴 거주와 노동 허가를 신청할 수 있다. 첫째, 스웨덴에서 적어도 6개월 동안 일자리가 있었을 때. 둘째, 사업자의 정규적 고용 제의를 받고 최소 고용 지속 기간이 1년을 넘을 때. 셋째, 외국인이 노동을 위해 스웨덴으로 이주할 때 갖춰야 할 기본 조건을 갖췄을 때. 넷째, 망명 요청이 거절되고 2주 이내에 노동 허가 신청서를 이민국에 제출하여야 한다.

② 전쟁 난민

1980년대 이란-이라크 전쟁, 1990년대 유고슬라비아 내전과 소말리아 등 분쟁 지역에서 난민이 대량 발생하였고, 스웨덴은 인도적인 차원에서 유럽연합 회원국 중 다섯 번째로 많은 전쟁 난민을 받아들였다(전체 전쟁 난민 중 약 8~12%).

(3) 노인 장기 요양 정책

스웨덴은 영국과 같은 국가건강서비스(National Health Service: NHS) 방식을 선택하였지만, 의료재원 마련과 의료서비스 공급을 중앙정부가 아니라 광역자치단체인 란스팅에서 책임진다는 점이 중앙집중형 NHS 방식의 영국과 다르다.[60] 중앙정부는 보건 · 의료 정책과 진료 가이드, 보건의료 의제를 정하고, 란스팅은 그에 따라 보건 · 의료서비스를 제공하며(전체 수입의 85% 정도로 재원 조달), 기초자치단체 코뮨에서는 노인과 장애인 및 정신질환자의 사회서비스와 방문간호를 책임진다. 각종 서비스와 약제비에는 자기 부담금이 있고(3%, 1년 최대 상한), 이를 위해 보험이 있다.[61] 공적 보험의 경우 직장 근로자는 급여의 4.35%, 자영업자는 3.62~4.8% 정도다. 민간 보험은 민간 영리병원과 연결된다는 점에서 독일과 비슷하다.

노인 돌봄서비스의 확장과 재가급여라는 개방형 서비스 우선 정책이 시작된 1960년대 말부터 재가급여가 시설급여의 대안으로 떠올랐다. 고도의 경제 성장기여서 비용 자체의 문제보다 노인 돌봄 시설의 부족 때문이었다. 1980년대부터는 노인 돌봄의 지역화 정책이 시작되었다. 1980년 「사회서비스법」 제정으로 사회서비스 분야는 기초자치구에서, 의료 분야 서비스는 광역자치구에서 담당하도록 규정하였다. 1982년 「보건의료서비스법」에서는 전 국민의 보건·의료 서비스를 똑같이 보장하고 개인의 존엄성을 지키되, 보건의료가 절실한 사람부터 우선하도록 규정하였다. 그러나 경계선이 애매한 경우가 빈번하여 결국 1988년부터 고령자위원회(Äldredelegationen)의 활동으로 1990년 사회서비스법 개정안이 통과되면서 1992년

---

60) 이 부분은 최연혁(2012), 맹상기(2022), 고숙자(2022)를 참조하여 정리하였다.

61) 만 20세 미만은 란스팅에서 운영하는 의료시설에서 무료이며, 치과 치료도 무료다. 다만, 20세 이상 성인들의 치과 치료에는 본인 부담금이 평균 40~70%이며, 1974년 도입한 치과 진료보험으로 해결하고 있다.

부터 ÄDEL 개혁이 이루어졌다.[62] 이 일련의 개혁 배경은 전 세계적 위기의식으로 확산한 재정의 지속 가능성이며, 구체적으로는 4가지 배경으로 정리된다. 첫째, 보건 · 의료를 담당하는 광역 자치단체(란스팅)와 사회복지 서비스를 담당하는 기초자치단체(코뮨)의 책임 소재를 명확하게 한다. 이에 지역 간 서비스의 범위와 질적 수준의 통일성을 높이는 한편, 업무 효율성과 서비스 품질을 제고한다. 둘째, 급속한 고령화에 대한 대비가 필요하다. 특히 80세 이상 후기고령자 인구의 증가에 따른 사회복지와 보건 · 의료 서비스의 준비와 정립이 필요하다. 셋째, 사회복지 시설 인프라의 확충이 필요하다. 사회적 입원의 증가로 병원 병상 부족 현상이 증가하며 의료비가 급증하여서 사회적 환자의 해결 대안이 필요하다. 넷째, 고령자의 사회복지와 보건·의료 서비스에 대한 본인 부담액을 조율한다.

ÄDEL 개혁의 목적은 재가든 시설이든 노인 돌봄 영역에서 사회서비스와 의료서비스의 개선이다. 이를 위해 크게 두 가지 변화가 이루어졌다. 첫째, 노인복지 관련 업무와 인력이 해당 재정과 함께 기초자치단체(코뮨)로 옮겨졌다(지방화). 여기서 돌봄이 필요한 노인과 장애인은 물론 치매환자와 정신질환자까지 포함하여 시설급여와 주간보호 그리고 건강 및 의료서비스까지 함께 포괄하는 서비스 통합을 통한 구조조정이다.[63] 그 결과 병원 응급실과 노인병원의 사회적 입원 환자가 줄고 퇴원 시기가 앞당겨졌다. 또 란스팅과 코뮨 사이의 책임 소재 논란이 줄고 노인 특별 주거의 주거환경 개선과 함께 노인 돌봄 체계가 갖추어졌다. 코뮨이 방문간호를 담당하며 전문 간호사 일자리가 창출되었다. 반면에 방문간호의 부담 증가와 의사 역할의 감소는 의료서비스의 한계로 이어져 중증 질환자의 사후관리에 문제가 생기고, 중증 환자이면서 친인척에게 의지해야 하는 경우가 늘었다.

둘째, 보건·의료 서비스의 민영화 혹은 시장화로 경쟁의 개념을 도입하였다. 2007년부터 시장화 조치에 따라 민간기업에서 청소, 세탁, 장보기, 개인 보호 등의 사회서비스를 공급할 수 있게 하고, 사용자에게 세액 공제 혜택을 주었다. 시장화의 확대는 좋게 보면 서비스 수준의 다양화로 이어지고, 비판적으로 보자면 빈부

62) Äldredelegationen에서 3글자를 딴 것으로 Ädel를 의미한다.

63) 다만 의사가 제공하는 의료서비스는 이때도 광역자치구 업무로 남았다.

차이에 따라 누릴 수 있는 서비스 수준의 차이로 이어진다. 스웨덴 장기 요양 정책은 영국처럼 소득수준이 낮은 사람들을 집중적으로 지원하면서 소득이 넉넉한 사람들은 그들 나름대로 시장에서 해결할 수 있도록 하고 있다.

(4) 기본소득

스웨덴의 해적당 소속이며 전 유럽의회 의원이기도 했던 컴퓨터 프로그래머 크리스티안 엥스트룀(Christian Engström, 1960~)이 2014년에 주장했던 게 기본소득이다(최연혁, 2017). 스위스는 2016년 맨 먼저 기본소득제 도입을 국민투표에 부쳤으나, 77%의 반대로 부결되었다. 그런데 옆 나라 핀란드는 2017년 1월부터 25~58세 실업자 중 2,000명을 무작위 선발해 2년간 월 560유로를 지급하는 기본소득제 실험을 시행하였다. 흥미롭게도 의회에서 사민당 등 좌익계 야당이 반대하는 걸 우파 연립내각에서 밀어붙였다. 스웨덴은 환경당 일부 의원과 기본소득제 관철을 위한 시민운동본부 외에는 좌익과 우익은 물론 사회직능단체와 이익단체까지도 부정적인 반응이다. 그 이유는 기존 사회보장체계와 의료보장 및 돌봄 제도까지 모두 바꿔야 한다는 데에 대한 거부감이다. 이것은 스웨덴이 유럽연합에는 가입하면서 유로화 도입에는 반대하는 태도와도 맥이 닿는다. 최저생활비보장제도, 장애인생활보조금, 실업급여, 노인최저생계비보조제도, 출산에 따른 부모보험제도 등이 잘 갖추어진 상태이기에 굳이 기본소득제가 필요 없다는 것이다.

참고문헌

강성옥(2017). "신앙에 기반을 둔(faith-based) 스웨덴 복지 고찰 – 역사적 관점을 중심으로", 기독교사회복지논총 제1권 제1호, 105–149.

강정인 · 오향미 · 이화용 · 홍태영(2010). 유럽 민주화의 이념과 역사. 서울: 후마니타스.

강주헌 역(2019). 어제까지의 세계. 파주: 김영사(18쇄).

강중구(2008). 2차 오일쇼크 시기 주요국 통화정책과 시사점. LG경영연구원.

권홍우(2008). 부의 역사. 서울: 인물과 사상사.

고숙자(2022). "스웨덴의 보건의료·장기요양 재정 지출 효율화 사례." 국제사회보장리뷰 여름호 Vol.21, 67-82.

고승연(2014). "환상적 기술에 대량생산 실현 - 전쟁의 과잉연구가 전후 기업의 젖줄" - 인터뷰: 크리스토퍼 맥케나 옥스퍼드대 사이드경영대학원 교수, DBR, 2014년 7월 157호.

김광선(2020). "독일 사례를 통해 본 한국 장기요양보호인력 선진화 방안: 독일 수발인력 직종체계와 양성교육의 제도변화를 중심으로". 사회질적연구 제4권 1호, 55-84

김광선 · 맹상기(2023). "노인 돌봄의 전문성 향상을 위한 인력정책 비교연구: 독일, 일본, 한국을 중심으로". 사례관리연구 제14권 2호, 23-45.

김근홍(2005). "독일 노인복지 정책의 신자유주의적 변화: 아젠다 2010을 중심으로". 노인복지연구 29호, 41-69.

김근홍(2013). "수발정책의 비공식적 영역지원에 대한 주요 국가별 비교연구." 한국사회복지교육, 21(0), 192-224.

김근홍(2018). "인구구조의 변화와 전망." in: 정연택 외(2018). 주요국 사회보장제도 2 - 독일의 사회보장제도. 파주: ㈜ 나남.

김근홍(2020 a). 사회복지 법제와 실천. 서울: 신정

김근홍(2020 b). "독일 수발보험 관련법의 개정 추이와 시사점 - 급여와 신 평가모듈을 중심으로." 노인복지연구 75(1), 9-33.

김근홍 · 박자숙(1999). "독일 수발보험(Pflegeversicherung)의 정치적 배경." 한국사회복지학회 학술발표대회지, 1999.01, 441-455.

김근홍 · 서화자 · 심창학 · 이만식 · 함세남 · 홍금자(2011). 사회복지 역사와 철학. 서울: 학지사(2판-2쇄)

김연진(2020). "스웨덴의 육아휴직: 모든 부모의 권리". 국제사회보장리뷰 여름호 제13권, 126-135.

김영아(2018. "인구구조의 변화와 전망". in: 노대명 외(2018). 주요국 사회보장제도 10 - 프랑스의 사회보장제도. 파주: ㈜나남

김욱 · 이은우(2012). "독일 사회복지정책의 발전과정과 특징". 민족연구 제51호, 103-124.

김윤태(2009). 세계의 민주주의-현대 민주주의의 위기 - 1차 세계대전 이후. 민주화운동기념사업회(2009.06.26.) https://www.kdemo.or.kr/blog/world/post/376/2023.01.12.

김윤태 · 이혜경 · 장우혁(옮김)(2022). 베버리지 보고서 - 요람에서 무덤까지. 현대 복지국가의 탄생. 사회평론아카데미.

김찬우(2005). "미국 노인 돌봄 제도의 변천과 케어 매니지먼트의 등장에 관한 연구." 사회복지연구 제26권(겨울), 91-122.

김환준(2021). 서구 사회복지 역사. 파주: 양서원.

김황식(2022). 독일의 힘, 독일의 총리들 1. 파주: 21세기북스.

나병균 · 최인숙 · 한규설(2006). 프랑스의 가족정책 - 역사적 기원. 한국사회복지학회.

노대명 외(2018). 주요국 사회보장제도 10 - 프랑스의 사회보장제도. 파주: ㈜나남

루이즈 에런슨/최가영 역(2020). 나이듦에 관하여. 서울: ㈜로크미디어.

르비앙 블랑시 · 마르탱 클로드(2018). 프랑스의 장기요양제도와 사회적 돌봄. 국제사회보장리뷰 겨울호 Vol. 7. 5-15.

맹상기(2022). 한국과 중국(칭다오)의 노인 돌봄 인력정책 비교 - 전문성 강화를 중심으로. 강남대학교 사회복지전문대학원 박사논문.

박혜미(2016). "프랑스의 노인과 장애인을 위한 장기요양 정책 분석: APA와 PCH를 중심으로." 보건사회연구 36(1). 2016. 349-376.

베른트 파울렌바흐/이진모 역(2017). 독일 사회민주주의 150년의 역사(프리드리히-에버트-재단. 파주: 한울

박광준(2022). 사회복지의 사상과 역사. 파주: 양서원(7쇄)

박주현(2018). 사회복지발달사. 일산: 어가.

박재길 · 김대종 · 고용석 · 김은란 · 박근현(2010). 한국의 도시화 과정과 정부 정책에 관한 연구. 안양시: 국토연구원.

보건복지부(2002). 마드리드 고령화국제행동계획. 보건복지부.

서경교(2008). "중남미 여성의 정치참여: 칠레와 아르헨티나의 비교연구". 국제지역연구 제2권 제3호. 97-120.

서운영(2012). 건축, 권력과 욕망을 말하다. 서울 궁리출판.

손혜경(2010). "스웨덴의 새로운 이주 노동자 정책". 한국노동연구원: 국제노동브리프 10월호. 75-85.

신원철(2018). "영국 조선산업의 고용조정(1860~1945): 보일러제조공조합을 중심으로". 산업노동연구 24권 2호. 321~365.

신윤정(2017). "프랑스 가족수당의 현황과 시사점". 국제사회보장리뷰 제2권. 25-34.

신정완(2009a). "1990년대 초 스웨덴의 금융위기 – 원인과 진행 경과. 그리고 스웨덴 모델에 미친 영향". 한국스칸디나비아학회: 스칸디나비아 연구 제10호. 41-62.

신정완(2009b). "스웨덴의 '제3의 길' 정책의 실패 원인: '정책 부조화' 문제를 중심으로". 한국사회경제학회: 사회경제평론 제32호. 67-99.

심창학(1997). "프랑스 사회보장 개혁(1944-1948): 단일성 원칙. 사회 세력 그리고 국가 능력". 한국사회복지학 제32권. 212-234.

심창학(2007). "프랑스 사회적 미니멈(Minima sociaux)의 구조 및 급여 체계 : 유럽 공공 부조 제도의 한 연구". 한국사회복지학 제59권 3호. 75-97.

심창학(2012). "사회복지정책의 현황과 과제 -국가 역할의 변화와 신 사회위험에 대한 대응을 중심으로-". 민족연구 No. 51. 76-102.

에릭 홉스봄/정도영. 차명수 역(2002). 혁명의 시대. 파주: 한길그레이트북스(5쇄).

에릭 홉스봄/김동택 역(2006). 제국의 시대. 파주: 한길그레이트북스(7쇄).

에릭 홉스봄/정도영 · 차명수 역(2020). 자본의 시대. 파주: 한길그레이트북스(16쇄)

역사 교육자 협의회(1994). 100문 100답 세계사산책. 서울: 백산서당.

안효상(1994). 상식 밖의 세계사. 서울: 새길.

양난주(2016). "아동에게 수당 주는 영국. 이것이 공정한 분배". 내가 만드는 복지국가 칼럼(12.16.) https://my-welfare.or.kr/1347/ 2022.10.21.

오태현(2009). "글로벌 경기침체 속 프랑스 경제의 경쟁력 분석 및 시사점". 지역경제 포커스 제3권 제50호(11월 10일).

우경숙 · 신영전(2022). “독일 의료보험의 본인부담 상한제도: 한국 의료보험에 주는 함의를 중심으로.” 보건사회연구 Vol.42, No.4. 228–247.

원석조(2022). 사회복지 역사. 고양: 공동체

유동철(2011). “지역사회복지관을 어떻게 할 것인가”. 참여연대: 월간복지동향(01.10.).

유범상(2012). “영국 산재보험의 형성과 노동정치의 역할에 관한 연구”, 한국노동연구원: 노동정책연구 제12권 제1호, 141~166.

유범상(2021). 사회복지발달사 - 불평등의 괴물에 어떻게 맞설 것인가. 서울: 한국방송통신대학교출판문화원(3쇄).

이성재(2016). “근대 초기 프랑스의 빈민 감금 정책에 나타난 종교성”, in: 민유기·홍용진 외(2016). 서양사 속 빈곤과 빈민. 서울: ㈜도서출판 책과함께, pp.156–185.

이승영(2020). “영국의 인구고령화와 노인빈곤”, 국제사회보장리뷰 가을호 제14권, 67–78.

이성신(2010). “프랑스가 다른 유럽국가보다 경기회복이 빠른 이유는?” 나라경제 04월호; https://eiec.kdi.re.kr/publish/naraView.do?cidx=7084/ 2022.11.28.

이준상 · 박애선 · 김우찬(2021). 사회복지 역사. 서울: 학지사.

이태훈(2019). “프랑스 출산율 상승에 긍정적인 영향을 미친 가족정책”, 국제노동브리프, 12월호, 94–100.

이창곤(2012). “인물로 보는 복지국가 이야기 – 찰스 부스, 그리고 시봄 라운트리”, Insight 제24호(2012.03.22.). http://www.economyinsight.co.kr/news/articlePrint.html?idxno=1249;=1300, 2022.10.08.

이현주 외(2018). 주요국 사회보장제도 5 - 스웨덴의 사회보장제도, 파주시: 나남.

장병원(2009). 일본 노인 돌봄 정책. 파주 : 양서원.

장원모 · 이민영 · 허현희(2019). “영국과 일본의 커뮤니티케어 고찰: 법제화 배경과 보건복지서비스 연계 · 통합을 중심으로”, 대한공공의학지, 3, 43–59.

장종익(2015). “세계 협동조합의 동향.” 세계 농업, 183. 1–18.

전영호(2018). “장기요양보장제도.” in: 최복천 외(2018). 영국의 사회보장제도. 한국보건사회연구원 · 나남. 437–462

정기혜 · 김용하 · 이지현(2012a). 주요국의 사회보장제도 - 프랑스, 서울: 한국보건사회연구원.

정기혜 · 김용하 · 이지현(2012b). 주요국의 사회보장제도 - 스웨덴, 서울: 한국보건사회연구원.

정민아(2013). “영국의 고령노동자 고용유지 방안”, 국제노동브리프 11월(제11권 제11호), 70–78.

지은정(2006). “베버리지 보고서의 사회보장 원칙과 가정에 대한 비판의 타당성 검토”, 한국사회복지학, 58(1), 175~207.

최복천 외(2018). 영국의 사회보장제도. 한국보건사회연구원 · 나남출판.

최병선(2002). 각국의 도시 및 농촌공간 관리체제 비교연구, 안양시: 국토연구원

최인숙(2019). “기본소득제 실현가능성: 프랑스 사례”, 통합유럽연구, 18, 143–178.

최연혁(2012). “고령자 및 장애인 복지서비스.” in: 정기혜 · 김용하 · 이지현(2012b). 주요국의 사회보장제도 - 스웨덴, 서울: 한국보건사회연구원.

최연혁(2017). “기본소득제도와 스웨덴의 대응.” 국제사회보장리뷰 여름 창간호 Vol.1, 58–66.

최연혁(2018). 최연혁의 북유럽 이야기-이민 신드롬과 국가개조.(2018.04.04.).
http://www.womennews.co.kr/news/articleView.html?idxno=140942, 2022.11.30.

최영준 · 이승준(2017). “영국 복지 긴축의 영향: 불평등에서 ‘브렉시트(Brexit)’까지, 국제사회보장리뷰, 겨울호 제 3권, 13-26.

최원규 · 진재문 · 황보람 · 이영수(2021). 사회복지역사, 서울: 학지사.

찰스 디킨스/황소연 역 옮김(2020). 올리버 트위스트, 서울: ㈜ 시공사.

한혜정(2007). 도시의 문화혁명, 그 전제 – 19세기 독일에서의 도시위생과 하수시설
https://www.krm.or.kr/krmts/link.html?dbGubun=SD&m201_id=10014716&res=y, 2022.11.13.

허구생(20075쇄). 빈곤의 역사, 복지의 역사, 파주: 한울 아카데미.

허구생(2016). “근대 초기 영국의 빈민에 대한 노동 통제와 공공고용”, in: 민유기·홍용진 외(2016). 서양사 속 빈곤과 빈민, 서울: ㈜도서출판 책과함께, pp. 119-155.

황규성(2016). “독일 통일에서 복지국가 바라보기”, 월간복지동향, 참여연대.
https://contents.premium.naver.com/kiii/wiselife/contents/230130091038075ya, 2023.02.01.

경기신문, 2021.03.15.

데일리안, 2018.07.28.

아틀라스뉴스, 2020.12.06.; 2020.12.07

조선일보 2017.08.16.

한겨레, 2023.02.01.; 02.04.

한국일보, 2022.12.13., 2023.01.31.

참여연대, 월간복지동향, 2003.05.02.

Andersson, Jenny (2008). Images of Sweden and the Nordic Countries, Oslo, Taylor & Francis.

Anne Eydoux (2004). 프랑스 공공고용안정서비스의 구조와 운영에 관한 최근쟁점. 국제노동브리프, Vol. 2 No. 3, 37-45, 서울: 한국노동연구원.

Bäcker, G., Bispinck, R., Hofemann, K. & Naegele G. (2000). Sozialpolitik und soziale Lage in Deutschland, Wiesbaden.

Bonoli, G. (2000). The Politics of Pension Reform : Institution and Policy Cahnge in Western Europe, Cambridge University Press.

Carlson, A. (1990). The Swedish Experiment in Family Politics: The Myrdals and the Interwar Population Crisis, New Brunswick: Transaction Publishers.

Crossley, Nick (2002). Making Sense of Social Movements, Open University Press Celtic Court.

Döring, N. & Bortz, J.(2016). Forschungsmethoden und Evaluation(6. Auflage), Berlin: Springer.

Eichenhofer, Eberhard (2019). Sozialrecht (11. Auflage), Tübingen.

Esping-Andersen, G. (1990). The Three Worlds of Welfare Capitalism, Basil Blackwell Limited in Oxford.

Gerda Neyer ect. (2018). 저출산 · 고령사회 대응 국제비교 공동연구.

Frédéric TURLAN (2013). "프랑스의 고령자 고용 관련 기업별 의무교섭". 국제노동브리프 11월호, 37-48.

Harari, Yuval Noah / 조현옥 역(2015). Sapiens: A Brief History of Humankind. 사피엔스 - 유인원에서 사이보그까지. 인간 역사의 대담하고 위대한 질문. 파주: 김영사

Harris, J. (1977). Beveridge William : A Biography, Clavendon Press.

Hilson, Mary (2013). The Nordic Model. Scandinavia since 1945, London, Reaktion Books.

Klie, Thoma (2020). Rechtskunde. Das Recht der Pflege alter Menschen. (12. Auflage), Vincentz Hannover.

Kranz, Olle (1980). Schweden, Norwegen, Dänemark, Finnland 1914-1970, in: Fischer, Wolfram(Hg.). Handbuch der europäischern Wirtschafts- und Sozialgeschichte, Bd.6, 222-292, Sturrgart.

Lampert, H. (2001). Lehrbuch der Sozialpolitik (6. Auflage), Berlin: Springern.

Masson, L. (2015). La fécondité en France résiste à la crise. France, portrait social, édition 2015. Paris: INSEE références, 11-23.

Nivholls, G. (1967). A History of the Engligh Poor Law. Vol. I, II, III, Reprints of Economics Calssics.

Przeworski, A. (2003). Freedom to choose and democracy. Economics and Philosophy. 19: 265-279, Cambridge University Press.

Schmidt, M. G. (2005). Sozialpolitik in Deutschland (3. Auflage), Wiesbaden.

Schröter, Harm G. (2015). Geschichte Skandinaviens(2. Auflage), München.

Thévenon, O. (2014). Evaluer l'impact des politiques familales sur la fécondité, Inofrmations Sociales, 183, 50-62.

Tilton, T. (1990). The Political Theory of Swedish Social Democracy: Through the Welfare State to Socialism, Oxford: Clarendon Press.

Wilensky, H., & Lebeaux, C. (1965). Industrial Society and Social Welfare, New York: Free Press.

Winroth, Anders (2019). Die Wikinger. Das Zeitalter des Nordens, Stuttgart.

Wyss, H. R. (1982). Geschchite der Krankenpflege. Ein Hilfmittel für den berufskundlichen Unterricht, Basel.

https://brunch.co.kr/@kes54626/2/ 2023.01.06.

http://contents.history.go.kr/mobile/ta/view.do?levelId=ta_h32_0060_0030_0010_0010, 2022.10.09.

https://contents.pr.emium.naver.com/kiii/wiselife/contents/230130091038075ya, 2023.10.13.

https://dbr.donga.com/article/view/1203/article_no/6531/ac/a_view

http://klsi.org/bbs/board.php?bo_table=B07&wr_id=1800, 2023.11.24.; 2023.11.24

https://ko.wikipedia.org/wiki/차티스트_운동, 2023.01.01

https://ko.wikipedia.org/wiki/노예_무역, 2022.12.22.; 2023.01.01.

https://medicalhani.com, 2022/06, 2022.11.17.

http://m.naeil.com/m_news_view.php?id_art=417858, 2023.10.31.

https://namu.wiki/w/콘라트%20아데나워, 2023.12.19.

https://namu.wiki/w/%EC%84%9D%EC%9C%A0%20%ED%8C%8C%EB%8F%99, 2023.12.26.

http://nowon.newsk.com/front/news/view.do?articleId=21175, 2023.01.01.

https://wordrow.kr/의미/인보/?q=인보, 2022.10.15.

http://www.atlasnews.co.kr, 2023.10.31., 2023.12.15.

http://www.bokjitimes.com/, 2023.04.11.

https://www.deutsche-rentenversicherung.de/DRV/DE/Ueber-uns-und-Presse/Historie/historie_detailseite.html, 2022.11.16.

http://www.economyinsight.co.kr/news/articlePrint.html?idxno=1249;=1300, 2023.10.08.

https://www.erih.de/wie-alles-begann/industriegeschichte-europaeischer-laender/erih-europaeische-route-der-industriekultur-industriegeschichte-frankreich, 2023.10.15.

http://www.foerderland.de/managen/personal/talent-management/demographischer-wandel/die-entwicklung-in-deutschland/ 검색: 2023.07.28.

https://www.hankookilbo.com/News/Read/199908030016633177, 2022.12.13.

http://www.healthumer.com, 2022.12.24.

https://www.hira.or.kr/dummy.do?pgmid=HIRAA020011000000, 2023.12.22.

https://www.kdemo.or.kr/blog/world/post/361, 2023.01.08.

https://www.kdemo.or.kr/blog/world/post/368, 2022.12.15.; 2023.01.10

https://www.kgnews.co.kr/mobile/article.html?no=633997, 2023.02.03.

https://www.peoplepower21.org/welfarenow, 2023.10.19.

https://www.si.re.kr/node/65344, 2023.02.03.

http://www.sgti.kr/data/person/wesley/park/2-1.htm, 2023.01.01.

https://www.sociostudies.org/almanac/articles/the_nineteenth-century, 2024.01.16

https://www.uni-muenster.de/Geschichte/SWG-Online/sozialstaat/glossar_armenfuersorge.htm, 2022.09.18.

찾아보기

에필로그

저자 김광선

유럽 복지 역사를 마무르며

영국과 프랑스, 독일, 스웨덴은 그리스도교 문화를 공통으로 하지만 저마다 색이 고유하다. 가장 먼저 산업화에 들어간 영국은 정치에서도 가장 먼저 의회민주주의를 정착시킨 나라다. 그러면서 자유주의 성향이 다른 세 나라보다 강하다. 프랑스는 프랑스 혁명이라는 인류사에 큰 족적을 남길 전통으로 공화주의 색채가 가장 강하다. 사회보험을 가장 먼저 시작한 독일은 뒤늦은 산업화를 국가에서 밀어붙이느라 사회복지를 수단(당근)으로 쓰기 시작한 나라로 보수성향과 조합주의가 강한 편인데, 무엇보다 뒤늦은 산업화를 따라잡은 뒤 두 차례 전쟁을 일으키며 화를 불렀다. 그런데도 통렬한 반성, 실천하는 반성을 통해 이웃과 전 세계 나라의 공감까지 얻어 다시 경제 대국으로 일어섰다. 독일보다도 산업화에 늦은 스웨덴의 경우 두 차례 전쟁에서 피해를 보지 않고 오히려 원자재 수출로 경기가 살아나면서 마침내 가장 선진적인 복지국가로 거듭나는데, 사회민주주의가 바탕이 되었다. 사민당 세력이 그 어느 나라보다 강한 편이다.

책 작업을 시작하면서 무엇보다 서론에서 사회복지가 인류사에서 갑작스럽다고 할 정도로 등장한 이유에 대한 설명을 정리하고 싶었다. 아울러 사회복지 개편기에 나타나는 사건들과 사상들도 마찬가지였다. 언제고 한번은 넘어서야 할 산이라 생각했기에 거기에 매달리느라 주어진 작업시간의 절반 훨씬 넘게 거기에 바쳐야 했다. 그러다 보니 정작 사회복지 역사 부분에서는 빈 곳이 적지 않아 보인다.

젊은 패기만 믿고 꼼꼼한 계획 없이 이 큰 작업에 달려든 것, 그러고도 적절하게 시간을 배분하지 못한 잘못에서 또 많은 걸 배웠다. 앞으로 작업할 때는 그런 부분에 조심해야 하겠다. 이걸로 이 작업이 끝난 건 아니라고 생각한다. 미처 놓친 부분 정리하고 얽힌 부분 풀어서 쉽게 정리하며 아직 손대지 않은 기후변화와 우크라이나 전쟁으로 벌어진 전 세계 경제의 어려움, 특히 코로나19가 사회복지 서비스와 정책에 미친 영향 등은 세계적으로 좀 더 정리되고 나서 작업할 수 있으리라 생각한다.

아직 부족한 후배에게 작업을 같이 할 수 있도록 배려해 주신 이준우 교수께 감사드린다.

에필로그

대표저자 이준우

앞으로 크게 촉망되는 김광선 교수와 함께 작업했던 과정은 기쁨이 컸다. 무엇보다도 독일어, 영어, 노르웨이어를 모국어 수준으로 사용하는 언어적 역량과 학창시절 대부분을 독일과 노르웨이를 비롯한 유럽 문화 속에서 보낸 삶의 여정은 이 책에서 중요한 비중을 차지하는 서구 유럽 사회복지의 역사를 탐구하는 데에 결정적인 힘이 되었다. 늙어가는(?) 중진 연구자와 참신하며 탁월한 신진 연구자가 공동으로 수행한 집필의 성과는 이제 오롯이 독자의 평가에 의존한다. 그저 독자에게 작은 도움이나마 되길 바란다. 아울러 이 책을 읽어준 것에 큰 감사를 드린다.

하지만 창의적이며 혁신적인 내용으로 기존 선행 출판된 사회복지 역사 관련 저서들과는 뚜렷한 차별화를 기하려고 무던히 애를 썼음에도 결국에는 앞선 자료들의 도움을 절대적으로 받았고 딱히 내세울 만한 수월성을 발휘하지 못한 것 같은 송구함이 밀려온다. 이는 지속적으로 이 책의 개정과 수정을 반복하는 성실함으로 보완해가겠다는 약속으로 해결해가려고 한다.

역사는 부정확한 기억이 불충분한 문서와 만나는 지점에서 빚어지는 확신이 아닐까 싶다. 이 책을 통해 제시한 국내외 사회복지의 역사도 그러할 것이다. 그러니까 우리가 '내 이야기'라고 떠드는 것들의 실상은 나에게 유리하게 꾸며지고 편집되고 덧칠된 기억에 불과할지도 모른다. 여기서 다룬 사회복지의 역사도 지극히 저자인 우리 두 사람이 갖고 있는 사회복지적인 관점에서 고찰될 수밖에 없다. 그러니까 내가 '사실'이라고 여겼던 일들이 다른 시각에서는 아닐 수도 있겠다는 두려움이 있다. 어쩌면 나이가 든다는 것은 점점 더 고집스러운 자기 확신이 강화되면서 결국은 스스로의 왜곡된 기억과 거의 진리라고 생각하는 시각에 신념을 더해가는 과정에 다름 아닐 것이다. 그럼에도 이번 책에서 저자인 우리 두 사람은 할 수 있는 모든 정성을 다 쏟아서 최대한 객관화된 사실을 토대로 사회복지의 역사적 변천과정을 정리하고자 최선을 다했다는 말씀은 꼭 드리고 싶다.

끝으로 저자들과 늘 함께 하시는 하나님께 감사드린다. 아울러 하나님께서 저자들에게 주신 사랑하는 가족들에게 고마운 마음을 전한다. 이들이 없었다면 저자들의 오늘도 없었을 것이다.

저자소개

이준우(李峻宇)
총신대학교 졸업
숭실대학교 대학원 석사 및 박사(MA, Ph.D)
미국 사우스웨스턴침례신학대학원 목회학 박사(D. Min)
Fuller Theological Seminary, adjunct professor
강남대학교 복지융합대학 사회복지학부 교수
강남대학교 융복합대학원 대학원장

김광선(金光仙)
Goethe University Frankfurt am Main 졸업
University of Hamburg 대학원 석사 및 박사과정
Charles University Prague, Research
University of Oslo, Project Researcher
성결대학교 사회복지학과 객원교수
강남대학교 영어강좌 외래교수

사회복지역사

초판발행 2024년 3월 5일 **1판 1쇄 인쇄** | 2024년 3월 10일 **1판 1쇄 발행**

지은이 이준우 김광선
펴낸이 최용구 | **펴낸곳** 도서출판 **신정**
주소 (04316) 서울시 용산구 원효로 89길 19(원효로1가)
전화 02)3211-4782, 0266(영업부), 3211-4783(편집부), 3211-4784(팩스)
이메일 sjbook2002@naver.com | **홈페이지** www.sjbook.co.kr
등록 2001년 5월 11일 제13-702호
기획마케팅 최용구 장만동 최충구 송대용 | **책임편집** 석기은 황가연

ISBN 978-89-5912-845-7 93330
정가 29,000원

저자와의 협의에 따라 인지는 생략합니다. 파본은 구입하신 곳에서 교환해 드립니다.
이 책을 무단 전재 또는 복제 행위 시 저작권법에 따라 처벌을 받게 됩니다.